KB039031

북한의 일상생활세계

이 도서의 국립중앙도서관 출판시도서목록(CIP)은 e-CIP 홈페이지(http://www.nl.go.kr/ecip)에
서 이용하실 수 있습니다.(CIP제어번호: CIP2009004078)

북한 일상생활연구 1

외침과 속삭임

북한의 일상생활세계

동국대학교 북한일상생활연구센터 기획 | 박순성·홍민 엮음

한울
아카데미

북한을 연구하는 외부 사람들에게 오래된 문제 중 하나는 자료다. 어떻게 북한의 현실을 보여주는 자료를 구하고 또 읽을 것인가? 북한과 우리 사이에 여전히 장막이 존재하는 상황에서, 자료를 구하는 일은 어렵다. 더욱이 권력과 이념이 지배하는 사회에서 자료는 거의 모두 당 - 국가체제의 인위적 생산물이다. 당 - 국가는 의도를 가지고 자료를 만든다. 당연히 만들어진 자료를 읽어서 북한의 현실을 드러내기란 쉬운 일이 아니다.

자료를 만드는 자의 의도는 그릇이다. 그릇은 담겨 있는 물건을 숨길 뿐 아니라, 담겨 있지 않는 물건을 아예 우리의 관심 바깥으로 밀어내버린다. 체제가 만든 자료를 통해 북한의 현실을 드러내려는 우리의 작업은 오히려 북한의 현실을 감추는 작업이 되고 만다. 우리는 자료를 만드는 자의 의도를 넘어서려고 하지만, 이미 그들이 만든 세계 속에 갇혀 있다.

자료가 담지 않은 것, 자료에 담기지 않은 것을 보기 위해서는 당 - 국가의 의도를 벗어나야 한다. 우리는 이미 만들어진 자료를 비판적으로 읽는 데 만족하지 않는다. 체제의 관료들이 보여주지 않으려고 하는 것뿐 아니라 그들이 아예 눈길조차 주지 않았던 것을 보려고 할 때, 우리는 비로소 체제가 만든 세계를 벗어날 수 있다. 이는 당 - 국가가 건설하고 보여주려고 했던 세계를 우리의 눈으로 다르게 보고 해석하는 일이 아니다. 우리는 만들어진 세계를 해체하고 숨겨져 있던 세계를 보려고 한다.

숨겨져 있는 세계를 보기 위해 가장 조심해야 할 것은 바로 우리 자신의 의도다. 새로운 방법이 새로운 자료를 낳고 새로운 자료가 새로운 이론을 가져다준다고 하더라도, 우리는 우리의 관심에 맞추어 새로운 자료를 만들려고 하지 않는다. 그들이 만든 자료를, 그들이 구축한 세계를 극복하는 길은 우리 자신이 필요로 하는 자료를, 우리가 바라는 세계를 만드는 데 있지 않다.

우리가 해야 할 일은 그들이 만든 자료 아래에 갇혀 있던, 그들이 구축한 세계 속에서 억눌려 있던 사람들의 살아가는 모습이 자연스럽게 풀려나도록 하는 것이다. 당-국가가 만들고 관리하던 자료가 사라질 때, 체제의 외침 밑에 깔려 있던 일상의 속삭임은 조용히 그러나 넓게 울려 퍼질 것이다. 북한 일상생활연구는 이념과 체제 아래에 감추어져 있던 북한의 생활세계가 스스로 드러나도록 하는 일이다.

이 책은 동국대학교 북한학과 북한일상생활연구센터가 한국연구재단 연구과제[북한 일상생활세계의 아카이브 구축과 연구방법론 개발: 체제변화 동학과 일상생활세계의 연계모델(KRF-2007-322B00006)]를 수행하면서 첫 번째로 내놓는 연구결과다.

제1부에는 이미 다른 분야에서 일상사 또는 일상생활연구자로 인정받고 있는 분들의 글을 실었다. 기꺼이 발표도 해주고 원고를 주어 북한일상생활연구센터의 연구자들을 격려해주고 좋은 가르침을 준 데 감사드린다. 제2부에 실은 글들은 북한의 일상생활연구를 어떻게 해야 할 것인가를 영역별로

방법론 차원에서 다룬 것들이다. 아직 연구의 대부분은 무르익지 못했다. 의욕은 넘치지만, 성과는 미진하다. 마지막의 좌담은 일상사연구자들의 지적 고민과 북한 일상생활연구의 과제를 다루고 있다. 북한일상생활연구센터의 문제의식과 연구방향을 알고 싶다면, 제2부의 6장과 좌담이 도움이 될 것이다.

막상 책을 내놓으려니 걱정이 앞선다. 북한의 일상생활에 대한 연구도 미진하지만, 북한의 체제변화 동학과 관련해서는 약간의 성과도 제시하지 못하고 있기 때문이다. 마치 우리의 생각이 그럴듯하니 앞으로의 노력을 잘 지켜봐달라고 부탁드리는 것 같다. 많은 질타와 격려를 바란다.

항상 느끼는 것이지만, 작은 일에도 감사드려야 할 분들이 너무 많다. 이 책을 공동으로 준비했고 또 공동 필자 중의 한 분이지만, 홍민 박사는 이 책의 출판과 관련해 감사를 받아야 마땅하다. 홍민 박사는 이 연구계획을 처음 제안하고 구상했으며 또 연구진행 전체를 관리했다. 연구 팀의 외부에 있으면서도 바쁜 가운데 글을 써주고 격려해준 여러 필자들에게도 다시 감사드린다. 무리한 부탁이었음에도 우리 연구 팀에 들어와서 구술 생애사에 대해 가르쳐주고 지적 열정을 보여주는 이희영 교수, 좁은 연구실에서 어려운 연구과정을 이것저것 챙겨준 김종욱 박사에게 깊은 감사를 드린다. 그리고 연구 팀에서 탈북자 구술채록 및 행정에 노고를 아끼지 않았던 김준연, 김군태, 권영태, 김정미, 이종겸, 김민지, 박아름(박사과정 1학기),

박아름(석사 2학기), 표선실, 전미소, 김성순, 윤세라, 김덕우 등에게도 고마움을 전한다. 이 책에 실린 글 중의 일부를 기획원고로 출판해준 북한대학원대학교 ≪현대북한연구≫의 편집인 최완규 교수, 편집주간 이우영 교수, 편집위원들에게 심심한 사의를 표한다. 끝으로 책의 기획에 관심을 가지고 출판을 해준 도서출판 한울에도 감사드린다.

2009년 12월 박순성

■ 차 례

제1부
일상생활연구의 이론과 실제: 독재와 파시즘, 그리고 사회주의체제

1장

스탈린 체제 일상사연구의 현황과 쟁점

박원용(부경대학교 사학과 부교수)

1. 들어가는 말

필자는 얼마 전에 블라디보스토크 국제공항에서 한 무리의 사람들을 보았다. 검은 색깔의 남루한 외투와 귀에 익은 말투로 미루어 볼 때 그들이 시베리아에서 목재를 벌채하기 위해 파견된 북한의 노동자임을 쉽게 알 수 있었다. 국제공항을 드나드는 대부분의 사람들과 그들의 모습은 뚜렷이 대비되어 많은 사람들이 그들에게서 시선을 거두지 못하고 있었다. 그렇지만 그들은 다른 사람의 시선은 전혀 의식하지 않고 오래간만의 귀향에 들떠 있는 듯 그들만의 대화에 몰두하고 있었다.

북한 노동자들의 이러한 태도는 1936년 여름 미국의 식품산업을 시찰하기 위해 소련 대표단을 이끌었던 식품산업부 장관 미코얀(Anastas Mikoyan)이 전하는 일화와 대비된다. 소련 대표단은 미국으로 향하는 여객선을 타기 위해 베를린에서 기차를 갈아타던 중 그들을 향한 독일인들의 호기심 어린 시선을 느낄 수 있었다. 독일인들의 이러한 태도에 어리둥절해하던 소련 대표단 일행은 주변 사람들을 둘러보고 나서 그 이유를 알 수 있었다. 그들

일행은 소련에서 그래왔듯이 비슷한 스타일과 색깔의 모자, 신발, 외투 등을 착용하고 있었던 것이다. 미코얀과 그의 일행은 역내의 독일인들과 마찬가지로 각기 다른 모양의 복장을 갖추고 난 이후에야 독일인들의 따가운 시선을 피할 수 있었다.1)

시간상으로 상당한 시차가 있긴 하지만 위의 두 일화가 시사하는 바는 적지 않다. 일반적으로 북한은 전체주의체제가 유지되고 있는 지구상의 유일한 나라로 알려져 있다. 필자가 예로 든 북한 노동자들의 태도 또한 개개인의 삶의 방식에 국가권력이 상당 부분 침투해 들어가 있다는 증거로서 해석될 수 있다. 주체사상으로 무장한 북한의 노동자들이 자신들을 이해하지 못하는 외국인들의 따가운 시선에 반응할 필요는 없으며 그들은 개성을 드러내는 다양한 형태의 옷차림보다는 조국의 미래를 위해 현재의 물질적 궁핍함도 참아낼 수 있는 불굴의 신념을 자랑스러워한다고 해석하는 식이다.

1930년대 스탈린 체제는 어떤 면에서는 북한의 선구자 격인 체제로 알려져 있었지만 현 시점에서 스탈린 체제의 전체주의적 통제만을 강조하는 시각은 찾아보기 힘들다. 전체주의적 통제의 기조가 유지되었다 하더라도 스탈린 체제의 내부 구성원들은 다양한 삶의 방식을 통해서 어떤 순간에는 체제에 '협력'하기도 했고 어떤 순간에는 '저항'하기도 했다는 것이 드러났기 때문이다.2) 이러한 인식은 스탈린 체제를 분석하는 방식의 획기적인 변화, 즉 계급, 근대, 사회적 유동성 등을 중시하는 이른바 거대담론적 시각에서 벗어나 구성원들의 다양한 삶의 층위를 세밀하게 묘사하는 일상사적 접근을 통해 가능하게 되었다.

스탈린 체제에 대한 일상사적 접근의 단초는 사실 소련 체제의 붕괴와

---

1) Jukka Gronow, *Caviar with Champagne: Common Luxury and the Ideals of the Good Life in Stalin's Russia*(Oxford: Berg, 2003), p. 1.

2) Sheila Fitzpatrick(ed.), *Stalinism: New Directions*(New York: Routledge, 1999).

더불어 갑작스럽게 등장하지는 않았다. 냉전이 한창 진행 중이었던 1950년대 하버드 대학교는 소비에트 사회체제의 작동원리를 밝히려는 목적으로 1945년 이후 서구체제로 망명한 소련인들을 대상으로 사회주의체제에서 그들의 삶에 대한 광범위한 설문조사를 벌였다. 이 조사를 통해 소비에트 체제에서의 일상생활, 즉 개인 간의 정보 교환 과정, 청소년 문제, 사적인 관계 형성망, 알코올 중독, 범죄 등 다양한 측면에 대한 정보를 얻을 수 있었다. 그 결과 냉전 시대의 전체주의적 사고에서 강조되어왔듯이 소비에트 사회는 개개인의 일상생활 모두에 국가권력이 침투했던 사회는 아니라는 점이 밝혀졌다. 국가권력이 지원했던 '공식문화'와 더불어 '전통문화' 또한 일상생활의 다양한 영역에서 유지되고 있었고 가족 구성원 또한 체제 내에서 다양한 생존전략을 구사하고 있었던 것이다.3) 거대담론 중심의 사회사적 연구방법론이 소비에트사 연구를 주도하면서 체제 구성원들의 다양한 삶의 모습을 보여주는 이러한 연구는 잠시 주목받지 못하다가, 포스트모더니즘과 더불어 일기 시작한 담론의 변화로 일상의 측면은 다시 각광을 받기 시작했다.

이 글은 스탈린 체제와 관련하여 지금까지 축척되어온 일상사연구의 세세한 측면 모두를 검토하는 것을 목적으로 하지 않는다. 이 글에서는 지금까지의 성과를 몇 가지 쟁점별로 분류하여 소개하려고 한다. 개별 연구 성과의 나열보다는 그것들을 쟁점별로 분류해 검토할 때 앞으로의 과제를 좀 더 분명히 설정할 수 있고, 또한 그러한 주제들을 타 분야의 연구에도 활용할 수 있다고 생각하기 때문이다. 특히 앞에서 잠시 언급한 바 있는 북한 체제를 바라보는 시각과 관련하여 스탈린 체제의 일상사연구는 적지

---

3) 설문조사의 성과는 다음의 책 두 권으로 집약되어 출판되었다. Raymond A. Bauer, Alex Inkeles, and Clyde Kluckhohn, *How the Soviet System Works: Cultural, Psychological, and Social Themes*(Cambridge, MA: Harvard University Press, 1956); Alex Inkeles and Raymond Bauer, *The Soviet Citizen: Daily Life in a Totalitarian Society*(Cambridge, MA: Harvard University Press, 1961).

않은 시사점을 줄 수 있다고 생각한다. 강압과 테러만으로 스탈린 체제가 작동하지 않았다는 것을 일상사연구가 밝혔듯이 일상사의 방법론을 원용하여 북한 체제의 작동기제를 새롭게 설명할 수 있는 단서도 발견할 수 있을 것이다. 이러한 가능성을 검토하기 위해 먼저 서구의 역사인식 방법론에서 일상사가 등장하게 된 배경과 이것이 소비에트 역사에 어떻게 구체적으로 적용되었는가의 문제부터 살펴보자.

2. 일상사의 등장과 스탈린 체제 연구로의 적용

역사연구의 새로운 경향으로서 일상사의 등장은 1980년대부터 일기 시작한 기존의 사회사에 대한 비판적 인식과 관련이 깊다. 역사의 과학화를 표방했던 사회사는 구체적인 인물의 행위보다는 그들이 속해 있던 구조와 과정을 중시하는 연구경향이라고 할 수 있다. 사회사는 역사의 통일적이고 단선적 과정을 상정하여 역사를 근대화·산업화·합리화·도시화 등의 '중심통합적' 시각으로 파악하려는 경향이 있다. 즉, 사회사는 근대화·산업화 등으로 표현되는 역사의 진행과정을 궁극적으로 인간의 사회적 해방과 계몽의 목표가 실현되어온 과정으로 파악하기 때문에 그 과정에서 나타난 부정적 측면, 이를테면 인간 개개인의 소외현상이라든가 삶의 양식이 더욱 규제되어가는 양상을 미처 파악하지 못했다. 이와 달리 일상사는 근대화 등의 현상을 일면적이고 단순한 것으로 파악할 것이 아니라 그 안에 있었던 개개인들의 저항의 모습, 또는 그러한 현상에 대한 암묵적 수용 등의 다양한 삶의 층위에 관심을 기울일 것을 강조한다. 그리하여 역사 속의 개개인은 거역하기 어려운 흐름을 수동적으로 따라가는 존재가 아니라 자기 삶의 주체로서 스스로를 확립하기 위해 적극적 저항의 모습을 보이기도 하고 때에 따라서는 소극적인 저항의 모습을 보인다고 주장한다. 한마디로 일상사는 '구조의 역사'에서

'인간의 역사'로 방향 전환을 강조한다고 얘기할 수 있을 것이다.[4]

혁명 이후의 러시아사 연구에서 일상사의 시각이 본격적으로 등장하기 위해서는 사회사의 연구방법론의 성과와 한계를 충분히 경험할 필요가 있었다. 하버드 대학교의 광범위한 설문 조사를 통해 소비에트 체제 구성원들도 다양한 삶의 양태를 가질 수 있다는 가능성이 확인되었지만, 그러한 공동 연구성과[5]가 일상사연구경향의 확대로 귀결되지는 않았다. 스탈린 체제의 기원을 둘러싸고 열띤 논쟁을 벌이고 있었던 '전체주의적 역사가'와 '수정주의적 역사가'들에게 평범한 보통 사람들의 소소한 일상은 주된 관심사항으로 부각될 수 없었다. 특히 냉전 시대의 경직된 틀로 소비에트의 역사를 보기를 거부한 일단의 사회사가들은 스탈린 체제가 등장할 수 있었던 구조적 측면에 관심을 집중했다. 스탈린 체제의 출범은 교육제도의 개혁을 통해 사회적 유동성의 기회를 하층계급에게 제공함으로써 형성된 '신엘리트층'과 불가분의 관계에 있다는 피츠패트릭(Sheila Fitzpatrick)의 연구, 1928년부터 1932년에 걸친 스탈린의 대대적인 사회 개편은 '위로부터의 혁명'이라는 모호한 개념 대신 노동계급이라든가 농민계급으로부터 급격한 전환에 대한 지지를 확보했기 때문에 가능했다는 쿠로미아(Hiroaki Kuromiya)와 비올라

---

4) 일상사의 시각에서 사회사에 대한 더욱 상세한 비판의 내용은 다음을 참조하라. 안병직, 「'일상의 역사'란 무엇인가」, 안병직 외, 『오늘의 역사학』(서울: 한겨레신문사, 1998), 30~41쪽.

5) 하버드 대학교의 연구 프로젝트에는 전체 연구를 주도적으로 이끌었던 인켈스(A. Inkeles), 바우어(R. A. Bawer), 클룩혼(C. K. M. Kluckhohn)을 비롯하여 멀 페인소드(Merle Fainsod), 배링턴 모어(Barrington More), 알렉산더 거셴크론(Alexander Gerschenkron), 탈콧 파슨스(Talcott Parsons), 리처드 파이프스(Richard Pipes), 레오폴드 헤임슨(Leopold Haimson) 등 당대의 저명한 사회학자와 역사학자들이 대거 참여했다. Mark Edele, "Soviet Society, Social Structure, and Everyday Life: Major Framework Reconsidered," *Kritika: Explorations in Russian and Eurasin History*, Vol. 8, No. 2(2007), pp. 352~353.

(Lynn Viola)의 연구, 열성 당원이나 당 관료들은 당 지침의 모호함으로 상대적인 자유를 누릴 수 있었고 바로 이들의 상대적 자율성이 스탈린의 산업화 정책에 대한 당 내부로부터의 공공연한 지지를 가능케 했다는 메리데일(Catherine Merridale)의 연구는 이러한 성향을 대표하는 것이었다.[6] 이 연구들을 통해 국가권력이 새로운 지배계급의 창출을 위해 기여한 정도는 설득력 있게 제시되었지만, 그러한 국가정책에 대한 개개인의 다양한 반응은 본격적으로 거론되지 못했다. 즉, 이러한 연구들에서 신지배계급이 그들의 우월한 계급적 지위를 획득하는 데는 국가의 의지가 중요한 것이었지 그것을 획득하기 위한 개개인의 전략 및 행동방식은 중요한 고찰대상이 아니었다.

러시아 사회주의체제의 붕괴는 사회사가들의 거대담론적 연구경향에 심각한 재검토를 가져왔다. 워싱턴 대학교의 영(Glennys Young)은 소비에트 체제의 붕괴가 역사연구의 방향을 획기적으로 전환시키는 계기가 되었다는 일반론적 통설에 이의를 제기했다. 그에 따르면 역사가들은 소비에트 체제의 붕괴를 "역사 서술의 카타르시스"로서 바라보는 경향이 강했는데 실제로 붕괴가 무엇을 의미하는지, 붕괴의 시작과 끝은 어디인지, 붕괴와 역사 서술의 직접적 인과관계가 과연 존재하는지에 대해서 역사가들의 견해가 모두 같지는 않다고 주장했다. 영은 한 예로서 스탈린 체제를 새롭게 해명한 코트킨(Stephen Kotkin)의 획기적 저작[7]을 거론한다. 그에 따르면 코트킨은

---

6) Sheila Fitzpatrick, *Education and Social Mobility in the Soviet Union, 1921~1934* (Cambridge: Cambridge University Press, 1979); Hiroaki Kyromiya, *Stalin's Industrial Revolution: Politics and Workers 1928~1932*(Cambridge: Cambridge University Press, 1988); Lynn Viola, *The Best Sons of the Fatherland. Workers in the Vanguard of Soviet Collectivization*(Oxford: Oxford University Press, 1987); Catherine Merridale, *Moscow Politics and the Rise of Stalin: The Communist Party in the Capital, 1925~1932*(London: Macmillan, 1990).

7) Stephen M. Kotkin, "Magnetic Mountain: City Building and City Life in the Soviet Union in the 1930s: A Study of Magnitogorsk"(Ph. D. diss., University

소비에트 체제의 붕괴를 전혀 예상할 수 없었던 1980년대 중반에 푸코(Michel Foucault)의 영향을 받아 자신의 학위 논문을 구상하고 있었다는 것이다.[8] 영의 주장은 음미해볼 만한 문제를 제기했지만 소비에트 체제가 70년 이상 존재하면서 역사가들의 사고과정에 미친 영향력을 과소평가했다는 비판을 피하기 어렵다. 70년 이상을 지탱해왔던 체제의 작동 메커니즘을 해명하려고 노력했던 역사가들에게 그것의 갑작스런 붕괴는 기존의 설명 방식을 재고하게 만든 자극이 되었다고 충분히 생각할 수 있기 때문이다. 이런 발상의 전환이 기존 사회사가들의 선두 주자였던 피츠패트릭에게서 나왔다는 것을 보더라도 충격의 강도를 짐작할 수 있다.

피츠패트릭에 따르면 역사가들은 소비에트 사회의 계급 개념을 정통 마르크스주의적 시각에서처럼 생산수단의 소유관계에 따라 주어지고 고정불변하는 것으로 파악해왔기 때문에 혁명 이후 사회 이면에 흐르고 있었던 소비에트 체제 내부의 움직임을 파악하지 못하는 실수를 저질렀다. 소비에트 체제에서의 계급이란 개인들이 더 나은 사회적 지위와 특권을 획득하기 위해 각자에게 귀속시킨 개념이다. 예를 들어 소비에트 사회에서 여러 특권과 혜택이 약속되는 '노동계급'에 스스로를 귀속시키기 위해 소비에트의 민중은 자신의 출신성분을 속이고 이에 합당한 다양한 전략과 전술을 동원했다. 이러한 전략이 필요한 이유는 국가권력이 만성적 생필품 부족의 경제상황 아래에서 상품의 최종 분배자로서 기능하기 때문이다. 즉, 노동계급이라는 귀속적 지위를 획득하게 된 개인은 국가권력과 우호적 관계를 구축함으로써 특권적 소비자로서의 권리를 가지게 되는 것이다. 결국 소비에트 사회에서 사회적 위계를 결정하는 가장 중요한 지표는 '생산'이 아니라 '소비'다.[9]

---

of California at Berkeley, 1988).

8) Glennys Young, "Fetishizing the Soviet Collapse: Historical Rupture and the Historiography of(Early) Soviet Socialism," *Russian Review*, Vol. 66(January, 2007), pp. 95~122.

소비에트 러시아에서의 계급 개념이 엄격한 객관적 토대 위에서 개인에게 부과된 것이 아니라 소비에서의 우월한 지위를 획득하기 위해 개인이 적극적으로 개입함으로써 형성된 것이라면 계급적 위계에 따라 사회를 정태적으로 바라볼 필요는 사라진다. 피츠패트릭은 기존의 사회사에서 바라본 바와 같은 계급이라는 경직된 분석도구가 아니라 보통 사람들의 일상과 국가권력의 관계를 통해 1930년대 스탈린 체제를 해명할 길을 열어준 셈이었다. 농민과 도시민의 일상생활을 다룬 피츠패트릭의 연작[10]은 "비정상적 시기"인 1930년대의 러시아에서 "정상적 생활"을 꾸려나가기 위한 민중의 다양한 시도를 보여준다. 즉, 그녀는 국가 관료들과 민중과의 관계, 생필품 확보를 위한 도시민과 농민들의 노력, 가족문제, 사회적 출신 성분의 조작 등과 관련된 민중의 일상생활을 통해 스탈린 체제를 새롭게 조명하고 있다. 생산수단의 소유관계에 기초한 소비에트 민중의 '계급의식' 형성은 이러한 그들의 일상적 삶의 모습에서 기대할 수 없다.

일상사적 접근은 계급의식과 같은 고전적 기준에 따라 소비에트 체제의 구성원들을 분류할 수 없다는 점을 깨우쳤다. 생산수단으로부터의 분리가 노동계급 형성의 전제조건이라는 마르크스의 명제는 소비에트 민중의 실제 생활에는 적용할 수 없다. 구체적인 삶의 대응방식을 조망한 결과 소비에트 민중을 마르크스주의적 '계급의식'으로 유형화할 수 없다는 의미다. 데이비스(Sarah Davies)는 소비에트 민중에게는 권력과 특권을 가지고 있는 사람들과 자신들과의 차별의식, 즉 '우리'와 '저들'이라는 배타적 의식이 존재했을 뿐이라고 주장한다. '저들'은 '우리'가 갖지 못한 정치권력을 수단으로 기사

---

9) Sheila Fitzpatrick, "'Ascribing Class': The Construction of Social Identity in Soviet Russia," *Journal of Modern History*, Vol. 65, No. 4(1993), pp. 745~770.

10) Sheila Fitzpatrick, *Stalin's Peasant: Resistance and Survival in the Russian Village after Collectivization*(New York, 1994); Fitzpatrick, *Everyday Stalinism: Ordinary Life in Extraordinary Times: Soviet Russia in the 1930s* (New York, 1999).

20 제1부 일상생활연구의 이론과 실제

가 딸린 자동차를 몰며 좋은 아파트에서 생활한다. 또한 '저들'은 1935년 빵 배급제를 폐지하면서 일부 상인들의 배만 불려주며 생산성 배가 운동인 스타하노프 운동을 실시함으로써 노동자들의 마지막 기력까지도 착취하고 있다. 특권을 가진 '저들'에 대한 이러한 반감을 국가권력이 적절히 이용해 공산주의적 신념을 지닌 엘리트를 숙청하는 데까지 이용했다는 것이 데이비 스의 주장이다.[11] 스탈린 체제 아래에서 삶을 꾸려나가던 사람들의 일상을 들여다봄으로써 데이비스는 체제에 대한 반감과 부정적 여론이 존재했음을 확인했다.

만성적으로 물자가 부족한 상황에서 소비에트 체제의 시민(Homo Sovieticus) 이 정상적 삶을 꾸려나가기 위한 중요한 생존전략 중의 하나가 사적 관계(блат) 를 이용해 생필품을 확보하는 것이었다. 러시아의 소장 역사학자 오소키나(Еле на Осокина)는 생필품의 확보와 이의 분배를 둘러싼 메커니즘에 대한 분석을 통해 스탈린 체제의 해명을 위한 단서를 발견하려고 한다. 오소키나에 의하면 1930년대 소비에트 러시아의 가장 큰 모순은 도시민들의 공식 생필품 구매장 소인 상점의 진열대는 비어 있었지만 그들 가정의 냉장고는 가득 차 있었다는 점이다. 이러한 불일치는 사회주의체제가 완성되었다는 스탈린의 1936년 헌 법과는 무관하게 소련의 실제 경제 운영이 중앙집권적 계획경제를 추구하는 공식 영역과, 일반인들이 필요한 물품을 암시장이나 관료와의 친분관계를 이용해 획득하는 비공식 영역의 공존하에 작동되고 있었음을 드러내는 것이나 다름없다. 스탈린 치하의 소비에트 러시아의 실체를 파악하려면 중앙집권적인 상품분배와 사적 시장의 상호 영향, 그러한 상호관계가 성립할 수 있었던 과정, 그리고 통제 경제체제하에서 존재했던 사적 시장의 다양한 형태를 파악 해야 했다.[12] 당연히 소비에트 체제에서 생산 및 분배의 과정 전체가 시장의

---

11) Sarah Davies, *Popular Opinion in Stalin's Russia: Terror, Propaganda and Dissent, 1934~1941*(Cambridge, 1997), pp. 124~144.

힘에 좌우되지는 않았다. 하지만 국가의 전적인 통제 아래에서 움직인 것도 아니었다. 국가의 통제를 벗어난 이른바 '특혜의 경제'가 소비에트 체제의 일상생활의 질을 좌우하는 핵심적 요소였다.[13]

정상적인 소비경제가 작동되지 않는 사회체제 구성원들의 일상에서 소비재 획득을 위한 그들의 다양한 생존전략은 일차적 관심사로 부각했다. 그렇지만 스탈린 체제에 대한 일상사적 접근이 경제적 측면에만 관심을 집중한 것은 아니다. 스탈린 체제의 정치적 폭력 또한 일상사적 접근을 수용할 때 그 고찰 대상이 확대될 수 있었다. 스탈린 체제의 테러를 그것을 구성하던 다양한 계층과의 연관을 통해 분석하려는 시도는 이러한 맥락에서 등장했다. 즉, 지방의 정치파벌과 중앙의 내무인민위원부 관료집단 간의 "긴장의 폭발"이라든가[14] 당 정치국 내의 '급진파'와 '온건파' 간의 대립이라는 식의 테러에 대한 설명[15]은 테러의 대상이 정치권 내의 인물에 집중되었다는 인상을 전하기 쉽다. 그렇지만 스탈린의 테러가 특정 집단에 한정된 정치적 폭력이 아니었다는 주장이 하겐로(Paul M. Hagenloh)에게서 나왔다. 그는 테러를 소비에트 사회의 하층민, 즉 상습 범죄인, 난동꾼, 투기꾼, 통행증 위반자들에게까지 지속적으로 가해진 정치적 과정으로 본 것이다. 이러한

12) Елена Осокина, *За фасадом "Сталинского изобилия": Распределение и рынок в снабжении населения в годы индустриализации, 1927~1941* (Москва, 1999).

13) 만성적 물자결핍의 상태에서 진행된 소비에트 체제의 사적·공적인 상거래체제에 대한 연구로는 다음이 있다. Julie Hessler, *A Social History of Soviet Trade: Trade Policy, Retail Practice and Consumption, 1917~1953*(Princeton, NJ: Princeton University Press, 2004).

14) James R. Harris, *The Great Urals: Reginalism and Evolution of the Soviet System* (New York, 1999).

15) О. В. Хлевнюк, *Политбюро. Механизмы политической власти в 1930: е годы*(Москва, 1996).

테러의 과정은 1930년대에 갑자기 돌출한 것이 아니다. 이미 1920년대부터 소비에트 정부는 "사회적으로 해로운 요소"로 규정될 수 있는 이러한 주변인들을 격리시켜야만 사회주의형의 건전한 시민을 양성할 수 있다는 믿음을 가지고 있었다고 하겐로는 강조한다. 이렇게 1930년대 중반까지 이들에 대한 청소작업을 지속한 후에 스탈린 정권은 1937년과 1938년에 대대적으로 "인민의 적들"에 대한 숙청작업의 동력을 얻게 되었다는 것이다.[16] 스탈린의 테러가 정치적 권한이 없었던 하층민에게까지 광범위하게 이뤄졌다는 하겐로의 시각은 보통 사람들의 일상의 모습을 통해 체제의 특성을 제시하려는 관점을 테러의 영역으로 확대 적용한 것이라고 할 수 있다.

소비에트 시대를 다루는 역사가들은 이 밖에도 하층 대중의 의식주, 노동과 여가활동, 질병과 죽음, 가족생활과 이웃관계, 신앙과 공동체적 관습 등 일상적 삶의 다양한 측면이 체제의 작동기제와 어떻게 관련을 맺고 있는지를 설명한다. 러시아 및 영국과 프랑스 등지의 유럽의 역사가들은 1920년대와 1930년대 소비에트 체제 인민의 일상의 다양한 영역에 관한 공동 연구성과를 2000년에 출판하여 일상사에 관한 우리의 인식을 더욱 심화시키는 데 기여했다.[17] 다음 절부터는 일상의 이러한 영역들에 대한 개별 연구성과를 병렬적으로 상세히 나열하지 않고 쟁점별로 묶어서 언급하려고 한다. 연구사의 병렬적 나열보다는 쟁점별 정리가 스탈린 체제 일상사 연구를 타 분야 연구에 활용하려고 할 때 시사점 및 향후 과제를 도출하는 데 더 유용할 것이다.

---

16) Paul M. Hagenloh, "'Socially Harmful Elements' and the Great Terror," Fitzpatrick(ed.), *Stalinism: New Directions*(London, 2000), pp. 286~308.

17) Тимо Вихавай нена ред., *Нормы и ценности повседневной жизни: Становление социалистического образа жизни в России, 1920~1930: е годы* (Санкт-Петербурку, Журнал ≪Нева≫, 2000).

3. 스탈린 체제 일상사연구의 주요 쟁점

스탈린 체제 일상사연구가 제기하는 중요한 쟁점 중의 하나는 체제에 대한 저항과 순응의 문제다. 체제를 구성하는 사람들의 다양한 생존전략이 밝혀지면서 전체주의적 관점에서 주장되던 일사불란한 위로부터의 통제는 가능하지 않았다는 점이 드러났기 때문이다. 피츠패트릭은 농업 집단화에 대응하는 스탈린 체제 농민들의 '일상적 저항'의 양태를 보여준다. 집단농장에 대한 농민들의 초기적 저항형태는 국가권력에 대항해 그들이 전통적으로 자주 사용해왔던 전략 중의 하나인 촌락으로부터의 도망이었다. 그렇지만 스탈린 체제가 1933년부터 통행증 제도를 시행하면서 농민들의 이탈을 견고하게 통제하자 대책 없는 도망은 많은 위험을 수반할 수밖에 없었다. 따라서 집단농장의 성원 자격을 유지하면서 집단농장의 정책에 저항하는 좀 더 세련된 전략이 필요했다. 그 전략은 계절 이주노동자(отход)의 지위를 획득하여 농촌을 일시적으로 떠나는 것이었다. 농한기에 도시에서의 일자리를 위해 합법적으로 떠날 수 있는 계절 노동자로서의 지위는 그들에게 신분상의 보장과 추가적 수입을 가능케 하면서도 그들이 싫어했던 콜호스의 노동의무에서 벗어날 수 있는 일석이조의 전략이었다. 또한 농민들은 콜호스에 가입하는 것을 줄이기 위해 콜호스 농민들은 하느님의 심판을 피하기 어렵고 그 자녀들은 악마의 표식을 가지게 될 것이라는 소문을 퍼뜨리기도 했다.[18]

1930년대의 소비에트 체제 농민들은 적극적으로든 수동적으로든 정치권력에 대한 저항의 방식만을 통해 생존전략을 수립하지는 않았다. 그들은 경우에 따라 집단농장이라는 실체를 적극적으로 받아들여 자신들의 이익을 강화하려고 했다. 집단농장의 관리직을 맡는 것은 체제에 대한 그들의 적극

---

18) Fitzpatrick, *Stalin's Peasants*, pp. 5~10.

[그림 1-1] '우리는 거짓 돌격노동자를 쳐부순다'(작자 미상·1931). 돌격노동자는 개인 목표량을 초과해 월등한 생산능력을 나타내는 노동자를 뜻한다. 소련 당국은 돌격노동자를 모범으로 선전하는 등 노동현장의 나태함을 근절하기 위해 여러 선전활동을 펼쳤다.

적 수용의지를 잘 드러내준다. 특히 콜호스의 의장직은 농촌의 전통 자치조직기구였던 미르의 촌장(староста) 이상으로 많은 권한이 있었고 국가권력과 집단농장 농민들 사이에서 중계자 역할을 했다. 콜호스의 의장은 집단농장의 그해 생산 작물의 목표량을 조정하는 의무와 아울러 생산 작물을 집단농장 농민들이 빼돌리는 경우 이에 대한 처벌의 의무까지 지역 당 조직에게서 위임받았다. 이러한 의무들을 제대로 이행하지 못하는 경우 처벌의 위험도 있었지만 일반 농민을 훨씬 능가하는 물질적 혜택은 체제에 대한 적극적 지지를 끌어낼 수 있는 요인이었다.

콜호스의 의장으로서 체제에 대한 적극적인 지지 표명은 농민 대다수에게 열려 있는 방식은 아니었다. 기계화된 농업경영은 집단농장의 성패를 가르는 중요한 전제 중의 하나였기 때문에 지역의 트랙터 제작소(MTS)에서 생산된 트랙터나 콤바인을 운전하는 숙련 노동자로서의 전환이 농민들에게 더 많은 신분 상승의 기회를 부여했다. 이들에게는 콜호스의 농민보다 훨씬 많은 임금이 지급되었다. 숙련 노동자에게 이러한 특권적 지위를 부여한 것은 그들을 체제에 적극적으로 지원하는 원군으로 만들기 위해서였다. 아울러 농업 생산성을 비약적으로 향상시키는 데 기여한 농민들은 산업분야의 노동자와 마찬가지로 스타하노프 운동가로서 명예와 물질적 특권을 누릴 수 있었다. 특히 농촌의 스타하노프 운동은 남성의 가부장적 억압에서 탈출할 수 있는 기회를 여성에게 부여했기 때문에 여성들을 체제의 적극적 지원자로 유도하는 통로의 역할을 했다.[19]

피츠패트릭은 스탈린 치하의 농민들이 삶의 과정에서 체제에 대한 저항과 수용 두 측면 모두를 가지고 있었음을 보여주었다. 피츠패트릭 이후의 후속 연구들은 문서고의 자료 개방 여건을 활용하여 이전까지 묻혀 있었던 저항의 구체적 사례들을 언급하고 있다. 앞서 언급한 농촌의 스타하노프 운동의 경우 여성 스타하노프 운동가는 남성뿐 아니라 여성들에게도 경멸과 조롱의 대상이었다. 벨로루시 지역의 여성 스타하노프 운동가는 콜호스의 의장을 찾아가 자신의 작업 할당량을 다른 여성들에게 균등하게 나눠줄 것과 스타하노프 운동가로서의 호칭도 철회해달라고 요청했다.[20] 어떠한 어려움에도 굴하지 않고 스타하노프 운동가로서의 사명감 완수에 충실한 공식적 이미지는 이러한 구체적 삶의 모습과는 부합하지 않는다. 이외에도 모스크바 근교 랴잔 군(郡)의 피텔린스키 읍(邑)에서 일어난 집단화 초기의 농민들의 반란을 다룬 맥도널드(Tracy McDonald)의 연구,[21] 이바노보 산업지역에 위치한 소도

---

19) *Ibid.*, pp. 10~13.

20) Mary Buckley, "Was Rural Stakhanovism a Movement?" *Europe-Asia Studies*, Vol. 51, No. 2(1999), pp. 301~302.

21) Tracy McDonald, "A Peasant Rebellion in Stalin's Russia: The Pitelinskii Uprising, Riazan, 1930," in Lynne Viola(ed.), *Contending with Stalinism: Soviet Power & Popular Resistance in the 1930s*(Itahca, 2002), pp. 84~108.

시에서 노동자들의 전면적 파업행위를 분석한 제프리 로스만(Jeffrey J. Ro-ssman)의 연구는 스탈린 체제에 대한 노골적 저항이 있었음을 드러내는 구체적 사례들이다.[22] 반면에 스트로스(Kenneth M. Straus)는 스탈린 체제를 전반적으로 고찰할 때 노동자들의 저항은 빈번하지 않았으며 그 이유는 스탈린 체제와의 협상을 통해 형성된 '신노동계급'이 체제와의 협력을 통해 유리한 '사회적 계약'을 맺을 수 있는 가능성을 보았기 때문이라고 지적했다.[23]

그 밖에도 스탈린 체제에 대한 저항 및 수용과 관련한 연구사는 일일이 거론하기 힘들 정도로 많이 축적되어 있다. 다만 우리가 여기에서 주의 깊게 음미해볼 것은 스탈린 체제에 대한 저항이나 반대, 그리고 수용의 문제를 규정할 때 각각의 용어가 갖는 함의를 어떻게 규정할 것인가의 문제다. 스탈린 체제가 개개인의 일상적 삶을 완벽하게 통제하지는 못했더라도 분명 그것은 국가권력에 대항해 개개인이 반대나 저항의 의사를 자유롭게 표현할 수 있는 체제는 아니었다. 자유 민주주의체제에서 정부 정책에 대한 반대운동이나 비판 행위는 신체상의 위협을 가져오지는 않는다. 그러나 스탈린 체제에서 그러한 행위는 시베리아로의 유형이나 투옥을 의미할 수도 있었다. 이러한 정치적·사회적 환경을 고려할 때 체제에 대한 저항과 반대의 실질적 내용을 어떻게 규정할 것인가 하는 문제가 대두될 수밖에 없다. 체제의 정치적 안정을 실제로 깨뜨리지는 못했다 하더라도 체포나 유형을 각오하고 정부의 정책에 반대하는 의사를 표명하거나 그러한 목적달성을 위한 조직을 결성하려고 의도하는 것 등이 과연 체제에 대한 반대를 실질적으로 구성할 수 있겠는가의 문제다.

퓌르스트(Juliane Fürst)와 쿠로미아 간의 논쟁은 이 문제점을 명쾌하게

---

22) Jeffrey J. Rossman, "A Workers' Strike in Stalin's Russia: the Vichuga Uprising of April 1932," *Contending with Stalinism,* pp. 44~83.

23) Kenneth M. Straus, *Factory and Community in Stalin's Russia*(Pittsburgh, 1997).

집어냈다. 스탈린 통치 말기 청년 정치조직들을 다룬 논문을 통해 퓌르스트는 청년들이 공식적 청년조직인 공산주의 청년동맹(콤소몰)이 아닌 공산주의 청년당(Коммунистическая партия молодежи) 등의 조직에 가입했다는 사실 자체만으로 스탈린 체제에 대한 광범위한 반대운동의 존재를 입증할 수 있다고 주장한다. 비합법 조직의 가담이 어떤 결과를 초래하는지를 충분히 알고 있을 정도로 이들 젊은이들은 정치적으로 무지하지 않았다. 조직 가입 시 그들이 숙지하는 조직의 강령은 그들이 불법 행동을 하고 있다는 점을 분명히 깨닫게 했다. 체제에 대한 그들의 비판이 소망하는 결과를 만들어내지는 못했지만 그들은 분명 스탈린 체제에 의해 왜곡된 사회주의적 이상을 복원시키려는 체제의 반대세력이었다.[24]

쿠로미아는 퓌르스트가 자신의 주장을 납득시키려 한다면 사료에 대한 더욱 엄밀한 분석이 뒤따라야 할 것이라고 주장한다. 즉, 스탈린 체제는 존재하지도 않았던 반대운동과 반체제 인사들에 대한 탄압을 정당화하기 위해 자료의 조작도 마다하지 않았다. 테러를 정당화하기 위해 날조된 '반대' 자료들 속에서 체제에 대한 반대의 의지를 진정으로 소유한 조직을 분리하기란 그리 쉬운 일이 아니다. 더구나 퓌르스트가 언급한 청년 조직 중에는 뚜렷한 강령조차 없는 곳도 있었기 때문에 이들을 '반스탈린적' 조직으로 규정하기란 더욱 어렵다. 경찰이 이들의 반체제적 성격을 충분히 조작해낼 수 있었기 때문이다. 쿠로미아는 이와 더불어 후속세대가 가질 수 있는 이른바 성찰적 이점을 활용하여 1930년대 그러한 정치조직에 가담했던 청년들을 미화하고 싶은 욕구가 존재하지는 않았는지 질문을 제기한다. 사회주의 체제가 무너진 현 시점에서 실제로는 존재하지 않았던 반체제 인물들을

---

24) Juliane Fürst, "Prisoners of the Soviet Self?: Political Youth Opposition in Late Stalinism," Europe-Asia Studies, Vol. 54, No. 3(2002), pp. 353~375; Juliane Fürst, "Re-examining Opposition under Stalin: Evidence and Context: A Reply to Kuromiya," Europe-Asia Studies, Vol. 55, No. 5(2003), pp. 789~802.

28 제1부 일상생활연구의 이론과 실제

등장시켜 이들을 영웅시하려는 의도는 없었는가 묻고 있는 것이다.[25]

일상적 삶의 영역에서 스탈린 체제에 대한 저항과 수용은 표면적으로 드러나는 행위나 언어를 기준으로 규정할 것이 아니라 그 내면에 깃들어 있는 다양한 사회관계, 심적 상태 등을 고려하여 평가해야 한다. 어떤 면에서 체제에 대한 저항의지를 분명하게 드러내 보이지 않는 행동처럼 보여도 그 시대 삶의 전체적 맥락에서 그 행동은 최대한의 저항 표시일 수도 있다. 또한 행동 당사자는 인식하지 못하지만 자신의 일상적 노동이 체제의 공고화에 기여할 수도 있었다. 프랑스 비시 체제 아래에서 나치 권력의 타도를 위해 적극적으로 레지스탕스 운동을 벌였던 사람만을 비시 정권의 반대자로 규정할 수 없는 것과 같은 맥락이다.[26] 체제에 대한 저항과 협력의 상호연관성이 삶의 다양한 측면과 맞물리면서 전개되는 세세한 측면을 더 정교하고 치밀하게 분석할 필요가 있다.

스탈린 체제의 일상사연구가 제기하는 또 다른 쟁점은 연속성과 단절의 문제다. 혁명으로 인한 사회주의체제의 수립, 농업 집단화와 경제개발 5개년계획을 기본 내용으로 하는 스탈린의 위로부터의 혁명과 같이 외형적 제도와 정책의 내용만을 강조할 때 혁명 전과 혁명 이후의 역사 단절은 부정할 수 없는 것처럼 보인다. 더구나 볼셰비키 정치권력은 계급의식과 사회주의 체제의 발전에 헌신할 수 있는 '소비에트 인간형'을 만들어내기 위해 노력을 기울였다. 교육체제를 전면적으로 개편하여 고등교육의 기회를 잡을 수 없었던 하층계급의 자녀들을 신엘리트 계층으로 육성해낸 것만 보아도 소비에트 체제는 이전과는 분명 차별적인 역사적 경로를 걷는 것처럼 보였다. 특히 스탈린의 문화혁명[27]은 국가권력의 강제에 의해 삶의 양식이 급격하게

---

25) Hiroaki Kuromiya, "'Political Youth Opposition in Late Stalinism': Evidence and Conjecture," *Europe-Asia Studies*, Vol. 55, No. 4(2003), pp. 631~638.

26) 이용우, 『프랑스의 과거사 청산: 숙청과 기억의 역사, 1944~2004』(서울: 역사비평사, 2004).

변화했음을 실증한다. 여성들은 가정 내에서의 역할에 머무르지 않고 집단 농장의 트랙터 운전기사로서, 또는 공장 임금노동자로서 생활하도록 장려되었다. 종교적 성향이 남성들보다 상대적으로 강했던 이들 여성들에게 국가는 반종교적 내용의 민중가요들을 전파시켜 체제가 원하는 여성상, 즉 무신론적인 소비에트의 신여성을 만들어내기도 했다.[28] 그렇지만 보통 사람들의 일상에서 체제의 변화에 상응하는 뚜렷한 단절이 일어났었다고 쉽게 단언할 수는 없다. 특히 그들의 여가생활의 측면을 통해 볼 때 단절과 연속성은 명확히 구분되어 있지 않았다.

러시아의 기후적 특성과 대도시의 과밀한 생활조건을 고려할 때 도시 근교의 별장이라고 할 수 있는 다차(Dacha)에서 짧은 여름을 보내는 러시아인의 생활방식은 오늘날과 마찬가지로 사회주의체제 아래에서도 여가생활의 중요한 일부분이었다. 그렇지만 혁명 직후에 다차를 '부르주아적' 삶의 양식으로서 규정한 인민들에 의해 여름 한철 다차에서의 생활은 더 이상 가능해 보이지 않았다. 급진적 성향의 인민들은 다차 건축에 사용되었던 목재를 해체하여 연료로 쓰기도 했고 다차 내의 가구를 약탈하기도 했다. 주택에 대한 사적 소유를 명목상 금지한 사회주의체제에서 다차에 대한 소유권을 어떻게 규정할 것인가의 문제는 이후에도 지속적인 논쟁을 야기했다. 1920년대의 기본 방향은 과거와 같이 개별 소유권을 인정하지 않고 지방 행정당국이 다차를 관리하면서 이에 대한 사용권을 지방관리와 노동자, 지식인들

---

27) 마이클 데이비드 폭스(Michael David-Fox)는 1928년에서 1932년까지 한정된 기간만을 지칭하는 문화혁명이라는 개념에 반대하면서 사회주의적 문화양식을 지속적으로 모색했던 1920년대 전반을 문화혁명 기간으로 불러야 한다고 주장했다. Michael David-Fox, "What Is Cultural Revolution?" Russian Review, Vol. 58(April, 1999), pp. 181~201.

28) William B. Husband, "Mythical Communities and the New Soviet Woman: Bolshevik Antireligious Chastushki, 1917~1932," *Russian Review*, Vol. 63, No. 1(2004), pp. 89~106.

에게 제한적으로 부여하는 방식이었다. 도시에서의 주택난과 중앙과 지방 사이의 효과적인 행정관리 체계가 아직 정비되지 않은 상황에서 다차의 소유권이 이러한 방식으로 쉽게 이행되지는 않았다. 더구나 1930년대에 들어와 스탈린 체제가 고착화되면서 교외에 위치한 다차에서의 생활은 체제의 발전에 기여한 소비에트 시민들, 즉 작가, 기술자, 과학자, 숙련 노동자 및 스타하노프 운동가 등이 마땅히 누려야 할 삶의 양식으로서 장려되었다.29) 소비에트의 모든 인민이 일상적 속박을 벗어나 개인만의 자유를 다차에서 누릴 수 있는 것은 아니었지만, 적어도 그것을 누릴 수 있는 사회적 위치를 획득한 이들에게 급격한 생활방식의 단절은 없었다고 할 수 있다.

소비에트 체제 인민들의 여가생활의 영역에서 연속성과 단절을 명확하게 구분하기 어렵다는 사실은 이 밖에도 여러 연구들을 통해 제시되었다. 소비에트 체제의 청년들에게 춤은 여가활동의 중요한 일부분이었다. 혁명 전부터 그들이 좋아했던 탱고와, 빠른 스텝 전환이 특징인 팍스트롯과 같은 춤을 자본주의의 퇴폐적 요소를 띠고 있다는 이유로 그들과 분리시킬 수는 없었다. 1920년대 레닌그라드의 일부 지역은 화려한 카바레와 카페들이 넘쳐나 뉴욕의 7번가와 다를 바 없다는 우려까지 나올 정도였다.30) 노동계급의 스포츠를 통한 여가활동에서도 급격한 단절만을 강조할 수는 없다. 노동자들은 국가권력이 새로운 스포츠문화의 정착을 위해 장려했던 집단체조라든가 '혁명적 문헌 해외로 반출하기', '제국주의자로부터의 구출'과 같은 정치적 색채가 가미된 새로운 놀이문화에 열광하기보다는 작업장 간의 승패를 다투는 축구시합이나 시합 당사자 간의 우열을 가리는 복싱과 테니스 같은 경기에 여전히 더 많은 관심을 보였다. 스포츠의 경쟁은 자본주의체제

---

29) Stephen Lovell, "The Making of the Stalin-Era Dacha," *The Journal of Modern History*, Vol. 74, No. 2(2002), pp. 253~288.

30) Anne E. Gorsuch, *Youth in Revolutionary Russia: Enthusiasts, Bohemians, Delinquents* (Bloomington, IN, 2000), pp. 120~125.

[그림 1-2] '그것을 당장 부셔버려라!'(빅토르 데니·1930). 붉은 노동자가 '문화혁명'이라는 글씨가 새겨진 망치로 술병을 내려치려고 하고 있다. 당시 소련 노동자들 사이에서 술은 노동 생산성을 저해하는 문제로 인식되었다.

의 문화를 답습하는 것이라며 협력과 집단정신의 고취를 가능케 하는 스포츠문화를 정착시키려 했지만 대중의 일상적 여가활동에서 그것이 구현되지는 않았다.[31]

소비에트 체제의 출범이 그 체제 안에서 일상적 삶의 대부분을 과거와 완전히 단절시키지는 않았다. 체제를 직접적으로 위협하지 않는 한 보통의 일상적 삶은 이전과 마찬가지로 지속되었다. 그렇다고 해서 소비에트 체제 인민들의 내면적 의식이 이전 시대의 그것과 아무런 차이가 없었다는 의미로 해석할 수 있느냐는 또 다른 쟁점이 등장한다. 스탈린 체제의 수용을 거부한 망명 지식인들의 회고록은 '침묵하는 다수'를 대변하여 소수의 내면적 저항의 목소리를 전해준다.[32] 이러한 기록들은 테러의 광풍이 몰아치는 독재체제 아래에서 정상적 시민으로 살아가기가 얼마나 어려운가를 보여주었지만 대다수 보통 사람들의 내면까지 보여주지는 못했다. 즉, 이들 자유주의적 지식인과 같이 체제에 대한 저항의식을 적극적으로 표명하지는 않았지만 내면적으로 체제의 기본 가치들을 암묵적으로 수용하면서 체제에 협력한 다수인들의 내면 의식을 구체적으로 조명할 필요가 제기된다. 침묵했던 대다수 사람들의 내면에서 체제에 대한

31) 박원용, 「'소비에트 인간형'의 창조: 네프기 '신체문화' 정책을 중심으로」, 《러시아연구》, 16권 1호(2006), 229~235쪽.

32) V. Kravchenko, *I Chose Freedom: The Personal and Political Life of a Soviet Official* (London, 1964); E. Ginzburg, *Within the Whirlwind*(New York, 1981).

협력의 징후를 도출해낼 수 있는 가능성을 검토할 필요가 있다는 것이다.

엄청난 자료 섭렵을 바탕으로 소비에트 국가의 공업지대 중의 하나였던 마그니토고르스크(Magnitogorsk)의 산업화 과정을 추적한 코트킨(Stephen Kotkin)의 연구는 이러한 점에서 시사하는 바가 크다. 그에 따르면 1930년대의 스탈린 체제는 러시아인들뿐 아니라 러시아 밖의 사람들에게도 새로운 희망을 준 사회체제였다. 대공황과 파시즘이라는 부정적 사회현상이 서구를 뒤덮고 있던 당시의 상황에서 스탈린 체제는 인류가 나아가야 하는 미래의 지표로서 기능하기 충분했다. 그리하여 마그니토고르스크 지역의 노동자들은 그러한 체제가 지향하는 "볼셰비키적 가치"를 적극적으로 내재화했으며 그것을 발전시키기 위해 적극적으로 노력했다. 어떤 면에서 이 지역 노동자들은 체제가 기대했던 이상으로 내부로부터 "볼셰비키화"되어 있었다.[33]

헬벡(Jochen Hellback)은 스탈린 체제를 경험했던 인물들의 일기를 바탕으로 코트킨의 주장을 더욱 강하게 몰고 나갔다. 헬벡은 내면적 심경고백이라고 할 수 있는 이들의 일기를 근거로 "소비에트의 시민들"을 당과 국가 지도자의 이데올로기의 대리인이라고 할 수 있을 정도로 볼셰비키 체제의 수사와 사명을 받아들인 "사회주의의 주체"라고 규정했다. 이들은 스스로를 소비에트의 새로운 인간형으로 만들어나가기 위해 필요했던 핵심 강령, 즉 집단화라든가 숙청 등을 수행했다. 스탈린 체제는 위로부터의 강제만이 아니라 이들의 자발적 협력으로 작동했다.[34]

헬벡은 4명의 일기는 상세하게, 그리고 47명의 일기는 간략히 분석함으로써 자신의 주장을 전개시켜나갔다. 사적인 기록이라고 할 수 있는 일기를 이 정도라도 분석할 수 있었던 것은 과거에 비해 훨씬 개선된 문서고 자료의 개방 분위기에 힘입은 바 크다. 그렇지만 여전히 제한된 자료만으로 "소비에

---

33) Stephen Kotkin, *Magnetic Mountain: Stalinism as a Civilization*(California, 1995).

34) Jochen Hellbeck, *Revolution on my Mind: Writing a Diary under Stalin*(Mass., 2006).

트 시민들"의 내적 심리상태를 규정할 수 있을 정도의 일반론으로 발전시킬 수 있을지는 논란의 소지를 제공한다. 즉, 헬벡이 분석 대상으로 삼고 있는 일기의 내용이 과연 소비에트 체제의 일반인들을 대표할 수 있는가 하는 문제가 남는다. 더구나 스탈린 체제의 전체주의적 성격을 지나치게 강조하지 않더라도 일기 작성자의 속마음을 기록으로 남겨놓는다는 것은 언제든지 테러를 위한 좋은 구실을 제공할 수도 있었다. 비밀경찰의 가택수색 시 일기는 반혁명분자를 기소하기 위한 결정적 단서로 활용될 수도 있었다. 이러한 위험을 고려할 때 일기의 내용은 작성자의 본의와는 다르게 스스로를 더욱 과장된 "소비에트의 시민"으로 그려낼 수도 있었다. 따라서 그들을 소비에트 체제의 가치를 진정으로 받아들인 소비에트형 신인간이라고 규정하는 데는 논란의 소지가 있다.

공개를 전제로 집필된 자서전의 경우에는 정치권력이 희망했던 대로 의식의 변화가 일어났다는 주장을 의도적으로 강조할 가능성이 더욱 커진다. 할핀(Igal Halfin)은 1920년대와 1930년대 볼셰비키 당원들의 자서전 분석을 통해 당원들의 의식에서 스탈린의 테러를 정당화하는 변화가 진행되었다고 주장한다. 그러한 변화는 1920년대와 1930년대 자서전 서술 내용의 변화에서 찾을 수 있다. 1920년대 자서전의 서술은 당원 개개인의 세계관이 공산주의로의 극적인 개종으로 완성되는 점진적 진화의 과정을 보여준다. 우여곡절의 과정은 있었지만 그들은 결국 자기교정과 자아의 재발견을 통해 공산주의의 신념을 받아들이게 된다. 그렇지만 1936년 스탈린의 헌법이 채택되고 소비에트 체제가 완성되었다는 선언 이후 자서전의 서술 방식도 확연하게 달라진다. 이전 시대에 끊임없는 자기교정과 자아투쟁을 통해 새롭게 태어날 수 있는 가능성을 인정받았던 정치적 반대세력들은 이제 철저히 악마처럼 그려졌다. 이 반대세력들의 영혼은 바뀔 수도 없고 교정될 수도 없다. 세상에는 마땅히 제거해야 할 사악한 영혼과 좋은 영혼만이 존재할 뿐이며 그러한 사악한 영혼이 사회주의체제를 위협하지 못하도록 그들의 제거는 필요한 것이다. 스탈린의 테러는 이렇게 사회주의체제에 남아 있는 사악한 영혼을 드러내 그것들을 전면적으로 제거하기 위해 필요했다.[35] 볼셰비키 당원들은 내면에서부터 스탈린의 테러를 열렬히 지지했다.

　과거 사람들의 내면 의식을 그들이 남긴 기록을 통해 복원했다는 점에서 헬벡과 할핀의 연구는 스탈린 체제를 새로운 각도에서 조망하게 해주었다. 그런데 이렇게 복원된 내면 의식을 당시 현실의 구체적 모습과 직접적으로 연결시키기에는 다소 무리가 있어 보인다. 할핀의 경우 자서전의 서술양식의 변화를 예시하면서 스탈린 테러의 등장을 설명한다. 그렇지만 언어의 수사적 표현이 복잡한 현실정치의 변화를 설명하는 잣대로 활용될 수 있다는 할핀의 입장은 의문을 남긴다. 1920년대에 등장한 자서전과는 달리 1930년대의 자서전이 스탈린 체제에 반대하는 사람들의 의식을 치유할 수 없는 의식으로 그렸더라도, 그것을 테러정치의 출범을 알리는 신호탄으로 단정하기에는 문제가 있다. 그러한 수사적 표현의 변화를 추적함으로써 테러의 기원을 설명한 그의 연구가, 스탈린의 테러를 중앙과 지방 정치세력 간의 역학관계 및 정치국 내의 복잡한 권력 갈등에서 기원했다고 주장한 실증적 연구[36]를 어떠한 측면에서 보완할 수 있는지, 그리고 언어의 수사학적 측면과 테러라는 정치형태를 어떠한 논리로 연계할 수 있는지에 대한 설명은 충분치 않다. 글로 표현된 인간의 내면은 실제 겉으로 드러나는 행동과 반드시 일치하지만은 않는다.

　스탈린 체제의 일상사적 접근은 이와 같이 다양한 각도에서 체제의 작동기제를 설명하는 데 기여해왔고 문제도 제기했다. 체제에 속해 있던 사람들의 일상을 복원하기 위해 사용했던 자료는 망명 지식인들의 기록, 신문기사,

---

35) Igal Halfin, *Terror in My Soul: Communist Autobiographies on Trial*(Cambridge, Mass., 2003).

36) 이에 대해서는 각주 14번과 15번을 참조.

일기, 편지 등의 문헌기록에 주로 의존했다. 하지만 정치권력의 힘이 상대적으로 강했던 스탈린 체제 아래에서 이렇게 문헌기록에 의존하여 복원된 일상의 모습은 여전히 일상의 전체 모습을 전달해주지는 못한다. 감시와 검열의 위협에서 자유롭지 못한 체제의 특성상 그들 개개인의 다양한 삶의 양태를 기록으로 남김으로써 처벌의 빌미를 남기고 싶지는 않았던 것이다. 이러한 문제의식 아래에서 스탈린 체제의 일상을 구술증언을 통해 보완하려는 시도가 등장했다. 스탈린 체제를 경험했던 사람들의 기억을 구술과정을 통해 복원한다면 문자기록에서 미처 잡아내지 못한 일상의 측면을 좀 더 풍부하게 복원시킬 수 있다. 이러한 방법론에 입각해 러시아 혁명사뿐 아니라 소비에트 문화사 분야에 괄목할 만한 업적을 가진 파이지스(Orlando Figes)는 스탈린 시대를 경험했던 가족 구성원들의 일상을 상세히 복구했다.37)

구술증언을 통한 스탈린 시대의 일상의 복원에도 문제는 있다. 스탈린 체제의 생존자들은 밀고자가 사방에 깔려 있던 스탈린 시대에 속마음을 함부로 드러내 보였다가 수백만 명 이상이 체포당했던 사실을 알고 있었다. "주방에서의 은밀한 대화"는 절대적으로 믿을 수 있는 가족 구성원들에게만 가능했다. 이런 경험이 있는 스탈린 시대의 생존자들에게 낯선 국내외의 연구자들이 녹음기를 들이대면서 끔찍했던 과거의 기억을 상기시키는 질문을 했을 때 그들이 쉽게 속마음을 열리라고 기대하기는 어렵다. 더구나 스탈린 체제의 잔혹한 죄상이 드러난 현재, 그 체제에서 살아남은 사람들은 당시 자신의 행동을 합리화하거나 미화하기 위해 실제보다 과장된 회상을 전달할 가능성도 있다. 파이지스 역시 이러한 한계를 잘 인식하고 있기 때문에 자신의 책을 구술증언에 의존하지만은 않았다. 개인이 깊은 서랍 안에 보관하고 있었던 편지, 메모, 회고록, 사진 등의 자료를 통해 구술증언의 진위 여부를 검토함으로써 그것의 한계를 보완했다. 이와 같이 스탈린 체제

---

37) Orlando Figes, *The Whisperers: Private Life in Stalin's Russia*(New York, 2007).

를 경험했던 생존자들의 증언은 새롭게 발굴되는 문서자료와 효과적으로 병행되어 활용된다면 그 체제에 대한 인식을 더욱 심화시킬 수 있을 것이다.

4. 끝맺는 말

스탈린 체제를 일상의 다양한 측면과 관련해 조망한 시도들은 체제의 작동이 위로부터의 강제나 아래로부터의 자발적 협력만으로 이뤄지지 않았음을 알게 해준다. 스탈린 체제의 보통 사람들은 일상을 꾸려나가는 데 국가권력에 일면 순응하기도 했고 경우에 따라서는 저항하기도 했다. 스탈린 시대 민중의 이러한 다양한 일상을 강조할 때 우리는 스탈린 체제가 위로부터의 명령에 의해 일사불란하게 움직인 체제가 아니었음을 인식하게 된다. 체제의 내부 구성원들은 수동적으로 자신의 상황을 받아들이지만은 않았다. 만성적 물자부족의 어려움에 직면하면서 그들은 '정상적 삶'을 꾸려나가기 위해 국가권력과의 타협을 모색하기도 했고 드문 경우지만 노골적 저항도 주저하지 않았다. '비정상적 시기'의 일상을 '정상적'으로 만들기 위해 그들은 다양한 전술을 동원했다.

이렇듯 일상사적 접근이 스탈린 체제에 대한 새로운 인식의 기회를 제공한 것은 사실이지만 비판적인 성찰 또한 필요하다. 이 대목에서 일찍이 스탈린 체제에 대한 수정주의적 접근방법의 공과를 비판한 일리(Geoff Eley)의 지적은 음미할 만한 가치가 있다. 일리는 독일사 전문가였지만 자신과 같은 제3자적 입장이 수정주의 연구경향의 문제점을 더욱 날카롭게 인식하는 시각을 가능케 한다고 주장했다. 그는 수정주의 계열의 역사가들이 독일 사회사가들의 전제, 즉 의사결정 과정의 복잡함, 정책내용과 집행 사이에서 발생하는 불일치, 특정 사회집단과 지역에 따라 국가정책에 반응하는 양식의 차이 등을 스탈린의 러시아에 무차별적으로 적용하는 오류를 저질렀다고 비판했다.

독일 나치당과 스탈린의 볼셰비키 당은 정치 운영의 형태상 차별성이 있는데도 수정주의 계열의 역사가들이 그 특수성을 경시했다는 것이다. '국가'를 대신한 '사회'의 지나친 강조가 결국 '정치'를 사상시켜버리는 오류를 저질렀다는 것이 그의 비판의 핵심이었다.[38]

문화를 인간 생활 전반에 관한 삶의 양식이라고 포괄적으로 규정한다면 스탈린 체제의 일상사는 '정치'를 배제하고 '문화'라는 렌즈를 통해 본 역사인식 방법이라고 얘기할 수 있다. 사회구조와 사회계층에 대한 관심이 일상사에서는 사라지고 그 대신 체제를 구성했던 인간 개개인의 다양한 삶이 부각된다. 피상적인 수준에서 발생할 수 있는 인상만을 근거로 얘기한다면 자본주의체제나 사회주의체제의 사람들이 살아가는 방식은 거의 대동소이하다고 지적할 수 있다. 그렇지만 사회주의체제의 일상을 '이데올로기'의 영향력에서 완전히 배제된 영역으로 간주할 수는 없다. 자본주의체제의 일상을 이야기할 때 그 체제의 구성원들은 자본주의 이데올로기의 구속력으로부터 어느 정도의 자유가 있다. 이와 달리 스탈린 체제의 일상생활은 체제의 이데올로기적 구속력에서 분리하여 진행될 수 없었다. 스탈린 체제의 인민들은 일상생활을 유지하기 위해 다양한 전술을 동원했지만 그것도 체제의 이데올로기가 허용하는 한도를 벗어나지는 않았다. 스탈린 체제의 일상사적 접근은 결국 체제 작동의 정치적·문화적 영향력을 분리하여 사고하지 않고 그것을 통합적으로 사고하도록 만드는 계기로서 활용되어야 한다. 생필품을 확보하기 위해 체제의 민중들이 동원한 전술의 효용성, 그리고 그들의 암묵적인 저항과 협조의 태도가 체제가 강요한 이데올로기에 의해 어떻게 변화했는지를 보여줄 수 있을 때 스탈린 체제의 일상사는 더욱 지속력이 있는 역사인식 방법으로 자리 잡을 수 있을 것이다.

---

38) Geoff Eley, "History with the Politics Left Out-Again?" Russian Review, Vol. 45, No. 4(1986), pp. 385~394.

북한 체제에 대한 우리의 인식은 문외한의 견지에서 보건대 스탈린 체제에 대한 역사가들의 인식에 비해 다채롭지 못하다. 이러한 사정은 우리가 접할 수 있는 정보의 한계, 북한 체제의 폐쇄성 등에서 그 원인을 찾을 수 있다. 북한이 발행하는 공식 기관지나 공영 방송의 시각 이미지를 통해서 스탈린 체제에서 확인할 수 있었던 일상의 다양한 측면, 즉 작업거부의 행동에서 간접적으로 드러나는 체제에 대한 저항이라든가 체제의 이데올로기와는 어긋나는 일탈행동을 발견하기란 어렵다. 그러한 가능성을 우회적으로 발견하기 위해 우리가 주목할 만한 대상이 픽션적 성격의 매체다. 리버스 (Keith A. Livers)는 소설 속의 인물들이 어떠한 경로를 통해 체제의 이데올로기를 수용했는가를 보여줌으로써 스탈린 체제의 통합적 성격을 강조한 바 있다.39) 북한 체제에서 제작되는 영화, 소설 등도 제한된 범위에서나마 이러한 가능성을 제공할 수 있을 것이다. 1980년대 북한에서 출간된 소설 6편을 분석함으로써 북한 주민들의 내적 통제의 기제를 분석한 량(Sonia Ryang)의 연구는 이런 측면에서 주목할 만하다.40) 문제는 픽션의 성격을 띠는 매체에서 어떠한 이론적 근거로 북한의 현 사회를 설명하는 요소들을 끄집어낼 수 있는지 찾아내는 것이다. 또한 탈북자들의 증언도 북한 체제를 다양하게 파악할 수 있도록 하는 중요한 계기를 제공한다. 실제로 북한의 소설, 영화, 탈북자들의 증언을 종합적으로 검토해 북한 체제에 새롭게 접근하려는 시도가 진행 중이라는 얘기가 들린다. 이런 맥락에서 스탈린 체제의 일상사적 접근은 북한 체제에 대한 발상의 전환을 가능케 하는 선행 연구로서 충분히 활용될 수 있을 것이다.

---

39) Keith A. Livers, "The Soccer Match as Stalinist Ritual: Constructing the Body Social in Lev Kassil's *The Goalkeeper of the Republic*," *Russian Review*, Vol. 60(October 2001), pp. 592~613.

40) Sonia Ryang, "Technologies of the Self: Reading from North Korean Novels in the 1980s," *Acta Koreana*, Vol. 5, No. 1(2002), pp. 21~32.

2장

중국 기층사회에서 일어난 문화대혁명과 인민의 일상

장윤미(인천대학교 인문학연구소 HK 연구교수)

1. 문화대혁명, 과거의 기억과 일상

문화대혁명(이하 문혁)은 중국 역사에서 어떠한 의미가 있는가. 아직 역사적 평가를 내리기에는 지나온 역사가 짧다고 할 수 있지만, 문혁은 여전히 중국에서 논란거리다. 역사가 현재적 관점에서 끊임없이 재해석된다는 점에서 과거사에 대한 논란은 어느 사회에나 존재해왔지만, 문혁만큼 논란의 폭이 크고 양극단의 평가가 내려지는 사건이 또 있을까. 대개의 역사적 논란은 동일한 사건을 어떠한 철학과 관점에서 보느냐에 따라 나뉘는 데 반해, 문혁은 이러한 측면보다는 우리가 일반적으로 알고 있는 사건에 비해 상대적으로 과소 유포된 이야기, 요컨대 문혁 사건에 대한 불균형적 이해 자체에서 비롯된 것이라 볼 수 있다.

지금까지 문혁은 현재 중국의 통치자에 의해 공식적으로 해석된 역사, 서구적 관점에서 상상되어 신비화된 역사, 한국 사회라는 특정 사회 내에서 이념 논쟁으로 구축된 역사 등 다양한 이미지를 가져왔다.[1] 아직까지 알려진 사실이 그다지 많지 않은 문혁이 중국 국내뿐 아니라 세계 각국에 다양한 방식으로 영향을 끼치고 여전히 중요한 이유는 그것이 중국 혁명의 완결성에 대한 문제, 나아가 근대의 현상으로서 혁명 일반의 문제를 불러일으키기 때문일 것이다.[2]

문혁은 기존의 모든 권위적인 체계나 제도, 의식, 습관, 심지어 생활태도와 말투까지 변화시키려고 했던 사회 전체 차원에서 벌어진 운동이라 할 수 있다. 처음에는 문예계의 학술 논쟁에서 비롯되었지만, 점차 정치계로, 학교로, 다시 공장과 농촌으로 확산되면서, 중국 인민이라면 좋든 싫든 간에 자신의 입장을 밝히고 개입해 들어가야 했다. 따라서 문혁은 신중국 성립 이후 몇 차례에 걸쳐 진행되었던 기존의 정치운동처럼 그 여파가 일부 계층에만 한정되지 않고 중국 인민의 삶에 근본적인 영향을 끼친 전대미문의 사건이라 할 수 있다. 또한 기존의 모든 권위에 반대하는 것이 정당화되면서 출신이나 계급에 따라 등급을 나누었던 조직적인 위계질서, 혁명의 승리와 함께 정당성을 인정받아 특권을 누려왔던 공산당과 전문적 지식으로 사회

---

1) 중국은 1981년 발표한 '역사결의'에서 "문혁은 마오쩌둥이 잘못된 정세판단 아래 발표한 것으로, 린뱌오(林彪) 일파와 4인방이 국내를 대혼란에 빠트린 내란이었다"는 공식 평가를 내린 바 있다. 그리고 이는 지금까지 전혀 바뀌지 않았다. 서구에서는 주로 68혁명 당시 서구 자본주의의 대안적 모델을 모색하던 과정에서 문혁을 대중정치와 민주주의의 새로운 가능성을 보여주는 것으로 받아들였다. 남과 북이 대치상황에 있는 우리나라에서는 주로 개인우상숭배와 홍위병의 광기라는 코드로 문혁 이미지가 채워지면서 문혁에 대한 리영희 선생의 소개가 사회주의체제를 미화시켰다는 일방적인 이데올로기적 비판을 받아왔다. 최근 문혁연구에 대한 새로운 시각을 소개한 글로는 문혁 40주년 특집호를 실은 ≪역사비평≫, 2006년 겨울호를 참고하라.

2) 아리프 딜릭, 『포스트모더니티의 역사들: 유산과 프로젝트로서의 과거』, 황동연 옮김(서울: 창비, 2000), 51~112쪽. 이와 같은 문제의식에서 문혁의 내용과 쟁점을 정리한 연구로는 다음을 참고할 것. 백승욱, 『문화대혁명: 중국 현대사의 트라우마』(서울: 살림, 2007).

각 분야나 생산기술 영역에서 대우를 받았던 전문가, 지식인들의 지위가 모두 무너지고 만다. 기존의 위계적인 조직과 제도가 무너짐에 따라 '당은 결코 잘못이 있을 수 없다'는 당에 대한 대중의 확고한 신념이 크게 손상되었고 결국 많은 이들이 중국 사회주의체제에 대해 근본적인 의문을 품게 되었다.

그러나 문혁 역사에 대해서는 다양한 평가가 존재한다. 중국 개혁파는 과거사에 대한 해석권을 독점하고 개혁의 정당성을 확보하기 위해 문혁을 부정한다. 특히 중국의 개혁이 경제발전을 최고의 목표로 삼는다는 점에서 문혁이라는 다년간의 정치적 혼란으로 경제가 발전할 수 없었고, 중국의 경제발전이 10년 후퇴했다고 강조한다. 그러나 문혁 시기 중국의 경제성장과 취업 상황에 대한 상세한 분석을 진행한 연구서는 충분한 식량과 주거, 의료, 기타 생활필수품 공급에 매우 큰 성과가 있었다는 상반된 평가를 내리고 있다.[3]

또한 문혁을 끌고 나간 주체 세력에 대한 해석의 차이도 크다. 일반적으로

---

3) Thomas G. Rawski, *Economic Growth and Employment in China*(Oxford: Oxford University Press, 1979). 그뿐 아니라 문혁 10년의 중국 경제발전을 평가하는 이 저서에서는 현대화 기술과 제조업 부문, 기초 과학 모두 광범위하고도 신속하게 발전했다고 평가한다. 공업발전에 필요한 과학기술이 대도시 몇 곳에만 집중되지 않고 농촌의 전기화, 농촌의 지방공업, 기술훈련, 출판업 발전 등 이미 현대적 과학과 기술이 2억 호 이상의 가정에 공급되었으며 초등교육은 거의 보급되었고 중등교육 역시 급속히 발전했다는 것이다. 세계은행이 1981년에 발표한 「세계발전보고」에 따르면 중국의 국가 배급제와 사회보장제도를 긍정적으로 평가하고 있으며, 대중교육의 보급과 교육 수준도 높이 평가하고 있다. 그뿐 아니라 중국 절대다수의 인구가 기본적인 의료혜택 서비스를 받고 있다고 평가하고 있다. World Bank, *World Development Report 1981*(Oxford: Oxford University Press, 1981). 사회주의 시기 중국의 노동자와 농민이 생활보장의 혜택을 누렸다는 점도 중요하지만 무엇보다 중요한 건 노동이 존중받던 사회적 가치에 있다.

마오쩌둥(毛澤東)이라는 절대적 존재의 호령 아래 광기 어린 대중이 한목소리로 지식인과 간부를 공격하고 핍박한 것으로 묘사되지만, 각 직장 단위와 지역, 간부, 학생, 노동자에서부터 심지어는 군대와 군 관련 계통의 기관에서도 보수와 조반(造反) 세력 간의 대결구도로 나뉘어 역동적인 흐름과 변화로 운동을 주도해나갔다는 사실을 알 수 있다. 즉, 마오쩌둥이나 중앙 문혁에서 지방 문혁과 조반조직에 행동지침을 지시하기도 했지만, 지방과 각 기층단위의 조반파들이 자신들의 활동과정에서 필요한 '후견'을 적극 모색하기도 했다. 다시 말해 마오쩌둥이 자신의 의도대로 사회운동을 조정했다기보다는 다양한 사회조직에서 자신들의 정당성을 입증하기 위해 마오쩌둥을 필요로 한 것이다. 마오쩌둥은 일관된 행동을 보이지는 못했지만 당 조직보다는 대중을 우위에 두려 했다. 이러한 대중운동 우선 방침은 중국 혁명 역사의 전통이자 중국 체제의 정당성을 확보하는 필수불가결한 부분이다.[4] 이 때문에 중국의 대중운동은 폭발적인 에너지를 분출할 수 있었다.[5]

---

4) 중국 사회주의가 소련 사회주의와 다른 점 중의 하나는 대중운동이 중국 사회주의 체제의 정당성을 확인해주는 필수적인 과정이라는 것이다. 중국의 혁명과정에서 공산당의 정당성은 대중노선(mass line)을 견지하는 데서 왔으며, 이러한 대중운동은 관료의 부패와 독점을 견제하는 방법으로도 사용되어왔다.

5) 필자는 문혁을 폭넓게 이해하기 위해서는 국가권력의 차원에서 진행된 문혁뿐 아니라 이러한 권력이 사회에 어떠한 영향을 미쳤는지, 또한 사회 기층에서 자발적인 운동의 움직임은 어떠했는지 등을 파악해야 한다고 생각한다. 왕샤오광 역시 문혁의 연구대상을 선택할 때 뚜렷이 대별되는 서구의 두 가지 경향이 있음을 지적한다. 그것은 지도자 경향과 대중 경향이다. 이는 문혁 과정에서 상층 지도부의 권력 다툼 외에도 '진정'한 대중운동이 존재했음을 의미한다. 王紹光, 『理性与瘋狂: 文化大革命中的群衆』(香港: 牛津大學出版社, 1993). 셔먼은 문혁에 대해 "중국의 사회적 역량은 국가권력 구조에서 기인하는 것만큼 중요하다. 중국의 주요 사회계급은 중국을 지휘하는 이데올로기와 조직에 대해 압력을 행사한다"고 지적한다. Franz Schurmann, *Ideology and Organization in Communist China*(California: University of California Press, 1970), p. 504. 셔먼 이후 문혁

또한 조반의 목적이 주로 권력 쟁탈에 있었다는 평가는 주로 상층 문혁파에게 초점을 맞춘 시각이다. 상층 문혁파와 기층 조반파는 운동의 목적이 때론 일치하기도, 때론 다르기도 했다. 문혁 과정을 살펴보면 위의 정치적 상황 변화에 따라 아래에서의 반응과 행동이 다르게 나타났는데, 이러한 중국 정치의 특징은 항상 예측 불가능하고 의도하지 않은 결과를 가져왔다. 기층 조반파들이 혁명 이데올로기를 실천하려는 이상적인 목표로서 뛰어든 것은 사실이지만, 많은 조반파들이 주로 자신이 우파가 아님을 증명하기 위한 명예 회복을 위해 싸웠다. 그러나 여러 번의 투쟁과정을 통해 결국 숙정당할 위험에 빠지지 않는 철저한 방법은 당원이 되든, 관료가 되든 권력의 핵심부로 들어가는 길뿐이라는 것을 깨닫는다. 이것이 외부에서 보기에는 권력 다툼으로 비쳤을 수 있지만, 우파로 찍히고 숙정당하는 처지에 놓이지 않기 위해 끈질기게 저항했던 이들에게는 다소 억울한 측면이 없지 않다.[6]

한편 오늘날 기층민중의 삶과 노동의 변화 속에도 문혁이 남긴 흔적은 깊이 뿌리박혀 있다. 완전히 상반된 성격의 두 체제를 직접 지나온 중국의 노동자들이 현재 강제 퇴직당하고 언제라도 해고당할 위험에 놓여 있는 상황에 대해 느끼는 불만은 과거 체제에 대한 기억과 더욱 뚜렷하게 대비되어 나타나고 있다. 특히 1990년대에 들어 개혁으로 인한 문제들이 나타나기 시작하고 빈부격차가 벌어지면서 문혁의 상징인 마오쩌둥이 다시 등장하기

시기 대중 참여의 역할에 초점을 맞춘 연구들이 쏟아져 나왔다. 이들은 주로 홍위병 신문과 난민의 인터뷰 등 새로운 원시자료의 발굴과 함께 전체주의 모델에서 벗어나 대안적 접근을 모색하며 일상 시민의 정치적 행동을 설명한다. 문혁 연구에 관한 쟁점과 자료에 관해서는 다음을 참고할 것. 안치영, 「문화대혁명 연구의 동향과 쟁점」, 「문화대혁명 연구자료 안내」, 백승욱 엮음, 『중국 노동자의 기억의 정치: 문화대혁명 시기의 기억을 중심으로』(서울: 폴리테이아, 2007).
6) 이러한 과정을 잘 보여주는 최근의 회고록으로는 다음을 참고할 것. 陳益南, 『靑春無痕: 一個造反派工人的十年文革』(香港: 中文大學出版社, 2006).

시작했다.[7] 노동자들은 국유기업 민영화 과정에 항의하며 마오쩌둥의 초상화를 높이 들고 당시의 구호들을 외치며 집단행동을 벌였다.[8] 1990년대 중·후반 각 지역의 노동자들이 집단행동을 벌이며 자주 했던 말은 "문혁을 한 번 더 해야 돼"였다. "당시 마오쩌둥이 자본주의에 반대한다고 했을 때 무엇이 자본주의인지, 왜 반대해야 하는지 정말 몰랐지만, 이제야 모두 알 것 같다"[9]는 어느 중국인의 말처럼, 문혁은 오늘날 평범한 중국인들의 기억 속에 여전히 뚜렷하게 살아 있다. 특히 사회주의를 거쳐온 국유기업 노동자들이 가장 싫어하는 말은 과거 사회주의체제가 게으른 노동자를 길러

---

7) 마오쩌둥의 유명한 지령인 '조반유리(造反有理: 혁명은 정당하다는 의미)'는 많은 대중의 자발성을 부추겼다. 페리는 문혁의 영속적인 결과는 중국의 일상 시민들로 하여금 일반적인 권위적 체제에서 기대할 수 있는 것보다 더 대중 저항의 가능성과 실천에 깨어 있도록 고취시켰다는 점이라고 지적한다. Elizabeth J. Perry, "To Rebel is Justified": Cultural Revolution Influences on Contemporary Chinese Protest, Kam-yee Law(ed.), *The Chinese Cultural Revolution Reconsidered: Beyond Purge and Holocaust*(Palgrave Macmillan, 2003), pp. 262~281. 이와 같은 점에서 문혁은 중국인들에게 중국의 정치제도를 성찰하게 만들었고 정치제도의 개혁을 희망하도록 촉구했다고 볼 수 있다. 이와 같은 관점에서 마이스너는 문혁을 통해서 사람들의 정치적인 자각이 이전과 크게 달라졌다고 지적한다. 인민들은 문혁 동안 전대미문의 자유를 향유했고 자신의 조직을 만들었으며 대자보 등의 수단을 이용해 자신의 불만과 바람을 표출했다. 이것은 보편적이고 인상 깊은 경험으로, 인민들은 자신의 합법적인 권리를 인식했고 자신의 힘에 의존해 합법적인 권리를 보호할 수 있었다는 것이다. 모리스 마이스너, 『마오의 중국과 그 이후』, 김수영 옮김(서울: 이산, 2004).

8) 중국 국유기업 노동자들이 과거에 대한 기억을 동원하여 저항의 담론으로 활용하고 있다는 시각에서 노동자 집단행동을 연구한 것으로는 다음을 참조할 것. 佟新, 「連續的社會主義文化傳統: 一個國有企業工人集體行動的個案分析」, 『社會學研究』(2006年 第1期).

9) 王毅, 「應正確評價中國的文化大革命與資本主義改革」, http://www.people.com.cn/digest/index.htm.

냈다는 말이다. 철 밥그릇이 중국 노동자의 적극성을 죽였다는 개혁가들의 말은 노동자에 대한 커다란 모욕이나 다름없었다. 사회주의 시기 노동자들은 스스로 잔업에 나섰고 공장에 대한 애정과 관심으로 넘쳤다. 이들은 휴일에도 공장에 나와 기계들을 점검하며 공장 일을 자신의 일처럼 아끼고 사랑했다. 이 때문에 개혁시기 국유기업 노동자들의 주요 투쟁 내용 역시 노동력의 '비상품화'로서, 고용제도뿐 아니라 공장 내 노동과정, 각종 규칙, 관리층과 노동자 간의 관계, 임금제도 등 포괄적인 내용을 담고 있었다.

문혁은 하나의 커다란 사건이지만, 지역, 계층, 층위 등, 저마다 입장에 따라 그에 대한 기억은 다양하게 남아 있다. 그렇다면 문혁이라는 거대한 물결 속에서 숨 쉬고 살아가던 중국의 일반 민중들은 문혁을 어떻게 기억하고 있을까? 이 글에서는 사회주의 인민의 일상이라는 측면에서 문혁 시기를 고찰해보려 한다. 문혁으로 사회 기층에 어떠한 일상의 변화가 있었고 이러한 일상사의 변화가 중국 사회에 어떠한 영향을 미치고 어떠한 과제를 남겼는지 알아보자.

우리 사회에서 자주 인용되지만 한 가지로 굳어진 문혁의 이미지에서 벗어나 문혁을 좀 더 폭넓게 이해하려면 그 사회를 살아온 이들이 어떻게 살았고 무엇을 느꼈는지 이해하는 것이 중요하다. 이런 이해가 중요한 이유 중의 하나는 기존 지역연구의 경향 중 하나인 국가 중심적 사고에서 벗어나 역사적 역동성이 훨씬 더 다양한 세력 간의 상호작용에서 비롯된다는 것을 이해하기 위해서다.

이 글에서는 문혁에서 시도된 새로운 기층 권력, 사상, 제도 등의 문제를 민중의 관점에서 구성해보았다. 2절에서는 우선 기층파벌 형성의 과정을 중심으로 문혁을 이해하고 그 한계점이 무엇인지 살펴보았고, 3절에서는 혁명의 일상화로 달라진 사상과 문화의 측면을 다뤘다. 사회적 측면에서 문혁이 내건 주요 모토는 3대차별의 극복이었고, 이러한 정신은 각종 운동을 통해 여러 가지 제도적 혁명으로 시도된다. 4절에서는 이러한 제도적 실험이 기층에서 어떻게 시도되었고, 기층 인민의 삶을 어떻게 바꿔놓았는지 살펴본다. 마지막으로 5절에서는 이러한 새로운 세계에 대한 꿈과 이상이 가진 한계와 영향, 그리고 그 이후에 남겨진 과제들을 살펴본다.[10]

2. 문혁, 그 역사적 사건과 기층파벌의 정치학

1) 문혁은 어떻게 기층까지 확대되었나[11]

1949년 사회주의 혁명에 성공한 중국은 1956년 소유제 개조를 완료하면서 사회주의의 전망을 둘러싸고 지도부 내에 갈등을 보이기 시작한다. 1958~1959년의 대약진 운동이 실패한 이후 류샤오치(劉少奇)의 주도로 경제조정 정책이 실시되었다. 이 시기에 주로 관료적인 위계구도가 강화되고 효율과 경제발전이 강조되면서 사회주의 방식을 둘러싸고 더욱 첨예한 갈등이 부각된다. 1963년에 들어서자 마오쩌둥은 사회주의 대 자본주의의 '두 가지 노선'이 존재한다는 비판을 제기하면서 사회주의 교육운동(四淸)을 진행한다. 이 운동은 농촌 기층 관료들의 부패를 비판하는 정풍운동이었지만 점차 도시의 공장과 기업으로 확대되었고, 운동의 방식과 숙정 대상을 둘러싸고 자행된 부당한 탄압이 문혁 시기의 파벌 대립 구도로 이어진다.

---

10) 이 글에서 인용된 인터뷰 내용은 '중국 노동자의 기억의 정치: 구술사 방법을 통해서 본 현재 속의 과거'라는 주제로 지난 2005년 1월에서 2006년 12월까지 중국의 주요 도시 노동자를 대상으로 진행한 인터뷰 녹취자료에서 발췌했다. 공동연구를 이끌어준 백승욱, 장영석, 이희옥, 안치영 선생님과 중국의 다이젠중(戴建中), 퉁신(佟新) 선생님에게 감사드린다.

11) 이 부분은 천이난,『문화대혁명, 또 다른 기억: 어느 조반파 노동자의 문혁 10년』, 장윤미 옮김(그린비, 2008)의 옮긴이 후기에서 발췌함.

문혁은 우선 문예논쟁에서 시작해 정치적 영역으로 확대되고 다시 학교와 공장으로 확대되어 대다수 중국인들의 일상 속으로까지 파고들었다. 우한(吳晗)이 쓴 「해서파관(海瑞罷官)」을 비판하는 야오원위안(姚文元)의 문장이 발표될 때까지만 해도 중국의 일반 민중들은 문화 영역의 비판운동을 또 다른 정치운동의 하나일 뿐이자 신중국 이후 반복되어왔던 매우 정상적인 정치적 현상으로 인식하고 있었다. 1966년 여름 천안문광장에서 대대적으로 벌어진 마오쩌둥의 홍위병 접견이 되풀이되자 민중들은 문혁이 지금까지와는 다른 차원의 운동이라고 느끼기 시작했으며, 정말로 관료가 득세하는 계급사회가 아닌 이상적인 사회주의를 건설하기 위한 전면전이 시작되었나보다고 생각했다.

문혁의 공식 문건인 「5·16 통지」는 1966년 5월 베이징에서 개최된 정치국 확대회의에서 결정된 문혁의 강령적 문헌으로, 「통지」에 따라 정치국 상무위원회 아래 중앙문화혁명소조를 두어 문화대혁명을 전개하기로 결정한다. 이에 따라 구사상, 구문화, 구풍속, 구습관의 이른바 '4구(四舊)' 타파를 주창하는 프롤레타리아 문화대혁명이 시작된다. 5월 25일 베이징대학에서는 니에위안쯔(聶元梓) 등이 당위원회 서기와 학장을 비판하는 대자보를 붙이고 대학 당국이 '3가촌(三家村)'의 일당이라고 비판한다. 이에 대해 중앙에서는 기존의 방식과 마찬가지로 각 대학과 중·고교, 전국 각지의 문교 단위에 공작조(組)를 파견한다. 공작조(工作組)는 1960년대 전반 사청운동 때도 파견된 운동 방식이었다. 공작조에 의한 운동 지도는 7월 28일 마오쩌둥이 모든 공작조의 철수를 결정할 때까지 약 50일간 진행된다. 이 기간에 조반 민중과 공작조의 갈등이 격화되어 이후 문혁 시기 갈등의 씨앗을 남긴다.

사실 극히 소수의 지도자를 제외하고 처음에는 모두들 이 운동이 또 다른 맹렬한 반우파운동에 지나지 않는다고 생각했고, 따라서 기존 방식대로 당 통제 아래 운동을 진행했다. 문혁은 직전에 있었던 사청운동과 성격 측면에서 동일하기는 했지만 또 다른 양상으로 확대 발전된다. 특히 운동의 형태나 방법, 범주 등은 현저하게 달랐다. 마오쩌둥의 시각에서 보면 문혁은 사청운동을 통해 해결할 수 없었던 문제를 해결하기 위한 시도였던 것이다.

6월 중순 칭화(清華)대학 부속중학에서 첫 홍위병이 등장했다. 이후 마오쩌둥이 조반을 지지하는 발언(造反有理)을 하고 나서 홍위병이라는 명칭은 순식간에 유행이 되었다. 초기 홍위병은 이른바 '홍오류(紅五類)' 출신인 고급 간부의 자제가 중심이었고, '혈통론'은 이들이 홍위병의 리더가 되는 것을 합법화하는 논리였다. 그러나 이 혈통론은 곧이어 비판을 받고 홍위병 조직은 대중화된다. 당 중앙은 처음에는 노동자·농민·군인의 개입을 금지하지만, 1966년 12월 문건 2개를 제출하면서 문혁은 공장과 농촌으로까지 확대된다. 그렇다면 대중은 이러한 문혁 이념을 어떻게 받아들였고 문혁 조반은 어떻게 대중에게까지 확대된 것일까?

조반이 일반 대중에게까지 급격히 확산된 것은 당시 중국 사회가 안고 있던 현실적 모순의 심각성을 잘 보여준다. 사실 사회주의 제도 자체에 문혁의 원인이 내재하고 있었다는 점에서 문혁의 기원은 1957년과 1959년의 반우파 투쟁으로까지 거슬러 올라갈 수 있다. 당시 우파로 숙정당한 사람들은 문혁 초기 대부분 조반을 지지하게 된다. 신중국 성립 이후 17년간 억울한 일을 당한 사람이 많았기 때문에 조반에 가담하는 근거들은 많았다. 1950년대 말 우파로 몰렸던 간부나 노동자들, 신중국 성립 이전 중공군 지하당원이었지만 건국 이후 정당한 대우를 받지 못한 이들, 1950년대 말 3년 재난 시기에 농촌으로 하방되었던 젊은 청년들, 1960년대 초 경제조정 시기 강제로 농촌에 보내졌던 사람들, 엘리트 교육 위주로 신분 상승이 좌절되었던 학생들, 계약공·임시공 등 불평등한 대우를 받던 노동자들, 관료주의에 불만을 품고 있었던 각 지역의 대중들 등이다. 특히 문혁 이전 '사청' 운동 때 공격을 받았거나 적극 참가했던 사람들이 대거 조반에 참여하게 된다. 많은 지방에서는 사청운동이 문혁으로 이어져 '사청' 공작대가 초기 문혁운동을 직접 주도하기도 했다. 베이징대학의 조반 영수 니에위안쯔가 대표적인 사례로, 사청운동 당시 당위서기에 의해 격리·정직 처분을 당하고, 이후 문혁이 시작되자 이러한 조치를 취했던 당위서기에 조반한다.[12]

조반운동이 일반 대중에까지 확산된 또 다른 원인은 바로 중국 사회를 통제하는 단위 제도에 있었다. 일과 삶을 하나의 공간 안에 묶는 단위 제도는 파벌을 나누기가 더욱 쉬웠다. 이러한 단위 제도는 작업장 권위와 체제 자체의 구조적 특성으로 의존을 낳았지만, 저항을 낳기도 했다.[13] 특히 단위를 매개로 한 사회통제가 이뤄질 수 있었던 것은 개인 기록인 '당안(檔案)' 제도가 있었기 때문이다. 문혁 초기와 그보다 앞선 사청운동 시기에 비판을 받았던 사람들은 주로 '역사문제'(예컨대 국민당 정권 아래에서 일했던 경험이 있는 사람)가 있거나 '출신 성분이 좋지 않은' 보통 간부와 군중들이었다. 이들은 이후 파벌 형성에서 조반에 가담해 운동을 주도했다. 대부분의 이유는 이른바 '검은 자료' 때문이었다. 조반파들이 처음 공격 대상으로 삼은 것은 자신들의 경력이나 사상적 경향을 기록한 당안이었다. 당안은 공산당의 사회 지배의 중요한 근간으로서 출신과 계급을 정하는 척도이자 통제의 근거가 되는 개인의 역사 기록물이다.[14] 당시 계급 사회였던 중국에

---

12) 何蜀,「論造反派」, 컬럼비아 대학 문혁 40주년 국제심포지엄 자료집(2006. 5).

13) 왈더는 신전통주의 모델로 기업에 대한 노동자의 경제적·사회적 의존, 공장 관료에 대한 정치적 의존 등을 분석하면서 공장 내부의 조직화된 의존(organized dependence)을 강조한다. Andrew G. Walder, *Communist Neo-traditionalism: Work and Authority in Chinese Industry*(California: University of California, 1986). 반면 페리는 노동자 행동에 주목하면서 당 권위 헤게모니에 도전하는 불만과 저항의 하부문화를 강조한다. Elizabeth J. Perry and Li Xun, *Proletarian Power: Shanghai in the Cultural Revolution*(Stanford: Stanford University, 1993).

14) 도시 안에 거주하는 모든 사람들은 중학교 시절부터 당안으로 관리된다. 그 안에는 출신성분과 사회관계, 본인의 정치적 태도(表現), 정치운동의 결론뿐 아니라 다른 사람의 밀고(密告) 자료도 들어 있다. 사람들은 자신에 대해 당안에 뭐라고 적혀 있는지 영원히 알 수 없었고 정치운동이 시작되면 당안은 매번 투쟁의 무기로 사용되곤 했다. 徐友漁,『形形色色的造反: 紅衛兵精神素質的形成及演變』(香港: 中

서 우파분자로 찍히면 인간으로서의 삶이 끝장나는 것과 마찬가지였기 때문에, 자연히 이후 조반파로 나서게 된 사람들은 자신을 '우파분자'라고 낙인찍은 문서를 없애는 데 필사적이었다. 더구나 지방 각 단위의 당 조직 책임자들은 혁명대중을 지지하라는 중앙의 지시에도 '뱀을 동굴 밖으로 유인하는 것'뿐이라며 자료를 소각하지 않았고, 반면 조반파는 중앙 결정을 근거로 필사적으로 자료를 태우려 했다.

물론 조반이 사회적으로 더욱 확산된 이유는 조반에 대한 중앙의 입장 변화 때문이기도 하다. 문혁이 시작되고 조반에 대한 복권 조치가 두 차례에 걸쳐 이뤄진다. 1966년 10월에 시작된 복권운동은 각급 당위와 공작조에 의해 '반혁명'으로 몰려 정직 처분을 받거나 격리심사 또는 감독 아래 노동개조에 참여했던 군중들을 복권해주는 것이었다. 그리고 1967년 4월 시작된 복권운동은 각 지역 주둔군과 공안기관에 의해 '반혁명'으로 몰려 감옥에 갇혔던 군중들을 위한 것이었다. 중앙의 첫 번째 복권으로 각급 당정기관이 무너졌고, 두 번째 복권은 각 지역의 '공검법(公檢法)' 기관에 대한 타도 물결을 일으켰다.[15] 물론 두 번에 걸친 복권 조치가 있었기에 대규모의 민중이 조반에 참여할 수 있었지만, 당시 각 지역에서는 반혁명 세력이나 반동조직으로 몰린 이들의 거센 항의가 끊임없이 이어졌기 때문에 중앙으로서는 이들을 명예회복시켜주지 않으면 안 되는 상황이었다. 중앙의 일관되지 않은 정책 변화에 따라 사회 조반세력의 구도가 달라졌지만, 중요한 것은 중앙의 정책에 휘둘리기보다는 지역 자체 내에서 자발적인 운동이 진행되었다는 점, 이러한 과정을 통해 혁명의 정신을 다지고 저항의식이 형성되었다는 점이다.

文大學出版社, 1999), p. 153.

15) 何蜀, 「論造反派」, 컬럼비아 대학 문혁 40주년 국제심포지엄 자료집(2006. 5).

2) 기층 권력 장악의 한계

그러나 1967년 이른바 '2월 역류'가 시작되면서 조반파 역시 분열하기 시작한다. 그 원인 중의 하나는 군대의 개입인데, 군대에 대한 입장에 따라 군을 환영하는 '옹군파(擁軍派)'와 군에 반대하는 '반군파(反軍派)'로 나눈다. 중앙에서는 각 지역의 군대를 지방에 개입시켜 좌파를 지원하게 하지만, 누가 '좌파'인지 엄격한 기준이 없었기 때문에 각 지역의 군대는 그들이 '좌파'라 생각하는 조반파 조직을 선택한다.[16] 학생 홍위병은 역사문제가 있을 리 없어 손쉽게 군대의 지지를 받아 '옹군파'로 기울었고, 일부 조반파 홍위병은 노동자 조반파 조직과 함께 맞섰다. 따라서 지방군구 지도부는 '좌파 지지'가 아닌 오히려 좌파 탄압에 의한 질서 회복에 나섰고, 우한, 지난, 칭하이 등의 군구 사령관들은 반혁명 진압이라는 미명 아래 조반파를 탄압한다. 군구가 홍위병과 조반파를 지지한 예는 신장자치구 등 극히 예외적인 경우에 불과했고 대부분 현지 실권파를 지지했다.[17]

조반파 분열의 또 다른 주요 원인은 노동계급이 운동의 중요한 위치로 부상해 학생 홍위병과의 관계 설정을 두고 대립했기 때문이다. 노동자 조반이 학생 홍위병의 도움으로 각 지역의 조직을 설립할 수 있었지만, 이후 주도권을 둘러싸고 두 파벌로 갈라져 무투(武鬪, 무장투쟁)를 전개한다. 이 과정에서 무너졌던 보수파는 대개 분열된 조반파 조직 중 한 파벌로 들어가 서서히 새로운 보수파로 개조되고 군대 역시 그 과정에서 일정한 역할을 발휘하게 된다. 또한 우한 사건으로 충격을 받은 중앙은 이후 새로운 권력기관으로 조반파를 포섭하면서 질서 회복으로 입장을 선회하지만, 한편으로는 1967년 7월 22일 장칭(江靑)이 '문공무위(文攻武衛)'를 제기하면서, 이후 무투

---

16) 王年一, 『大動亂的年代』(鄭州: 河南人民出版社, 1996), pp. 208~211.

17) 劉國凱, 「論人民文革」, 컬럼비아 대학 문혁 40주년 국제심포지엄 자료집(2006. 5).

가 사회적으로 확산되는 정당한 근거가 된다.

헤이룽장에서는 전역군인들의 조반조직과 적위대라는 보수파를 군의 힘으로 탄압해 혁명위원회(이하 혁명위)가 성립된다. 이후 당 중앙이 이를 곧바로 승인하면서 혁명대중, 해방군 대표, 혁명 간부의 '삼결합(三結合)'에 의한 임시권력기구로 환영받는다. 각급 혁명위가 조직되자 조반파들은 조반공적을 강조하면서 자신들의 몫

이 보수파보다 많기를 원했으며, 혁명위 부주임 자리를 조반파 대표가 맡기를 바랐다. 그러나 이러한 시도는 보수파를 지지하는 군대와 지방 간부에 의해 저지되고 만다. 설령 조반과 보수의 군중대표가 혁명위 안에 균형적으로 분배되었다 해도, 간부와 군 대표가 참여하는 삼결합 방식이 굳어지면서 군중조직 대표의 지위는 삼결합 중 3위로 밀려나게 된다. 충칭의 조반파 영수 출신의 노동자는 혁명위에서 군중대표의 위치를 다음과 같이 회고한다.

1970년도에 와서 저우언라이(周恩來)의 지시가 있었어요. 그때는 양쪽이 서로 도와 단결하라고 했습니다. 전국적으로 확대됐습니다. 양 파벌이 분열된 이후 연합하고 단결하라고 말이죠 …… 이 기간에 우리 스스로가 느낀 것은 군중대표는 완전히 장식품이라는 겁니다. 완전히 구색 맞추기죠. 하루도 권력을 장악해본 적이 없어요. …… (군중대표란) 혁명위 부주임, 상임위원 등을 말합니다. …… 중요한 문제에 대한 정책결정에 이들이 참가해본 적이 없죠. 모두 군대와 간부들이 연구하고 결정하고 집행했습니다. 그런 다음 군중대회에

서 이들 군중대표들을 부른 다음에 주석대 옆에 앉히고는 입장을 밝히게 했죠. 이것이 바로 아래에서 마오 주석의 삼결합 방침을 관철시킨 방식입니다. 아래에서의 대책은 이렇게 다뤄졌죠.[18]

마오쩌둥은 상하이 코뮌에 대해 처음에는 긍정적인 태도를 보였지만 약 한 달 뒤 자신의 입장을 수정해 혁명위라는 형식을 고집한다. 이유는 코뮌체제와 당 조직, 그리고 국가 체제 간의 관계 문제 때문이었다. 즉, 코뮌이 당을 대체할 수 있을 것인가 하는 문제에 대해 마오쩌둥은 코뮌을 꿈꾸었지만 결국 현실적으로는 당의 지도를 선택했다. 그것은 이미 통제할 수 없어진 조반파 간의 탈권투쟁과 무장투쟁을 끝내야 했으며, 부족한 관리 능력을 메우기 위해서는 결국 구간부의 힘을 빌릴 수밖에 없었기 때문이다. 더욱 중요한 것은 군대 문제였다. 코뮌의 형식은 군의 해체문제와 관련되고 이는 군 주류파의 저항을 받을 것이 분명했다. 게다가 상비군 해체는 당시 중국의 내외정세로서는 불가능한 일이었다. 당시는 중·소 대립이 격화되기 시작했고, 여전히 국민당과 대치상황이었으며, 국경을 마주한 베트남에서 진행 중인 전쟁의 위협이 현실로 다가왔다. 한편 인도네시아에서는 9·30운동의 실패로 공산당 조직이 궤멸되어 중국의 위기감은 더욱 커졌다.

따라서 마오쩌둥은 '2월 역류' 사건이 일어나면서 군의 보수파를 질책하지만 동시에 이들의 의견을 받아들인다. 그러나 급진적인 조반파는 혁명위 방식에 의한 문혁의 수습에 저항한다. 대표적으로 후난 성무련(省無聯)의 「중국은 어디로 가는가」를 보면 보수적 입장으로 돌아선 마오쩌둥의 태도를 비판하고 있다. 문혁이 개별 당권파에 대한 파면에 그칠 것이 아니라 홍색 자본가 계급 전체를 뒤엎어 민선으로 행정장관을 선출하는 파리코뮌 원칙을 실행해야 한다고 주장한다. 물론 이를 주장한 양시광은 체포되지만 이러한

---

18) 2005년 9월 16일 인터뷰.

사조는 베이징과 상하이, 우한, 광저우 등 많은 지방으로 퍼져나가고, 또한 저우언라이 총리를 비판하는 '5·16병단' 조직도 등장한다.

조반파 조직은 문혁 무대에서 약 2년간 활약했으며 그중 1년 반 정도는 '내전'을 일으켰다. 처음에는 대자보나 표어로 싸웠지만 총과 대포가 등장하는 무투로 변했고, 초반 군중조직이 보여주었던 역동성은 무질서로 변하며 의미 없는 희생을 낳고 말았다. 1967년 9월 무투에 의한 혼란을 수습하기 위한 방안으로 마오쩌둥은 대연합의 호소를 받아들이는 대신 투쟁을 확대시키려는 조직을 '극좌파'로 규정해 탄압하기 시작한다. 결국 조반파는 1968년 여름부터 마오쩌둥이 다시 정치 무대로 복귀시킨 간부와 각 지역 군대에 의해 무참히 진압당한다.

'마오쩌둥 주석의 전략적 배치'에 따라 조반파 조직들은 대부분 해산하지만 질서 재건의 최대 장애는 일부 지역에서 여전히 벌어지던 무투와 이를 합리화하는 문혁의 조반 분위기였다. 이런 조류의 원흉으로 '5·16병단'이 비난받는다. 1968년 하반기부터 시작된 '계급대오청산'과 '5·16분자' 색출 운동, '일타삼반(一打三反)' 운동 등 일련의 대중운동은 적발 범위가 부당하게 확대되어 폐해가 많았고 여러 억울한 사건을 낳았는데, 이 과정에서 대부분 조반파가 희생당하고 각 단위 보수파를 중심으로 대대적인 반동이 시작된다. 전안조(專案組)가 주축이 된 계급청산 운동의 초점이 무투 과정의 살해 행위에 대한 조사에 맞춰지면서 무투에 가담했던 기층 조반파가 완전히 밀려나게 된다. 과거의 역사문제를 조사하는 과정에서 문혁 이전의 기준이 다시 정통한 것이 되면서 공산당원을 중심으로 하는 신중국의 보수층이 되살아났기 때문이다. 2년 넘게 타도 대상으로 거론되었지만 이들 보수파는 9차 당대회 이후 권력층으로 복귀한다. 보수파는 원래 당, 단원, 모범노동자, 적극분자들을 중심으로 하는 문혁 시기 이전의 당이 키워낸 세력으로 질서 회복이 강조되자 다시 각 지역과 단위에서 권력을 장악한다. 그것도 아주 단번에 높은 위치로. 충칭의 조반파 영수는 이러한 상황을 다음과 같이 회고한다.

복귀죠 두 가지 느낌이 있었는데 조반파는 바로 문화대혁명에 적극 참가한 사람들로 이게 아주 눈에 거슬렸죠. 온통 불평불만뿐이었습니다. 문화대혁명을 완전히 헛했다고 생각했습니다. 그런데 이전에 문화대혁명을 반대하고 개조되지 않은 사람들은 매우 좋아했습니다. 바로 그런 말이 있죠. 벽돌 메는 사람은 벽돌 메고, 관료였던 사람은 관료가 된 겁니다. 말 그대로죠.[19]

조반은 기존 권위에 대한 모든 반대를 의미하지만 이것이 실제 생활에서는 마오쩌둥 사상에 맞지 않는 모든 사람과 일에 대해 반대하는 것으로 나타났다. 마오쩌둥 사상과 어록은 혁명과 전쟁이라는 특수한 역사적 배경에서 나온 것인데 이를 역사적 맥락과 분리해 글자 그대로만 본다면 아전인수격으로 해석할 수 있는 위험이 상존했고, 이는 결과적으로 조반파 사상 분열의 근거로 작용했다. 결국 문혁은 이념적으로는 대중의 자기해방운동이었다고 할 수 있지만, 현실적으로는 마오쩌둥의 권위와 해방군의 무력에 의해 그 한계가 지어졌다고 볼 수 있다. 또한 조반파 역시 예비 특권층으로 파벌 사이의 대립을 극복하지 못한 채 자멸한다. 더구나 당시 진정한 소수파(사류분자 등 당시 천민으로 인식되던 계층)와는 선을 그음으로써 조반의 진정한 정신인 소수자를 위한 혁명운동은 벌이지 못한다.

---

19) 2005년 9월 16일 인터뷰. 문혁 초기 간부들이 조반파에 의해 타도되지만, 이른바 이 '타도'란 대개 기층으로 내려가 보통 노동자의 업무를 하는 것이었다. 일반적으로 간부의 당적과 간부기록, 당위서기로서의 임금은 일절 건드리지 않았다. "중앙에서는 진작부터 문혁 기간에 모든 사람의 임금을 동결한다고 선포한 문건이 내려왔기 때문에 모두 올릴 수도 내릴 수도 없었다. 따라서 회사 혁명위 부주임이 되어도 여전히 매월 20위안의 견습공 임금을 받을 뿐이었다. 양진허와 팡다밍 역시 매월 30~40여 위안에 불과했다. 그러나 더 이상 당위 부서기가 아니었던 '주자파' 쟝산은 노동자로 하방되어 매월 35근의 식량과 매월 100위안이 넘는 임금을 그대로 받아갔다." 陳益南, 『靑春無痕: 一個造反派工人的十年文革』, p. 332.

3. 일상화된 혁명과 문혁세대의 사상

앞 절에서 살펴본 문혁의 역사를 놓고 볼 때, 기존 사회주의 제도 내에서 문혁이 싹터왔음을 알 수 있다. 중국은 다른 사회주의와는 달리 단위를 매개로 국가와 노동자를 연결하는 사회구조를 유지해왔고,[20] 이러한 분리된 공간에 대한 통제를 유지하는 수단 중의 하나는 당안이라는 인사관리 시스템이었다. 또한 문혁이 파벌 싸움이라는 극단적인 양상으로 치닫게 된 것은 당시 중국 사회에서 주류적인 것으로 인식되어왔기 때문이기도 하다. 문혁이 발생하기 이전 17년 동안 '혁명교육'의 영향으로 당 조직에 대한 복종과 규율이 강화되는 동시에 다른 한편으로는 청년 시기의 마오쩌둥을 이상화시켰다. 그런데 문혁으로 이 둘 사이의 균열이 발생하기 시작한 것이다. 혁명을 최고의 덕목으로 가르쳐오면서 기층 인민의 일상생활에서도 혁명문화가 보편화되기 시작했다.

1) 혁명문화의 이상화

1957년 '반우파 투쟁' 시기부터는 극좌 사조가 중국 사회의 주류였고, 상하이에서는 1958년부터 노동자들 사이에서 먼저 마오쩌둥 사상 학습운동이 퍼져 나갔다. 중국의 주요 교과목에서는 중국 공산당의 혁명과정이 미화

---

20) 국유공장의 노동자들은 소속된 단위에서 식비, 주거비, 교육비, 의료비 등을 거의 무료로 제공받았다. 모든 공장과 사업기구는 자체 학교와 탁아소를 갖추었으며 장기적인 환자의 치료를 위한 장기요양원의 시설도 있었다. 노동자 임금은 적었지만 실업의 걱정은 없었으며 기본생활이 보장되었다. 농민은 노동자와 같은 보장은 받지 못했다. 인민공사는 집단소유제 형식이기 때문에 공사 간에는 커다란 차이가 존재했다. 부유한 공사나 대대에 속한 농민들의 생활수준이 비교적 높았고, 자체 병원을 두기도 했다. 그러나 빈곤한 공사나 대대에서는 기본적인 생활도 어려웠다.

되고, 혁명을 위해 목숨을 바친 사례를 영웅시하며 이를 가장 값진 희생이며 가치 있는 일이라고 가르쳤다. 이에 따라 군대는 혁명의 단호한 의지를 보여주는 하나의 지표가 되었다. 인민해방군은 정말로 인민을 해방시킨 친근한 군대였고, 용감하게 혁명을 위해 싸우다 죽는 것을 최고의 명예로 생각했다. 당시 군인은 최대의 직업이었고 출세를 상징했으며, 간부 중에서도 군 간부 자녀의 우월감과 특권 의식이 특히 강했다.

이렇게 군인이 가장 존경받는 직업 중의 하나였기 때문에 문혁이 시작되자 생활양식이나 유행 문화 역시 군대가 중심이 되었다. 특히 군복이 새로운 패션이 되었고 군대 생활방식이 전국적으로 커다란 영향을 미쳤다. 문혁 초기 마오쩌둥은 항상 군복을 입은 모습으로 홍위병을 접견했으며 홍위병들도 인민해방군의 군복을 모방한 제복을 입었다. 사회 기층의 각 파벌에서는 너나 할 것 없이 정식 군복을 갖춰 입었다. 혁명극에서도 군복은 무대복으로 애용되었다. 이렇게 혁명문화는 옷차림에도 반영되어 도시의 표정을 바꿔놓았다.[21] 조반파에 참가했던 청년은 다음과 같이 회고한다.

진짜 새 녹색 군복을 입으니 뛸 듯이 기뻤다. 왜냐하면 어릴 적부터 꿈에도 그리던 소원이 바로 군인이 되는 것이었기 때문이다. 날씨는 이미 여름으로 무더위가 사람을 괴롭혔지만 우리들은 입고 있던 짧은 소매와 짧은 바지를 바꿔 입었다. 녹색 군복의 긴 옷과 바지를 단정하게 입고 단추 하나도 잊지 않고 전부 굳게 잠갔다. 심지어는 습관이 안 된 후크까지도 소홀히 하지 않고 잠갔다. 머리엔 군모를 쓰고 발엔 군화를 신고 얼굴과 손만 내놓고는 온몸을 모두 빈틈없이 덮었다. 옆에 있는 사람들이 우리가 이렇게 입고 땀을 흘리는 것을 보았지만 이상하게도 우리는 오히려 시원하기만 했다. 게다가 "오늘 날씨가 덥지가 않네"라고 말하기까지 했다.[22]

21) 양둥핑, 『중국의 두 얼굴』, 장영권 옮김(서울: 펜타그램, 2008).

주거 형태도 군사화·조직화·집단화된 군대 생활에 가까워졌다. 특히 단위 제도라는 공동체적 생활환경 속에서 집단의식을 만들어냈고, 집단화·조직화된 행동양식이 생산되었다. 여성들도 대부분 경제활동에 참여하게 되면서 아이들은 학교 기숙사에서 집단 양육되었고, 학생들에게는 또래와의 집단생활 경험이 가정교육보다 큰 비중을 차지하게 되었다. 당시 군인은 청년들의 꿈이자 이상이자 동경이었으며, 시대를 상징하는 하나의 문화적 코드였다.

한편 이런 군대문화가 프롤레타리아 계급이 따라야 하는 혁명문화의 전형이 되면서, 기존의 예절과 교양은 모두 부르주아 계급의 것으로 치부되었다. 사상혁명화의 영향 아래 모든 아름다운 물건은 사악한 것으로 간주되었고, 셰익스피어의 희극, 푸슈킨의 시, 심지어 산뜻한 색깔의 옷과 모양을 낸 구두까지도 부르주아 계급의 상징으로 여겨졌다. 인성론 역시 전형적인 부르주아 계급과 수정주의 사상으로 간주되었고 모정이나 온정, 연민 등의 감정은 혁명의 투지를 꺾는 부식제로 취급되었다. 사람과 사람의 관계는 계급형제가 아니면 혁명 전우이거나 적대계급이었다. 투철한 혁명성을 드러내기 위해 상스러운 말투를 영광스럽게 생각했고 말이나 행동을 일부러 건달처럼 하기도 했다. 혁명 이데올로기나 입장이 근본적인 문제이지 방법이나 방식은 부차적인 것이라 생각했기 때문이다.[23] 이전에 쓰던 언어들은 지나치게 체제순응적이라고 간주되었고 예의를 갖춘 문구는 "부르주아지와 봉건 계급의 매스꺼운 에티켓"으로 비난받았다. 거칠고 폭력적인 언어를 사용할수록 더욱 혁명적인 것이었다. 이러한 욕설은 대화 속에까지 침투했다.[24]

---

22) 陳益南, 『青春無痕: 一個造反派工人的十年文革』, p. 198.

23) 徐友漁, 『形形色色的造反: 紅衛兵精神素質的形成及演變』, pp. 33~36.

24) '제기랄[他媽的]'은 북쪽 지역의 지방어로, 문혁 이전에는 모든 문서에서 거의 찾아볼 수 없었지만 홍위병 대자보에서는 정치적 논거를 쟁취하는 공식적인 구절로 사용되었다. 1966년 8월에 이러한 표현은 보편적이 되어 구호나 노래 등에 자주 인용되었고, 대자보, 문건, 심지어는 정부 지침서에서도 흔한 구절이

이러한 정신은 마오쩌둥이 1927년에 쓴 『후난농민운동고찰보고(湖南農民運動考察報告)』에서 유래한다. 과거 혁명기 때는 사람을 잡아 모자를 씌우고 거리를 활보하는 행위나 가택 수색 등이 모두 혁명운동으로 받아들여졌고, 지주나 부농, 반혁명분자, 국민당 잔당무리 등은 당연히 타도해야 하는 집단으로서 이들에 대한 구타는 의심 없이 정당한 것으로 여겨졌다. 이렇게 과거에 벌어졌던 다양한 혁명 방식들이 1966년 문혁 시기에도 그대로 재현되었다. 반동분자들은 모자를 쓰고 검은 목패를 걸고 얼굴에 검은 칠을 하고 비판대회에 나왔다.[25] 조반의 근거나 지침들은 모두 마오쩌둥의 어록이나 과거 혁명 역사에 뿌리를 두고 있었으며, 이러한 계급관이나 혁명적 사고가 지속될 수 있었던 원인 중의 하나는 당시 국민당과의 대치상황이나 중국이 처한 국제 정세 때문이었다. 당시 문혁운동에 참가했던 많은 사람들은 자신들의 투쟁을 과거 홍군의 혁명전쟁과 자주 비교하며 정당성을 찾았다.

2) 사회주의 가치에 대한 낭만과 향수: 영웅주의, 희생정신, 평등의식[26]

문혁 당시 사람들은 인민을 위해 싸우다 죽는 것이 가치 있는 일이라는

되었다. Elizabeth J. Perry & Li Xun, "Revolutionary Rudeness: The language of Red Guards and rebel workers in China's Cultural Revolution," in Jeffrey N. Wasserstrom(ed.), *Twentieth-Century China: New Approaches*(London and New York: Routledge, 2003), pp. 221~236. 문혁 당시 대자보에 관한 상세한 내용 분석으로는 다음을 참고할 것. 羅平漢, 『大字報的興衰』(福州: 福建人民出版社, 2003).

25) 徐友漁, 『形形色色的造反: 紅衛兵精神素質的形成及演變』, pp. 36~37.

26) 사회주의 시기 중국 노동자의 일상생활의 낭만화와 집단노동의 성취감에 대한 자세한 사례 연구로는 다음을 참고할 것. 퉁신, 「일상생활의 낭만화, 집단화: 신중국 1세대 노동자의 기억에 관한 연구」, 백승욱 엮음, 『중국 노동자의 기억의 정치: 문화대혁명 시기의 기억을 중심으로』(서울: 폴리테이아, 2007).

마오쩌둥 주석의 어록을 거침없이 외웠을 뿐 아니라 많은 청년들이 정말로 그것을 머릿속에 담아두었다. 당시 많은 사람들이 조반에 참가한 것은 그것이 사회주의 국가를 지켜 수정주의로 변하지 않게 하고 마오 주석의 혁명노선과 인민의 이익을 지키기 위한 행동이라고 굳게 믿었기 때문이다. 이 과정에서 강조되는 고귀한 자기희생 정신은 당시 많은 중국 청년들의 마음을 움직였다. 혁명을 위해 사는 것이 가장 멋진 삶이었고, 헌신적이고 도덕적인 삶은 사회적으로 가장 먼저 추구해야 하는 가치가 되었다. 이들은 사회주의 이상을 진지하게 받아들이며 사회주의 아래에서 불평등과 관료주의라는 잘못된 현실을 비판하기도 했다.

문혁 이전의 학교 교육은 '혁명 계승자 교육'으로서 '무산계급 혁명 사업을 달성할 인재를 양성하는 것'이 목적이었다. 사회주의 교육은 혁명이라는 커다란 이상을 가슴에 품고 투쟁하는 것이 유일한 생활 목표이자 인생의 가치라고 가르쳤다. 혁명에 대한 이상주의와 낭만주의가 팽배했고, 이를 위한 각종 영웅들이 범람한 시대였다. 대표적으로 헤이룽장 쉰커(遜克) 현 생산대에 참여했던 상하이의 지식청년 진쉰화(金訓華)는 국가재산을 구하다 물에 빠져 희생되었다. 당시 신문에서 관련 기사를 본 많은 청년들이 진쉰화가 있던 농장에 직접 편지를 보내 그에 대한 존경심을 나타냈다. 또한 내몽골 초원으로 갔던 톈진(天津)의 여학생 장융(張勇)은 물에 빠진 양을 잡으려다 희생되었다. 산시(陝西) 옌안으로 내려갔던 베이징 청년 쑨리저(孫立哲)는 각고의 노력으로 '맨발의 의사'가 되어 10년 동안 농민들을 위해 크고 작은 수술을 3,000여 건이나 했고 환자 8만여 명을 치료해주었다. 허난의 여학생 겅징훙(耿景洪)은 다볘(大別)지역에서 교사직을 맡아 마을 사람들과 직접 학교 건물을 세우고 산에서 땔나무를 모아 자금을 모았으며 가정 방문 등의 활동을 벌여 열악한 산악 지역의 취학율을 96.5%로 끌어올리기도 했다. 내몽골 생산건설병단 5사 43단의 지식청년들이 큰불을 끄기 위해 산골짜기에 갇혔다가 69명이 희생된 얘기는 훗날 사람들에게 큰 귀감이 되기도 했다.[27] 또한 많은 청년들이 전국적인 혁명의 교류(大串聯)를 통해 이상과 낭만을 경험한다. 베이징의 한 퇴직 노동자는 자신의 혁명의 교류 경험에 대해 다음과 같이 얘기한다.

있습니다. 전 밖에서 대략 6개월을 보냈어요. 대략 열 개가 넘는 도시에 갔었죠. (웃음) 동북에도 가보고요, 내몽골 같은 서북 쪽에도 갔었죠. 제 누나가 그곳에 있었거든요. 또 예컨대 란저우(蘭州), 인촨(銀川), 칭하이(靑海), 시안(西安), 청두(成都), 충칭(重慶) 같은 데도 갔죠. 제가 말한 곳은 모두 혁명의 교류예요. 청두, 충칭, 류저우(柳州), 쿤밍(昆明), 구이양(貴陽), 구이린(桂林), 광저우(廣州) 모두 그때 간 것이죠. …… 1966년 9월에서 1967년 4, 5월쯤까지 계속 혁명의 교류를 했어요 …… (가장 큰 수확은) 바로 멋진 자연 풍경을 즐기며 감상한 것이지요. (웃음) …… 처음엔 친구들과 함께 갔는데 그 뒤론 흩어져 혼자 다녔어요. 어떤 지방에서는 활동에 참가하기도 했죠. 예컨대 쓰촨 청두에 있는 다이 현(大邑縣)에 갔었는데 아시는지 모르겠네요. 류원차이(劉文彩)라고 불리는 대지주가 있었는데, 지주장원(地主莊園)을 갖고 있었죠. 전 그곳에서 단식, 단식을 했어요. 그곳에서 연좌시위를 했는데, 대략 40여 시간 정도였어요. 그야말로 실제론 요산요수가 아니었죠. 혁명을 했다고 해도 좋고, 혁명의 씨앗을 전파했다고 해도 좋아요.[28]

또한 문혁 기간 사회적으로는 비인간적인 폭력과 박해가 이뤄진 동시에 파벌 내에서는 인간적인 정과 뜨거운 전우애라는 역설이 존재했다. 한 노동자는 투쟁과정에서 다쳐 입원했던 시기를 다음과 같이 회고하며 적었다.

27) 史雲·李丹慧, 『中華人民共和國史 第八卷, 難以繼續的‘繼續革命’: 從批林到批鄧 (1972~1976)』(香港: 香港中文大學, 2008), p. 465.

28) 2005년 1월 29일 인터뷰.

병원에서 쉬던 일주일이 내 인생에서 가장 즐거웠던 시간 중의 하나였다. 몰래 마음속으론 그런 부상을 당해 인간세상의 따뜻한 정을 누릴 수 있는 자격이 생기게 된 것을 축하하기까지 했다. 그 당시 '파벌'은 이미 응집시켜주는 일종의 마취제가 되었다. 서로 다른 성격과 나이, 경력을 가진 사람들은 한 파벌의 기치 아래 서로 이상할 정도로 단결해 온정과 친절을 베풀었고 이는 일반인들의 우호관계를 뛰어넘는 것이었다. 어떤 경우 모르는 두 사람이 무슨 일로 다투다가도 싸움 중에 서로 같은 파벌이라는 것을 알게 되면 사정이 바로 바뀌어 싸움을 멈추고 점잖게 예절을 갖추며 손을 잡고 즐겁게 담소를 나누기까지 했다. 자전거를 타다 조심하지 못해 길에 넘어졌을 때도 조반 완장을 달고 있기만 하면 파벌 신분을 알아보고 주위의 많은 생소한 사람들이 열정적인 미소를 지으며 자전거를 밀어주고 땅에서 일어나도록 일으켜 세워주기도 했다. 그리고는 연신 "괜찮아요?"라고 물으면서 위안해주고는 다정하게 작별인사를 했다. 설령 이후에 다시는 그들을 만나지 않더라도 말이다. 이러한 사람과 사람 간의 아름다운 정은 비록 정치적 관점의 동기에서 비롯된 것이지만 정치적 관점의 범위와 내용을 훨씬 초월한 것이었다. 이러한 잊기 힘든 사람 사이의 정은 다년간 느껴보지 못했다. 다만 1989년 초여름에 있었던 그 풍파 속에서만 잠시 며칠간 목도할 수 있었을 뿐이다.

기층간부 출신인 충칭의 한 노동자는 당시의 인간관계에 대해 다음과 같이 회고한다.

당시와 비교해보면 지금은 너무 거짓이 많다는 것이지요. 그땐 정말 진실했어요 왜냐고요? 사람과 사람 간의 감정도 진실했고, 하는 일도 진짜였고, 간부와 군중 간의 관계에도 진심이 어렸어요. 지금보다 훨씬 진실됐죠. …… 지금은 사람들의 함정에 빠져들까 봐 겁나요. 보세요, 사람들이 희희낙락하고는 있지만 무슨 술책을 쓸지 모르잖아요. 오지 한 가지 목적, 돈 때문이죠. 아주 위험해요 …… 그 당시

가장 강렬했던 인상은 바로, 그 분배였죠. 지금 분배는 극도로 불공평하잖아요. 그 당시 분배는 비록 낮은 수준이었지만 하나가 있더라도 비교적 공평했어요 …… 어떤 지도자는 당서기였는데, 저 같은 보통 간부보다도 얼마 많이 가져가지 못했어요. 차이가 얼마 나지 않았죠. 모두들 이치에 맞다고 만족해하는 느낌이었어요.[29]

베이징의 한 여성 노동자는 아무 걱정 없이 일에만 전념했던 당시의 상황을 이렇게 전한다.

그 당시엔 물건마다 배급증표를 사용했지만 아주 쌌어요. 마음 놓고 먹었죠. 노동자들의 열의도 정말 넘쳐났어요. 모두들 앞서거니 뒤서거니 경쟁적으로 일했죠. 월급을 받지 않아도 괜찮았어요. 우린 조금의 원망도 없었죠. 당시엔 삼반제였는데 24시간 내내 작업장에 있는 것을 마다하지 않았어요. 모두들 한마음으로 일에 전념했기 때문에 아이들은 돌볼 겨를이 없었어요. 집안일은 아예 돌볼 생각도 못했어요. 오로지 공장, 한 가지만 생각했고 아무런 근심이 없었죠.[30]

사회주의 시기 노동자들이 보편적으로 인정하는 것은 그 당시엔 부패가 없었고 복지 측면에서 평등한 정책이 이뤄졌다는 점이다. 이러한 사실은 지금의 변화와 대비되어 노동자들의 불만으로 작용하고 있다. 다롄의 한 여성 노동자는 다음과 같이 회고한다.

그땐 마오 주석이 신앙이었죠. 수준은 얘기하지 않겠지만, 어떤 지도자도 마오 주석처럼 지식이 넓고 무엇이든 이해하는 사람은 없었고 사상, 문학에서

---

29) 2005년 5월 16일 인터뷰.
30) 2005년 7월 인터뷰.

도 그 누구도 따라가질 못했죠. …… 마오 주석의 가장 좋은 점은 부패가 없고 스스로 모범을 보였다는 것이죠. 생활도 소박했고 근면했으며 대중을 생각했습니다. …… 지금은 갈수록 양극화되어 가난한 사람은 더욱 가난하게, 부자는 더욱 부자가 됩니다. …… 산둥에 있는 동생 공장의 경우 국유자산 유실이 심각하고 임금이 체불되었는데, 공장장이 한 푼도 안 들이고 공장을 사들여 그의 것이 되었어요. 단칼에 그에게 주어버린 셈인데 그가 무슨 자격으로 그 공장을 점유해버리는 거죠?[31]

3) 청년들의 지하독서운동 열풍

1967년 무투를 거치면서 청년 홍위병과 조반파의 지위와 처지에 미묘한 변화가 발생한다. 질서로 돌아선 마오쩌둥의 태도에도 원인이 있었지만 더욱 중요한 것은 문혁운동 과정에서 탄생한 신정권이 과연 그들이 목숨 다해 지키려 했던 것인가라는 실망감으로, 혁명에 대한 투지와 열정이 배신 당했다는 사실이다. 베이징의 한 홍위병의 말처럼 "커다란 꿈과 희망을 품고 뜨거운 피와 가슴으로 '파리코뮌식' 프롤레타리아 계급의 정권을 쟁취 하려 했다. 그런데 그저 사람을 속이는 형식에 불과해졌다는 것을 알게 된 후 고민이 생겨나고 희롱당한 느낌마저 들기 시작했다. 이후 세계를 인식하는 사상무기를 가지고 문혁을 새롭게 인식하기 위해 책 속으로 빠져들 었고 마르크스·레닌의 저작에서 시작해 답을 찾으려 노력했다".[32]

부르주아 사상에 관한 수많은 금서가 있었지만, 이질적인 문화와 사상에 대한 지적 호기심은 오히려 더욱 높아져 지하독서운동의 바람이 대대적으로 불었다. 당시 지하에서 읽던 책들은 대체로 세 종류로 나눌 수 있다. 첫째,

---

31) 2005년 7월 11일 인터뷰.

32) 宋永毅, 「文化大革命中的地下讀書運動」, http://www.dwnews.com.

문혁 이전과 문혁 후기에 내부 출간된 외국 정치이론과 역사간행물들로 통상 '황색 표지책[黃皮書]'이나 '회색 표지책[灰皮書]'이라고 부른다.[33] 이러한 내부 간행물은 문혁 이전에는 직급에 따라 엄격하게 관리되어 13급 이상의 고급 간부들만 내부 증명서를 가지고 지정된 내부 서점에서 구매할 수 있었다. 그러나 문혁 이후 고급 간부들에 대한 가택 수색과 이들의 하방 과정에서 많은 서적이 사회로 흘러나와 이러한 책을 접한 청년들은 커다란 정신적인 충격을 경험했다.[34]

둘째, 문혁 이전에 출판된 외국문학 저서들이다. 문혁 초기에는 구도서들의 대출이 금지되었지만 도서관이 통제력을 잃으면서 비밀리에 사적인 경로를 통해 많은 도서들이 유출된다. 이 당시 젊은이들에게 영향을 끼친 문학작품은 톨스토이의 『전쟁과 평화』, 디킨스의 『두 도시 이야기』, 롤랑의 『장 크리스토프』, 스탕달의 『적과 흑』 등이었다.[35] 이러한 책들은 당시 사회적으로 만연했던 단순한 계급의식을 반성하고 인도주의와 인문정신에 대해 성찰하는 기회를 제공했다.

---

33) 당시 상무인서관(商務印書館)은 당 중앙의 지시로 서방 측의 사상과 문화의 대표작을 내부 발행으로 번역·출판했다. 사상 관계의 책은 모두 겉표지가 회색이었기 때문에 속칭 '회색 표지책(灰皮書)'이라 불렸고, 문예도서는 일률적으로 겉표지가 황색이었기 때문에 '황색 표지책(黃皮書)'이라 불렸다. 양둥핑, 『중국의 두 얼굴』, p. 254.

34) 『내부발행도서총목(1949~1989)』 통계에 의하면, 37년간 출판된 내부간행물은 1만 8,301종으로 이 중 사회과학은 9,766종에 이른다. 특히 문혁 세대의 사상에 강렬한 인상을 남긴 간행물로는 트로츠키의 『배반당한 혁명』, 질라스의 『신계급: 공산주의제도에 대한 분석』, 하이에크의 『노예의 길』 등의 저작들이 있었다. 특히 질라스가 쓴 『신계급』에서 지칭하는 '신계급'이란 독재적인 소수 공산당 정치집단을 뜻했고 하이에크의 저작도 전체주의 사회에 대한 신랄한 비판을 담고 있었다. 宋永毅, 「文化大革命中的地下讀書運動」; 楊健, 「文化大革命中的地下文學」, http://plains.yeah.sinology.cn.

35) 宋永毅, 「文化大革命中的地下讀書運動」.

[그림 2-2] 1969년 11월 윈난 성 루시 현 어느 마을에 하방된 지식청년들.

　셋째, 마르크스, 레닌, 마오쩌둥 등의 초기 원작이다. 1970년 9월 9차
2중전회가 폐막된 후 "마르크스, 레닌의 책을 읽지 않았다면 중앙위원 수백
명은 모두 속은 것이다"라는 마오쩌둥의 발언으로 『공산당 선언』, 『고타강령
비판』, 『반듀링론』, 『국가와 혁명』 등이 권장되었다. 그러나 이때 지식청년들
은 문혁 이전 시기처럼 맹목적으로 읽은 것이 아니라 체계적이고 분석적으로
읽어나갔다. 중국 문제를 해결하기 위해 이러한 책에서 독자적인 탐색을
시작했고, '사상촌락(思想村落)'이라고 부르던 각종 살롱이나 베이징 고급
간부 자녀들의 집에서 열린 '가정 살롱' 등은 서방의 다양한 사상과 문화를
토론하는 교류의 장이 되었다.36) 비교적 유명했던 조직으로는 베이징의
'공산주의청년학사(共産主義靑年學社)', 우한(武漢)의 '북두성학회(北斗星學會)',
상하이의 '반복벽학회(反復闢學會)'와 '동방학회(東方學會)', 후난과 산둥의 '마
오쩌둥주의소조(毛澤東主義小組)' 등이 있었다. 이러한 운동은 관방 이데올로

---

36) 양둥핑, 『중국의 두 얼굴』, p. 255.

기로부터 독립된 정신을 가지고 민간의 이단사조의 발전 추세를 이루었다. 이러한 자발적인 학습 열기는 정상적인 상황에서는 생길 수 없는 것으로 머리에 남아 있던 미신과 편견, 자신의 생각과 사고방식에 대한 검열을 버리고 모든 사물과 현상을 객관적으로 분석할 수 있도록 훈련하는 기회가 되었다.[37]

문혁 이전에는 체계적인 검열 외에도 반(班) 주임이나 단(團) 지부의 감시 때문에 많은 학생이 몰래 숨어서 이러한 책을 읽었지만 문혁 때는 오히려 공개적으로 격렬하게 토론을 벌였다.[38] 이러한 분위기에서 형성된 자유롭고 새로운 사상의 물결은 문혁 전기에 비해 훨씬 더 대담하고 이성적이며 심오했다. 개혁개방 시기로 접어들면서 나타났던 다양한 신사조의 물결은 바로 문혁 시기에 사회 저변에 보편적으로 나타났던 사상해방에 그 기원이 있었다고 해야 할 것이다.

이러한 상이한 사회 사조는 이미 문혁 초기부터 등장하기 시작해, 주로 중국 사회 성격을 둘러싼 분석, 문혁에 대한 이해 차이 등을 쟁점으로 조반파 내에서 진행된다. 대표적으로 후난 성무련(省無聯)의 「중국은 어디로 가는가?」와 「우리의 강령」, 광시(廣西) '4·22'파 홍위병의 「금일고타강령」, 베이징 중등학생 '4·3'파 홍위병의 「신사조를 논하다」, 상하이 중관회(中串會)의 「모든 것은 9차 대회를 위해」 등이 있다.[39] 특히 개혁 이후 유명한 경제학자가 된 양샤오카이(楊小凱), 즉 당시 양시광(楊曦光)이 쓴 「중국은 어디로 가는가」에서는 기존 성위서기가 여전히 권력을 쥐고 있는 '혁명위'라는 새로운 권력 구성 방식에 불만을 제기하며, '모든 권력을 조반파에게 귀속'시키는 선거를 통한 진정한 '파리코뮌' 정권 방식의 건립을 주장한다. 요컨대 당시

---

37) 宋永毅, 「文化大革命中的地下讀書運動」.

38) 徐友漁, 『形形色色的造反: 紅衛兵精神素質的形成及演變』, p. 50.

39) 같은 책, p. 110.

중국 공산당이라는 전체 조직을 다시 평가해서 '진정한 마르크스 - 레닌주의'라는 새로운 형태의 정당을 건립하려 했다.[40]

한편으로는 문혁 시기 공검법(公檢法) 타도와 함께 법 개념이 무너지면서 도시에서 '룸펜' 사조가 유행하기도 했다. 베이징의 스차하이(什刹海) 스케이트장, 수도(首都) 영화관, 왕푸징(王府井) 상업거리 등은 당시 건달조직들이 의기투합하거나 싸움을 벌이기로 가장 빈번한 장소였다. 정치투쟁에도 경제 이익에도 관심이 없고 허명을 쫓던 이들 건달 조직들은 지금의 암흑가 조직 같은 집단이 아니라, 서구에서 유행하던 히피와 유사하게 불합리한 세상을 증오하고 기존 질서에 불만이 있는 청년들이라 할 수 있다.[41]

4. 3대차별 극복을 위한 제도혁명

11중전회에서 채택된 「프롤레타리아 문화대혁명에 관한 결정」(16개조)은 그 자체로 커다란 모순을 내포하고 있지만 그 안에 담긴 이념이 구체적인 제도로 실천되면서 대중에게 광범위한 호소력을 불러일으켰다. 예컨대 노동자와 농민에게도 배울 수 있는 기회를 주었고 교육과 생산노동의 결합을 강조했을 뿐 아니라 가난한 농촌에 의료혜택 보급을 확대했다.

이러한 제도적 변화는 일반 인민들의 생활과 가장 직접적인 관련이 있었다. 물론 당시의 많은 제도적 실험들은 처음으로 제기된 것이 아니라 대약진 운동 시기인 1950년대 말에 이미 시도되었던 것이다. 교육제도나 하방정책, 농촌의 공업화 실험 등이 1950년대 말 시도되었지만 이후의 경제위기로

---

40) 楊曦光, 「中國向何處去?」, 『民主中華: 中國民運文集』(香港: 遠東事務評論社, 1989), pp. 31~50.

41) 史雲·李丹慧, 『中華人民共和國史 第八卷, 難以繼續的'繼續革命': 從批林到批鄧 (1972~1976)』, pp. 486~487.

좌절되고 경제조정 정책으로 잊혀진다. 그러나 문혁대혁명이 시작되면서 이러한 방침들이 다시 시도되고 더욱 진보된 형태로 발전하면서 마오쩌둥의 혁명 이상을 실현하는 제도와 정책으로 나타난다.

이러한 제도적인 실험은 엇갈린 평가를 가져왔는데, 예컨대 지식을 노동 현장에 응용한다는 목표로 진행된 지식청년의 하방은 실제 농촌의 교육보급을 높였다는 평가와 함께 청년들을 농촌으로 추방하는 데 그쳤다는 평가도 낳았다. 또한 1970년부터 시작된 공농병(工農兵) 대학생 모집, 육체노동과 정신노동의 차별을 줄이기 위해 시도된 다양한 형식의 교육혁명제도는 대중교육을 확대시키고 실용적인 효과를 가져왔다는 평가와 더불어 일부 노동자들만의 지위 상승을 허용했다는 비판도 받았다. 그러나 권위란 언제든 뒤집을 수 있는 것이라는 생각과 지식권력과 관료권력을 노동자계급의 힘으로 제어할 수 있는 장치를 마련한 '제도 경험'은 오늘날 노동자는 아무 쓸모없게 되었다는 불만과는 뚜렷하게 대비되는 기억으로 각인되었다.

이른바 3대차별이란 도시와 농촌 간, 농업과 공업 간, 육체노동과 정신노동 간의 차별을 의미하며, 이를 극복하기 위해 중국이 내놓은 해법은 농촌의 공업화, 의료와 교육혜택의 확대를 통한 도시와 농촌 차별의 극복, 지식청년의 하방을 통한 도시와 농촌의 교류, 그리고 간부들이 육체노동에 참여하고 노동자들이 경영관리에 참여하는 양참(兩參)의 방식 등이었다.

1) 농촌과 도시의 차별 극복: 의료와 교육혜택 확대

1960년대 초 대약진 운동이 실패한 이후 중국의 28만 개에 이르는 농촌 의료소 중 20여 만 개가 문을 닫고, 도시 병원의 수가 거의 2배로 늘어난다. 반면 문혁 시기에는 물질적 재원의 상당 부분이 거꾸로 도시에서 농촌으로 이동된다. 마오쩌둥은 인구의 절대 다수가 농촌에 거주하는데도 도시 서비스를 위해 의사를 양성한다고 비난한다. 중요한 것은 실천 중에 배우고

향상시키는 것이며, 질병예방사업을 강화해야 한다고 강조한다.[42]

이렇게 "군중의 절박한 해결이 필요하다"는 마오쩌둥의 제안에 따라 대중적 의사 양성을 위한 정식 학제가 6년에서 3년으로 감소되고 과정 역시 수정되었다. 1971년 입학한 대부분의 학생은 농촌지역에서 올라온 학생들이었고, 그중 많은 사람은 젊은 '맨발의 의사'였다. 이들은 정규 교육은 부족했지만 풍부한 실전 경험과 현장 지식을 갖추고 있었다.

전국적인 위생보건체계는 신속하게 도시에서 농촌으로 이동했다. 도시의 의료센터와 의과대학은 농촌 인민공사에 의료소나 교학소를 세웠고 의사들을 파견해 근무하게 했다. 모든 도시 의무요원들은 반드시 의료대나 공사의 료센터에 가서 일정 기간 근무해야 했다. 1970년대 중반에 이르면 이러한 의료보조요원이 100여 만 명에 달하게 되며, 이는 1965년에 비해 4배가량 증가한 수치다. 이들은 주로 의료예방사업에 종사하면서 위생교육을 제공하고 일상적인 병을 치료했으며 심각한 환자들은 공사병원이나 도시병원으로 후송되었다. 맨발의 의사들은 공사병원이나 도시병원에서 6개월간의 교육 훈련을 거친 뒤 자신의 고향으로 돌아가 보통 농민과 마찬가지로 작업점수(工分)로 보수를 받으며 통상적인 의료사업에 종사했다. 또한 정기적으로 전문 병원에서 전문적인 교육과 훈련을 받을 기회를 얻기도 했다. 농촌의 새로운 위생보건체계는 주로 공사나 대대, 생산대의 지방기금에서 경비를 제공받았지만 중앙정부의 지원 역시 매우 중요했다. 농촌에서 근무하는 전문의료진의 임금은 국가가 지불했고 순회의료대 역시 국가가 자금을 제공했으며 맨발의 의사 교육 비용도 국가에서 맡았다. 비록 농촌의 의료 서비스 수준이 도시에는 크게 미치지 못했지만 이러한 것은 많은 국가 재원이 도시에서

---

42) 그 유명한 마오쩌둥의 '6·26지시'에서는 위생부를 '도시 어르신들의 위생부'라고 호되게 비판한다. 당시 도시 의료위생관리 부문에서는 농촌 의료위생조건 개선에 대해서는 대체로 관심을 두지 않았다. 錢信忠, 「衛生工作向農村大進軍的序幕: 關於農村巡廻醫療隊工作的幾個問題」, 『紅旗』, 1965年 第13期, pp. 2~9.

농촌지역으로 이전되었음을 의미한다.[43]

교육제도 역시 의료개혁과 마찬가지로 농촌에 유리한 방향으로 진행된다. 1966년 이전의 교육제도의 불평등 현상은 매우 심각한 수준이었다. 교육 분야의 재력과 인적 자원이 모두 도시에 집중되어 있었다. 입학시험과 정규 교육을 받을 수 있는 자격, 성적을 근거로 한 승급제도, 엄격한 입학연령 제한, 학비 등은 도시 빈곤학생들의 교육 기회를 크게 제한했고, 농촌 학생들은 더 말할 것도 없었다. 교육제도와 수업의 내용은 대개 도시 안에서 필요한 전문 업무에 필요한 것으로 도시의 고위 특권계층을 지속적으로 유지할 수 있도록 기능해왔다. 1960년대 초반 농촌 학교와 업여(業余)학교가 크게 줄어든 반면, 당정관료의 자녀들에게 특혜를 주는 도시의 학교들은 확대되었다.[44]

따라서 교육 시스템의 전체 비용은 높았지만 효율은 낮았고, 정부기관 및 도시 공업부문에 필요한 인재는 배출했지만 농촌에 필요한 기술을 갖춘 졸업생은 육성하지 못했다. 1966년 이전 몇 년 동안 교육제도는 사회적으로 매우 격렬한 비판을 받고 있었다. 1964년 마오쩌둥은 교육과정, 교수방법, 시험제도 등을 비판하며 현행 교육제도가 인재나 청년들을 망치고 있다고 비판했다. 그는 학제를 축소하고 교육과 생산노동을 결합하는 방식의 새로운 제도를 세워 단지 책 속의 지식만을 학습하는 구제도를 대체해야 한다고 강조한다. 마오쩌둥은 그가 장기적으로 구상하던 관점을 강조하면서 가장 창조적인 교육방식은 실천 과정 속에서 스스로 배워나가는 방식이라고 역설한다.[45]

---

43) 모리스 마이스너, 『마오의 중국과 그 이후』, 제5장.

44) John Gardner, "Educated Youth and Urban-Rural Inequalities, 1958~1966," John Wilson Lewis(ed.), *The City in Communist China*(Stanford University Press, 1971).

45) 교육혁명 기간 이뤄진 다양한 제도적 실험에 대해서는 다음을 참고할 것. Suzanne

이러한 교육혁명은 문혁 이후 당 조직이 무너진 이후에야 시작된다. 부유한 도시지역에 제공되던 국가 지원을 감소시키고 농촌 등 빈곤지역으로 재정 지원을 이전시킨다. 물론 지방의 자력갱생을 강조하면서 이를 교육의 지침으로 삼지만, 국가의 재정적 지원과 정책이 자금 지원의 방향과 교육자금의 제공 방식을 결정하는 데 매우 중요한 요인이었다. 새로운 정책은 초등교육을 우선적으로 고려했다. 문혁 시기에 농촌 초·중등학교의 입학인원이 크게 증가해 초등학교는 1.16억 명에서 1.5억 명으로, 중등학교는 1,500만 명에서 5,800만 명으로 크게 증가한다. 초등학교 학제는 6년에서 5년으로 축소되고 농촌에는 2년제 중학교반이 신설되어 중등학교 인원이 급속히 증가했다.

또한 농촌 학교를 발전시키는 동시에 국가의 교육관료기구를 해체하고 학교의 영도권을 분산시켰다. 문혁 이전의 농촌 학교는 국가의 통일적인 정책에 따라 현 정부에서 관리했지만, 새로운 정책 아래에서는 촌과 진에서 학교를 관리하고 공사와 대대에서 교육경비를 제공하며 국가는 교사의 임금 지불을 지원했다. 또한 학비와 입학시험, 입학연령 제한 등을 폐지했다. 대약진 기간에 채용했던 많은 업여교육과 공독교육방안이 다시 실행되었다. 중·고등교육의 입학기준과 과정이 변하자 농촌 청년들이 고등교육을 받을 수 있는 기회가 증가했다. 빈농이나 노동자, 군인, 기층 간부들에게 우선적으로 입학할 수 있는 자격이 주어졌고, 공장이나 농촌에서 몇 년간 생산노동에 종사하기만 하면 대학에 입학할 수 있고 대학 졸업 이후에는 다시 고향으로 돌아가 지역 업무를 담당하게 되었다.

많은 지식청년들은 혁명의 실천에 참가한다는 사명을 갖고 농촌으로

Pepper, *Radicalism and Education Reform in Twentieth-Century China: The Search for an Ideal Development Model*(Cambridge: Cambridge University Press, 1996); 장윤미, 「문화대혁명과 노동자의 교육혁명」, 백승욱 엮음, 『중국 노동자의 기억의 정치: 문화대혁명 시기의 기억을 중심으로』(서울: 폴리테이아, 2007).

[그림 2-3] 문혁 시기의 포스터. 지식인이 노동자, 농민에게 배울 것을 촉구하고 있다.

내려갔다. 특히 더 높은 혁명정신을 실천하기 위해 더욱 적극적으로 변경 지역의 가장 궁핍한 촌락에 지원하기도 했다. 물론 하방이 갖는 의미는 당사자들로서는 좀 더 복잡한 것으로, 희생의 상징이자 혁명의 순수한 열정에 대한 그리움을 자아내는 향수의 의미도 있었다. 하방은 한 세대의 삶의 방식을 근본적으로 변화시켰다. 농촌으로 내려간 지식청년들은 집단 토론과 공동 문화를 통해 중국 농촌 문제에 더욱 많은 관심을 갖게 되었고, 황량한 들판에서 힘든 노동을 견디며 현실사회의 모순을 뼈저리게 깨닫는 기회로 삼기도 했다. 농촌이라는 공간에서 무한대로 열린 시간과 극단적인 자유로운 사상 문화 속에서 청년들은 자신들의 간행물을 자유롭게 발행하며 잦은 교류와 연락을 취하기도 했다.46)

2) 농업과 공업의 차별 극복: 농촌의 공업화

1962년 중공중앙에서 제정한 「농촌공작60조」에서는 당시 농촌에서 추진했던 공업과 철강산업으로 벌어진 심각한 재정 낭비와 국가식량의 부족현상을 근거로 농촌 사대(社隊)에서는 공업을 추진하지 않기로 결정한다. 이 규정은 문화대혁명 직전까지 줄곧 엄격하게 지켜진다. 그러나 마오쩌둥은 '5·7지시'에서 이미 농촌은 "농업을 위주로 하면서 군사, 정치, 문화도 함께

---

46) 양둥핑, 『중국의 두 얼굴』, pp. 249~268.

배우고 조건이 갖춰지면 집단적으로 작은 공장을 운영해야 한다"고 제기한다.[47] 요컨대 운동 초기부터 문혁 목표 중의 하나는 농촌의 공업화였던 것이다. 농업 공업화의 목적은 경제적인 것이기도 하고 사회적인 것이기도 했다. 사회적인 측면에서 이것은 '3대차별' 중 도시와 농촌, 공업과 농업의 차별을 줄일 수 있는 효과적인 방법으로 여겨졌고, 경제적으로도 지방 인력이나 자원을 이용해 농촌을 발전시킴으로써 전체 국민경제 발전에 큰 보탬이 될 수 있었다.

1970년대 초반 농촌에서는 사대(社隊)공업[48]이 발전할 수 있는 환경이 나타나기 시작했다. 우선 농촌 인구가 지속적으로 늘어나 잉여노동력이 생겨났고, 국가에서 농업기계화를 주창했지만 이를 지원할 자금이 없어 농촌지역의 기업에서 자체적으로 해결해야만 했다. 또한 도시에 위치한 중대형 국유기업의 생산량으로는 도시와 농촌에서 필요한 제품을 모두 충족할 수 없었으며, 1964년과 1969년부터 시작된 삼선건설과 하방기업운동으로 많은 기업들이 농촌지역으로 이주하거나 지(地), 현(縣)급에게 권한을 하방해 관리하게 했기 때문에 농촌지역의 자금과 설비사용 능력이 증가했다. 또한 5·7간부학교의 운영과 지식청년들의 하방으로 많은 인재들이 농촌으로 몰린 것도 농촌 공업화의 커다란 배경이 되었다. 무엇보다 장기적으로 시행된 농공업 제품의 협상 가격차 정책으로 농민들이 국가로부터 필요한 제품을 공급받지 못했기 때문에, 기업 운영이 가져다줄 좋은 기회를 놓치고 싶어 하지 않았다.[49]

농촌 공업의 대부분이 농업 생산을 지원하기 위한 것이었다. 주로 농기구

---

47) 「毛澤東給林彪的信: 一九六六年五月七日 '關於進一步搞好部隊農業的報告'的批示」, 中共研究雜誌社, 『中共文化大革命重要文件彙編』(臺北, 1973), pp. 193~194.

48) 주로 농촌 공사(公社) 아래의 집단공업을 가리킴.

49) 史雲·李丹慧, 『中華人民共和國史 第八卷, 難以繼續的 '繼續革命': 從批林到批鄧 (1972~1976)』, pp. 288~289.

나 농기계의 생산 또는 수리, 화학비료 제조, 현지 생산되는 농산품을 가공하는 소형 기업 위주로, 농업 신기술과 새로운 방법을 육성·확산시키는 소형 농업기술소 등이었다. 1976년 중국의 화학비료의 절반은 지방 농촌 공장에서 생산되었고, 농업기계제품의 대부분도 지방 농촌 공장에서 생산되었다. 1970년대 중반까지 농촌의 많은 소형 공장에서 시멘트, 생철, 건축자재, 전력, 화공제품, 약품, 각종 소비품 등을 생산했다. 또한 수리시설과 농기계 등의 발전으로 전답의 관개 능력이 크게 향상되어 지속적인 수확을 거둘 수 있는 조건을 마련했다. 이러한 전답 관개나 배수 조건의 개선 등은 1980년대 농촌가정생산책임제 아래 실시되었던 개체경영방식에서도 중요한 역할을 할 수 있었다. 게다가 1980년대 전답수리에 대한 국가투자가 상대적으로 줄어들면서 1970년대에 이뤄진 투자가 일정 정도 효과를 발휘했다고 볼 수 있다.[50] 1980년대 중국 경제발전의 주역이었던 향진(鄕鎭)기업은 바로 이러한 현지 생산기반과 대량의 잉여노동력을 이용한 성과라고 볼 수 있다.

도시는 농촌 기업 발전에 필요한 많은 기술을 제공했다. 농촌에 대한 도시 원조는 소형 공장을 농촌으로 이전하는 것, 도시의 기술자·과학자·관리자 등을 농촌으로 파견하는 방식, 과학지식 관련 서적이나 교사들을 파견하는 방식 등으로 이뤄졌다. 그러한 국가나 도시에서의 자금 제공은 매우 적었고 대부분 대대, 공사, 현 정부 등 현지 기관에서 관리했다.[51] 많은 농민들이 농촌 공업화 계획이나 교육, 의료 개혁 과정에서 많은 혜택을 보았지만, 문화대혁명이 도시와 농촌관계의 근본적인 변화를 가져다준 것은 아니었다.

---

50) 같은 책, pp. 286~287.

51) Dwight H. Perkins, *Rural Small-Scale Industry in the People's Republic of China* (University of California Press, 1977).

3) 육체노동과 정신노동의 차별 극복

마오쩌둥은 오랫동안 기관간부나 지식인, 청년 학생들이 군중과 멀어지고 육체노동에서 벗어나는 현상을 걱정하면서 이것이야말로 '수정주의'의 온상이라고 보았다. 이에 따라 마오쩌둥은 '5·7지시'에서 각 업종이 하나로 융합되고 정신노동과 육체노동이 결합되는 새로운 사회구조를 구상해낸다.

근대 산업화의 과정을 보면 공업의 발전에 따라 점점 더 많은 인구가 전통적인 농촌을 떠나 도시 부문의 현대 산업 분야로 흘러들어간 것을 알 수 있다. 그러나 문혁 기간 대규모의 인구는 거꾸로 도시에서 농촌으로 이동했다. 이는 도시 청년의 취업문제를 해결하려는 경제적 고려도 이유였겠지만, 무엇보다 정치적인 이유가 앞섰다. 이에 따라 정계에서는 대략 간부들 3분의 2가량이 농촌으로 하방되어 노동에 참여했고, 교육계에서는 학생들이 농촌으로 내려갔으며, 공장에서는 간부에게 기층으로 내려와 육체노동에 종사하도록 했다.

관료기구의 축소와 함께 하방된 간부들은[52] 농촌에 설립한 '5·7간부학교'에서 육체노동에 종사했다. 이를 통해 중국 관료들은 농촌사회와 기층 인민의 고충을 일부 이해하게 되지만, 농민들로서는 이들의 낙향으로 오히려 해당 지역에 공급할 식량과 경제수입이 감소하게 된다.[53]

---

52) 7월 11일자 ≪인민일보≫에서는 허난 성 링바오(靈寶) 현 혁명위의 '행정기구의 간소화(精兵簡政)' 경험을 소개하고 있다. 원래 현 기관의 '8개조 2실'의 100여 명에 달하는 인원이 4개조 30명으로 축소되었다. 기층에서도 신생 홍색정권이라 일컬어진 혁명위가 축소되었다. 회사나 공장 조직을 합병·축소하는 방식으로 조반파가 대부분을 차지했던 기층 혁명위를 없애버리고, 이 과정에서 혁명위에 들어갔던 조반파 대표들은 다시 원래의 자리로 돌아오게 된다. 문혁 초기를 지나 9대 이후 문혁 이데올로기가 여전히 공식적인 원칙이었지만, 실제 방향은 조반을 억압하는 방식으로 나타났다. 이는 지방마다 사정이 다르다는 이유로, 혼란을 막고 질서를 잡는다는 명분으로 이뤄졌다.

지식청년의 하방은 주로 도시 청년의 취업문제로 1950년대 중반부터 시작되었다. 그 물결이 최고조에 이른 것은 1968년 12월 학생들은 농촌으로 내려가 재교육을 받으라는 마오쩌둥의 지시 때문이었다. 이때부터 상산하향은 중·고등학교 졸업생을 사회적으로 배치하는 고정적인 방식이 된다. 구체적인 경로는 차두이(揷隊, 인민공사의 생산대에 들어가 노동에 종사하거나 그곳에 정착해 사는 것) 방식이 가장 보편적이었고, 대부분 농촌에서 '지청점(知靑點)'이라 부른 하숙집 같은 숙소를 만들어 공동생활을 했다. 이 밖에도 군간(軍墾, 군대가 변경·연해지구의 황무지를 개간하는 것)이 있었고 농장 등에 내려가거나 부모를 따라 '5·7간부학교'에 가는 경우도 있었다. 많은 지식청년들이 농촌이나 변경으로 내려가 열악한 환경 속에서 농촌의 생활을 개선하기 위해 열심히 일했고, 문화나 과학지식을 보급하는 데도 일정한 역할을 했으며 많은 영웅담을 남겼다.[54]

그러나 열악한 조건의 지방에서는 이들의 식량문제를 해결하지 못해 오히려 지식청년 가정의 가장에게 도움을 요청하는 경우가 많았으며 적자가 심각한 사대나 농장에는 국가가 보조금을 지급하지 않을 수 없었다.[55] 더욱 심각한 것은 사회문제였다. 낭만적인 혁명의 이상을 품고 농촌으로 내려온 지식청년들은 자신들이 상상했던 것과는 다른 현실에 비관했고, 극좌적인

---

53) 대개의 간부들이 집시무역을 통해 상품과 부식품을 몰래 구입해 현지 수급상황을 악화시키고 물가를 상승시켰다. 농민들은 이러한 간부들의 태도를 보고 "해진 옷을 입고 잘도 먹으며, 웃통을 벗고 손목시계를 찼네"라고 조롱했다. 史雲·李丹慧, 『中華人民共和國史 第八卷, 難以繼續的'繼續革命': 從批林到批鄧(1972~1976)』, p. 462.

54) 지식청년들의 하방 경험에 관한 체험기로는 다음을 참고할 것. 『北大荒風雲錄』(北京: 中國靑年出版社, 1990); 『草原啓示錄』(北京: 中國工人出版社, 1991).

55) 1962년에서 1979년까지 지식청년에게 지급한 국가 지출은 75.4억 위안에 이르며 대다수는 문혁 시기에 쓴 것으로, 1인당 평균 450위안 이상. 史雲·李丹慧, 『中華人民共和國史 第八卷, 難以繼續的'繼續革命': 從批林到批鄧(1972~1976)』, p. 466.

경향이 센 지방에서는 이들 청년을 박해하기도 했다. 지식청년을 둔 가정의 가장들은 이러한 자식들을 도시로 데려오거나 군대로 보내기 위해 갖가지 '꽌시(關係)'를 동원했고 심지어는 가짜 서류를 위조하거나 지방 간부에게 뇌물을 갖다 바치기도 했다.

육체노동과 정신노동을 극복하는 방안은 공장 내에서의 노동과정과 관리 측면에서도 살펴볼 수 있다.[56] 사회주의 개혁과정에서 국유기업 노동자의 고용지위는 줄곧 논쟁의 대상이 되었다. 1950년대 말 소련의 '계약공제'를 추진하려 했지만, 대약진의 시작으로 중단되었다가 1960년대 초 다시 '쌍궤제'라는 이름으로 등장한다. 즉, 국유기업 내에서는 정식공과 동시에 임시공을 고용할 수 있으며 많은 농민을 임시공으로 채용할 것을 장려했다. 그러나 문혁과 함께 임시공 제도는 크게 비판받고 1971년 국유기업의 많은 임시공들이 정식공의 지위를 획득한다. 그 과정에서 1960년 안산강철회사의 노동자들이 공장 내 작업조직과 노동과정에 관한 개혁안을 제기한다. 이 안에는 정치 우선, 당의 영도 강화, 군중운동 전개, 관리층의 노동참가와 노동계급의 공장관리 참여[兩參], 불합리한 규칙 개선[一改], 노동자·간부·기술자의 결합을 통한 기술혁명 추진[三結合] 등의 내용이 담겨 있다. '안강헌법(鞍鋼憲法)'의 정신은 하나의 원대한 목표가 되었다. 즉, 공장 내 관리와 생산과정 개혁을 통해 고용노동을 폐지하는 방향으로 나아간다는 것이다. 마오쩌둥은 위에서 아래로 전개되는 공장 관리제도를 비판하면서 '안강헌법'의 중요성을 강조했다.

이러한 제도실험의 경험은 노동자들의 기억 속에 뚜렷이 남아 있다. 베이징의 한 노동자는 다음과 같이 회고한다.

---

56) 이에 대한 자세한 사례 연구로는 다음을 참고할 것. 장영석, 「노동자의 문화대혁명 참여와 노동관리」, 백승욱 엮음, 『중국 노동자의 기억의 정치: 문화대혁명 시기의 기억을 중심으로』(서울: 폴리테이아, 2007).

(정말로 작업장에 내려와) 일했지요. 제가 접촉해본 사람들, 그 뭐냐 작업장 간부며, 공단장(工段長)이며, 공장장이며, 정말로 좋았어요. 노동자들에게는. 매일 함께했고 누구도 구속받지 않고 우리 역시 그들을 우두머리로 세우지 않았죠. …… 노동자의 관리 참여는 모두가 함께 토론하는 것이었는데 관리라고 부를 순 없겠죠? 생산이니 계획이니 모두가 함께 계획을 세운 이후 좌담회를 갖고 생산 업무를 완성할 수 있는지에 대해 토론했죠. 받아들일 수 있는지 없는지, 완성할 수 있는지 없는지 말이죠. …… 소련 전문가가 철수한 이후엔 생산관리 등의 측면에서 더 진보적이 됐습니다.[57)]

충칭 노동자의 기억은 그 전의 경험과 대비되어 더욱 뚜렷하게 나타난다.

공장에 온 뒤로 노동자의 지위가 아주 높다는 걸 실감했어요. 당시 신문에서 노동자가 주인이라는 말을 보고도 믿지 않았는데 공장으로 들어온 뒤에야 그렇다는 것을 알게 된 거죠. 안강헌법과 마강헌법(馬鋼憲法)에서 나타난 차이는 아주 명확했어요. 류샤오치 시기에는 마강헌법을 널리 선전했고 안강헌법은 하지 않았어요. 마강헌법과 안강헌법의 근본적인 차이는 공장장책임제에 있었죠. 마강헌법이 바로 공장장책임제로 일장제였어요. 이것은 흐루쇼프 그 대머리가 소련에서 했던 실험으로 실패한 것인데도 계속 했죠. 바로 당의 영도를 취소하고 기업 안에 당위원회를 취소한 거예요. 그래서 마오 주석이 이 문제를 발견하고는 안강헌법을 제정했죠. 우리 노동자들은 당시 이 마강헌법에 대한 반감이 대단했어요. 그 공장장이란 것은 지금과 마찬가지로 너 물러나라고 하면 물러나야 하는 것이었죠. 임금도 다 받을 수 있는 건 아니었어요. 다 받지 못하면 각종 비용을 공제하는 것이라고 했죠. 예컨대 조작 규칙을 어겨 다시 손을 봐야 하는 일이 생겼을 때는 월급에서 제했죠. 완전히 자본가와

---

57) 2005년 7월 6일 인터뷰.

같은 수법이에요. 하지만 안강헌법은 노동자를 주인으로 삼아 '양참일개삼결합'하는 겁니다. 양참일개는 노동자가 관리에 참여하고 간부가 노동에 참여하는 것이니까 마강헌법과는 근본적으로 다르다고 할 수 있죠.[58]

육체노동과 정신노동의 결합정신은 공장 내에서는 이론과 실천의 결합이라는 형태로 나타났다. 충칭의 한 노동자는 이론 쪽에만 강한 당시 지식인에 대한 인상을 다음과 같이 회고한다.

> 원래 대학생들은 우리 공장으로 오면 노동자들과 함께 반년을 일해야 했어요. 문혁 이전에도 그랬죠. 왜냐하면 책 안에 있는 것은 모두 이해하고 대학도 나왔고 이론적인 지식도 노동자들보다 훨씬 강했지만, 실천 쪽에는 좀 뒤떨어졌어요. 어떤 대학생들은 부품이 어디에 쓰는 건지도 모르더군요. 공장으로 들어와서야 어떻게 된 일인지 알게 되죠. 왜냐하면 노동자들만이 어떻게 수리하고 고치는지 아니까요. …… 우리 쪽에 성이 마(馬) 씨인 중등전문학교 졸업생이 있었는데 그가 설계한 기계가 확실히 쓸모가 있었어요. "마 사부, 이리 와보세요. 당신이 설계한 기계니까 와서 한번 보세요." 그는 몰랐어요. 자신이 설계한 기계조차 조립하지 못하는 거예요. 이론적으로는 분명하게 말할 수 있을지 몰라도 작업은 안 됐죠. 설치를 못해요. 이게 바로 우리가 공장 안에서 지식인들에 대해 가지고 있던 느낌이었어요.[59]

---

58) 2005년 9월 인터뷰.
59) 같은 인터뷰.

5. 끝맺는 말: 새로운 권력, 사상, 제도의 한계와 영향

이 글에서는 기층사회의 중국 민중이 기억하는 문혁의 또 다른 측면을 권력, 사상, 제도로서 살펴보았다. 물론 혁명에 대한 이상과 낭만이 팽배한 시절이었지만, 결국 실패한 권력이자 사상이고 제도였다.

권력 탈취 이후 세워진 새로운 정권 형식은 혼란을 봉합하려는 목적으로 위에서 아래로의 방식으로 이뤄졌고, 이를 받아들이는 과정에서 조반파는 분열되어 상당수는 기존 질서체제 내로 포섭된다. 이 때문에 독자적인 군중 자치의 상설기구를 만들지 못했으며 조급한 정치연속의 문제를 해결하지도 못했다. 이런 차원에서 혁명위라는 형식은 기존 제도의 정지였지 근본적 개혁은 아니었다. 조반파들은 불행하게도 조직 방식이나 형태에서 공산당을 그대로 답습했고, 권력이란 본질적으로 제재받지 않는 것이라고 암암리에 가정함으로써 어떻게 정치제도를 조직할 것인가의 문제보다는 누가 통치해야 하는가의 문제에만 집중했다. 따라서 대연합의 틀 내로 투항한 이후 정치적 숙정을 피하기 위해 입당이나 혁명위원 등 기존 권력의 핵심층으로 들어가는 것 외에는 달리 방법이 없었고, 이는 대대적인 보수의 역습에 의해 쉽게 무너지고 말았다. 결국 질서 정리과정에 참여함으로써 스스로 정리된 셈이다.

사상적 측면에서도 조반파는 처음부터 모순적이었다. 당시 조반인지 아닌지를 가늠하는 기준은 바로 마오쩌둥 사상이었다. 각 파벌에서는 마오쩌둥 사상을 자기주장의 근거로 경쟁적으로 사용하기 시작했고 따라서 마오쩌둥 사상을 인용하는 사람들은 누구나 자기의 주장이 옳다고 하면서 자의적인 잣대를 내세워 혼란을 가져왔다. 가장 중요한 것은 권위에 저항하지만 마오쩌둥에게는 복종하라는 모순이었다. 조반하되 복종하라? 이는 많은 청년들이 중국 체제의 근본적인 모순과 방향을 깊이 성찰하게 만들었고, 이후 진행된 다양한 사상적 논쟁과 담론의 기원이 되었다. 또한 조반은 분명 당시 중국 체제의 공고한 권력체계에 대한 전복을 꿈꿨지만 결국 모든 이의 해방을 위한 것은 아니었다. 모든 차별과 억압을 끊자는 것이 혁명인데, 문혁 조반은 혁명 정통성을 입증하기 위해 당시 중국 체제에서 억압받던 사람들을 자신과 구분짓고 차별했다.

특히 제도적인 측면에서 다양한 실험들이 시행되면서 인민의 일상을 크게 바꿔놓았다. 3대차별 극복이라는 슬로건 아래 많은 인재와 재원이 농촌으로 흘러가면서 농업 자체에서 공업화가 진행되었고, 농촌에 교육과 의료혜택이 획기적으로 확대되었으며, 간부와 지식인은 농민과 노동자에게서 배우고 노동자는 경영에 참여하고 학교를 관리했다. 그러나 이러한 제도적 혁명은 운동의 한 형식으로만 진행되었다. 요컨대 제도는 운동과 결합된 하나의 방식에 불과했을 뿐, 그 자체가 독자적인 경로로 발전하진 못했다.

그런데도 노동자들은 문혁을 그리워하고 다시 불러내려고 한다. 이들이 다시 불러내려는 문혁은 마오쩌둥, 군대, 지방 간부, 보수파, 고급 간부 자제 출신의 홍위병 등의 문혁이 아니라, 바로 그들이 주체가 되어 기존 권위와 체제에 저항했던 '민중의 문혁'이다. 문혁이 관료주의를 겨냥한 운동이었다면 아직 끝난 것이 아니며, 체제의 근본적인 구조와 계급문제를 건드린 것이라면 이러한 모순은 개혁 이후 더욱더 두드러지게 나타났다. 사실 조반은 아래에서 위로가 아니라 위에서 아래로 이뤄졌기 때문에 처음부터 위와 아래에서 조반을 일으킨 목적이 각기 달랐다. 조반이 추구하던 목표는 실패했지만, 조반파들은 권력층에서 밀려나면서 숙고의 시간을 가졌다. 이들은 1970년대 초반 다양한 독서 활동을 통해 중국 상황에 대해 진지하게 고민하기 시작했고 이는 1980~1990년대로 이어져 많은 사상적 조류를 낳았다. 또한 기존에 당 조직 중심으로 움직이던 중국 사회는 문혁으로 해체되기 시작했고, 이후 다양한 집단행동의 기원으로 자리 잡게 된다.

3장

일상사연구와 파시즘
'사소한 것'을 특별하고 진지하게 다루기!

김보현(성공회대학교 민주자료관 연구교수)

1. 출발점, '아래로부터의 역사'

되돌아본다. '되돌아보기'는 나의 일상(everyday life)에서 중요한 한 부분이다. 지금처럼 컴퓨터 모니터 앞에서 자판을 두드리다가, 집과 학교를 오가는 지하철과 버스 속에서, 인도를 거닐다가, 식사를 할 때나 식사 후 동료들과 나누는 대화의 도중에, 멍하니 혼자 창공을 응시하다가, 나는 되돌아본다. 많은 경우 '반성'이 배어 있다. "그래, 그때 내가 그랬지……." 언제나 '발전'이란 것을 의식하거나 귀결케 하지는 않지만, 나는 늘 그리 살아간다. "세상사에 이미 결정되어 있는(pre-determined) 것은 없어!" 이 아포리즘은 지금까지 '공부를 업으로 삼아' 생활해오면서 간직한 신념들 중 하나이기도 하다. 그러나 '되돌아보기'는 무슨 운명적으로 정해져 있는 작동 메커니즘의 일부처럼 반복되고 반복된다. 그래서 나는 또 이렇게 되돌아본다.

이 글의 시원을 원고청탁의 시점이 아니라 좀 더 멀리서 찾는다면, 박사학위 논문의 윤곽을 잡고 수개월이 지난 1999년 나른한 어느 봄날이었다.

우드(Ellen M. Wood)의 책을 읽고 있었는데 그 책의 상당량이 역사학자 톰슨(Edward P. Thompson)에 대한 지지 논평 형식을 빌어 집필된 것이었다.

'경험'이란 개념은 '객관적 구조들'이 사람들의 삶들에 무엇인가 영향을 준다는 것 …… 을 의미한다. 그 구조들이 사람들의 삶들에 영향을 미치는 방식과, 이 방식에 사람들이 어떻게 대처하고 어떤 영향을 주는가에 대해 — 또는 톰슨이 말한 바처럼, 결정력을 가진 구조화된 과정들의 압력들이 사람들에 의해서 **어떻게 경험되고 다뤄지는가**에 대해 탐구하는 것이야말로 역사학자들과 사회학자들의 과제다. '경험'이란 개념에 담겨 있는 이론적 메시지 …… 는 …… 결정력을 가지는 (구조들의) 압력들의 작용이 하나의 역사적 문제이며 따라서 바로 하나의 경험적 문제라는 사실이다. 이론적 차원과 경험적 차원 사이에 단절은 실재할 수 없고, 역사학자 톰슨은 이론가 톰슨이 제기하는 과제를 수행한다.[1]

우드의 이런 글귀들은 상당히 건조한 문체였는데도 그 시기 나에게는 종전까지 해오던 작업의 방향을 대폭 바꾸어야겠다는 결단을, 마음 속 저변으로부터 지펴내기 시작하는 자극제였다. 지금 생각해보면 '닭이 먼저냐, 달걀이 먼저냐'란 질문과 큰 차이가 없었던 '구조 - 행위 관계'에 대한 추상적이고 사변적인 문제설정에 한동안 매달려 있었던지라, 나의 새로운 결심은 서서히 익어가면서도 제법 뜨거운 단절을 낳을 것만 같은 예감을 주었다. 어쩌면 우드의 책 자체가 중요했던 게 아니라 그러한 성찰이 싹틀 무렵 우연하게도 우드의 책을, 그리고 이어서 톰슨의 책들[2]을 읽었던 것이 지금까

---

1) Ellen M. Wood, *Democracy Against Capitalism: Renewing Historical Materialism* (New York: Cambridge University Press, 1995), p. 97. 이하 강조 표시는 모두 인용자의 것들이다.

2) Edward P. Thompson, *The Making of the English Working Class*(New York: Vintage

지 인상적으로 남아 있는지 모르겠다. 또 별달리 나만의 연구성과를 내놓지 못한 시점이었으므로, 그 방향 전환은 기성 연구자들의 지배적 경향을 넘어서겠다는 의지의 표현이기도 했다. "동일한 문제의식, 동일한 논점 내에서라도 이왕이면 현실감이 있고 강한 느낌을 동반하는 역사를 쓰고 싶다. 이름 없는 평범한 사람들의 실제적 삶들, 고민들, 아픔들, 희망들, 열정들, 비루한 일상들에 한층 더 접근하는 연구를 하고 싶다. 나 역시 실은 방법론적으로, '선배들'과 '선생님들' 대다수처럼 큰 사건들과 총량화된 통계들, 구조들, 제도들, 엘리트들의 언명들 및 활동들에 안주하고 있었던 게 아닌가? 한 후배가 건넨 말처럼[3] 그러한 지배적 방법론도 또 이를 넘어서려고 하는 다른 방법론도 단지 상이한 방법론들에 지나지 않는 게 아니라, 경합하는 특유의 세계관들을 품고 있는 것이 아닌가?"

9년 전 나의 새로운 길잡이는 '아래로부터의 역사'였다. 매일매일 딱딱한 문장들과 대결하던 일상 속에서, 나는 각별한 지적 충동을, 특별한 감정과 솟아나는 의지를 경험했다. 일상은 분명히 특별한 일들과 구분되지만, 특별한 일들은 그렇게 반복되는 일상이라는 토양 안에서 불현듯이 떠오른다.

2. 파시즘에 대한 환기, 유명 경제학자의 예언

나는 학교 연구실의 자리에 앉으면 커피나 녹차 한잔을 앞에 놓고는 일단 각종 인터넷 언론매체들을 떠들어 읽는 것으로 일과를 시작한다. 그런데 지난해 7월, 여느 때처럼 하루의 일과를 시작하던 중 이름난 한 경제학자

Books, 1966); Edward P. Thompson, *The Poverty of Theory & Other Essays*(New York: Monthly Review Press, 1978).
3) 그 후배는 서강대학교 정치외교학과에서 박사학위를 받고 지금은 한국학중앙연구원에 재직 중인 김원 선생이었던 것으로 기억된다.

의 놀라운 예언을 접하게 되었다. 그 내용인즉 한국 사회가 곧 파시즘의 세상이 될 것이란 이야기였다.

당사자 우석훈 선생이 말한 바를 요약하면, 현재 한국 경제의 실상을 들여다보니 빈부의 양극화와 과도한 대외의존성을 비롯한 각종 불균형들이 심각한 지경에 이르렀고, 따라서 "내부적인 균형"을 갖춘 "다른 방식의 경제성장 양식"을 찾으려는 중대한 개혁조치들이 국가 차원에서 취해지지 않으면 사회 구성원들 가운데 많은 수가 비참한 생활상에 처할 것이란 진단이요 경고였다. 인터넷 매체 ≪레디앙≫(2007년 7월 10일)에 실린 그의 글에 의하면, 긴급한 개혁이 이뤄지지 않는 한 한국 사회의 파시즘화는 '당연하고 자연스러우며, 될 수밖에 없는 필연'이다. "파시즘의 시대가 도래한다고? 그 끔직하고 무시무시한 세상이?"

외부에서 위기 탈출을 위한 1990년대의 3저 국면이나 한국에게 유리한 국제분업과 같은 특수한 상황들이 벌어지지 않는다면, 한국 자본주의는 **자연스럽게** 파시즘을 통해서 소제국주의로 전환되는 것이 **당연하다**. …… 4년을 보내는 동안에 한국 자본주의는 더욱더 기형적이고 기이한 시스템으로 전환하면서, 그 어느 때보다 폭력적이고 폭압적인 상황이 되어 있다. …… 민중의 생존권을 보장하지 못하던 **모든** 자본주의는 빠른 시간 동안에 파시즘으로 전환되었으며, 지금 우리가 겪고 있는 변화는 이러한 거대하고 무서운 전환의 전조일 뿐이다. …… 한국의 우파나 좌파나 현재로서는 너무 무능하지 않은가? …… 지금 민중들은 공식경제의 영역에서 지하경제로 내몰리고, 중산층은 급속도로 해체되며 기층민중의 수준으로 내려가고 있다. 이 시스템이 **파시즘으로 바뀌지 않는다고 하면 그것이 오히려 이상하지 않은가?**[4]

---

4) 우석훈, 2007b, 「우리 앞의 파시즘과 소제국주의」, http://www.redian.org/news/articleView.html?idxno=6972.

노무현 정권 시기에 기대할 수 없던 사태의 전환을 우파들이 한층 활개치는 이명박 정권 시기에 바라는 것은 난망하기 이를 데 없는 일일 수 있다. 그래서인지 우석훈 선생은 자신의 근간에서 동일한 미래를 재차 예견했다.[5] 평소 쓰는 글에서 자신이 '학자'임을 강조하던 그가 보여준 파시즘관은 뜻밖에 아주 조야하고 단편적이었다. 그러나 앞날을 전망하는 우석훈 선생의 태도는 자신에 차 있었다. 그에 따르면 파시즘은 자본주의 - 국민경제의 심각한 위기와 이것이 수반하는 광범위한 대중들의 생활 파탄이 발생할 때 도래하지 않을 수 없는 필연적 산물이다. 그 파탄과 위기가 억지·예방되지 않는 한 "모든" 자본주의 국민국가들은 파시즘이라는 나락에 떨어지고 만다는 것이다.

우석훈 선생이 평소 공개하는 원고의 양과 주제 범위, 읽히는 정도, 인지도 높은 인물로서 강의 및 강연 활동을 한다는 점 등을 헤아릴 때, 그의 잠재적 영향력이 적지만은 않으리라 짐작하면서, "이건 아닌데……"라고 생각했다. 파시즘에 이르는 길을 예방하자는 취지야 문제시할 이유가 없다. 그러나 중대한 사안인 만큼 신중한 분석과 사려 깊은 결론이 필요하다. 사회운동가들이나 정치인들이 아니더라도, 평범한 사람들 대부분은 지금의 정세를 '임박한 파시즘'으로 보느냐 아니냐에 따라 각자 판이한 선택과 결단을 내려야만 하기 때문이다. 우석훈 선생의 파시즘관은 하나의 상징성을 지닌다. 서양사 전공자들이나 사회학·정치학 전공자들에 의해 일정량의 연구성과들이 축적되어왔음에도, 국내 학계의 적지 않은 사람들이 갖고 있는 파시즘관이 무척이나 얄팍하다는 점을 마치 '대표 선수'처럼 입증한 것이다. 경제위기와 파시즘 사이에 무매개적 인과관계를 설정하는 도식성이 그렇고, 정치적 반동화를 곧 파시즘화로 해석하는 단순성이 또한 그렇다.

어떠한 파시스트 운동과 파시스트 정권의 역사적 사례도 국민경제의

---

5) 우석훈, 『괴물의 탄생』(서울: 개마고원, 2008).

파탄 국면에서 '자연스럽고 당연하게' 생성되거나 만개하지 않았다. 또 실존했던 파시스트 운동 및 집단의 수와 대비하면 그들이 파시스트 정권의 성립과 존속으로 '성공'한 사례가 그리 많았던 것도 아니다. 파시스트 운동은 어느 경우이든 경제위기 이외의 여러 조건들, 파시스트 주체들 내부와 외부 각각의 정황, 또 양자 간의 독특한 관계들, 행운에 가까운 기회들이 서로 맞아 떨어지는 가운데서만 대중화되었고 급기야 정권을 잡았다. 그 양상 내지 특징이 처음부터 끝까지 일관되었던 것도 아니다. 파시스트 운동은 집권을 하기까지 일정한 변형을 밟아나갔으며(일례로 반자본주의·반산업주의 성향들의 배제) 우여곡절과 부침을 겪는 간단치 않은 발전과 쇠락의 길들을 걸었다.6)

파시즘은 이념으로 보든 세력으로 보든 정치체제로 보든, '극우 일반'을 지칭하지 않는다. "파시즘은 반드시 반동이지만 보수반동이 반드시 파시즘은 아니다."7) 파시즘은 극우파들 중에서 특정한 질(들)을 지닌 특정한 극우파만을 이른다. 구사회주의권의 정치체제를 논외로 하더라도, 같은 의미에서 근대 독재체제들 모두가 파시즘은 아니다. '대중들의 열광', '대중들의 정치적 동원화'가 자본주의 독재체제로서 파시즘의 고유한 특징인가 아닌가 하는 쟁점과 논의 내용들8)은 경제위기와 제도권 정치 및 행정의 우경화

---

6) 라인하르트 퀴넬, 『부르즈와 지배체제론: 자유주의와 파시즘』, 서사연 옮김(서울: 학문과 사상사, 1987), 제2·3장; 마루야마 마사오, 『현대정치의 사상과 행동』, 김석근 옮김(서울: 한길사, 1997), 제2장; 로버트 O. 팩스턴, 『파시즘: 열정과 광기의 정치혁명』, 손명희·최희영 옮김(서울: 교양인, 2005).

7) 마루야마 마사오, 『현대정치의 사상과 행동』, 299쪽.

8) 마루야마 마사오, 『현대정치의 사상과 행동』, 102~129쪽; N. Poulantzas, *The Crisis of the Dictatorships: Portugal, Greece, Spain*(London: NLB, 1976), pp. 79~80; 최장집, 「과대성장국가의 형성과 정치균열의 전개」, 『한국현대정치의 구조와 변화』(서울: 까치, 1989), 72~75쪽; 이국영, 「파시즘과 대중기반」, ≪국제정치논총≫, 제38집 제3호(1999); 이광일, 「저항담론과 파시즘논쟁」, 조희연 엮음, 『한국

그 자체만을 들어 한 사회가 파시즘 국면으로 진입하고 있다고 단언하는 태도가 얼마나 경솔한 것인지 일깨워준다.

그러한 파시즘에 대한 몰이해와 파시즘 개념의 남용 및 오용은 파시즘 예방에 기여하기보다 역작용을 할 가능성이 높다. 두려워해야 할 대상의 정체를 제대로 알지 못하기 때문이요, 경계해야 할 사회적·정치적 기류들을 잘 판별하지 못하기 때문이다. 보수화·우경화되고 있다면 이것도 파시즘, 저것도 파시즘 하는 식의 발상은 파시즘 논의의 의의를 도리어 삭감시키고 만다. 한국 사회의 보수적 현실에 대해 파시즘화 추세라고 섣부르게 단정하기보다, 파시즘이란 대체 어떤 운동과 체제를 말하는 것인지, 어떤 조건들 위에서 출현하고 활성화되었는지를 숙고하면서, 이에 비춰 한국 사회의 파시즘화 가능성들을 신중하게 검토·확인하는 것이 바람직하다.

3. 기성 연구자들의 습관, '단순화' 또는 '추상화'

어쨌든 우석훈 선생은 나의 일상에 나타나 얼마간 잊고 지냈던 '파시즘(론)' 의 중요성을 마음속에 새삼 불러일으켜준 '은인'이다. 그런데 그가 내게 "놀랍다!"는 느낌을 준 것은 앞의 예가 처음이 아니었다. 2007년 봄, 역시 학교 연구실에 도착하자마자 컴퓨터 앞에 앉았을 때였다. 그가 ≪프레시안≫ (2007년 4월 4일)에 투고한 원고가 얼른 눈에 들어왔다. 무엇보다 나의 전공으로서 일상적 탐구 대상인 '박정희 시대'와 관련된 것이었기 때문이다.

의 정치사회적 저항담론과 민주주의 동학』(서울: 함께 읽는 책, 2004), 139쪽 이하; 로버트 O. 팩스턴, 『파시즘: 열정과 광기의 정치혁명』, 475, 482~486쪽; 손호철, 「박정희정권의 국가성격」, 『해방60년의 한국정치』(서울: 이매진, 2006), 147쪽 이하.

박정희는 국민투표를 통한 개헌으로 시스템 전환의 문제를 국민들에게 직접 물어봤다. …… 1972년 12월 17일 91.5%의 국민이 유신헌법에 대해 찬성했다. …… '저개발국가의 함정'에 더 깊숙이 빠진 후 '빈곤의 악순환'으로 완전히 무너질 수 있었던 그 순간에 박정희가 선택했던 '국민투표'가 대한민국 경제와 사회정치 시스템에 최소한의 민주주의적 절차의 근거를 만든 셈이다. …… 박정희가 독재적 카리스마를 가지고 있었기에 우리가 산업화에 성공한 것인가, 아니면 유신체계라는 가혹한 독재체계를 출범시키면서도 국민투표를 했기 때문에 생겨난 최소한의 **사회적 합의**의 힘에 의해 우리가 여기까지 온 것인가? 나는 후자라고 생각한다.[9]

'유신체제'에 대한 긍정적 평가 자체도 그랬지만, 평가의 근거가 단지 국민투표를 실시했고 그 공식적 결과가 찬성비율 91.5%였다는 두 가지 사실들에만 근거해 도출되었다는 점에서 크게 놀랐다. 우석훈 선생은 당시 국민투표가 실시된 맥락과 조건들, 예를 들어 헌법개정안이 계엄령 선포 아래 공고·확정되었다는 점이나, 정당정치는 물론이고 시민사회의 자율적·비판적 주체들 전반을 제압하려는 의지가 표출된 것이라는 점 등은 전혀 생각하지 않는다. 지금 내가 쓰는 원고와 관련해 더욱 불만인 점은 '91.5%'와 같은 공식적·총합적 통계숫자가 그것 자체로서 분명한 '하나의 진실'을 명시해준다고 믿는 도그마다. 사실 그러한 태도는 '91.5%'의 이면에 실재했던 상이하고도 구체적인 삶의 주체들의 입장들에서 보면 대단한 획일화이며 따라서 폭력적 방법론이다. 이러한 문제점은 보수니 진보니, 우파니 좌파니 하는 정치적 성향들과 일대일로 대응함 없이, 여러 다른 연구자들에게서도 발견된다.

---

9) 우석훈, 2007, 「노대통령, 박정희 수준은 돼야 하지 않는가?」, http://www.pre-ssian.com/article/article.asp?article_num=30070404005329&section=02.

이야기가 나온 김에 '박정희 시대'에 대한 기존 연구경향 하나를 짚고 넘어가자.[10] 박정희 정권기 공장 노동자들의 삶을 논하는 방식 중 '주류'는 각종 통계들을 제시하고 해석하는 것이다. 특히 '평균임금'이 가장 빈번히 사용되는 지표다. 한때 ≪교수신문≫을 비롯한 몇몇 지면들에서 당시 공장 노동자들이 '잘 살았냐, 못 살았냐' 하는 논쟁이 일었다.[11] 진보진영 경제학 자들은 공장 노동자들의 임금수준이 매우 낮았고 이는 지배계급들에 의한 '수탈' 또는 '착취' 때문이라고 주장했다. 반면 보수진영 경제학자들은 그 같은 평가가 방법론상의 의도적 실수에 기인한 것이며, 실제로는 시대적 정황을 고려할 때 공장 노동자들이 '받을 만큼 받았고' 생활수준의 꾸준한 향상을 경험했다고 반박했다. 앞의 논자들은 통상 해왔듯이 평균노동생산성 상승률 대비 실질임금 상승률, 단위가족 최저생계비 대비 평균임금액수 등을 논거로 내세웠고, 후자들은 한계노동생산성 상승률 대비 실질임금 상승률, 여타 발전도상국들과 비교된 각종 임금 및 국민소득 관련 지표들을 들었다. 이들 중 상대적으로 더 타당한 지표가 있을 것이다. 또 내세우는 지표들의 저변에는 상이한 정치적 이념들이 깔려 있다. 그러니 무의미한 대결이 아니며 그저 '객관과 진리'를 추구하는 건조한 논쟁은 결코 아니다.[12]

---

10) 한국 사회에서 파시즘 체제가 등장한 시기가 있었다면, 당시는 박정희 정권기 유신체제 성립 이후 전두환 정권기에 이르는 국면이었다.

11) 박기성, 「반론: 장상환 교수의 글을 읽고」, ≪교수신문≫, 2005. 5. 17; 장상환, 「이영 훈 교수의 한국경제사 분석은 타당한가」, ≪교수신문≫, 2005. 5. 7; 장상환, 「재반론: 이영훈 교수의 반론에 다시 답한다」, ≪교수신문≫, 2006. 2. 16; 정성진, 「박정희 시대 임금과 노동생산성 문제」, ≪교수신문≫, 2005. 5. 31; 이영훈, 「장상환, 정성진 교수의 비판에 답한다」, 교과서포럼, 『경제교과서 무엇이 문제인가』(서울: 두레시대, 2006).

12) 통계적 접근이 역사와 사회를 연구하는 방법으로서 무용하다고 말한다면 이는 분명히 억지스러운 주장이다. 통계적 접근은 일상사연구와 사례에 따라 양립할 수 있다. 그 둘은 서로를 보완하면서 각각의 가치를 확보할 수 있다. 그 점에서

그러나 양자가 다르지만은 않다. 대립하는 두 진영들은 공히 공장 노동자들의 삶들을 평균화하는 동시에 임금수준으로 단순화하는 경향이 강하다. 임금노동자들의 삶들에서 임금수준이 중요하다는 것은 두말할 필요조차 없다. 그러나 그들의 삶들이 임금수준으로 환원될 수 있을까? 더 나아가 그들의 삶들이 '가난' 또는 '가난의 탈피'로 단편화될 수 있을까? 설사 다른 지표들이 겸비된다 한들 그것 역시 평균치 숫자들이라면, 당대 공장 노동자들의 삶들이 크게 추상되기는 마찬가지다. '평균치 숫자들' 몇몇이 행사하는 권위 아래에서 삶들의 구체적인, 복잡하고 세밀한, 유동적이고 잠재적인 결들이 사상되어버리는 것이다. 그런 비구체성 속에서 '박정희 시대'라는 역사 - 특수적 맥락과 공장 노동자들이 맞이한 삶의 변화 및 지속 사이의 관련성을 충분히 이해하고 제대로 평가할 수 있을까?

'평균치 숫자들'에 의해 사상되어버리는 삶의 구체성을 실례를 통해 확인해보자. 아래의 문장들은 1970년대 중반 '해태제과' 아이스크림부에서 직장 생활을 시작했던 한 사람의 회고와, 당시 영남대 경영학과 대학원생이었던 한 사람이 대구에 소재하는 섬유공장에 직접 들어가서 생활하며 작성한 기록 중 일부다.

쉬는 시간은 식사시간 1시간뿐 …… **12시간** …… 일을 하고 …… 만원 버스에 시달리고 집에 들어가면 먹는 것도 씻는 것도 귀찮아 그냥 쓰러져

통계적 접근 테두리 내의 비판 및 성찰 또한 필요하다. 일례로 나의 문제의식 내에서는 보수파 경제학자들의 '선별해 기억하기/망각하기'를 지적해내는 것이 중요하다. 그들은 임금 관련 지표들을 이야기하지만 세계 최장의 노동시간이나 강화 일로를 치달은 노동 강도 등은 논외로 둔다. 그리고 진보진영 논자들의 '자기 함정'도 지적하지 않을 수 없다. 물론 공식 통계상 박정희 정권기 거의 매해에 걸쳐 실질임금 상승률이 평균노동생산성 증가율에 미치지 못했다. 그러나 1976~1978년 동안은 오히려 그 반대였다. 그렇다면 이 기간만큼은 노동자들이 이른바 '적정 임금', 아니 '과잉 임금'을 받았다고 말해야 하는가?

잠들어버린다. **다시 일어나서 씻고 밥이라는 것을 먹고는 삶이라는 것을 생각할 겨를도 없이** 현장으로 향해야 한다.[13]

　야근하고 나오면 피로해 아침밥을 먹을 생각도 없이 잠자리에 들어가기 바쁘다. 오후쯤에야 정신을 차린다. **항상** 이런 생활이 **되풀이**된다.[14]

　우선 이 문장들은 국가 공식 통계와의 큰 괴리를 보여준다. 국가의 공식 통계는 1975년도 '제조업 주당 노동시간'을 50.5시간으로 기록하고 있다.[15] 그러나 앞의 화자는 일요일을 뺀다손 치더라도 매주 72시간을 일했다는 것이다. 나는 해태제과의 사례를 무리하게 일반화할 수 없고 또 그래야만 할 강박을 느끼지 않는다. 해태제과는 당시 제과업계에서 1~2위를 다툴 정도로 '크고 유명한' 기업이었다. 그곳에 입사한 이들은 주변 사람들의 부러움을 사곤 했다.[16] 그러므로 해태제과의 사례가 가지는 중요한 사회적 위상은 충분히 확보된 것이다. 더구나 한 실증연구에 따르면, 경인지역의 조사 대상자들 가운데서만 1976년 '매주 72시간 이상' 노동하는 사람이 19.2%나 되었다.[17]

　사람들은 누구나 일정한 신체적 한계가 있다. 통상 최소한 어느 정도는 먹고 자고 쉬어야 한다. 그래야 어떤 내용이든 생각을 하고 이를 행동에 옮긴다. 그런데 앞의 노동자들은 신체적 최소 필요량의 수면과 휴식을 취하지 못한다. 그래서 식사를 거르기조차 한다. 무엇보다 그녀들은 '생각'을

---

13) 순점순, 『8시간 노동을 위하여』(서울: 풀빛, 1984), 17~18쪽.

14) 김혜경, 「참여관찰에 의한 종업원 행동에 관한 연구」(영남대학교 경영학과 석사학위 논문, 1975), 31~32쪽.

15) 김형기, 『한국의 독점자본과 임금노동』(서울: 까치, 1988), 315쪽.

16) 전 전국노동조합협의회 의장 양규헌 인터뷰(2007. 5. 22).

17) 배무기·박재윤, 『한국의 공업노동 연구』(서울: 서울대학교 경제연구소, 1978), 75쪽.

하지 못한다. 그녀들은 매번 단순한 동선 위를 움직이는 '무의식적 운동체들', '영혼이 없는 기계들'이었다. 박정희 정권기 말엽 구로공단 내에 있는 전자부품조립공장에서 노동자 생활을 했던 소설가 신경숙은 이렇게 말했다.

> (당시) 생활들이 **어렵다거나 고통스럽다거나 그런 생각도 못 했다. 하루하루 생각하는 게 아니라 …… 살아가야 했으니까.** 늘 분주하고 아침이면 아침대로 저녁이면 저녁대로 **다른 생각을 할 틈 없이** 아주 일상적인 것, 발등에 떨어져서 **당장** 해결해야 할 일들을 마치면 **얼른** 자거나 일어나거나 했으니까.[18]

박정희 정권기 개발주의 정치체제와 공장들은 노동자들 대부분의 '생각'을 필요로 하지 않는 시스템들이었다. 아니 공세적으로 그들에게서 '생각'을 빼앗는 시스템들이었다(더 많은 노동력 투여의 요구!). 대부분의 노동자들은 정해진 특정 업무를 해내고, 정해진 수량의 생산물을 만들고, 정해진 액수의 임금을 받아 가면 되었다. 그러므로 그들은 각자가 그저 '얼마 얼마의 노동시간'이었으며, '얼마 얼마의 생산량'이었고, '얼마 얼마의 임금(화폐량)'이었다. 그들은 그렇게 표준화될 것을 요구받았고, 이 요구를 충족시키려는 한에서 공장 밖의(근무 외의) 생활들을 역시 '노동시간', '생산량', '임금' 등에 맞춰 스스로 추상화시켜야 했다.

나는 '장시간 노동' 자체에만 몰입하지 않고 "다시"라는 단어와 "항상 …… 되풀이 된다"는 말에 대해서도 주의를 기울여본다. 앞에서 인용된 이야기의 주인공들은 영화의 한 컷에서 액션을 취하고 다음 컷으로 넘어가면 되는 그런 배우들이 아니다. 그녀들은 매일매일 그리 살아야 했다, 매일매일……. 반복되는 똑같은 나날들. 그렇다, 차이 없는 반복! 사람들은 보통 어느 정도 규칙성이 있고 재연되는 생활 - 순환 속에서 안정감을 얻으며

---

18) 신경숙, 『외딴방』(서울: 문학동네, 2001), 36~37쪽.

편안하게 살아간다. 그러나 반대로 차이가 소거된 삶이란 아예 삶이 아닐지도 모른다. 그 양상과 내용, 진폭 등을 떠나 삶의 흐름 속에서 이런저런 차이들을 느끼고 즐기며 또한 만들어내는 지점들이 실재할 때에만, 그리하여 자신만의 생활리듬과 템포를 어느 정도 확보할 때라야, 우리들 대부분은 거창하든 소박하든 자기 삶의 의미를, 자기 존재의 가치를 자각할 것이기 때문이다. '차이 없는 반복'이었을 뿐인, "삶이라는 것을 생각할 겨를도 없"었던 저 일상 안에서, 그녀들은 얼마나 많은 행복을 느꼈고 또 얼마나 큰 보람을 찾았을까?

4. 극단적 '동일성의 정치'와 '일상의 식민화'

기존 논자들과 시선을 달리하니 종전에는 보지 못하던 것들이 눈에 띈다. 앞의 예에서 적어도 두 가지가 그렇다. 하나는 임금수준과는 다른 차원의 문제로서 '삶의 동일화(identification)' 경향이며, 다른 하나는 권력의 논리가 공장생활을 넘어 근무 이외의 사적 시간에까지 확장·침투하는 경향이다. 노동자 A의 삶은 매일매일 판박이로 진행될 뿐 아니라 동료 B나 C의 삶과, 또 다른 누구의 삶과 비교하더라도 판박이가 되어간다. 게다가 이 판박이 삶은 노동자들이 공장생활 전후의 시간들, 가족관계를 비롯한 다양한 사적 영역들마저 자본과 국가의 요청에 맞춰 조정함으로써 구체화된다.[19]

---

19) 그것은 대단히 능동적인 형태로도 나타났다. 현대조선의 하청공장에서 1977년 이후 '조장', 1982년 이후 '반장' 직급으로 노동자 생활을 했던 한 사람은 아내와의 관계가 악화되어 이혼 직전의 상황까지 갔던 연고를 이렇게 진술했다. "그왜 집사람이 그렇게 변했냐면, 회사에 너무 열중을 하니깐! 밤에 자다가도 눈이 온다든지 비가 오면 회사에 나갔거든. …… 자재고 이런 거 망가지면 안 되는 거니까. …… 또 열한 시 넘어 들어와 자면 열두 시에 자잖아요? 퇴근하고 여섯

이러한 상황들은 넓은 범위에서 자본주의적 근대화가 낳는 문제들이라 말할 수 있는데, 파시즘 또한 자본주의적 근대화의 소산이라는 점에서 그것을 동일한 인식지평 위에 놓고 논하지 못할 이유가 없다. 물론 파시즘은 '동일성의 정치'들 중에서도 대단히 극단적인 형태였고, 평범한 사람들의 일상을 자신들의 권역으로 식민화하려는 의지를 매우 노골적으로 표출했던 운동이자 체제였다.

파시즘은 "공공연한 테러독재"로 정의되기도 하지만[20] 극단적인 '동일성의 정치'의 한 갈래[민족(국민) '내부의 통일 - 정화'와 민족(국민) '외부의 흡수 - 동화']로 이해되는 편이 더 적절하다. 파시즘은 '동일성의 정치'가 극한으로 표출된 운동 또는 체제이며 테러독재는 그 한 양상으로 파악될 수 있다. 파시즘은 생각보다 유연했고 적지 않은 대중들이 그 유연성을 매개로 파시즘의 주체가 되었다. 파시즘을 테러독재로 단순하게 정의할 경우, 많은 사람들의 일상적 이해관계들 내지 욕망들과 접속했던 파시즘의 '미시 정치(micro-politics)'와 '삶에 대한 관리 - 통제(biopower)'를 놓치기 쉽다. 그리고 그것은

시 반에 출근하려면 다섯 시에 일어나야 하잖아요? 그러니까 잠자는 시간이 거의 없어. 그런 어떤 생활이 너무 지겨웠던 거예요". 김준, 「1970년대 조선산업의 노동자 형성: 울산 현대조선을 중심으로」, 이종구 외, 『1960~1970년대 한국의 산업화와 노동자 정체성』(파주: 도서출판 한울, 2004), 66쪽.

20) 제7차 코민테른대회를 통해 이뤄진 정의가 그 고전적인 예에 해당한다. "파시즘은 금융자본의 가장 반동적이며 가장 배외주의적이며 가장 제국주의적인 분파의 공공연한 테러독재다. …… 파시즘의 권력 장악은 하나의 부르주아 정부와 다른 부르주아 정부 간의 일상적인 교체가 아니라, 부르주아의 계급적 지배의 국가형태 가운데 하나인 부르주아 민주주의와 또 하나의 국가형태인 공공연한 테러독재와의 교체다." 게오르기 M. 디미트로프, 「파시즘의 공세와, 파시즘에 반대하여 노동자계급의 통일을 추구하는 투쟁에서의 공산주의 인터내셔널의 임무」, 『통일전선연구』, 김대건 옮김(서울: 거름, 1987), 82~83쪽. 도구주의 및 경제주의의 혐의를 둘러싼 이견들에도 불구하고, '테러독재'라는 인식은 아직까지 국내 진보주의적 지식인들에게 많이 수용되고 있다.

[그림 3-1] 뉘른베르크 전당대회(1935. 11. 9)에 참석한 청년조직 히틀러 유겐트(Hitler-Jugend)의 단원들. 파시즘은 생각보다 유연했고 적지 않은 대중들이 그 유연성을 매개로 파시즘의 주체가 되었다.

계급적·계층적 경계를 가로질러 대중들의 열광적 지지를 이끌어내기까지 했던, 파시즘의 '진짜 무서운(terrible)' 면모를 외면하거나 간과하는 길이 된다. 당연히 그것은 파시즘의 억지 내지 예방과는 거리가 멀어지는 방향이다. 양차대전 중간기 이탈리아 파시즘의 "'공공성'과 '규율'에 대한 요구"는 "질서와 안전"을 바라던 사람들 상당수에게서 "긍정적인 반향"을 얻었던 것으로 보인다.[21] 구술사가 파세리니(Luisa Passerini)의 조사 결과에 따르면 인터뷰에 응한 많은 사람들이 "파시스트 정부 아래 교통질서가 바로잡히고 밤에도 자유로이 돌아다닐 수 있게 되었다는 점을 높이 평가"했다. 한 여성은 이렇게 말했다.

> (파시즘은) 실로 좋은 것들을 만들어냈죠 …… 보세요 나는 항상 내 남편이 저 훌륭한 고속도로들과 기타 많은 것들, 그러니까 새로이 도래한 모든 질서들에 대해 말하곤 했던 것을 기억해요.[22]

"거대 관료조직으로 성장"하면서 매력을 점차 잃어가기 전까지 '히틀러 청소년단'이 보유했던 "각별한 의미"를 참고하는 것도 좋으리라.

---

21) 장문석, 「계급에서 국민으로: 파시즘의 전체주의 기획과 토리노 노동자들」, 장문석·이상록 엮음, 『근대의 경계에서 독재를 읽다: 대중독재와 박정희체제』(서울: 그린비, 2006), 110∼111쪽.

22) 같은 글, 111쪽.

청소년단은 그 지역 청소년들이 집단적으로 여가생활을 즐기게 된 최초의 기회였고, 유스호스텔이나 운동장을 건설하게 된 계기였으며, 주말이나 휴일에 지루한 주변을 벗어나 여행을 떠나게 된 기회였다. 그러한 해방적 동력은 소녀들에게 더욱 컸다. 그들은 …… 독일소녀단을 통해 가정의 족쇄로부터 도망칠 수 있었다. 그곳에서 그들은 기존의 보수적인 틀 내에서는 소년들만이 벌일 수 있었던 활동을 펼칠 수 있었다. 게다가 소녀단의 임직원이 되면 집 바깥에서 조직을 운영하는 전통적으로 '남성'에게 국한되어 있던 정치적 역할을 떠맡을 수 있었다.[23]

파시스트들은 다양한 매체들 및 상징들을 잘 활용할 줄 아는 사람들이었다. 언제나 누구에게나 통하는 것은 아니었지만 그들의 선전·선동은 "별로 거창하지 않은 일상의 변화"와 맞물려 체제지지 효과를 자아냈다.[24] 히틀러의 다음과 같은 언명은 파시즘을 테러독재로 일면화하는 사고야말로 순진한 것임을 일러준다.

새로운 권력을 창출하는 데는 테러리즘이 절대 불가결하다. …… 그러나 너무 놀라게 하는 것은 오히려 해가 된다. 그것은 혐오감을 낳는다. 테러리즘보다 더 중요한 것은 대중의 관념과 감정을 계통적으로 변화시켜가는 것이다. …… 오늘날에는 라디오가 있기 때문에 그런 일은 지난날과 비교도 안 될 정도로 쉬운 것이다.[25]

---

23) 데틀레프 포이케르트, 『나치시대의 일상사: 순응, 저항, 인종주의』, 김학이 옮김(서울: 개마고원, 2003), 224쪽.

24) A. Lüdtke, "What Happened to the 'Fiery Red Glow'?: Workers' Experiences and German Fascism," Lüdtke, A.(ed.), *The History of Everyday Life*(Princeton: Princeton University Press, 1995), pp. 207~211, p. 237; G. L. Mosse, *The Nationalization of the Masses*(New York: Howard Fertig, 1975).

확실히 파시즘을 "테러 없이 생각하기는 힘들다". 그러나 "최후의 순간"에 이르기 전까지는 파시즘의 폭력이 무차별적이지 않았다. 폭력은 "국가의 적들"과 "반사회집단"들 — 유대인, 마르크스주의자, 사회주의자, 동성애자, 집시, 선천적 장애자, 상습범죄자, 남슬라브족, 아프리카인 등 — 을 "선별적으로 겨냥했다". 그래서 오히려 폭력은 "동조"를 얻었다.[26]

파시스트 정권이 노동자들을 "무조건 억압해 침묵시킨 것은 아니었다". 파시즘의 집권 후 "공식노조들은 노동자를 대표하는 유일한 조직으로 세를 누렸다. (독일의 경우) 나치(의 권력기관)인 '노동전선'이 신뢰를 유지하려면 작업환경 개선에 관심을 기울일 수밖에 없었다. …… 실업이나 식량부족 사태를 피할 수만 있다면 무슨 일이든 마다하지 않았다. …… 급여도 조금이나마 인상되었다. …… 전쟁을 치르던 중 노예노동이 도입되어 수많은 독일 노동자들이 주인의 위치로 격상되자 노동자들의 만족감은 더욱 커졌다".[27] 파시즘은 특정 수혜대상들을 배제시키는 방법으로 기존 복지체제를 "축소"하고 "왜곡"했지만 "그 어느 파시즘 정권도 복지국가를 해체해버리지는 않았다".[28]

파시즘의 전쟁정치는 공공연한 선전과 과시적 의례·의식 등에 의해서뿐 아니라 학교 수업과 독서라는 소소한 일상성 안에서 정당화 및 충동의 기반을 얻을 수 있었다. 히틀러 정권기에 청소년기 및 학창시절을 보낸 이들의 회고는 다음과 같은 사실을 알려준다.

　　모든 교사들이 수업에서 1차 대전에 관한 이야기로 끊임없이 "양념을 쳤기"
　　때문에, 학생들에게 전쟁은 영원히 현존하는 당연지사가 되었다. "마치 역사상

25) 마루야마 마사오, 『현대정치의 사상과 행동』, 314쪽에서 재인용.
26) 로버트 O. 팩스턴, 『파시즘: 열정과 광기의 정치혁명』, 308~309쪽.
27) 같은 책, 311쪽.
28) 같은 책, 332쪽.

평화로운 시기는 없었던 듯이 여겨졌다." 그러나 학생들은 …… 세뇌의 수동적 대상으로만 머무르지는 않았다. 그들은 전쟁소설에서 모험적이고 전투적인 것을 스스로 찾았다. …… 전쟁은 "정상"이고 폭력도 "정당"하다. 성공하면 특히 그렇다. …… 히틀러가 거둔 외교적 성공으로 말미암아 독일인들은 "베르사유의 치욕"을 씻는다는 "정당한 관점"을 폭력적으로 주장하면서 한판에 모든 것을 거는 모험적 행위야말로 성공에 이르는 확실한 비법이라고 생각하는 데 이미 익숙해져 갔다.29)

나치가 집권한 지 반년이 채 안 되어 "세계 최대 최고의 노동운동을 붕괴시키는 데 성공"했을 때, "노동운동의 조직문화만을 파괴했던 것이 아니"라는 점에도 주목할 필요가 있다. 그들의 "테러와 검거"는 "프롤레타리아트의 일상문화, 노동자 거주지역과 공장에 조성되어 있었던 그 조밀한 사회문화적 환경에 막대한 타격을 가했다". 파괴된 "일상문화와 조직망"은 사람들이 "서로를 알았고, 프롤레타리아적인 계급상황, 임금노동의 운명, 대량실업, 생활수준, 소통의 형태 등, 말하자면 일상의 리듬 전체를 공유하고 있"던 "그곳"이었다.30)

이처럼 기존 연구성과들 가운데 일부나마 검토하면서 확인할 수 있듯이, 파시즘은 하나의 공고한 민족적(국민적) 통일체를 창조해내고자 '작고 평범한' 사람들의 일상적 삶들을 식민화하는 전략을 구사했다. "파시즘 정권들이 사적인 영역의 경계와 공적인 영역의 경계를 너무나 급진적으로 바꾸어버린 나머지 사적 영역은 거의 사라져버렸다"거나, "사적 영역을 모조리 공적 영역으로 끌어들이려는 노력이야말로 파시즘의 핵심"이라는 평가들31)이

---

29) 데틀레프 포이케르트, 『나치시대의 일상사: 순응, 저항, 인종주의』, 218~219쪽.
30) 같은 책, 151쪽.
31) 로버트 O. 팩스턴, 『파시즘: 열정과 광기의 정치혁명』, 326쪽.

가능한 이유들 중 하나도 바로 거기에 있다.

5. 권력의 구멍들

흥미로운 점은 대중들의 일상이 파시스트 권력의 적극적인 공략·지배 대상이었음에도, 그와 동시에 여기저기 뚫린 '구멍'들의 소재지였다는 사실이다. 즉, 파시스트 권력의 한계, 딜레마, 이지러짐 등이 그들의 일상을 통해 노출되었다. 김학이는 나치 정권하에서 "권력체제의 한가운데에 난 '구멍'과 권력에 의한 대중의 주체화 효과의 한계와 모순"을 독해할 수 있는 몇 가지 사례들을 전해준다.[32]

그 하나는 노동자들의 일상과 관련된 것이다. 노동자들은 노동조합이 해체된 상황에서 저항을 하지 않았으나 군비강화로 인한 "완전고용 사태"가 도래한 가운데, "'개별적' 차원에서 임금인상을 위한 노력을 경주했다. 그 구체적인 수단은 전직, 병가, 결근, 작업장 이탈 등이었다". 게다가 노동자들은 권력이 제공하는 "직업교육" 같은 "서비스가 자신에게 유리할 경우 그것을 기꺼이 이용"하면서도, 권력의 "세계관 운동", "사회 및 개인의 국가화 또는 정치화", "온갖 종류의 조직과 사업과 집회" 등에 거리를 두면서 "사적 영역으로 도피"해갔다.[33] "무관심"이 체제를 돕는다는 것은 상식에 가까운 이야기일 수 있으나, "나치즘과 개인의 일체화가 …… 나치 지도부가 거듭해서 적시하던 목표"였으며 "나치의 각종 조직이 사회적 삶을 총체적으

---

32) 김학이, 「나치독재와 대중」, 장문석·이상록 엮음, 『근대의 경계에서 독재를 읽다: 대중독재와 박정희체제』(서울: 그린비, 2006).

33) 다음 자료도 같은 맥락에서 참고할 수 있다. A. Lüdtke, "What Happened to the 'Fiery Red Glow'?: Workers' Experiences and German Fascism"; 데틀레프 포이케르트, 『나치시대의 일상사: 순응, 저항, 인종주의』, 366~378쪽.

로 포섭하려던 시도에서 발현된 것이라는 점"을 감안해보면, 그것은 도리어 "나치 권력의 기반이 아니라 나치 권력의 한계"였던 것이다.[34]

또 하나는 나치의 재즈 정책, 라디오 보급 등과 관련된 것이다. 나치는 재즈와 스윙댄스를 흑인성 및 유대문화와 동일시해 모두 금지했다. 그러나 청소년들의 재즈문화를 깨트릴 수 없었고, 나치식 재즈와 나치식 댄스를 개발했지만 그것들은 모두 외면당했다. 그러한 시도들은 오히려 나치즘에 대한 거리감만을 조장했다. 나치가 대중들을 나치즘의 주체들로 만들기 위해 보급한 라디오의 기능도 양가적으로 나타났다. 재즈 팬들은 나치의 선전방송을 외면하고 외국방송을 불법적으로 청취함으로써 나치의 정책 실현을 방해했다. 포이케르트는 동일 사실들을 다루면서 이렇게 적었다.

> 공연이 금지됨에 따라 스윙운동은 지하로 이동했고 …… 더욱 강렬해졌다. …… 고객은 주로 청소년들이었고 …… 중산층 가정 출신들이었다. …… 그들은 무용곡 대신 격렬한 재즈를, 규격화된 교육용 댄스 스텝 대신에 자유롭고 즉흥적인 리듬과 육체적 발산을, 뻣뻣한 태도와 예의바른 복식 대신 "몸을 비틀고" "머리를 셔츠 칼라까지" 기르고, "늘어지고" "빈들거렸다." …… 스윙청소년들은 …… 반파쇼가 아니었다. 그들은 …… 비정치적으로 행동했다. 그러나 그들은 나치의 구호 …… 에 대해 극히 냉소적이었다. 그리고 …… 근대적이고 "게으른" 것으로 인식되고 있던 영국과 미국의 문화에서 자신들의 정체성을 찾았다. 그들은 유태인들과 "반(半)유태인"을 동아리에 받아들였고 …… 외국 밴드에 환호했다.[35]

---

34) 김학이, 「나치독재와 대중」, 장문석·이상록 엮음, 『근대의 경계에서 독재를 읽다: 대중독재와 박정희체제』(서울: 그린비, 2006), 142~143쪽.

35) 데틀레프 포이케르트, 『나치시대의 일상사: 순응, 저항, 인종주의』, 251~254쪽.

다른 하나는 나치 정권의 존립 기반으로서 "주민들의 자발적 밀고"가 갖고 있던 내면이다. 단순히 "자발적 밀고"의 총량에 주목할 것이 아니라 그 내용을 하나하나 따져볼 때, 국내 대중독재론자들이 암암리에 상정하는 '전능한 권력'의 초상은 여지없이 구겨진다. 게슈타포의 관련 파일들을 검토한 결과에 따르면, "정치적 신념에서 비롯된 밀고의 비중이 20% 내지 30% 정도"로 "많은 것이 아니"었기 때문이다. 바꾸어 말해 "정치적 신념과 관계없는 밀고가 전체의 70% 이상을 차지"했다.

권력의 의도와는 엇나가게, 적지 않은 "일상의 독일인들"은 나치의 이데올로기나 지배체제를 그대로 수용하기보다 "헤어진 애인에게 복수하거나, 자신의 고용주를 혼내주거나, 경제적 이득을 얻어내는 데 사용"했다. "밀고의 봇물"이라 표현할 정도로 "특히 사적 동기에서 비롯된 거짓 밀고가 어찌나 많았는지, 법무부 장관과 내무부 장관은 물론 괴링까지 나서서 거짓 밀고를 근절할 대책을 논의했다"는 것이다. 여기에서 "우리는 나치 치하 '아래'(평범한 작은 사람들)의 일상이 체제의 권력을 사적인 차원에서 얼마나 적극적으로 전유했는지 알 수 있다".[36] 거기에서 우리는 파시스트들의 장기집권이라는 부인될 수 없는 사실 및 그 의미를 외면하는 정통파 자유주의자들 그리고 마르크스주의자들의 오류와 함께, 전쟁에 의해 은폐되어 있었고 전쟁보다 더 중요했던 파시스트 권력의 내파(內波) 경향을 간과하는 대중독재론[37]의 문제점을 동시에 잡아낼 수 있다.

36) 김학이, 「나치독재와 대중」, 장문석·이상록 엮음, 『근대의 경계에서 독재를 읽다: 대중독재와 박정희체제』(서울: 그린비, 2006), 153~154쪽.

37) 임지현, 「'대중독재'의 지형도 그리기」, 임지현·김용우 엮음, 『대중독재: 강제와 동의 사이에서』(서울: 책세상, 2004); 임지현, 「대중독재 테제」, 임지현·김용우 엮음, 『대중독재 2: 정치 종교와 헤게모니』(서울: 책세상, 2005).

6. 열려 있는 가능성들

일상을 연구하기로 결심한다는 것은 곧 일상의 의미들을 중요하게 생각한다는 말이다. 사전적 정의처럼 실제로 일상은 하루하루 반복되기에 특별하지 않은 삶의 시공간들이다.[38] 그러니까 일상의 연구는 하나의 역설과도 같다. 보통 일상은 일상적으로 중요시되지 않기 때문이다. 비교적 최근 들어 일상에 관심을 쏟는 연구자들이 늘었다지만, 국내 학계의 일상적 풍토는 아직 일상을 연구대상으로 과히 쳐주지 않는다.

그러나 일상은 사실 시시한, 별 볼일 없는 삶의 일부가 아니다. 구조주의자들의 언어를 빌어서 쓰자면 일상은 바로 삶의 '재생산'이며, 따라서 삶의 '기본'이기 때문이다. 예컨대 '의식주'를 생각해보라. 이른바 '구조의 효과들'도 특별난 어디 먼 곳에 있지 않다. 정녕 자본과 국가의 강력함을 절감하려거든 때때로 지루하기 짝이 없고 지리멸렬하기조차 한 일상을 들여다보고 되돌아볼 일이다. 권력자들은 일상의 여기저기에서, 즉 도시에서, 쇼핑몰에서, 학교에서, 직장에서, 가정에서 지배의 장소들(places)을 구축한다. 그들은 일상을 구성하는 장소와 상품들을 통제하려 애쓴다.

하지만 일상이 중요한 까닭에는 또 하나가 있다. 그 '재생산'이 결코 순탄하고 매끄럽기만 한 주어진 과정은 아니라는 것이다. 사람들의 '일상'은 "모순적인 이해관계들이 지속적으로 타협되고 경합되는" 장이다. 힘없는 자들의 '일상'은 기성 질서에 순응하고 복종하는 과정 또는 그 결과물에 그치는 것이 아니다. 그들은 "부과된 시스템들"을 "이용"하고 "소비"한다. 그들은 "권력자들의 장소들 속에 그들만의 공간들(spaces)을 만들어낸다".

---

38) "You use 'everyday' to describe something which happens or is used every day, or forms a regular and basic part of your life, so it is not especially interesting or unusual"(네이버 영영사전: http://eedic.naver.com/eedic.naver?mode=word&id=9805).

그리하여 권력자들의 의도는 차질을 빚는다.[39] 그리고 그들이 생산해낸 그 격차(gap)가 또 어떤 것으로 이어질지는 아무도 모른다. 지난봄과 여름, 정전으로 인한 심야의 어둠을 밝힐 때나 쓰던 작고 평범한 촛불이, 권력의 일방주의와 권위주의에 저항하는 특별한 불꽃으로 타오를지 누구도 예언할 수 없었던 것처럼.

나는 '아래로부터의 역사'에서 출발했다. 그렇다고 일상에 대한 연구가 반드시 '작고 평범한 사람들'에게만 초점을 맞춰야 하는 것은 아니다. 일상은 어느 시기 어느 장소 누구에게나 다 있다. 대통령 박정희의 일상, 이병철과 정주영 등 재벌들의 일상, 안인숙이나 염복순 같은 인기 여배우들의 일상……. 이들에 대한 연구도 얼마든지 가능하며 유의미하다. 그 의미의 구체성은 많은 부분 연구자의 문제의식에 달려 있다.

앞에서 파시즘을 언급했지만, 일상사 접근법과 파시즘 연구 사이에 각별한 내적 관련이 있는 것은 아니다. 유독 파시즘 연구에 일상사 방법론이 유효한 것도 아니다. 일상에 대한 탐구와 숙고는 염두에 둔 주제 및 영역을 불문하고 웬만하면 어떻게든 시도될 수 있다.

일상에 다가서는 방법들 중 하나는 '직접 만나서 들어보는' 일이다. 또 '직접 뒤져서 읽어보는' 일이다. 최근 나의 일상은 '새마을운동'으로 점철(點綴)되어 있다. 박정희 정권기에 '새마을운동'을 경험했던 '어른들'을 만나 당시의 자질구레한 생활상들을 청취하고, 그들이 다락방이나 창고 구석에 처박아둔 꼬질꼬질한 갱지 문서들을 꺼내어 뒤적인다. 메모를 하고 이런저런 상상들을 해본다.

9년 전에 시작된 나의 단절은 예상과 달리 그리 화끈하지 않았을뿐더러 아직 완결되지 않았다. 그러나 되돌아보면 나는 많이 변했다. 당시만 해도 적지 않은 생각들을 공유했던 '선배들', '선생님들'로부터 제법 멀리 벗어나

---

39) J. Fiske, *Understanding Popular Culture*(Boston: Unwin Hyman, 1989), pp. 32~37.

'혼자만의 여행'을 하는 중이다. 진행 중인 단절의 터미널에 이르면 또 무엇과, 누구와 불현듯이 만나게 될까?

4장

북한에 대한 일상사연구의 가능성과 의미

김기봉(경기대학교 사학과 교수)

1. 과학과 일상의 분리와 '참을 수 없는 존재의 가벼움'

일상(日常)이라는 단어의 문자 그대로의 의미는 '날마다 항상'이다. 우리가 삶을 유지하기 위해 하는 기본적 행위와 삶의 대부분을 차지하는 먹고, 자고, 일하고, 노는 시간이 일상에 해당한다. 일상의 특성은 날마다의 반복이다. 일상성이란 날마다의 반복으로 습관 내지는 관례가 된 것을 지칭한다. 반복이라는 양적인 현상이 습관과 관례라는 삶의 양식으로 질적인 전화를 함으로써 일상성을 형성한다. 일반적으로 일상성은 '평범한 것', '비천한 것', '무의미한 것'이라는 선입관을 통해 부정적 의미를 가졌다.

일상성에 대한 부정적인 선입관이 있는 한, 일상은 학문의 영역에 포함될 수 없었다. 일상은 비과학적인 것이고 과학은 비일상적인 것이라는 관념이 일상과 과학의 분리를 낳았다. 베버(Max Weber)가 '세계의 탈주술화'라고 표현한 모든 초월적인 가치와 의미를 상대화하고 세속화시키는 근대에서 과학은 비일상적이고 초일상적인 의미영역을 형성했다. 플라톤의 동굴의 비유를 적용해서 말하면, 일상이 현상적인 그림자 세계라면 과학은 본질적인 이데아 세계로 인식되었다. 그래서 마르크스는 "현상과 본질이 일치한다면 모든 과학은 불필요하다"는 말을 했다.

중세의 성과 속의 분리와 위계질서는 탈주술화된 근대에서 과학과 일상의 이원화로 재편성되었다고 할 수 있다. 중세 성직자의 권위를 근대에서는 과학자가 계승했다. 일상인이란 전문적인 지식이 없는 속인으로서 과학자에게 가르침을 받아야 하는 사람이다. 하지만 근대에서 과학은 삶의 나침판의 역할을 잘 수행하지 못했다. 근대 과학의 딜레마는 전문화가 이뤄지면 이뤄질수록 점점 더 삶과 유리된 도구적 지식만을 생산한다는 점이다.

과학은 인간을 세계를 인식하는 주체로 만드는 해방과 함께 문명의 진보를 가져다주었다. 하지만 해방과 진보의 대가는 하이데거(Martin Heidegger)가 말하는 '존재의 망각'이다. 모든 학문적 연구에는 하나의 선험적 전제가 있다. 그것은 "알 만한 가치가 있다"는 것이다. 하지만 그렇게 말할 수 있는 근거를 과학 스스로가 증명할 수 없다는 것이 탈주술화를 통해 제2의 '인식의 열매'를 먹은 근대인의 운명이다.

근대적 인간은 초자연적인 힘에 의지하는 대신에 과학적 지식을 믿고 '과학적' 세계관을 가진다. 하지만 '과학' 그 자체를 세계관으로 삼을 수는 없다.[1] 그래서 병이 들면 병원에 가지만, 그 병으로 죽음을 선고받으면 병원 밖의 다른 곳에서 구원을 찾는 사람이 많다. 이런 과학의 한계를 톨스토이는 이렇게 지적했다. "과학은 의미가 없다. 왜냐하면 과학은 우리에게 가장 중요한 문제인 '우리는 무엇을 해야 하며 어떻게 살아야 하는가?'에 대한 어떤 답도 주지 못하기 때문이다."[2] 사실관계 규명에만 전념하는 과학은 인간이 무엇을 위해 어떻게 살아야 하는지에 대한 존재의 의미에 대한

---

1) Max Weber, "Wissenschaft als Beruf," *Gesammelte Aufsätze zur Wissenschaftslehre* (Tübingen: Mohr, 1988), p. 582~613; 한국어 번역본은 『직업으로서의 학문』, 전성우 옮김(서울: 나남출판, 2006), 9쪽.

2) *Ibid.,* p. 598.

탐구를 자신의 영역에서 추방했다.

인간 삶의 대부분의 시간을 형성하며 그 삶이 이뤄지는 장소는 결국 일상이다. 과학이 이 같은 일상을 무의미한 것으로 간주하면 할수록 과학은 점점 더 삶과 멀어졌다. 과학이 삶의 문제에 대한 답을 주지 못하면서도 모든 초월적 가치를 합리적 이성의 이름으로 추방할 때, 인간은 '참을 수 없는 존재의 가벼움'에서 벗어날 수 있는 길을 찾아 헤매야 했다. 형이상학적 고향을 상실한 근대인은 방황해야 하며, 이 같은 맥락에서 근대적 삶의 병리학은 발생했다.

2. '악의 일상화'와 제노사이드

2002년 홍상수 감독의 네 번째 영화 <생활의 발견>에는 "우리가 인간이 되기는 힘들지만 괴물이 되지는 말자"라는 대사가 나온다. 세속화된 근대인은 어느 시대의 인간보다도 짐승만 못한 괴물이 될 소지가 있다. 이성이 광기로 변질됨으로써 문명의 진보가 파국으로 반전하는 '계몽의 변증법'의 전형적인 예가 홀로코스트다. 홀로코스트는 어떻게 해서 이 같은 엄청난 일이 일어날 수 있었는가에 대해 과학적으로 설명할 수 없는, 20세기 인류문명의 블랙홀이다.

제1차 세계대전 때 조국을 위해 같이 싸웠고 100년 이상을 이웃사촌으로 함께 살았던 유태인들을 어느 날 갑자기 지구상에서 영원히 멸종시켜야할 인종으로 지목해 무참하게 학살하는 데 그토록 많은 독일인들이 동참하거나 최소한 묵인하는 사태가 어떻게 발생할 수 있었는가? 아렌트(Hannah Arendt)는 이 물음을 나치하에서의 '악의 평범화(Banalität des Bösen)' 문제로 접근했다.[3] 나치하에서 악은 일상화되었고, 따라서 보통 사람들의 범죄의식은 마비되었다. 이들에게는 오직 위로부터의 명령에 따르고 합리적으로 짜인 관료체제하에서 자신의 과제를 성실하게 이행하는 것만이 중요했다.

　제1차 세계대전에서의 패배와 바이마르 공화국의 붕괴 그리고 공산주의 위협과 같은 모든 위기의 근원에 "유대인 문제가 있다"는 의식이 확산되면서 독일인들은 괴물이 되기 시작했다. 중세 말 페스트가 퍼진 것은 유대인들이 우물에 병원균을 넣었기 때문이라는 뜬소문이 있었다. 이것이 반유대주의를 불러일으켜 마녀사냥이 자행되었던 것처럼, 나치시대 독일인들은 유대인에게 자신들의 불행에 대한 책임을 전가하고 그들을 희생양으로 삼음으로써 유대인 600만 명이 죽음을 당했다. 힐베르크(Raul Hilberg)가 『홀로코스트 유럽 유대인의 파괴』라는 기념비적인 대작을 통해 해명했듯이,[4] 대학살을 위한 파괴기계가 일상의 차원에서 작동했기 때문에 이 같은 전대미문의 범죄행위가 벌어졌다.

　처음부터 아우슈비츠가 있었던 것은 아니다. 오랜 정착생활을 통해 독일 사회의 한 부분을 형성했던 유대인들을 도려내는 작업에는 여러 직업을 가진 독일인들이 직간접으로 참여하지 않을 수 없었다. 유대인 정의(定意), 집중, 집단학살이라는 파괴과정은 처음부터 계획된 것이 아니라 각 단계를 진행하면서 절멸을 목표로 하는 파괴기계를 완성했다. '유대인 문제해결'이 화두로 떠오르자 독일의 공무원들은 유대인을 정의하고 직업을 제한했으며 집을 빼앗고 한곳에 집중시켰다. 기업가들은 몰수된 유대인들의 회사와 점포 그리고 재산을 차지해 이득을 취했다. 동부전선의 독일군들에게 유대인은 잠재적인 파르티잔이었다. 나치 지도부는 완전한 사회를 지향한다는 명분으로 '유대인을 치우라는(judenrein)' 지시를 내렸고, 관료들은 이 명령을 성실히 이행했다. 유능한 관료들은 단순하게 명령을 실행하는 데 머물지

3) 한나 아렌트, 『예루살렘의 아이히만』, 김선욱 옮김(서울: 한길사, 2006).

4) 라울 힐베르크, 『홀로코스트 유럽 유대인의 파괴』, 김학이 옮김(서울: 개마고원, 2008).

않았다. 그들은 자발적으로 목표와 집행 사이의 공백을 효율적으로 메울 수 있는 방안에 대해 고심했다. 그들은 행정적 처리를 하면서 목표 자체를 수정하고 입안하는 익명의 주체가 되었다. 이 모든 일은 살인행위와 같은 비일상적인 범행이 아닌 일상적 업무의 차원에서 실행되었다. 각자가 맡은 업무와 과업을 일상적으로 수행하는 가운데 파괴기계의 톱니바퀴가 만들어지고 효율적으로 움직였다.

문제는 이 같은 파괴기계의 완성과 작동에 가해자인 조직화된 독일 사회 전체뿐 아니라 피해자인 유대인들도 함께 참여했다는 사실이다. 게토에 거주했던 유대인들은 자치기구인 유대인평의회를 구성했다. 유대인평의회는 유대인들의 생존을 위해 나치 독일의 업무에 효율적으로 협조했다. 독일인들이 죽일 유대인 수를 확정하면 그들은 그 대상을 직접 선별했을 뿐 아니라 유대인 치안대를 동원해 대상자들을 독일인들이 지시한 장소로 집결시켰다. 비록 이는 생존을 위한 봉사였지만 이러한 협조는 결과적으로 나치 독일의 파괴기계의 분업과정에 유대인이 자발적으로 참여한 것이었다. 게토에서뿐 아니라 노동수용소는 물론 학살수용소에서도 경비업무와 행정인력 이외에 모든 일을 유대인 노동대가 담당했다. 그들은 유대인 여성의 머리카락을 자르고, 가스실에서 시체를 끌어내고, 시체에서 금니를 뽑고, 시체를 운반해 구덩이를 파서 묻고, 유대인들의 유품을 정리해 그 내역을 대장에 일일이 기록해 그것을 독일로 보내고, 시체 화덕에 남아 있는 인간의 기름때를 벗겨냈다. 희생자인 유대인들도 파괴기계의 톱니바퀴가 됨으로써 아우슈비츠라는 인간 도살장의 컨베이어 벨트가 작동할 수 있었다.[5]

어떻게 이 같은 비극적 역설이 일어날 수 있었는가? 무엇보다도 근대가 낳은 관료주의와 노동분화가 '악의 일상화'를 초래한 구조적 요인이었다. 나치체제의 '악의 일상화'를 대변하는 인물은 아이히만(Adolf Eichmann)이다.

---

5) 라울 힐베르크, 『홀로코스트 유럽 유대인의 파괴』, 역자서문.

제2차 세계대전이 끝난 뒤 잠적했던 나치 전범 아이히만이 체포되었고 1963년 2월 예루살렘에서 세기의 재판이 열렸다. 이 재판이 끝난 뒤 미국의 유명한 교양지인 ≪뉴요커≫에 아렌트가 재판 기록을 연재했다. 다섯 차례 게재된 연재기사의 제목은 "전반적인 보고: 예루살렘의 아이히만"이다. 아렌트는 다섯 번째 글 마지막에 처형장에서의 아이히만의 모습을 기술했다. 죽음을 앞둔 아이히만은 교수대 앞에서 꼿꼿한 모습으로 다음과 같은 마지막 말을 했다. "잠시 후면, 여러분, 우리는

[그림 4-1] 전범 재판석의 아이히만.

모두 다시 만날 것입니다. 이것이 모든 사람의 운명입니다. 독일 만세, 아르헨티나 만세, 오스트리아 만세, 나는 이들을 잊지 않을 것입니다."6)

이 말은 장례 연설에서 애용하는 상투어다. 원래 이 말은 죽는 자가 하는 말이 아니라 죽은 자를 보내는 산 자가 하는 의례적인 추도사다. 이에 대해 아렌트는 이렇게 평했다. "이는 마치 이 마지막 순간에 그가 인간의 연약함 속에서 이뤄진 이 오랜 과정이 우리에게 가르쳐준 교훈을 요약하고 있는 듯했다. 두려운 교훈, 즉 말과 사고를 허용하지 않는 악의 평범성(banality of evil)을."7) 여기서 핵심적인 말이 '악의 평범성'이다. 아이히만은 죽음의 순간에서조차도 스스로 사고하는 능력을 보여주지 못하고 자기 감정을 상투어로 대신했다. 아렌트는 '악의 평범성'은 이 같은 사고의 무능력에서 기인한다고 분석했다.

6) 한나 아렌트, 『예루살렘의 아이히만』, 349쪽.
7) 같은 책, 349쪽.

아이히만은 '날개 달린 말들', 곧 인용구만으로도 세계를 설명할 수 있다고 주장했다. 사고의 구조를 형성하는 언어는 하이데거의 말대로 '존재의 집'이다. 아렌트는 그가 사용하는 상투어를 통로로 그의 정신세계에 들어가려 했다. 나치당에 가입한 이유를 묻는 질문에 아이히만은 언제나 베르사유조약이나 대량실업과 같은 나치스들의 상투어로 대답했다. 상투어는 사유의 불능화를 낳는다. 아이히만은 자신의 입장을 나치 친위대장 하인리히 힘러의 구호에 의거해서 설명하곤 했다. "나의 명예는 나의 충성심이다." "이는 미래의 세대들이 다시는 싸울 필요가 없도록 하기 위한 전쟁이다." 유대인의 절멸은 "2000년 역사에 오직 한 번만 일어나는 사건이다". 2차 세계대전은 "독일 민족에게 강요된 전쟁이다". 심지어 패전이 목전으로 다가왔을 때도 아이히만은 "유대인 600만 명의 죽음에 내 양심이 책임이 있다는 사실이 나를 이례적으로 만족시키기 때문에 나는 웃으면서 무덤에 뛰어들 것이다"라는 힘러의 말을 앵무새처럼 되뇌었다.

아렌트는 『인간의 조건』과 『칸트 정치철학 강의』에서 인간은 언어를 매개로 한 소통을 통해 자연적 필연성 속에 함몰되지 않는 세계를 구성하는 존재라고 정의했다.[8] 나치체제는 상투어를 공식으로 하여 언어적 세계를 구성하는 인간형을 창출함으로써 아이히만과 같은 '꼴통' 나치스를 양성했다. 인간은 말을 통해 세계에 의미를 부여하고 현실과 소통한다. 예컨대 군대에서는 같은 부대원끼리만 통용되는 암호와 같은 말이 있다. 이 암호 같은 상투어를 모르는 신병은 바보가 될 수밖에 없다. 한 개인을 절대 명령에 복종하는 용감한 군인으로 만들기 위해서는 독자적으로 사유할 수 있는 능력을 상실시켜야 한다. 사유 능력을 상실시키는 세뇌를 목적으로 군대는 정신교육을 하며, 내무반 생활을 통해 생체권력을 각인시킨다. 나치 체제는

---

8) 김선욱, 「한나 아렌트에 있어서 말과 판단의 보편성 문제: 예루살렘의 아이히만을 중심으로」, ≪철학연구≫, 99호(2006), 59~78쪽.

관료제로 짜인 하나의 병영체제였다. 아이히만은 자기는 국가의 충성스런 공무원이었을 뿐이라고 주장했다. 그는 국가가 부여한 임무를 성실히 수행했을 뿐이고, 만약 그가 이행하지 않았다면 다른 사람이 대신 그 임무를 수행했을 것이라고 항변했다.

아렌트는 아이히만의 예를 통해 나치스의 만행이 독일사의 특수성에서 기인한 것이 아니라 생각하는 동물로서의 인간을 사고할 수 없는 존재로 만드는 근대문명이 초래한 일반적 문제라는 점을 부각했다. 개인은 국가가 내리는 명령에 의해, 그리고 관료제의 익명성으로부터 제노사이드(genocide)와 같은 대학살을 수행하는 파괴기계의 부품으로 전락할 수 있다. 만약 그렇다면 '악'이란 무엇인가라는 근본적인 문제가 제기된다. 이 문제에 대한 아렌트의 대답은 '악의 평범화'다. 아렌트는 "이처럼 현실에서 멀리 떨어져 있다는 것과 이러한 무사유가 인간 속에 아마도 존재하는 모든 악을 합친 것보다도 더 큰 대파멸을 가져올 수 있다는 것, 이것이 사실상 예루살렘에서 배울 수 있는 교훈"이라고 말했다.[9] '악의 평범화'는 '악의 일상화'를 초래한다. 이 문제를 인간이 극복하지 못한다면, 앞으로 인류는 또다시 대학살을 저지를 수밖에 없는 존재라는 점을 우리는 깨달아야 한다.

1950년 6월 25일부터 3년 동안 벌어진 한국전쟁에서 그토록 많은 민간인이 죽었던 이유는 이념적 갈등이라기보다는 '악의 평범화'가 아닐까 생각한다. 전쟁 이전부터 오랫동안 쌓여 있었던 구원에 의해서거나 전쟁 중에 생겨났던 개인적·집단적 원한이 동족상잔의 악순환을 반복시킨 원인이 되었을 것이다. 1953년 휴전 후 남북대치 상황이 현재까지 이어지면서 전쟁의 위협은 상존하고 있다. 우리가 역사를 반면교사로 삼아야만 하는 이유는 역사에서 배우지 못하는 자는 과거의 잘못을 반복하기 때문이다.

남한사회는 4·19혁명 이후 지난한 민주화 운동의 결과로 군부 독재체제를

---

9) 한나 아렌트, 『예루살렘의 아이히만』, 392쪽.

청산하고 평화적 정권교체를 이룩했다. 이에 반해 북한 체제는 어떠한가? 북한에는 아이히만과 같은 부류의 사람이 수없이 존재할 수 있다. 주체사상으로 세뇌된 관료들과 인민들에게는 '악의 평범화'라는 위험이 존재한다. 북한 주민의 사유는 아이히만처럼 상투어로 이뤄진다. 주체사상에 세뇌된 인민들은 스스로 사유할 수 있는 능력을 박탈당했다. 북한 주민이 주체사상이라는 생체권력에서 해방되지 않고는 남북통일이란 불가능하며, 만약 돌발 사태가 일어나 통일이 도둑처럼 찾아온다고 해도 그 결과는 비극적일 수밖에 없다.

북한 사회에 대한 일상사적 연구가 절실한 이유는 북한 주민의 내면을 드러낼 수 있기 때문이다. 북한의 일상에 대한 연구를 통해 우리는 무엇보다도 북한 주민의 집단 무의식에 접근할 수 있다. 주체사상에 의해 세뇌된 집단 무의식의 의식화가 선행되어야만 북한 주민의 사유 능력이 회복될 수 있다. 만약 이것이 불가능하다면, 통일은 희망이 아닌 절망이 될 수 있다는 것을 '악의 일상화'가 초래한 대학살이라는 역사적 사례를 통해 충분히 예측할 수 있다.

3. <터미네이터 3>와 북한 체제의 붕괴

영화를 '꿈의 공장'이라 부른다. 우리 시대 인간이 상상하는 것을 이미지로 보여주는 것이 영화다. 꿈은 무의식이 지배하는 인간의 의지가 미치지 못하는 어두운 영역이다. 하지만 영화가 건설한 '꿈의 공장'은 무의식의 영역이 아닌 가상현실이다. 영화는 현실의 부재나 결핍으로서 꾸는 꿈이 아니라 현실의 시뮬레이션으로서 가상현실을 펼쳐 보인다.

예로부터 꿈은 미래의 예시로 여겨져 왔다. 영화 가운데도 미래의 전조를 보여주는 SF 장르가 있다. 과학과 픽션의 결합은 사실과 허구의 결합처럼 낯설다. 하지만 그 둘의 결합으로 생겨난 팩션(faction) 장르는 우리 시대의 징표다. SF 영화가 보여주는 인류의 미래는 일반적으로 장밋빛 유토피아가 아니라 잿빛 디스토피아다. 과학이 문명의 진보가 아닌 재난을 초래한다는 것이 주된 메시지다. 그런 메시지를 전하는 가장 유명한 영화는 이제 이 장르에서 고전으로 분류되는 <터미네이터> 시리즈다.

전편을 능가하는 후편은 별로 없다고 하지만, 나는 제3편을 가장 인상적으로 봤다. 제1·2편의 메시지는 인류가 기계에게 지배당하는 미래의 운명을 현재 인간의 의지로 바꾼다는 것이다. 이러한 시간 역전의 전제는 인간이 운명의 주인이기 때문에 인간이 이대로 산다면 맞이하게 될 미래 인류의 종말을 인간의 결단으로 피할 수 있다는 것이다. 그러나 제3편에서는 이러한 전제가 바뀌어, 모든 것을 컴퓨터에 의지하여 사는 인류가 마침내 '스카이넷' 이라는 컴퓨터 바이러스에 의해 핵전쟁을 맞이하는 운명을 피할 수 없게 된다. 영화는 "심판의 날을 없앨 수는 없다, 다만 연기할 수 있을 뿐이다"라는 메시지를 전한다. 그러면서 "우리는 우리 스스로의 운명을 결정하는 주체다" 라는 대사를 영화의 처음과 마지막에 반복한다.

세상의 종말은 피할 수 없다는 것과 우리 스스로가 운명의 주인이라는 이 두 말은 모순적이다. 운명을 스스로 결정할 수 있는 자유가 있다면 스스로 종말을 피할 수 있는 능력도 갖고 있기 때문이다. 하지만 인류는 그렇지 않다. 이에 대한 전형적인 예가 구약성경의 창세기에 나온다. 신은 선악과를 만들고 인간에게 그것을 선택할 자유를 주었지만, 인간은 선악과를 따먹음 으로써 낙원에서 추방당했다. 전지전능한 신이라면 인간이 그런 선택을 하리라는 것을 분명히 알았을 텐데, 신은 왜 그런 장난을 했을까? 신의 장난은 아직 끝나지 않았다. 인간이 만든 기계에 의해 인간이 지배당하는 미래의 파국은 인간에게 예정된 비극적 운명이고, 그 비극을 겪고 나서야 비로소 구원받을 수 있는 영혼의 정화가 일어난다는 것이 제3편의 교훈이다.

왜 북한 사회에 대해 말해야 하는 자리에서 생뚱맞게 할리우드 영화 얘기를 꺼냈을까? 엉뚱한 발상이지만, 제3편이 제기하는 문제가 우리의 운명으로서 북한의 미래와 관계 있다고 생각하기 때문이다. 북한 체제가 무너지는 것은 인류 문명의 종말처럼 우리에게 닥치고야 말 운명이다. 북한의 미래는 결정되었다. 그 미래를 우리가 바꿀 수 있을까? 햇볕정책, 개성공단 건설과 같은 일련의 대북지원 사업이 미래를 바꾸기 위한 노력이다. 우리는 운명의 주인이기에 그런 사업을 벌일 수 있다. 그러나 매우 위험하고 섣부른 예측인지는 모르지만, 결국 이 모든 남한의 대북정책은 북한 체제의 붕괴를 연기시킬 뿐 막을 수는 없다.

일어날 운명은 반드시 일어나고야 만다. 그렇다면 터미네이터가 할 일은 무엇인가? 제3편에서는 미래를 바꾸는 것이 아니라 보존해야 한다는 사명을 띠고 터미네이터가 파견된다. 파멸을 맞이하는 미래의 운명을 결코 바꿀 수 없다면, 인류가 할 일은 단지 그것을 대비하는 것뿐임을 영화는 보여주려 했다. 제1·2편의 메시지보다는 제3편의 결론이 더 설득력이 있는 듯하다. 인류가 컴퓨터의 주인이 아니라 노예로 전락하는 문명 진보의 방향을 되돌리기에는 이제 문명의 기계화가 너무나 멀리 나갔기 때문이다.

김대중·노무현 정부의 대북정책이 근본적으로 오류를 범한 것은 북한 체제의 붕괴가 우리에게 재난이므로 어떻게든 막아야 한다는 정언명령에 따라 정책을 추진했기 때문이다. 이제는 그 전제가 근본적으로 바뀌어야 한다. <터미네이터 3>의 플롯이 설정하듯이, 북한 체제는 붕괴할 운명에 처해 있다는 것을 미래의 기정사실로 간주하고 지금 우리가 무엇을 해야 하는지를 고뇌해야 한다. 물론 이러한 가설이 설득력을 갖기 위해서는 왜 북한 체제가 붕괴할 수밖에 없는 운명에 처했는지부터 밝혀야 할 것이다. 이는 무엇보다도 일상사연구를 통해 이뤄질 수 있다.

4. '나비효과'와 일상사연구

1989년과 1990년 현실사회주의 국가들의 붕괴는 사회과학자들과 역사가들에게 '블랙 먼데이'였다. 그들 가운데 그 누구도 동구권 국가들이 그렇게 별안간 무너질 줄은 꿈에도 몰랐기 때문에, 이는 그들 학문의 파산을 의미했다. 이러한 무능력은 학자들에게만 해당하지 않는다. 1989년 11월 9일 베를린 장벽이 갑자기 무너지기 전 미국의 중앙정보부나 국무부, 국방성 등과 같은 전문기관은 수십 년 후에나 그런 일이 벌어질 것이라고 예측했다. 그러나 1989년 동독 사회가 동요하기 시작한 지 한 달 만에 그런 극적인 사건이 발생했다. 그 시작은 '나비효과'처럼 작았다.

1989년 8월 동독인은 당시 이미 자유를 얻은 헝가리를 자유롭게 왕래할 수 있었다. 많은 동독인들은 이 기회를 이용해 서독 주재 헝가리 대사관 또는 영사관에 가서 정치 망명을 신청했다. 9월에 이르러 헝가리 국경은 완전히 열렸다. 뒤이어 체코슬로바키아도 개방되자 3일 만에 동독인 1만 2,000여 명이 서쪽으로 물밀듯이 밀려들었다. 이것이 동독 붕괴의 서막이었다.

같은 해 11월 5일 동독인 1만여 명이 자동차나 열차 또는 도보로 체코 국경을 넘어 서독으로 건너갔다. 9일에는 시간당 120명이 동독을 탈출하기 시작해 결국 동독이 국경 통제를 완전히 포기하는 상황이 발생했다. 동독인 수만 명이 서베를린으로 넘어갔고 사람들은 환호성을 지르며 베를린 장벽을 부수었다. 눈 깜짝할 사이 동서 냉전의 상징인 장벽이 해체되었고, 이 사건 이후로 동구권 사회주의체제의 붕괴는 기정사실로 인식되기 시작했다.

역사가 바뀌는 것을 지켜보기만 하던 역사학자들이 마침내 정신을 차리고 연구에 착수했다. 왜 동독은 그렇게 갑자기 무너졌을까? 그들은 결과론적인 설명을 내놓았다. 그런 역사를 만든 사람들이 민중이라는 것을 깨달은 역사가들은 기존의 사회과학 이론과 모델을 적용하는 대신 일상사적인 연구로 눈을 돌렸다. 김수영이 <풀>에서 노래했듯, 바람보다 먼저 누웠던 풀이 바람보다 먼저 일어나는 듯한 민중의 잠재 에너지를 규명하기 위해서는 '아래로부터의 역사'의 관점이 필요하다는 것을 알게 된 것이다.

일상사연구를 수행하면서 독재국가가 은폐한 현실사회주의의 속살이 보이기 시작했다. 그리고 연구의 가설을 수정해야 했다. "왜 그렇게 갑자기 무너졌는가?"가 아니라 "어떻게 그런 불합리하고 모순적인 체제가 그토록 오랫동안 유지될 수 있었는지?"로 민중의 일상적 삶의 차원에서 사회주의체제는 이미 붕괴해 있었다. 일상이 신비한 것은 가장 늦게 변하면서 가장 먼저 변화가 감지되기 때문이다. 일상이란 역사적 변화의 끝자락이면서 동시에 변화가 싹트는 곳이다. 역사가 의식의 영역이라면 일상이란 무의식의 영역이다.

이런 일상의 무의식을 잘 드러내는 매체는 역사가의 저작보다는 역시 영화다. 동독이 어떻게 해서 죽음에 이르는 병에 걸려 결국 사망했는지를 잘 보여준 영화는 <굿바이 레닌>과 <타인의 삶>이다. 일단 <타인의 삶>을 통해 동독 사회의 내면을 들여다보자.

조지 오웰이 『1984년』에서 예견한 현실이 동독 사회에서 실현되었다. 1980년대 중반 동독에서는 9만 명이 넘는 국가안전원(Stasi, State Security Apparatus) 요원과 '비공식' 정보원 약 17만 명이 활동했다. 모범적인 스탈린주의 경찰국가였던 독일민주공화국(동독)은 세계에서 인구당 가장 많은 미행자와 도청전화기 그리고 도청된 방을 갖고 있었다. 일단 의심을 받으면 일상생활의 모든 것이 파헤쳐졌다. 농담이나 소문 그리고 낙서조차도 조사 대상이 되었다. 당 지도부는 동독 주민 1,600만 명의 개인 정보를 컴퓨터 파일로 만들려 했고, 공산당정권이 사망했을 때는 서류 600만 건을 유산으로 남겼다. <타인의 삶>은 이러한 동독의 단면을 보여준다.

영화는 주인공 게르트 비즐러가 어떻게 심문해야 하는지를 강의하는 것으로 시작한다. 용의자는 "아무 짓도 안 했다"고 주장한다. 그러자 그는 "그럼, 우리 정부가 무고한 인민을 멋대로 체포한다는 뜻입니까? 그런 생각

[그림 4-2] 영화 <타인의 삶>에서 주인공이 감시자를 도청하는 장면.

만으로도 구금 사유입니다"라고 추궁함으로써 48시간 안에 혐의자에게서 원하는 모든 답을 받아낸다. 이러한 심문 과정은 자신의 죄가 도대체 뭔지 모르는 것 자체를 죄로 만든다. 이것을 국가안전원의 은어로는 '분해'라 불렀다. 국가안전원의 임무는 범죄자를 색출하기보다 "사람들이 죄책감을 느낄 만한" 행동을 만들어내는 데 있었다. 무의식으로 했던 말과 행동이 국가에 대한 범죄가 될 수 있다는 것을 주지시킴으로써 사람들이 일상에서 자기검열을 하도록 길들였고, 그런 식으로 동독은 독재정권을 유지했다.

죄의식의 내면화는 민중을 무력화시킨다. 움베르토 에코의 『장미의 이름』에 나오는 호르헤 수도사가 사람들을 죄의식에 떨게 만들어 교회의 권력을 유지하려 했던 것처럼, 민중을 잠재적인 국가의 범죄자로 자기검열하도록 위협함으로써 국가권력을 일상생활의 모세혈관까지 침투시켰다. 자기가 자기를 검열하고 감시하도록 만드는 체제는 그야말로 푸코가 말하는 파놉티콘의 감옥이다. 여기서 국가는 모든 인민의 잘못을 속속들이 알고 있는 신이다. 이러한 국가종교가 작동하기 위해서는 인민에게 국가에 대한 절대적인 믿음과 동시에 두려움이 있어야 한다.

주인공 비즐러와 그가 감시하는 극작가 드라이만 모두 사회주의를 신봉한다. 차이라면 전자는 현실사회주의 국가의 충복이지만, 후자는 사회주의 국가의 이데아를 추구한다는 점이다. 동독 사회주의 국가는 현실과 이상의 틈새를 감시와 처벌이라는 규율권력으로 메우려 했다. 이 같은 규율권력을 작동시키는 자가 비즐러와 같은 감시자다. 그는 도청과 감시를 하면서 '타인의 삶'을 보는 연극의 관객이 된다. 하지만 관객이 연극에 몰입하면 할수록 '타인의 삶'은 '자기의 삶'을 비추는 거울이 된다. 마침내 관객이었던 감시자가 타인의 삶에 개입하면서 규율권력은 더 이상 작동하지 않게 된다. 무의식적인 일상을 대상화하는 자기반성의 경험을 통해 스스로 사유할 수 있는 능력을 점차 회복해나갔던 것이다. 이러한 의식화를 할 때, 인간은 다르게 생각할 수 있는 자유를 얻는다. 그리고 마침내 그 자유의 바이러스가 국가의 통제 시스템을 감염시킬 때 독재국가는 붕괴할 수밖에 없다. 이것을 아는 독재국가는 수단과 방법을 가리지 않고 자유의 바이러스를 차단할 프로그램을 개발한다. 그렇다면 북한 정권은 어떤 식으로 이 같은 안티 바이러스 프로그램을 작동시키는가?

5. 정치종교로서 주체사상

<타인의 삶>에서 주인공인 감시자는 자신에게 임무가 맡겨진 이유가 극작가가 사회주의 국가의 적이기 때문이 아니라 문화부 장관이 그의 아내를 사랑하기 때문이라는 것을 알게 된다. 동독 국가의 감시체제를 작동시키는 것은 관료제다. 인간적인 측면에서 보면, 그의 직책이 무엇이든 모두가 사랑하며 질투하는 똑같은 사람이다. 관료제하에서 절대 권력자는 없다. 모두가 국가라는 리바이어던의 하수인일 뿐이다. 서로가 국가권력의 톱니바퀴처럼 얽혀 있다. 만약 톱니바퀴의 작은 나사 하나가 고장이 나면 그 연쇄작용의 귀결은 국가의 사망이다. 독일 나치즘은 그런 고장을 방지하기 위해 전쟁을 일으켰고, 전쟁 상황에서의 위기의식은 홀로코스트라는 전대미문의

범죄행위를 낳는 파괴기계를 고안해내는 데까지 이르렀다. 이 같은 관점에서 볼 때, 히틀러는 절대 권력자가 아니라 관료제라는 피라미드의 정점에 있는 '허약한 독재자'였을 뿐이라는 주장도 제기되었다.

그렇다면 북한 체제에서 김정일의 위치는 어떠한가? 북한의 독재정권을 유지시키고 작동하게 만드는 것은 관료제가 아니라 주체사상이라는 정치종교다. 동독 정권은 공식적인 경찰뿐 아니라 비공식적인 비밀경찰 조직으로 인민의 영혼을 분해해서 일상을 통제했지만, 북한은 주체사상이라는 종교로서 인민의 영혼을 하나로 통합해 수령의 지배하에 두고 있다.

북한 체제에서 수령과 당과 인민은 기독교의 삼위일체처럼 분리될 수 없는 하나다. 김일성이 하나님이라면 그 아들인 김정일은 예수다. 이러한 정치종교가 합리화된 근대에서 어떻게 작동할 수 있는가? 그 방식은 정치와 예술의 변증법을 일상에서 실현하는 것이다.

이 전형적인 예가 북한이 자랑하는 아리랑 예술축전이다. 평양사범대학 교수였던 김현식은 자서전에서 아리랑 예술축전의 "집단체조 뒤의 피눈물"을 다음과 같이 증언했다.

> 평양에서는 김일성의 생일인 태양절이나 공화국 창건일, 당 창건일을 기념해서 학생 10만 명이 참가하는 집단체조가 벌어진다. …… 대외적으로 정치적인 성격을 거세하기 위해 집단체조라 하지 않고 아리랑 예술축전이라고 부른다. …… 오로지 김일성, 김정일에게만 집중되는 힘을 보여주는 데 집단체조보다 더 좋은 방법은 없다. 수령체제 하나로 결속된 북한의 힘을 과시하며 수령은 지도자로서의 만족감을 얻고 집단체조에 참가하는 학생들은 말할 수 없는 성취감과 뿌듯한 일체감, 자부심을 느끼게 된다. 이것이 북한이 집단체조에 매달리는 이유다.[10]

---

10) 김현식, 『나는 21세기 이념의 유목민』(서울: 김영사, 2007), 259~260쪽.

[그림 4-3] '아리랑 예술축전' 중 집단체조 장면.

  벤야민(Walter Benjamin)은 파시즘이 '정치의 미학화'를 통해 대중을 독재
체제의 하수인으로 포섭했다면, 공산주의는 '예술의 정치화'를 통해 독재정
권을 유지한다고 보았다. 이 둘을 동시에 성취한 곳이 북한이다. 독일의
나치즘이 갈색 파시즘이라면 북한 체제는 적색 파시즘이라고 부를 수 있다.
집단체조의 정치적 성격을 은폐하기 위해 '아리랑 예술축전'이라고 부르는
것은 '정치의 미학화'라는 목적을 달성하기 위한 수단으로 '예술의 정치화'
를 실현하는 전형적 예다. 이 같은 '정치의 미학화'와 '예술의 정치화'의
변증법이 작동할 수 있는 전제조건은 '정치의 일상화'와 '일상의 정치화'다.
아리랑 예술축전의 집단체조에 그렇게 많은 인원이 동원될 수 있는 이유는
인민이 주체사상이라는 종교의 신도이기 때문이다. 인민은 집단체조를 통해
개인의 한계를 넘어서는 집단의 경이로운 힘을 느끼고, 이러한 정치종교적
의례를 통해 수령이라는 초월적 존재에 감전되는 말로 표현할 수 없는
'숭고(sublime)'를 체험한다. 축전은 이 모든 기적을 행하는 카리스마가 수령
에게 있다는 것을 인민들에게 각인시킴으로써 에밀리오 젠틸레가 말하는
'정치의 신성화'를 이룩하고,[11] 이를 토대로 확립된 수령체제는 인민의

모든 일상생활을 식민지화한다.

　남한 국민과 북한 인민은 같은 민족이기에 앞서 완전히 다른 세계에 사는 사람들이다. 2003년 8월 대구 유니버시아드대회 당시 북한 응원단을 환영하는 길가 현수막에는 2000년 남북정상회담 때 김대중 대통령과 김정일 북한 국방위원장이 악수한 사진이 들어 있었다. 전날부터 내린 비로 현수막이 젖어 있는 것을 발견한 북한 응원단은 버스에서 뛰어내려 현수막을 떼어냈다. 이들은 "장군님 사진에 어떻게 비를 맞히느냐"고 거세게 항의하며 눈물을 흘렸다.

　우리는 이런 북한 사람들의 행동을 이해할 수 없다. 북한에는 '당(黨)의 유일사상 체계 확립을 위한 10대 원칙'이 있다고 한다. 일상생활의 지침인 이 원칙의 3조 6항은 "경애하는 수령의 초상화·동상·출판물을 정중히 모시고 철저히 보위해야 한다"는 것이다. 북한 응원단은 이 같은 계율을 내면화하고 있기 때문에 그런 돌발적인 행동을 벌인 것이다. 그들은 자신들만 그 계율을 지키는 것이 아니라 자기 집단 밖의 사람들에게까지도 강요한다. 북한에 경수로를 지으러 간 KEDO(한반도에너지기구) 관계자가 김일성 부자 사진이 있는 노동신문을 깔고 앉았다가 낭패를 본 일도 있었다.

　미국 종교전문 사이트 어드히런츠닷컴(www.adherents.com)은 "신도 수로 본 세계 주요종교"에서 신도 1,900만 명을 거느린 북한 주체사상이 세계 10위라고 발표했다. 이는 유대교(1,400만 명), 바하이교(700만 명), 자이나교(420만 명), 신도(神道·400만 명), 조로아스터교(260만 명) 같은 유명 종교의 신도보다 많은 숫자다. 주체사상은 교조(敎祖·김일성)와 후계자(김정일), 성지(聖地·만경대 등), 조직(노동당과 군), 교리(敎理)와 계율까지 종교의 요소를 두루 갖추고 있다. 따라서 북한은 '주체영성'이라는 유일신 종교에 입각한

---

11) 에밀레오 젠틸레, 「정치의 신성화」, 임지현·김용우 엮음, 『대중독재 2: 정치종교와 헤게모니』(서울: 책세상, 2005), 41~54쪽.

신정(神政)국가라고 말할 수 있다.

물론 이러한 북한 체제의 특이성을 내재적으로 이해해야 한다는 주장도 있다. 현실사회주의 국가들이 몰락한 1990년대부터 시작된 고난의 행군과 식량난 그리고 핵 위기상황에 총체적으로 대처하기 위해서는 주체사상과 같은 정치종교가 필요하다는 것이다. 하지만 이 같은 주장은 문제의 원인을 해결의 방안으로 전도하는 언어도단의 논리다.

6. 일상으로부터의 혁명을 위하여

유물론을 신봉하는 사회주의 국가에서 주체사상과 같은 정치종교가 나타난 것은 아이러니가 아닐 수 없다. 지금 북한에서는 막스 베버가 말하는 '세계의 탈주술화'가 무엇보다도 먼저 일어나야 한다. 정치종교로부터의 해방공간은 어디보다도 일상 속에 있다. 김현식 교수는 아리랑 예술축전에 참가하는 학생들과 그 부모들의 생존전략을 다음과 같이 기술했다.

집단체조에 참가하는 학생들은 보통 힘든 게 아니다. 국가에서는 집단체조에 동원된 학생들에게 빵 하나만을 배급해준다. 그걸 먹고 하루 종일 뛰고 굴러야 하니 배고픔이 오죽하겠는가. 그래서 종합연습을 하는 한 달 동안 학부형들은 차례를 정해 국을 끓여 대경기장으로 나른다. …… 뜨겁게 끓인 국을 통에 담아 버스를 타고 대경기장까지 가는 것도 결코 쉽지 않다. …… 어쩌다가 양동이가 엎어지는 바람에 암거래까지 해가며 어렵게 끓인 고깃국이 버스 바닥에 쏟아져 낭패를 보는 일이 종종 있기 때문이다.[12]

---

12) 김현식, 『나는 21세기 이념의 유목민』, 260~261쪽.

위로부터의 '정치의 일상화'에 대한 반응으로 아래로부터 나타나는 '일상의 정치화'에는 두 가지 방식이 있다. 첫 번째, '정치의 일상화'에 대한 즉자적인 반응은 일상을 정치종교의 식민지로 만든다. 인민은 규율권력을 내면화함으로써 대중독재의 하수인이 된다. 이에 반해 두 번째, '정치의 일상화'에 대한 대자적인 대응은 위에서 나타나는 것 같은 대중의 일상적 저항을 유발한다. 인민은 살아남기 위해 일상 속에서 그 나름대로 저항의 틈새를 찾고 그것을 넓혀 나가려는 노력을 전개한다.

일상은 미시권력이 작동하는 곳이면서 동시에 개인이 미시권력에 맞서 '미시 저항'을 끝없이 펼칠 수 있는 장소다. 일상이란 실천하는 주체가 죽어 있는 소외의 공간이 아니라 지배와 저항의 긴장과 모순의 변증법을 실현할 수 있는 장소다. 그래서 세르토(Michel de Certeau)는 일상에서 개인에게 주어진 대상을 '제 것으로 만드는' 주체적 활동, 곧 전유(appropriation)의 전술을 펼칠 수 있는 해방공간을 발견하려 했다. 이 같은 전유를 통해서 개인은 '일상의 정치화'를 실천할 수 있는 자유를 획득한다. '일상의 정치화'는 개인이 비공식적인 공간에서 사적인 방식으로 체제에 저항하는 전술을 펼치는 것이다. 국가권력에 억압됨으로써 표출되지 못한 저항 에너지는 일상성 속에서 해소되지 않고 잠재 에너지로 축적되었다가 화산처럼 폭발하는 때를 기다린다. 북한은 이 같은 폭발이 예정되어 있는 활화산이다.

북한 전문가인 안드레이 란코프 국민대학교 교수는 '김정일 정권을 전복시키는 법'이란 제목으로 콘돌리자 라이스 미국 국무장관에게 보내는 공개 비망록을 2007년 2월 외교정책 전문지 ≪포린 폴리시≫에 기고했다. 그는 미국이 북한 공산정권을 종식시키려면 군사적 대결보다는 대북 단파 방송 지원, 탈북자 지원, 북한과의 교류 증진 등과 같이 "시간이 걸리고 섹시하지도 않지만 북한의 변화를 촉발할 일련의 미묘한 조치들을 당장 취해야 한다"고 썼다.

그는 특히 "중국과 러시아는 북한 핵실험에 대해 불만이 있지만, 동북아시아에서 미국의 영향력 감소에 더 큰 관심이 있다. 그리고 독일식 통일이 경제에 미칠 영향 때문에 한국마저 북한 정권의 안정을 바라고 있는 현재의 상황을 내버려둬서는 안 된다"며 결국 "북한의 변화를 고무시켜야 하는 부담은 미국이 홀로 질 수밖에 없다"고 주장했다. 그리고 그는 군사력에 의지하는 하드파워가 아니라 북한 민중의 일상을 변화시킬 수 있는 소프트파워의 활용을 제안했다. 그가 제안한 북한 정권 전복법 5단계 가운데 네 가지는 일상 속에서 헤게모니투쟁을 벌이는 일종의 진지전 전략이다.

첫째, 일상에서의 은밀한 혁명(Quiet Revolution)을 통한 아래로부터의 변화다. 1970~1980년대와는 달리 북한 정권의 주민생활 통제는 훨씬 약해졌으며, 주체사상의 영향력 또한 상당 부분 약화되었다. 규제는 책에만 있을 뿐 거의 이행되지 않으며, 공산주의 주입교육에 결석하거나 이념적인 사소한 일탈 행위는 처벌받지 않는다고 한다. 이러한 일상에서의 일탈 행위가 연쇄반응을 일으키면 어느 날 '나비효과'를 유발할 수 있다.

둘째, 북한도 정보화의 물결에서 벗어날 수 없다. 동구권 사회주의가 몰락한 원인 가운데 하나가 앨빈 토플러가 말하는 '제3의 물결'에서 뒤졌기 때문이라는 분석이 있다. 사회주의 계획경제를 통해 산업사회로 전환하는 '제2의 물결'로의 진입은 성공할 수 있었지만, 사회적 통제를 풀지 않고 '제3의 물결'로 나아가기란 거의 불가능하다.[13] 따라서 북한은 점점 개방화될 수밖에 없으며, 그런 만큼 주체사상으로부터의 탈주술화는 가속적으로 일어날 전망이다.

셋째, 동·서독 간의 체제경쟁은 동독이 서독으로의 주민이탈을 막기 위해 베를린 장벽을 쌓았을 때 이미 끝난 것처럼, 탈북자의 속출은 결국 북한 체제의 내부붕괴를 초래할 것이다. 동독 주민이 베를린 장벽을 무너뜨린

---

13) 앨빈 토플러·하이디 토플러, 『부의 미래』, 김중웅 옮김(서울: 청림출판, 2006), 490쪽.

것처럼, 북한 주민이 밀려와 휴전선이 무너지는 날을 대비해야 한다.

넷째, 문화적 교류는 주체종교의 사제 역할을 하는 지도층의 이완과 이탈을 촉진할 수 있다. 뉴욕 필하모니 오케스트라의 평양 공연이 성사되고, 답례로 북한 무용단이 미국 공연을 하는 방식으로 상호 문화교류가 이뤄지는 가운데 주체사상에 의한 '일상의 정치화'는 결국 한계지점에 도달할 것이다.

란코프 교수가 마지막으로 촉구하는 것은 북한에 대한 문화적 지원과 교류를 반대하는 미국 공화당 의원들의 의식 변화다. 이는 한국의 우파들에게도 해당하는 충고다. 핵 개발을 완료하고 북한이 마침내 전쟁을 일으킨다면, 이는 동북아시아는 물론 세계평화에 중대한 위협이 되고 한반도에 돌이킬 수 없는 재앙을 불러올 것이다. 따라서 북한 체제를 점진적으로 붕괴시키는 것이 최선의 전략이며, 이를 위해서는 일상으로부터의 조용한 혁명이 일어나도록 북한 사회를 유도해야 한다.

일상은 가장 변하지 않는 곳이면서 한편으로 변화의 징조가 나타나는 곳이라는 점에서, 역사의 시작이며 끝이다. 일상에서 역사를 변화시키는 혁명의 기운이 싹트고 혁명은 일상을 변화시키는 것으로 종결된다. 혁명의 일상화는 결국 혁명이 끝장났다는 의미다. 일상사는 이 같은 일상과 혁명의 변증법적 관계에 주목해 역사의 잠재적 에너지를 일상으로부터 분출시키려 한다.

"습관적 반복으로 시간의식이 무감각한 일상이란 벤야민의 용어를 빌어 표현하면 '지금 이 시간(Jetztzeit)'이다". 벤야민은 현재를 '일상의 현실성(actuality)'이라고 명명함으로써 역사적 시간의 '코페르니쿠스 전환'을 모색했다. 과거는 지나간 시간이고 미래는 오지 않은 시간이라면, 인간에게 주어진 시간은 '지금 이 시간'으로서 오직 현재. 따라서 벤야민은 현재가 모든 시간의 척도가 되는 가장 중요하고 특권적인 시간성이라는 점에 착안해, 과거 - 현재 - 미래로 흐른다고 상정하는 역사적 시간의 결을 거슬러서 현재 일상의 현실성에 정초한 역사의 요동을 꿈꾸었다.[14]

이 같은 역사의 요동은 현재 일상의 현실성을 '메시아적 순간'으로 의식화할 때 가능하다. 도둑처럼 신이 재림함으로써 도래한다는 '메시아적 순간'은 과거와 미래가 아니라 지금 이 자리, 곧 현재 나의 일상에서 구원받는 것을 의미한다. 현재 나의 일상이 '참을 수 없는 존재의 가벼움'이라는 삶이 비어 있는 무중력 공간이 아니라, 과거와 미래를 잇는 시간의 다리이며 지배와 저항이 갈등을 벌이는 힘의 각축장이라는 의식을 가질 때 일상으로부터의 그리고 일상에서의 혁명이 일어날 수 있다. 일상사적 연구는 남한 사회는 물론 북한 사회의 주민들이 일상의 감옥에서 탈출해 현재의 일상을 역사 요동을 위한 불온한 장소로 의식화하는 데 이바지해야 한다. 동·서독 통일처럼 남북통일은 어느 날 갑자기 행운의 여신처럼 찾아올 수 있다. 그리스 신화에 나오는 행운의 여신 티케(tyche)는 앞머리는 길지만 뒷머리가 없어서 일단 지나가면 뒤에서는 잡을 수 없다고 한다. 이 행운의 여신을 앞에서 잡기 위해서는 현재의 일상을 깨어 있는 삶으로 살아야 한다.

---

14) 해리 하르투니언, 『역사의 요동: 근대성, 문화 그리고 일상생활』, 윤영실·서정은 옮김(서울: 휴머니스트, 2006), 77쪽.

5장

일상에서 보물찾기
일상생활의 사회학

정영철(서강대학교 공공정책대학원 교수)

1. 들어가며

한 무리의 고등학생들이 석굴암에서 해설자의 설명을 듣고 있다. 석굴암의 역사와 이모저모를 듣던 중 한 학생이 손을 번쩍 들어 질문을 한다. "선생님, 석굴암이 만들어질 때의 역사적 배경과 사회경제적 처지는 어떠했습니까?" 그리고 이에 대한 선생님의 대답이 이어진다. 그러자 다른 학생이 손을 들어 질문을 던진다. "선생님, 석굴암불상의 두 눈 사이 간격과 코의 높이는 어떻게 됩니까?"

우리는 어떤 대상을 관찰할 때, 거대한 것을 먼저 이해하려는 경향이 강하다. 그러나 정작 그 사물의 구체적인 형상에 대한 관찰은 뒷전에 미루는 일이 빈번하다. 거대한 구조와 구체적인 현실을 동시에 이해하는 것이 가장 바람직할 것이다. 우리는 거창한 것과 사소한 것이 동시에 존재하는 사회 속에서 살고 있고, 이것이 바로 '현실'이기 때문이다. 일상은 어쩌면 거창한 구조에 가려진 진부하고 하찮은 것에 불과할지도 모르겠다. 그러나 일상생활이 없다면, 거창한 구조 역시 아무것도 아닌 것 또한 사실이다. 이런 점에서 일상생활의 사회학은 오랫동안 사회학이 씨름했던 구조와 행위, 시간과 공간의 문제에 대한 총체적인 관점을 주는 새로운 발견이었다. 그것은 매일매일의 삶, 즉 일상생활은 구조와 행위, 시간과 공간이 씨줄과 날줄처럼 얽혀 있는 장이자, 구조의 강박에도 순응과 저항의 전략·전술이 교차하는 지점이기 때문이다. 그런데도 일상생활은 하찮고 진부한 그 무엇으로 인식되었고, 가치 없는 것으로 치부되기도 했다. 이에 따라 일상생활에 대한 사회학적인 연구는 1970년대까지도 주변부에 머물러 있었다. 그러나 거대이론의 한계와 서구적 합리주의 및 실증주의에 대한 비판, 인간 삶의 구체적인 현실에 대한 관심이 점차 증대했고, 결국 일상생활의 중요성이 부각되었다. 인간의 생활은 일상과 떨어질 수 없고, 일상을 통해서 '생산-소비'의 기본적인 양식을 유지해왔다. 그것은 일상 그 자체가 붕괴되거나 소멸되는 것이 아니라 커다란 변화에도 다시금 제자리로 돌아오는 반복성이 고유의 특징이기 때문이다. 결국 사회학에서 말하는 객관적 구조와 주관적 감정은 일상을 통해 표현되고 일상을 통해 '소비'되는 셈이다.

그렇다면 일상생활의 사회학은 무엇인가? 일상에 대한 정확한 개념 규정은 여전히 모호한 채로 남아 있다. 사실 일상 그 자체의 모호성, 애매성은 당연한 듯하면서도 하나의 개념으로 쉽게 규정되지 않는다. 따라서 일상은 학문과 학자들에 따라 일상세계, 일상생활, 생활세계 등으로 다양하게 묘사되었고, 또 바라보는 관점도 다양하게 표출되었다. 그저 쉽게 표현하면 일상생활의 사회학은 사람들의 '매일매일의 삶에 대한 총체적 연구'이며, '주어진 구조 속에서 사람들의 생활을 사회학적 조명을 통해 드러내는 총체적 작업'이라 할 수 있다. 이와 관련해 더글러스(Jack D. Douglas)는 '일상생활의 사회학'을 '어떤 주어진 구체적 상황 속에서 상호작용하는 사람들에 대한 경험, 관찰, 이해, 묘사, 분석과 의사소통 등과 관련된 사회학적인 정향(orientation)'으로 정의한다.[1] 이는 다시 말해 그간 구조와 제도에 주목했던 '위로부터의 시각'에서 벗어나 평범한 사람들의 생활, 상호작용, 주관성 등에 주목하고, 이것들을 이해하는 것에서부터 '일상생활의 사회학'은 출발한다. 즉, '아래로부터의 시각'인 것이다.[2] 일반적으로 일상세계와 관련된 연구의 전통은 크게 세 가지의 지적 전통에서 발전해왔다. 첫 번째는 후설(Edmund Husserl)과 슈츠(Alfred Schütz)로 대표되는 현상학적 전통, 두 번째로는 미드(Geist Mead), 고프먼(Erving Goffman) 등으로 대표되는 상징적 상호작용론적 전통, 세 번째로는 르페브르(Henri Lefebvre)와 헬러(Agnes Heller) 등으로 대표되는 마르크시즘적 전통이 그것이다.[3] 그리고 여기에 하버마스(Jürgen Habermas)의 체계와 생활세계론 등이 추가될 수 있다.

앞서 말했듯 일상의 개념은 모호하고 여전히 애매하게 남겨져 있다. 엘리아스(Noberto Elias)가 정리한 일상과 비일상의 구분이 적확한 것으로 보이지 않는 것도 일상의 모호성과 애매성에 있다고 할 수 있으며,[4] 이러한 모호성과 애매성은 누구에게나 존재하지만 그것 바깥에서 객관화의 동굴을 빠져나가지 못하면 인식하기 어려운 것이기도 하다. 사실 일상은 이중적인 패러다임을 가진다. 수면, 밤, 어둠, 무의식, 무질서, 죽음, 위협 등의 기초 위에 이와 상반되는 또 다른 일련의 기초, 즉 깨어 있는 상태, 낮, 밝음, 의식, 질서, 삶, 안전 등이 얽혀 있다.[5] 이러한 일상적 삶은 매일매일 되풀이되고,

---

1) Jack D. Douglas, "Introduction to the Sociologies of Everyday Life," Jack D. Douglas et al., *Introduction to the Sociologies of Everyday Life*(Boston: Allyn and Bacon Inc., 1980), p. 1.

2) 일상생활연구는 변화하는 사회의 관계들과 제도 전체를 '내부로부터' 그리고 '아래로부터' 들여다보는 방식. 기계형, 「유라시아 연구의 역사적 의미와 일상사 연구를 위한 가능성 모색」, ≪E-Urasia≫, Vol. 1(2008.1), 17쪽.

3) 김상우, 「일상생활의 사회학의 현황과 전망」, ≪문화와 사회≫, 1권(2006), 97쪽.

4) 엘리아스는 일상과 비일상을 정연하게 도표로 정리했다. 이에 대해서는 강수택, 『일상생활의 패러다임: 현대 사회학의 이해』(서울: 민음사, 1998), 32쪽 참조.

5) 김상우, 「일상생활의 사회학의 현황과 전망」, 92쪽.

되풀이되기 때문에 회귀해오는 것이며 진부한 것이 된다. 이러한 일상의 반복성, 그리고 끊임없이 회귀하는 보수성 때문에 일상은 가장 마지막에야 변화하며, 새로운 약속들이 꿰뚫고 들어가기 가장 힘든 영역이다.[6] 따라서 일상은 저항의 거대한 잠재력을 보유하게 된다. 그리고 다른 한편, 거대한 구조의 토대로서 이러한 반복적 삶, 즉 일상의 생활세계가 시민사회, 국가, 자본의 구조적 조건이 된다.[7] 이런 측면에서 보면, 일상은 사건이나 변혁과 같은 '상부구조'의 아래를 든든하게 받치고 있는 '토대'인 셈이다.[8]

일상은 인간으로서 누구나 영위하고 있는 삶이다. 그러기에 가장 가까운 곳에 존재하며, 또 가까운 곳에서 눈에 보이지 않는 구조와 제도를 들여다보는 가장 좋은 공간이다. '가까운 곳에서 세상을 들여다보기'가 가능한 영역인 셈이다. 마르크스가 상품의 분석을 통해 자본주의의 본질을 파헤쳤던 것처럼, 일상의 분석을 통해 사회구조적 지배의 본질과 그 모습을 더 생생하게 파헤칠 수 있다.

최근 우리 사회에서도 일상에 대한 관심과 연구가 부쩍 늘어나고 있다. '○○은 어떻게 살았을까?' 류의, 상식으로서의 일상을 묘사하고 설명하는 책에서부터 술, 음식, 여가 등의 작은 이야기, 그리고 생활정치라는 대안적인 진보를 고민하는 데 이르기까지 일상에 대한 중요성이 부각되고 있다. 가장 가까운 곳에서, 그리고 가장 익숙한 것에서 문제의 본질을 파악하고 해결의 실마리를 찾아갈 뿐 아니라 지금 바로 이 순간 우리의 삶을 풍부하게 묘사하고 이해할 수 있도록 일상은 언제든지 열려 있는 공간인 채로 남아 있다.

---

6) 박재환, 「일상생활의 사회학적 조명」, 박재환 엮음, 『일상생활의 사회학』(서울: 도서출판 한울, 1994), 24~26쪽.
7) 김왕배, 「자본주의 일상생활의 세계」, 한국사회학회, 『1995년 후기사회학대회 발표논문집』, 60쪽.
8) 박재환, 「일상생활의 사회학적 조명」, 12쪽.

2. 일상생활의 사회학: 일상을 통해 사회 들여다보기

사회학은 인간과 사회에 대한 총체적 인식을 지향한다. 따라서 그 궁극적 목적은 인간이 살아가는 '사회'에 대한 이해로 귀착된다. 결국 인간이 만들어 가는 인간세상에 대한 연구인 것이다. 지금까지 사회학은 사회에 대한 총체적 인식의 첫 출발을 눈에 보이지 않는 거대한 구조와 제도에서 찾았다. 그리고 이러한 경향은 여전히 지속되고 있다. 사회를 이해하기 위해 구조와 제도의 분석은 필연적이다. 그러나 구조와 제도에 강박된 인간의 삶에 대한 연구는 상대적으로 소홀했다. 물론 사회학의 오랜 문제로서 구조와 행위에 대한 종합적인 시도가 있어왔고, 거시 - 미시 연계를 통한 이론적 검토도 있어왔다.[9] 이 결과 행위의 자율성을 적극적으로 받아들이게 되었고, 구조와 인간의 상호작용에 대한 연구가 많은 부분을 차지하게 되었다. 구조와 행위의 문제를 종합하려는 시도는 대표적으로 기든스(Anthony Giddens)의 '구조화 이론' 등에서 찾아볼 수 있다. 그리고 이러한 연장선에서 일상에 대한 새로운 조명이 있어왔다. 사회학에서 일상을 연구의 중심으로 삼았던 전통은 후설의 영향을 받은 슈츠로부터라고 할 수 있다. 물론 현상학 또는 상호작용론의 전통에서 미드, 쿨리, 고프먼 등의 학문적 경향이 계속 있어왔다. 이들의 기본적인 공통성은 인간의 주관성과 상호작용에 연구의 초점을 두고 있다는 점이다. 즉, 인간이 생활하는 생활세계는 주관적으로 구성된다는 것이 이들의 기본적인 출발이었다. 앞서 말한 일상생활 사회학의 세 가지 지적 전통이 강조하는 바를 살펴보면, 현상학에서는 '자연적인 태도에 기초해 경험, 사유, 행위가 상호 주관적으로 이뤄지는 것'이, 마르크스 전통에서는 '개인의 재생산 활동의 총체'가, 그리고 상징적 상호작용론의 전통에서는

---

9) 사회학에서 거시 - 미시에 대한 문제에 대해서는 김용학, 『사회구조와 행위: 거시적 현상의 미시적 기초를 찾아서』(서울: 나남, 1992)를 참조할 것.

'자아의 형성, 발전, 표현의 환경으로서의 사회적인 상호작용 상황, 특히 내면적인 상호작용 상황'이 특별히 강조된다. 이외에 하버마스의 비판이론에서는 '물질 및 상징의 재생산 영역'으로서의 일상생활이 합리화되어 '상징의 재생산 영역'이 되었다고 봄으로써 그 축소된 기능의 측면이 강조되었다.[10) 현상학적 입장에서 일상생활의 세계에 접근하는 버거와 루크만(Berger & Luckmann)은 "일상생활의 세계를 사회의 평범한 구성원들이 생활의 주관적 의미가 있는 행위 속에서 그들에 의하여 현실로 당연히 받아들여질 뿐 아니라, 그들의 사고와 행동에 기원을 두고 이런 것들에 의해 현실적으로 유지되는 세계"로 바라본다.[11) 따라서 일상생활의 현실은 상호 주관적인 세계이며 타인들과 공유한 세계다.[12) 마르크스주의적 전통에서는 헬러가 지적한 것처럼 "일상생활이란 개별 인간의 재생산을 종합한 것을 나타내는 모든 행위이며, 또한 이것은 사회적 재생산의 가능성을 생산"한다.[13) 또한 후기 자본주의 사회에 대한 비판의 실천적 전략으로서 일상생활연구가 진행되었다. 상징적 상호작용론의 전통에서는 "사회 세계가 구체적인 상호작용에서 공유된 상징들을 사용하는 인간들에 의해 공유된 상징적 영역으로 구성된다"고 믿는다.[14) 특히 상징적 상호작용론의 한 갈래로서 고프먼에 의해 발전된 연극론은 "사회적 행동은 공유된 상징적 의미, 특히 자신에 대한 특정한 긍정적 이미지를 만들어내기 위한 목적으로 만들어지는 것"이라고 믿는다.[15)

---

10) 강수택, 『일상생활의 패러다임: 현대 사회학의 이해』, 35쪽.
11) 버거와 루크만, 「일상생활의 현실」, 박재환 엮음, 『일상생활의 사회학』(서울: 도서출판 한울, 1994), 270쪽.
12) 같은 글, 273쪽.
13) 로라 보본느, 「의미의 추구인가 의미의 부정인가」, 박재환 엮음, 『일상생활의 사회학』(서울: 도서출판 한울, 1994), 141쪽.
14) Jack D. Douglas, "Introduction to the Sociologies of Everyday Life," p. 16.

이들 지적 전통은 오늘날 일상생활에 대한 풍부한 이론 및 분석의 자원을 제공해주고 있다. 사실 일상생활에 대한 연구는 학문 영역들 사이의 경계를 허물고 철학, 심리학, 사회학, 역사학, 정치학, 경제학, 민속학, 문학 등의 학제적인 연구의 필요성을 요구한다.16) 따라서 일상생활연구는 근대적 학문 체계의 경계를 허물고 종합적인 시각과 관점을 갖출 것을 요구한다. 이런 점에서 보자면, 일상생활연구에는 '인간(생활)의 소우주'로서의 관점과 적극적인 태도가 요구된다고 볼 수 있다. 크라카우어(Siegfried Kracauer)가 말한 역사의 진행과정에서 한 시대가 차지하는 위치는 그 시대 자체에 대한 판단을 통해서가 아니라 일견 하찮고 피상적인 듯 보이는 것들을 분석함으로써 결정된다17)는 것을 생각하면, 일상생활에 대한 연구와 일상의 관점은 작은 것을 통해 큰 것을 보는 것으로만 한정되지 않는 새로운 지평의 그 무엇이라고 말할 수 있다.

그렇다면 이들 지적 전통에서 나타난 '일상'이란 무엇일까? 아쉽게도 일상생활연구의 중요성에도 아직까지 일상에 대한 개념화와 의미화는 모호한 채로 남아 있다. 엘리아스의 '일상'과 '비일상'의 대립 개념을 통한 구분 역시 지배자와 피지배자, 사적 생활과 공적 생활 등의 이분법적 인식에 기초한 것이라는 비판에서 자유로울 수 없으며, '일상'과 '비일상' 자체를 구분하기 모호하다는 점에서 적절하지 못한 것으로 보인다. 헬러에 따르면, "우리가 관여하는 모든 활동유형을 항상 '일상' 또는 '비일상'으로 명명할 수는 없으며, '일상'과 '비일상'은 활동의 이념형들"일 뿐이다.18) 또한 구조에 반하는 '일상'

15) *Ibid.*, p. 17.
16) 강수택, 『일상생활의 패러다임: 현대 사회학의 이해』, 27쪽.
17) 해리 하르투니언, 『역사의 요동: 근대성, 문화 그리고 일상생활』, 윤영실·서정은 옮김(서울: 휴머니스트, 2006), 158쪽.
18) 아그네스 헬러, 「일상생활의 이질성」, 박재환 엮음, 『일상생활의 사회학』(서울: 도서출판 한울, 1994), 378쪽.

역시 개념화의 난제로 보인다. 그것은 우리가 영위하는 일상은 보이지 않고 의식되지 않지만, 항상 우리의 사고와 행위를 감싸는 '구조'적 울타리를 만들어내고 있기 때문이다. 일상으로부터의 탈출을 위한 여행이나 일탈 행위 등이 어느 순간 우리 생활의 '일상'으로 자리하고 마는 것은 일상과 구조의 개념 대립 역시 마땅치 않음을 보여준다. 결국 일상은 개념이면서 동시에 모호한 매력의 보물단지로 남아 있을 수밖에 없다. 역사학에서 일상의 역사는 "하층 대중의 의식주, 노동과 여가활동, 질병과 죽음, 가족생활과 이웃관계, 신앙과 공동체적 관습 등 일상적 삶의 온갖 다양한 측면에 관심을 갖고 이를 역사연구와 서술의 대상으로 삼고 있는 것"으로 인식된다.[19]

사실, 일상의 개념을 정립하기는 대단히 어려운 것으로 보인다. 앞서 살펴보았듯 사회학의 전통에서도 일상생활세계(생활세계)는 지적 전통에 따라 다양한 관점에서 해석되고 정의 내려지고 있다. 그런데도 일상의 개념을 가장 단순화시켜 말해본다면 그것은 반복성과 지속성을 특징으로 하는 '매일매일의 삶'이라고 할 수 있을 것이다. 즉, 매일 되풀이되는 삶의 세계가 일상이며, 이는 곧 "질서가 지워진 현실, 사는 일에 의미를 부여해주는 현실" 속에서 살아가는 것[20]이 곧 일상을 사는 것이 된다. 이 속에서 사람들은 상호작용을 하고, 행위의 유형을 만들어가고, 공유하고, 자신을 재생산하는 것을 되풀이하고 있는 것이다.

그렇다면 일상생활연구는 어디에 집중하고 있을까? 흔히 일상연구는 시대가 규정하는 구조의 틀 속에서 사람들이 체제의 요구에 어떻게 적응하고 저항하며, 무엇을 수용하고 거부하는가를 드러내는 작업이라고 할 수 있다.[21] 따라서 일상사는 작은 것에 주목하며, 우리 주위에 널려 있는 하찮은

---

19) 안병직, 「'일상의 역사'란 무엇인가」, 안병직 외, 『오늘의 역사학』(서울: 한겨레출판, 2002), 27쪽.
20) 김광기, 「익명성, 추상성 그리고 근대성」, 《철학과 현상학연구》, 21권(2003), 250쪽.

것에서 보물을 발견한다. 사회학의 거시 - 미시 연계이론에서 구조적 강압에 반응하는 미시적 행위에 의해 '의도치 않은 결과'가 나타난다는 것을 고려하면,[22] 일상사는 거시보다는 미시에, 구조보다는 행위에 주목한다. 사실 인간은 이미 형성된 사회에 태어나며, 모든 사람들은 여러 사람들의 관련된 연합 체계 내에서 개인일 뿐이다.[23] 따라서 일상생활 역시 구조의 작용에서 자유롭지는 못하다. 그런데도 일상은 이러한 구조와 개인이 모두 뭉뚱그려 존재하는 곳으로서 사회 전체에 대한 평가와 개념화를 함축하고 있으며, 결국은 우리가 사는 사회의 성격을 규정짓는다.[24] 결국 일상연구는 작은 것에만 매달리는 것이 아니다. 그것은 관계로서의 사회 전체를 드러내는 작업이며, 따라서 일상연구는 대상으로서가 아니라 관점으로서의 일상연구라는 새로운 지평을 제공한다. 뤼트케(Alf Lüedtke)의 표현처럼, 우리 사회는 거창한 것과 사소한 것이 동시에 존재하고 있기 때문이다. 이렇게 본다면 일상생활연구는 단지 '작은 것'에만 머물지 않는다. 그렇지만 일상생활연구는 상대적으로 작은 것들에 집중한다. 지금까지 사회학이 거대한 구조와 제도에 집중하면서 공식적인 기록과 역사에 의존했다면, 일상생활연구는 매일매일의 신문 가십란, 일기, 공식 기록의 '결을 거스르는 독해' 등을 통해 살아 있는 사람들의 실제 경험에 기초한다. 엘리트의 시각이 아닌 하층민의 시각을 통해 주체로서의 서발턴(Subaltern)의 고유한 의식과 저항적 실천을 재구성하려고 했던 것처럼,[25] 일상생활연구에서의 주된 연구자료는

---

21) 이상록·이유재 엮음, 『일상사로 보는 한국근현대사』(서울: 책과 함께, 2006), 20쪽.

22) 김용학, 『사회구조와 행위: 거시적 현상의 미시적 기초를 찾아서』, 9쪽.

23) 앤서니 기든스, 『사회이론의 주요 쟁점』, 윤병철·박병래 옮김(서울: 문예출판사, 1996), 76쪽.

24) 알프 뤼트케, 「일상사: 중간보고」, 이상록·이유재 엮음, 『일상사로 보는 한국근현대사』(서울: 책과 함께, 2006), 63쪽.

25) 김택현, 『서발턴과 역사학 비판』(서울: 박종철출판사, 2003), 27쪽.

'위로부터의 기록'이 아닌 '아래로부터의 기록' 또는 경험이라고 할 수 있다. 자료로서의 가치를 인식하지 못했던 하찮은 기록이나 동시대를 살았던 사람들의 증언과 구술, 공식 기록의 이면을 들여다보는 것은 '쓰인 글'의 구조를 해체하고, 그 시대와 경험에 대해 있는 그대로를 다시 재구성하는 작업이라고 할 수 있다. 물론 구조의 강박 속에서 또는 '글쓰기'의 문법에서 자유롭지 못한 기록이지만, '결을 거스르는' 독해와 공식 기록의 이면에 남겨진 경험의 흔적 등을 추적하는 것은 일상생활을 드러내기 위한 중요한 기초 작업이다. 그리고 이렇게 함으로써 지금껏 거창한 것에 가려지고 잊힌 소중한 보물을 찾을 수 있으며, 다른 한편으로는 거창한 것을 더 풍부하게 이해할 수 있다.

한편 일상생활연구에는 크게 두 가지 경향이 있다. 하나는 근대성에 대한 비판으로서 현대 자본주의의 일상생활에 대한 지배전략과 일상생활의 소외를 밝히고, 이에 대한 비판적 실천 전략을 만들어내는 것이다. 또 다른 하나는 비판적 입장에서 거리를 두고 있는 그대로의 일상을 드러내는 것이다. 전자의 대표적인 학자로 르페브르를 든다면, 후자는 마페졸리(Michel Maffesoli)를 들 수 있다. 르페브르에게 일상성은 곧 현대성과 동전의 양면이며, 따라서 그의 일상생활 비판은 자본주의 현대성에 대한 비판과 일상생활에서의 소외에 집중되었다. 그의 이러한 지적 전통은 마르크스주의의 비판적 고찰과 관련된다. 반면, 마페졸리는 르페브르의 일상생활의 비판과는 정반대로 아무런 이데올로기적·비판적 입장을 취하지 않고, 일상생활을 있는 그대로 드러내는 데 집중한다. 따라서 그에게 일상생활 사회학이 관심을 두는 생활세계는 이론적 표상 그 이전의 것이며, 그 자체 이외의 어떤 것에도 주목하지 않고, 집합적인 경험에 바탕을 두는 것이 된다.[26] 즉, 르페브르가 일상생활연구를 통해 비판적 입장을 취하는 반면, 마페졸리는 아무

---

26) 미셸 마페졸리, 「일상생활의 사회학」, 박재환 엮음, 『일상생활의 사회학』(서울: 도서출판 한울, 1994), 59쪽.

런 전제도 없는 일상생활 그 자체의 드러냄과 지속성에 관심이 있다. 양자의 입장에 차이가 있지만, 일상적 삶을 중시한다는 점에서는 공통적이다. 그러나 개인의 일상이 그 구체적 개인이 몸담은 사회 전체의 압축된 상징이라고 할 때, 사회 전체적 조망 없이는 실태의 참된 모습을 포착하기 어렵다는 점에서 르페브르의 관점은 타당성이 있다. 그러나 다른 한편, 어떠한 이론도 현실을 넘어설 수 없다는 점에서 '현실'을 '이론'으로 환원시켜서는 안 된다는 마페졸리의 주장 역시 타당하다.[27] 그러나 중요한 것은 현실과 이론의 환원성 여부가 아니라 '거리'를 줄이기 위한 '실천'이다. 따라서 양자의 입장을 취사선택하는 양자택일이 아니라 변증법적으로 통합하는 것이 요구된다.

일상을 이해하기 위해서는 선행조건 몇 가지가 있다고 한다. 하나는 일상 속에서 살며 일상을 체험할 것, 다른 하나는 그것을 수락하지 말고 비판적 거리를 유지할 것 등이다.[28] 뤼트케 역시 이중의 노력이 요구된다고 하면서, 역사적 과정은 서술될 뿐 아니라 설명되어야 하는 것과 동시에 객관화의 시선이라는 유혹에 넘어가지 않아야 한다고 주장한다.[29] 따라서 일상생활에 대한 연구는 일상의 체험과 작은 것에 대한 관심의 집중, 나아가 참여관찰과 동시에 비판적 시선을 항상 간직해야 하는 것이 된다. 더욱이 르페브르가 말했듯 현대 자본주의 사회에서는 압력이 모든 방향에서 사회의 구성원들에게 가해지고, 일상성의 조직을 자신의 목적이나 토대로 삼고, 공포의 지배를 초래한다. 또한 일상이 규칙이 되었지만 가치로 정립되거나 체계화되지 못하며, 있는 그대로의 모습으로 나타날 수조차 없게 되었다.[30] 이 속에서

---

27) 박재환, 「일상생활의 사회학적 조명」, 39~40쪽.

28) 앙리 르페브르, 『현대세계의 일상성』, 박정자 옮김(서울: 주류·일념, 1990), 119쪽.

29) 알프 뤼트케, 「일상사란 무엇이며, 누가 이끌어가는가?」, 나종석 외 옮김, 『일상사란 무엇인가』(서울: 청년사, 2002), 25쪽.

30) 앙리 르페브르, 『현대세계의 일상성』, 207쪽. 르페브르는 이러한 사회를 '테러리

일상에 대한 드러냄과 비판적 시선의 추구는 자본주의 근대성에 대한 비판으로 이어지고 있다. 하버마스에게서 나타나는 체계의 끊임없는 생활세계로의 침투—생활세계의 식민화—가 진행되는 곳이 바로 일상생활이며, 저항의 잠재력을 발견할 수 있는 곳도 일상생활이다. 따라서 르페브르는 일상생활을 통해 궁극적으로 인간의 소외를 드러내려 했고, 세르토(Michel de Certeau)는 일상을 통한 저항의 가능성을 발견하려 했다. 르페브르의 일상생활 비판은 곧 자본주의 지배전략에 대한 비판이었다. 그에게 일상성의 비판적 분석은 전체를 문제 삼으면서 그 '전체'를 드러내 보여주는 것이었다.[31] 르페브르에게 자본주의의 일상성은 이른바 조직사회, 또는 소비조작사회의 산물이었다. 현대 자본주의 사회에서 일상은 끊임없이 체계에 의해 합리성과 과학의 이름으로 속박당하고, 소비의 이름으로 작품으로서의 가치를 상실하면서 하나의 상품으로 전락해간다. 하르투니언(Harry Harootunian)도 오늘날의 일상성은 자본주의적 근대 이전에 경험된 일상생활과는 다르다고 보았다. 특히 '후기 자본주의'는 일상생활의 고삐 풀린 상품화가 이데올로기적 입장들의 전통적 고정성마저 뒤흔드는 시기인지도 모른다.[32] 일상을 통해 '전체' 사회를 들여다보는 것은 결국 현실자본주의 사회(사회주의도 포함될 수 있겠다)의 지배의 전략과 구조의 강박, 그리고 저항의 전략을 발견하는 지점이 될 수 있다.

이러한 측면에서 르페브르는 사회 안의 사람들이 더 이상 자신의 일상성을 지속시키지 못하는 바로 그때 혁명이 시작된다고 주장한다. 즉, 혁명이란 경제적·정치적·이데올로기적 측면만이 아니라 더 구체적으로는 일상의 종식으로 정의된다. 혁명은 일상을 해체하고 변형시키기 위해 우선 일상을 거부하

---

31) 앙리 르페브르, 『현대세계의 일상성』, 117쪽.
32) 해리 하르투니언, 『역사의 요동: 근대성, 문화 그리고 일상생활』, 128쪽.

142 제1부 일상생활연구의 이론과 실제

고 일상을 재구성한다. 혁명은 일상의 위엄과 그 허구적 합리성을 부인하고 사회 기초로서의 일상과 축제의 대립을 종식시킨다. 즉, 노동과 여가의 대립을 종식시키는 것이다.[33] 이 말을 뒤집어보면, 사람들의 일상이 유지되고 지속될 때 혁명은 가능하지 않게 된다. 중요한 것은 사람들의 일상의 변혁이다. 이런 점에서, 즉 역사상 처음으로 노동자들이 사회 현실을 책임지게 되었다는 측면에서 러시아 혁명이 일상이라는 개념을 첨예한 정치 문제로 제기하게 된 것이라고 로버트(John Robert)는 주장한다.[34]

오늘날 일상생활연구가 더 주목받는 이유 중 하나는 자본의 영역으로 포섭된 노동의 위상이 왜소해지면서 소비가 더욱 중요한 일상생활의 실천으로 부각되기 때문이다.[35] 노동과 여가의 분리를 넘어서서 노동력 재생산은 곧 누가 더 많은, 또는 적절한 소비를 향유하는가가 되었고, 나아가 물질적 소비뿐 아니라 정신문화적 소비가 중요해졌다. 그리고 이러한 정신문화적 소비는 곧 문화에 대한 소비를 둘러싼 자본의 각축과 문화산업 및 문화의 상품화를 전 영역으로 확산시키고 있다. 오늘날 일상생활의 사회학적 연구가 마치 문화에 대한 조망처럼 여겨지는 이유도 여기에 있는 것으로 보인다.[36] 문화는 기존 마르크스주의 문화 이론과는 달리 단순히 지배집단의 지배도구가 아니다. 지배집단의 이해관계를 보편화시키려는 시도와 민중의 저항 사이에서 투쟁이 발생하는 문화적 교류와 협상으로 구성된 영역이다.[37] 특히 지구화된 사회에서 일상의 성격이 압도적으로 '소비'로 구성되는 현실에서[38] 문화적

---

33) 앙리 르페브르, 『현대세계의 일상성』, 72쪽.

34) 해리 하르투니언, 『역사의 요동: 근대성, 문화 그리고 일상생활』, 169쪽.

35) 김왕배, 「일상생활세계론」, ≪경제와 사회≫, 1999년 가을호(43호), 192쪽.

36) 김상우는 "일상적인 삶에 대한 사회학적인 조망은 곧 문화에 대한 조망을 말하는 것"이라고 주장한다. 김상우, 「일상생활의 사회학의 현황과 전망」, 93쪽.

37) 장세룡, 「미셸 드 세르토의 일상과 민중문화」, ≪서양사론≫, 제82호(2004), 231쪽.

38) 고영삼, 「글로벌리제이션 시대와 일상생활문화의 위기」, 한국사회학회, 『1996년

현상에 대한 연구는 일상생활연구에서 중심적인 위치를 차지하게 되었다. 사실 오늘날 문화 및 그를 둘러싼 소비는, 노동과 여가의 분리 및 노동력 재생산이 주로 소비를 통해 이뤄지는 현실에서 지배의 전략과 저항의 전술이 충돌하는 전장이라 할 수 있다.[39] 특히 자본주의적 상품문화가 압도하고 있는 구조적 현실에서 일상생활을 통한 저항은 다양한 전술과 문화적 저항을 동시에 산출한다. 문화를 통한 노동계급 형성에 대해 새로운 시각을 던져준 톰슨(Edward P. Thompson)이나 교육현장에서의 계급 재생산을 분석한 윌리스(Paul Willis)의 연구는 일상문화의 중요성을 명확하게 각인시켜준다.

일상생활의 사회학은 일상 그 자체의 드러냄과 동시에 그를 통해 '전체' 사회의 구조와 문제점, 비판적 인식에 토대를 두고 있다. 그리고 이는 단지 자본주의적 일상에 대한 것을 넘어서서 사회주의적 일상으로까지 확대되고 있다. 자본주의든 사회주의든 모두 다 일상의 생활을 영위하고 있기 때문이다.

3. '일상'을 통해 본 사회주의

현대 사회의 일상성은 주로 '후기 자본주의'를 대상으로 한 연구가 주를 이룬다. 그러나 일상이 계급적 차이를 구분하지 않는 인간의 총체적 성격이 라면, 사회주의에서의 일상 또한 별다른 차이를 가지지 않을 것이다. 그동안 사회주의에서의 일상생활에 대한 연구는 상대적으로 적은 비중을 차지하고 있었다. 자료 구축의 문제도 있었겠지만, 주로 일상생활의 비판 이론이 '후기 자본주의' 사회의 비판에 집중되었던 사정과도 관련이 있다. 사회주의 는 앞서도 지적했듯이, 노동계급이 일상의 변혁의 주체로 나섰다는 점에서

전기사회학대회 발표 논문집』, 44쪽.
39) 장세룡, 「미셸 드 세르토의 일상과 민중문화」, 232쪽.

인류 최초의 획기적인 기획이라고 할 수 있다. 그러나 이러한 기획이 성공했는가는 별개의 문제다.

지금까지 사회주의 사회의 일상을 논한 연구들은 그렇게 많지 않다. 그러나 소련 및 동유럽의 붕괴 이후 증언과 일기, 인터뷰 등을 통해 사회주의 시절의 일상생활에 대한 연구들이 진행되고 있다.[40] 스탈린 시기의 일상생활, 특히 농업협동화 및 사회주의적 개조에 대한 저항이나, 구술을 통해 한 개인의 인생 역정 변화 등을 분석하는 연구들이 나오고 있다. 이들 연구의 공통점은 소련 및 동구 사회주의가 주장했던 일관된 '발전'의 역사에도, 그 '발전'이 실제 개인들에게는 여러 굴곡을 거친 발전이었다는 점, 아니 사실은 일관적이지 못한 현상도 여러 곳에서 발견된다는 점이다. 이들 연구는 스탈린 체제에 대한 순응과 저항을 보여주며, 더 나아가서는 앞선 시기와의 단절성과 연속성을 동시에 보여준다. 즉, 소비에트 체제의 출범이 그 체제 안에서의 일상적 삶의 대부분을 과거와 완전히 단절시키지는 않았으며, 체제를 직접적으로 위협하지 않는 한 보통의 일상적 삶은 이전과 마찬가지로 지속되었다.[41]

---

40) 홍민은 사회주의 사회의 일상연구의 경향을 분석하면서 사회학, 정치학, 경제학의 경우 크게 체제전환 이전의 사회가 작동하던 방식을 위로부터의 지배와 아래로부터의 일상적 저항의 차원에서 분석하는 연구, 그리고 1990년대 체제전환 이후 소련 및 동구권 사회에서 발생한 문제들을 주민 경제생활 및 경제심성 변화 차원에서 분석하는 일상생활세계 연구가 진행되어왔다고 밝힌다. 이들 연구들 대부분은 인류학, 역사학, 사회학, 정치학, 경제학 등 다양한 전공 분야에서 존재하는 분석개념과 이론 등을 동원해 전방위적으로 일상생활세계를 학문적으로 개념화하고 있다는 점에서 공통적이라고 지적한다. 홍민, 「북한 일상생활연구의 방향과 방법론」, 『북한 일상생활연구의 접근방법 모색』(제1회 북한 일상생활연구 학술회의, 동국대학교 2008. 7. 4 자료집).

41) 박원용, 「스탈린체제 일상사연구의 현황과 전망」, 『북한 일상생활연구의 접근방법 모색』(제1회 북한 일상생활연구 학술회의, 동국대학교 2008. 7. 4 자료집).

사실 자본주의 사회가, 시장경제가 끊임없이 조장하고 창출하는 여가 욕망 및 개인의 사적 생활에 대한 침몰로 상징화할 수 있다면, 동구의 사회주의 국가는 노동과 생산 속에 일상이 잠식되었다고 할 수 있다.[42] 자본주의 사회에서 일상의 상품화 또는 르페브르의 표현처럼 예술 장식품의 상품으로의 전화가 발생했다면, 사회주의 국가에서는 이데올로기의 과잉 속에서 일상의 문화적 헤게모니를 장악하는 데 성공하지 못한 것으로 평가된다.[43] 비록 사회주의 국가가 고유의 일상문화를 만들어냈지만,[44] 구조와 일상의 틈새에서 벌어지는 자율성마저 통제할 수는 없었던 것이다. 따라서 사회주의 사회에서의 일상은 당 - 국가 체제의 공식적 구조와 이데올로기적 지향의 틈새를 타고 개인들에게 남겨져 있었다.[45] 더구나 노동으로부터의 해방을 내걸었던 사회주의 국가에서도 다른 형태의 착취가 이뤄졌고,[46] 일상에 대한 구조적 강박이 지속되는 조건에서 사회주의의 일상 역시 순응, 저항, 숨기기, 이중적 태도 등 다양한 방식의 전술이 동원되었다고 할 것이다. 사회주의의 공식 이념과 가치에서 주장되는 동질성에서 한발 물러선다면,

---

42) 박재환, 「일상생활의 사회학적 조명」, 33쪽.

43) 강수택, 『일상생활의 패러다임: 현대 사회학의 이해』, 274쪽.

44) 토머스 린덴버거, 「동독의 사회와 문화」, 《역사문제연구》, 13호(2004), 205쪽.

45) 토머스 린덴버거는 동독의 사회와 문화를 논하면서, "당 서기관이 경제적으로 성공한 '노동 작업반'의 다수 의지를 더 이상은 마음대로 무시할 수 없었던 곳, 동독 시민들이 자신들이 동독 TV를 볼 것인지 아니면 서독 TV를 볼 것인지 지시받지 않는 곳, 배급문제의 해결이 노동규율보다 더 중요했던 곳, 그리고 물론 사통당이 모든 형태에서 이데올로기적으로 배제되었던 영역들인 교회"의 영역은 '독재의 한계'로 남아 있었다고 한다. 토머스 린덴버거, 「동독의 사회와 문화」, 227~228쪽.

46) 사회주의에서의 착취에 대한 이론적 접근은 주로 분석 마르크시스트들에 의해 이뤄졌다. 존 로머, 엘스터 등이 대표적이다. 착취에 대한 일반이론에 대해서는 John E. Roemer, *A General Theory of Exploitation and Class*(Boston: Harvard University Press, 1982)를 참조할 것.

사회주의에도 개인들의 감정, 가치, 내면세계의 다양성 역시 존재할 것이다. 이러한 점에서 사회주의의 일상연구는 기본적으로 두 가지 점에서 주목할 만하다. 먼저 사회주의 사회의 일상연구는 서구가 그려온 '전체주의'적인 정태적 서술과는 다르게 사회주의 사회에 대한 이해를 풍부하게 한다. 정적이고, 구조의 강박에 아무런 숨 쉴 공간도 없이 그려진 사회주의가 실상 구조에 가려진 다양성으로 채워져 있다는 것은 일상연구를 통해 더 잘 그려질 수 있다. 그러나 이와 반대로 사회주의가 스스로 주장해온 충성, 당의 완벽한 포섭 등이 실상에서는 그 경계에서 다른 모습으로 진행되었음을 보여준다. 영웅으로 가득한 사회의 혁명적 분위기, 사회 주인으로서의 노동자, 협동화에 자발적으로 나선 농민 등 이들의 내면 의식까지 파헤치면 이들도 일상적 삶을 영위하고, 그 속에서 순응과 저항의 이중성을 동시에 간직하고 있었음이 드러난다. 이는 위로부터 제시된 역사 발전을 아래로부터의 시각을 통해 풍부하고 대안적으로 설명할 수 있게 한다.

사회주의 사회는 한편으로 이데올로기 사회다. 당의 공식적인 이데올로기가 전 사회를 지배한다. 또한 사회주의 사회는 조직 사회이기도 하다. 당 및 국가, 당의 외곽조직을 통해 빈틈없이 사회를 조직한다. 일반적으로 사회주의에서 모든 사람은 하나 이상의 조직에 가입하고, 당의 공식 이데올로기를 받아들인다. 이를 통해 사회 구성원으로서 자격을 획득하고, 당원으로의 길에 한발 더 다가가게 된다. 그러나 한발 더 일상에 몸을 들이밀게 되면, 이와는 다른 낯선 모습이 다가올 것이다. 물론 이러한 일상을 통해 들여다본 틈새가 사회주의 사회의 모든 공식적 기록을 부정할 수는 없다. 그러나 단일한 또는 구조화된 설명이 아닌 다른 유형의 설명이 필요하다는 점만은 분명할 것이다. 사회주의 사회에서도 사람들은 입고, 자고, 먹고, 쓰는 일을 게을리 하지 않았고, 혁명이 가져다준 일상의 붕괴는 다시금 서서히 복원되었다. 새로운 문화와 이데올로기, 소비가 등장했지만, 과거의 일상적 삶이 완전히 다 소멸된 것은 아니었다. 이 속에서 새로운 것과 과거의 것이 격렬한 투쟁을 거치기도 했고,[47] 과거의 경험, 즉 경험의 기억에 따라 새로운 것에 대한 개인들의 주관적 수용의 차이도 발생했다. 따라서 우리에게 이미 익숙한 사회주의 구조는 일상을 통한 구조의 '다시 그리기', 이데올로기 수용의 내면에 드리워진 '다른 생각 읽기' 등을 거치며 생경하지만 구체적인 모습으로 다가서게 될 것이다. 공식적인 조직망 속에서 나타나는 사적 연결망과 비공식 가치관의 내면화, 공식문화와 사적(?) 문화의 거미줄이 이리저리 얽힌 모습을 볼 수 있을 것이다. 우리는 사회주의의 이데올로기에 숨겨진 '가면을 벗겨'내고 조직의 '틈새를 벌리'는 것을 통해 사회주의 '현실'을 더욱 풍부하게 이해할 수 있을 것이다. 나아가 사회주의에 대한 교의적 비판이나 추종을 넘어서서 일상을 통해 '사회주의의 비판'과 '대안'을 생각해볼 수 있을 것이다. 사실 지금까지 스탈린주의에 의해 왜곡된 사회주의(?)에 대한 거대한 비판이 서유럽의 신좌파를 만들어냈고, 탈냉전 이후에는 '사회주의에 대한 좌절과 절망'으로 나타났다. 부단한 이론화의 과정을 거친 '첨단의 이론'이 구체적인 현실 앞에서 아무런 힘도 발휘하지 못했던 것을 목도했다. 이런 점에서 보자면, 이론에 앞서 현실을 자각하지 못한 그간의 사회주의 연구에 대한 성찰이 일상생활의 연구를 통해 확보될 수 있을지도 모르겠다. 그리고 이를 통해 사회주의에 대한 새로운 처방과 대안이 모색될 수 있을 것이다. 이미 르페브르는 사회주의에서의 끊임없는 '문화혁명' 기획을 통해 일상의 소외를 극복할 것을 주장했다.[48] 사실, 르페브르가 아니더라도 망명한 동독의 엘리트 바로 (Rudolf Bahro) 역시 현실사회주의, 즉 관료화된 사회주의의 극복을 위한 처방

---

47) 이러한 현상은 사회주의 혁명뿐 아니라, 급격한 사회변화의 와중에서도 발생한다.
48) 르페브르는 일상생활의 소외 극복을 위한 처방으로서 문화혁명을 주장한다. 그가 말한 문화혁명은 중국의 '문화대혁명' 같은 것이 아니라 문화의 창조를 그 의미로, 목표로 삼는 생활양식으로서의 문화를 의미한다. 나아가 그는 사회적으로 자신의 역할과 사회적 운명을 자기 손아귀에 쥐고 그것을 책임지는 행위, 즉 자주관리를 대안으로 내놓는다. 앙리 르페브르, 『현대세계의 일상성』, 273쪽.

으로서 끊임없는 문화혁명을 주장하기도 했다.[49] 거대한 메타이론과는 다른 시각에서 사회주의의 미래와 기획을 검토하고, 그에 대한 새로운 대안을 기대해봄 직하다.

사회주의체제의 일상생활연구는 공식적인 기록의 검토와 동시에 사적인 일기와 증언 등 여러 자료에 대한 검토를 통해 이뤄진다. 그러나 공식적인 기록을 통한 일상의 복원은 그 기록에 따르는 검열 및 자기검열의 문제의 덫을 빠져나와야 하며, 사적 일기도 공개되었을 경우 처할 수 있는 미래의 결과를 예상한 '글쓰기' 등을 고려해야 한다. 피츠패트릭(Sheila Fitzpatrick)의 연구는 스탈린 시기 한 여성의 공식적인 이야기와 그에 대한 이웃의 증언, 비밀경찰의 반-이야기가 엉키면서 그 여성의 정체성이 여러 갈래로 이리저리 흔들리는 모습을 보여준다.[50] 즉, 공식적인 그녀의 '이야기(Narrative)'와 비밀경찰의 '반-이야기(Counter-Narrative)', 그리고 다시 한 번 그것이 뒤집히는 과정을 통해 그녀의 정체성이 오락가락하게 된 것이다. 최근 북한 사회를 이해하기 위한 탈북자들의 증언 역시 이러한 점에서 풍부한 사례와 경험을 제공하지만, 엄격한 학문적 검증 과정을 거쳐야 한다는 점에서 동일하다고 할 수 있다.

사회주의 일상연구는 현재까지 주로 스탈린 시기의 '이야기' ― 농업협동

---

49) 일상의 구조화된 소외 극복이 문화혁명을 통해 가능할 것인가에 대해서는 여러모로 의구심이 든다. 오히려 일상의 구조를 짓누르고 있는 구조적 변혁의 문제를 진지하게 고려해야 하지 않을까? 일상의 문제가 자칫 정치경제의 힘을 과소평가하는 데로 흘러가는 것에 대해서는 경계해야 할 것으로 보인다. 장세룡은 세르토를 분석하면서, 문화주의로의 매몰은 자칫 정치경제학적 힘에 대한 전망을 상실하고, 나아가 헤게모니 지배전략에 이용당할 우려가 있다고 진단한다. 장세룡, 「미셸 드 세르토의 일상과 민중문화」, 236쪽.

50) Sheila Fitzpatrick, "The Two Faces of Anastasia," Christina Kiaer & Eric Norman(ed.), *Everyday Life in Early Soviet Russia*(Bloomington and Indianapolis: Indiana Univ. Press, 2006), pp. 23~34.

화 과정에서의 농민들 이야기 등—가 주류를 이룬다. 소련 및 동구권 사회주의 붕괴 이후, 증언이나 사적인 '이야기', 공식 기록문서의 공개 등을 통해 점차 다양한 이야기들이 소개되고, 그에 바탕을 두고 사회주의 일상이 재구성되는 것으로 보인다. 나아가 실상의 사회주의를 이해함으로써 사회주의 자체의 재구성과 이데올로기의 재평가가 가능할 것이다. 그리고 이러한 작업은 비단 소련 및 동구권 사회주의만이 아니라, 현재 우리 앞에 나서고 있는 북한에 대해서도 그대로 적용될 수 있다.

4. 일상생활연구를 통해 본 북한

일상을 통해 북한을 들여다보는 것은 어떨까? 과거의 '머리에 뿔 달린 도깨비' 또는 '붉은 늑대'의 형상을 한 북한의 지배자(또는 엘리트)와 '굶주림에 지친 불쌍한 인민'의 모습을 지워내기까지, 우리 사회는 약 40~50년의 시간 동안 싸워야 했다. 하지만 지금도 여전히 그들의 실생활을 제대로 이해하기 어려운 것이 사실이다. 일상을 통해 북한을 들여다보는 것은 이데올로기와 교의를 잠시 접고, 북한의 현실을 이해함으로써 북한을 둘러싼 유토피아의 신비화를 벗겨내는 것이다. 또 다른 한편으로는 두껍게 칠해진 '악마의 이미지'를 벗겨내는 데 중요한 의미가 있다. 그 어느 쪽이든 현재 우리 사회에서 나타나고 있는 편향된 북한 인식의 한 단면이다.

북한에 대한 보편적 인식의 한편은 '전체주의적 사회'다. 또한 상식과 이성적 판단은 '북한'이라는 두 글자 앞에서 상당한 어려움을 겪는 것이 사실이다. 오리엔탈리즘과 같이 체계적으로 왜곡된 인식 때문에 '북한'이라는 두 글자에 붙은 이데올로기를 극복하지 못하는 한 북한에 대한 제대로 된 인식은 앞으로도 상당 기간 어려울 것이다. 북한에 대한 올바른 이해는 거시적 시각이든 미시적 시각이든 여러 가지 어려움을 극복할 때만이 가능하다. 이런 상황에서 그저 '사람이 살고 있는 북한'에서 출발하는 것이 어쩌면 그들의 세계를 가장 객관적으로 이해하는 길이 될지도 모르겠다.

북한은 해방 이후, 일련의 민주개혁과 사회주의적 개조를 통해 과거의 일상적 삶의 변혁을 시도했다. 그리고 초기 이러한 일상의 변혁은 어느 정도 성공을 거둔 것으로 보인다. 즉, 과거와의 단절이 이뤄졌고, 새로운 사회 건설의 과정에서 사람들의 일상은 여러 가지로 변화했다. 사상의식과 문화의 개조, 산업화의 진전 속에서 반봉건적 잔재가 청산되고, 식민지적 유산도 청산되었다. 북한에서 사회주의적 개조의 첫 출발은 문맹퇴치, 일제 식민지적 잔재의 청산, 과거의 낡은 유습의 혁파 등이었다. 물론 사회주의적 개조의 핵심은 사회경제적 구조의 청산과 재조직이었다. 그러나 전(前)사회 주의적·반봉건적 가치와 문화적 유산의 청산 역시 구조의 개혁만큼이나 어렵고 힘들었으며, 그만큼 중요했다. 그리고 그 자리를 대치해 사회주의적 가치와 새로운 민족문화로서 사회주의 문화가 들어섰다. 시간이 흐르면서 점차 독자적인 문화가 건설되었고, 이에 따라 초기 소련식 사회주의 문화의 도입은 1950년대 중·후반을 거치면서 민족적인 것과의 충돌을 불러일으켰 다. 그리고 사대주의와 수정주의의 이름으로 소련식과 중국식을 대신해 '주체'가 등장했다.[51] '주체'의 등장은 사회주의의 보편성에 북한의 특수성 이 결합되었음을 의미했다. 그리고 이러한 특수성에는 '민족성', 즉 '조선식' 의 상대적 강조와 사회주의와의 결합이 놓여 있었다. 사실 '조선식'에 사회주 의를 입힌 것이 오늘날 북한의 문화적 알갱이로 발전했다.

일상을 통해 북한을 이해하기 위해서는 북한의 역사적 과정과 구조적 변형 그리고 이데올로기적 정향에 대한 이해가 요구된다. 특히 사회주의 일반이 그러하듯이, 이데올로기적 정향은 모든 주민의 가치와 내면의 의식

---

51) 1950년대의 '반종파투쟁'과 1950~1960년대의 북한식 문화혁명의 핵심은 소련 식·중국식의 제거와 주체의 확립에 맞춰졌다.

에 자리 잡고 있다. 지금까지 북한 연구는 구조화된 자료, 즉 텍스트 중심의 분석 위주로 진행되어왔다. 그리고 이들 자료에 의거해, 북한 주민들의 동질화된 유형을 상정하는 분석이 대부분이었다. 물론 이러한 연구는 필수적이고 앞으로도 그럴 것이다. 그러나 텍스트 중심의 분석이 가져다주는 자칫 화석화된 유형의 창조가 북한을 장롱 속에 가두는 오류를 가져올 수도 있다. 최근 이러한 문제에서 벗어나 탈북자들의 증언과 영화, 소설 등의 간접 경험을 통한 연구 등이 부쩍 늘어나고 있다. 이러한 연구들은 북한의 일상을 드러내고, 이면에 감춰진 이야기들을 꺼내는 데 좋은 소재가 될 것이다. 특히 1990년대 이후 사회가 이완되고 틈새가 넓어지며, 사상적 동요가 부분적으로 발생하면서 여러 가지 비사회주의적 현상과 생존을 위한 시장 경쟁의 현상 등이 나타났다. 이것이 북한 사회를 재인식하게 했다.

또한 북한 연구의 '위로부터의 관점'에 대한 '아래로부터의 시각'이 요청된다.[52] 지금까지 북한 연구는 주로 북한 당국의 의도, 정책, 그 결과에 대한 인과적 분석으로 진행되었다. 그러나 이러한 분석 과정에서 의도 - 정책 - 결과의 대상이자 주체인 '인민'의 소외가 다뤄지지 않고 있다. 북한 연구를 '인민 없는 북한'으로 한정하고, 살아 있는 북한 연구가 되지 못하게 하는 이러한 문제를 극복하는 것이 요구된다. 현재 북한 연구에는 '인민'이 살아가는 일상세계에 대한 독자적인 개념이 존재하지 않으며, 또 관련된 방법론도 체계화되어 있지 못하다.[53] 이에 따라 북한 연구는 대체로 정치적

---

52) 북한 연구의 '위로부터의 시각'과 '아래로부터의 시각'에 대해서는 김연철, 「북한 연구에서 위로부터의 시각과 아래로부터의 시각」, ≪통일문제연구≫, 8권 2호 (1996) 참조. 최근 '아래로부터의 시각'이라는 이름 아래, 북한의 일상 — 청소년, 노동, 농민, 가족, 여성 등의 생활 — 에 대한 연구가 진행되었고, 많은 연구 결과물이 나왔다. 그러나 이들 연구는 대체로 '아래로부터의 시각'이라는 방법론이 아니라, 정치경제적 상부구조가 아닌 사회, 문화 등의 영역 연구를 '아래로'라는 이름으로 수행한 것으로 판단된다.

53) 홍민, 「북한 일상생활연구의 방향과 방법론」, 10쪽; 한편 북한 연구방법론을

상부구조 및 경제적 토대에 대한 연구에 집중되어 있다. 최근 들어 여성, 가족, 계층, 청소년, 노동, 도시 연결망 등에 대한 연구가 다양하게 진행되고 있다. 이들 연구는 아직 체계화되지 않았지만, 북한의 '일상'이라는 상식적 개념에 근거한 연구들이라고 할 수 있다.

북한 연구는 이데올로기의 껍질을 깨고 과학으로만 추구할 수 있는 성격의 것이 아니다. 끊임없는 이데올로기적 편견과 싸워야 하고, 그만큼의 검열과 자기검열의 장애를 극복해야 한다. 이는 북한이라는 대상에 대한 이데올로기적 껍질을 깨는 것과는 다른 문제다. 즉, 북한 연구 자체의 이데올로기적 침습의 극복이 지속적으로 요청된다. 이러한 문제를 해결하기 위해서는 결국 북한의 현실 생활에 대해 객관적이고 또 '인민'의 살아 있는 모습을 보여주는 것이 가장 좋은 방법이 될 것이다. 그야말로 '사람이 살고 있는' 북한의 모습이 전제되지 않는다면, 북한 연구는 자칫 공허한 추상적 개념과 거시적 구조만을 붙들고 씨름하는 일이 될 것이다.

북한의 일상을 이해하기 위한 여러 가지 빈 공간이 있다. 거시적 구조와 관계된 일상의 삶은 북한의 모습에서 어렵지 않게 찾아볼 수 있다. 도시 공간의 구조와 주민 배치, 배급제의 일상 통제의 구조, 북한의 거리를 뒤덮고 있는 구호 상징과 일상, 옷차림 등의 일상세계와 사회주의 노동현장 및 교육현장에서 벌어지는 여러 가지 관계와 규율, 저항과 일탈 등은 북한의 일상을 드러내는 좋은 소재가 될 것이다. 영웅의 탄생과 그를 통한 정치적 상징화 등도 북한의 모습을 들여다볼 수 있는 소재다. 이데올로기의 가면을 벗기고, '사람이 살고 있는' 모습을 담아내야 비로소 북한의 현실은 더 생생하게 다가올 것이다. 특히 1990년대 이후의 변화 모습을 정책적 수준에

둘러싼 논쟁은 내재적 방법론과 이를 둘러싼 논쟁으로 대표된다. 이를 종합·정리한 글로 김연철, 「북한 연구에서 인식론 논쟁의 성과와 한계」, ≪현대북한연구≫, 창간호(1998)를 참조할 것.

서뿐 아니라 그런 정책을 둘러싼 주민들의 반응과 시장, 거래, 이동, 그리고 이러한 관계들을 추적하는 것이 현실의 북한을 이해하는 필수적인 영역이라 할 수 있다. 탈북자들의 증언, 북한을 오가는 많은 사람들의 간접 경험 등 과거보다 일상을 들여다볼 수 있는 기회도 커지고 있다. 다만 이들 증언과 기록에 대한 독해에서의 엄밀한 검증의 문제가 남아 있다.

5. 나가며

일상생활연구는 얼핏 사소해 보이는 것을 통해 사회 전체를 드러내는 전략이다. 거시적 구조에 익숙한 우리에게 사소한 것의 가치는 자칫 그야말로 '사소한 것'으로 치부될 수 있다. 일상생활세계에의 사회학적인 접근은 거창한 이론적 준비를 요구하지 않는다.[54] 물론 사물에 대한 관찰과 분석에 '빈주먹'만으로 접근할 수는 없다.[55] 일상생활연구는 아무런 이론적 전제 없는 분석이 아니라 다양한 학문적 방법론을 동원한 입체적 연구다. 중요한 것은 생활을 구조화·화석화시키는 이론적 틀을 전제하지 않고, 그 이론의 이면에서 생동하는 현실을 드러내는 것이다. 사회학이 살아 있는 사람들의 의식, 행위의 유형과 다양한 사회적 관계들을 드러내는 것이라면, 자칫 이론에 함몰될 수 있는 사회 현실을 이론 바깥으로 끄집어내는 것이 일상생

---

54) 일상연구는 현실의 다양하고 세부적인 면들을 보여주지만, 이것들 사이의 구조적인 관련성을 밝혀주지 못한다는 비판이 존재한다. 이러한 비판은 이론이 결여된 일상연구(일상사연구)의 한계를 지적한다. 안병직, 「'일상의 역사'란 무엇인가」, 78쪽.

55) 신기능주의자인 알렉산더는 이론과 현실의 관계를 논하면서, 명확한 이론적 체계화가 결여되어 있다 할지라도 일정한 이론적 개념을 전제하지 않고서 사물을 관찰하는 것은 불가능하다고 지적한다. 이에 대해서는 제프리 알렉산더, 『현대 사회이론의 흐름』(서울: 민영사, 1993) 참조.

활연구의 매력이라 할 것이다.

지금까지 일상생활연구는 주로 자본주의 생활양식, 특히 후기 자본주의 생활양식에 초점을 맞추었다. 그러나 '일상'은 그 자체의 역사를 가지지 않는 영속하는 것이다.[56] 따라서 사회주의 사회에서의 일상연구도 가능하며, 오히려 사회주의에서의 일상을 통해 '사회주의'의 성격과 그 전체를 드러낼 수 있을 것이다. 끊임없이 일상에 규칙을 부과하고 통제하려는 유혹은 자본주의에서나 사회주의에서나 동일하게 나타난다. 다만 자본주의에서 일상에의 규칙 부과가 자본에 의한 노동의 통제와 문화적 소비의 상품화를 통해 주로 나타난다면, 사회주의에서의 일상에의 규칙 부과는 생산을 위한 노동의 통제와 이데올로기적 동일성의 획득을 위한 것으로 나타난다.[57] 이러한 일상의 통제와 지배에서 벗어나기 위해 르페브르는 '자주관리'를 대안으로 제시하기도 했지만, 일상의 소멸되지 않는 저항성과 반복성을 고려한다면, 일상의 정치를 활성화시키는 대안도 진지하게 고려해야 할 것이다. 최근 생활정치의 이름으로 등장하고 있는 수많은 자율성 운동이나 시도 등은 모두 일상과 결합한 새로운 정치의 모색으로 평가할 수 있다.

현재까지 사회주의 사회에 대한 일상연구는 많은 비중을 차지하지 못했다. 사회주의 동일성, 규칙성, 이데올로기의 신비화를 벗겨내고, 그 이면을 들여다보았을 때 사회주의의 다양성을 확인할 수 있을 것이다. 이러한 점은 북한에 대해서도 마찬가지다. 지금까지의 북한 연구가 주로 획일성과 '위로

---

56) 일상은 역사를 갖지 않는다. 그러기에 일상은 역사를 압도한다. 모든 것은 자신의 일상성을 갖기 때문이다. 일상성은 역사를 지탱하고 그것에 자양분을 주지만 그 자신에게는 역사가 없으며 역사를 벗어나 있다. 카렐 코지크, 「구체성과 역사」, 박재환 엮음, 『일상생활의 사회학』(서울: 도서출판 한울, 1994), 128쪽.

57) 자본주의나 사회주의 모두 근대성의 작품이라고 한다면, 이진경의 주장처럼 근대성이 가져온 시공간의 구조를 해체하고 바꾸지 않는 한 근대적 지배체제로부터의 해방은 어려울 것이다. 이진경, 『근대적 시·공간의 탄생(제2판)』(서울: 푸른숲, 2008).

부터의 시각'에 의지했다면, 앞으로는 주민들의 삶을 중심에 놓고 생생한 그들의 현장을 살펴봄으로써 북한 사회에 대한 더 심층적인 이해가 가능할 것이다.

제2부
북한 일상생활연구의 접근방법 모색

6장

북한 일상생활연구의 방법론적 모색

박순성·고유환·홍민(동국대학교 북한학과 교수)

1. 문제의 설정

1990년대 이후 북한 사회에서 나타난 다양한 변화들이 활발히 논의되어
왔다. 경제생활의 차원에서 주민들의 국가 의존도 약화와 시장 의존도의
증대, 관료문화와 실천 코드의 변화, 경제관념 및 심성의 변화, 노동 및
직장에 대한 태도 변화, 정치생활과 집단적 도덕규율의 형식화 등과 같이
생활방식, 의식, 태도에서 나타난 다양한 변화는 '고난의 행군'이라는 극단
적인 기아 체험과 일상을 둘러싼 사회경제적 변화에서 주민들이 체득한
체험적 진실이 가져다준 결과라고 할 수 있다. 이 밖에 '장터문화'의 형성,
시장을 중심으로 한 사회적 연결망 및 정보유통의 활성화, 빈부격차의 확대
와 사회계층화, 가족구조 변화, 교육일상의 변화, 세대 간 가치 변화, 도시
기능과 주거문화의 변화 등은 모두 이러한 주민 생계 일상의 고달픔 및
어려움과 연관된다고 볼 수 있다.

이런 측면에서 봤을 때, 2002년 '7·1조치', 2003년 종합시장 개설을 비롯
한 국가의 각종 법적·제도적 조치들은 이러한 일상의 변화를 수용할 수밖에

제6장 북한 일상생활연구의 방법론적 모색 159

없는 북한 지도부의 통치 현실을 반영하며 동시에 변화를 제도영역 안에서 최대한 관리하려는 정책의지도 보여준다. 이처럼 주민 일상생활의 변화는 통치담론, 경제관리, 사회정책 등에 영향을 미치는 것은 물론, 나아가 주변국과의 관계에서도 직간접적으로 정책결정에 영향을 미쳐왔다. 결국 이런 상황들의 전개는 북한 연구에서 주민들의 일상생활을 고려하지 않은 채 북한 사회의 지속과 변화를 논하기가 힘들어졌음을 웅변한다.

그러나 현 시기 북한 연구가 이런 변화하는 북한 사회의 실태와 본질, 그리고 예측에서 적절한 해석력과 방법론적 다양성을 보여주고 있는가 하는 물음에는 여전히 많은 의문들이 있다. 그 원인으로 우선 북한 연구가 지금까지 보여왔던 연구시각, 연구방법의 문제점들을 생각해볼 수 있겠으나, 그보다 사회의 움직임을 섬세하게 감지하고 깊이 해석해내려는 지적 상상력이 아직 다양하게 발휘되지 못하고 있는 점을 들 수 있다. 이는 현실 인식과 방법론적 시도에서 북한 연구가 진정한 성찰성과 다양성을 보여주고 있는가 하는 물음과도 직결된다. 북한 사회의 다양한 면모들을 적절하게 포착할 수 있는 연구관점의 조율과 방법론의 개발이 지체되고 있지 않은가를 성찰할 필요가 있다.

이 글은 이러한 문제의식 속에서 북한 사회의 지속과 변화, 다양한 면모들을 보는 창(窓)으로 북한 일상생활에 주목할 것을 제안한다. 사실 북한 일상생활에 대한 관심은 특정한 연구 패러다임의 새로운 제시나 방법론적 도약을 의미하지 않는다. 그보다는 그간 북한 연구에서 그중요성에도, 제대로 주목받지 못했던 일상 영역을 북한 이해의 중요한 연구대상 또는 주제로 조명하는 한편, 이를 통해 사회에 대한 다양한 해석을 부여하는 데 의미가 있다. 이것은 일상생활을 관점과 주제로 설정하기 위한 개념화, 일상의 영역에 접근하기 위한 연구전략, 방법론, 분석틀 등을 고민하면서 북한 사회를 좀 더 입체적이고 다면적으로 이해하기 위한 것이라고 할 수 있다. 더 나아가 가능한 수준에서 북한 사회의 거시구조적인 흐름과 일상의 미시적인 역동성을 분석적으로 연계해 이 둘의 상호작용을 통해 '변화'를 살펴보는 것도 중요한 연구목표가 될 수 있다.

그러나 이러한 연구과정은 필연적으로 과거 수행되어온 북한 연구에 대한 방법론적 전회(前悔, self-reflection)를 수반할 수밖에 없다. 사실 일상생활은 주제 영역으로서의 의미도 있지만, 인식과 관점이라는 측면에서는 인식론적 성찰의 문제와도 직결된다. 다시 말해 일상생활연구의 미덕은 새로운 주제의 발굴에서도 분명 찾을 수 있지만, 그보다는 기존에 익숙했던 인식과 관점, 주제들에 대한 일상 차원에서의 비판적 재해석에서 훨씬 더 많이 발견할 수 있다. 그런 점에서 북한 일상생활연구는 일종의 이종학(異種學, heterologies)적 성격을 띤다. 북한 일상생활연구는 북한 연구가 채택해온 인식과 관점에 대해 비판적으로 성찰하면서, 동시에 그것을 넘어서서 북한이라는 타자에 관해 탐문하는 학문이다. 이 글은 이런 문제의식을 바탕으로 북한 연구에서 일상생활연구의 의미와 접근방법, 중심문제 등을 살펴본다.

2. 기존 북한 연구에 대한 성찰과 일상생활연구의 필요성

1) 북한 인식의 과제와 연구의 성찰성

(1) 북한의 폐쇄성과 '우리 안'의 열망

과거 북한 연구에서 북한 사회는 종종 칠흑 같은 어둠으로 표현되었다. 폐쇄적이어서 그 안을 들여다보기 어렵다는 점과 독재체제와 독재적이고 억압적인 사회질서를 지녔다는 점이 강조된 것이다. 이런 어둠을 들여다보기 위한 투과 수단으로 전체주의적 항목들이 주로 동원되었다. 이 항목은 북한의 호전적 지도자와 억압적 정치체제를 '어둠의 핵심'으로 지목해왔다. 이로써 북한은 공공연하게 비합리적이고 폭압적인 타자로 간주되었다. 여기에 이데올로기적 프리즘이 더해져 체제의 악마성과 폐쇄성이 더욱 풍부하게 외연을 갖춰왔다. 우리의 북한 이해는 북한 사회가 이후에도 어떻게 되어야 한다는 열망의 유형들을 직간접적으로 투영한 가운데 이뤄져온 측면이 있다.

사실 상대를 적대적으로 타자화하면서 자기강화의 자양분을 얻는 분단체제의 속성 때문에 북한에 대한 애증에 찬 열망들은 북한 인식의 다양성을 제약했다. 최고지도자, 이데올로기, 권력투쟁 등과 같은 낯익은 정치 중심적 연구주제들이 주로 채택되어왔고, 이 주제들이 차지하는 양적인 연구 비중만큼 주제들이 규정하는 북한 사회의 억압적 이미지도 강화된 측면이 있다. 이러한 다양성의 부족은 사회과학 연구 일반의 상식적 전제인 연구자의 성찰성에도 영향을 미쳐, 몇 가지 익숙한 연구 표상과 주제에 안주하는 방식으로 연구의 긴장도를 높이지 못하는 원인이 되기도 했다.

이는 인식과 관점에 대한 성찰이 충분히 이뤄지지 않은 인상주의적 해석과 정책적 평가에 치우친 연구들이 양산되는 결과를 낳았다. 북한 사회를 여타 사회과학이 주제로 삼는 대상만큼 '일반적 상품'으로 보지 않고 교정의 대상이나 예외적 정책대상, 즉 '기형적 상품'으로 대하는 태도가 나타나기도 했다. 이런 태도는 다양한 이론적 시도와 분석기법의 적용을 가로막는 방법론적 편견으로 작용했다. 기형성을 암묵적으로 전제한 시각은 여타 사회와 차별적인 특수성의 논리를 강화하는 연구결과를 가져온다. 더 나아가 풍부한 이론적 자원을 동원해내는 상상력을 제약할 소지가 커진다.

이런 문제점은 1990년대 들어와 북한이라는 연구대상의 변화와 북한 연구 환경의 변화에 대한 방법론적 대응에서도 나타났다. 북한 연구에서 현지조사의 어려움은 여전하지만 탈북자 면접 등을 통한 직간접적인 질적 연구의 환경은 일정 정도 개선된 것이 사실이다. 또한 북한의 식량난 이후 우리 사회의 북한에 대한 관심이 좀 더 구체적인 실태를 요구하기 시작했을 뿐 아니라, 민주화 이후 냉전적 검열이 완화되면서 그간 억제되어 있던 북한에 대한 정보 욕구도 높아졌다. 이런 환경적 변화는 대중의 북한 이해

욕구가 최고지도자나 이데올로기, 정치체제, 사회경제체제를 넘어서 좀 더 구체적이고 실질적인 북한 현실로까지 확장되었음을 보여준다. 그러나 북한 연구는 이러한 변화에 대해 다양한 응답을 하지 못한 측면이 있다.

(2) '통치'의 관점과 아래로부터의 관점

기존 연구들이 주로 관심을 쏟은 주제들을 살펴보면, 정치 - 군사적 주제에 대한 관심이 어느 것보다 높음을 알 수 있다. 물론 이런 사실 자체가 문제는 아니다. 북한 사회에서 정치 - 군사적 요인의 규정력이 크다는 현실태를 반영한 자연스런 연구경향이라고 볼 수 있다. 다만 지도자, 이데올로기, 정치체제 등에 대한 이해에 비해 그 통치의 대상, 즉 대다수 주민들에 대한 이해가 상대적으로 빈약했다는 점을 지적할 수 있다. 그것은 국가와 사회를 이분법적으로 구분하고 어느 일방을 우위에 두는 시각을 통해 더욱 확대 재생산되어왔다. 이런 접근은 정치체제에 대한 모델화를 그대로 사회에 투영하거나 사회의 현상을 정치체제의 특징으로 환원해 설명하는 방식으로 나타났다.

물론 이러한 정치체제에 관한 논의조차도 정치체제의 속성이나 메커니즘에 대한 함축성을 담기보다는 통치의 관점에서 통치 행위의 현상적인 이미지를 묘사하는 개념화가 많았다. 더욱이 통치의 관점은 많은 것을 생략하게 한다. 권력이 어떻게 사회로 침투·관철되고 미시화되는지, 또는 어떻게 위로부터의 정치적 의도가 아래에서는 좌절·변형되는지를 적절하게 고려하지 않는다. 또 개인이 일상에서 어떻게 국가와 권력을 경험하는지에 대한 문제의식이 미약했다. 오히려 암묵적으로 사회를 정치체제로부터 분리하거나 혹은 사회를 정치체제에 일방적으로 종속되는 위상으로 취급한 측면이 있다. 그 결과 사회는 정치체제 모델에 의해 규정되는 지위로 전락하거나 최고지도자의 인격성으로 상징될 뿐이었고, 사회의 구체성과 재생산 구조, 자체의 변화 동학에 대해서는 연구자의 관심이 미약했다.

[그림 6-1] 평양 주민의 일상을 내려다보고 있는 거대한 수령 동상. 기존 북한 연구는 일상을 정치체제에 의해 규정당하는 종속적인 영역으로 보아왔다.

최고지도자, 정치체제, 이데올로기, 노선·정책 등 위로부터의 통치 관점에서 채택된 연구주제는 당과 국가기구, 그것을 장악한 소수 지배집단에 의한 지배와 통제, 동원의 면모에만 집중할 뿐이며, 사회 및 일반 대중은 기껏해야 지배와 억압의 대상이나 탄압의 희생자로 취급되기 쉽다. '단일화된 사회(monolithic society)'의 이미지 속에서 국가의 광범위한 통제력과 권력의 강제성을 사회와의 이분법 속에서 보기 때문이다. 다시 말해 당-국가가 국가조직의 중·하위층은 물론이고 지방, 노동현장에 이르기까지 일체의 사회조직과 그 대안들을 선점하고 있다는 것이며, 더 나아가 지배 이데올로기는 물리적 통제수단을 뛰어넘어 개인의 사고까지 지배하고 있다고 보는 것이다.

그러나 이런 접근방식은 대부분 경험적이기보다는 연역적이다. 사회를 국가의 통제질서와 행정망에 흡수된 원자화된 개인들의 집합체 정도로 은연중 전제한다는 점에서 그렇다. 여기에서 사회와 개인들의 경험적 공간은 존재하지 않거나 부차적인 것으로 취급되기 일쑤다. 나아가 북한 사회의 재생산 과정을 파악하는 데서 '위로부터'의 의도와 과정만을 일면적으로 조명할 위험성이 높다. 그러나 국가를 사회와 분리된 존재나 우월적 존재로 보는 시각은 한 사회의 재생산 메커니즘을 총체적이고 동태적으로 이해하는 데 한계가 있다. 거대한 존재로 나타나는 정치와 권력기구의 근저에 그 어둠의 이미지와는 다른 질감으로 북한 주민들의 삶이 존재해왔기 때문이다. 이런 삶들은 국가라는 억압성으로는 다 포괄하지 못하는 다양한 실천과 전략으로 이뤄진 것들이다. 바로 이것이 우리가 북한의 일상생활에 주목해야 하는 이유 중 하나다.

(3) 공식담론과 일상의 질서

북한이 생산해내는 공식담론과 실제 현실을 분석적 여과 없이 동일시하는 시각도 검토해볼 필요가 있다. 폭압적 권력에 길들여진 피동적 인간상이나 주체사상의 이데올로기에 의해 주조된 인간상은 현실과의 대비 속에서 여과되어야 한다. 북한 공식담론에 가려진 '예외적 정상(the exceptional normal)' 또는 '이례(異例, anomaly)'를 발견하려는 연구노력이 필요하다. 이런 이례들은 작은 부분이거나 일회적으로 보이지만, 거대한 공식담론에 의해 가려진 일상 차원에서의 정상적인 사회적 긴장관계를 엿볼 수 있는 계기를 제공할 수 있다. 따라서 주민들의 생생한 경험세계를 볼 수 있는 자료가 상대적으로 부족한 북한 연구의 경우, 이처럼 이례의 발견을 통해 공식담론 이면에 존재하는 사회적 긴장을 발굴해내는 분석적 혜안을 개발할 필요가 있다.

사실 공식담론은 북한 지배집단이 기대하는 질서 논리로서 그들의 통치의 지를 확인하는 텍스트는 될 수 있지만, 주민들의 일상적 선택과 실천의 세계관이라고 단언할 수는 없다. 북한의 공식담론은 구체적인 노선이나 정책의 표명을 통해 확인되고 설명할 수는 있지만, 주민들의 일상적 실천과 삶의 태도는 다양한 사례를 통해 지속적으로 해석되어야 하는 텍스트다. 이런 문제의식은 공식담론이 지배집단의 기대와 지향을 담아 실제로 사회질서를 정향하는 힘을 어느 정도 가질 수는 있으나, 주민들의 세계관마저 지배하는 일상의 질서로 기능하고 있는가 하는 물음에는 여러 분석적 여과가

[그림 6-2] 한 여인이 1945년 10월 14일 평양공설운동장에서 열린 '김일성 장군 환영 평양시민대회'를 묘사한 거대한 그림 앞에서 묵묵하게 빗질을 하고 있다. 최고지도자를 중심으로 한 북한 역사에서 주민들의 일상사는 지금까지 주목받아오지 못했다.

필요하다. 이것은 대다수 주민을 공식담론의 피동적인 수용자로 전제하는 발상보다는 오히려 역으로 주민의 일상적 실천과 삶의 전략이 지배집단의 공식담론에 어떠한 영향을 미치는지 살펴볼 필요가 있음을 의미한다.

이런 차원에서 북한 연구는 국가의 단성적 목소리뿐 아니라 주민들의 다양한 목소리를 채집하고 해석하는 방법론과 분석기법에서 좀 더 많은 상상력을 발휘할 필요가 있다. 개인의 울림도(sonority)를 높이는 것은 사회를 움직이는 다양한 실천들에 대한 하나의 횡단적인 독해(transversal reading)를 의미한다. 그런데 지금까지 북한 연구는 사회를 움직이는 실천들에 대해 심도 있게 천착하기보다는 주로 이데올로기와 공식담론의 '외침'을 통해 사회적 변화를 파악하는 경향을 띠고 있었다. 오히려 국가의 '외침'과 주민 일상의 '속삭임'을 상호교차해서 보는 것이 더욱 의미 있는 북한 이해의 방법이 될 것이다.

(4) '타자'의 구성과 성찰적 북한 연구

북한 연구를 위해서는 사실 북한이란 타자를 구성하는 북한 연구자의 존재론적 한계와 이에 대한 성찰이 필요하다. 분단역사를 살아왔고 살고 있는 학자로서의 존재, 그 존재의 시선은 결코 타자(북한)로부터 객관화된 시선이 아니다. 그 시선 자체가 이미 분단의 구성요소다. '다름'을 보고 있는 우리 자신의 시선, 그것이 재현하는 분단과 북한 사회도 연구대상이 되어야 한다. 그래서 북한 연구방법론은 북한을 대상으로 한 기능적 차원의 '관찰배율' 조절이나 이론적 세공이 아니라, 그것을 바라보는 우리 시선의 문제를 비판적으로 성찰하는 것으로부터 재구성되어야 한다.

그런 차원에서 북한 연구자는 남한의 학문체계 전반에 대한 성찰을 운명적으로 수행해나갈 수밖에 없는 존재다. 사실 한국에서의 본격적인 근대학문의 형성은 대부분 분단사(分斷史)를 관통하며 형성되어왔다. 즉, 적대와 대립의 질서를 배경으로 형성되어온 것이다. 그만큼 남북한 양 체제는 자기 편의 정당화를 위해 학문을 이용한 경험이 있으며, 서로의 존재를 무시하면서 실질적으로는 그 준거의 틀 안에 갇힌 학문에서 자유롭지 못한 측면을 띠고 있다. 그래서 북한 연구가 자신이 직면해왔던 학문적 굴레를 드러내는 일에서 시작되어야 한다는 지적은 중요하다.[1]

북한 연구의 인식론적 성찰은 크게 세 부분에서 이뤄져야 한다. 그것은 '나'와 '너', 그리고 '우리'에 대한 인식이다. 이는 북한('너')을 바라보는 인식의 문제, 우리 내부('나')를 비판적으로 인식하는 문제, 그리고 미래의 공동체상('우리')에 대한 인식의 문제다. 이런 세 가지 차원의 인식이 필요한 것은 북한 연구가 단순히 북한만을 바라보는 일방향적 연구도, 통일만을 기능적으로 사고하는 연구도 아님을 뜻한다. 그것보다는 분단체제를 구성하는 모든

---

1) 조한혜정, 「분단과 공존: 제3의 공간을 열어 가는 통일교육을 지향하며」, 조한혜정·이우영 엮음, 『탈분단 시대를 열며』(서울: 삼인, 2000), 345쪽.

것에 대한 비판적·성찰적 학문이며, 이를 극복하기 위한 철학적·실천적 학문이라고 볼 수 있다.

우선 인식패러다임의 전환을 위해 우리 내부의 문제, 즉 남한 사회의 문제를 북한 연구의 범주에서 새롭게 인식할 필요가 있다. 인식론적 차원에서 우리 내부의 문제는 작은 범주에서는 정부의 대북정책이나 외교정책의 접근시각이겠지만, 좀 더 근원적인 차원에서는 우리의 분단 정체성에 대한 문제의식이 된다. 그것은 일반 국민의 인식체계를 비롯해 북한 및 통일 연구자의 시각과 인식체계에 대한 문제, 그리고 우리 내부의 의사소통 문제를 포괄한다.

그런 이유로 북한 연구는 항상 비판적·성찰적 자세를 견지해야 한다. 단지 연구절차와 대상에 대한 주의 깊음만을 뜻하는 것이 아니다. 그것은 북한 연구의 시각과 접근이 분단체제의 정치적 이념 지형에 의해 일정하게 영향을 받을 수 있음을 인식한다는 점, 또 연구과정이 늘 그것을 경계하는 긴장을 안고 진행되어야 한다는 점에서 비판적이고 성찰적이어야 함을 의미한다. 즉, 북한이란 연구대상과 연구자의 존재론적 관계에 대한 성찰인 것이다. 다시 말해 북한에 대한 학문적 접근은 그 자체로 연구자 자신을 포함하는 인식 주체와 연구대상인 객체와의 상호구성성을 자각하는 가운데 이뤄져야 한다.

2) 북한 일상생활연구의 필요성과 가능성

(1) 북한 일상생활연구의 필요성

일상생활의 관점은 북한 사회에 미시적으로 접근한다는 관찰배율의 문제만을 의미하지 않는다. 북한 사회의 구체적 재생산 구조를 일상의 차원에서 발견·해석하고, 그것의 장기적 존재과정이 지닌 힘과 역동성을 인식한다는 의미다. 단순히 연구대상이나 주제에 대한 세부적 묘사만으로 그치는 것이 아니라 거시적 배율이나 담론으로는 포착하거나 설명하기 힘든 일상의 구체적 실천들에 주목하고 이들에게 의미를 부여해 그것이 어떻게 거시적 사회동학과 연동되는지를 살펴보는 것이다.

이런 차원에서 지방, 공동체, 개인의 다양한 삶의 방식이 사소한 것들이 아니라 사회의 움직임, 변동에 지속적인 변수들로 작용했을 가능성에 대해 깊은 관심이 필요하다. 즉, '아래로부터의 역사(history from below)'라는 관점, 일상생활에 주목하는 접근은 단순히 아래층에서 사회를 보려는 태도가 아니라 아래층에서 이뤄진 일이 때로는 지도자, 중앙관료의 힘보다 사회의 모습을 결정짓는 데 더 중요한 요소로 작용해왔음에 주목하는 것이다. 이런 시각은 북한 사회가 외면적으로 드러내는 억압, 고립, 단절, 그리고 동원의 격렬함 이면에 다양한 사회적 관계의 긴장을 함축한 세계임을 인정한다.

그러한 긴장의 사례들은 단순한 개인적 일화에 그치는 것이 아니라 우리가 아는 것보다 훨씬 더 다양한 사회적 실천과 관계들 속에서 북한 사회가 움직이고 있음을 보여준다. 나아가 어떻게 국가와 권력이 의도하는 기대와 전략을 각 행위자들이 일상의 필터(filter)를 통해 여과해내고 의도하지 않은 결과로 변형해내는지를 보여준다. 이는 위로부터의 통치담론 질서 아래서 일상의 미시적 질서가 장기적 과정을 통해 어떻게 국가에 압력을 행사했는지를 보는 것이기도 하다.

또한 이들 개인과 집단은 은밀하게 또는 공공연하게 국가 제재의 안과 밖에서 공식적인 규칙과 모순되는 일을 해온 면모를 지닌다. 이는 국가의 억압성과 계획경제의 불확실성에 대응한 개인 및 공동체의 은밀한 생존전략의 일환으로도 볼 수 있다. 이를 위해 지역 및 조직 내 사회관계에 내재된 규범과 가치 또는 위계를 통해 상호 생존의 연결망과 사회자본을 구축하는가 하면, 상급당이나 기관으로부터 자신을 보호하는 협력과 공모, 그리고 관용의 수혜관계를 맺기도 했다. 또 개인과 공동체는 광범위한 수평적인 관계망을 통해서 자신과 공동체를 보존하기 위한 은밀한 연대의식을 공유하고 실천하기도 한다.

이러한 일상의 정치(everyday politics)는 계획경제의 불확실성, 그리고 억압적인 사회질서 내에서 자기보존과 생존의 조건을 마련해왔다. 은밀하지만 공공연하게 서로의 묵계와 유대를 통해 전개되어온 일상의 정치는 1990년대 들어와 악화된 경제난 속에서 좀 더 공개적이고 다양한 방식으로 발전하면서 일종의 생존 일상을 확보하기 위한 차원에서 활발하게 전개되고 있다. 향후 북한 체제의 변화를 예측하고 이해하는 데서 이제 일상의 중장기적 힘과 압력을 무시할 수 없게 되었다. 또한 과거 사회주의권이 체제전환 이후 지금까지 겪고 있는 사회적 갈등의 주제 역시 모두 일상의 영역과 관련된 것들이란 점은 북한 연구에서 일상의 영역의 중요성을 웅변한다.

(2) 일상생활 관련 선행연구의 경향

사회주의체제의 일상생활과 관련한 해외 연구의 경우 1990년대 초반부터 점차 활성화되어 역사학, 사회학, 정치학, 경제학 등의 다양한 전공분야에서 '일상'이란 관점과 개념화를 통해 다양한 연구성과를 생산해내고 있다. 주제와 접근방식에서는 과거 일상을 새롭게 발굴하고 해석하는 것과 체제전환 전후로 겪고 있는 다양한 사회적 문제를 일상생활의 차원에서 조명하고 대안을 찾는 접근이 있다. 또 연구방식에서는 각 분과학문별로 이뤄지는 경우와 각 학문분과가 협력해 공동의 연구성과를 지향하는 학제 간 연구로 대별해볼 수 있다.

분과학문별로 본다면, 역사학의 연구가 활발히 이뤄졌다. 역사학의 경우 구소련의 스탈린 시기를 중심으로 해제된 과거 기밀문서나 지방 및 하급기관, 개인의 일기나 증언을 사료화해 주민의 일상생활을 재조명하는 연구, 국가와 인민 사이의 관계에 대한 연구 등이 두드러진다.[2] 한편 상징, 의례,

---

2) Sheila Fitzpatrick, *Stalin's Peasant: Resistance and Survival in the Collectivization*

제의, 언어 등 인류학적 개념과 접근방식을 도입해 국가가 주민들의 일상을 제압하고 통제하기 위해 구사했던 각종 상징 및 의례, 그리고 주민들이 사적 영역을 통해 구사했던 다양한 일상적 제의들을 살펴보는 연구들도 있다.[3] 현실의 사회적 문제와 관련해서는 부패나 연줄문화의 역사적 기원과 과정을 살펴보거나[4] 체제전환 전후 경제생활과 심성의 변화에 대한 연구[5]

(New York·Oxford: Oxford University Press, 1994); David L. Hoffman. *Peasant Metropolis: Social Identities in Moscow 1929~1941*(Ithaca and London: Cornell University Press, 1994); David Christian, *'Living Water': Vodka and Russian Society on the Eve of Emancipation*(Oxford: Clarendon Press, 1990); Sheila Fitzpatrick, *Everyday Stalinism: Ordinary Life in Extraordinary Time*(Oxford: Oxford University Press, 1999); Lynne Viola, *Peasant Revels under Stalin: Collectivization and the Culture of Peasant Resistance*(New York·Oxford: Oxford University Press, 1996); Lynne Viola, *Contending with Stalinism: Soviet Power and Popular Resistance in the 1930s*(Ithaca and London: Cornell University Press, 2002); Elizabeth A. Wood, *The Baba and the Comrade: Gender and Politics in Revolutionary Russia*(Bloomington & Indianapolis: Indiana University Press, 1997).

3) Jerffrey Brooks, *Thank You, Comrade Stalin!: Soviet Public Culture From Revolution to Cold War*(New Jersey: Princeton Univ. Press, 2000); Christel Lane, *The Rites of Rulers: Ritual in Industrial Society The Soviet Case*(Cambridge·New York·New Rochelle·Melbourne·Sydney: Cambridge University Press, 1981); Petrone Karen, *Life Has Become More Joyous, Comrades: Celebrations in the Time of Stalin*(Bloomington & Indianapolis: Indiana University Press, 2000); Michael G. Smith, *Language and Power in the Creation of the USSR, 1917~1953*(Berlin·New York: Mouton de Gruyter, 1998).

4) Alena V. Ledeneva, *Russia's Economy of Favours: Blat, Networking and Informal Exchange*(Cambridge·New York: Cambridge University Press, 1998).

5) Caroline Humphrey, *The Unmaking of Soviet Life: Everyday Economies after Socialism*(Ithaca & London: Cornell University Press, 2002); Huang Shu-min, *The Spiral Road: Changes in a Chinese Village Though the Eyes of a Communist Party Leader*(Second Edition)(Boulder: Westview Press, 1998).

등 과거와 현실을 연결하는 역사학적 분석이 진행되어오고 있다.

사회학, 정치학, 경제학의 경우 크게 체제전환 이전의 사회가 작동하던 방식을 위로부터의 지배와 아래로부터의 일상적 저항의 차원에서 분석하는 연구,[6] 그리고 1990년대 체제전환 이후 러시아 및 동유럽 사회에서 발생한 문제들을 주민 경제생활 및 경제심성 변화 차원에서 분석하는 일상생활연구가 진행되어왔다.[7] 이들 연구 대부분은 인류학, 역사학, 사회학, 정치학, 경제학 등 다양한 전공분야에서 존재하는 분석개념과 이론 등을 동원해 전방위적으로 일상생활세계를 학문적으로 개념화하고 있다는 점에서 공통적이다.

국내 북한 연구에서도 역시 주민들의 일상생활을 조명한 연구가 이뤄져왔다. 일상에 대한 개념화 수준에 따라 분류해보면, 첫째, 북한 일상생활세계를 특정한 주제로 영역화해 개념화를 시도한 연구,[8] 둘째, 특별한 개념화는 없지만 일상이란 용어를 사용해 북한 주민 실태를 보여주는 연구,[9] 셋째,

---

6) Vladimir Shlápentokh, *Public and Private Life of the Soviet People: Changing Values in Post-Stalin Russia*(New York·Oxford: Oxford University Press, 1989).

7) Karl-Olov Arnstburg & Thomas Borén(ed.), *Everyday Economy in Russia, Poland and Latvia*(Stockholm: Södertörns högskola, 2003).

8) 서재진, 『또 하나의 북한 사회: 사회구조와 사회의식의 이중성 연구』(서울: 나남출판, 1995); 이정윤, 「북한 노동자의 일상생활과 문화 재생산: 노동자 순응, 갈등, 저항 행위를 중심으로」(동국대 대학원 북한학과 석사학위 논문, 2003); 조정아, 「북한 중등학교 규율과 '반학교문화'」, ≪교육사회학연구≫, 제14권 1호(2004); 조정아, 『북한의 작업장 문화: 순응과 저항의 스펙트럼』(서울: 통일연구원, 2005); 홍민, 「북한의 사회주의 도덕경제와 마을체제」(동국대 대학원 북한학과 박사학위 논문, 2006); 김종욱, 「북한의 관료체제와 지배구조의 변동에 관한 연구」(동국대 대학원 정치외교학과 박사학위 논문, 2006).

9) 박형중·정세진, 「'고난의 행군'과 북한 주민의 일상생활 변화」, 민족화해협력범국민협의회 정책위원회 엮음, 『북한 주민의 일상생활과 대중문화』(서울: 오름, 2003).

주민생활 및 일상적 측면을 다룬 연구물,[10] 마지막으로 북한 체제동학과 일상생활세계를 연계한 연구물[11] 등이 있다.

그러나 국내의 일상 관련 북한 연구는 일상생활세계에 대한 독자적 개념

---

10) 송광성 외,『북한 청소년 생활』(서울: 한국청소년개발원, 1994); 서재진,『북한 주민들의 가치의식 변화: 소련 및 동구와의 비교연구』(서울: 민족통일연구원, 1994); 손기웅·길태근,「북한 노동자문화 연구」,『통일문화연구(下)』(서울: 민족통일연구원, 1994); 이금순,「남북한 여성 비교연구: 사회적 역할을 중심으로」,『통일문화연구(下)』(서울: 민족통일연구원, 1994); 주강현,「북한 주민생활에 나타난 전통문화적 요인 연구」,『통일문화연구(下)』(서울: 민족통일연구원, 1994); 김병로·김성철,『북한 사회의 불평등 구조와 정치사회적 함의』(서울: 민족통일연구원, 1998); 주강현,『북한의 민족생활풍습』(서울: 민속원, 1999); 김귀옥 외,『북한 여성들은 어떻게 살고 있을까』(서울: 당대, 2000); 전현준,『북한의 사회통제 기구 고찰: 인민보안성을 중심으로』(서울: 통일연구원, 2003); 박현선,『현대 북한 사회와 가족』(파주: 도서출판 한울, 2003); 조정아,「산업화 시기 북한의 노동교육」(서울대 대학원 교육학과 박사학위 논문, 2003); 서재진,『7·1조치 이후 북한의 체제변화: 아래로부터의 시장사회주의화 개혁』(서울: 통일연구원, 2004); 임순희,『식량난과 북한여성의 역할 및 의식변화』(서울: 통일연구원, 2004); 최완규 외,『북한 도시의 형성과 발전: 청진, 신의주, 혜산』(파주: 도서출판 한울, 2004); 고유환 엮음,『로동신문을 통해 본 북한 변화』(서울: 선인, 2006); 김종욱,「북한의 관료체제와 지배구조의 변동에 관한 연구」(동국대 대학원 정치외교학과 박사학위 논문, 2006); 세종연구소 북한 연구센터 엮음,『북한의 사회문화』(파주: 도서출판 한울, 2006); 조정아,『경제난 이후 북한 문학에 나타난 주민생활 변화』(서울: 통일연구원, 2006); 최완규 외,『북한 도시의 위기와 변화: 1990년대 청진, 신의주, 혜산』(파주: 도서출판 한울, 2006); 양문수 외,『북한의 노동』(파주: 도서출판 한울, 2007).

11) 서재진,『또 하나의 북한 사회: 사회구조와 사회의식의 이중성 연구』(서울: 나남출판, 1995); 서재진·조한범·장경섭·유팔무,『사회주의 지배엘리트와 체제변화』(서울: 생각의 나무, 1999); 정세진,『'계획'에서 시장으로: 북한체제변동의 정치경제』(서울: 도서출판 한울, 2000); 서재진,『7·1조치 이후 북한의 체제변화: 아래로부터의 시장사회주의화 개혁』(서울: 통일연구원, 2004); 조한범,『러시아 탈사회주의체제 전환과 사회갈등』(서울: 통일연구원, 2005).

화가 미흡한 상태에서 일상이란 용어를 주민생활 차원에서 사용한 경우가 대부분이다. 또한 일상생활에 대한 기존의 인문·사회과학적인 논의와 연계한 개념화는 아직 미약한 실정이며, 인식과 방법 차원에서의 이론화 시도 역시 이렇다 할 성과를 보이고 있지 않다. 그만큼 일상생활에 대한 연구의 관심이 최근 들어 강조되고 있으나 대체로 특정 거시적 주제를 설명하는 근거자료로 용어가 부분적으로 채택되는 경우가 많다. 따라서 사실상 본격적인 일상생활연구라기보다는 유사 선행연구에 가깝다고 할 수 있다.

또한 기존 북한 일상생활 주제의 연구는 다양한 전공분야를 연계하는 인식론적·방법론적 시도 차원보다는, 주민생활에 대한 실태 분석 차원에서 주요 사례를 묘사하거나 설명하는 사회 분야 연구의 일종으로 취급하는 경향이 강하다. 따라서 인문·사회과학(인류학, 역사학, 사회학, 정치학, 경제학 등)에서 과거 축적한 다양한 개념 및 이론을 적용하고 원용해 개념화를 통한 방법론의 구축을 시도한 경우는 사실 극히 드물다. 그런 점에서 국내 북한 연구에서는 일상생활연구를 위한 개념화, 인식론적·방법론적 논의가 아직 활성화되지 못한 실정이다.

연구주제와 시기의 측면에서도 대체로 1990년대 이후 경제난과 시장화에 따른 주민 경제생활의 변화와 사회적 일탈의 증가를 주로 일상생활연구의 주제와 소재로 삼고 있다. 따라서 시기적으로도 북한 사회에서 일상생활세계의 변화와 지속을 1990년대 이전부터 중장기적인 시공간의 관점에서 추적하고 분석하는 연구라든가, 일상생활이라는 공간을 제도, 사회통제, 규범, 질서 등의 사회구조적 측면과 개인들의 다양한 실천과 행위 등이 교차하는 사회적 공간으로서 인식하고 이것을 이론화하는 연구는 아직 구체화되지 않았다.

자료의 활용에서도 일상생활연구를 위한 새로운 자료발굴이나 생성, 그리고 해석의 기술에서는 이렇다 할 진전이 없는 실정이다. 1990년대 탈북자들의 인터뷰를 활용한 주민생활에 대한 실태 파악과 묘사는 많이 늘어났지만,

대체로 엄밀한 인터뷰 방식이나 구조화된 질문지, 해석적 고민 등을 통해 질적 연구의 차원에서 이뤄지는 경우는 많지 않다. 이런 미진함은 일상생활에 대한 인식론적 개념화를 충분히 고민하지 않은 상황과 관련이 있다. 사실 인식론적 개념화는 일상생활의 자료를 어떻게 발굴하거나 생성할 것인가라는 방법론과 직결된다. 일상 또는 일상생활이 무엇인가라는 개념화가 없이 일상생활을 들여다보기 위한 방법론이 나올 수는 없기 때문이다. 또한 이것은 텍스트에 대한 해석 및 의미 부여와도 직결되어 있다.

결론적으로 기존 일상생활과 관련한 연구는 1990년대 이후 북한 체제의 동학 및 변화에 대한 관심을 공통적으로 가지고 시도된 연구임에도, 구체적으로 일상생활에 따른 학문적 의미에 대한 개념화를 기초로 다양한 방법론적 상상력을 발휘해 체제변화와 일상생활과의 상호작용을 주목하는 연구는 아직 다양한 성과로 제출되지 못했다. 또한 일부 유사한 방향의 연구들 역시 체제변화와 일상생활세계를 연계하는 이론적 모색을 시도함으로써 정교하고 치밀한 분석의 가능성을 열기보다는 주로 이 둘 사이의 개연성 정도를 언급하는 데 그치고 있다.

3. 일상생활연구의 경향과 주요 쟁점

1) 일상생활에 대한 학문적 관심과 경향

사회과학 전반에서 일상생활은 1970년대 이전까지 그다지 주목을 받지 못했다. 사회과학에 깊게 각인된 합리주의와 실증주의는 과학이라는 엄밀성에 강하게 집착한 나머지, 인간 존재의 따뜻함과 분열, 감정적 복잡성으로부터 스스로를 차단해온 측면이 있다.[12] 이로써 사회과학이 인간으로부터 분리된 추상성에 강하게 이합집산 해왔다는 비판이 줄곧 제기되었다. 한편

마르크스주의, 구조기능주의와 같은 거대이론에서 나타나는 현실과의 괴리와 그로부터 야기된 무력감 때문에 '피와 살'로 이뤄진 평범한 사람들에 대한 관심이 고조되어온 측면도 있다. 그것은 계량적 조사연구와 통계적 분석의 문제와 더불어 거대이론의 개념과 용어들이 총체적인 사회적 삶의 핵심적 본질을 간과하거나 담아내지 못하고 있다는 비판과도 맞닿아 있다.

그 대안으로 미시이론/분석이나 행위중심적 이론에 대한 관심이 자연스럽게 증대했다. 그간 나타났던 행위중심적 이론의 주요 특징은 ① 행위자들의 대면 만남이 사회생활의 중심 특징이라고 보는 점, ② 사람들은 창조적이고, 지적이며, 식견이 있다고 보는 점, ③ 어떻게 사회가 작동하는지 연구하기 위해서 행위자들의 상황 정의를 포착하려는 해석적 방법론이 필요하다고 여기는 점 등을 들 수 있다. 이런 특징들을 관통하는 것은 사회생활에 대한 이해는 실증성보다 행위의 의미를 통해서 좀 더 잘 이해할 수 있다고 보는 것이다. 이른바 질적 접근방법의 재발견, 좀 더 두드러지게는 생애적 접근방법(biographical method) 같은 것이 사회현상 분석에 중요한 방법으로 채택되어야 한다고 본다.[13]

일상생활에 대한 연구의 관심은 바로 이러한 거대이론의 퇴조와 인간 행위에 대한 의미의 재발견이라는 학문적 전환을 배경으로 한다. 바로 인간 행위의 의미라는 차원에서 일상생활이 주요한 관점과 연구주제로 등장한다. 일상생활은 모든 사람에게 즉각적이고 비성찰적인 지식의 원천이면서도 주관적 체험이라는 측면에서 개별 행위자들에게 복잡한 의미의 기초를 이룬다. 또한 일상생활이 자기보존과 삶을 꾸려가는 '인생이라는 연극(life-performance)'의 주요 무대라는 측면에서 행위자들의 상호작용이 구체적으로

12) Michel Maffesoli, "The Sociology of Everyday Life: Epistemological Elements," *The Sociology of Everyday Life, Current Sociology*, Vol. 37, No. 1(Spring, 1989), p. 1.
13) Jean Manuel de Querioz, "The Sociology of Everyday Life as a Perspective," *The Sociology of Everyday Life, Current Sociology*, Vol. 37, No. 1(Spring, 1989), p. 31.

이뤄지는 공간이며, 일반적 규범과 가치를 정식화하기 위한 의사소통과 호혜적 이해의 계기가 마련되는 공간이다.[14]

사회과학적 이해가 하나의 현상을 현상으로 보고 그것을 경험하는 방법이 무엇인가를 출발로 삼는 것이라면, 행위와 의미에 대한 이해 없이는 우리가 실재를 진짜로 보고 있다고 주장할 수 없다. 그런 점에서 일상생활연구는 단순히 시야를 아래로 돌린다는 관심의 전환이 아니라 실제의 생활과 개인의 활동을 이론구성의 중심에 놓는다는 점에서 패러다임의 일정한 변화를 의미하며, 방법론적 전회로도 볼 수 있다. 그것은 구조적 강제와 기계적 법칙성, 추상적 담론 등에 압도된 채 생명을 잃어버린 기존의 추상적 이론과는 분명하게 다른 길을 지향한다.

2) 일상생활연구의 주요 쟁점

일상생활에 대한 연구는 그 연구의 중요성에도, 개념화와 실제 적용, 의미화에서 다양한 난제에 직면해왔다. 일상 또는 일상생활에 대한 개념은 아직 많은 경우 비명시적이고 복합적인 의미로 사용되고 있다. 다양한 분과학문에서 일상에 대한 언급을 하고 있지만 명시적으로 개념화를 시도한 경우는 많지 않다. 크게 사회학에서의 일상생활에 대한 개념화 시도와, 역사학에서의 일상사적 접근이 보여준 아래로부터의 시각이 아마 대표적일 것이다.

그러나 사회학이나 역사학에서의 개념화 시도 역시 자신의 분과학문 내에서조차 통일된 일관성을 갖기보다는 다의적이고 심지어 대립적이기까

---

14) Laura Bovone, "Theories of Everyday Life: a Search for Meaning or a Negation of Meaning?" The Sociology of Everyday Life, Current Sociology, Vol. 37, No. 1(Spring, 1989), p. 51.

지 하다. 그것에는 여러 이유가 있겠으나 일상 또는 일상생활이라는 영역이 기존 인문·사회과학의 개념적 범주나 이론들이 설정해놓은 경계 안에 포섭되지 못하기 때문에 모호성으로 남을 수밖에 없는 현실과, 일상을 개념적으로 정의하기 위한 상상력의 고민이 아직 미진한 점 때문이다. 그것은 기존의 사회과학적 패러다임 내에서 대립적 축을 형성해왔던 인식론적인 이분법적 도식(개인과 사회, 주관과 객관, 구조와 행위, 거시와 미시, 지배와 저항)이 주는 강한 역학(力學)으로 일상이 개념적 배회를 할 수밖에 없어서다.

(1) 개념적 범주: 일상과 비일상의 관계

우선 일상생활의 개념화에서 나타나는 난제로서 일상과 비일상의 관계가 있다. 가장 보편적으로 일상의 개념화를 위해 동원되는 상대적 개념은 비일상이다. 그러나 일상을 정의하기 위해 비일상이라는 대립적 개념을 끌어들였을 때 나타나는 인식론적 모호성과 존재론적 모순을 직시할 필요가 있다. 그 예로 일상에 대한 엘리아스(Noberto Elias)의 정의를 살펴봄으로써 이런 개념적 모호성을 비판적으로 인식할 수 있다.

엘리아스의 구분을 따랐을 때, 우선 제기할 수 있는 것은 과연 일상은 일반 민중에게만 존재하고 권력을 가진 자에게는 존재하지 않는가 하는 문제다. 더 나아가 '권력을 가진 자'를 어떻게 범주화할지가 선행적으로 제기된다. 엘리아스의 정의처럼 우리는 국가 요직에 앉은 사람들을 권력을 가진 자로 단순히 정의할 수 있을까? 아마도 이런 정의에 동의하지 않는 사람도 있을 것이다. 사실 권력 자체를 정의하는 것, 권력의 소유 여부를 정의하는 것만으로도 우리는 그 나름대로 장구한 사회과학의 논쟁적 과정을 소화해내야 한다. 더욱이 최근까지 전개된 포스트모던의 이론적 경향에 따르면 권력과 일상의 관계를 소유나 지위의 관점에서 일차원적으로 보기 힘들다.

더 나아가 과연 '권력을 가진 자'에게는 일상이 존재하지 않는 것일까?

[표 6-1] 엘리아스의 일상 - 비일상의 관계 정의.

	일상	비일상
1	평일	축일(휴일)
2	통상적인 사회 영역	특별한 비통상적인 사회 영역
3	(특히 노동자들의) 작업일	시민, 즉 노동하지 않고 이윤으로 호화롭게 생활하는 사람들의 생활영역
4	민중의 생활	(왕, 왕자 및 공주, 대통령, 행정부 사람, 정당 지도자, 의회 의원, 경제 지도자처럼) 고위직에서 권력을 가진 사람들의 생활
5	매일 생활이 이뤄지는 영역	전통적인 정치적 역사 서술이 유일하게 적합한 것이라고 간주하며 '큰' 사건이라고 파악하는 모든 것, 즉 역사에서의 주요한 국가적인 행위
6	사생활(가족, 사랑, 어린이)	공적인 또는 직업적인 생활
7	자연적인, 자발적인, 성찰되지 않은 참된 체험과 사유의 영역	성찰된, 인위적인, 비자발적인, 그리고 특히 학문적인 체험과 사유의 영역
8	일상의식: 이데올로기적인, 소박한, 숙고되지 않은 잘못된 체험과 사유의 총괄 개념	올바른, 순수한, 참된 의식

자료: Noberto Elias(1978: 26)[15]

가령 최고지도자는 잠을 자고 밥을 먹고 화장실에 가고 일상적인 잡담을 나누고 하품을 하고 가장과 남편과 아버지로서의 일상이 없는 것일까? 상식적으로 얘기한다면 권력의 소유 여부, 계급적 지위 여부, 남자와 여자, 늙음과 젊음 등에 상관없이 일상은 모든 인간에게 존재하는 실존의 기본 토양이다. 다만 사회적 공간 내에서의 개인의 위치와 사회적 관계의 수준에 따라 그 일상은 개인적 고유성과 일정한 사회적 맥락의 독특성 속에서

---

15) 강수택, 『일상생활의 패러다임: 현대 사회학의 이해』(서울: 민음사, 1998), 32쪽에서 재인용.

구성될 뿐이다.

이런 구분의 모순은 일상을 사적 생활로, 비일상을 공적 직업생활로 구분하는 데서도 나타난다. 하지만 공적인 직업생활은 대부분의 사람들에게 매일매일을 살아가는 하나의 일상적 과정으로 인식된다. 그것이 비일상적일 수 있는 경우는, 예를 들어 한 개인이 일정 기간의 실업 상태라는 일상에서 취업이 되었을 때, 그 '특별한 순간'이다. 그러나 직장생활이 매일매일의 과정이 된다면 그의 직장생활은 일상이 된다. 따라서 일상 속에는 사적인 생활과 공적인 생활이 모두 존재할 수 있으며, 일상은 개인적인 영역과 사회적인 영역 모두를 포괄한다. 따라서 단순히 공적 또는 사적이라는 구분으로 일상을 정의할 수 없다.

이처럼 일상 또는 일상생활의 개념은 사회학의 전통 내에서 강조점을 두는 관심사에 따라 다양하게 정의되어왔다.[16] 따라서 우리는 북한 일상생활을 연구하기 위해 일상을 지도자, 관료, 인민 등 북한의 모든 행위자들을 포괄하는 인간의 존재론적 기초로 보아야 한다. 이는 일상의 개념화를 위해 그 대립의 축으로 비일상을 상정함으로써 발생하는 개념상의 모순적 대치를 피하는 길이기도 하다. 즉, 일상을 반복성과 수렴의 차원으로 여기고 일상을 단순히 변화의 잉태지로 보는 것뿐 아니라 완고한 지속성의 차원에서도 볼 필요가 있다.

---

16) 대표적으로 현상학적 전통에서는 "자연적 태도에 기초하여 경험, 사유, 그리고 행위가 상호 주관적으로 이뤄지는 것"이라는 점이, 마르크스주의 전통에서는 "개인의 재생산 활동의 총체"라는 점이, 그리고 상징적 상호작용론의 전통에서는 "자아의 형성, 발전, 표현의 환경으로서의 사회적인 상호작용 상황, 특히 대면적인 상호작용 상황"이라는 점이 특별히 강조된다. 이외에 하버마스의 비판 이론에서는 일상생활이 합리화되어 '상징적 재생산의 영역'으로 되었다고 봄으로써 그 축소된 기능의 측면이 강조되었다. 강수택, 『일상생활의 패러다임: 현대 사회학의 이해』, 35쪽.

(2) 주요 행위자와 관심 대상

보통 일상생활에 대한 학문적 접근은 하층계급을 대상으로 한다는 통념이 있다. 가령 역사학의 일상사, 미시사, 생활사 등은 주로 서민이나 일반 대중을 일상 행위의 주체로 삼는다. 그것은 역사의 기록과 해석에서 제외되었던 '침묵하는 다수'로서의 대중에 대한 관심의 측면에서다. 사회과학에서도 일상생활에 대한 접근은 물질문명, 자본주의, 산업화, 기계화, 권력, 이데올로기 등에 의해 일상적으로 소외당하는 존재이자 억압받는 대상인 일반 대중에 천착하는 경향이 있다. 이것은 일상생활을 주로 하찮거나 주목받지 못하는 '보통 사람들'의 생활이라고 보기 때문이다.

그러나 이처럼 일상생활의 주요 행위자를 하층계급이나 일반 대중으로 한정할 경우 자칫 해석적 자기제약에 빠질 위험성이 높다. 가령 일상사에서 아래로부터의 시각이나 사회학에서 일상생활에 대한 접근이 대중, 서민, 민중 등에 대한 관심이라고 볼 경우, 단순히 사회나 국가를 일정한 계급적 위계, 지배구조의 위계로 상정하고 여기에서 하층을 주목해야 한다는 입장에 서게 된다. 그렇게 되면 일상의 영역은 사회를 총체적으로 인식하는 창(窓)으로서의 의미보다는 일정하게 제한적인 계급적, 지배 스펙트럼의 틀에 한정될 가능성이 높다. 또 한편 실천이나 변혁이라는 목적의식적인 차원에서 일상을 해석할 가능성이 높다.

그렇다고 일상생활에 대한 비판과 일상생활에서의 실천이나 행위가 갖는 변혁의 가능성을 부정하자는 것은 아니다. 다만 일상생활을 하층에만 국한할 것이 아니라 지도자, 관료, 인민 등 사회 구성원 전체에게 해당되는 공통된 존재론적 근거로 보아야 사회를 총체적으로 파악하는 데 적절하다는 것이다. 이렇게 볼 때에만, 일상생활이라는 창을 통해 사회 각 수준에 접근할 수 있고 전체를 관통하는 일상이라는 공통된 관심의 영역을 갖게 된다. 개인은 개인대로, 지배계급은 지배계급대로, 하층민은 하층민대로, 집단은 집단대로, 국가는 국가대로 일상적 삶과 조직의 운영과 업무가 있다. 따라서 사회 전체의 평상상태의 분석은 그대로 사회 전체의 총체적 파악이 된다.

(3) 연구의 분석수준

일상생활연구의 분석수준에 대한 문제는 사실 앞선 쟁점과의 연속선상에
서 연구의 눈높이를 어디에 둘 것인가와 밀접하게 관련된 문제다. 가령
크게 전통적 시각에서처럼 사회구조나 거시적 역사 흐름의 관점에서 조망할
것인가, 아니면 아래로부터의 미시적 행위자들의 경험적 세계의 관점에서
볼 것인가, 아니면 이 둘의 상호구성적인 변증법적 관계의 차원에서 볼
것인가 하는 문제다. 물론 분석수준은 연구자가 제시한 주제와 이론적 문제
에 적합해야 한다. 또한 분석수준에 부합하는 자료들을 얻을 가능성도 따져
봐야 한다.[17)

가령 구조적 분석수준에서 일상생활은 행위의 가능성에 초점을 맞추기보
다는 행위를 구조적 억압의 결과물로 해석하는 데 적합하다. 제도, 규범,
가치 등 구조적 조건이 일상에 부여하는 제약의 차원에서 보는 것이다.
반면에 행위자적 분석수준의 일상생활은 아래로부터의 경험적 차원인 구조
적 억압의 그늘에서 행위자들이 펼치는 다양한 실천과 전략이 갖는 가능성의
공간으로 볼 수 있다. 이 경우 개개인의 주관적 세계가 좀 더 심도 있게
고려된다. 한편으로 구조와 행위자의 분석수준을 동시에 사용해 둘 사이의
상호작용적인 측면에 주목할 경우, 일상생활은 이 둘을 매개하는 중요한
실천영역으로서 의미를 갖는다.

이와 같이 일상생활을 어떠한 분석수준에서 볼 것인가에 따라 이론틀,
자료 취득, 해석 등이 어느 정도 차이를 보일 수밖에 없다. 다만 어느 분석수
준을 선택하든 일상생활은 기존의 인문·사회과학적 인식 구조(개인/사회,

---

17) 닐 스멜서, 「기술적 묘사와 인과적 설명에 관한 비교분석 방법론」, 한국비교사회
연구회 편저, 『비교사회학: 방법과 실제 I』(서울: 열음사, 1990), 229쪽.

지배/저항, 구조/행위, 객관/주관, 거시/미시 등)에 대한 성찰을 요구한다. 가령 지배와 대중의 관계를 일상생활의 차원에서 볼 경우 분석수준을 어떻게 설정할 것인가 하는 문제가 생긴다. 일상생활은 개인의 행위를 전제한 가운데 의미가 부여된다. 그렇지만 또 한편 그런 개인의 실천은 구조적 제약에서 반드시 자유롭지 못하다는 점이, 일상생활이 구조와 행위의 분석수준 사이에서 갖는 존재론적 위상이라고 할 수 있다.

(4) 연구의 목표: 비판적 실천과 이해

일상생활연구에서는 비판적 관점에서 보느냐, 있는 그대로 이해하고 바라보느냐 하는 접근의 태도도 중요하다. 이것은 일상에서 대중의 실천을 부정적 전망에 근거해 볼 것인가, 낙관적 전망에 근거해 볼 것인가와도 밀접하게 관련이 있다. 가령 사회학적 논의에서 르페브르(Henri Lefebvre)와 마페졸리(Michel Maffesoli)는 대조적인 양쪽의 시각을 각각 대표한다. 르페브르가 마르크스주의에 바탕을 두고 일상에 대한 비판에 중점을 둔다면, 마페졸리는 어떠한 이데올로기적 전제도 받아들이지 않고, 있는 그대로 일상을 이해하며 일상의 중요성을 부각시키는 입장이다.

전자가 일상성의 억압이 발생하고 지속되는 구조적 모순에 천착하고 대중에 의한 극복을 이야기한다면, 후자는 어떠한 선험적인 가치 평가나 도덕주의도 배격하며 일상성이 주는 억압적 소외에도 사람들이 어떻게 일상을 지속해나가는가에 주목한다. 세르토(Michel de Certeau) 역시 후자의 입장에서 좀 더 적극적으로 일상의 가능성을 본다고 할 수 있다. 즉, 일상에서 지배권력의 규율망을 횡단하는 전술적 실천인 문화 활동을 미시 전복적으로 기존 질서를 변혁하는 창조적 동력으로 보는 것이다. 일상적 삶을 중요시하는 데서는 공통적이지만, 르페브르의 경우에는 '벗어나기 힘들어 보이는' 근대의 억압성을 돌파할 창조성과 대안의 문제에서 지나치게 현학적이고 추상적이라는 한계가 있으며, 마페졸리가 드러내는 대중에 대한 낙관은 대중의 책략이 과연 억압성에 근본적으로 어떻게 균열을 가하는가에 대한 구체성에서 모호하다는 한계가 있다.

이와 같은 두 관점은 북한 사회의 일상생활 인식에서도 억압적인 일상생활이 구성되는 것에 대한 비판에 목적을 둘 것인가, 아니면 일상생활에 대한 이해 그 자체에 목적을 둘 것인가 하는 문제와 관련된다. 그 목적에 따라 북한 주민의 일상에서의 행위와 실천을 해석하는 시각과 방법이 달라질 수 있기 때문이다. 비판을 위해 동원될 개념과 분석틀은 소외, 통제, 억압 등에 초점을 맞추겠지만, 이해의 차원에서는 북한 주민들이 권력과 지배를 우회하며 재전유하는 다양한 실천전략에 초점이 맞춰질 것이다.

3) 일상생활연구에 대한 일반적 비판과 반론

다양한 분야에서 일상생활연구에 쏟아진 비판들을 살펴보면, 우선 구조에 대한 연구를 주관적인 경험에 대한 연구로 대체하려는 경향을 비판하는 것이 가장 일반적이다. 이와 더불어 전체 사회에 대한 조망이 결여된 미시적 시각에 천착하고 있는 태도와 개념적 분석을 기피하는 반(反)분석적 태도 등에 대한 비판이 존재한다. 이러한 비판은 보통 일상생활연구가 개인의 주관적 체험세계를 중요한 해석적 텍스트로 삼는 데서 나온 것이라고 볼 수 있다.

그러나 일상생활연구는 분과학문별로 다양한 접근 양상을 보여왔기 때문에 하나의 고정된 접근방식으로 특징화하기는 힘들다. 개인의 주관적 체험세계를 중요한 텍스트로 삼는다는 공통적 측면이 있지만, 다른 한편으로 구조와의 연계성은 물론 분석적 방식 역시 연구전략에 따라 얼마든지 결합시킬 수 있다. 따라서 일상생활연구를 결코 주관에 함몰된 개인사에 대한 천착으로만 특징화할 수는 없다. 오히려 거대 추상이 방기한 개인에 대한 발견과 주목이며, 그 개인이 구체적으로 구조를 만들어내는 하나의 미시적 기초임을 강조한다는 데 의미를 둘 필요가 있다.

따라서 일상생활에 대한 연구가 구조를 중심에 놓거나 거시를 표방하는 연구의 결함을 드러내고 보완한다는 차원에서 볼 필요가 있다. 추상화 수준이 상대적으로 높은 구조나 사회변동, 거시사관이 대중의 일상생활을 간과하거나 왜소화한 부분을 더 적극적으로 의미화하는 것에서 일상생활연구의 장점이 발현된다. 그리고 거시적 변동이론이나 구조적 접근만이 분석적이고 사회적인 현상에 대해 적절한 예측과 대안을 마련할 수 있는지도 재고해볼 필요가 있다. 물론 이런 일상생활연구에 대한 비판과 반론들 사이에는 기존 사회과학 내부에서 해결하기 힘들어 보이는 난제들이 자리하고 있다. 일상/비일상, 지배/저항, 구조/행위, 거시/미시, 객관/주관 등의 대립적 구도가 바로 그것이다.

이런 학문적 이분법들은 그 나름대로 사회를 분석하는 데 일정한 설득력과 명징성을 부여한 측면이 있다. 그렇지만 이러한 이분법은 인과적인 과학주의적 논법에 포섭되지 않는 잉여 현상이나 행위를 무의미한 것으로 배제하는 측면도 가지고 있다. 이러한 대립적인 이분법 구도가 우리의 인식체계를 구성해온 데는 그 나름대로 역사적 과정이 자리하고 있다. 이른바 이성, 합리주의, 근대성 등이 설정해온 과학주의적 틀이 그것이다. 이들 개념이 안내하는 과학주의가 모든 것을 명확한 도식과 인과성 속에 배치하려 했기 때문에, 여기에 포섭되지 않는 것은 모호성, 복잡성, 불명확성으로 남아 학문적 인식범주에서 의도적으로 간과되어왔다.

그러나 일상생활은 이성, 합리성, 근대성 등으로 포섭되지 않는 비이성이나 비합리성, 전근대적인 것들이 뒤섞여 있는 세계이기도 하다. 따라서 인과적인 과학주의 논법으로 설명할 수 없는 부분, 즉 주관적 세계를 해석하는 데 일상생활연구의 미덕이 있다고 할 수 있다. 이런 미덕들을 좀 더 살펴보면, 우선 거시사관, 거대담론, 구조 등이 발전과 진보, 성장이라는 이름으로 특정 가치 속에서 획일화해왔던 세계관에 대비해, 일상생활연구는 인간에 대한 애정과 가능성을 발견해내는 역할을 한다. 그것은 특정 가치와 세계관으로 설명되는 개인들이 아니라 매일매일의 일상에서 자신이 직면하는 현실을 헤쳐 나가는 개인들의 실천이 갖는 다양성을 해석하는 것이라고 볼 수 있다.

둘째, 연구 내적으로 경험세계에 밀착된 이론 구성의 가능성을 보여준다. 일상생활은 연구자 자신에게도 존재론적인 조건이다. 그런 면에서 일상생활 연구는 인식론적 측면에서 '인식이 단지 자기 준거적 과정일 따름'이라는 것을 가장 적절하게 보여준다. 일상생활이라는 연구대상과, 연구자 자신이 일상생활이라는 공통된 자기준거적 관계 속에서 만나는 것이다.[18] 그러나 대부분의 거대담론과 거대이론은 일상적 경험 이상의 무엇인가를 염두에 두고 가정하면서, 객관적이라는 이름하에 구조를 추상적 구조물로 구축하려는 속성이 있다. 이런 점에서 일상생활의 연구는 일상적 경험 이상의 이론이나 담론이 갖는 획일성의 위험을 경계하는 데 기여한다.

마지막으로 일상생활연구는 학문 영역들 사이에 존재하는 기존의 엄격한 경계를 넘어 철학, 심리학, 사회학, 역사학, 정치학, 경제학, 민속학, 문학 등 관련 학문들과의 종합적 연구, 즉 탈학제적 연구가 필요하다는 점을 강조한다.[19] 이런 일상생활연구가 제기하는 학제 간 연구의 필요성은 북한 연구가 종합학문 또는 지역학을 표방하며 탈학제적 연구를 그 나름의 연구전략으로 채택했음에도, 다양한 학제적 연구성과를 보여주지 못한 데도 성찰적 계기를 줄 수 있을 것이다. 그간 북한 연구가 보여온 형식적이거나 느슨한 탈학제성을 실질적인 탈학제적 연구로 전환시키는 것이 일상생활연구의 과제일 것이다.

---

18) 이남복, 「루만의 구성주의 체계이론: 실재론과 관념론을 넘어서」, ≪담론201≫, 10권 2호(2007), 152~153쪽.
19) 강수택, 『일상생활의 패러다임: 현대 사회학의 이해』, 27쪽.

결국 일상생활을 바라보는 시각은 결코 하층 민중들에 대한 특별한 관심을 획득하려는 것으로 협소하게 이해될 수 없다. 우선 '아래로부터'라는 의미는 그간 역사나 사회를 보는 시각이 목적의식적인 거시적 시각 속에서 엘리트, 지배계급, 남성 등 주류 중심적 시각으로 조망된 데 대한 비판적·대안적 의미를 내포한다. 따라서 일상은 단순히 하층 민중에 주목한다는 것 이상으로 기존의 지배적인 담론, 주류적 관점에 의해 구조화된 학문적 시각, 상징적 구분체계 등이 재생산하는 사회질서에 의문을 제기하는 과정으로 볼 필요가 있다. 그것은 비판과 이해를 결합하는 학술적 시도라는 측면에서도 의의가 있다.

이러한 일상연구의 미덕과 개념화의 난제가 현 시기 북한 연구에 주는 함의는 크다. 우선 북한 연구가 현재 위치한 연구 지평과 관련해, 기존 연구시각과 방법론에 대한 성찰과 보완의 기회를 제공한다는 측면이다. 두 번째는 아직도 일정하게 온존해 있는 냉전적 관점에 대해 일상생활연구가 북한 사회를 추상적 이념보다는 구체적 현실에 대한 이해의 관점에서 접근하는 기회를 제공할 수 있다는 점이다. 그것은 한편으로 우리 자신은 물론 북한 주민들의 주관적 세계에 대한 이해 없이 민족이나 통일이라는 목적의식적 당위를 설정하고 접근하는 태도에 대한 성찰적 기회를 제공할 수 있을 것이다.

4. 북한 일상생활연구의 지향과 과제

1) 연구의 의미와 방향성

(1) 일상과 비일상의 구분을 넘어

일상과 비일상의 경우, 이 둘은 개념적으로나 실제적으로 모호한 경계선을 가지고 있다. 한 개인에게도 어느 시기에는 일상적이던 것이 어느 시기에는 비일상적인 것이 될 수 있다. 그러나 일상은 고정된 어떤 것이 아니라 하나의 반복적인 양태와 성질에 해당한다. 일상의 반복성은 어느 순간 흐트러지기도 하지만, 결국 일상성은 그것의 평형상태를 찾는 관성을 가지고 있다. 이러한 일상성에 대한 인식이 부족할 경우 일상을 비일상이라는 개념적 대립을 통해 설정함으로써 인식의 아포리아가 발생한다.

일상생활이란 공적 생활에 대립되는 것으로서의 사생활이 아니다. 또한 그것은 질서화된 공식적 세계에 대립하는 이른바 무질서한 생활도 아니다. 최고지도자든 당간부든 일반 주민이든 모두 일상생활 속에서 살고 있다. 일상성이란 무엇보다도 사람들의 개별적인 삶을 매일매일의 테두리 속에서 조직하려는 일상의 관성이다. 그것은 삶을 매일매일의 반복 가능성, 매일매일의 시간배분 속에 배치하는 것이다. 그래서 일상성이란 개인의 역사를 지배하는 시간의 조직이며 리듬인 것이다. 또한 일상생활에는 반복도 있지만 특별한 경우도 있고, 또 판에 박힌 일뿐 아니라 축제도 있다. 따라서 일상생활이란 비일상적인 것, 축제적인 것, 비범한 것에 대립되는 것을 의미하지 않는다. 오직 모든 것은 일상성을 통해 일상생활에 수렴된다.

일상성이 일과 행위와 생활의 규칙적이고 반복적인 리듬으로 사람들을 조직하는 것이면, 일상생활은 다수의 사람들이 그 리듬 밖으로 쫓겨날 때 붕괴된다. 대표적으로 전쟁이나 혁명은 일상생활을 붕괴시킨다. 그러나 일상성은 곧바로 이러한 전쟁이나 혁명의 비일상조차 압도해버린다.[20] "사람은 교수대에서조차도 익숙해질 수 있다"는 말은 일상성이 갖는 성격을 단적으로 보여준다. 인간은 가장 예외적이며 부자연스럽고 비인간적인 환경 속에서조차도 생활의 리듬을 만들어낸다.[21]

가령 1990년대 중반 북한의 '고난의 행군'은 기존의 주민의 일상생활을

---

20) 이진경, 『근대적 시·공간의 탄생』(서울: 푸른숲, 1997), 34쪽.
21) 카렐 코지크, 『구체성의 변증법』, 박정호 옮김(서울: 거름, 1985), 58~76쪽.

붕괴시켰다. 그러나 계획경제를 중심으로 영위되던 일상생활이 시장교환이 중심인 일상생활로 변화하면서 곧바로 새로운 일상생활의 균형이 만들어졌다. 인간은 어떠한 조건에서도 자기보존의 일상성을 회복하는 본능적 기술을 가지고 있다. 어떤 특별한 사건도 결코 일상의 진부함을 제거하거나 그 내용을 완전히 채우지 못한다. 단지 잠시 일상 위에서 번쩍일 뿐 이내 일상의 진부함에 묻히고 만다. 결국 모든 사건과 비일상은 일상으로 수렴된다. 그러한 수렴이 가능한 것은 모든 인간이 자기보존의 일상성을 갖기 때문일 것이다.

(2) 구조와 행위의 연계로서 일상생활

일상생활연구는 사회현상이나 변화를 분석할 때 구조와 행위를 분석적으로 연계하는 것에서도 의미를 갖는다. 일상생활세계는 개인의 행위에 영향을 미치는 물질적 조건·제도·질서·규범·규칙 등 구조적 조건이 관철되는 공간이자 개인들이 관계를 통해 그러한 구조적 조건 등을 해석하고 그 나름의 방식대로 '재전유'하는 공간이기도 하다. 따라서 일상생활세계는 구조적 강제와 행위의 실천이라는 대립적 두 측면이 상호작용하는 공간이다. 그런 면에서 일상생활세계는 구조가 재생산되는 미시적 상황과, 구조를 변화시키는 행위의 가능성이 공존하는 공간이라고 할 수 있다.

일상생활에 대한 연구는 객관적인 사회적 관계와 주관적인 경험세계는 분리된 것이 아니라 의미 있는 실천을 통해 매개되는 하나의 유기적 관계 속에서 공존함을 보여준다. 이것은 일상생활의 세계가 개인과 개인, 집단과 집단 사이의 사회적 교환이 일어나는 가장 기본적인 공간임을 뜻한다. 일상생활은 사회의 지배적인 교환질서의 원리, 교환의 방식, 교환에 대한 문화적 태도 등이 실천되는 공간이다. 따라서 일상생활연구는 구조와 행위의 관계를 추상적인 이론 차원에서 매개하는 데 그치는 것이 아니라 실제의 사회적 관계가 어떻게 개인들의 주관적 경험세계 속에서 체험되고 유지·재생산되는

지를 볼 수 있다는 점에서 중요하다.

그런 측면에서 일상생활연구는 사회를 구조화하는 다양한 일상적 계기들에 대한 하나의 횡단적인 독해를 가능하게 한다. 따라서 일상생활연구는 결코 일부의 비판처럼 구조를 의도적으로 배제하는 연구전략이 아니다. 일상생활이 사회 전체의 구조 속에서 조망되어야 한다는 데 동의한다. 일상생활을 증발시킨 사회구조의 분석이 전문적 용어의 나열에 그치거나 메마른 숫자의 조합에 그치기 쉬운 것과 마찬가지로, 전체 사회구조에 대한 조망이 없는 일상생활의 분석은 잡다한 사실들의 모자이크에 불과할 수 있다. 결국 이 양자를 구체적으로 어떻게 연계시킬 것인가라는 연구전략이 더 중요하다.

(3) 거시와 미시: 연구의 관찰배율

거시와 미시는 일종의 사회나 현상을 보는 연구의 관찰배율 문제라고 할 수 있다. 거시적 접근이 추상화 수준을 높여 사회나 현상을 전체 맥락에서 조망하고 그 특징을 추출하는 방식이라면, 미시적 접근은 추상화 수준을 낮추고 전체를 이루는 각 부분에 관심을 집중시켜 제도·정책·노선·권력이 생활세계에서 실천되거나 관철·수용·굴절되는 방식을 일상의 차원에서 관찰하는 것이다. 가령 항공기를 타고 위에서 특정 지역의 전체적인 지형적 특징과 산과 강, 도로 등 각 부분의 관계를 조망하는 방식이 거시적 접근이라면, 미시적 접근은 지표면에서 구체적으로 그러한 지형에 적응하며 어떤 사람들이 어떤 생각으로 어떤 삶의 방식 속에서 사는지를 살핀다.

따라서 이 둘은 동일한 연구대상에 대해서도 관찰배율의 차이에 따라 거시적 접근이 큰 조망의 전체 윤곽의 특징을 포착하는 데 장점이 있다면, 미시적 접근은 그러한 전체적 윤곽을 현실 삶에서 변화시키거나 전유하는 행위자들을 보여주는 데 장점이 있다. 그러나 이 둘은 이러한 장점의 측면에서 상호보완적인 것이지 결코 대립적이거나 양립 불가능한 것이 아니다. 가령 미시적 접근을 통한 일상생활에 대한 관찰이 없다면 거시적 접근을 위한 추상성을 확보하는 데 한계가 따르기 마련이다. 개인의 일상적 실천에 대한 이해가 없다면 거시적 관점에서 특징 포착도 설명력을 갖기 힘들기 때문이다.

우리는 북한의 일상생활을 연구하는 데도 이 거시와 미시를 관찰배율의 조절 차원에서 활용할 수 있다. 거시적 접근을 통해 일상생활을 둘러싼 주요 환경적 조건을 역사적·공간적·제도적 차원에서 살펴볼 수 있고, 미시적 접근을 통해서는 그러한 역사적·공간적·제도적 차원의 환경적 조건들이 어떻게 주민들의 일상생활에 영향을 미치는가를 볼 수 있다. 결국 일상생활의 연구는 미시적 접근만을 전제하는 것이 아니라 거시와 미시의 연계를 통해 더욱 입체적인 조명이 가능하다는 점에서 방법론적 매력을 지닌다.

(4) 지배와 저항: 브리콜라주와 일상의 실천

우리는 한 사회의 지배관계나 지배질서, 지배체제를 지배 - 피지배 관계에 입각해서 지배와 저항(순응)이라는 도식을 통해 바라보는 데 익숙하다. 지배체제가 작동하는 방식을 지배의 전략을 구사하는 지배자와 이에 순응하는 피지배자라는 양자구도로 파악하거나, 또는 역으로 지배체제의 균열은 아래로부터의 저항이 전면화되었을 때로 보는 방식이다. 결국 지배체제의 변동을 위로부터의 의도와 실천이 보여주는 강제성이나 포섭력, 그리고 민중 차원의 순응·동참 또는 저항 사이의 상호관계를 통해 보는 것이다.

그러나 실제로 행위 차원에서 지배와 저항(순응)의 행위를 확연하게 구분해 그것에 고정된 의미를 부여하기란 매우 힘들다. 지위상의 상하관계나 위계질서에서는 특정의 사회적 관계가 지배와 순응의 관계로 해석될 수 있다. 그러나 지위나 위계상의 관계가 모든 행위의 성격을 지시하는 것만은 아니다. 엄밀하게 말하면, 우리가 실천하고 경험하는 일상에서도 지배(의 행위)와 저항(의 행위)이 그 자체로 명확히 구분되지 않고 고정적이지 않다는 점을 알 수 있다. 직면하는 매일매일의 상황과 그 상황에서 임기응변적으로 채택되는 이해관계의 계산, 자기보존의 의식적·무의식적 선택들이 일상에는 언제나 뒤섞여 있기 때문이다. 다만 위계나 지위질서 내에서는 자신의 역할에 충실한 면모를 보일지 모르나, 일상에서는 충실함 속에서도 그 나름의 전략이 존재하기 마련이다.

이것은 연구자의 관점에서 '타자'의 행위(지배·저항·순응하는 행위 등)에 대한 이해의 문제와도 직결된다. 의식적·무의식적 선택이 뒤섞인 일상에서 개인의 행위를 이해하는 것은 언제나 연구자가 특별하게 주목하는 특정 행위에 대한 이해로 포착될 뿐이다. 실제로 개인의 일상은 그런 의식적·무의식적 선택의 연속적이거나 단절적인 계기의 유기적 과정으로서 하나의 개인적인 고유한 흐름일 뿐이다. 결국 타자는 항상 연구자의 이해에 '넘쳐 흐를' 뿐이다.[22] 그것은 봉기를 주도하는 의식적 행위와 같이 눈에 띄는 비범한 면모를 제외한다면, 보통의 일상에서 개인의 행위는 지배와 저항이라는 도식의 어느 양극단에서도 온전히 포착되어 고정적 의미를 획득하기 힘들다는 것을 암시한다.

대중은 언제나 이론적 틀과 이해를 넘는 현실이며, 공식적 이데올로기로서 그 전부를 포용할 수 없는 대상이다. 오히려 대중은 언제나 정치적으로 종교적으로 이단적인 존재이며, 표면적으로 공식적 교의를 수용한다 하더라도 항상 그 교의에서 벗어나는 다양성을 띤다. 어떤 종교도 대중을 하나의 윤리체계로 묶지 못했으며 어떠한 이념도 대중을 영원히 구속하지 못했다.[23] 그런 측면에서 일상에서 개인들의 행위는 '사회 드라마'의 전·후면을 오가며 '가면(persona)'을 바꿔 쓰는 행위이고, 그 가면 뒤의 얼굴은 지배와 저항의 이분법만으로는 포착하기 힘든 모호성을 가질 수밖에 없다. 아마도 그것은

---

22) 이매뉴얼 레비나스, 『시간과 타자』, 강영안 옮김(서울: 문예출판사, 2004), 84~85쪽.
23) 박재환, 「일상생활에 대한 사회학적 조명」, 박재환 엮음, 『일상생활의 사회학』(서울: 도서출판 한울, 1994), 37쪽.

특정한 이해만으로는 포착할 수 없는 실존적 욕망, 즐거움, 괴로움, 좌절 등이 혼합된 얼굴일 것이다.

북한 사회도 이 같은 맥락에서 바라볼 수 있다. 레비스트로스(Claude Lévi Strauss)나 세르토의 비유를 빌리자면, 북한 주민들은 일종의 브리콜뢰르(Bricoleur)로서 끊임없이 제한된 일상생활의 공간 속에서 행위의 창조성을 발휘하는 존재로 이해할 수 있다.[24] 브리콜라주(Bricolage)란 제한된 조건과 환경 속에서 "요소들의 새로운 배열"과 "동일한 재료들의 지속적인 재구성"을 통해 혁신적인 것을 고안해내듯이, 놀라울 정도로 복잡한 문화체계와 실천의 전술·전략을 만들어낼 수 있는 일상적 실천의 가능성을 뜻한다. 평범한 실천들은 확립된 질서에 대해 말없이 집요하게 저항한다. 그러나 그 저항은 급격한 변화를 위한 계획이나 사회변동을 위한 어떤 교의 같은 형태를 취하지는 않는다. 이처럼 공공연한 대결이 분명하게 존재하지 않는 것은 바로 일상적 실천 그 자체의 본질이기도 하다. 따라서 행위자 자신이 목적의식적으로 저항이라고 생각하지 않는 그 지점을 주목할 필요가 있다.

이러한 인식은 가시적으로 드러나는 태도의 문제, 즉 순응하고 수용하고 저항하는 민중의 드러난 행위와 현상에 초점을 맞추는 것이 그 내부에 은폐되어 있거나 은밀한 방식으로 표현되는 다양한 저항의 전술을 간과할 수 있음을 보여준다. 여기서 말하는 저항의 전술이란 표면적으로 드러나는 반대나 저항의 표시만을 얘기하는 것이 아니다. 그들이 의도하지 않았지만 일상에서 감행하는 다양한 실천들이 지배전략이 기대하고 의도한 대로 실천하는 것 같지만 사실은 그것을 다르게 해석하고 전유하는 문화적 태도를

---

24) Michel de Certeau, *The Practice of Everyday Life*(Los Angeles: University of California, 1984), pp. xx~xxii. 프랑스어 브리콜뢰르(Bricoleur)란 잡다한 일을 하는 사람을 가리킨다. 브리콜뢰르는 손에 잡히는 것들을 이용해 집을 고치거나 물건을 정리하거나 고장 난 것을 수리하는 데 능숙한 사람이다. 제한된 조건 아래에서 다양한 손재주를 부려 문제를 해결하는 임기응변가라고 볼 수 있다.

의미한다는 점이다.

그것은 주체와 타자, 지배와 피지배 관계에 대한 각성을 지속적으로 요구하는 문화적 해석의 과정이기도 하다. 즉, 지배권력이 강요하는 체계를 '재채용(ré-emploi)', '은유화', '침투(insinuation)'의 형식으로 횡단하는 것에 대한 관심과 주목이다.[25] 일종의 '반(反)훈육',[26] 즉 체제가 일상생활을 완전히 식민지화하는 것의 불가능성, 오히려 권력의 작동방식을 소비하는 개인들의 실천에 주목하는 것이다.[27] 규율의 전면적 관철을 교묘하게 회피하고 지배의 전략에 딴지를 걸고 좌절시키는 작업이다.[28]

---

25) 세르토는 이런 민중문화를 '글쓰기'와 '글읽기', '도보걷기', '소비' 등을 통해 설명한다. 가령 '글쓰기'가 지배자가 규율을 기표하는 텍스트이고 지배자의 진리를 설계하는 것이라면, '글읽기'는 일종의 텍스트 내에서의 '밀렵(braconnage)'이다. 지배 텍스트의 권위를 수용하지만 읽는 방식에 따라 의미가 달라지도록 해독하는 하나의 창조적 과정이라는 것이다. 글쓰기가 사회적 권력의 특권적 행위라면 글읽기는 그들의 영토에서 의미들을 밀렵하는 행위이다. 지배 텍스트를 전환·전도·변환·전복하고 비틀면서 의미변환적 수사(trope)를 사용하고 우회하는 술수의 채용방식이 밀렵이다. Michel de Certeau, *The Practice of Everyday Life*, pp. xx~xxii.

26) 이런 관점에서 세르토는 푸코(Michel Foucault)를 비판한다. 전방위 감시체계로서 파놉티콘(panopticon)은 권력 주체의 '술수'를 보여주지만, 세르토는 그것을 '거스르는 힘', 즉 '마주보는' 역감시(anti-discipline)의 과정을 통해 횡단과 비틀기, 전복, 붕괴의 가능성을 본다. Michel de Certeau, *The Practice of Everyday Life*(Los Angeles: University of California, 1984), pp. xiv~xv.

27) 마크 포스터, 「미셸 드 세르토와 소비주의」, 『포스트모던시대의 새로운 문화사』, 조지형 옮김(서울: 이화여대출판부, 2006), 178쪽.

28) 다양한 저항적 실천 전술에 대해 세르토는 '가발쓰기(la perruque)', 즉 '남몰래 다른 일하기'라는 개념을 부여한다. 세르토는 공장 노동자의 예를 들어 이 개념을 설명한다. '가발쓰기'에 몰두하는 노동자는 재료를 슬쩍 훔치거나 공작기계를 자기 목적으로 이용하며, 시간을 자유와 창의력, 정확하게는 이익이 아닌 공작활동에 집중한다. 노동자의 유일한 목표는 작업장에서 자신의 능력을 표시하는 한편 이런 방식으로 시간을 소비함으로써 다른 노동자나 자기 가족과의 연대성을

결국 이들 일상의 대중이 행하는 실천(practice)[29]은 지배집단이 부과한 체계를 자신의 이익과 목적에 부합하도록 무한히 변환하는 전유(appropriation)의 과정을 포함한다.[30] '침묵하는 다수'인 인민이 권력이 부과한 기존 질서의 골격을 재채용하고 그것에 내부적인 변형을 가하면서 일상적 투쟁과 저항을 실천하는 문화, 이것이 바로 '일상의 정치'다. 권력에 지배당하는 것이 아니라 권력을 소비한다는 관점으로 보아야 한다. 약자의 보이지 않는 무기라고 할 수 있다.

2) 연구의 주제 영역과 자료

(1) 일상생활의 주제 영역

북한 주민 생계활동의 중요한 부분을 차지하는 시장, 주민들에 대한 일상적 통제가 이뤄지는 체계이자 주민들이 제도와 일상적인 대면 관계를 갖는 통로로서의 관료, 공적인 조직문화를 통해 일상생활의 한 부분을 구성하는 노동, 주민들 대부분의 유년기와 청소년기의 일상생활을 통제하고 규율화하

확인하고, 감시받는 생산에서 창조적 술수를 발견하는 즐거움을 교활하게 누리는 것이다. 공장의 생산경쟁을 다른 노동자와 공모해 무력화시키는 노동자는 기존 질서의 본거지에서 '자신을 인정받기'에 성공한다. '가발쓰기'는 현재의 산업공간 질서에 다른 시공간의 민중적 전술을 재도입하는 것이다. 장세룡, 「미셸 드 세르토의 일상과 민중문화」, ≪서양사론≫, 제82호(2004), 232~233쪽.

29) 밑으로부터의 관점을 강조하는 '전술(tactics)'에 대한 세르토의 개념은 부르디외(Pierre Bourdieu)의 아비투스(habitus) 개념과 공통점이 많다. 그러나 세르토는 아비투스 개념을 비판한다. 거기에는 평범한 사람들은 자기가 하는 일이 무엇인지 의식하지 못한다는 함의가 있기 때문이라는 것이다. 피터 버크, 『문화사란 무엇인가』, 조한욱 옮김(서울: 도서출판 길, 2005), 134~135쪽. 그런 면에서 세르토의 전술 개념은 실천과 저항을 의식적으로 조작해내는 행위자의 능동성에 무게를 두고 있다고 볼 수 있다.

30) 장세룡, 「미셸 드 세르토의 일상과 민중문화」, 209쪽.

는 교육 등이 중요한 일상생활의 주제 영역이라고 볼 수 있다. 이와 함께 군대조직의 일상생활도 중요한 주제 영역에 속한다. 북한 주민들의 구체적인 일상적 실천이 이뤄지는 공간적 범주로 볼 경우, ① 지역(행정·관료 단위, 마을·도시 공동체 단위 등), ② 시장(장터, 소비 단위, 시장교환 및 유통 경로 등), ③ 작업장(공장, 농장, 학교, 군대 등 생산 및 조직 단위)으로 분류할 수 있다.

다음으로 북한 체제동학과 일상생활세계와의 관계를 통해 주제를 설정해볼 수 있다. ① 지배와 저항, ② 국가기구와 일상공동체, ③ 이데올로기와 일상담론, ④ 통치문화와 일상문화, ⑤ 국가 상징체계와 일상적 상징제의 등이 그것이다. 이들은 공통적으로 국가가 부여하는 제도, 상징, 조직, 규율, 문화 등을 일상생활 차원에서 북한 주민들이 어떻게 수용하고 전유하는가를 보여주는 구도라고 할 수 있다. 이 두 축은 서로 충돌하고 갈등도 하지만 상호침투하면서 체제의 변화를 만들어가는 사회적 과정의 하나라고 볼 수 있다.

마지막으로 일상생활이 사회적 관계를 구성하는 기초이며 사회적 관계를 통해 영위된다는 차원에서 주제 영역을 설정해볼 수 있다. 사회적 관계를 구성하는 교환형태(호혜, 재분배, 시장)에 기초해 연결망을 구성하는 정보유통 수단 및 내용에 주목하는 것이다. ① 주민들 사이의 공식[공간(公刊) 등], 비공식(소문, 유비통신 등) 정보유통 경로와 내용, ② 시장유통 및 교환체계, 즉 생산·유통·소비경로와 가격형성 메커니즘을 통한 정보유통, ③ 공동체 연대와 사회자본, 즉 가족·친척, 동료집단, 관료체계 등을 통한 정보유통 등을 살피는 것이다.

(2) 자료조사 및 분석

우선 문헌자료의 경우, 기존에 활용되던 북한 문헌자료를 일상생활연구의 시각에서 재해석할 수 있는 가능성을 모색하고, 기존 북한 문헌자료 중

일상생활세계와 관련해 주로 활용되었던 자료들을 체계적으로 재분류하며, 나아가 기존 북한 연구에서 주목하지 않았던 자료를 신규로 발굴해 분석·체계화하여 일상생활연구의 자료를 확보하는 것이다.

둘째, 구술자료의 경우, 탈북자 인터뷰를 통해 자료를 직접 생성하는 방법이다. 이를 위해 각 주제 영역을 관통하는 공통질문 및 주제별 질문을 각각 구조화된 질문지와 설문지로 작성하며 직접 다양한 관련자들을 인터뷰하고 현장 조사함으로써 일상생활세계를 입체적으로 조명하는 것이다. 이를 위해 탈북자들을 지역별·연령별·계층별·직업별·탈북 동기 및 국내 입국 시기별로 분류하는 것이 중요하다. 북한 주민과의 접촉이 빈번한 북·중 접경지역 거주민, 중국을 왕래하는 북한 내 화교, 다양한 목적으로 북한에서 장기체류한 경험자 등에 대한 직접 인터뷰 역시 탈북자들의 관점과 다른 관찰 경험을 제공해줄 수 있다.

셋째, 양적 자료는 북한 연구에서 그 활용도가 가장 낮은 편이다. 주로 북한 공간문헌에서 간헐적으로 제시된 통계치나 이것에 근거한 연구자들의 추정치가 간접적으로 활용되어왔다. 그나마도 주민 일상생활세계보다는 거시적인 경제지표 등에 한정되어 있다. 이것은 실제 사회조사의 어려움, 직간접적인 통계 표본의 부족, 북한 통계자료에 대한 불신, 양적 자료에 대한 관심의 부족 등 때문이다. 대안으로 생각해볼 수 있는 것은 탈북자 인터뷰를 통해 주제별로 일상생활세계의 다양한 경험적 수치들을 조사함으로써 생활세계에 대한 양적 자료의 부족을 일정 부분 해소하는 것이다. 가령 각종 생필품의 가격 변동, 생계비 변동, 시장접근 횟수 및 시장의 지리적·사회적 거리, 운송 및 유통비용, 소상품 생산비용, 조세 및 준조세액, 뇌물공여 액수 및 횟수, 개인 착복 및 불법 유출량과 횟수, 실교육비, 실배급량 및 횟수, 개인 연결망의 지리적·사회적 거리 등을 조사하는 방식이다.

한편 수집된 자료를 분석하는 기법과 연구에 활용하는 방법을 설계할 필요가 있다. 하나는 문헌자료, 구술자료, 양적 자료 등을 각각의 자료 성격에 따라 분석·활용 방법을 모색하는 것이고, 다른 하나는 이들을 유기적으로 연계하는 분석모형을 설계하는 것이다. 우선 문헌자료들의 경우 대부분이 국가가 생산하는 담론에 속한다. 이들 공식문헌을 통해 주민들의 일상을 파악하기 위해서는 심층적 내용독해나 '예외적 정상', '이례'를 찾는 기법이 필요하다. 일탈이나 비정상성으로 지목되는 부분들을 찾고 이를 주민들의 실천과 일상을 연결시켜 분석하는 방법을 고려해볼 수 있다. 구술자료 역시 구술 내용의 사회적 맥락과 구술자의 간접경험이나 확인되지 않은 사실들의 분석적 여과를 통해 활용할 필요가 있다. 구술자의 직업, 계층, 지위, 지역, 성별 등에 따른 분석적 여과 장치와 간접정보의 생성 경로 및 사회적 맥락에 대한 분석적 고려가 요구된다. 한편 문헌자료, 구술자료, 양적 자료를 유기적으로 결합하는 차원에서 '방법론적 삼각측량(methodological triangulation)'의 기법을 설계해야 한다. 각 자료의 특징을 살리면서, 이들 사이에 존재하는 자료성격과 내용의 차이를 일정한 분석적 여과장치를 통해 걸러내고, 상호 교차비교(cross-checking)하는 방식이다.

마지막으로 체제동학과 일상생활세계를 연계하는 방법론의 측면이다. 체제동학이란 정치적 지배체계, 경제적 재분배 체계, 이데올로기 및 담론체계 등의 구성요소들이 결합해 체제를 작동시키는 메커니즘으로 정의할 수 있다. 체제이행 및 변화는 체제동학을 구성하는 요소들이 일정한 기능적 이상이나 질적 변화를 보일 때 나타나는 체제성격의 변화를 의미한다. 체제동학의 구성요소와 체제이행의 변수들을 체계화하고 일정한 단계별로 이 변수들이 일상생활세계와 어떻게 연동되어 있는지를 살펴보아야 한다. 이를테면 1990년대 이후 기존 북한 체제의 동학을 구성했던 요소들이 기능적으로 일정한 변화를 보였다. 가령 경제적 재분배체계가 상당 부분 훼손되었고, 이데올로기 및 담론체계가 과거와 같은 정당성을 획득하지 못하고 있다. 주민 일상에서도 정치적 권력관계가 새로운 방식으로 재전유되는 측면이 발견된다. 이런 현상들은 북한 체제가 사회적 관계에서 내용적 변화를 겪고 있다는 반증이기도 하다.

생활세계의 공간인 지역, 장터, 작업장과 시장, 관료, 노동, 교육의 영역은 지배권력의 책략과 주민 일상이 만나는 공간이며, 주민 대중이 지배의 기획을 재채용하고 은유화함으로써 또는 침투과정을 통해 새로운 변형을 일으키는 공간이라고 볼 수 있다. 일상생활연구는 권력과 일상, 체제의 거시적 동학과 일상이 상호작용하는 역동성을 중시하며, 이 둘을 연계하는 이론을 필요로 한다. 그런 의미에서 일상생활세계에서 벌어지는 일상의 정치가 지배의도 및 강권과 어떻게 충동했고, 이를 어떻게 변화시켰는지에 대한 미시적 과정을 파악하는 것이 중요하다. 동시에 이러한 미시적 역동성이 체제변화에 어떻게 작용했는가에 대한 상관 모델을 구축해보는 것도 중요하다.

7장

북한 일상생활 연구자료의 생성과 해석
구술자료 연구방법론을 중심으로

이희영(대구대학교 사회학과 교수)

1. 문제제기: 일상생활의 망각과 복원

북한 연구에서 '일상생활(everyday life)'에 대한 관심은 최근의 일이다. 지금까지 이뤄진 학술연구는 국가이념으로서의 주체사상, 사회주의체제, 국가기구, 제도 및 정책에 대한 분석에 집중되고 있다. 이와 같은 학술연구의 편향성이 지속된 이유에는 남과 북의 분단이라는 정치적 상황이 어떤 학문연구 분야보다 크게 작용했다. 무엇보다 북한 사회에 대한 접근이 불가능해 연구자료의 선정과 이해에서 근본적인 제약이 있었다. 같은 분단국가인데도 일반인의 상호 왕래, 텔레비전 등의 매체를 통한 일상문화의 공유와 방문연구가 가능했던 독일의 경우와 비교해보면 남과 북의 분단 상황은 이후 세계사에서 그 유례가 없는 것으로 기록될 것이다.

그러나 사회적으로 북한 사람들과 일상생활에 대한 관심이 전혀 없었던 것은 아니다. 오히려 정치적인 적대와 분단을 고착화하는 제도적 억압이 심화되는 과정에서도 분단의 경계 저편에 존재하는 북쪽 사람들의 삶에

대한 남쪽 사람들의 관심은 지속되었다고 할
수 있다.

독일 작가 루이제 린저가 1980년 봄 북한
을 방문한 후 출간한 북한 여행기[1]는 저자의
주장과 평가의 이면에 존재하는 북한 사회의
일상을 그 나름대로 짐작해볼 수 있는 하나의
자료였다. 이와 같이 외국인이나 해외교포들
의 방문기록을 통해 조금씩 전해진 북한 사회
에 대한 정보 외에 남한 사회 구성원의 눈과 입을 통해 전해진 본격적인
기록은 아마도 황석영 씨의 북한방문기일 것이다.[2] "보통 날의 평양은 이렇
게 사실적인 일의 흔적이 복장과 표정에 실린 채로 어떻게 보면 아무런
빛깔 없이 흘러간다. 그러나 시내는 토요일 오후부터 뭔가 다르게 들썩이기
시작한다"(≪신동아≫, 1989년 7월호). 작가는 특유의 관점과 필체로 북한
사회의 모습을 전달했고 북한 사회에도 "사람이 살고 있었네"라는 통찰에
이르렀음을 고백했다. 이것은 우리 모두의 자화상이었다. 요컨대 북한 사회
의 일상에 대한 연구가 오랫동안 미개척 분야로 남았던 중요한 이유 중의
하나는 '획일적인 사회주의' 북한 사회에도 '그 나름대로의 일상'이 존재할
수 있다는 '상식'을 회복하는 데 많은 시간이 걸렸기 때문이다. 이런 경향은
학술연구 분야에서도 예외가 아니었다.

북한 연구에서 '일상생활에 대한 관심'이 부재했던 또 하나의 중요한

---

1) 독일에서는 1981년에 출간되었고(Nordkoreanisches Reisetagebuch, Frankfurt/M.:
Fischer Tagebuch Verlag), 한국에서는 1988년에 번역되었다.
2) 1989년 3월 북한을 방문한 황석영 씨는 당시 ≪신동아≫, ≪창작과 비평≫ 등에
기고한 글을 통해 자신이 본 북한 사회에 대해 심층적으로 기술했다. 이후 이
글들은 『사람이 살고 있었네』(1993), 『가자 북으로 오라 남으로』(2000)라는 단행
본으로 출간되었다.

원인으로 '객관적인 연구'를 추구하는 실증주의적 학문연구의 전통을 들수 있다. 20세기 중반 주도적인 학술연구의 패러다임으로 자리 잡은 실증주의적 과학의 전통은 가시적으로 검증 가능한 연구대상에 대한 선호를 분명히 했다. 따라서 공식적인 문헌이나 제도 및 통계 등으로 환원될 수 없는 개인의 체험과 기억 등에 대한 질적 자료들은 '비과학적인' 것으로 여겨졌다. 더불어 정치·경제제도 및 사회조직 등과 달리, 사회 각 분야에서 하루하루 지속되고 변화하지만 '객관적으로' 검증하기 어려운 일상생활의 체험은 과학연구의 대상에서 멀어졌다.

한국의 여성학, 인류학, 역사학, 사회학 등에서 이와 같은 실증주의적 학문연구의 편향성에 대해 문제제기가 시작된 것은 1990년대 중반에 이르러서다. 또한 북한 연구 분야에서 타 분과학문의 성과를 수용해 일상생활에 대한 연구를 시도한 것은 최근의 일이다. 북한 사회의 개인들은 각 생활영역에서 어떤 삶을 전망하며 현재를 살고 있을까? 북한 사회의 '구조'와 개인의 일상적인 삶은 어떤 연관이 있을까? 북한 일상생활에 대한 연구는 이러한 질문에서 출발한다. 이와 같은 새로운 연구관심의 등장에는 1990년대 중반 북한 사회의 식량위기 때문에 많은 주민들이 북한 국경을 넘어 제3국 또는 한국으로 이주한 현실 상황도 중요하게 작용한다.[3] 한국으로 이주한 '탈북 주민'들에 대한 인터뷰가 광범위하게 이뤄지면서 이전에 접할 수 없었던 북한 사회 구성원들의 일상체험에 접근할 수 있게 된 것이다. 그러나 이와 같은 조사연구를 통해 이뤄지는 '일상생활'에 대한 연구의 성과가 심화되기 위해서 이론적·방법론적 문제가 요구된다. 특히 북한 주민들에 대한 다양한 구술 인터뷰를 토대로 이뤄지는 연구방법론에 대해 '성찰'이 필요하다는

---

3) 1990년대 중반 이후 이들의 숫자가 급격히 증가해 최근에는 연간 2,000명 이상의 주민들이 한국 사회에 정착하고 있다. 2008년 현재 남한에는 북한 주민 1만 명 이상이 살고 있다(2008년 통일부 자료실).

지적이다.

이와 같은 문제의식에서 이 글은 북한의 일상생활에 대한 심층 연구를 위해 질적 연구방법론[4]이 갖는 의미와 역할을 고찰하려 한다. 구체적으로, 북한 사회 개인들의 일상생활에 대한 구술 텍스트 등의 질적 자료를 분석하고 해석하는 원리와 방법을 논의하려 한다. 이를 위해 다음 절에서는 첫째, 연구방법론의 관점에서 북한 일상생활에 대한 기존의 연구결과가 갖는 성과와 한계를 살펴볼 것이다. 둘째, 인문·사회과학에서 발전된 일상생활연구의 문제의식과 연구방법론의 중요 원리에 대해 고찰할 것이다. 셋째, 북한의 일상생활에 대한 연구에서 구술자료를 생성하고 분석하는 구체적인 과정과 원칙에 대해 논의할 것이다.

2. 북한의 일상생활에 대한 기존 연구의 성과와 과제

1) 북한 연구방법론에 대한 문제제기

북한 연구가 냉전체제의 편향성에서 벗어나 본격적인 연구로 정립되기 위해 연구방법론에 대한 성찰이 필요하다는 문제의식은 이미 1980년대부터

---

4) 질적 연구의 패러다임은 넓다. 대표적으로 1920년대 미국의 시카고 학파에서 시작된 참여관찰과 인류학의 민속기술지, 1960년대 유럽 대륙을 중심으로 발전한 문화연구, 일상사연구 및 생애사 연구 등을 들 수 있다. 이 글에서는 질적 연구의 공통점을 생애사 연구의 문제의식을 중심으로 정리한다. 생애사 연구와 관련해서는 다음을 참고하라. Gabriele Rosenthal, *Erlebte und erzählte Lebensgeschichte*(Frankfurt/New York: Campus, 1995); 이희영, 「사회학 방법론으로서의 생애사 재구성」, ≪한국사회학≫, 제39집 3호(2005), 120~148쪽; 이희영, 「여성주의 연구에서의 구술자료 재구성: 탈성매매 여성의 생애체험과 서사구조에 대한 사례연구를 중심으로」, ≪한국사회학≫, 제41집 5호(2007), 98~133쪽.

제기되었다. 그 대표격으로 1985년 이뤄진 '공산주의 연구방법론'에 대한
각 분과학문에서의 문제제기를 들 수 있다.[5] 그중 주류 사회학의 실증주의적
연구의 한계를 넘어서기 위한 방법론으로 "연구자의 혜안과 '해석적 사회학'
접근이 전제되어야" 할 필요성이 제기되기도 했다.[6] 즉, 과거의 문서, 기록,
개인의 일기나 편지, 수기 같은 것을 "현상학이나 상징적 상호작용론, 민속방
법론 등의" 질적 연구기법으로 분석하는 연구 작업이 "주관적인 삶을 사는
인간들의 상호 주관적 경험세계에 대해 관심을 쏟을 것이며, 이런 관점에서
공산주의 사회의 특성을" 밝힐 수 있는 잠재적 유용성이 있음을 강조한다.[7]
그러나 이와 같은 문제의식이 구체적인 연구성과로 이어진 것을 찾아보기는
어렵다. 이후 송두율 교수가 제기한 '내재적 시각'[8]에 대한 1990년대 초반의
논쟁이 북한 연구에 대한 인식론적 문제를 제기했으나, 구체적인 연구방법
론에 대한 논의로 나아가지는 못했다.[9]

　　북한 연구방법론에 대한 본격적인 논의가 이뤄진 것은 2000년대로 넘어와
서다.[10] 그중 계량적 연구의 한계를 넘어 일상생활에 대한 연구의 필요성을

---

5) 북한 연구소가 발간하는 잡지 ≪북한≫의 1985년 1~7월호에서 행정학, 정치학,
　　사회학, 교육학, 경제학 및 철학분야에서의 연구방법론이 공산주의 사회연구에서
　　갖는 함의와 가능성을 다루고 있다. 이 방법론적 논의는 당시 각 분과학문의
　　성과를 아우르는 것이었으나, 유감스럽게도 이것이 이후의 북한 연구에 크게
　　영향을 미치지 못한 것으로 보인다.

6) 이온죽, 「연구자의 혜안과 '해석적 사회학'의 접근이 전제되어야」, ≪북한≫, 통권
　　제159호(1985).

7) 같은 글, 144~145쪽.

8) 송두율, 「북한 사회를 어떻게 볼 것인가」, ≪사회와 사상≫, 12월호(1989).

9) 내재적 시각을 지지하는 대표적인 글로 다음이 있다. 이종석, 「북한 연구방법론:
　　비판과 대안」, ≪역사비평≫, 통권 12호(1990). 이에 대한 비판으로는 다음을
　　참고할 수 있다. 강정인, 「북한 연구방법에 대한 새로운 제언」, ≪역사비평≫,
　　통권 28호(1994). 이 논쟁이 갖는 방법론적 함의는 이 책의 다른 장에서 언급될
　　것이다.

지적한 연구[1])는 서구의 심성사와 일상사 및 구술사 연구의 성과를 적극적으로 검토하고 있다. 그리고 구체적으로 북한 연구의 빈곤을 극복하기 위한 연구방법으로 역사적 시간의 다층성에 대한 인식, 자료에 대한 치밀한 독해와 다자적 관점의 활용, 나아가 구술과 증언을 통한 개인사의 복원 등을 제안한다.[12) 탈북자의 구술증언을 북한 연구에서 적극적으로 활용하면서 구술증언 채록 및 자료의 가공에 대한 연구방법이 논의되기도 했다.[13) 이와 같은 방법론 논의의 중요한 공통점은 먼저, 기존의 정치제도 및 공식문헌분석의 한계를 넘어 북한 사회의 개인들이 형성한 일상문화에 대한 연구를 강조했다는 점이다. 즉, 사회연구에서 흔히 이원론적으로 언급되는 객관적인 제도 또는 구조에 대한 연구만이 아니라 행위자 및 개인의 주관적 체험에 대한 연구의 필요성을 언급했다. 다음으로는 이와 같은 행위자 및 개인의 체험에 접근하기 위한 방식으로 이른바 '질적 연구방법'의 문제의식을 공유하기 시작한 것이다. 이와 같은 문제의식의 연장선에서 다음 단락에서는 북한 일상생활에 대한 기존 연구의 성과와 과제를 살펴본다.

2) 일상생활에 대한 기존 연구의 현황과 과제

북한에서 발간되는 공식적인 문헌자료에 기초해 사회 각 영역을 삽화적으

---

10) 대표적인 성과로 북한 연구의 다양한 방법론을 논의한 단행본은 다음과 같다. 경남대학교 북한대학원 엮음, 『북한 연구방법론』(서울: 도서출판 한울, 2003).

11) 홍민, 「북한 연구방법론 재고: '내재적 접근' 비판과 새로운 모색」, ≪정치비평≫, 2003년 상반기.

12) 같은 글, 195~204쪽.

13) 최봉대, 「탈북자 면접조사 방법」, 『북한 연구방법론』(서울: 도서출판 한울, 2003); 조영주, 「북한 여성 연구의 자료로서 '증언'의 활용 가능성」, ≪여성학논집≫, 제21집 제1호(2004).

로 기술하는 자료들은 그동안 상당한 양적 규모에 이르렀다. 대표적으로 북한 연구소가 발간하는 잡지 ≪북한≫에서 1970년대부터 정기적으로 기술하고 있는 작업이 그것이다. '화보', '북한의 창', '북한의 내막' 또는 '북한의 생활상' 등의 코너에서 지속적으로 가정, 여가, 여성, 노동, 경제, 청소년의 진로 등에 대한 칼럼을 게재하고 있다. 그런데 특징적인 것은 첫째, 대부분의 글이 사회주의 북한 체제를 비판하는 관점을 기본 전제로 사회의 현상을 기술하고 있다는 점이다. 따라서 사회의 일상에 대한 충분한 기술이나 이해에 근거한 결론이 아니라, 이미 전제된 이념적 비판을 위한 비판을 하고 있다는 한계를 갖는다. 둘째, 각 영역에 대한 사실 소개나 평가의 근거가 되는 자료에 대한 언급이 없다는 점이다.[14] 따라서 소개되는 사실의 '신뢰도'를 확보하지 못하는 한계가 있다. 그뿐 아니라 이와 같은 자료에 대한 사후 추적을 통해 후속 연구의 토대로 활용하지 못하는 치명적인 결과를 낳는다. 최근의 '북한 리포트'[15] 등의 작업은 단순한 사실의 나열에서 벗어나 탈북자들의 인터뷰에 근거한 자료의 제시와 그것의 사회적 의미를 읽어내기 위한 시도를 보여준다. 이와 같은 삽화식 서술자료는 북한 사회의 일상생활에 대한 연구가 일천한 상황에서 북한을 알리고 이해하기 위한 매개의 역할을 하고 있다.

북한 사회에 대한 학술연구의 성과 중 북한의 공식문헌에 기초해 정치체제와 제도 및 이념에 대한 분석에 초점을 두는 연구경향을 넘어, '일상생활 및 이에 대한 행위자의 체험에 관심을 둔 연구는 1990년대에 북한 여성생활사 연구 분야에서 시작되었다.[16] 이처럼 북한 연구에서 일상생활에 대한

---

14) 이와 같은 경향은 북한에 관한 최근 연구보고서들에서도 확인할 수 있다. 한 예로 다음을 참고하라. 한국청소년개발원, 『북한청소년의 문화와 일상생활 실태』(서울: 한국청소년개발원, 2002).

15) 2003년 10월부터 연재한 홍민, 「북한 사회를 읽는 12가지 풍경」은 북한 사회의 질병, 피임, 노동일상 등의 주제를 심도 있게 기술하고 있다.

연구의 지평이 여성연구에서 시작된 것은 우연이 아니다. 일찍이 여성주의 연구가 공식적인 제도와 문헌에서 배제된, 소수자로서의 여성의 목소리를 담기 위해 구술사 방법론을 적극 수용해 새로운 역사쓰기를 시도하면서, 여성들의 '일상생활'에 대한 재구성 작업이 중요한 연구영역으로 자리 잡은 것이다.[17] 나아가 여성들을 차별하고 배제하는 공적인 규범과 가치에 대해 '거리두기'를 통해 비판적 관점을 확보하려고 노력한 결과이기도 하다. 이와 같은 초기의 북한 여성연구를 살펴보면, 먼저 북한의 가족과 복지제도 및 소설을 통해 여성들의 삶을 분석한 연구는[18] 제도나 공식문헌에 대한 분석만이 아니라, 소설 속에 등장하는 이상화된 여성상에 대한 재구성을 시도한다. 이를 통해 북한의 사회주의 가족제도와 혁명적인 여성상 이면에 존재하는 '가부장적 질서'를 보여준다. 즉, 소설의 전면에 등장하는 문학적 상징을 공식적인 제도로 기술하는 데 머무르는 것이 아니라, 비판적 텍스트 읽기를 통해 그러한 공식적 이미지의 그림자로 존재하는 일상의 질서를 포착하려 하는 선구적 시도를 엿볼 수 있다. 북한 영화에 대한 분석을 통해 북한 사회에서 재현되고 구성되는 '여성다움'을 고찰한 연구[19]에서는 문화 영역에서의 텍스트 분석 방법 및 연구자의 위치 설정에 대한 성찰 과정이 잘

16) 1990년대까지 북한 여성 연구의 한계에 대해서는 다음을 참고하라. 임순희, 「북한여성 여구동향과 연구의 한계」, ≪북한≫, 통권 제269호(1994). 1990년대 이후 여성생활사 연구의 현황과 성과에 대해서는 특히 다음의 정리를 참고하라 (조영주, 「북한 여성 연구의 자료로서 '증언'의 활용 가능성」).

17) 이재인, 「서사방법론과 여성주의 연구」, 김귀옥·김순영·배은경 엮음, 『젠더연구의 방법과 사회분석』(서울: 다해, 2006); 이희영, 「여성주의 연구에서의 구술자료 재구성」, 100~104쪽.

18) 김정자·문선화·김주희, 「북한 여성 연구: 가족, 복지, 소설의 측면에서」, ≪여성학연구≫, 제5권 1호(1994).

19) 변혜정, 「북한영화에서 재현되는 '여자다움'과 그 의미에 대한 연구」, ≪여성학논집≫, 제16집(1999).

나타난다. 또한 북한의 공식문헌, 법조항 등에 대한 심층 분석을 통해 여성들의 윤리를 고찰하는 연구[20]는 연구자의 '과도한 해석'을 경계하며 여성주의 관점에서 텍스트 기술을 시도함으로써 북한 공식자료의 비판적 활용 가능성을 보여준다. 이후 북한 여성들의 일상생활을 주제로 한 연구[21]와 이화여자대학교 한국여성연구소가 2001년 발간한 단행본『통일과 여성: 북한 여성의 삶』, 탈북 여성 14명의 생애사 구술을 담은 자료집『북한여성들의 삶과 꿈』은 1990년대 말의 연구성과에 기초해 북한 여성생활사 연구에서 '일상생활'의 복원과 질적 방법론의 적용을 위한 다양한 시도를 보여준다. 특히 북한 정부가 발간한 공식문헌 및 법조항뿐 아니라 신문, 잡지, 소설, 교과서, 동화 및 영화, 탈북한 북한 주민의 구술자료 등을 분석 자료로 삼고 있다. 그러나 부분적으로 분석 대상이 되는 매체의 담론적 성격에 대한 비판적 관점이 부재하거나, 대상 매체가 전달하는 내용에 대한 '텍스트 분석' 없이 자료의 내용을 마치 일상체험 그 자체인 것으로 받아들이는 '해석의 문제'가 있다. 이는 북한이 발간하는 문헌들 속에서 재현되는 여성들의 삶과, 이를 통해 재구성해볼 수 있는 북한 여성의 일상체험이라는 관점이 정확히 분리되지 않아 발생하는 것이다. 나아가 각 텍스트의 사례와 이에 연관된 '텍스트 바깥' 자료와의 대화 부족으로 텍스트에 매몰된 이해에 그치는 경우도 있다.

이후 진행된 연구성과 중에서 북한 여성주체의 형성과정[22] 및 북한 여성들의 일상생활의 식민지화 과정[23]에 대한 연구는 기존의 문헌 및 구술자료

20) 이상화, 「북한 여성의 윤리: 집단주의 윤리관과 북한 여성의 삶」, 《한국여성학》, 제13권 1호(1997).
21) 김귀옥 외, 『북한 여성들은 어떻게 살고 있을까』(서울: 당대, 2000).
22) 박영자, 「북한 규율권력의 형성과정: 여성주체의 형성 방법과 갈등을 중심으로」, 《정치비평》, 제11권(2003).
23) 박영자, 「북한 일상생활의 식민화와 탈식민화: 여성생활을 중심으로」, 《통일문제연구》, 통권 제42호(2004).

를 일상생활의 관점에서 이해하기 위한 근거로 활용하고 있다. 또한 ≪노동
신문≫에서 재현한 북한 여성을 분석한 연구[24]와 여성잡지에 재현된 남녀평
등과 여성권리 담론의 변화를 고찰한 연구[25]는 분석 자료의 담론적 성격에
대한 거리두기를 명확히 함으로써 연구방법의 측면에서 중요한 진전을 보여
준다. 그뿐 아니라 구술 생애사 자료를 통해 남북한 여성의 생활문화를
재구성한 연구[26]는 인류학에서 발전해온 구술 생애사 연구방법론을 북한
연구에 적용함으로써 연구자의 편의에 따라 구술자료를 단순 인용해온 전례
와는 다른 구술자료 활용의 가능성을 보여준다.

　이에 비해 북한 연구의 이른바 '주류'라고 할 수 있는 정치체제와 제도
및 이념에 대한 연구 분야에서 '일상생활'을 본격적인 연구대상으로 끌어들
이기 시작한 것은 소수의 최근 연구를 통해서다. 선구적인 시도로 북한의
은어와 풍자어를 분석해 북한 체제에 대한 정당성이 변화하는 과정을 고찰한
연구[27]를 들 수 있다. 이 연구는 일상생활의 중요한 상징인 언어를 사회체제
변화를 읽기 위한 연구대상으로 삼았다는 점에서 큰 의의가 있다. 이후
북한에서 발간된 1차 문헌자료와 소설 및 수기류의 분석을 통해 초기 산업화
시기 북한 공장의 규율화 기제와 사회주의 산업노동자의 주체화 과정을
분석한 연구[28] 및 북한 사회의 지배전략과 일상의 정치가 충돌하는 과정을

---

24) 장하용·박경우, 「≪노동신문≫을 통해 본 북한의 여성: 국가 건설기부터 수령제
　　성립기까지를 중심으로」, ≪언론과학연구≫, 제5권 2호(2005).
25) 김석향, 「'남녀평등'과 '여성의 권리'에 대한 북한당국의 공식담론 변화: 1950년
　　대 이전과 1979년 이후 『조선녀성』 기사를 중심으로」, ≪북한 연구학회보≫,
　　제10권 제1호(2006).
26) 윤택림·함한희, 「남북한 여성 생활문화의 이해: 집안일과 육아를 중심으로」,
　　≪가족과 문화≫, 제17집 2호(2005).
27) 최봉대·오유석, 「은어·풍자어를 통해 본 북한체제의 탈정당화 문제」, ≪한국사회
　　학≫, 제32집(1998).
28) 조정아, 「산업화 시기 북한 공장의 노동규율 형성: 교육과 동원의 결합을 중심으로」,

분석해 북한 관료체제를 일상의 관점에서 재구성한 연구[29]는 제도와 개인의 행위가 상호적으로 구성하는 일상의 영역에 주목하려는 문제의식을 잘 보여준다. 특히 북한의 공식문헌 및 국내 북한 연구자료에 대한 분석, 나아가 탈북자 면접조사자료에 기초해 1990년대 전후의 북한의 교환형태와 행위자들의 담론, 실천전략의 변화 및 의미를 고찰한 연구[30]는 일상생활연구의 광범한 자원과 면접조사 등에 기초한 질적 연구방법에 대해 본격적으로 논의하고 있다는 점에서 큰 의의가 있다. 다만 이 연구들에서도 주제에 접근하는 참신한 연구관점과 이론적 논의에 비해 연구자료를 대하는 분석 방법에서 문헌자료의 특성에 대한 '거리두기'가 이뤄지지 않거나, 구술자료를 단순 인용하는 문제가 여전히 발견된다.

지금까지 언급한 북한 일상생활에 대한 기존 연구의 성과와 과제를 정리하면 첫째, 1990년대 중반 북한 여성생활사 연구 분야에서 '일상생활'을 중요한 연구의 영역으로 끌어들였다. 이 연구의 흐름은 연구방법론의 관점에서도 일상생활 및 개인의 체험에 다가가기 위해 다양한 시도를 했다. 분석 대상을 북한 정부의 공식자료 외에 대중소설, 잡지, 영화, 수기, 구술자료 등으로 확대한 것이다. 나아가 여성주의에서 발전한 연구대상과의 '거리두기'를 통해 자료에 대한 텍스트 분석 및 (재)해석이라는 연구방법의 성과를 쌓아오고 있다. 둘째, 이와 같은 연구성과가 정치체제 및 제도와 이념에 대한 연구영역으로 확대되면서 2000년대에 들어 북한 연구방법론에 대한 본격적인 논의로 나아가는 성과가 있었다. 셋째, 이 같은 성과가 있었음에도

《북한 연구학회보》, 제7권 1호(2003).

29) 김종욱, 「북한의 관료체제 '변형'과 '일상의 정치'」, 《현대북한연구》, 제10권 2호(2007); 김종욱, 「북한의 정치변동과 '일상의 정치': '김정일체제' 이후」, 《북한 연구학회보》, 제11권 1호(2007).

30) 홍민, 「북한의 사회주의 도덕경제와 마을체제」, 동국대학교 대학원 북한학과 박사학위 논문(2006).

문헌자료 및 구술자료에 대한 연구자의 '거리두기'가 제대로 이뤄지지 않는 문제와 텍스트에 대한 심층적인 분석과 해석 없이 단순 인용하는 문제가 여전히 발견된다. 이러한 문제는 단순히 자료의 분석기법이나 방법에 대한 불철저함만이 아니라 질적 자료에 대한 '인식'의 문제와 결합되어 있다. 즉, 질적 연구방법(qualitative methode)의 연마만이 아니라 질적 연구방법론(qualitative methodology)의 인식 지평(paradigm)에 대한 이해와 연관된 것이다.

3. 일상생활연구의 문제제기와 연구방법론적 함의

이 절에서는 먼저 인문·사회과학의 서로 다른 분과학문에서 형성된 '일상생활' 연구[31]의 문제제기를 압축적으로 살펴본다. 다음으로 일상생활에 대한 질적 연구가 북한의 일상생활연구에서 갖는 함의를 살펴볼 것이다.

1) 일상생활연구의 문제제기

1960년대 이후 인문·사회과학 분야에서 발전한 일상생활에 대한 연구관심은 실증주의와 도구적 이성에 경도된 학문 경향을 비판하는 데서 출발했다. 사회학의 실증주의 비판과 일상사연구의 문제의식을 압축적으로 정리해보면 첫째, 일상생활에 대한 관심은 19세기의 합리적 이성에 의해 지배되는

---

31) 이 글의 목적이 '일상생활연구'의 패러다임을 분석하는 것이 아니므로 이에 대한 본격적인 논의는 이 책의 다른 장을 참고하기 바란다. 대신 이 글에서는 사회학의 구술 생애사와 역사학의 구술사 연구의 문제의식을 방법론의 관점에서 정리할 것이다. 서구에서 일상생활에 대한 관심과 이해가 형성된 복합적인 과정과 연구성과에 대해서는 다음의 글을 참고하라. 강수택, 『일상생활의 패러다임: 현대 사회학의 이해』(서울: 민음사, 1998), 13~30쪽.

학문 경향을 비판하며, 실증적인 객관세계의 한계를 넘어서려는 노력이었다. 이들은 실용주의 철학과 상징적 상호작용론의 문제의식을 적극 수용해 주관과 객관, 개인과 사회의 이원론을 넘어[32] 개인의 창조적 행위를 매개로 '안과 밖'이 하나가 되는 사회실재에 대한 고찰을 추구했다.[33] 나아가 실증적으로 검증 가능한 자료나 '합리적인' 원인 결과로 설명되지 않는 사회실재의 복합성에 접근하려 했다. 단순히 '객관적인' 사회적 사건만이 아니라 사건의 발생에 관여하는 행위자의 의식적·무의식적 선택과 의미 부여, 이를 통해 구성되는 일상문화에 대한 이해를 시도했다. 이것은 '해석적 사회과학(interpretative Sozialwissenschaft)'의 전통 속에서 개인의 체험과 의미의 세계에 접근하려는 노력이기도 하다.[34]

둘째, 사회체제 또는 사회구조를 통해 설명하는 단선적인 사회이해 및 역사 서술을 비판하며, 구조와 체제로 환원되지 않는 역사 발전의 복합성을 고찰하려 했다.[35] 이들은 사회를 서로 다른 합리적 기능을 가진 부분조직의 거대한 체계(system)로 설명하는 기능주의나 개인이 없는 구조(structure)의 자기변형을 통해 사회변화를 설명하는 구조주의를 넘어 무수한 개인 행위자가 삶을 통해 구성하는 일상생활의 역동성에 주목했다. 벤야민(Walter Benjamin)의 단선적 역사관에 대한 비판에 따르면, 역사는 산술적 시간의 합이

---

32) Lewis & Smith, *American Sociology and progmatism: Mead, Chicago Sociology, and Symbolic Interaction*(University of Chicago Press, 1980).

33) Geist Mead, *Identity and Gesellschaft*(Frankfurt/M.: Suhrkamp, 1934/1968).

34) Gabriele Rosenthal, *Interpretative Sozialforschung*(Weinheim und Muenschen: Juventa, 2005).

35) 이러한 문제의식은 기어츠 등에 의한 문화인류학의 새로운 관심과 맞닿아 있다. 이들은 중심 통합적이고 하나의 유일한 역사 발전을 전제하는 기존의 민속학 또는 인류학을 비판했다. 한스 메딕, 「'나룻배의 선교사들'? 사회사에 대한 도전인 인류학적 인식방법들」, 나종석 외 옮김, 『일상사란 무엇인가』(서울: 청년사, 2002), 97쪽.

아니다. 보편적 세계사는 아무런 방법론적 대비 없이 "균질하고 공허한 시간을 채우기 위해 사실의 더미를 모으는 데 급급"했다. 그러나 새로운 역사 서술은 공허하고 균질적인 역사의 흐름을 파괴하는, 과거의 어떤 것에 대한 '기억'과 이것에 의한 역사적 구성(construction)에 주목한다.36)

셋째, 개인의 일상적 상호작용을 통해 구성되는 일상생활은 매일매일 단조롭게 반복되는 정지된 공간이 아니다. 일상생활은 "개인과 집단이 사회적 관계들의 저편에서가 아니라 관계들 안에서, 그리고 관계들을 통해서 그들의 인지와 행위양식의 특징을 형성"해냄으로써 발생하는 영역이다. 따라서 일상생활은 행위자의 지속적인 활동에 기초해 현실적인 삶의 생산과 재생산이 이뤄지는 과정이자 일상적으로 역사를 만들고 변화시키는 역동성과 모순성이 집약된 영역이다.37) 이런 관점에서 일상생활은 끊임없이 체제의 합리적 기획이나 요구에서 미끄러져 나가는 시간(time)이자 공간(space)이다. 그러나 일상을 이미 존재하는 사회·문화가 관철되는 고정된 '공간'으로만 볼 경우 그것의 역동성은 포착되지 않는다. 반면 '시간성'을 중심에 두고 이해할 경우, 일상은 표면적으로는 반복적인 일과로 구성되지만 그 심층에는 역사가 만들어낸 불균등한 시간성이 중첩하며, 거대한 모순들이 공존하는 시간적 통일체다.38) 일상생활연구의 함의는 바로 여기에 있다.

넷째, 일상생활에 대한 이와 같은 관심은 질적 연구방법론의 지평을 심화하고, 다양한 연구방법을 모색한다. 질적 연구방법론은 제도나 구조만으로 이해되지 않는 개인의 행위와 이것의 구성물인 일상생활에 접근하려 한다.

---

36) 발터 벤야민, 『역사의 개념에 대하여. 폭력비판을 위하여. 초현실주의 외』, 최성만 옮김(서울: 도서출판 길, 2008), 347~348쪽.

37) 알프 뤼트케, 「일상사란 무엇이며, 누가 이끌어가는가?」, 나종석 외 옮김, 『일상사란 무엇인가』(서울: 청년사, 2002), 15~25쪽.

38) 해리 하르투니언, 『역사의 요동: 근대성, 문화 그리고 일상생활』, 윤영실·서정은 옮김(서울: 휴머니스트, 2006), 29쪽.

따라서 개인의 상호적 행위로 구성되는 일상생활 자체를 연구대상으로 하는 연구방법을 채택하고, 일상생활의 흐름과 변화를 기술한 각종 문헌과 통계뿐 아니라 일상생활 속에서 행위자가 생산한 자료(일기, 메모, 사진, 녹음, 자서전, 예술작품 등)와 구술을 중요한 연구자료로 삼는다. 이들을 광의의 텍스트(text)로 이해하고, 이것의 발생 기원과 의미를 분석하고 재구성한다.

2) 북한 일상생활에 대한 질적 연구의 함의[39)]

지금까지 살펴본 일상생활연구의 문제의식과 이를 실천하려는 질적 방법론이 북한의 일상생활연구에 대해 갖는 함의를 살펴보자.

첫째, 20세기 초반의 거대한 산업적 변혁기에 사회주의자와 자본주의자 모두는 일상(everyday) 개념을 통해 현재(present)를 조직하고 통합시켰다.[40)] 일상생활 속에서 사회주의형(型) 개인들이 주체화되었다. 그러나 일상의 공간은 국가나 체제의 합리적 기획으로 완전히 포획되지 않는다. 따라서 북한의 일상생활에 대한 주목은 주체철학에 기초한 사회주의라는 국가의 기획하에 지역과 각 계급, 계층의 일상 속에서 형성된 다양한 삶의 결을 고찰할 수 있는 가능성을 제공한다. 즉, 북한의 일상생활에 접근하려는 문제의식은 북한 주민들이 북한 사회주의체제의 근대적 기획에 의해 만들어진 다양한 차원의 규범과 가치 및 제도와 상호작용하며 전유한 산 경험(lived experiences)으로서의 북한 사회를 고찰하려는 노력이다.

둘째, 북한 사회의 일상생활에 대한 질적 연구방법론의 문제의식은 북한의 공식문헌이나 통계 또는 구술자료에 대한 기존의 '기계적 태도'를 극복할

---

39) 이 장의 주요 내용은 다음의 글에서 언급한 내용을 재정리했다. 이희영, 「북한 여성의 인권과 연구방법론적 모색」, 《현대북한연구》, 제11권 3호(2008).

40) 해리 하르투니언, 『역사의 요동: 근대성, 문화 그리고 일상생활』, 154쪽에서 재인용.

수 있는 가능성을 제공한다. 질적 연구에서 '(광의의) 텍스트'는 특별한 상호 작용의 생성물로 이해된다. 어떤 상황에서 특정한 타자를 고려하며 쓰고, 만들고, 촬영하거나, 이야기된 자료다. 예를 들어 어떤 개인이 북한 사회의 공적인 발간물에 쓴 글과 제3국에서 쓴 개인의 문헌자료는 그 발생 배경이 서로 다르다. 동일한 언술이 어떤 독자를 고려해 이뤄졌는가에 따라서 의미 가 달라질 수 있는 것이다. 이런 맥락에서 텍스트 생성과정이 갖는 담론적 성격에 대한 분석이 필요하다. 또한 텍스트 속에는 과거 체험의 사실성을 지시하는 내용과 이에 대한 사후적 해석이 공존한다. 지나간 체험은 항상 말을 하는 현재, 여기(present, now)에서의 기억을 매개로 회상되고 쓰이거나 말해지므로 끊임없는 해석과 재해석의 과정에 놓이기 때문이다.[41] 즉, 특정 시기의 체험은 이전 시기의 체험을 배경으로 이후의 체험에 의해 새롭게 해석된다. 따라서 연구자료로서의 각종 텍스트는 어떤 내용이 어떤 형식을 통해 쓰이거나 구술되는지에 주목해 분석·재구성되어야 한다. 예를 들어 살았던 생애사(a life as lived), 이야기된 생애사(a life as told), 체험된 생애사(a life as experienced)라는 서로 다른 차원에서의 비교와 재구성 방법이 있다.[42]

셋째, 북한의 일상에 대한 질적 연구를 통해 각종 연구자료에 대한 열린 해석의 가능성을 발견할 수 있다. 질적 연구과정에서 연구자는 구술자 또는 연구대상물과 상호작용하는 상대자다. 따라서 연구과정에서 연구자의 태도 와 입장이 어떤가도 중요한 분석 대상이다.[43] 연구자의 태도에 따라 구술자

---

41) 발터 벤야민의 표현을 빌자면 "과거는 언제나 현재에 의해 소환된다". 발터 벤야민, 『역사의 개념에 대하여. 폭력비판을 위하여. 초현실주의 외』, 327~350쪽.

42) 이와 같은 서로 다른 분석적 차원에 대해서는 다음을 참고하라. Denzin, Norman K.: *Interpretive Biography*(London: Sage Publications, 1989), p. 30; Gabriele Rosen-thal, *Erlebte und erzaehlte Lebensgeschichte*(1995).

43) 1961년 독일 사회학대회에서 프랑크푸르트학파와 비판적 합리주의자들 사이에 벌어진 실증주의 논쟁은 연구자가 자신의 연구대상인 사회 '속'에 존재하고

의 상호작용(구술내용)이 달라지며, 연구자의 관점에 의해 조사자료가 다르게 해석되기 때문이다. 따라서 질적 연구는 연구자의 주장과 결론에 도달하는 연구과정을 드러낼 수 있도록 노력한다. 예를 들어 중요한 연구결과가 분석·해석되는 근거와 과정을 밝힘으로써 독자에 의한 재해석의 가능성을 열어두는 것이다. 또한 가설추론(abduction)의 원리에 기초해 텍스트를 분석하고 재구성함으로써 연구자의 관점에 갇히는 해석의 한계를 벗어나려 시도한다.[44] 텍스트에 등장하는 하나의 사실(현재)에 근거해 그 이전(과거)의 행위 내용을 추론하고, 이어지는(미래) 행위의 가능성에 대해 가설을 세우는 나선형의 분석 과정을 통해 연구자에 의한 자의적 해석이 아니라 텍스트 속에서 발생하는 행위의 원리를 재구성하는 것이다. 이와 같은 가설추론의 연속 과정에서 연구자는 가능한 해석의 자원을 통해 텍스트의 지평을 넓히려 시도한다. 즉, 동시대에 존재하는 각종 통계와 기록자료, 다양한 인문학 및 사회과학적 이론과 설명 등이 텍스트의 세계를 읽는 해석의 지평을 형성한다. 이와 같은 연구방법론적 토대는 무엇보다 북한 연구에서 가장 중요하게 비판되었던 연구자의 이념적 편향성이 해석에 미치는 영향에 대해 새롭게 고찰할 수 있는 가능성을 제공한다.

있음을 분명히 했다. 이것은 어떤 연구자도 자신의 관점과 태도가 '객관적'일 수 없음을 인식하고 이에 대한 '거리두기'를 해야 함을 뜻한다. 이에 대해서는 다음을 참고하라. Adorno, et al., *Der Positivismusstreit in der deutschen Soziologie*(Frankfurt am Main: Luchterhand, 1972).

44) 귀납과 연역의 모델을 연결한 나선형적 추론양식으로, 미국의 철학자 퍼스(C. S. Peirce)에 의해 고안되었다. 이와 연관된 논의로 다음을 참고하라. 베르트 다네마르크 외, 『새로운 사회과학방법론: 비판적 실재론의 접근』(파주: 도서출판 한울, 2004), 149~190쪽.

4. 북한 일상생활 연구자료의 생성과 재구성

이 절에서는 일상생활연구에서 중요한 의미를 갖는 질적 자료의 생성과 재구성에 대한 질적 연구방법을 구체적인 사례분석[45]을 통해 소개한다. 이 연구방법은 앞서 살펴본 사회와 역사 이해에 대한 방법론적 문제의식을 현장에서 구현하기 위한 현실적 도구(tool)다. 지금까지 이뤄진 북한 연구방법론에 대한 논의에서는 질적 자료를 대하는 연구자의 태도나 분석 및 해석에 대한 중요한 원칙들이 언급되기도 했다. 그러나 이와 같은 원리를 조사연구의 현장과 자료 분석의 과정에서 어떻게 실천해야 하는지에 대해 구체적으로 제시한 연구는 부족하다. 이런 문제의식에서 이 글은 연구방법의 원칙뿐 아니라 하나의 연구자료를 직접 생산하고, 해석해 재구성하는 과정을 구체적인 사례로 소개하는 형식을 택했다.

1) 질적 자료의 생성방법: 서사적 인터뷰

질적 연구는 개인의 상호적 행위로 구성되는 일상생활의 다양한 생산물을 연구대상으로 한다. 예를 들어 성별, 임금, 지역, 정치의식, 소비수준, 문화성향 등 연구자가 사전에 채택한 범주에 의해 계량화된(코딩) 자료만이 아니라, 일상에서의 다양한 체험을 담은 자료가 연구의 대상이 된다. 일상생활에 대한 연구는 사건의 개요나 뼈대만이 아니라 그 사건이 일어난 순간 그 개인들의 산 경험을 회상할 수 있는 '사람들의 흔적'에 관심을 갖기 때문이다. 이는 개인의 일상생활 속에서 구성되는 '정상적인 것'에 대한 상관관계로

---

45) 필자가 북한 주민들의 생애체험에 대한 연구를 위해 2006년에서 2008년 사이에 다양한 경로를 통해 만났던 구술자들의 사례를 부분적으로 소개한다. 이 글에서 언급하는 모든 인명과 지명은 구술자의 신변보호를 위해 바꾼 것이다.

서의 '병리적인 것', 또는 '말한 것'이 지시하는 '말하지 않는 것', '이성'이 지시하는 '비이성적인 것', 문화적인 것과 그것에서 배제된 것들을 포괄하는 생애체험이 이론구성의 대상임을 의미한다.[46] 즉, 사회과학의 현장연구대상이 이론적 차원의 개념 또는 개념에 의해 가공된 추상이 아니라 사회적 실재의 구성 과정과 동형성을 갖는 일상생활 속의 구성물인 것이다.

질적 연구자료는 크게 일상생활 속에서 행위자가 생산한 자료(일기, 메모, 사진, 녹음, 자서전 등), 연구자와의 인터뷰를 통해 생산된 구술자료 및 제3자에 의해서 만들어진 각종 자료[47]로 구분할 수 있다. 흔히 실증주의적 연구에서 '비과학적인 것'으로 간주되는 이와 같은 연성자료를 통해 연구자는 개인의 과거 경험과 이에 대해 구술자가 부여한 의미(meaning)를 재구성하는 단초를 발견할 수 있다. 그런데 이와 같은 자료들은 연구자에 의해서 엄격히 통제된 '실험실'에서 생산된 것이 아니라[48] 다양한 개인의 일상생활을 통해 만들어 졌다는 특성이 있다. 따라서 구술자료를 포함한 모든 자료는 분석 과정에서 '어떤 목적'을 위해 '누구'를 대상으로, '어떻게' 만들어진 것인지에 대한 성찰 과정이 필요하다. 예를 들어 인터뷰 과정에서 구술자를 통해 얻게 된 일기·사진·자서전 등의 자료나 연구자가 찾아낸 구술자에 대해 제3자가

---

46) Wolfram Fischer and Martin Kohli, "Biographieforschung," in Voges, Wolfgang(ed.), *Methoden der Biographie: und Lebenslaufsforschung*(Opladen: Leske+Budrich, 1987), p. 30.

47) 예를 들어 구술자와 관련된 학교에 소장된 생활기록부, 공공기관에서 생산한 공소장, 판결문, 경찰조사서 등이 있다. 질적 연구에서 이와 같은 자료는 다른 연성자료와 동일하게 '분석'되고 '해석'되어야 할 자료다.

48) 연구자에 의해 통제된 실험실 연구의 경우에도 통제된 연구조건에 대한 명시와 이러한 조건이 실험에 미치는 영향을 사전에 고려해 분석 대상으로 삼아야 한다. 이런 점에서 인문·사회과학에서 완전히 통제된 객관적인 연구자료란 존재하지 않는다. 다른 표현을 빌자면 '오염되지 않은' 연구자료는 없다. 문제는 오염의 특성과 조건을 어떻게 해석하고 재구성하는가다.

기록한 문헌 및 영상자료를 취득하는 과정·특성·인상을 정리한 연구 메모를 작성해 이후 구술자료와 함께 분석의 대상으로 삼는다.

다음에서는 최근 북한 연구에서 중요한 연구방법으로 활용되고 있는 구술 인터뷰에 주목해 연구자료 생성방법을 논의할 것이다. 비록 논의의 초점이 구술 인터뷰로 제한되어 있으나, 주요한 원리는 본인이나 제3자가 쓴 텍스트(일기, 편지, 자서전, 생활기록부, 경찰조서, 공소장, 판결문, 보고서 등), 영상으로 만들어진 텍스트(사진, 동영상, 그림 등)에도 동일하게 적용된다.

(1) 생애사적 맥락에 대한 고려

구술자료는 개인이 상당한 시간을 두고 쓴 자서전, 잡지 글, 학술논문 등과 달리 '즉흥적 서사'의 형식을 취한다는 점에서 덜 '성찰적'인 특성이 있다. 단행본 수기 또는 자서전이 상당한 시간을 두고 이뤄진 첨삭의 과정에서 생산되는 '성찰적 서사구조'를 갖는 데 비해 구술 인터뷰의 '즉흥적 서사구조'는 인터뷰 상황에서의 상호작용에 따라 생산된 과거 체험에 대한 기억이자, 이에 대한 구술자의 사후적 해석에 다가갈 수 있는 가능성을 제공한다. 따라서 일상생활연구에서는 연구자와 구술자의 상호작용을 고려한 서사적 인터뷰(narrative interviews)[49]가 중요한 연구의 출발이 된다. 서사적 인터뷰는 구술자의 자유로운 서사구성을 지원함으로써 연구자의 질문에 의해 유도된 구술의 한계를 벗어나려는 연구자료 생성방법 중 하나다.

서사적 인터뷰에서 중요하게 고려되어야 할 첫 번째 방법론적 원리는 생애사적 맥락(biographical context)이다. 일상생활에 관한 현장조사에서 생애

---

49) 보통 열린 인터뷰, 개방형 인터뷰라고 표현하기도 한다. 대표적으로 언어철학의 '서사성'에 근거해 인터뷰의 원리를 구성한 다음 작업을 참고하라. Fritz Schuetze, "Kongnitive Figuren des autobiographischen Stegreiferzählens," Kohli, Martin; Robert, Günther(eds.), *Biographie und soziale Wirklichkeit. Neue Beiträge und Forschungsperspektiven*(Stuttgart: J. B. Metzlersche Verlagsbuchhandlung, 1984).

사적 맥락을 고려한 인터뷰를 강조하는 이유는 연구자의 주제 또는 질문에 의해 유도된 대답이 아니라, 가능한 구술자의 과거 체험의 사실성에 다가가는 것이다. 구술자가 연구자와의 만남에서 지나간 체험을 이야기할 때, 그것은 과거에 있었던 바로 그 사실을 단순 모사하는 것이 아니다. 이것은 불가능하다. 과거의 체험은 이어지는 생의 과정에서 (재)해석되고 재해석되기 때문이다. 즉, 구술자는 인터뷰를 하는 '현재'의 관점에서 수없이 많은 생애시간을 통해 체험한 것들 중 '어떤 내용'을 특별히 기억해, '특정한 형식'을 통해 (재)해석해 소개한다. 구술자가 인터뷰에서 어떤 내용을 어떻게 이야기하는가는 구술자의 '생애사적 관점'에 의해 구성된다. 생애사적 관점은 구술자가 전체 삶을 통해 형성한 자신(self)에 대한 현재의 이해다. 특히 인터뷰의 상호작용 속에서 연구자에게 '나는 이런 사람이다' 또는 '나의 인생은 이렇다'라고 암묵적으로 전제하는 일종의 프레임(frame)이기도 하다.50) 즉, 모든 개인의 과거에 대한 구술은 구술자의 현재 관점에 따라 의식적·무의식적으로 특정한 주제가 선택되어, 특별한 방식으로 구성되는 특성을 갖는다. 따라서 구술자가 특정 주제를 왜 이런 형식(텍스트의 종류)51)으로, 이렇게(평가의 방식) 말하는지를 심층적으로 이해하기 위해서는 구술자의 생애사적 관점을 이해하는 것이 필요하다.

이런 관점에서 서사적 인터뷰에서는 어떤 특정 주제에 관한 연구라 할지라도, 구술자의 생애사적 맥락에 대한 이해가 전제되어야 함을 강조한다.

---

50) 이희영, 「사회학 방법론으로서의 생애사 재구성」, 133~135쪽.
51) 분석을 위한 텍스트의 유형으로 서사구조를 가진 이야기 형식을 '이야기(talk)'의 텍스트로 정의한다. 보고, 방증으로서의 역사 등의 형식을 띠는 이야기의 텍스트는 인물과 장소 또는 상황에 대한 정태적 기술을 하는 묘사(diskription) 및 추상적인 가치와 규범을 드러내는 주장(argumentation)과 구별된다. 서로 다른 텍스트의 종류는 전체 텍스트의 맥락 속에서 서로 다른 역할과 기능을 한다. Gabriele Rosenthal, *Erlebte und erzählte Lebensgeschichte*, pp. 240~241.

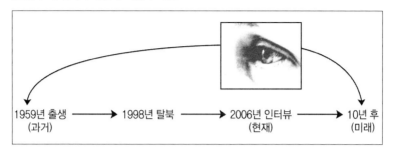

[그림 7-2] 생애사 구술의 시간적 차원.

1959년 출생 ⟶ 1998년 탈북 ⟶ 2006년 인터뷰 ⟶ 10년 후
(과거)　　　　　　　　　　　　　　　　(현재)　　　　(미래)

이는 연구자가 던진 질문에 의해 의식적·무의식적으로 설명을 유도하는 것이 아니라, 구술자 스스로가 풀어놓은 전체 생애사적 지평에서 연구자가 관심을 갖는 어떤 시기의 체험 또는 사건이 어떻게 위치지어지는가를 이해하기 위해서다.

(2) 구술의 서사성과 과거의 체험

서사적 인터뷰에서 고려되어야 할 두 번째 방법론적 원리는 구술의 서사성 (narrativity)이다. 일상생활연구에서 구술의 서사구조가 강조되는 이유는 구술자가 연상작용에 의해 과거의 체험을 기억하는 과정과 연관되기 때문이다. 앞에서 설명한 바와 같이 구술 자체의 특성에 따라 구술 인터뷰 내용에는 과거 체험에 대한 사실성을 지시하는 내용과 이에 대한 구술자의 해석(윤색, 축소, 확대, 평가 등)이 섞여 있다. 그런데 시간과 공간의 변화에 따라 구술자의 행위가 이어지는 이른바 '옛날이야기' 형식의 서사구조는 상대적으로 과거 체험의 사실성에 접근할 수 있는 가능성을 제공한다. 책이나 제3자에게서 들은 간접 체험의 경우는 1인칭 서사구조의 형식으로 구술되기 어렵다. 반면 직접 체험에 의한 증언의 경우 대과거에서 현재로 시점이 이동하면서 극적인 서사구조를 띠게 된다. 예를 들어 2006년 6월 진행된 김주희 씨의 인터뷰 중 다음 텍스트를 보자. 1959년 출생인 구술자는 황해도에서 어린 시절을

보낸 후 16세가 되던 1975년 평양으로 이주했다. 공장 노동자, 출판사 편집부 필사공 등으로 일하며 쓴 두 편의 시가 1980년 ≪평양신문≫에 게재되었다. 구술자는 2006년 인터뷰에서 평양에서의 학교생활과 황해도 고향에서의 학교생활을 비교하며 힘들었던 당시 상황을 다음과 같이 이어갔다.

그리고 이제 평양에 올라와서, 어, 평양에 올라와서 오빠네 있으면서, (한숨처럼)/ 하아 참/ 그때 힘들었고 힘들었는데, 우선 도시생활하고 지방 학교생활하고 또 학력의 차이가 있어요. …… 다른 어머니들 딸이, 뭐 요즘 새로운 마후라, 긴 마후라 쓰는 추세다, 그러면 어떻게든지 사서 주고 그러거든요. 그런데 나는 그렇게 근심해줄 사람이 없는 거예요. 밥을 굶게 생겼으면 굶고, 말게 생겼으면 말고 그때 그 고아의 설움, 음 고아의 설움, **아버지가 (웅얼거림) 그런 것들도 느끼고**(강조-저자), 그러니까 천덕꾸러기지. 미운 오리 새끼가 되어가지고. 그런 생활을 하면서 그래도 다행이었던 것은, 그 속에서 내가 문학을, 문학의 길에 들어선 것, 그래서 (헛기침) 책에는 안 나왔는데, 첫 시를 굉장히 힘든 과정을 거쳐서 발표를 했어. 한 10달? 평양신문에 발표를 했는데, 그건 안 나올 줄 알았는데 그래도 발표가 되었어. 두 편 넣었는데 처음에 한 편만 발표가 되었더라구./ 야! 그 시, 평양신문에 내 이름 활자화된, 제목 밑에 내 이름이 활자화되어서 나온 그 시를 보면서, 야! 일생에 그런 행복이 없는 거야. 그러니까 그 전에도 그 후에도 야! 그게 무슨 환희였냐면, "아 나도 이 세상에 가치가 있는 인간이 되었구나" 어! 그러니까 내 인생에 내가 왜 살아야 되는지를, 어, 말할 수 있게 되는 그 근거가 생긴 거야. 그게 그렇게 기쁘더라구. 두 편째 시까지 발표되니까, 뭐 기쁨, 이루 말할 수 없지요 그, 거리 지나다닐 때도 다른 사람들이 나를 몰라보는 게 이상할 정도라고. 어, 그런 착각 상태에 빠져서./ 너무 힘들게 그, 시를 해서 …… (김주희 씨 2006년 1차 구술녹취록, 3:32~4:7)[52]

이와 같은 서사적 형식의 텍스트를 통해 우리는 구술자가 1975년 평양으로 이주한 후 1980년 작가로 등단하는 일련의 생애사적 체험을 짐작해볼 수 있다. 위의 텍스트가 구성되는 시간과 공간의 흐름을 사례분석 결과에 따라 정리해보면, 구술자는 평양으로 이사를 오면서 상처한 아버지와 함께 큰오빠 부부의 집에서 기거했다. 이후 아버지가 재혼하면서 그곳으로 이사했으나 새어머니와의 갈등을 견디다 노동자 기숙사로 분가했다(이에 대해서는 위의 텍스트에서 암시적으로만 전달되고 있다. 위 텍스트에서 볼드체로 표시한 부분 참고). 이 시기 사로청 활동의 일환으로 쓴 시를 일간지에 투고해 당선된 것이다. 이처럼 옛날이야기와 같은 서사형식의 구술은 자연스러운 생애시간과 행위공간의 이동(shift)에 의해 구성된다. 따라서 그다음으로 이어지는 생애시간과 행위공간에서의 체험을 연상하게 하는 기억의 효과를 갖는다.

그뿐 아니라 생애 이력의 개요만을 전달하는 보고형식과 구별되는 풍부한 서사형식의 구술에는 앞서 살펴본 바와 같이 개인이 구체적인 상황(타자 또는 세계)과 상호작용하며 형성한 일상체험이 녹아 있다. 위의 텍스트에서 구술자는 1975년 평양으로 올라와 노동자로 생활하며 어렵게 문학공부를 하다가 마침내 권위 있는 일간지에 등단한 과정을 극적인 이야기의 형식을 통해 전달한다. 구술자는 1966년 어머니가 돌아가신 이후 평양에서의 노동자 생활까지 힘들었던 자신의 삶을 '미운 오리 새끼'의 신세로 비유한 반면, 평양신문에 시가 게재되어 작가로 등단한 당시의 상황을 자신의 인생에서 그 이전, 그 이후에 다시 경험할 수 없는 행복의 순간으로 대비시키고 있다. 미운 오리 새끼에서 가치 있는 인간이 된, 스스로 '환희'라고 표현하는 이 극적인 순간의 체험(/   /안의 부분)을 구술자가 작가로 등단한 당시의 상황이 눈앞에 펼쳐지듯이, '현재' 시제로 전달하고 있다. 이를 통해 우리는

---

52) 구술녹취록을 인용한 방식이다. 괄호 속 표기는 김주희 씨의 2006년 1차녹취록 중 3쪽 32행에서 4쪽 7행을 인용한다는 뜻이다.

1980년의 등단이 당시 구술자에게 하나의 '생애사적 전환(biographical turn)'
으로 체험되었음을 짐작할 수 있다. 즉, 우리는 북한 사회에서 노동자였던
구술자가 1980년 시인으로 사회적 인정을 받았다는 하나의 '사건'만이 아니
라 이 사건을 구술자가 어떻게 체험(lived experience)했으며, 이것이 전체
삶에서 갖는 의미(meaning)가 무엇인지를 추론해볼 수 있다.

(3) 구술의 서사성과 '자기통제'

일상생활연구에서 서사성을 고려한 인터뷰가 강조되는 또 다른 이유는,
서사적 형식의 구술이 구술자의 '자기통제'로부터 상대적으로 자유로운
과거 체험의 사실성에 다가갈 수 있는 가능성을 제공하기 때문이다. 개인
사이의 대화는 특별하다. 누군가에게 자신이 보고 듣고 체험한 것을 기억해
이야기하는 경우, 듣는 사람이 누구인가, 또는 어떤 태도를 취하는가에
따라서 전달하는 내용과 형식은 달라진다. 즉, 자연스러운 '자기통제'가
형성되는 것이다. 흔히 구술 인터뷰에서 구술자와 연구자 상호간의 신뢰
형성이 무엇보다 중요하다고 강조하는 이유도 이것 때문이다. 특히 이념적
으로 서로 다른 정치 사회화를 경험하고 남한 사회에 살고 있는 북한 이주민
들의 경우 인터뷰를 통해 전달하려는 것과 그렇지 않은 것의 선호가 상대적
으로 분명하다고 강조된다. 따라서 텍스트 분석의 과정에서 이에 대한 이해
가 필요하다. 그러나 이와 같은 자기통제가 북한 이주민들의 인터뷰에서만
예외적으로 드러나는 특성이라고 볼 수는 없다. 언어철학적 관점에서 '자기
통제'로부터 완벽히 자유로운 구술은 불가능하다. 인문·사회과학에서 중요
한 것은 사회적 구성물의 하나인 이와 같은 '자기통제'의 특성을 해석해,
이와 관련된 일상생활을 이해하는 것이다.

보통 인터뷰에서 자신의 지나간 체험에 대한 직접적인 언급을 피하는
경우, 앞에서 살펴본 바와 같은 서사적 형식의 구술이 등장하지 않는다.
대신 "그때는 그냥 힘들게 지내다가" 등과 같이 한두 마디의 평가로 압축하

거나, "19××년도 학교를 졸업하고" 등과 같은 건조한 보고의 형식을 띤다. 어떤 경우에 구체적인 체험 내용은 생략된 채 특정한 사실에 대한 자신의 입장과 태도를 전달하기도 한다. 한 예로 구술자 김주희 씨가 북한의 문학가들에 대해 기술한 부분을 보자.

북한에서 작가반 나오면서 참 싫었던 게 뭐냐면, 작가들은 그 대부분이, 거, 문학의 기교, 형식만 배운, 문학 노동자에 불과해요. 여기에 갖가지 지식을 풍부히 해야, 할 때만, 그 사람이 사회학자로서, 정치가로서, 작가로서, 그 작가라고, 정말로 작가라고 할 수 있는데, 이건 아니에요. 기능적인, 기능공에 불과한 거야, 어? 그게 난 참 스트레스더만……(김주희 씨 2006년 1차 구술녹취록, 10:10~14).

위의 텍스트는 북한 문학에 대한 구술자의 가치와 평가를 담은 '주장(argumentation)'의 형식을 띤다. 그 이전의 텍스트와 비교해 시간과 공간의 흐름을 통해 행위가 이어지는 서사구조의 형식이 드러나지 않는다. 반면 자신의 직간접적인 체험에 의해 구성된 특정한 '입장'을 전달한다. 따라서 구술자가 북한의 문학가를 '형식과 기교만 배운 기능공'으로 평가하는 이유를 짐작하기 어렵다. 다만 전체 인터뷰의 맥락에서 이와 같은 구술자의 입장과 태도가 탈북 이후의 다양한 체험을 통해 사후적으로 형성된 것임을 추론할 수 있을 뿐이다. 이처럼 주장이나 평가 형식의 구술이 상대적으로 개인의 '가치'를 담은 태도를 드러내는 반면, 서사형식의 구술은 기억을 매개로 한 과거 체험의 사실성을 담고 있다. 앞에서 살펴본 바와 같이 구술자 스스로 어린 시절에서 현재로 이어지는 연대기와 서로 다른 생활공간을 넘나들었던 행위의 연속성에 기대어 전개하는 생애 구술은 상대적으로 풍부한 과거의 일상체험을 언어화하는 가능성을 열어놓는다. 간혹 인터뷰에서 구술자가 예상하지 않았던 사실들을 기억해 말하는 경우가 있는데 이것이 바로 서사의 힘(power of narrative)이다. 이러한 과정에서 구술자가 암묵적으로 가지고 있던 '자기통제'로부터 자유로워질 수 있는 가능성이 열린다. 어떤 경우 동일한 체험에 대해 구술자가 초기 이야기와 보충적인 서사에서 서로 다른 방식과 내용으로 기술하는 이유가 이 때문이기도 하다. 즉, 의도하지 않게 '자기통제'에서 풀려난 과거 체험의 기억이 서사의 형식을 통해 튀어나오는 것이다.

(4) 서사적 인터뷰의 진행

생애사적 맥락과 서사성을 고려하기 위해 서사적 인터뷰는 다음 두 가지의 인터뷰 원칙을 고려한다. 첫째, 과거의 일상체험에 관심을 갖는 모든 인터뷰는 가능한 생애사에 대한 초기 이야기에서 출발한다. "살아온 이야기를 자유롭게 해주시겠습니까? 말씀을 듣고 질문을 드리겠습니다"와 같은 형식의 열린 질문을 통해 구술자 스스로 자신의 전체 삶을 돌아보며 자유롭게 선택한 주제와 형식으로 초기 이야기를 구성할 수 있는 기회를 제공한다. 둘째, 연구자는 가능하면 특정한 인물, 시기, 사건 등에 대한 열린 질문을 통해 구술자의 자유로운 서사가 전개될 수 있도록 지원한다. 왜, 언제, 어디서, 무엇을, 어떻게와 같은 형식의 질문은 자연스럽게 구술의 형식과 내용을 제한한다. 예를 들면 '왜 북한의 문학가를 형식만 배운 기능적인 문학노동자라고 생각하십니까'와 같은 질문에 대해서 구술자는 암묵적으로 '○○○하기 때문에 그렇다'라는 방식의 주장을 할 가능성이 크다. 이에 비해 '작가동맹 회원으로 활동하던 시절의 경험 중 생각나는 것이 있으면 더 말씀해주시겠습니까'와 같은 형식의 질문은 구술자가 다시 이 시기의 체험을 서사적으로 이야기할 수 있는 가능성을 열어놓는다. 이를 통해 연구자는 앞에서 표현된 구술자의 '주장'이 어떤 체험에 근거하는지를 분석하고, 연구자의 관점에서 해석할 수 있는 자료를 얻는다.

물론 연구자가 중요하다고 생각하는 특정한 주제에 대한 구술자의 입장이

[표 7-1] 서사적 인터뷰의 단계.

시작: 열린 질문과 초기 이야기
　　"살아온 이야기를 해주시겠습니까? 말씀을 듣고 질문을 드리겠습니다."

질문 I: 초기 이야기에 대한 보충질문
　　"앞에서 ○○○이라고 하신 부분에 대해서 기억나는 것이 있으면
　　좀 더 말씀해주시겠습니까?"

질문 II: 초기 이야기 외의 보충질문
　　지금까지 등장하지 않은 시기, 인물, 주제, 또는 특정 사건, 입장
　　등에 대한 모든 형태의 질문

나 평가를 다양한 방식으로 직접 질문하는 것도 필요하다. 다만 이런 방식의 상호작용은 가능하면 앞에서 살펴본 구술자 스스로 구성하는 '자기 이야기'에 근거해 진행하는 것이 전체 텍스트의 맥락을 이해하고 재구성하는 데 더 도움이 된다. 결국 서사적 인터뷰가 추구하는 중요한 문제의식은 연구자가 준비한 질문에 따라 분절된 구술자의 대답이 아니라, 구술자의 자유로운 서사에 의한 생애체험을 이해하는 것이며, 이와 같은 생애사적 맥락 속에서 구체적인 주제에 대한 질문으로 나아가는 것이 필요하다는 점이다.

이와 같은 구술 인터뷰의 과정은 '인터뷰 메모'의 형식으로, 가능하면 자세히 기록해 이후의 분석 자료로 삼는다. 인터뷰 장소 및 진행과정, 인상적인 사실과 이에 대한 연구자의 생각을 기록함으로써 녹취된 구술 텍스트의 생성과정에 대한 이해를 돕는다. 또한 인터뷰 메모는 인터뷰를 시작하기 전 연구자의 문제의식, 구술자의 선정과정, 인터뷰까지의 접촉과정에 대한 기록을 포함한다. 특히 인터뷰를 하기 전 연구자의 생각 및 암묵적인 기대와 인터뷰 이후의 인상 및 생각을 비교·정리함으로써 연구자의 관점을 성찰할 수 있도록 하는 것이 중요하다.

2) 텍스트의 분석과 해석의 원칙

인터뷰를 통해 얻은 구술은 녹취를 통해 텍스트로 바뀐다. 이것이 구술자료 재구성 방법의 구체적인 분석 대상인 구술 텍스트다. 구술 텍스트를 분석·재구성하는 일반적인 원리는 경험연구 바깥에서 세워진 테제를 연역적으로 증명하거나 구체적이고 개별적인 사실에서 일반적 가설을 추구하는 귀납적인 방법이 아니라, 가설추론적 방식(abduction)을 택한다. 구술 텍스트의 특정한 언술 또는 행위의 원인과 동기에 대해 추론하고, 그것의 결과를 전망하는 방식으로 가설을 세우고 검증하는 것이다. 이때 가설은 가능한 모든 행위지평으로 확대되어야 하며, 특정 행위전략의 의미는 이어지는 행위결정에 의해 구체화될 수 있다. 가설추론적 원리에 의한 텍스트의 재구성 과정은 기존의 환원론적이거나 단선적인 원인 - 결과적 논리로 사회현상을 설명하는 것과 달리 행위의 다의성과 양가성을 고려하며, 동시에 행위자의 선택과 결정이라는 적극적인 역할을 해석의 지평으로 끌어들인다.

구술 텍스트 분석에서 중요한 또 다른 원리는 텍스트 구조의 동형성에 근거한 분석이다. 모든 구술 텍스트는 생애사적으로 구성된 관점에 부응하면서 서사적 순차성에 따라 조직되는 구조를 갖는다. 이 구조는 체험된 생애사의 연대기와 상이한 배치를 드러내기도 한다. 따라서 텍스트 분석과 해석 및 가설설정은 연구자의 관심 주제에 따라서가 아니라 텍스트 구조와 동형적 방향으로 수행되어야 한다. 텍스트의 전체 구조를 무시한 채 연구자의 이해에 의해 특정한 언술 묘사를 추출해 앞과 뒤 그리고 전체 맥락과 연관 없이 행하는 해석의 내용은 제한적이다.

이와 같은 문제의식을 바탕으로 이제 생애사에 기초한 서사적 구술의 내용을 살았던 생애사, 이야기된 생애사, 체험된 생애사라는 서로 다른 차원으로 비교해 재구성해본다.

(1) 살았던 생애사

인터뷰가 끝난 후 구술자와 관련된 모든 문헌 및 구술자료에 근거해 구술자의 삶의 이력을 연대기 순으로 정리한다. 전체 구술 내용 중 상대적으로 구술자의 주관적 체험과 거리가 있는 생애 이력들, 예를 들어 출생연도, 고향, 가족관계, 학교 진학, 이사, 직업 이동, 병력, 특별한 사건 등을 시간의 흐름에 따라 정리한 목록을 생애사적 사실이라고 부른다. 이 생애사적 사실의 연대기를 따라 가설추론적 방식으로 살았던 생애사를 재구성한다. 이 과정에서 연구자는 구술자가 인터뷰에서 말한 구체적인 체험의 내용과 거리를 두고, 연구자의 입장에서 '이러한 삶의 조건이 구술자의 행위구성에 어떤 가능성으로 작용했을까'라는 물음을 분석의 주요 관점으로 삼아 이전의 삶의 경험에 대해 추론하고, 이후의 생애사적 전개에 대해 가설을 세운다. 특정한 사실에 대한 복수의 가설은 연구자의 선택에 의해 '적절한 해석'으로 인정되는 것이 아니라 이어지는 생애사적 사실과의 연관 속에서 확인될 수 있다. 또한 특정한 생애사적 사실에 대한 이해를 위해 연구자가 사용할 수 있는 모든 인문·사회과학적 이해와 지식이 해석의 자료가 될 수 있다. 이를 통해 재구성되는 '살았던 생애사'는 연구자의 입장에서 구성해본, 구술자의 삶이 갖는 특징이다. 살았던 생애사는 이후에 재구성할 이야기된 생애사(구술자의 생애사적 관점)에 대한 비교의 관점을 제공한다. 앞에서 살펴본 김주희 씨의 생애사적 사실을 연대기로 정리해보면 [표 7-2]와 같다.53)

생애사적 사실에 근거해 구술자의 삶의 이력이 갖는 특성을 재구성해보면, 구술자는 1960년대 초 평양 조선·소련 친선문학 부위원장을 하던 아버지가 정치적 어려움을 겪으면서 황해도로 낙향한 후 어머니까지 사망해 상당한 정서적·물질적 고통을 겪으며 어린 시절을 보낸 것으로 짐작된다. 사춘기가

---

53) 지면의 한계로 사례 재구성 결과의 중요 내용을 중심으로 소개할 것이다. 따라서 가설추론적 원리에 의한 재구성 과정은 부분적으로만 드러날 것이다.

[표 7-2] 김주희 씨의 생애사적 사실.

1959년	평양 출생, 사남 일녀 중 막내
	어머니 전업주부, 아버지 문학 분야의 고위직 관료
1962년 무렵	아버지의 '정치적인 문제' 때문에 황해도로 이사
1965년	어머니 자살
	구술자 입학, 학교생활
1975년	큰오빠의 주선으로 평양의 큰오빠 집으로 이사
?	아버지 재혼, 아버지 부부와 함께 분가
	구술자 공장생활, 큰오빠에게 문학수업
1980년	《평양신문》에 시 2편 게재
(이하 생략)	

될 때까지 황해도에서 보낸 이 시기의 체험을 통해 구술자가 어떤 생애사적 지향을 형성해갈지 짐작해보면, 먼저 어머니의 삶이 보여주었던 '전형적인 여성'으로서의 길이 있다. 중등교육 과정을 거친 후 결혼해 사회주의 가족의 재생산을 담당하는 여성으로서의 삶이다(가설 1). 만일 구술자가 어머니의 죽음을 체험하면서 이에 대한 비판적 행위 지향을 형성한다면 북한의 공적 영역에서 적극적인 자아실현의 길을 개척해갈 수도 있다. 북한 사회의 조건 에 비춰, 군대 경력을 통해 당에 입당해 적극적으로 북한 사회체제 속에서 자신을 실현해갈 가능성도 있다(가설 2). 또는 구술자의 다른 생애사적 능력 을 통해 공적 영역에서의 활동 가능성을 모색할 수도 있다. 이 경우 구술자는 상대적으로 북한 사회체제와 거리를 유지할 것이다(가설 3). 이와 같은 방식 으로 하나의 생애사적 사실에 근거해 이후 가능한 구술자의 삶의 지평을 가능한 넓게 전망해보는 것이 필요하다. 이 가설들은 이후 등장하는 생애사 적 사실들에 의해 설득력을 얻거나 구술자가 선택하지 않은 삶의 경로로 이해될 것이다. 다음을 보자. 구술자는 1975년 북한 작가동맹 번역실장을 했던 큰오빠의 주선으로 평양으로 이사한 후 공장 노동자로 생활하며 큰오빠

에게 문학수업을 받았다. 1980년 ≪평양신문≫에 시가 게재되고, 1988년 김형직 사범학교의 작가 양성반에서 공부하는 등 전업 작가의 길을 걷는다. 이와 같은 사실에 비춰 구술자는 비교적 가설 3에 가까운 생애사적 과정을 전개하고 있다. 즉, 북한 정권에 대한 이념적·정치적 충성이라기보다는(가설 2), 자신의 가족이 가진 중요한 삶의 자원인 '예술적 능력'을 기초로 사회적 인정을 획득해가고 있다. 기본 계급적 성향(토대)이 사회적 지위 상승에 결정적인 역할을 하는 북한 사회에서, 자살한 어머니를 둔 '인텔리 집안'의 딸이었던 구술자의 이전 사회적 조건에 비춰 볼 때 이는 흔하지 않은 사회적 지위 상승이었을 것이다.

이후 구술자의 삶의 이력을 압축적으로 요약하면 20대의 10여 년간의 첫사랑을 정리하고 1994년 35살 때 17년 연상의 상처(喪妻)한 기술 엘리트와 결혼했다. 이후 ≪조선문학≫[54] 등에 시 여러 편을 게재하는 등 활발한 창작활동을 전개했다. 그러나 1997년 구술자는 중앙당으로부터 '평양 추방' 결정을 통보받고 1998년 청진으로 이주한다. 20대 초반의 급격한 사회적 지위 상승과 30대 중반의 결혼에 이르는 생애사적 사실들이 북한 정권의 엘리트 집단에 속하는 여성 작가의 삶을 보여주는 반면, 북한의 식량난이 가중되던 1990년대 말, 수도 평양에서의 추방은 상대적으로 예상치 못한 정치적 사건으로서의 특징을 보여준다. 1998년 청진으로 이주한 구술자는 남편과 이혼하고 직장을 구하던 중, 아들과 함께 중국으로 탈북했다. 구술자는 39살, 아들은 3살이었다. 1999년 말 몽골 국경을 넘어 한국에 올 때까지 구술자는 매매혼과 성폭력을 경험했다. 즉, 1997년 평양 추방 결정을 통보받은 후 1999년 한국으로 오는 과정은 구술자의 급격한 사회적 신분의 변화를

---

54) 1946년 ≪문화전선≫이라는 이름으로 창간되었으며, 1953년 10월에 ≪조선문학≫으로 바뀌면서 북한 조선작가동맹 중앙위원회 기관잡지가 되었다. 현재까지 북한 문학계를 대표하는 문학잡지다(≪북한≫, 2007년 8월호).

보여준다. 이런 관점에서 1997년의 평양 추방은 구술자의 생애사에서 삶의 전환점으로 작용하고 있다. 구술자는 국정원 조사와 하나원 교육을 받은 후 2001년 서울에 있는 한 대학의 여성학과에 진학하는 한편, 각종 매체에 북한 관련 기사를 집필했다. 2005년 자신의 탈북 경험을 담은 자전적 단행본을 출간하고 2006년에는 북한 여성 시인에 대한 석사논문을 완성했다. 같은 해에 수년간 알고 지내던 북한 출신의 언론인과 결혼했다. 이후 구술자는 남편과 함께 북한 주민의 생활을 세상에 알리기 위해 한 대중 잡지의 편집인으로 활동하고 있다.

지금까지 살펴본 김주희 씨의 생애사적 사실의 특성을 정리해보면 첫째, 북한의 엘리트 작가에서 한국 사회에 정착한 탈북주민이라는 신분상의 변화를 통해 급격한 생애사적 전환을 보여준다. 사회주의 북한에서 정치적 금단의 땅인 자본주의 남한 사회로 이주한 여성으로서의 삶은 20세기 냉전체제가 형성한 정치적 경계를 넘고 있다는 점에서 쉽지 않은 생애사적 과제를 짐작하게 한다. 둘째, 이와 같은 삶의 전환에도 문학을 매개로 한 활동이라는 연속성을 확인할 수 있다. 북한 엘리트 작가로서의 사회적 명예와 인정은 부재하지만, 남한 사회의 대중을 독자로 한 단행본과 북한 문학에 대한 학위 논문은 문학인으로서의 자기 정체성을 확인해가는 작업으로 이해할 수 있다.

그렇다면 구술자는 2006년 필자와의 인터뷰에서 자신의 삶을 어떤 관점에서 소개하고 있을까? 북한 정부로부터의 추방과 탈북이라는 경험을 가진 구술자가 미래의 삶에 대해 어떤 행위 지향을 보여줄까? 다음 단락의 이야기된 생애사의 재구성을 통해 이를 살펴보자.

(2) 이야기된 생애사: 생애사적 관점에 대한 이해

자신의 삶에 대한 모든 구술 텍스트는 전체 생애 과정에서 형성된 삶의 관점에 따라 (재)구성된다. 즉, 인터뷰를 하는 현재, 구술자가 이해하는 나(self)

또는 나의 삶에 대한 평가인 생애사적 관점에 따라 암묵적으로 구술의 내용과 형식이 선택된다. 따라서 전체 구술 텍스트를 이해하기 위해서는 구술자의 생애사적 관점을 이해하는 것이 중요하다. 인터뷰 텍스트의 첫 부분 중 구술자 스스로가 '나는 이렇게 살아왔어'라는 관점에서 소개한 '초기 이야기' 부분을 주된 분석 대상으로 생애사적 관점을 재구성한다. 이야기된 생애사를 재구성하는 주된 관점은 왜 이 주제가, 이런 서술의 형태로, 이 자리에 등장하는가에 대한 질문과 가설이다. 이에 근거해 재구성된 구술자의 생애사적 관점을 1인칭의 형식으로 정리한다.

앞에서 살펴본 김주희 씨의 초기 이야기를 분석해 생애사적 관점을 재구성해보자.[55] 간단히 살아온 이야기를 해달라는 필자의 요청에 대해 구술자는 평양에서 출생하게 된 가족사의 배경에서부터 생애 이야기를 시작했다. 먼저 구술자는 자신이 1959년 평양에서 출생했으나 1963년 아버지가 정치적 어려움을 겪어 가족이 황해도로 이사한 과정을 압축적으로 소개했다. 이어서 수도 평양에서 변방의 시골로 이사하면서 어머니가 겪었던 물리적 고통, 그리고 아버지의 잦은 구타로 어머니가 자살하게 된 과정을 이야기한 후 어머니는 "그 시대의 희생자였다"고 평가한다(1:22~2:14). 즉, 구술자는 자신의 생애사를 다른 많은 생애 경험들 중에서 특히 남편의 구타와 멸시 속에서 자살한 어머니의 삶에 대한 평가를 통해 전개한다. 이와 같은 생애 구술의 시작은 '나는 불쌍하게 희생된 어머니의 딸'이라고 하는 구술자의 생애사적 관점을 짐작하게 한다(가설 1). 만일 구술자가 이와 같은 관점에서 구술을 이어간다면 다음 단락에서는 적어도 자살한 어머니에 대한 연민 또는 감정이입을 나타내는 구술이나, 어머니의 죽음에 직간접적 책임이

---

55) 지면의 한계로 약 일곱 쪽에 걸친 구술자의 초기 이야기 전체를 소개하는 것은 불가능하다. 이를 대신해 단락별 소주제와 텍스트의 형식을 소개하며 압축해 초기 이야기를 재구성할 것이다.

있는 아버지에 대한 원망 또는 비판을 담은 이야기가 소주제로 등장할 가능성이 있다. 그러나 만일 위의 단락이 구술자와 어머니 사이의 정서적 연대감보다 '자살한 어머니에 대한 상대적인 거리감'을 표현하는 것이라면 (가설 2) 이어지는 단락에서 어머니에 대한 '양가적 체험' 또는 '거리감을 둔 감정'에 대한 서사가 등장할 수 있다. 물론 전혀 다른 소주제로 전환할 가능성도 열려 있다. 다음 단락을 보자. 구술자는 11살에 아버지의 외동딸로 귀여움을 독차지했으나, 어머니를 자살하도록 방치하고 북한 사회의 진실을 외면한 아버지를 용서할 수 없었던 과정을 소개한다(2:14~3:8). 앞의 단락에서 억울하게 삶을 포기한 어머니에게 강한 정서적 연대감을 표시한 반면, 이어지는 단락에서는 아버지의 사랑에도 이를 받아들일 수 없었던, 아버지에 대한 원망과 거리를 대비해 보여준다. 이런 점에서 '나는 시대의 희생자인 어머니의 딸'(가설 1)이라는 생애사적 관점이 이어지고 있음을 알 수 있다.[56] 다음 단락에서 구술자는 1975년 평양의 큰오빠 집으로 이주하는 과정과 평양에서의 힘든 생활을 소개하고, 이 시기 자신의 처지를 엄마 없는 고아 또는 미운 오리 새끼에 비유한다. 즉, 구술자는 이 단락에 이르기까지 자신의 삶을 "불행한 시대의 희생자인 어머니와 고아의 처지가 된 불쌍한 나의 인생"이라는 관점에서 소개한다.

　이어서 구술자는 불쌍한 노동자였던 자신이 《평양신문》에 시가 당선되어 작가로 등단하는 과정을 극적인 삶의 전환으로 소개한다. 이를 통해 '불쌍하게 희생된 어머니'의 삶과는 다른 길을 개척한 자신의 생애 과정을 보여준다. 즉, '시대의 희생자였던 어머니와 달리 가치 있는 인간의 삶을 개척한 나'라는 관점의 변화를 짐작할 수 있다. 이후 구술자는 20대에 10여

---

56) 아래에서는 지면의 한계로 하나의 단락에 대한 분석을 통해 이전 사실을 추론하고 이후의 전개를 가정하는 가설추론적 분석방식에 대한 소개를 생략하고 주요한 생애사적 관점을 중심으로 설명할 것이다.

년간 매달렸던 첫사랑의 배신과 그로 인한 좌절을 '인생의 또 하나의 굴레를 벗어나는 과정'이라는 관점에서 소개한다(4:7~5:29). 다음 단락에서는 '시와 생활을 동시에 얻기 위해' 1994년 결혼한 후 ≪조선문학≫에 시를 게재하는 과정을 소개한다. 그리고 결국 작가동맹 활동에서 겪었던 찬양시 창작의 고통과 고부간의 갈등이 1998년 평양에서 추방된 원인이었으며, 결국 이런 북한 당국의 정치적 박해가 '차라리 잘된 일'이었다고 평가한다(5:29~6:31). 요컨대 구술자는 20대 초반에서 30대 말까지 연애 실패와 결혼, 그리고 정치적 추방 및 탈북으로 이르는 과정을 마치 '인생의 힘겨운 굴레'를 벗어가는 필연적인 과정으로 소개하는 것이다. 여기서 특기할 만한 점은 1998년 탈북에서부터 남한 사회에서 정착하는 2004년 무렵까지의 생애 과정이 생략되었다는 점이다. 또한 30대 중반의 결혼에 대해 아주 짧게 언급했다. 2004년 발간한 단행본에서 구술자는 1994년 17년 연상의 기술 엘리트와 결혼하고, 아들을 출산한 후 비로소 '평범한 일상'을 경험하며 쓴 시가 ≪조선문학≫에서 호평을 받는 등 북한 최고 엘리트로서 행복했던 삶에 대해서 기술했다. 그러나 2006년 필자와의 인터뷰에서는 4년가량의 결혼생활에 대해서는 거의 언급을 생략한 채, 자신의 문학적 헌신에도 결국 1998년 평양에서 추방되었던 원인인 고부간의 갈등만 이야기한다. 이러한 구술자의 관점이 어떻게 이어지는지 살펴보자. 구술자는 상대적으로 긴 단락을 통해 그간 남자들에게 실망하고 결국 결혼 자체에 대한 희망을 포기했으나 2006년 인터뷰를 하기 직전 자신의 문학세계를 이해하며 자신과 나란히 사회와 정치에 대해서 논의할 수 있는 이상적인 남자를 만나 결혼한 것을 피력함으로써 초기 이야기를 마무리했다(6:31~8:17). 이와 같은 초기 이야기를 통해 '시대의 희생자였던 어머니와 달리, 명예와 부를 버리고 마침내 이상적인 남자와 결혼한 나'라는 구술자의 생애사적 관점을 재구성해볼 수 있다.

이와 같은 구술자의 생애사적 관점을 앞에서 살펴본 구술자의 살았던 생애사의 특징과 비교해보면 상당한 차이가 있다. 특히 살았던 생애사에서 생애사적 전환으로 짐작되는 1997년의 평양 추방과 1998년 탈북, 1999년의 한국행 등이 전혀 언급되지 않는 반면, 20대 초반의 등단 이후부터 현재까지의 삶을 마치 이상적인 배우자와의 결혼을 위한 연속적인 생애 과정으로 의미를 부여하고 있다는 점이다. 이러한 이야기된 생애사의 특징은 여러 가지 생애사적 배경 중, 2006년 인터뷰가 구술자의 결혼식 며칠 후에 이뤄진 조건과 관련이 있을 것이다(인터뷰 메모 참조). 즉, 새로운 사랑과 결혼생활을 시작한 구술자가 가졌을 관계에 대한 희망과 행복이 인터뷰 속에서 암묵적으로 드러난 것으로 볼 수 있다. 따라서 연구자는 이와 같은 구술자의 생애사적 관점에 의해 암묵적으로 축소되거나, 등장하지 않는 주제를 이해하기 위해 서로 다른 자료를 비교 분석하거나, 필요하다면 이에 대한 보충 인터뷰 등을 진행할 수도 있다.

개인의 생애사적 관점은 한편으로 전체 인터뷰에서 구술의 내용과 형식을 구성하는 프레임으로 작동한다. 따라서 과거 체험의 사실성에 주목하는 연구에서는 이와 같은 구술자의 현재 관점과 특정한 시기의 일상체험을 분리해 재구성하는 것이 중요한 과제다. 다른 한편 이와 같은 생애사적 관점은 구술자가 특정한 시간과 공간을 체험하면서 자신만의 방식으로 일상세계를 해석하고, 특정한 삶의 길을 선택하며 형성하게 된 행위양식이기도 하다. 즉, 1959년 전후(戰後) 복구기에 북한 사회에서 출생한 한 여성이 자신을 둘러싼 북한 사회의 구체적인 일상과 상호작용을 하며 전유한 삶의 전략이자 미래의 행위 지향이기도 하다. 따라서 이와 같은 행위양식이 어떤 구체적인 체험을 통해 형성되었는지를 이해하는 것 또한 북한의 일상생활연구에서 중요한 과제다. 다음에서는 살았던 생애사와 이야기된 생애사의 차이를 사례 재구성의 중요한 관점으로 잡아 각 연구주제별 체험을 재구성한다.

(3) 체험된 생애사의 재구성: 심층 텍스트 분석

이 단락에서는 특정 시기 또는 주제에 대한 구술자의 일상체험을 재구성하기 위해 필요한 심층 텍스트 분석의 과정을 살펴본다. 심층 텍스트 분석은 전체 인터뷰 텍스트 중에서 연구자가 관심을 갖는 특정한 시기, 또는 주제와 관련된 구술을 모아 분석의 대상으로 삼는다. 이때 중요한 분석의 원리는 구술 텍스트가 갖는 '이야기'의 차원과 '체험의 사실성'을 지시하는 차원을 구분하는 것이다. 앞에서 살펴본 이야기된 생애사는 전체 텍스트를 '왜 이런 방식으로 이야기하고 있을까'라는 관점에서 재구성한 경우다. 이와 같은 초기 이야기 분석에서뿐 아니라 개별 텍스트의 분석에서도 어떻게 이야기하는가(이야기의 차원)와 무엇을 이야기하는가(체험의 차원)라는 서로 다른 두 관점을 이해하는 것이 중요하다. 이야기의 차원에서 중요한 재구성의 관점은 텍스트의 종류와 역할에 대한 물음이다. 반면 체험의 차원에서 중요한 관점은, '이런 구술의 내용에 비춰 볼 때 구술자는 그 당시의 상황을 어떻게 체험했을까'와 같은 물음이다.

앞에서 살펴본 김주희 씨의 생애구술 중 북한 문학인으로서의 체험을 심층 텍스트 분석을 통해 재구성해보자. 사례분석에 의하면 구술자는 큰오빠에게 혹독한 문학수업을 받으면서 작가로 등단했다. 1980년 《평양신문》에 시가 게재되고 난 후 구술자는 "북한 시에서 혜성처럼 나타났다"고 평가받던 한 젊은 시인을 알게 된 것 같다(4:26~28). 이에 대한 다음의 언급을 보자.

…… ① 참 재미난 게/ ② 그 사람하고 그, 내가 연애를 하면서 내가 시, 내 시 실력이 굉장히 늘어난 거야/ ③ 그러니까 이제 그 사람 시를 보면 딱 무슨 창작의 공식을 보는 것 같아. 무슨 그 공식대로만 하면, 그 공식대로만 풀면, 저기 뭐야 정답인 시가 나오는 참 이상하더라고 시 쓰다가 이거 어떻게 해야 될까? 하고 이 사람의 시를 보면 금방 이거 이제 안이 떠오르고. 그게 참 신기했어/ ④ 근데 그게 내가 거기서 2~3년 머물렀고, 거기서 저기, 벗어났어야 되는데, 거기에 한 10년을 집착을 했었어(김주희 씨 2006년 1차 구술녹취록, 5:4~10).[57]

첫 단락(①부분)에서 구술자는 지나간 20대의 첫 사랑을 "참 재미난" 어떤 것으로 소개한다. 단어의 뜻 그대로 받아들이면 두 사람 사이의 재미있었던 추억을 소개하려는 것으로 이해할 수 있다. 만약 '재미'가 예상치 않았으나 돌이켜 생각해보면서 갖게 된 어떤 긍정적인 의미 또는 기쁨이라면, 이것은 에피소드적인 사건으로서의 추억과는 다른 경험이 될 수도 있다. 다음 단락에서(②부분) 구술자는 그 남자 시인과 연애를 함으로써 자신의 창작 실력이 늘어난 사실을 소개한다. 즉, 앞에서 언급한 재미난 사실은 후자의 의미에 가깝다. 자신이 열렬히 좋아했던 어떤 남성과의 연애를 통해 예상치 않게 시인으로서의 능력이 배양되었던 경험을 재미난 일 또는 신기했던 일로 평가하는 것이다. 지금까지의 구술에 근거해 구술자의 첫사랑의 체험을 추론해보면 구술자는 자신이 열렬히 사랑한 남성과의 연애를 통해 자신도 모르게 자아실현의 방식인 문학적 능력이 발전하게 됨을 느꼈던 것으로 짐작된다. 사랑하는 사람과의 정서적 교감과 문학적 실현이 일치하는 체험이었던 것으로 보인다. 이어지는 단락에서(③부분) 당시의 애인은 구술자의 문학적 스승이자, 문학적 고통의 구원자로 묘사된다. 즉, 구술자에게 그 남성 시인은 애인이자, 문학적 인도자의 역할을 했던 것으로 짐작할 수 있다. 사례분석에서 중요한 점은 북한 문단의 '혜성과 같은 존재'로 평가받던 남성 시인과 구술자와의 관계에서 상대적으로 우월한 능력을 발휘하며 구술자를 인도하는 남성 시인의 역할이다.

전체 사례분석에 의하면 이 남성 시인의 집안이 정치적 문제에 연루되면서 두 사람의 결혼은 성사되지 못했다. 결국 남성 시인은 경제적 기반을 가진 다른 여성과 결혼했고, 구술자는 첫 사랑의 실패를 현실로 받아들이지 못하고 오랫동안 방황했던 것으로 보인다. 20대 중반에서 30대 중반에

---

57) 구술 인용문 중에서 ① 등의 표시는 단락별 심층 텍스트 분석의 과정을 구체화하기 위해 필자가 텍스트의 소주제와 형식에 따라 분류한 단락이다.

걸친, 이른바 북한 사회에서 일반적으로 통용되는 결혼 적령기 남성과의 사랑과 갈등 그리고 배신의 과정을 겪으며, 깊은 마음의 상처를 감내했던 것으로 보인다. 이를 구술자는 위의 텍스트 마지막 단락에서(④부분) 10여 년에 걸친 '집착'으로 평가한다. 다음의 텍스트를 보자.

> ① 마침, 고 한 1년 후인가? 굉장히 큰 시인을 만났지. 그러면서, 그때 10년 동안 나를 두르고 있던, 나를 발전시키기도 하고, 또 나의 발전을 억압하기도 하던, 그런 굴레에서 내가 비로소 그때 벗어난 거야/ ② 그래서 그 선배 시인한 테 내 시가 없다고, 내 생활도 없다고, 욕을 먹고, 시집을 가야지 두 개 다 생긴다고, 욕을 먹고 시집을 가자 하고, 그때 결심을 하면서/ ③ 한편으로는, 내 시적 능력을 마지막으로 검토해보자, 해서, (헛기침) 안 되면 난 문학 그만 두겠다. (살짝 웃음) 그래서 시를 한 편 썼는데……(김주희 씨 2006년 1차 구술녹취록, 5:27~32).

첫 단락(①부분)에서 구술자는 첫 사랑에 대한 자신의 '집착'을 정리한 계기를 "굉장히 큰 시인"과의 만남을 통해 설명한다. 문학적으로 '굉장히 큰' 능력을 가진 선배 시인을 통해 첫 애인과의 관계를 새로운 눈으로 보게 된 것이다. 다르게 표현하면 구술자는 큰 능력을 가진 선배의 눈을 통해 이전의 관계를 '굴레'로 이해한 것이다. 이것으로 미뤄 구술자는 30대 중반에 이르러 자신의 문학적 스승을 새롭게 발견하면서 과거의 관계를 비로소 정리할 수 있었던 것으로 짐작된다. 그런데 특이한 점은 10여 년 동안 떠나간 애인을 그리워하며 독신 생활을 하는 사이 잃어버렸던 '시'와 '생활기반'을 위해 결혼을 해야 한다는 선배 시인의 조언을 받아들인 것이다(②부분). 앞에서 살펴본 바와 같이 17년 연상의 상처한 기술 엘리트와의 중매결혼은 다분히 실용적인 목적을 띤 선택임을 짐작하게 한다. 이런 의미에서 구술자의 결혼을 사회적·경제적 안정을 위한 결정으로 이해할 수 있다. 그렇다면

'시'를 위해 결혼을 선택한 것은 어떤 의미일까? 2006년 인터뷰에서 구술자는 이에 대해 거의 언급하지 않았다. 그러나 2004년 출간한 단행본에 의하면 구술자는 당시 자신이 훌륭한 시를 쓰지 못하는 이유가 평범한 여성이면 누구나 하는 결혼과 출산, 육아 등을 경험하지 못했기 때문으로 판단한다.[58] 이것은 북한의 문학계가 사회주의 일상의 리얼리즘을 중요한 문학적 실현방식으로 여기는 것과 관련이 있다. 특히 1980년대에 접어들어 산업 전반의 가동률이 떨어지면서 북한 당국은 여성들의 평등한 사회적 진출보다 가내작업반을 통한 기여를 강조했다. 이는 공장가동률과 생필품 공급률이 현격히 떨어지는 1990년대에 들어 더욱 강화되었다. 동시에 이전 시기에 비해 여성에게 전통적인 여성상을 강조하며 사회주의 가정의 재생산을 담당하는 역할을 이상화시켰던 것과 연관이 있는 것으로 짐작할 수 있다.[59]

구술자는 2004년 발간한 단행본에서 1994년 결혼 1년 뒤에 아들을 출산하고 쓴 시들이 호평을 받으면서 가장 '평범한 여성'으로서의 행복을 누렸다고 평가한다. 구술자의 생애에서 이때의 경험은 북한 체제의 주된 가치와 화해하며 문학 엘리트로서의 삶을 만들어간 시기라고 할 수 있다. 구술자가 추방되기 전 북한 문단의 상황에 대해서 언급한 다음의 구술을 살펴보자.

① 그러다가 이제 창작단이 해산되고 그게 작가동맹으로 넘어왔지요. 야, 넘어오니까 이게 아니더만. 이건 뭐 매일 김정일한테 올리는 가사를 그 시 창작 전투 벌이고, 거기서 탈락되면, 뭐 그, 그 창작성과가 없는 걸로, 창작 부진으로 치고 근데 김정일한테 올라가는 시는, 국가에서, 돈 많고 뭐 어떤 표라도 끌, 그저, 가져올 능력이 있는 사람의 시를, 그 국가에서 달라고 해서

58) 김주희 자서전(2004), 65~70쪽.
59) 박영자, 「북한의 민족주의와 여성: 민족주의 담론과 여성정책 변화를 중심으로」, ≪국제정치논총≫, 제45집 1호(2005), 95~98쪽.

고쳐서 김정일한테 올려주고, 뭐 올리면 또 뭐 날짜 사인이라도 나오면 그거는 뭐 창작성과 있다고 해주고 아휴./ ② 이게, 이게 정신이 획가닥 돌아가지요. 내가 김정일을 찬양하지 않으면 안 되겠고, 하자니 안 나오고, 이러니까 내가 정말 시적 재능이 없는 건지, 이러고 나니까 정체성의 혼란이 오는 거야. 어, 막, 야……./ ③ 그게 (어색한 웃음) 아무나 하는 것이 아니더라구. 죽어도 안 되니까 부위원장이 꼴 보기 싫고, 게다가 시집에서, 시집에서 계속 그 저기, 시어머니랑 고부갈등에, 시누이랑 돈도 없지, 그러니까 시끄러우니까 처리를 해버린 거지(김주희 씨 2006년 1차 구술녹취록, 6:15~29).

첫 단락(①부분)에서 구술자는 숨 가쁘게 돌아가던 작가동맹 시절의 일상을 재현한다. 이전의 창작단 활동과 비교해 작가동맹 소속 시인들의 창작활동은 '전투'로 묘사된다. 북한의 일상생활 속에서 '전투'라는 표현은 일종의 총력전을 뜻한다. 정해진 시간에 작가동맹 시분과에 소속된 구성원들이 전력을 다해 목표 달성을 하는 생활양식이다. 이때 창조적 예술행위를 위한 고민의 과정보다는 결과가 중요하다. 즉, 누가 정해진 시간 내에 제대로 된 성과물을 내는가가 중요한 것이다. 그뿐 아니라 위의 텍스트에 의하면 이와 같은 성과물을 판단하는 데 문학적 요소 이외의 것이 크게 작용했던 것으로 보인다. 구술자는 위의 단락에서 북한의 창작물은 '국가'가 직접 검열하는 과정을 거치는데, 이 과정에서 문학적 수준 외에 "돈 많고 뭐 어떤 표라도 끌, 그저, 가져올 능력"이 작용했음을 지적한다. 1990년대의 식량 위기를 겪으면서 북한의 모든 공식적인 과정과 단계에서 이른바 '뇌물'과 '연줄'을 통한 충성과 신뢰가 더욱 중요하게 작용했던 것으로 평가된다.[60] '부족의 경제' 상황에서 아주 작은 권력이라도 활용해 개인의 이익을 추구하

---

60) 홍민, 「'구멍수'의 귀재들: 북한의 뇌물과 연줄망의 정치경제」, ≪북한≫, 제393호 (2004).

는 생존 논리가 전 사회의 일상에서 좀 더 일반화된 것이다. 구술자는 자신의 문학적 능력으로 검열을 통과할 수 있는 '김정일 찬양시'를 쓰지 못할 뿐 아니라, 국가기관의 신임을 얻을 수 있는 '돈'도 갖지 못한 당시의 조건에서 "정체성의 혼란"으로 표현할 만큼 강한 심적 고통을 경험한 것으로 보인다 (②부분). 위의 텍스트에서 구술자가 말하는 '시인으로서의 정체성'은 자신의 문학적 재능을 발휘하는 것과 북한 당국의 인정이 일치되는 과정에서 형성된 것으로 볼 수 있다. 그러나 구술자가 정체성의 혼란을 느꼈던 1990년대 말의 상황에서 달라진 것은 구술자의 시가 당국의 인정을 받지 못한다는 점이다. 이 상황을 구술자는 '시적 재능'과 '찬양시 창작'으로 대비시키고 있다. 여기서 중요하게 제기될 수 있는 질문은 다음이다. 지금까지 북한 문학계의 호평을 받아온 구술자의 시적 재능을 발휘하는 창작과, 김정일 찬양시를 쓰는 것이 구술자에게 어떤 차이가 있었을까? 북한 문학의 특성에 관한 연구에 따르면, 북한의 문예학은 1967년을 기점으로 '주체문예이론'을 공식문예이론으로 삼아왔다. 그런데 1980년대에 이르면 이러한 주체문예이론에 기초한 북한 문학 작품 내에 미묘한 변화들이 등장한다. 예를 들어 1980년대 "북한 소설은 일상생활의 '숨은 영웅'을 형상화한다든지 애정문제를 본격적으로 다루거나 북한 사회의 관료주의적 속성을 비판"함으로써 주체문예이론의 경직성을 내부적으로 반성하기도 했다.[61] 구술자의 설명에 따르면, 북한의 지도체제에 대한 비판의 방식으로 자신이 이상화하는 지도자의 모델을 '김정일 또는 김일성'에 비유해 작품을 전개하는 것이다. 따라서 외형적으로 이와 같은 문학작품이 북한의 수령체제를 찬양하는 작품으로 보이지만, 행간을 통해 이를 비판하는 작가의식을 실현하는 것이다.[62] 그러

---

61) 김종회, 「북한 문학에 반영된 한국 현대사 연구」, 《한국문학논총》, 제49집(2008) 338~339쪽.
62) 김주희 학위논문(2004), 318~324쪽.

나 1980년대 말 동유럽 사회주의 국가의 붕괴와 북한 식량난이 이어지는 1990년대에 들어서 북한 문학은 다시 보수적인 경향으로 선회하고 있다고 평가된다.[63] 여기서 중요한 점은 이미 북한 사회주의적 현실 문제를 작가의 식을 통해 깊이 있게 형상화한 체험이 있는 작가들이, 과거로 회귀한 당의 명제에 전적으로 굴복하기가 어려웠을 것이라는 점이다. 구술자가 직면했던 '찬양시 창작'의 고통도 이와 같은 맥락에서 이해할 수 있다. 결국 구술자가 1997년 평양 추방 조치를 당하게 된 주된 원인이 작가동맹 '시창작 전투'에서의 성과부진이었음을 짐작할 수 있다. 그뿐 아니라 가족생활 내에서의 갈등과 이를 무마할 수 있는 '뇌물'과 '연줄'이 없어서 정치적 강등이 기정사실화된 것으로 짐작할 수 있다(③부분).

마지막으로 2006년 결혼한 남편과의 만남에 관한 구술을 보자.

① 난 처음에 시덥지 않았지. 탈북자들이 하도 실망스러우니까. 어떤 분이냐고 하니까, 문학도래. 어디 있었나? 그러니까 남북작가동맹도 몇 번 드나들고, '뭐 그랬겠지' 하고, 잠깐 들어오라고 해서 얘기를 하는데, 이건 뭐 문학광 비슷해. 한번 얘기를 했는데 한 8시간, 9시간 하니까, (귓속말 하듯) 그러니까 내 속에서 질투가 난 거야……/ ② 그다음에 얼마 후에 나는, 북한의 뭐, 잘 모르는 것이 있었는데, 저 분을 통해서 아 71전투가 왜 일어났구나, 무슨 일이 왜 일어났을까 그게 모두 해명이 되는 거야. 그래서 뭐 구체적으로, 난 (정신없이) 받아서, 내 북한관이 이제 풍부해지는 거야. 그럼 오면은 뭐, 마주하면 8시간, 12시간 그저 얘기를 나누고……(김주희 씨 2006년 1차 구술 녹취록, 8:26~34).

위의 단락(①부분)에서 구술자는 '시덥지' 않게 여겼던 탈북인에서 '질투'

63) 김종회, 「북한 문학에 반영된 한국 현대사 연구」, 339쪽.

를 느낄 정도의 '문학광'으로 인정할 수밖에 없었던 2004년 남편과의 첫 만남을 소개한다. 여기서 소개하는 두 사람 사이의 만남은 8~9시간에 걸친 집중적인 토론의 형식을 띤다. 이성 사이의 호감을 전제로 한 만남이라기보다, 문학적 소양을 두고 자웅을 겨루는 전문적 설전의 성격을 보여준다. 이어지는 단락(②부분)에서 중요한 점은 구술자가 남편의 설명을 통해 자신의 북한관이 "풍부해지는" 것을 느낀 것이다. 즉, 구술자와의 관계에서 현재의 남편은 문학적 이해를 공유하며, 북한 사회 일반에 대해 심도 있는 지평을 열어주는 역할을 하고 있다. 여기서 우리는 구술자와 첫 애인과의 관계에서 본 역할구도와 유사한 측면을 짐작하게 된다. 즉, 구술자에게 중요한 의미를 갖는 사랑의 대상은 자신과 함께 문학적 지평을 공유하는 동시에, 자신의 지적 세계를 인도하는 역할을 한다는 점이다. 구술자에게 애인은 사랑의 대상이자 문학세계의 스승이다. 이런 관점에서 2006년의 결혼은 구술자가 이루지 못한 20대의 사랑을 실현한 것으로 이해할 수 있다. 문학과 사랑을 동시에 충족시켜줄 수 있는 남성 파트너와의 '결혼'이라는, 구술자에게 의미 있는 생애사적 과제가 실현된 것이다.

(4) 사례의 특성과 연구주제에 대한 '의미' 재구성

지금까지 살펴본 김주희 씨의 사례분석이 지면의 한계 때문에 제한적으로 이뤄졌으나, 분석결과가 갖는 의미를 북한 문학계에 대한 이해와 관련해 간단히 살펴보자. 첫째, 분석을 통해 드러나는 사례의 구조적 특징은 문학과 사랑을 일치시키려 했던 한 여성작가의 고된 생애사적 과정이다. 여성에게 사회주의 노동자로서의 '평등한 사회참여'를 강조하는 동시에 '가부장적인' 여성으로서의 삶을 권장하는 북한 사회에서 작가로서의 꿈과 평등한 동반자 관계를 실현하려 했던 구술자의 노력은 북한 사회의 경계를 넘어 남한에 정착한 후에도 지속적인 창작활동을 통해 이어지고 있다. 둘째, 사례를 통해 북한 문학계에 속한 작가로서의 일상이 북한 관료체계와 직접 연관되어 있다는 사실을 짐작할 수 있다. 구술자의 체험에서와 같이 작가의 창작활동이 조직별 지침으로 정해지고 이에 부응하지 못하는 작가는 하루아침에 당의 결정에 의해 자신의 조직과 생활공간을 떠나야 한다. 즉, 북한에서 사회적으로 인정받는 작가가 되는 것은 한편으로 국가의 물질적 지원을 받는 전업작가로서의 안정된 지위를 얻는 것이지만, 동시에 체제와의 긴장을 포기해야 하는 '관료조직'의 일원이 되는 것임을 추론해볼 수 있다. 셋째, 이와 같은 북한 문학계의 관료적 특성에도, 북한의 작가들이 자신의 문학적 상상력을 드러낼 수 있는 다양한 창작기법 또는 표현양식을 실현하고 있다는 사실이다. 이는 북한의 문학 전체가 단순히 체제 찬양문학으로 환원될 수 없도록 하는 중요한 기제며, 동시에 작가들의 일상적 삶의 전유의 방식이기도 하다. 결국 김주희 씨의 사례는 1990년대 말 북한 문학계의 일상체계가 스스로 양성한, 능력 있는 작가를 추방할 정도로 경직되는 변화의 과정에 있었음을 보여준다.

여기서 지금까지 재구성한 개인의 사례가 북한 일상생활연구에서 갖는 의미를 생각해보자. 재구성된 개별 사례의 특징은 이와 연관된 전체 연구주제와의 연관 속에서 위치지어져야 한다. 이를 통해 사례의 유형적 특성을 구체화할 수 있다. 예를 들어 앞에서 살펴본 김주희 씨의 사례는 그 자체로 ○○년 ××지역에서 출생한 개인의 사례이지만, 김주희 씨의 생애사적 과정과 연관된 북한 문학계의 특성 속에서 유형적 특성을 고찰할 수 있다. 이런 관점에서 김주희 씨의 사례는 하나의 개별적인 사례인 동시에 그 자체로 이와 유사한 체험의 가능성을 짐작할 수 있게 하는 유형적 사례기도 하다. 만일 일상생활에 대한 연구가 하나의 개별 사례가 아니라 탈북 경험을 가진 복수의 사례에 대한 연구를 통해 재구성된다면, 김주희 씨의 사례는 탈북 과정에서의 체험에 대해 유사성을 가진 최소비교 사례와, 체험의 차이점에 기초한 최대비교 사례와 연관지어 그 유형적 특성을 살펴볼 수 있을 것이다.

질적 연구에서 조사자료의 양은 그 자체로 객관성이나 연구의 질을 보장하지 않는다. 다르게 표현하면 질적 연구는 연구자료의 '숫자'에 기초한 대표성이나 일반성에 대해 비판적 관점을 갖는다. 예를 들어 추정된 모집단의 크기 1,000만 명에 대해 2,000~3,000명을 대상으로 설문조사를 실시한 연구에 일반적으로 부여하는 '대표성과 일반성'의 근거와 역할에 대해 비판적인 질문을 제기한다. 사례연구에 기초한 질적 연구는 연구주제와 관련해 가정할 수 있는 '모집단'에 대한 '대표성' 또는 '일반성'을 추구하지 않는다. 질적 연구는 구체적이고 개별적인 사례의 재구성을 통해 끌어올릴 수 있는 일상생활의 한 측면에 대한 '상호 주관적 설득력'을 추구한다. 따라서 중요한 것은 해석의 내용과 재구성된 사례의 특성이 갖는 '울림'일 것이다. 즉, 일상생활연구의 재구성 과정에서 중요한 것은 연구자와 독자가 공유하는 동시대 상식의 지평에서 상호 공감할 수 있는 사례분석의 질이다.

5. 마무리

지금까지 북한의 일상생활연구가 갖는 의의와 일상생활에 대한 구술자료의 생성 및 재구성 과정을 살펴보았다. 이와 같은 작업의 중요한 의미를 정리하면 첫째, 북한 일상생활연구에서 중요하게 제기되는 자료에 대한 열린 분석과 해석에서 질적 연구방법이 하나의 가능성을 제공한다는 점이다. 그렇다고 질적 연구방법이 이른바 '객관적 해석'을 가능하게 한다는 것이 아니다. 질적 연구에서 중요한 전제는 모든 인간의 이해는 해석을 매개로 한다는 점이다. 자료 그 자체로 '객관적' 사실 또는 의미를 전달하는 것은 없다. 즉, '오염'되지 않은 순수하게 객관적인 사회연구의 자료는 존재하지 않는다. 동시에 모든 연구자의 해석은 '주관적'이다. 연구자 자신의 세계 이해의 관점으로 자료를 대하고 해석하는 것이다. 이때 중요한 점은 자신의 분석과 해석이 '선(先)이해'에 근거하고 있음을 스스로 인식하는 것이다.

이에 따라 연구자는 자신이 분석하고 해석한 내용이 어떤 자료에 근거한 것인지를 밝힘으로써 상호 주관적 설득력을 얻기 위해 노력해야 한다. 자신의 해석 과정을 연구 결과에 드러냄으로써 생기는 해석 및 재해석의 긴장이 공허한 '객관성'을 대신해 상호 주관적 설득력을 높이는 힘이다.

둘째, 이 글에서는 구체적인 텍스트의 분석 과정에 초점을 두어 서술한 탓에 개별 사례분석의 결과가 갖는 주제별 의미화 작업을 본격적으로 다루지 못했다. 구술자료를 통한 개인의 일상체험은 다양한 차원의 독해를 통해 그 의미가 해석되고 위치 지어져야 한다. 그렇지 않을 경우 특정한 시기에 살았던 한 개인의 개별적인 체험에 머물게 된다. 벤야민 식의 표현을 빌자면 이것은 정지된 공간으로서의 일상생활에 대한 민속학적 자료 수집과 다름없는 작업이다. 즉, "일상사연구가 지엽적인 문제와 미시적인 그림 속에서 방황하지 않기 위해서는, 일상사의 전망이 생활세계적인 구조들의 복합성에 대한 개념을 보유하고 초지일관하는 목적 지향적인 분석적 관심을 가져야 하며, 현재의 자신의 일상을 도덕적으로 해결하려는 문제의식과 가치지평을 확보해야 한다".64) 이를 위해서 연구자는 개별적이고 구체적인 사례에 대한 이해와, 이를 둘러싼 중·장기적 차원의 세계 변화에 대한 이해라는 서로 다른 차원을 오가야 한다. 이것은 구체적인 경험연구와 이론화 작업이 동시에 진행되어야 함을 뜻한다.

---

64) 데틀레프 포이케르트, 『나치시대의 일상사: 순응, 저항, 인종주의』, 김학이 옮김(서울: 개마고원, 2003), 10쪽.

8장

북한 관료들의 일상생활세계
회색의 아우라

김종욱(동국대학교 북한일상생활연구센터 연구교수)

1. 들어가며: 왜 관료의 일상생활세계인가?

만약 사적 자본주의가 제거된다면 국가 관료제만이 단독으로 지배하게 될 것이다. 지금 나란히 그리고 가능성에 따라 서로에 대립해 기능하는, 따라서 줄곧 어느 정도 상호적으로 견제하는 사적 그리고 공적 관료체제들이 하나의 유일한 위계체제로 통합될 것이다. …… 관료체제는 …… 아마 한때 인간들이 이집트의 땅 붙박이 노예(Fellahs)처럼 무력하게 복종하도록 강요되는 미래의 저 복종의 가막소(the shell of bondage)를 산출하는 기능을 수행할 것이다.[1]

사회주의체제의 가장 중요한 특징 중 하나는 국유화 조치였다. 사회주의 국가는 국유화를 통해 거대한 관료체제로 전환되었다. 즉, 국유화 조치는 전 인민을 물적 수단에서 소유권적으로 완벽하게 분리해내는 관료체제의

---

1) Max Weber, *Economy and Society*(New York: Bedminster Press, 1968), p. 1402.

[그림 8-1] 무궤전차를 기다리는 평양 시민들의 다양한 시선과 자세, 몸짓이 흥미롭다. 북한의 일상은 판에 박힌 반복인 것 같지만, 그 속을 들여다보면 다양성이 공존한다.

전면화를 의미했다. 베버(Max Weber)의 "만약 사적 자본주의가 제거된다면 국가 관료제만이 단독으로 지배"할 것이라는 예견은 현실로 나타났다. 완벽한 소유권적 분리의 결과 "노동자들의 예속성은 …… 국가사회주의에서 전적으로 현저히 증가"했고, 관료들 또한 국가에 전적으로 예속되는 속성이 증가했다.[2]

또 하나의 거대한 흐름은 산업화였다. 근대의 모든 체제와 국가는 산업화를 통한 발전이라는 도그마(dogma)를 추종했다. 사회주의체제는 더욱 가혹하게 산업화를 추진했으며, '발전에 대한 강박'에 복속된 체제였다. 이 산업화를 달성하기 위해 기획된 것이 계획경제였다.[3] 사회주의 국가에서 '계획은 권고가 아니라 명령'이었으며, 계획을 수행하는 것은 선택의 문제가 아니라 강제권 실천의 문제였다.[4] 즉, 정치적 고려에 의한 빠른 성장의

2) Max Weber, "Der Sozialismus," Max Weber-Studienausgabe(MWS) 1/15(Tübingen, 1988), p. 313; 황태연, 「포스트모더니즘적 근대비판의 비판적 고찰」, 《한국정치학회보》, 26집 2호(1993), 84쪽에서 재인용.

3) Peter Rutland, The Myth of the Plan: Lesson of Soviet Planning Experience(La Salle: Open Court, 1985), pp. 10~11.

4) János Kornai, The Social System: The Political Economy of Communism(Princeton: Princeton University Press, 1992), p. 113.

보장은 궁극적으로 정치에 종속될 수밖에 없으며, 따라서 '경제관리의 정치화'는 사회주의 계획경제의 일반적 현상이었다.[5)]

이상과 같이 사회주의는 계획경제를 통한 경제의 관료적 조정, 국유화 조치를 통한 전 사회의 관료체제화를 추진했다. 이 강박적 구조에 조응했던 관료와 인민의 행위가 전개된 시공간이 일상생활세계였다.[6)] 이 일상생활세계 속에서 북한의 관료집단은 지배와 인민을 연계하는 매개 역할을 수행한다. 따라서 관료체제는 북한 사회의 작동 메커니즘을 이해하기 위한 연구대상으로서 그 유의미성이 있다.

북한 관료들의 눈에 비친 세상은 어떤 것이었을까? 그들이 잠에서 깨고, 활동하고, 다시 잠에 드는 일상생활세계는 어떻게 구성되었을까? 관료들은 일상생활세계와 어떻게 대면했을까? 이러한 문제의식을 중심으로 북한 사회 관료들의 일상생활세계를 들여다보기 위한 방법을 모색한다.

2. 사회주의체제의 일상생활세계

"일상성이란 일종의 불안한 요동이며, 중단된 순간이다. 그것은 새로운

---

5) *Ibid.*, pp. 124~127. 계획경제는 수많은 결함들, 비일관성들, 불확실성들, 특히 물자공급의 비신뢰 등이 '자급'(즉, 낭비적인 중복)을 야기했을 뿐 아니라 기업들 사이의 비공식적인 수평적 연대, 개인적 관계들의 네트워크, 톨까치(tolkach)로 알려진 공급기관들, 그리고 부패의 관행을 낳았다. 알렉 노브, 『실현 가능한 사회주의의 미래』, 대안체제연구회 옮김(서울: 백의, 2001), 180쪽.
6) 우리가 인지하는 구조는 권력과 지식의 결탁에 의해 만들어진 추상적 표상으로 볼 수 있다. 그러나 행위자들은 그 구조를 다양한 각도에서 조망·인지하고 그에 근거해 실천한다. 즉, 사회적으로 이미 기표화된 구조에 대해 이를 다르게 이해하는 기의로서 행위자의 구조가 존재할 수 있다. 이러한 차이에서 발생하는 적응과 부적응, 변경과 충돌, 활용과 불용의 문제를 고려해야 한다.

현재이며, 전통에 폭력적으로 끼어들어서 과거로부터 이어져온 선과 움직임을 정지시키는 하나의 '역사적 상황'이다."[7]

일상은 항상 반복되는 행위 조건의 구조로, 따라서 무의미하며 어떤 변화도 없는 것으로 이해되곤 한다.[8] 즉, 일상이란 의식주처럼 가장 기본적인 물질적 삶의 형태로서 매일매일 반복되고 지루하게 계속되며 별다른 성찰 없이도 일어나는 행위들이다.[9] 그러나 일상생활세계 안에서 "이익들이 매일매일, 그리고 삶의 과정에서 계속 전유되고, 판독되고, 문화적으로 구성되고, 그럼으로써 '현실적'으로 되는 실천"에 대한 면밀한 추적이 필요하다.[10]

기존 연구가 구체적인 삶의 과정과 그 미시적 작동보다는 이미 규정된 거대구조에 집중했기 때문에, 실제적 삶의 과정에서 유리된 추상적 담론 수준에 머물 수밖에 없었다.[11] 특히 북한 연구에서는 공식담론 중심의 연구, 이데올로기적인 프리즘으로 여과된 연구 등으로 북한의 관료와 인민들이 살아가는 일상생활세계에 대한 연구가 부족했다. 이제 수령과 지배집단의 의도와 기획 속에 만들어졌다고 가정된 북한 사회에 새로운 첨가물을 집어넣어야 한다. 즉, 수령을 위시한 지배집단과 관료, 그리고 인민들이 상호작용하며 형성해왔던 일상생활세계의 모습을 드러냄으로써 북한 사회의 입체성을 복원해야 한다.

따라서 일상생활세계에 대한 연구는 "시대가 규정하는 구조의 틀 속에서 사람들이 체제의 요구에 어떻게 적응하고 저항하며, 무엇을 수용하고 거부"했

---

7) 해리 하르투니언, 『역사의 요동: 근대성, 문화 그리고 일상생활』, 윤영실·서정은 옮김(서울: 휴머니스트, 2008), 77쪽.

8) 강수택, 「근대적 일상생활의 구조와 변화」, ≪한국사회학≫, 제32집(1998), 560쪽.

9) 안병직 외, 『오늘의 역사학』(서울: 한겨레신문사, 1998), 29~30쪽.

10) 알프 뤼트케, 「'붉은 열정'이 어디 있었던가?」, 나종석 외 옮김, 『일상사란 무엇인가』(서울: 청년사, 2002), 330~331쪽.

11) 박재환, 「문화사회학과 일상생활사회학」, ≪문화와 사회≫, 3권(2007), 269쪽.

는지를 밝히고, "동시에 일상에서 벌어지는 인간의 행위들이 체제와 구조 자체를 변화시키고 구성"하는 과정을 드러내는 것이다.[12) 이런 접근은 '아래 로부터'의 역사, 즉 다수 익명의 존재들을 드러내는 데 초점이 맞춰져 있다. 역사기록의 관행이 갖는 '위로부터의' 역사에 대한 '거리두기'로서 '드러나지 않은', '억눌리고 배제된' 인민의 일상생활세계를 드러내자는 것이다.[13)

1) '반복'과 '전유'의 일상생활세계

일상생활세계의 특징은 보수적이며 변화하지 않는 반복성이다. 일상은 깨어나서 가족들과 식사를 하고 일터에 나가서 노동을 전개하고 동료들과 만나서 잡담·한담을 하고, 집으로 돌아와 잠에 들고 다시 깨어나서 시작되는 무미건조한 노동과 휴식의 시공간으로 인식된다. 만약 일상이 항상 요동치고 불안하고 단절되고 예측할 수 없다면 혼돈의 세계가 될 것이다.

따라서 일상은 "반복성과 지속성을 특징"으로 하며, "고정된 세계는 아니지만 긴장과 갈등이 해소되고, 안정과 평온이 유지되는 세계"이며, "습관화된 사고나 행위에 의해 외부에서 나타나는 비일상적인 자극과 충격이 흡수되거나 조정됨으로써 혼란이 수습되고 평정이 회복"되는 세계이기도 하다.[14)

---

12) 이유재·이상록, 「프롤로그, 국경 넘는 일상사: 한국과 독일 일상사의 만남」, 『일상 사로 보는 한국근현대사』(서울: 책과 함께, 2006), 29쪽.

13) 단, 일상연구는 다수에게만 국한되지 않는다. 지배계급, 관료집단에게도 다수의 일상과 동일한 일상이 존재한다. 일상이란 경계가 없는 것이기에 인간의 모든 행위와 활동은 탐구의 대상이 된다. 즉, 지배계급, 관료계층, '서발턴'(subaltern, 이탈리아의 안토니오 그람시에게서 차용한 것으로 '하층민', '하위주체', '하위집단' 등으로 번역된다)으로 부르는 하층민이든, 밤과 낮·주중과 주말·공적 시공간과 사적 시공간이든, 인간이 생존하는 시공간의 바탕은 일상생활세계다. 알프 뤼트케, 「일상사 중간보고」, 나종석 외 옮김, 『일상사란 무엇인가』(서울: 청년사, 2002), 44쪽.

이런 이유로 국가와 사회 속에서 전개되는 삶의 반복성은 자연스러운 것으로 받아들여진다. 따라서 개인이 접하는 일상생활세계의 질서는 아무런 문제가 없는 것으로 인식되며, 개인 또는 집단은 닥쳐온 위기상황을 제외하고 지배질서에 대해 즉각적 행동을 전개하지 않는다. 일상은 그 사회 속에서 '길들여진' 상황의 지속이며 반복이기 때문이다.

[표 8-1]을 보면 북한 관료들의 일상도 반복적이고 무의미한 시간으로 이뤄지며, 사적인 시간이나 모임, 만남의 공간이 거의 없는 듯하다. 휴일에도 오락·여가활동을 찾아보기 힘들다.

> 휴일에 그냥 장마당 나가야죠. 장마당 나가지 않으면 그냥 모여 앉아 어디
> 가서 술이나 한잔 해야지. 그저 뭐 특별하게 무슨 오락 활동이라든가 여가
> 활동 이렇게 할 겨를이 없어요.[15]

그러나 일상생활세계는 '반복'의 무의미한 재생만 이뤄지는 시공간이 아니다.[16] 즉, 르페브르(Henri Lefebvre)가 정의했듯 일상성의 공간은 '산 경험'의 불균등성으로 소외가 발생하는 공간이자, 이로써 비판의 기회를 제공하는 공간이었다.[17] 또한 '산 노동'이 '상황들'을 그때그때 서로 다르게 전유하도

---

14) P. Borscheid, "Alltagsgeschichte: Modetorheit oder neues Tor zur Vergangenheit?" in W. Schieder/V. Sellin(ed.), *Sozialgeschichte in Deutschland III, Göttingen*, pp. 95~97; 안병직 외, 『오늘의 역사학』, 30쪽에서 재인용.

15) 박○○(부문 당비서), 개별면접(2008. 1. 9).

16) 조직되고 형식화된 정치에 대한 표면적인 무관심과 침묵에도, 많은 사람들이 일상을 통해 그 나름대로의 잣대로 부단하게 기존의 현실을 비판하고, 그 대안을 생각하고 희구했다. G. Eley, "Labor History, Social History. Alltagsgeschichte: Experience, Culture and the Politics of the Everyday: A New Direction for German Social History?" *Journal of Modern History*, 61:2, pp. 323~325; 안병직 외, 『오늘의 역사학』, 73쪽에서 재인용.

[표 8-1] 북한 관료들의 하루 일과.

함경북도 체육지도위원 및 교원	함경남도 농아학교 체육교원	함경북도 국가안전보위부 근무	인민무력부 산하 병원 원장	품질감독국 식품품질감독원
05:00~07:00 기상·아침식사	05:00~06:00 기상·세면·식사	07:30~08:30 기상·세면·식사	06:00~07:30 기상·세면·식사	05:00~06:00 기상·세면·식사
07:30~08:00 출근	07:30 출근	08:30~09:00 출근	07:30~08:00 출근	07:00~08:30 출근(도보)
08:00~08:30 독보 및 교육준비	07:45~07:55 독보(노동신문)	09:00~10:00 오전 업무 ②	08:20~09:00 회상기 발표 및 독보	08:30~09:00 조회 및 독보
08:30~11:45 교육	08:00~08:30 교육준비	10:00~12:00 오전 업무 ③	09:00~13:00 오전 업무	09:00~12:00 오전 업무
12:00~13:00 점심식사	08:30~12:00 체육수업	12:00~14:00 점심식사	13:00~14:00 점심식사	12:00~13:00 점심식사
13:00~17:00 교수안 준비 및 교육	12:00~13:00 점심식사	14:00~19:00 오후 업무 ④	14:00~18:00 오후 업무 ⑤	13:00~17:00 오후 업무
17:00~18:00 휴식 및 퇴근	13:00~17:00 교육 ①	19:00~21:00 저녁식사	18:00~18:30 일일과업 수행 정형보고 받기	17:00~18:30 사업 및 생활총화
19:00~19:30 텃밭에서 채소 가꾸기	17:30 총화	21:00~익일 02:00 정보수집	18:30~19:30 회진 및 퇴근	18:30 퇴근
19:30~20:00 저녁식사	20:00 저녁식사	익일 02:00 퇴근	19:30 이후 집에서 TV 시청	
20:00~21:00 휴식 후 취침				

① 학생 수가 급감한 1990년 후반부터는 체육수업이 제대로 진행되지 못함. 교원실에서 자거나, 학교 인근을 산책하며 시간을 보냄.
② 독보 없음. 김정일 위원장의 지시·지침 확인.
③ 기관이나 외부로 정보 수집 차 외출, 자신에게 주어진 일정과 계획대로 진행.
④ 정보 협조원들은 민간인으로 조직되며 지역주민들을 감시.
⑤ 주말 오후 2~4시 간부학습반, 4~6시 주체사상에 대해 학습.

자료: 평화문제연구소 엮음, 《통일한국》, 5~10월호(2008)의 '탈북자 인터뷰' 중 하루 일과표를 재구성.

---

17) 해리 하르투니언, 『역사의 요동: 근대성, 문화 그리고 일상생활』, 50쪽.

록 하는 공간이었다.[18]

사회의 구성원들은 반복적 과정에서 발생하는 권력적 강압과 사회로부터의 소외현상에 맞서 고군분투한다. "권력이 부과한 기존 질서의 골격을 재채용하고 내부적 변용을 가하며 일상적 투쟁과 저항을 실천하는 문화"를 산출하고, "지배집단이 부과한 체계를 이용자들이 자신의 이익과 목적에 부합하도록 무한히 변환하고 적응하는 '전유'의 과정"을 연출했다.[19] 이들은 일상 속에서 언제나 규정, 규칙, 경향을 따르고 그것에 동참하면서도 때로는 이탈하고 거리를 두며, 고집스럽게 거부하기도 하면서 자신의 영역을 확보하기 위해 실천했다.[20]

따라서 반복적인 것으로 보이는 일상생활세계는 오히려 "여전히 열린 결말, 불완전성, 모순, 다중심성 등의 특징을 지닌 실천의 장"으로 재규정되어야 한다.[21] 한 개인이 세계의 모든 의미에 관심을 갖고 그것과 대면하는 순간마다 그 의미는 개인의 사유를 통해 새롭게 해석되거나 갱신된다. 지배의 관점에서 보편적이고 확정된 의미로 이해되는 것들도 한 개인의 입장에서는 다르게 해석될 수 있기 때문에, 일생생활세계는 반복적인 것으로 보이지만 그 내부의 속살은 다른 것으로 변질된다.

이런 전유의 과정을 통해 일상생활세계는 반복 속의 변화와 치열한 내부적 긴장과 충돌이 중첩되는 시공간이 된다.[22] 그것은 미세한 변화로 움직이

---

18) 알프 뤼트케, 「'붉은 열정'이 어디 있었던가?」, 351쪽.

19) 장세룡, 「미셸 드 세르토의 일상과 민중문화」, ≪서양사론≫, 제82호(2004), 206~209쪽.

20) 알프 뤼트케, 「일상사 중간보고」, 47쪽.

21) 해리 하르투니언, 『역사의 요동: 근대성, 문화 그리고 일상생활』, 50쪽.

22) 미셸 드 세르토(Michel de Certeau)는 이와 같은 '전유'에 대해 '재채용, 은유화, 침투'라는 방식으로 설명한다. 텍스트 쓰기와 읽기의 방식(쓰기는 지배로, 읽기는 전유로 해독)으로 설명된다. '재채용'은 텍스트의 어떤 것을 수용하되, 동시에 의미의 다원성을 확보해냄으로써 결국 텍스트의 기원에서 멀어지게 하는 것이며,

지 않는 것 같지만, 어느 순간 커다란 사태로 전환되는, 요동치는 시공간이다.

2) '감시'와 '통방'의 일상생활세계

사회주의는 강압적 산업화를 통한 압축 성장을 추진했으며, 이를 위해 국유화를 통한 전 사회의 관료체제화와 함께 계획경제를 통한 관료적 조정 시스템을 작동했다. 또한 효율의 극대화를 위해 다양한 감시와 통제기제의 도입이 필요했다. 이러한 효율의 극대화를 통한 성장은 지배계급의 이익을 유지·확대하는 것과 병렬적으로 발전했다. 성장과 지배이익을 구현하기 위한 작동 메커니즘은 지배를 관철시키는 관료체제였다. 이 메커니즘의 확대·발전은 지배효율을 위해 인민을 지속적으로 착취하는 것을 의미한다. 따라서 저항은 대중의 권력에 대한 동의에도, 착취의 본질이 드러나는 일상의 공간에서 발생한다.

이 저항의 예방과 지배이익의 극대화를 위해 '감시'의 방법들이 도입되었다. 그것은 '파놉티콘(panopticon)적 관료체제'라고 명명할 수 있다.[23] 국유화를 통한 전 사회의 관료체제화 위에 '감시구조'로서 파놉티콘이 결합된 것이다.[24] 파놉티콘은 감시당하는 사람만 감시·표준화되는 것이 아니라,

---

'은유화'는 글 읽기를 하면서 텍스트를 비틀어 기호의 의미를 전이시키고 그 결과 단어와 문맥과 심상들이 저자의 의도와 다른 것을 의미하게 만드는 것이며, '침투'는 전통적 텍스트의 용어상 기본 골격과 구조를 인정하면서도 주체의 표시를 포함한 보충적 요소들을 도입해 쇄신된 다른 대안적 의미를 텍스트에서 발생시키는 것을 뜻한다. 장세룡, 「미셸 드 세르토의 일상과 민중문화」, 213~214쪽.

23) 김종욱, 「북한의 관료체제와 지배구조의 변동에 관한 연구」(동국대학교 정치학과 박사학위 논문, 2006) 참조.

24) 파놉티콘에 대해서는 Jeremy Bentham, "Panopticon, or, the Inspection House," in: Bentham, J., *The Works of Jeremy Bentham*, Vol. 2(New York: Russel & Russell, 1962, Reproduced from the Bowring Edition of 1838~1843) 참조.

감시하는 자도 감시·표준화되는 효과를 갖는다. 동일한 원리로 관료체제도 위계적 계선을 따라 감시·표준화되는 효과를 발휘한다.

사회주의 국가의 일상생활세계에서 감시의 원리는 도처에 편재(遍在)된 공권력에 의해 구체화되었다. 모든 소유권을 박탈당한 관료와 인민의 생사여탈권은 지배자(지배집단)에게 장악되고, 지배에 저항할 시민사회와 공론매체 또한 국가에 귀속되었다.25) 전 사회는 공권력에 의해 도처에 편재된 감시시선과 다양한 법·제도에 의한 규격화·표준화의 작동원리에 의해 구성되어갔다. 즉, 지배의 효율을 높이기 위한 위계적 통제와 일탈을 방지하기 위한 감시가 작동하며, 이 감시는 훈련된 관료적 인간, '순종하는' 관료적 인간을 생산하기 위해 고도로 계산된 '강제권의 정치'로 등장한다.26)

사회주의 국가의 관료체제화는 '숨 쉴 틈 없는' 일상의 구축을 의미했다. 즉, 관료체제의 위계질서를 통한 추격 발전은 사회주의의 일상이 되었고, 지배집단은 강권기구를 통해 인민의 일상을 감시했다. 파놉티콘적 관료체제의 보편화가 바로 사회주의의 일상이 된 것이다.

북한은 국가안전보위부가 정보망과 군중감시 방침에 의해 감시하고, 당적으로는 당 조직별로 감시하며, 행정적으로는 주민을 통제하는 방식으로 감시한다. 보위부원뿐 아니라 정보 협조원들을 통해 감시를 강화하고 북한 주민에 대한 감시체제를 그물망구조로 강화해 말이나 행동에 조금만 의심이 가도

---

25) 예를 들어 "북한의 모든 방송용 프로그램은 7개의 검열단을 거쳐야 한다. 프로그램 담당자에서 해당 부서장, 과장, 국장 그리고 방송위원회에 상주한 국가검열단을 거쳐 최종적으로 중앙방송위원회 위원장의 승인을 받아야 한다. 또 시기성에 따라 중요한 프로그램은 김정일 위원장의 최종 승인을 받아야 한다". 조선중앙방송위원회 기자로 근무한 박원철(가명, 37세, 2004년 6월 입국) 씨의 인터뷰 내용, ≪통일한국≫, 4월호(2008), 70쪽.

26) 미셸 푸코, 『감시와 처벌: 감옥의 탄생』, 오생근 옮김(서울: 나남출판, 1994), 186쪽.

체포해 조사한다.[27)

그러나 감시사회에서도 '통방(通房)'의 저항은 지속되었다.[28) 즉, 사회주의의 일상 속에서도 지속적인 투쟁과 소통은 도처에서 발생했다.[29) 강압적지배와 파놉티콘적 감시 속에서도 다중은 지배와 감시를 계속 전유하고판독하고 기망(欺罔)했다.[30) 일상의 반복 속에서 벌어지는 전유는 감시의일상화 속에서 통방으로 나타난다. 통방은 일종의 일상의 실천을 통한 강자에 대한 약자의 전술이다.[31)

---

27) 함경북도 국가안전보위부에서 근무했던 이대영(가명, 38세, 2007년 11월 입국)씨의 인터뷰, ≪통일한국≫, 8월호(2008), 87쪽.

28) '통방'은 감옥의 수인(囚人)들 간에 벌어지는 다양한 방식의 소통이다. 파놉티콘적감옥사회에서도 개인들 간에는 저항을 위한 저항에 의한 저항의 소통, 즉 감옥규칙을 위반하는 통방이 벌어진다. 모든 교도소의 폭동들은 일개 죄수의 개인적해프닝이 아니라 이런 통방을 통한 모의의 결과이다. 황태연, 『환경정치학과현대정치사상』(서울: 나남, 1992), 315쪽.

29) 지배자의 지배이익을 위해 주조해내려는 주체성은 파놉티콘적으로 제조되고기율화되는 것만이 아니라, '다중'들의 연대적·소통적 활동을 통해서도 주체성이만들어지기 때문이다. 같은 책, 315쪽. 따라서 이런 연대적·소통적 행위는 알려지지 않은 '하나의 역사'로서 '인민의 경험 지도'로서 작동하며 저항의 일상적형태들로 기억·전수된다. 로버트 J. C. 영, 『포스트식민주의 또는 트리컨티넨탈리즘』, 김택현 옮김(서울: 박종철출판사, 2005), 629쪽.

30) 일상생활세계에는 집단주의적 행정양식과 이를 재전유(reappropriation)하는 개인적 양식 사이에서 빚어지는 갈등이 존재한다. 따라서 실천은 파놉티콘 행정(관리·차별·분류·위계화)으로 규제·제거되지 않고 확산되는 부당성 속에서 강화되며,훈육 영역 밖으로 나가 훈육을 피하려 하지도 않으면서 다양한 형태의 저항과속임수를 통해 전개되었다. Michel de Certeau, The Practice of Everyday Life(Berkeley: University of California Press, 1984), p. 96.

31) 세르토는 일상의 실천을 강자에 대한 약자의 승리(강함이란 권력자 또는 사물의폭력, 강요된 질서 등을 의미), 현명한 책략, 사물을 처리하는 비결, '사냥꾼의교활함', 조작, 다형적 시뮬레이션, 즐거운 발견 등으로 설명한다. 같은 책, p.

이와 동시에 개인과 개별 집단이 지배이익을 분점할 여지가 있거나, 선전·공포·강압 등에 의해 지배에 공조·공모할 수 있다. 대중의 권력에 대한 동의가 없었다면 지배는 강권을 구사할 수 없다. 따라서 북한도 대중의 권력에 대한 동의가 없었다면 강권은 무용지물일 수밖에 없다. 탈북자들의 경멸적인 체제 비판이 있었지만, 이름 없는 인민들의 참여와 동의, 묵인과 침묵, 순응과 동조가 아니었다면 북한 체제는 작동하지 않았을 것이다.

이렇듯 일상생활세계에서 지배의 감시와 피지배의 통방적 저항은 동시적으로 작동했다. 이 이중성의 공간이 바로 일상이다. 때로는 통방하고, 때로는 공모하는 행위들이 일상에서 중첩되고 모순적으로 발생했다. 도처에 편재하는 시선은 지배와 인민의 공모의 감시 시선이기도 하고, 소통을 통한 관료와 인민의 연대적 모의의 시선이기도 했다. 그러나 중층적이고 모순적인 동시적 시선의 편재 속에서도 그 우월성은 여전히 감시의 시선이다. 그것은 권력으로 동의되고 강권으로 보장되는 시선이기 때문이다.32)

---

xix. 제임스 스콧(James C. Scott)은 평범하지만 지속되는 투쟁으로서 '농민저항의 일상적 형태(everyday forms of resistance)'를 추적했다. 농민들은 일상생활세계에서 느릿느릿 걷기, 하는 체하기, 도망치기, 거짓된 순종, 훔치기, 모르는 척하기, 비방, 방화, 사보타주 등 다양한 방식으로 대응했다. 이것이 '권력 없는 집단의 일상적 무기(the ordinary weapons of powerless groups)'였다. James C. Scott, *Weapons of the Weak: Everyday Forms of Peasant Resistance* (New Haven: Yale University Press, 1985), p. xvi.

32) 도구적 수단을 통한 강권지배는 사회주의 사회에서 더욱 강화되었다. 국유화 조치를 통한 완벽한 소유권적 분리, 공론매체와 이동수단에 대한 국가의 장악, 강력한 강권기구의 설립·확대 등을 통해 전 사회의 관료체제화를 공고히 했다. 반면 자본주의 국가에서는 공론적 시선과 주기적 대의투표, 지배영역 밖의 사적 영역(시민사회) 등을 통해 끊임없이 대중의 소통적 연대가 벌어지고, 지배에 대해 지속적인 저항이 전개되었다. 즉, 자본주의 국가에는 파놉티콘에 맞서는 공공적 여론이 작동했으나, 사회주의 국가에서 공공적 여론은 지배에 의해 완벽하게 국가에 귀속되었다. 파놉티콘에 맞서는 공공적 여론은 역설적이게도 파놉티

3. 북한 관료 일상생활세계의 일상성

관료주의는 소비에트 사전에서 항상 경멸적 단어였다. 그것은 중간매개 없이 대중과 직접적으로 소통하려는 혁명적 꿈이었다. …… 당 지도부는 그들 자체의 관료적 당원들을 거의 신뢰하지 않았으며, 지속적으로 그들의 교육, 상식, 노동윤리의 부족을 한탄했다. …… 일반 시민들은 관료들을 두려워하고, 분개하고, 다투고, 경멸했다. 그러나 모든 이런 불만에도 관료주의는 번성했다. 그들 자신의 작은 세계에서, 관료들은 왕이었다.[33]

나라의 형편이 어렵다는 구실 밑에 패배주의에 빠져 일을 하지 않는 일군들의 그릇된 사상관점과 사고방식을 바로 잡기 위한 투쟁을 벌리는 것이 좋습니다. …… 일군들은 걸린 문제를 놓고 조건 타발을 하거나 걱정만 할 것이 아니라 어깨를 들이밀고 조직사업을 해 그것을 제때에 풀어나가야 합니다. …… 당 조직들과 당 일군들이 그저 당의 방침을 전달이나 하고 그대로 하라는 식으로 내리 먹이며 이따금 일이 잘 되지 않는 데 대해 추궁이나 하는 식으로 일해서는 당의 방침이 관철될 수 없습니다.[34]

북한의 관료들은 관직 위계의 원리에 의해 당과 국가의 명령을 수행했으

콘을 창안했던 벤덤이 제안했다. Jeremy Bentham, "An Essay on Political Tactics," in: J. Bentham, *The Work of Jeremy Bentham*, Vol. 2(New York: Russel & Russel, 1962, Reproduced from the Bowring edition of 1838~1843) 참조.

33) Sheila Fitzpatrick, *Everyday Stalinism*(New York: Oxford University Press, 1999), pp. 28~29.

34) 김정일, 「일군들은 《고난의 행군》 정신으로 살며 일해야 한다(조선로동당 중앙위원회 책임일군들과 한 담화. 1996. 10. 14)」, 『김정일선집(14권)』(평양: 조선로동당출판사, 2000), 249~252쪽.

[그림 8-2] 금요노동 중인 북한 관료들. 그들은 북한 사회운영의 핵심근간이면서 동시에 부패의 진원지였다. 즉, 북한 관료들의 일상은 지배와 인민의 중간에 위치한 회색빛이었다.

며, 그 명령 수행을 위한 관직 권한을 보유했다. 대체적으로 당원의 신분을 유지하면서 당과 국가기관의 직위에 따라 위계적으로 배치되었다. 이러한 관직 위계질서의 내부구조 속에서 이뤄지는 규범과 도덕(관료문화), 관직 수행을 둘러싼 역할과 임무(관계문화)에 의해 관료의 일상생활세계가 축적·구성된다. 관료들의 '아비투스(habitus)'는 가정의 '혁명화', 국가의 교육 체계를 거쳐 군(軍)에 복무하고 당 및 국가기구의 관료로서 살아가는 시공간에서 축적된다.

또한 관료들은 자신이 속한 '사회적 장(場)'의 지속적 변화에 적응하면서 살아간다.[35] 이 사회적 장은 '각축의 장'이며, 생존과 이익에 유리한 위치를

---

35) 사회적 행위자들이 과거의 경험들을 통해서 육체 내에 편입된 아비투스들을 부여받고 있다는 점이다. 지각·평가·행동의 형태로 이뤄진 이 체계들은 실제적인 인식 행위들을 수행하게 만드는데, 이 행위들은 그것이 반응하도록 준비된 조건

점하기 위한 다양한 행위들이 벌어지는 공간이다.36) 이 장 속에서 지배전략과 관료·인민의 다양한 행위들이 관계를 형성한다.

1) 지배와 일상의 변주곡

(1) 일상생활세계 영위하기 I: '복종'과 '술수'

북한 사회의 관료들은 지배와 인민의 중간매개의 위치와 역할을 맡고 있다. 이들은 감시와 통제의 주역이면서, 동시에 공모와 담합의 주역이었다. 따라서 지배와 인민의 중간매개로서 양측을 조정하고, 관료세계 내에서 생존(관직의 유지, 승진 등)과 이익(관료적 권한, 경제적 이익 등)을 위해 복종과 술수를 통해 전유하는 주체이기도 했다.

국가와 인민이 구성하는 일상을 이분법적으로 분리하면, ① 국가기구 vs. 일상공동체, ② 지배 이데올로기 vs. 일상담론, ③ 통치문화 vs. 일상문화, ④ 국가 상징체계 vs. 일상적 제의(祭儀)로 분류할 수 있으며, 이것은 지배 vs. 저항 또는 동의의 구조로 수렴될 수 있다.

적이고 인습적인 자극의 포착과 인지에 근거한다. 또한 이 체계들은 목적을 명료하게 세우지도 수단을 합리적으로 계산하지도 않고 끊임없이 갱신된 적절한 전략들을 생산한다. 그러나 이러한 생산은 이 체계들을 낳고 규정하는 구조적 구속 요소들의 한계 내에서 이뤄진다. 피에르 부르디외, 『파스칼적 명상』, 김웅권 옮김(서울: 동문선, 2001), 201쪽.

36) 사회 세계는 인식과 인정을 위한, 불가분하게 인식적이고 정치적인 상징적 투쟁의 산물이자 목적이다. 이 투쟁 속에서 각자는 고프먼이 훌륭하게 분석한 '자기소개'의 전략으로서 자신의 유리한 묘사를 강제하려 추구할 뿐 아니라 자신의 사회적 존재에, 그리고 인정의 상징적 자본 축적에 가장 유리한 사회 세계의 구축 원리들을 합법적인 것으로 강제할 수 있는 역량을 추구한다. 이 투쟁은 일상적인 존재의 질서 속에서, 그리고 문화적 생산의 장들 속에서 전개되는데, 그것들은 정치적 장처럼 사회 현실의 구축 및 평가 원리들의 생산과 강제에 기여한다. 같은 책, 269쪽.

[표 8-2] 관료 일상생활세계의 이중성.

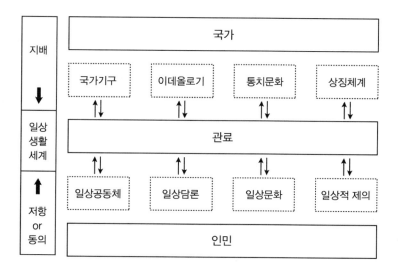

일상생활세계에서 관료의 이중성은 다양하게 나타난다. 관료들은 국가기구에 속하기도 하면서 일상공동체의 일원이기도 하고, 지배 이데올로기의 실천자이기도 하면서 일상담론의 주조자이기도 하고, 통치문화의 전달자이면서 일상문화를 전승·개발하기도 하고, 국가 상징체계의 추종자이기도 하면서 인민적 제의를 구현하기도 했다. 이 일상생활세계의 이중성 속에서 관료들은 지배에 복종하는 동시에 저항의 술수를 구사했다.

일상생활세계는 '이중의 전략'이 구사되는 시공간이다. 인민은 지배전략이 자신의 일상생활양식을 급격히 변화시키려 할 때 묵묵히 순종만 하는 것이 아니라 자신의 이해에 필요한 부분만 수용하고 나머지는 변형시키는 이중의 전략을 구사한다. 이들은 "지배의 그물망을 회피하되, 단순한 회피가 아니라 그것이 실현되지 못하도록 부과된 일을 다른 방식으로 수행하거나 사용"함으로써 지배의 전략을 변질시킨다.[37] 역으로 인민은 자신들의 이해관계가 직접적으로 침해받지 않는 한 체제에 조직적으로 저항할 필요를

느끼지 않는 합리적 선택으로서 수동적 합의의 태도를 보여준다.[38]

북한에서 이런 중층적이고 모순적이며 이중적인 상황은 지배의 통제 속에 있는 작업장에서 여지없이 나타났고, 통제 영역 밖인 사적 시공간에서도 나타났다. 각종 작업장에서 정보요원의 침투를 통한 인민에 대한 감시, 의식절차(독보회, 총화, 자기비판·호상비판 등)를 통한 통제가 작동했다. 이것의 대행자는 관료들이었다. 동시에 그 작업장에서는 '노동자 문화'가 만들어지고, '생산력 늦추기'가 벌어졌다. 이들의 일상문화와 저항의 상징적 행위들에 대해 관료들은 통제의 주체이면서 동시에 '눈감아주는' 주체였다.

인민은 지배가 부과한 규율과 장치들을 헛되게 소비하는 방식으로 전유했다. 독보회와 총화를 의미 없는 형식절차로 소비하고, 자기비판·호상비판은 짜고 치는 방식으로 흘려보냈다. 이러한 전유의 과정에 관료들의 묵인과 방조가 없었다면, 일상은 '소란함'의 연속이었을 것이다. 관료들에게 중요한 것은 지시된 목표를 달성하는 것이었으며, 지시된 목표달성을 위해 다른 것은 묵인·방조되어도 무관했다.

(2) 일상생활세계 영위하기 II: '거리두기'와 '개입'

인민들의 행위는 사회적 관계를 재생산함과 동시에 사회적 관계를 경향적으로 파괴했다.[39] 공포에 맞서 급진적 저항을 전개하지는 못하지만, 지배가

---

37) 장세룡, 「미셸 드 세르토의 일상과 민중문화」, 232쪽.

38) 박원용, 「스탈린 체제에 대한 대중의 지지와 저항」, 『대중독재: 강제와 동의 사이에서』(서울: 책세상, 2004), 377쪽.

39) 하랄드 데네, 「일상에 한 발짝 더 다가섰던가?」, 나종석 외 옮김, 『일상사란 무엇인가』(서울: 청년사, 2002), 202~203쪽. 피츠패트릭은 1933년 소련의 대기근을 거역할 수 없는 강압(곡식 쿼터에 대한 국가의 요구)과 흔들리지 않는 농민(이러한 요구에 대한 농민들의 고집스럽고 수동적인 저항)이 조우한 결과라고 분석했다. 당시 농민들은 집단농장의 이탈을 통한 이윤 추구, 각종 뜬소문의 생산을 통한 담론 저항, 종교적 신념에 기반을 둔 저항 등을 통해 지속적으로

부과한 작업장에서 생산보다는 자신의 공작활동에 몰두해 자신만의 세상을 만들어갔다. 관료들은 이들과의 대면세계에서 '소수령'으로서 또는 동업자로서 통제하기도 하고 공모하기도 했다.

관료들은 사회적 장의 역학관계에 따라 지배와 인민을 오가면서 동시에 일정한 거리를 유지했으며, 관료 내부의 세계에서 전개되는 관계와 문화를 통해 시시각각 자신의 정체성을 조정·적응·변화시켜야 하는 존재였다. 즉, 지배와 '거리두기', 인민과 '거리두기' 등이 각각의 영역에서 이중적으로 진행되었다. 북한 지도부는 관료들을 길들이기 위해 '현지지도'와 '혁신노동자'의 발굴을 통해 대응('혁명화'를 통한 관료주의 근절)했으며, 인민은 관료에 대해 조소, 테러, 린치, 왕따, 유언비어, 뒷담화 등으로 대응했다.

최근 북한의 상황은 이러한 거리두기를 극명하게 보여준다. 관료적 권한을 이용해 공공재산을 유용·횡령·착복·은닉하면서 시장과 연줄을 동원해 생존과 이익에 몰두하는 모습 등이 일상적으로 벌어지고 있다는 것이다.

> 특히 국경 연선 지역의 중앙당 비사그루빠 검열과 보위부 검열 등에서 간부들
> 이 마약 유통을 눈감아주거나 직접 마약 판매에 개입한 사례, 국경의 밀수밀매
> 업자들을 보호해주고 뇌물을 받은 사례, 그 외 각종 불법행위로 모은 재산을
> 은닉한 사례 등이 낱낱이 보고되었다.[40]

이는 도처에 편재된 감시시선을 따돌리고 새로운 연대와 모의의 공간이 확장되고 있음을 의미한다. 그 상징적 표상이 시장이다. 관료들의 거리두기의 매개체로서 시장의 등장은 관료 일상생활세계에 커다란 변화를 일으켰다.

집단화 전략에 맞섰다. Sheila Fitzpatrick, *Stalin's Peasants: Resistance and Survival in the Russian Village after Collectivization*(New York: Oxford University Press, 1994), p. 5.

40) (사)좋은벗들 북한연구소, ≪오늘의 북한소식≫, 제208호(2008. 9. 10), 2~3쪽.

청진시의 경우 시장 활동 때문에 여맹조직 활동이 불가능한 상황에 이르게 된 것이 그 예다.

> 청암 구역만 해도 올해 여맹조직생활에 제대로 참여하지 않은 여성이 전체 여맹원의 약 30%에 이른다. 일부 여맹원들은 조직생활을 피하려고 형식적으로 직장에 이름만 걸어놓고, 매월 5,000원을 내고는 장사나 다른 부업일을 해왔다.[41]

이런 상황은 지배집단의 '개입'을 불러왔다. 지배이익의 유지·확대를 위한 일상적·구조적 통제와 함께 각종 사건과 조건을 구실로 직접적인 '개입'을 전개했다. 이 '개입'의 주체는 관료들이다. 각종 검열·총화사업이 그 단적인 예다. 이 긴장된 국면의 조정은 온전히 관료들의 몫이었다. 지배와 인민의 중간에서 '개입'을 통해 조정과 균형을 맞추는 것이다.

이 개입과정에서 관료적 권한은 강화되었다. 개입을 극대화하기 위해서는 전권의 부여가 필요하다. 따라서 국가는 관료들에게 전권을 부여하고 개입을 통해 사태의 확산을 예방한다. 관료들은 개입의 권한을 이중으로 활용했다. 즉, 권한을 유지하기 위해서는 국가의 지침을 충실히 수행함으로써 국가의 기대와 이익을 만족시켜야 했다. 역으로 관료이익을 산출하기 위해서는 관료적 권한을 활용해 부패를 축소·은폐해주고 그 대가로 뇌물을 수취했다.

2) 한 몸체에 두 얼굴

지배집단의 지배이익 관철을 위한 행정적 주체로서 관료들은 이중적

---

41) (사)좋은벗들 북한연구소, 《오늘의 북한소식》, 제247호(2008. 11. 5), 2~3쪽.

인물로 묘사된다. 하나의 얼굴은 지배이익에 복종하는 관료이며, 또 하나의 얼굴은 지배이익을 전유하는 관료다. 이것은 분절적으로 나타나는 것이 아니라 관료의 속성(동전의 양면)이다. 이 교차하고 중첩되며 상반된 한 몸체의 두 얼굴이 지배와 인민을 매개하며 지배구조와 인민의 일상에 영향을 끼쳤다.

(1) 지배전략에 복종하는 관료

지배집단은 지배전략을 관철시킴으로써 지배효율을 지향하고 이 과정에서 관료와 대중에 지속적인 착취를 실행한다.[42] 국가를 호명하며 관철되는 지배는 우선 안정적 국가운영(지배이익의 안전한 추출)을 위해 집단적 투쟁과 개별 단위의 위법행위를 억압하는 것이 본질적인 과제이며, 경제적 지배는 잉여노동의 추출이다. 즉, 지배집단은 지배이익을 위해 감시와 통제를 일상적으로 구사함과 동시에, 지배의 안정을 위해 호혜로 가장된 재분배를 추진한다. 그런 가운데 국가는 약탈과 재분배라는 교환 행위를 고유한 원리로 삼는다.[43] 따라서 지배를 관철하는 행정에서 관료들의 순응과 일탈, 동의와 저항, 충성과 부패가 발생하며, 이는 일상생활세계의 단면이라 할 수 있다.[44]

이런 행위가 발생하는 것은 바로 관료체제의 구조적 성격에 기인한다.

---

42) 지배는 "자기의 의지로 타인의 행동을 강제할 수 있는 가능성"이며, 모든 지배는 행정으로 나타나고 또 행정으로 기능하며, 행정을 집행하기 위해 누군가의 장악 하에 있는 명령권이 있어야 한다. Max Weber, *Economy and Society,* pp. 946~948.

43) 가리타니 고진, 『세계공화국으로』, 조영일 옮김(서울: 도서출판B, 2007), 62쪽.

44) 공적 기구 내의 시간과 공간에서 벌어지는 일상생활이 존재하는 것과 마찬가지로 사적 공간에서 전개되는 일상생활도 존재한다. 공적 기구 내에서도 공적 역할·임무의 시공간과 함께 동료, 공모자, 상관 등과의 공적 영역 내 사적 행위들이 동시에 벌어진다. 사적 공간에서도 다양한 만남과 관계들이 형성된다. 지배의 감시와 통제의 욕구에도, 포착하기 힘든 영역은 항상 존재하기 마련이다. 역으로 사적 시공간 내에서도 감시의 내면화에 의해 발언의 폭과 수위가 조절된다.

지배의 전략과 관료의 행위가 만나는 일상생활세계의 시공간에서 새로운 구조와 행위들이 잉태되는 것이다.

당 - 국가 시스템에 의한 관료체제의 위계 계선을 따라 지배와 행정이 관철되었고, 이 새로운 구조 속에서 '계급의 국가'는 '신분의 국가'로 서서히 퇴행했다.45) 관료들은 신분에 따라 차별·차등적 권한과 특혜를 행사하거나 누릴 수 있는 위계적 구조망 속에 존재했다. 특히 당원이라는 존재는 '새로운 신분'을 의미하는 특권의 상징이었다. 따라서 북한의 관료들은 신분구조에 의해 철저하게 구분·분할되고 복속된 존재였으며, 지배집단에 '매수된 관료'로서 지배를 관철하는 '거대한 기계의 톱니바퀴' 역할을 수행했다.46)

마르크스가 관료제를 '무시무시한 기생적 몸체'라고 규정한 것처럼, '거대한 기생적 몸체'는 지배집단의 명령을 실행하고 자기 자신을 지배집단과 일체화시키며 생존했다. 그것은 지배이익의 발생과정에서 떨어져 나오는 이익을 분점하기 위한 것이며 동시에 '생사여탈권'을 쥐고 있는 지배집단에 대한 '공포의 동의'였다.47)

---

45) 사회주의 국가는 '노동자(계급) 국가'를 표방했다. 그러나 그것은 상징에 불과했으며, 실질적으로는 소수의 혁명 성공세력의 지배권력 장악을 필두로, 관료적 위계 계선을 통해 구성되는 신분구조로 변질되었다. 베버는 신분이 존재하는 상태는 "사회적 평가에서 전형적으로 유효하게 요구되는 긍정적 또는 부정적인 특권화를 의미"한다고 정의했다. 막스 베버, 『경제와 사회 I』, 박성환 옮김(서울: 문학과 지성사, 2006), 540쪽. 따라서 "사회주의는 질적으로 새로운 형식의 신분질서, 즉 경제제도가 공산당 국가라는 정치구조에 다시 자리매김한 새로운 질서"로 이행한 것이다. 질 에얄·이반 젤레니·엘리노어 타운슬리,『자본가 없는 자본주의』, 임현진·정일준·정영철 옮김(서울: 시유시, 2007), 158쪽.

46) "행정 간부진이 권력자에 대한 복종의 사슬에 얽매이게 되는 것은 …… 물질적 보상과 사회적 명예 …… 이런 보상들을 상실하지나 않을까 하는 두려움이야말로 행정 간부진과 권력자 간의 연대감의 궁극적이고 결정적인 토대입니다." 막스 베버, 『직업으로서의 정치』, 전성우 옮김(서울: 나남출판, 2007), 27쪽.

47) 첫째, 관료들이란 자기 자신의 주체성을 포기하고 국가 이성 또는 그 구현자에게

또한 관료들은 대중에게 '군림'하는 존재였다. 지배의 명령권을 활용해 동일한 방식으로 대중에게 '군림'함으로써 또 다른 이익을 점취하고 자신의 존재를 확인하는, 인민의 입장에서는 지배집단에 '매수된 관료'였다.

> "'고난의 행군', '고난의 행군' 하는데 부부장 동지의 댁에서 굶어 쓰러진
> 분이 있습니까, 부부장 동진 굶어본 적이 있습니까. 내막을 알지도 못하고
> 함부로 말하지 마시오" 서정후는 날카로운 칼끝에 가슴을 찔리우는 것 같았다.
> …… 그는 사실 '고난의 행군' 기간 어느 한 끼도 배를 곯아본 적이 없었다.
> 오히려 그는 이 기간에 더 잘 먹었고 화려한 생활을 했다. '말보로' 담배도
> '고난의 행군' 시기부터 가지고 다닌 기호품이었다.[48]

이 소설에서는 고위급 관료들의 다양한 관료주의적 행태들이 나타나며, 이에 대한 첨예한 비판이 전개된다. 즉, 소설이 선전하려 한 것은 생산혁신과 창의고안이었으며, 이를 방해하는 관료주의적 행태의 심각성을 고발한 것이다.

(2) 지배전략을 '전유'하는 관료

실제 관료조직은 지배이익을 위한 명령권 실행을 전담했으나, 지배집단의 의도가 관료조직을 통해 현실에서 그대로 작동되지 않았음은 주지의 사실이다. 관료조직은 상황과 조건, 관계망과 과거 행적, 현재의 관직 실행과정과

자신을 일치시켜 불안에서 도피하려는 자들이기 때문이다. 즉, 관료들은 자기
행동의 '의미 있는' 수준에서 실질적인 자율성을 지니기를 열망하지 않는 것이다.
둘째, 관료제에 내재된 사회의 자기주장은 결코 사회 일반의 자기주장이 아니라
특권적 관료집단의 자기주장에 불과하다. 게다가 그 자기주장은 국가의지의
체현자인 주인에게 복종하는 톱니바퀴인 노예가 지닐 수 있는 일정한 자율적
행동반경 속의 재량권과도 같다. 이종영, 『지배의 양식들: 쓰여지지 않기를 계속
한 것들에 대해 새롭게 쓰기』(서울: 새물결, 2001), 287쪽.

48) 백보흠, 『라남의 열풍』(평양: 문학예술출판사, 2004), 345쪽.

미래의 불확실성 등 다양한 변수들에 의해 복잡하게 현실을 '전유'하는 집단이기도 했다. 즉, 북한 지배집단의 기존 전략을 일상생활에서 '이용(소비)'과 '만들기(생산)'로 전유했고,[49] 지배집단이 만들어내고 부가하려는 담론·제도·정책을 '소비'해 새롭게 변질(생산)시켰다.[50]

지배집단은 관료기구를 통해 인민을 관리·통제하려고 기획하지만, 지배전략은 관료기구의 위계 계선을 거칠 때마다 변형·변질된다. 즉, 관료는 지배와 인민을 연결하는 '관철'과 '뒤틀림'의 중간매개다.

또한 관료조직은 지배집단과 인민의 매개로서 균형(조절)과 불균형(균열)을 발생시키는 집단이다. 관료조직은 피지배집단의 참여를 배제함으로써 자신의 위치와 이익을 보존하고, 인민에게 능동적으로 군림함으로써 지배자에 대한 충성과 관료적 이익을 보존한다. 역으로 지배집단의 지시사항에 대해서는 인민과의 공모를 통해 무력화시키고 관료적 이익을 보존하는 방식

---

49) 표상이 존재하고 유통된다는 점만으로 그것이 이용자들에게 어떤 의미를 지니는 지는 알 수 없기 때문에, 창조자가 아닌 이용자들이 그것을 조작하는 것을 분석해야 한다. 또한 이런 접근은 권력이 부과한 감시의 망 속에서 빠져 나오지 못하고 완벽하게 포섭될 것이라는 결정론적 입장이 아니라, "'감시'의 망에 이미 사로잡혀 있는 집단들 또는 개인들의 분산된, 전술적이고 임시 변통적인 창조가 취하는 은밀한 형식"을 분석해야 한다. 이 창조의 방식은 '소비(consumption)'를 통한 새로운 생산이며, '이용(usage)'을 통한 새로운 만들기다. 즉, '반감시망(network of an antidiscipline)'을 구성하는 소비자들의 절차와 책략을 의미한다. Michel de Certeau, *The Practice of Everyday Life*, pp. xii~xv.

50) 소비와 생산은 목적의식적인 저항 행위에서 개인의 소소한 일상 행위까지 포괄한다. 저항의 행위가 모두 목적의식적인 실천은 아니며, 일상생활세계에서 벌어지는 다양한 행위들도 장기축적의 과정 속에서 지배의 전략이나 구조화된 규범을 전유해 새로운 모습을 만든다. 변화 없는 세상은 존재하지 않는다. 단 그 변화의 미세함 때문에 쉽게 나타나지 않을 뿐이다(*Ibid.*, p. xi). 이 미세한 변화의 축적을 추적하고 해석하는 것은 지배전략을 전유하고 새로운 변화를 만들어왔지만 텍스트에서 배제되어온 사람들의 '잃어버린 세계' 또는 지배에 의해 '배제된 일상'을 여는 열쇠가 될 것이다.

을 취한다. 즉, 중간매개로서 열세일 경우 조정과 양보의 방식으로, 우위일 경우 강제와 압력의 방식으로 관료적 이익을 보존한다.

함경북도 무산 광산에서 국가에서 공급해주는 디젤유를 1kg당 1,500원에 팔아 노동자들에게 식량을 배급해주고 있다. …… 아무리 당국에서 검열을 강화한다고 해도 말뿐이다. 오히려 단속하는 사람들이 디젤유 장사꾼들에게 뇌물을 받으며 살아가는 것이 현실이다. 무산광산에서 청진으로 가는 길목에 있는 무산광산 보위대대 초소와 고무산의 단속 초소 등을 통과하려고, 디젤유 되거리 장사꾼들은 예상 수입의 거의 절반에 달하는 돈을 이 초소들에 쏟아 붓는다.[51]

북한의 관료들은 지배의 전략을 그 본거지에서 굴절시키는 조연이었다. 그 관료들이 전유했던 시공간에서 지배와 관료, 관료와 관료, 관료와 인민의 관계 역사가 북한 사회를 만들어왔다. 즉, 최근 북한의 실패는 이러한 관계 변화가 지속적으로 축적된 데 따른 것이었다.

관료들은 생존 또는 이익을 위한 부패라는 다양한 비공식적 행위를 통해 권력이 부과한 지침을 자기 방식대로 이용하면서 인민 위에 군림하는 동시에, 인민과 공모하는 '하위문화'를 통해 기존 질서를 변형시켰다. 따라서 그들은 지배의 입장에서 '부패한 관료'며 '변절한 관료'다.[52]

(3) '복종'과 '전유'의 '회색지대'에 선 관료

관료들은 지배의 충복이기도 했지만 인민과 공모해 지배를 무력화시키는

---

51) (사)좋은벗들 북한연구소, ≪오늘의 북한소식≫, 제186호(2008. 8. 11), 6쪽.
52) 『김일성저작집』, 『김정일선집』에 수록된 김일성·김정일의 글과 말들을 추적하면, 북한 사회주의 전 기간은 관료주의와의 끊임없는 '전쟁'이었음을 알 수 있다.

주체이기도 했다. 지배집단은 도처에서 발생하는 저항과 부패를 원천적으로
제거하고 싶어 했다. 그러나 베면 벨수록 더욱 늘어나는 '히드라'처럼 저항과
부패는 제거되지 않고 어둠(저항)에서 자라나 빛(지배)을 덮어가고 있다.[53]
즉, 동전의 양면과 같은 이중성, 이것이 관료들의 생존법칙이다. 이렇게
북한의 관료들은 복종과 전유의 '회색지대'에 존재했으며, 그들의 일상성은
'회색'의 연속이었다.

관료들은 자신이 보유한 교환 가능한 자본을 손에 쥐고 변화하는 상황을
예의주시하며 필요한 카드를 내미는 게임을 전개하고 있다. 특히 체제의
위기 국면에서 이러한 게임은 자신의 생존을 좌지우지하는 것이 될 수
있다. 이 상황적 조건이 관료들의 부패를 일상화하고 확산하는 동인이 된다.
위기 이전의 북한 사회에서 관료들은 주로 '경제의 정치화'를 통해 공적
위계 계선을 따라 이익을 확보하는 방식을 택했다. 즉, 지배집단에 충성을
보여주고 그 답례로 특권·특혜를 보장받는 호혜관계가 주된 방식이었다.

당 지도자를 왕처럼 떠받드는 종교적 숭배현상은 일상적 의례였으며,
"당 지도부는 새로운 최고 영도자로서 다른 모든 당원들 위에 군림하는
존재"였다.[54] 이런 숭배와 군림의 방식은 관료체제의 위계 계선을 통해
지속적으로 확대 재생산되었다. 스탈린시대의 관료들이 '작은 스탈린'으로

---

53) "지배자들은 …… 땅에서 쫓겨난 농민들, 추방된 중범죄자들, 하인들, 종교적
급진주의자들, 해적들, 도시 노동자들, 병사들, 선원들 그리고 아프리카의 노예들
을 그 괴물(히드라)의 다양하고도 항상 변하는 머리들이라고 불렀다. 그런데
그 머리들은 원래는 그들의 헤라클레스인 지배자들에 의해 생산적으로 결합되었
지만, 곧 그들 사이에 그 지배자들에 대항하는 새로운 협동의 형태들―해상반란
과 파업에서 폭동, 봉기 및 혁명에 이르는 것들―을 개발해냈다." 피터 라인보우·
마커스 레디커, 『히드라: 제국과 다중의 역사적 기원』, 정남영·손지태 옮김(서울:
갈무리, 2008), 12~13쪽.
54) 필립 아리에스·조르주 뒤비, 『사생활의 역사 5』, 김기림 옮김(서울: 새물결, 2006),
628쪽.

지칭되었듯이,[55] 북한도 도처에 '작은 수령'들이 존재하는 사회였다. 관료기구의 위계마다 관료들은 권한을 통해 인민 위에 '군림'하고, 인민을 '약탈'했다. 또한 역으로 관료들은 인민과의 공모를 통해 '수령'과 지배집단의 의도를 감쪽같이 뒤바꾸거나 수정하는 방식으로 전유했다. 계획 지시사항을 둘러싼 다양한 서류위조, 뇌물, 흥정의 방식은 일상적 통과의례였다.

그러나 1990년대 중반부터 그 방식은 서서히 변화했다. 이제 정치자본을 경제자본화하는 방식이 확산되고 있다. 관료들은 관료적 권한(정치자본)을 활용해 시장에 걸터앉아 이익을 약탈했고, 역으로 시장의 이익을 점취(占取)하기 위해 지배집단의 의도와 다른 방식으로 정치자본을 활용하고 있다. 이것은 온전히 부패로 드러난다. 북한 사회에서 부패는 '비사회주의적 현상'으로 처벌의 대상이지만, 부패를 통하지 않고서는 무엇도 이뤄지지 않았다. 오히려 관료와 주민들은 부패를 현실에서 가장 효율적이고 가능한 방식으로 이해하고 있다.[56]

북한 사회에서 관료는 지배집단과 인민의 '회색지대'에 존재했다. 복종하는 관료와 전유하는 관료의 속성을 자신의 생존과 이익을 위해 계기와 시점, 상황에 따라 다양하게 구사하는 존재였다. 따라서 북한 사회 관료를 비판적 관점에서 본다면, '서발턴(subaltern)의 사생아'이며 '지배집단의 서얼(庶孼)'과 같은 존재다. 지배집단의 정치권력 안에서 권한을 보장받지만 지배권력을 획득할 수 없는 존재이자, 인민 속에서 출현했지만 인민으로 살아가기 어려운 '이중적 존재'로 규정할 수 있다.

---

55) Sheila Fitzpatrick, *Everyday Stalinism, Ordinary Life in Extraordinary Time: Soviet Russia in the 1930s*, pp. 29~30.

56) 1995년에서 2004년까지 탈북자 102명을 대상으로 실시한 조사에서 95% 이상이 북한에서 부패가 일상적이고 관행적이라고 응답했다. 채원호 외, 「북한 관료부패의 실태와 원인에 관한 연구: 북한 이탈주민의 인지도를 중심으로」, ≪한국거버넌스학회보≫, 제13권 1호(2006), 311쪽.

4. 북한 관료 일상생활세계에 접근하기

고개를 숙이고 걸어가는 저 녀인은 행복하고 유족했던 지난 년대들을 추억하고 있는지 모른다. 1980년대만 해도 이 지방에서는 별로 쌀 걱정을 모르고 지냈다. 1960년대는 얼마나 유족했던가. 상점마다 과자, 사탕, 기름, 물엿이 가득했고 닭, 오리, 소, 돼지고기들이 고기매대에 줄줄이 걸려 있었다. 농촌상점 뒤마당에 돌아가면 커다란 꿀독이 서너 개씩 놓여 있었다. 물고기 상점에서는 명태가 너무 넘쳐 야단이였다. 인민반으로 집집에 공급되는 명태도 미처 처리하지 못하는 터여서 상점의 많은 물고기들이 비료차에 실려 농촌으로 가기가 십상이였다. 생활에서 걱정될 것은 하나도 없었다. 무료교육, 무상치료, 거의 무상에 가까운 식량공급에 서로 돕고 위해주는 것이 온 사회의 기풍으로 되어 외국의 한 종교인이 북조선은 그리스도가 내려와서도 할 일이 없는 나라라고 했었다. 우리식 사회주의가 바로 지상천국임을 느끼며 살아온 사람들이 지금은 한 끼 식량을 걱정하며 구차스레 쌀을 구하러 다니고 있었다.[57]

과거의 좋은 기억을 회상하는 것은 현실에 대한 불만의 반영이다. 과거와 너무나 다른 현실의 일상은 고통과의 대면이다. 변화되어온 시공간에서 관료들의 일상생활세계는 또 다른 모습으로 변모한다. 이 변화의 과정에 접근하기 위해 관료체제 위계질서의 '원형'과 '변형' 과정을 시론적 차원의 분석을 위한 틀로 구성해보았다. 그리고 북한 관료들의 일상생활세계 접근을 위해 고려할 점을 세 가지 측면에서 살펴보았다. 사회주의 관료체제 위계질서의 구조와 변화과정을 추적하면서 동시에 관료들이 직접 대면했던 현실과의 조응 과정을 보기 위해서다.

---

57) 백보흠, 『라남의 열풍』, 242쪽.

1) 관료 일상생활세계 분석을 위한 틀

북한의 관료 일상생활세계에 접근할 때 고려할 사항을 배경으로 사회주의의 관료체제적 관직 위계질서를 북한 상황과 접목해 시론적 차원의 분석을 위한 틀을 구성했다. 즉, 기존 북한 사회주의 관료체제의 특징과 변화하는 관료체제의 특징을 변별함으로써 변화 경로를 추적하는 준거로 활용할 수 있다.

(1) 독점적 임면권과 이데올로기 검증

관료조직은 지배집단의 수중에 장악된 독점적 임면권에 의해 신분 상승의 루트가 구조화되어 있으며, 국가에 의한 증여 시스템에 따라 특권·특혜를 보장받는 '예속된 집단'이다. 따라서 지배자에 대한 충성을 통해 신분 상승과 특권·특혜를 교환하는 방식에 전적으로 의존한다. 특히 신분 상승을 위한 조건은 출생 신분(혁명가계, 한국전쟁 시 전사자·피살자 가족, 노력혁신자 가계 등)에 의해 구조적으로 제약되며, 그다음으로 군대 복무 경력과 대학졸업 여부, 당원 여부 등에 의해 2차적으로 제약을 받는다.

또한 관료조직은 지배집단의 이익을 분점하면서 더 높은 곳으로의 승진 욕구와 물신화된 이데올로기에 대한 숭배를 본업으로 하는 집단이다. 북한 사회에서 관료(간부)는 출생 신분에 의해 군 입대, 대학졸업, 당원, 좋은 직책 등을 보장받았다. 이것은 태생적 자격이자 관료가 될 수 있는 절차적 자격이다. 이와 함께 추가되는 것이 이데올로기 검증 통과다. 이는 절차적 자격 진행과정에서 일상적으로 검증된다. 태생적·절차적 자격과 함께 이데올로기적 충실성이 더 높은 자리와 더 많은 특권·특혜를 보장한다.

(1-1) 1990년대 '고난의 행군' 기간을 거치면서 독점적 임면권의 상징인 당원에 대한 주민들의 선호도가 서서히 떨어지고 있다. 국가 차원의 증여 시스템이 붕괴된 상황에서 특정 소수집단을 제외한 당원·간부 직책의 특권

적 가치가 소멸하고 있는 것이다. 따라서 지배집단의 독점적 임면권의 영향력은 축소되고 점차 분권화로 전환될 개연성이 높다. 즉, 국가의 능력이 저하되면서 군부의 자립적 운영방식의 확산, 지방 차원의 자립화, 개별 기업소의 자율성 확대 등으로 독점적 임면권이 하부로 분권화되고 있다.

(1-2) 선호하는 직책은 생계보장과 이익의 확보 가능성으로 전환되고 있다. 이에 따라 새로운 문화자본이 서서히 출현 중이다. 즉, 경제적 이익이 발생할 수 있는 전문분야의 기술자격이 선호되고 있는 것이다. 북한 정권 차원에서도 전문기술자들을 선호할 수밖에 없는 상황으로 변화되고 있다. 또한 시장적 연계망과 연줄·안면의 사회자본이 점진적으로 부각되고 있다. 이른바 '신흥부유층'과 관료들의 연계망 구축을 통한 관료적 권한과 시장적 이익의 관계망이 만들어지는 방식이다.[58] 이처럼 북한 사회는 문화자본을 확보한 전문기술직, 시장과의 연관성이 높은 권한(정치자본)을 가진 관료, 시장의 직접적 최대 수혜자(경제자본)인 '신흥부유층'과 종사자들 간의 시장 네트워크(사회자본)가 형성되고 있다고 볼 수 있다. 따라서 지배집단에 대한 충성은 관료적 권한이라는 영역으로 축소되고, 시장에 대한 물신화가 더욱 강화된다.

(1-3) 여전히 북한 사회에서 자격과 이데올로기는 관료 등용의 전제조건이다. 그러나 과거처럼 정치자본을 통해 획득할 수 있는 특권·특혜의 양이 많지 않다. 따라서 시장 친화적 정치자본의 확보가 관료들의 선호 방식이

---

58) 부르디외는 경제자본, 문화자본, 사회자본에 대해 "즉각적이고 직접적으로 돈으로 변환되며 재산권의 형태로 제도화될 수 있는 경제자본, 특정한 조건하에서는 경제자본으로 변환되며 교육적 자질의 형태로 제도화된 문화자본, 특정한 조건하에서는 경제자본으로 변환되며 사회적 의무('연줄')로 구성되어 있고 고상함을 나타내는 신분의 호칭과 같은 형태로 제도화되는 사회자본"으로 규정한다. 피에르 부르디외, 「자본의 형태」, 『사회자본: 이론과 쟁점』(서울: 도서출판 그린, 2003), 65쪽.

되고 있다. 이 방식이 가장 합리적 선택이기 때문에, 자격과 이데올로기는 서서히 시장에 잠식되는 방향으로 전환되고 있다. 다양한 뇌물과 연줄관계를 통해 자격을 획득할 수 있는 새로운 비공식적 방식이 만들어지고 있으며, 이데올로기적 검증도 이와 유사한 방식으로 전환되고 있다.

(2) 이중적 위계질서

관료조직은 지배집단과 인민의 매개로서 균형(조절)과 불균형(균열)을 발생시키는 집단이다. 지배집단은 관료조직을 통해 인민을 통치한다. 따라서 지배자 - 관료, 관료 - 인민의 이중적 위계질서가 구축된다. 관료조직은 피지배집단의 참여를 배제함으로써 자신의 위치와 이익을 보존하고, 인민에게 능동적으로 군림함으로써 지배자에 대한 충성과 관료적 이익을 보존한다.

역으로 지배집단의 지시사항에 대해서는 인민과의 공모를 통해 무력화시키고 관료적 이익을 보존하는 방식을 취한다. 이것은 사회주의 시스템에서의 전통적인 관료들의 생존방식이다. 이는 중간매개로서 열세일 경우 조정과 양보의 방식으로, 우위일 경우 협상과 강제의 방식으로 진행되었다.

(2-1) 지배 - 관료 관계 중심구조에서 서서히 관료 - 관료, 인민 - 관료 간의 공모·담합이 우위에 서고 있다. 이는 관료의 입장에서 인민의 일상생활세계에서 만들어진 시장이 생존 및 이익을 획득할 수 있는 유력한 공간으로 출현했기 때문이다. 지배 - 관료 관계의 상징인 '수령'의 권위는 하락하고, 생존과 이익의 상징으로서 '시장'이 급부상한 것이다. 시장은 교환을 매개로 하는 공간으로, 화폐는 식량과 부를 획득할 수 있는 상징이 되고 있다. 따라서 관료적 권한을 통해 지배이익에 복무하기보다는 시장교환을 활용하는 것이 더욱 합리적이며 본능적 선택이다.[59]

---

59) 단, 이런 현상을 체제전환과 등치할 수 없다. 체제 유지만이 관료적 권한을 이어갈 수 있는 방법이기 때문에, 관료들은 현재의 구조를 유지하면서 시장적

(2-2) 관료적 권한과 시장적 이익 간의 결탁·공모현상이 구조화되면서 부패는 일상적 행위로 전환된다. 법적 테두리 안에서 한정된 시장행위만이 합법적이기 때문에, 다양한 시장행위는 기본적으로 위법이다. 그러나 이런 위법은 현재 보편적인 현상이다. 따라서 보편적 현상으로서 비공식적 공모 현상이 일상화되며, 이는 지배집단의 입장에서 부패한 행위이기 때문에 처벌의 대상이다.[60] 이런 상황이 집적되면 과거 대중에게 능동적으로 군림했던 관료들의 모습과, 관료들에게 능동적인 인민의 모습이 병존하게 된다. 이는 인민과 관료의 교환관계에 변화가 발생함을 의미한다. 지배집단이 부여한 강화된 강권을 활용해 인민과 관료를 약탈하는 방식이 횡행하며, 역으로 이익보존을 위해 관료와 인민이 공모하고, 시장 최대수혜자들에게 오히려 기생하는 방식 등으로 변화하고 있다.[61]

(3) 정보의 위계화와 독점

관료조직은 지배집단에 장악된 정보를 왜곡 또는 전유함으로써 관료조직

이익을 공유하거나 약탈하는 것이 더욱 합리적이라고 판단할 수 있다. 체제전환을 통한 이익획득의 가능성이 낮을 경우, 관료조직은 오히려 완강한 체제 유지세력으로 남을 수도 있다. 김종욱, 「북한의 관료부패와 지배구조의 변동: '고난의 행군' 기간 이후를 중심으로」, ≪통일정책연구≫, 제17권 1호(2008), 390쪽.

60) 부패의 확산과 구조화는 "각종 정책결정 및 집행과정의 효율성과 생산성을 떨어뜨리고 국민적 의식 속에서 국가 역할에 대한 부정적 인식을 확산시키며 궁극적으로 사회의 유지 발전 기능을 저해하는 원인으로 작용"한다. 강혜련, 『러시아 국가와 시민사회』(서울: 오름, 2003), 196쪽.

61) 약탈적 행위는 국가안전보위부, 인민보안성, '비사검열그루빠', 인민무력부, 호위사령부 등 공안기구를 중심으로 이뤄진다. 또한 새롭게 강조되는 '행정법적 제재'를 통해 통제가 강화되고 있다. 이것은 자의적 법해석에 근거한 기층 단위에 대한 강제적 통제의 수단으로 활용되면서, 북한의 도처에서 관료들의 권한 남용 발생 가능성을 더욱 높이고 있다. 김종욱, 「북한의 관료부패와 지배구조의 변동: '고난의 행군' 기간 이후를 중심으로」, 391쪽.

자체의 이익을 추구함과 동시에 관료·인민과의 공모 자원으로 활용하는 집단이다. 지배집단의 입장에서 정보의 위계적 흐름과 비밀주의의 엄수는 사활적이다. 수평적 정보 흐름의 통제는 다양한 방식으로 작동했다. 발언, 문서, 기밀 등에 대한 철저한 감시·통제는 북한 사회의 특징이다. 이런 원리와 함께 계획경제의 불확실성과 관료체제의 이중적 위계질서에 의해 관료 위계 계선을 따라 반복적인 정보왜곡이 발생했다. 정보가 적은 하급관료에게 '새로운 모험'은 실패를 상징하기 때문에 속성상 보수적인 입장을 유지하며 혁신을 적대시할 수밖에 없다. 또한 정보의 크기와 등급에 따라 부서 이기주의에 매몰되며, 무엇을 하기 위해서는 상급관료에게 허가를 구해야 하는 다단계의 불합리한 구조를 양산했다. 보수주의와 부서 이기주의는 북한 관료체제의 본질적 속성이었다.

(3-1) 정보의 위계적 흐름은 국가의 부양능력이 가능하다는 전제 속에서 보장된다. 그렇지 못할 경우, 관료조직은 생존과 지시사항 달성을 위해 수평적 정보 흐름 조성에 착수하고 그 확산의 정도만큼 지배집단의 정보 통제 능력은 저하된다.[62] 이런 상황과 시장이 결합할 경우, 지배집단의 입장에서 정보 통제는 불가능한 상황으로 진행될 개연성이 높다. 이미 국가 가격체계는 시장가격체계로 대체되고 있으며, 전국적으로 확립된 시장 유통망에 의해 잠식되고 있다. 관료들은 불합리한 관료 위계 계선을 생활 속에서 경험했으며, 이 문제를 해결하기 위해 다양한 방식의 비공식적 연줄망을 구축해왔다. 이 비공식적 연줄망이 시장과 결합되면서 '정부 시그널'을 넘어서는 새로운 양상의 '시장정보 시그널'이 만들어지고 있다.

(3-2) 계획경제 지시사항 달성을 위한 부서 이기주의는 생존과 시장지향

---

[62] "국가기밀엄수는 무엇보다도 혁명과 건설에서 수령의 유일적 령도를 철저히 보장할 수 있게 하는 확고한 담보"로 규정된다. 고규우, 「국가기밀엄수는 혁명과 건설에 대한 당과 수령의 령도를 보장하고 온 사회의 일심단결을 강화하기 위한 확고한 담보」, ≪정치법률연구≫, 제2호(2006), 27쪽.

의 부서 이기주의로 변하고 있다. 자재보장과 배급이 중단된 공장은 가동이 중단되고 노동력을 통제할 수 없게 된다. 자재보장을 위해서는 수평적 공모와 시장을 통한 구입의 형태를 취할 수밖에 없고, 고용 노동자의 배급을 위해서는 다른 방식의 수익창출이 필요하다. 따라서 작업장은 시장을 통한 다양한 방식의 생존전략을 추구할 수밖에 없고, 공적 지침과 무관하게 '시장 친화적 부서 이기주의'가 만연하게 된다.

(4) 관료의 이익 추구 경향

관료조직은 지배집단·인민의 이익과 무관하게 자신의 이익을 추구하며, 자신의 이익을 위해서라면 상부 기관에 대한 책임의 회피 또는 전가를 행동의 원칙으로 하면서 동시에 하부 기관에 군림하는 집단이다. 하부 기관에 군림한다는 것은 업무진행보다는 의전적 행위가 일상화됨을 의미한다. 의전만 잘하면 직책을 보존할 수 있으며, 보존된 직책을 통해 권한을 행사하는 것이다. 또한 관료조직은 지배집단과 비인격적 관계를 맺고 있다.[63] 따라서 관료 자신의 이익을 추구하려는 자립화의 경향을 띤다. 외부의 간섭은 가급적 무시하고 자신의 이익 추구에 몰두하는 것이다.[64]

---

63) 일반적 의미에서 관료는 관직 공간 내에서 업무자율성을 보존하고 향유하려는 요구를 갖는다. 그 이유는 원칙적으로 관료는 법령에 규정된 관직 규정에 의해서만 외적으로 통제되기 때문이다. 그러나 북한 사회의 경우는 1960년대 중반부터 특수하게 '가산제적 지배'가 더욱 강화되었다. 모든 관료행정은 규정된 법규보다 '수령'의 교시가 우선하는 사회다. '수령의 교시' 이외에는 오히려 자립화의 경향이 강해지며, 모든 것을 지시하는 '수령의 교시'는 모든 것을 지시하지 않는 것과 같은 결과를 잉태할 수 있다.

64) 소설 『라남의 열풍』을 보면, 전년 상부 지시로 '대상설비생산' 지시가 내려왔으나 자재조달이 안 되었기 때문에 지시사항을 달성할 수 없게 된다. 지배인은 이 문제를 시정하기 위해 계획 이외의 '자력갱생기지 건설' 공사를 진행했다. 그리고 올해 상부에서 '창광원식 목욕탕' 건설에 힘을 집중하라는 계획 지시사항이

(4-1) 상부로의 책임 회피·전가는 더욱 강화된다. 이는 내부의 공모와 자율성 증대라는 차원에서 진행되었다. 생존과 이익 창출을 위해 위계적 갈등관계였던 당비서와 지배인은 공모와 담합의 관계를 형성한다. 하부 기관에 군림하기보다는 이익의 확보를 위해 또 다른 공모·담합구조를 형성한다. 이러한 다층적 공모·담합구조의 확산은 상급기관의 정보력 부재 또는 혼선의 동인이 된다. 상부 기관은 지배력이 크지만 하부 단위의 구체적 정보는 파악하기 어렵다. 따라서 하부 기관은 '내부자 통제(insider control)'를 통해 자립화의 경향을 더욱 확대한다.[65]

(4-2) 상급자에게 의전 행위를 통해 관료적 권한을 확보하는 방식은 점차 뇌물로 전환되고 있다. 과거 상급자에게는 국가의 특권화된 증여 시스템이 보장되었기 때문에, 하급자는 의전적 행위만으로 관료적 권한을 유지할 수 있었다. 그러나 증여 시스템이 붕괴되면서 상황은 일변했다. 모든 공적 절차로 수행하기 위한 통과의례로서 뇌물이 필요해졌다. 과거 의전 행위를 뇌물이 대신하게 된 것이다.

(5) 불확실한 구조의 전유

관료조직은 세 가지 차원의 불확실성에 항상 노출되어 있으며 이로 인해

내려왔고 당비서는 이 내용을 지배인에게 강조해 지시하면서 계획 외 공사를 하지 말라고 경고했다. 그러나 지배인은 자력갱생기지 건설에만 매달리고 당비서의 지시를 이행하지 않았으며, 실제로 자력갱생기지 건설을 통해 이십여 가지의 중요자재를 자체 생산할 수 있었다. 지배인의 입장에서 당비서의 지시보다 자신의 생각을 실행에 옮긴 것이다. 백보흠, 『라남의 열풍』, 18~21쪽.

65) '내부자 통제'는 "기업의 법적 소유권은 기업 외부자에게 귀속되어 있으나 외부 통제 메커니즘의 소멸로 기업 내부자가 기업에 대한 통제권을 상당 정도 획득, 자신들의 이해를 강력하게 주장하고 관철시키는 상황"이다. 양문수, 「북한의 경제위기와 노동환경의 변화: 기업지배구조를 중심으로」, 『북한의 노동』(파주: 도서출판 한울, 2007), 62쪽.

역으로 불확실성을 자신의 이익으로 전환할 수 있는 역사적·일상적 축적을 만들어온 집단이다. 세 가지 불확실성은 ① 계획경제의 구조적 불확실성, ② '경제문제의 정치화'에 의한 불확실성, ③ '수령·지도자'의 '교시·지시'에 의한 불확실성이다. 이 불확실성은 공적 영역에서 지배집단에게는 수동적인 관료의 모습을, 하위집단에게는 군림하는 관료의 모습을 드러내는 일상적 구조가 되었으며, 사적 영역에서 개인적 이익 창출과 보존의 장기 축적된 전술의 체현자로서 부패(계획 완충 및 계획 파괴)의 확대재생산 역할을 했다.

(5-1) 계획경제의 불확실성은 계획 자체의 불가능성과 함께 자재공급문제로 직결된다. 자재 미공급은 공정중단을 의미하므로 정보왜곡과 비축, 사장은 관행이었다. 이런 불확실성을 방지하기 위해 오랜 시간에 걸쳐 새로운 수평적 공급체계가 형성되었다. 이 수평적 공급체계는 시장 확산의 토양이 되고 있다. 계획을 완충하기 위한 비공식적 체계가 이제 시장 확산의 인프라 기능을 하게 된 것이다.

(5-2) 경제문제의 정치화에 의한 불확실성은 정치자본의 경제화로 전환되었다. 관료적 권한을 통해 경제에 수시로 개입함으로써 경제 병목현상을 발생시켰던 과거와는 달리, 현재 북한은 관료적 권한을 활용해 경제자본을 확보하는 방식이 만연하다. 관료들에게 가장 확실한 생존과 이익확보 방식은 바로 관료적 권한을 경제자본 확보의 수단으로 활용하는 것이다.[66]

(5-3) 수령·지도자의 교시·지시에 의한 불확실성은 북한 사회 모순구조의 핵심이었다. 남발되는 '속도전'과 '현지지도'의 다양한 지시사항들은 기존 경제정책을 뒤흔들었으며, 수시로 전달되는 지침은 기존 지침을 변경

---

66) "권력을 쥐고 있는 당 간부들은 원조식량을 차지하고, 높은 가격으로 상인을 통해 시장에 판다." 1997년 7월 나초스(Andrew S. Natsios)가 면담한 내용이다. 나초스, 『북한의 기아: 기아 정치 그리고 외교정책』, 황재옥 옮김(서울: 다할미디어, 2003), 298쪽.

[표 8-3] 관료 위계질서와 일상생활세계 분석을 위한 시론적 틀.

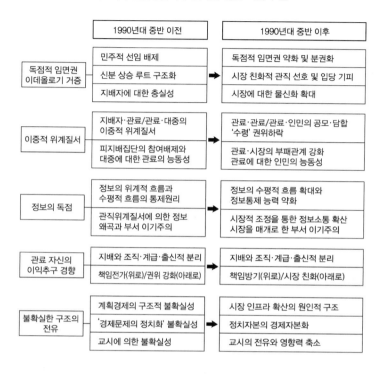

1990년대 중반 이전	1990년대 중반 이후
독점적 임면권 이데올로기 거중 민주적 선임 배제 신분 상승 루트 구조화 지배자에 대한 충실성	독점적 임면권 약화 및 분권화 시장 친화적 관직 선호 및 입당 기피 시장에 대한 물신화 확대
이중적 위계질서 지배자·관료/관료·대중의 이중적 위계질서 피지배집단의 참여배제와 대중에 대한 관료의 능동성	관료·관료/관료·인민의 공모·담합 '수령' 권위하락 관료·시장의 부패관계 강화 관료에 대한 인민의 능동성
정보의 독점 정보의 위계적 흐름과 수평적 흐름의 통제원리 관직위계질서에 의한 정보 왜곡과 부서 이기주의	정보의 수평적 흐름 확대와 정보통제 능력 약화 시장적 조정을 통한 정보소통 확산 시장을 매개로 한 부서 이기주의
관료 자신의 이익추구 경향 지배와 조직·계급·출신적 분리 책임전가(위로)/권위 강화(아래로)	지배와 조직·계급·출신적 분리 책임방기(위로)/시장 친화(아래로)
불확실한 구조의 전유 계획경제의 구조적 불확실성 '경제문제의 정치화' 불확실성 교시에 의한 불확실성	시장 인프라 확산의 원인적 구조 정치자본의 경제자본화 교시의 전유와 영향력 축소

시켰다. 그러나 이런 행태의 장기간 지속은 관료·인민들의 전유방식을 통해 달성되지 못했다. 섬광처럼 타올랐던 속도전의 불길은 동원된 관료·인민들에 의해 사그라졌고, 현지지도 지시사항은 '하는 척하기'로 실행되었다. 각종 지침의 변경은 이미 또 다른 변경이 예고되었으므로 제대로 집행되지 못했다.[67] 그러나 이제 시장의 확산과 작업장의 자율성 확보라는 관료·인민의 '일상의 정치'에 의해 김정일의 교시는 한정적 영역으로 축소되고 있다. 즉, 가능한 영역(수령경제와 군수공업 등)으로 축소·집중된 것이다.

---

67) 예를 들어 '대안의 사업체계'는 그 시작을 알리자마자 제대로 작동하지 않았으며, 김일성은 이 체계를 제대로 작동하라고 지속적으로 지시를 반복해야만 했다.

2) 관료 일상생활세계, 무엇을 고려할 것인가

(1) 성향과 구조의 부조화: 역사적 관성과 구조적 현실의 결합

개인 또는 일정한 집단을 분석하기 위해서 고려할 점은 성향(habitus)의 문제다. 성향은 개인에게 깊이 뿌리박힌 특정한 어떤 것이다.[68] 행위자들이 가진 성향은 각자의 삶의 궤적 속에서, 즉 사회적 위치와 처지 속에서 형성되어왔다. 또한 "계급이나 사회 구성원의 생활방식과 가치관이 일관성을 지니는 원천"이다.[69]

북한 사회에서 관료가 되었다는 것은 당원 또는 이에 준하는 직책에 임명되었음을 의미한다. 지속적인 교육과 노동을 통해 구축된 가정과 공동체 생활은 '사회주의적 인간'의 주조, '주체형의 인간' 양성을 의미했다. 사회주의의 구조적 모순에 의해 지속적으로 발생하는 현실의 난제에도, 지배집단이 호명하는 '사회주의 승리'의 미래를 위해 인민들은 자기희생을 감내해야만 했다.[70] 관료들 개인이 대면하는 현실의 사회구조는 이데올로기와 학습(훈육)에 의해 당연한 것으로 인식되었지만, 개인에게는 그 구조 속에서 고통과 '전망 없음'을 확인하는 과정이었다. 즉, 관료들의 행위에

---

68) 부르디외는 "상이한 아비투스에 의해 생성된 실천은 차별적 격차 체계의 형태로 생활조건 안에 객관적으로 각인된 차이를 표현하는 특성들의 체계적인 배치도 …… 아비투스는 실천과 실천의 지각을 조직하고 구조화하는 구조일 뿐 아니라 동시에 구조화된 구조"라고 정의한다. 피에르 부르디외, 『구별짓기: 문화와 취향의 사회학(상)』, 최종철 옮김(서울: 새물결, 2006), 312쪽.

69) 질 에얄 외, 『자본가 없는 자본주의』, 104쪽.

70) 바를랭(Eugène Varlin)은 사회주의적 삶에 대해 "위로부터 아래로 노동이 조직되며, 노동자는 자유도 주도권도 없이 그저 의식 없는 기계의 톱니바퀴에 불과한 존재가 될 것"이라고 예견했다. 로자 룩셈부르크도 레닌이 구상한 사회주의는 전체주의적 관료지배의 도래를 예고한다고 경고했다. 필립 아리에스·조르주 뒤비, 『사생활의 역사 5』, 632~633쪽.

의한 사회구조의 변화는 발전이 아닌 퇴행으로, 노동과 공적 행위는 보상 없는 희생 강요의 연속으로 드러났다.

이러한 과정의 반복은 충성과 복종의 메커니즘에 의한 관료적 행위가 현 구조와 충돌함을 인식하게 하는 환경이다. 그런데도 장기지속된 성향에 의해 합리적 선택, 즉 새로운 대안을 찾기 위한 행위를 즉각적으로 전개하지는 않는다.[71] 북한의 관료들은 특수한 신분적·가계적 질서 속에서, 이데올로기와 충성의 시험을 통과한 자들이었다. 따라서 관료계층의 성향체계를 공통적으로 보유하고 있을 것이고, 이는 '북한식 관료적 규범'이라 할 수 있다. 그들은 장기간 국가의 복지 시스템에 의존한 존재들이었다. 국가만이 유일한 자산의 창고였다.[72] 그러나 국가가 그 '돌봄'을 포기하는 순간 관료들의 세계는 변화하기 시작한다. 특히 이 관료적 규범은 '고난의 행군'으로 지칭되는 '집단기억'이라는 충격 속에서 서서히 변화되어갔다.

또한 최근 북한의 변화과정 속에서도 역사적 관성이 구조적 현실과 결합되어 새로운 방식을 만들어내고 있다. 계획경제에 의한 지속적인 '부족의 경제'와 파놉티콘적 관료체제에 의한 '감시사회' 속에서 관료는 생존을 위한 자구전술과 지배의도를 전유하는 '일상의 정치'를 구사해왔다. 이 역사적 관성은 증여 시스템의 핵심 축인 배급제가 붕괴된 북한의 상황에서

---

71) "말하자면 우리는 결정과는 다른 것을 선택했을 때 돌아온 비용과 이익에 대해서 스스로 생각하는 것만큼 합리적으로 따지지 않는다. 삶에서 매우 중요한 결정을 내릴 때 우리는 주어진 선택 가능성을 냉정하고도 합리적인 방식으로 평가하기보다는 '본능(아비투스)'을 따른다." 질 에얄 외, 『자본가 없는 자본주의』, 105쪽. 이런 원리에 의한다면, 수령이나 후계자에 대한 북한 관료들의 비합리적·무의식적 동의의 구조가 가능했던 것은 장기지속된 생활 속에서 내장되어 체계화된 인식체계로서 아비투스의 추적을 통해 발견할 수 있다.

72) 관료들에게는 더욱 많은 복지혜택이 제공되었다. "인민은 국가가 행하는 재분배에 중독되고 의존하게 되었다. 일종의 사회주의식 복지의존인 것이다." 같은 책, 231쪽.

즉각적인 저항보다는 생존을 위한 지배와의 '거리두기'로 정향되고 있다. 즉, 스스로의 탈정치화를 통해 강박된 지배의 현실구조를 회피하려는 관성이 발생한다. 지배의 의도에 의해 역사적으로 진행된 '강압적 일상화에 의한 탈정치화'가 이제 '시장 지향에 의한 탈정치화'와 착종되어 새로운 변화가 발생하고 있는 것이다.

(2) 사회주의 규범과 '집단기억'의 충돌: 기억과 현실의 대면

기억의 영역은 현실 행위의 중요한 자원으로 활용된다. 기억은 지배 이데올로기의 영역이자 지배가 통제하지 못하는 개인 내면의 숨겨진 심성이기도 하다. 따라서 기억이 현실과 대면하는 방식에서 현실은 새롭게 재구성된다.

북한 사회의 공적 담론은 '수령과 후계자'의 교시를 모태로 작동한다. 공적 법률도 '교시' 앞에서는 무력한 서류에 불과하다. 그런 의미에서 1960년대 후반부터 기획된 '주체의 나라' 속에서 '유일사상체계 확립 10대 원칙'은 삶의 규범이자 윤리·도덕이었다. 이 규범에 의해 철저한 감시와 통제의 이데올로기가 기능할 수 있었다. 감시와 통제는 위가 아래를, 서로가 서로를 감시하는 도처에 편재하는 '시선'을 의미했다. 그 감시의 기준은 북한식 사회주의의 규범으로서 '교시'였다.

따라서 '수령과 후계자'를 따라 배우는 것은 공공의례(公共儀禮)였으며, 사회적 작동방식도 수령을 정점으로 하는 위계적 관계를 구축했다. 위계의 계선마다 '수령'을 대신하는 '소수령(간부)'이 존재했다. '소수령'은 교시를 실현하기 위한 현장 지휘부였으며, 지배전략을 관철하는 중추였다. '소수령'으로서 충실한 삶은 특권·특혜로 보답되었다. 충성과 선물의 호혜관계는 수령과 관료의 결합방식이었다. 또한 특권·특혜를 보장받기 위해서 지시된 사항은 어떤 식으로든 달성해야만 했다. 그것이 위법이든 탈법이든 상관없이, 중요한 것은 지시사항을 완수했다는 보고였다.

그러나 이런 관계에 변형이 발생한다면, 각 개인에게 내장된 기억과 지속적인 충돌이 발생한다. 인민과 관료들이 미래의 사회주의 성전을 위해 '희생 (강압적 노동과 빈곤)'과 '자기고백(자아비판·상호비판)'을 감내하며 살아온 결과가 나날이 궁핍한 현실로 돌아올 때, '희생'과 '자기고백'은 무의미한 삶의 궤적으로 기억될 것이다. 과거의 향수에 대한 지속적인 '기억하기'는 현실의 불만과 미래의 불확실성에 대한 반영에 다름없다. 북한의 인민과 관료들에게 1960~1970년대는 돌아가고 싶은 과거로 남아 있다.

특히 1990년대 중반에 몰아닥친 '고난의 행군'은 북한 주민과 관료들의 기억에 커다란 변형을 일으켰을 것으로 판단된다.[73] 국가로부터의 철저한 방치, 도처에서 출몰한 죽음의 공포와 일상적 굶주림, 국가의 복지가 아닌 개인의 생계전술의 구사 등은 일종의 새로운 기억이며, 돌이키기 싫은 공포였을 것이다. 그 기간 '수령'과 지배집단은 '고난의 행군'을 제기하며 쌀 대신 '구호'로 포장했다. 따라서 이 기간 북한 전체 주민과 관료들이 경험했던 '집단기억'에 대한 심층적 분석이 필요하다.[74]

'트라우마(trauma)'와 같은 '집단기억'의 생성은 기존 사회적 규범과 심각한 충돌을 겪을 수밖에 없다. '주체의 나라'의 관료들은 '고난의 행군' 이전 '소수령'으로 존재했다. 그러나 이 기간을 겪으면서 일종의 '배회자'로 변화되고 있다. '소수령'으로 대접받지 못하는 새로운 환경, 사회적 권위와 명예

---

73) 사회집단은 동일한 기억을 공유하고 그 기억을 통해 자기 집단에 대한 귀속감을 확인한다는 점에서 기억공동체의 성격을 띤다. 최호근, 「집단기억의 역사」, ≪역사교육≫, 제85집(2003), 164~165쪽.

74) "기억을 재발굴하는 것은 지배에 의해 거세된 다양한 역사경험과 해석의 자원을 추출하는 것이며, 갈등적 역사해석에 담겨 있는 숨겨진 목소리를 되살리는 작업이기도 하다. 정부의 표준적 담론이 그것을 아무리 하나의 방식으로 통일하려고 해도, 그와 배치되고 대립되는 기억들을 완전히 억압할 수는 없으며, 이런 기억들은 늘 새로운 방식의 이단적 해석들로 분출되어 나온다." 백승욱, 「기억으로 살아나는 현재 속의 과거, 문화대혁명」, 『중국 노동자의 기억의 정치』(서울: 폴리테리아, 2007), 18~20쪽.

에 의해 시장적 질서에 편입하지 못하는 상황은 북한의 관료들에게 '시장기
생적 관료'로의 변형을 초래한다. 이마저도 하지 못하는 관료는 몰락한다.[75]
이것은 '주체의 나라'의 사회적 규범을 대신하는 생존을 위한 새로운 규범들
이 만들어지고 있음을 의미한다.[76] 새로운 규범은 생존을 위한 비상구이자
참담하게 변화된 현실의 탈출구였다. 그러나 그것마저 출구 없는 미래라면,
변화하는 현실은 하루하루가 두려움과 절망의 연속임을 뜻한다.

(3) 생존과 지배전략의 충돌: 변화하는 현실과 출구 없는 미래

북한에는 현재 '선군정치'를 통한 '강성대국' 구현이라는 '공허한' 프로그
램이 작동하고 있다. '고난의 행군'을 마치며 제기했던 프로그램 추진 10년
은 또 다른 '고난의 행군'을 예약하고 있는 듯하다. "사회주의는 개인의
소비욕구를 채우는 것이 아니라 산업화를 가속화하는 데만 관심이 있다고
여겨진다. 사회주의는 아주 명확한 용어로 집단적인 희생—사회자산의 축적
을 위해 전 사회가 소비를 유보하는 것—을 요구"하는 체제였다.[77]

---

75) 관료적 위계의 상위에 속한 관료들의 경우, 관료적 권한을 통해 경제자본을
획득할 수 있으며, 중하위에 속한 관료라고 해도 안면과 연줄관계로 경제자본을
획득할 수 있다. 이 과정에서 '비사회주의적 현상'을 검거하기 위한 국가보위부
등의 검열기관이 '비사회주의적 현상'을 일으키는 주범이 된다. 검열 방조를
대가로 뇌물을 갈취하는 것이다. 그러나 그렇지 못한 상당수의 중하위 관료들은
시장 활동을 하는 주민보다도 못한 상황에 처한다.

76) 현직 북한기업소 간부 인터뷰 내용을 보면, 개방·개혁 조치로 발생하는 이권을
둘러싼 논란, 군(軍)의 직접적인 경제활동 참여, 중앙과 지방의 신뢰관계 균열로
인한 지방 차원의 부패 구조화·일상화, 축재에만 몰두하는 관리들의 행태, 검열을
통한 뇌물 획득, 전국적 상업유통망의 확립과 장마당 분업의 형성 등이 일어나고
있다고 한다. 이러한 현상은 '주체의 나라'의 규범에서 불가능한 것이다. 그러나
현실에서 그것은 새로운 사회적 규범으로 대체되고 있다. http://www.dailynk.co-
m/korean/read.php?cataId=nk00500&num=55811(검색일: 2008. 5. 30).

77) 질 에얄 외, 『자본가 없는 자본주의』, 226쪽.

그러나 희생은 변화하는 현실을 해결할 해답이 아니었다. '고난의 행군' 기간에 북한 주민과 관료들은 전후 40여 년 동안 경험했던 것보다 더 불안하고 불확실한 삶을 경험했다. 극단적으로 불확실한 미래를 대면한 북한 주민의 심성은 국가가 아닌 시장을 통해 생계를 해결하는 것으로 정향되고 있다. 관료들도 마찬가지로 공적 위계를 통해 특권·특혜가 보장되지 않는 현실에서 시장에 기생하거나 부패행위를 통해 생계를 해결하는 것으로 정향되고 있다. 북한의 지배집단은 현실을 과거의 방식으로 타개하려 하지만, 관료와 주민들은 시장이라는 새로운 방식으로 타개하고 있다.

　먹고 입고 자는 것은 인간의 원초적 행위다. 매일매일 일상을 살아가는 인민은 삶의 기본 조건에 민감하다. 먹고 사는 문제에 대한 인민의 반응은 가장 직접적이다. 그러나 못 먹고 못 입는다고 해서 모든 인민이 궐기하는 것은 아니다. 핵심은 권력을 행사하는 지배가 작동하지 못한다는 것이다. 지배집단의 '교시와 지침'으로 현실의 문제를 해결할 수 없으며, '강성대국'의 구호가 미래가 될 수 없다는 인식이 관료와 인민의 일상생활 속에서 몸으로 체현되고 있다. 따라서 지배의 프로그램은 대중의 동의를 획득할 수 없으며, 지속적으로 파편화될 수밖에 없다. 북한의 관료와 주민은 그 시공간을 새로운 생계구조의 획득을 위해 필사적으로 활용할 것이다.

　국가는 이미 지방과 주민들을 방치했다. '지도자'와 지배집단은 관료와 주민들에게 '강압적 자립화'를 통해 스스로 알아서 생존할 것을 요구했다. 이에 맞서 관료와 주민들은 출구 없는 미래를 열기 위해 시장의 교환세계로 뛰어들었다. 일종의 '치킨게임'처럼 국가는 관료와 주민의 '돌봄'을 포기하고, 관료와 주민은 통치세계를 탈출하며 미래의 출구를 찾기 위해 분투하고 있는 형국이다. 강성대국으로 질주하는 지배집단과, 물신화된 화폐의 교환 관계세계로 질주하는 관료와 인민들의 행위가 전개되고 있다. 따라서 우리는 그 질주의 과정에서 발생하는 '요동'과 다양한 역사적 상황에 천착해 접근해야 한다.

5. 결론: 관료 일상생활세계의 '창'을 통해 '북한 보기'

 일상생활세계는 '반복'과 '전유'가 발생하는 시공간이며, 권력적 관점에서 '감시'와 '통방'이 벌어지는 시공간이다. 반복되지만 변화하고, 감시당하지만 역감시가 형성되는 시공간이다. 특히 사회주의체제는 전 사회가 관료체제화되면서 다양성이 실종되고, 획일적 노동문화가 작동하는 세계였다. 모든 사람이 국가기구에 편입되어 국가에게 임금을 받는 사회주의에서, 일상은 무미건조하고 변화 없는 매일매일이었다.

 그러나 이런 변화 없는 매일매일의 축적은 겉으로 보기에는 변동하지 않는 것처럼 보이지만, 관료와 인민들의 생존과 이익을 위한 다양한 행위들이 벌어지는 공간이었다. 관료들은 생존과 이익을 위해 복종하면서, 동시에 술수로써 지배의 전략을 변질시켰다. 또한 생존과 이익을 위해 지배와 인민 사이에서 어느 때는 '거리두기'를 통해 생존과 이익을 구가하고, 어느 때는 적극적인 '개입'을 통해 생존과 이익을 구가하는 이중적 태도를 보였다. 특히 국가기구의 일정한 위치와 권한을 지닌 관료들은 복종과 전유의 구사를 통해 관료적 위치를 유지하거나 승진을 도모했으며, 보존·확대된 관료적 권한을 활용해 시장에서 이익을 획득했다.

 이렇게 다양한 전술을 구사할 수밖에 없는 이유는 일상생활세계의 반복적 구조 속에서 해소되지 못하는 불확실성 때문이었다. 이 불확실성은 공적 영역에서 지배집단에게는 수동적인 관료의 모습으로, 하위집단에게는 군림하는 관료의 모습을 드러내는 일상의 구조가 되었다.

 그러나 '고난의 행군' 이후 변화된 북한의 일상에는 다른 방식의 불확실성이 축적되고 있다. 즉, '수령'에 의한 일원적 권력작동세계는 '화폐'와 공존하는 이원화 방향으로, 계획경제에 의한 일원적 생산세계는 시장과 공존하는 이원화 방향으로, 국가의 증여 시스템에 의한 일원적 분배세계는 시장흥정과 관료연줄의 공존방향으로, 위계적 명령세계는 관직 위계와 시장적 수평

[표 8-4] 국가운영 작동방식의 변화.

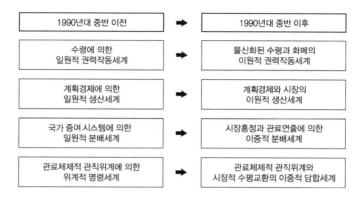

1990년대 중반 이전	➡	1990년대 중반 이후
수령에 의한 일원적 권력작동세계	➡	물신화된 수령과 화폐의 이원적 권력작동세계
계획경제에 의한 일원적 생산세계	➡	계획경제와 시장의 이원적 생산세계
국가 증여 시스템에 의한 일원적 분배세계	➡	시장흥정과 관료연줄에 의한 이중적 분배세계
관료체제적 관직위계에 의한 위계적 명령세계	➡	관료체제적 관직위계와 시장적 수평교환의 이중적 담합세계

교환의 이중담합 방향으로 서서히 변화되고 있다.78)

이러한 일상적 상황의 변화는 관료 개인에게는 관계문화의 변화와 생존방식의 변경을 강제한다. 관료 개인이 경험하는 주관세계는 일상생활세계의 변화와 조응하면서 지속적으로 변형되며, 관료 개인들의 집합체인 사회적 장의 각축구조를 변경시킨다. 이런 변화는 관료문화의 새로운 창출로 연결될 것이며, 새로운 사회적 장의 재구축으로 나타날 것이다.

따라서 관료들의 심성적 변화와 관료 간 관계구조의 변화를 면밀히 추적함으로써 "특정 개인의 삶의 이력 그 자체가 아니라, 그것을 통해 드러나는 사회구조를 재구성"할 수 있을 것이다.79) 즉, 관료라는 '창'을 통해 역사적 현실성의 복잡 미묘한 관계망을 이해하자는 것이다. 관료들의 미세하고 끝없이 전개되는 전술과 선택들에 의한 변화과정과 지배와 인민의 중간매개로서 관료세계를 '두텁게' 읽어냄으로써 북한의 현실을 생생하게 재구성해야 한다.

---

78) 김종욱, 「북한의 관료부패와 지배구조의 변동」, 393쪽.
79) 이희영, 「사회학적 방법론으로서의 생애사 재구성」 ≪한국사회학≫, 제39집 3호(2005), 130쪽.

9장

북한 시장일상생활연구
그로테스크와 부조리극 '사이'에서

홍민(동국대학교 북한학과 연구교수)

1. 일상의 관점과 그로테스크

지금까지 현존재에 색체를 부여하는 모든 것이 아직 그 역사를 지니지 못하고 있다. 사랑, 소유욕, 질투, 양심, 경건, 잔혹의 역사가 도대체 어디에 그려져 있는가? ― 니체(Friedrich Nietzsche), 「즐거운 지식」[1]

북한을 볼 때 우리는 '그로테스크(grotesque)'한 정경들을 마주하게 된다. 미사일로 상징되는 호전적 '속도감'과 목탄차가 굴러다니는 원시적인 '속도감'. 왜소하고 남루한 체구의 주민들과 이들을 내려다보고 있는 지나치게 거대한 수령의 석상, 격렬한 강성대국의 구호들과 빈곤한 주민 일상 사이에 존재하는 공허한 거리감. 이 체제가 구사하는 언어와 현실 '사이'에는 이처럼

---

1) 프리드리히 니체, 『즐거운 학문 메시나에서의 전원시: 유고(1888년 봄~1882년 여름)』, 안성찬 외 옮김(서울: 책세상, 2005), 76쪽.

[그림 9-1] 주민들이 수령을 찬양하는 거대한 구호 글자를 청소하고 있다. 북한 체제가 보여주는 그로테스크함은 거대한 체제의 외침과 대비되는 왜소한 주민의 일상이다.

그로테스크한 질감이 무수히 존재한다.

이들 '사이'에서 우리는 인간 존재의 부조리성에 직면하게 된다. 표리부동하여 어떠한 삶의 변화도 기대할 수 없을 것만 같은 인민들 일상 자체가 하나의 부조리함이며, 어떠한 이성과 직관에도 충분한 북한 이해의 불을 놓을 수 없는 연구의 현실이 또 하나의 부조리함이다.[2] 이들 '사이'에서 우리들은 "희극적인 것, 무시무시한 것, 추한 것"들로 얽힌 복잡한 북한인식의 감정적 회로들을 구성해왔다.

그러나 북한 연구에서 경험하게 되는 존재의 부조리함과 이해의 피로감은 그 자체로 한계만을 의미하지 않는다. 오히려 북한 연구의 새로운 가능성이

---

2) 전체주의 국가의 인민들은 자신들이 듣는 대부분의 것이 표리부동해 어떤 실질적 의미도 없음을 정확히 알고 있다. 그들은 행간을 읽는 법을 배운다. 다시 말하면 언어가 감춘 것을 드러내는 것이 아니라 그 진실을 헤아려 짐작하는 법을 배운다. 한편 부조리극은 인간 존재의 무의미함과 이성에 따른 직관이 충분하지 않다는 것을 합리적 근거나 논리적 사고를 '의식적으로 포기'하면서 표현한다. 부조리함을 부조리한 그대로 드러내는 부조리극이야말로 현실과 일치하는 것이다. 부조리 또는 부조리극에 대해서는, 마틴 에슬린, 『부조리극』, 김미혜 옮김(서울: 한길사, 2005), 16, 445쪽.

자 발판이기도 하다. 그로테스크한 질감과 부조리로 가득 차 보이는 이 '사이들'을 좀 더 인식론적으로 고민하고 더 많은 해석적 다양성을 부여해야 한다. 이것은 징후학(symptomatology)이나 정책학으로서의 북한 연구, 또는 창백한 회색빛 개념망으로 가득한 사회과학에 인간의 색체를 부여하는 것에서 시작될 수도 있다. 이를 위해서는 전공학문 간 개념적 소통을 더 원활하게 하고 무수한 대립적 이원주의로 구축된 개념체계를 재성찰하며, 이들 이분법의 틈새에 촘촘히 존재하는 내밀한 '사이'[3]의 이야기와 질서를 새롭게 인식하고 발굴할 필요가 있다.

1) 외침과 속삭임: 담론과 일상의 부조화

일상연구의 관점은 '그로테스크'를 수반한다. 크게 세 가지 측면에서 그렇다.[4] 첫 번째는 현실세계를 있는 그대로 사실적으로 반영하고 해석하려는 자세에서 그렇다. 북한 사회를 추상적인 개념을 통해서가 아니라 세세하게 점묘하듯 묘사함으로써 일상의 색채와 질감을 사실적으로 느끼게 한다는 점이다. 두 번째는 사실적인 표현 양식이 주는 그로테스크의 느낌이다. 담담한 어조로 일상을 묘사하는 과정 속에서 이 무시무시한 체제의 현실과 역설을 그대로 보여준다는 점에서 그렇다. 마지막으로 이런 것들이 총체화되어 북한 사회의 본질적 속성을 변증법적으로 드러내기 때문이다. 이 체제

---

3) "대립하는 모든 이원성의 사이가 사이 양항을 결정한다. 사이 속에서 모든 것들이 생성하고 소멸하고 변화한다…… 진정한 의미에서 사이 자체가 '시원(Anfang)'이다. 사이 양항은 오직 하나의 사이가 있고 난 뒤, '추후'에 그 사이를 통해 결정될 뿐이다. 예컨대 너와 나 사이에 너와 내가 먼저 있고, 그다음 사이가 맺어지는 것이 아니다. 오히려 '우리 사이'에서 너와 내가 결정된다". 이항의 대립적 사고체계에서 '사이'가 갖는 철학적 의미에 대해서는, 김동규, 『하이데거의 사이: 예술론』(서울: 그린비, 2009), 11~14쪽.

4) 필립 톰슨, 『그로테스크』, 김영무 옮김(서울: 서울대학교출판부, 1986), 21쪽.

의 이중성, 겉과 속, 감춤과 드러남, 외침과 속삭임, 담론과 현실의 모순을 일상이라는 사실성 속에서 극렬하게 드러낸다.

북한 일상연구는 윤리적으로나 상식적으로 받아들이기 힘든 어떤 '무엇' ― 북한적 현상이 보여주는 다양한 양태들 ― 에 대한 담담한 개인적 고백의 성격을 띤다. 북한 일상연구를 통해 드러나는 그로테스크한 질감은 일종의 공식적인 담론과 개인들이 체험하는 일상 사이의 갈등에 의존하며 본질적으로 이 둘의 부조화에서 느끼는 심각한 일탈감과 소외감의 표현이기도 하다. 그런 측면에서 일상에 대한 담담한 사실적 접근은 그 어느 접근방식보다 '공격적인' 표현 기법으로서 역할을 한다. 일상의 적나라함은 고급한 추상적인 설명이나 도덕적 평가보다 강한 직관으로 호소하기 때문이다.

2) 소외된 세계 또는 내면의 원시림으로 난 길

일상의 적나라함은 체제의 공식 담론과 그것과 전혀 조화되고 있지 못한 일상세계의 대비로 극명하게 나타난다. 즉, 공식담론의 '외침'과 일상의 '속삭임', 이 둘의 괴리 속에서 이 체제에 대해 더 많이 설명할 수 있다. 그것은 공식담론이 드러내려는 사회주의적 인간형의 도덕적 숭고함이나 수령 권위의 장엄함, 혁명전통의 비장함과 대비되는 일상의 '평범함', '비루함', '폭력성', '비참함'이 동시에 전해주는 '충격', '각성'과도 같다.5) 오히려 일상에 대한 사실적 접근과 해석을 통해 공식적 외피 뒤에 자리한 도덕적 '허위'와 생계윤리의 '긴박함'을 자연스럽게 드러낸다는 점에서 양가적 감정의 복잡한 충돌을 던져주는 방식이라고 할 수 있다. 일상은 바로 이러한

---

5) 그것은 영화상의 기법으로서 '몽타주' 같은 의도된 대립을 통한 '호소'의 차원은 아니다. 일상의 접근을 통해 나타나는 그로테스크한 질감은 그 자체를 목적으로 한 결과가 아니라 일상연구의 접근을 통해 부수적으로 발생하는 효과라고 할 수 있다.

갈등을 동반할 수밖에 없다. 여기서 갈등이란 바로 위에서 얘기한 조화롭지 못한 것들, 즉 체제의 공식담론과 일상의 부조화를 보여주는 '창(窓)'이다.

일상의 관점은 평범한 것을 '낯설게' 한다. 즉, 추상적인 용어와 개념으로 표현되는 세계는 체제의 성격을 쉽게 몇 가지 특징으로 정리해낸다. 그러나 그 세계가 구체적으로 어떤 일상을 통해 구성되는지를 생략하기 때문에 현실감을 부여하기 힘들다. 그러나 일상의 관점은 낯익어 그 자체로 주목의 대상이 되지 않던 일상의 세계를 낯설게 한다. 또는 고정된 이미지나 추상적인 이미지로 표현되는 체제에 일상의 세세함을 부여함으로써 추상과 현실을 대비시키는 데 효과적인 접근방법이다. 그로부터 소외된 일상의 모든 것이 낯선 것으로 다시 등장한다. 그런 차원에서 일상의 관점은 그로테스크가 갖는 '낯설어진 혹은 소외된 세계의 표현'과 같다. 즉, 친숙한 선입견에 사로잡혀 있던 북한이란 대상을 일상의 낯섦 속에서 새롭게 발견하는 것이다. 그것은 연구자에게는 '내면의 원시림으로 난 길', '내면의 새로운 광경'을 발견하는 것과 같다.[6]

2. 시장일상: 거시적 현상의 미시적 기초

최근 들어 '시장'은 북한 변화를 가늠하는 필수적인 연구주제가 되었다. 그것은 기근과 아사, 탈북의 행렬이 남긴 1990년대 북한 사회의 우울한 풍경이 준 충격, 그리고 그 척박한 토양에서 등장한 '장터'의 활기가 우리에게 북한 변화의 '단서'들을 제공했기 때문일 것이다. 그래서 시내 거리에 즐비하게 펼쳐진 소박한 간이매대들과 보따리 행상들의 모습, 돈 되는 것을 위해서는 머릿속으로 주판알을 굴리며 거래와 흥정을 하는 주민들의 모습,

---

6) 발터 벤야민, 『일방통행로』, 조형준 옮김(서울: 새물결, 2007), 27~28쪽.

치솟는 물가와 일용할 양식의 부족이 그들에게 가져다 준 영리한 계산속, 그리고 급기야 이뤄진 '7·1조치' 속에서 우리들은 '시장'의 기호를 발견해 내는 데 인색하지 않았다.

그러나 시장을 북한 변화의 지표로 삼기 위해서는 연구의 심화와 다변화가 필요하다. 물론 시장을 모든 사회를 관통하는 어떤 동질적 실체로 보고 거기서 경제만을 추출해내고 또 수(數)의 무게를 달아 측정하는 것, 시장을 진화로 보고 일정한 도식 속에 북한 시장을 규정하는 것, 모두 중요한 작업이다. 그러나 결론부터 말하자면 시장은 사회적 관계 안에서 움직인다. 어떠한 동질적인 시장의 '원형'이 있다는 믿음도, 정해진 시장 '진화'의 도식이 있다는 기대도 사회적 관계의 다양성과 우연성이 주는 복잡한 시나리오들을 압도하진 못한다. 이것은 많은 사회들의 다양성만큼 시장의 양상도 다양하다는 뜻이다.

1) 일상의 경험세계와 사회적 결합태의 이해

우리에게 더 많은 관심이 필요한 부분은 시장이 뿌리를 내리고 있는 곳, 즉 시장의 지층을 이루는 사회적 관계에 대한 관심이다. 위로부터의 정책과 조치, 관료적 개입, 아래로부터의 주민들의 일상적인 실천과 경제적 삶, 그리고 이들이 만나 상호작용하는 공간, 즉 지리적 공간과 사회적 공간7)

---

7) 공간의 개념은 사회적 세계의 관계적 이해의 원리를 담고 있다. 개인들은 관계의 공간에서 관계적 위치들을 점유하는 선에서 존재하고 존속한다. 이 공간은 비록 가시적이고 경험적으로 나타내기가 항상 어렵지만 가장 실제적인 현실이며, 개인 및 집단들의 행동 원리다. 따라서 사회적 공간은 행위자들의 자발적인 이해관계가 부딪치는 공간이자 위계제를 통해 구조화된 공간이기도 하다. 즉, 이 둘이 변증법적으로 결합하면서 빚어내는 공간이다. '사회적 공간'에 관해서는, Pierre Bourdieu, *Practical Reason: On the Theory of Action*(California: Stanford University Press, 1998), pp. 31~34.

에 생명력을 불어넣을 필요가 있다. 시장일상을 보는 것은 시장이 뿌리를 내린 토양의 표층과 사회적 관계의 심층을 가로지르는 단면, 그 지질층의 구조와 성분, 그리고 역사적 두께를 '해석'하는 작업이라고 할 수 있다. 따라서 시장일상에 대한 연구는 단순히 표층에 자질구레하게 펼쳐진 장터의 '소란스러움'만 묘사하기 위한 것이 아니다.

그것은 시장이라는 교환 영역, 실천 공간, 경험세계를 통해 국가와 인민, 관료구조와 시장구조, 계획과 시장 등의 관계를 사회적 결합태(figuration) 차원에서 이해하는 것이다. 따라서 시장일상연구는 북한 사회의 거시적 현상을 이해하는 미시적 기초로서 의미가 있다. 사회적 결합태란 사회의 구성원인 개인들이 커뮤니케이션과 교환 과정을 통해 엮어가는 상호관계의 망이다.8) 일상 차원에서 발견되는 시장 활동을 중심으로 한 상호의존의 고리 속에는 관료적 위계조직과 시장의 수평적 연결망 등이 복합적으로 관여한다. 이러한 상호의존의 고리 속에 내재해 있는 인간 실천의 의미와 가능성을 탐색하는 것이 시장일상연구의 핵심이라고 할 수 있다.

2) 개념적 거리 재기와 모자이크 조각 모으기

그렇다면 시장일상연구를 위한 출발은 어떤 방식으로 이뤄져야 할까. 두 가지 관점을 통해 시장의 윤곽을 그려보자. 하나는 시장 '밖'에서 보는 것이다. 이것은 시장을 어떻게 정의할 것인가에 대한 물음에 해당하며 인류의 역사적·경험적 사실에 기반해 시장에 관한 일반론을 찾는 일이다. 다른 하나는 시장을 북한이라는 특정의 지리적·사회적 공간 '안'에서 보는 것이다. 그것은 주로 북한 시장을 일상생활이라는 '창(窓)'을 통해 보는 것이다.

---

8) 구성주의적 관점에서 본 사회적 결합태에 대해서는, 노베르트 엘리아스, 『궁정사회』, 박여성 옮김(서울: 한길사, 2003), 23~26쪽.

사실 북한의 시장일상생활에 대한 연구에서 단순성은 출발점이 아니라 목표가 되어야 한다. 시장이 구성되고 작동하는 과정은 추상적이고 복잡한 개념화나 거시적 시각에서 설명되기 이전에 시장 행위자들의 수많은 실천들을 포착해 모자이크의 조각들을 끼워 맞추듯 미시적인 관찰을 선행해야만 한다. 그들의 실천을 주의 깊게 관찰하고 포착한다는 점에서는 지극히 단순하지만 긴 인내를 수반해야만 한다. 그런 의미에서 처음부터 일반적인 설명들을 하기보다는 차라리 대상들을 촘촘하게 묘사하는 일부터 시작하는 것이 북한 시장에 대한 적절한 접근방법일 것이다.

그러나 북한 시장 연구가 처한 현실 상황을 고려한다면, 시장 일반에 대한 용어 정리만큼 중요한 것은 없어 보인다. 이것은 '시장'과 '시장경제', '시장체제', '시장 메커니즘', '시장사회', '자본주의' 등 다양한 용어들 사이의 개념적 거리를 재는 것에서 시작해 시장일상을 지리적 공간과 사회적 공간 차원에서 개념화하는 일이 될 것이다. 그런 측면에서 일상이라는 '창'은 미시적인 관찰의 배율을 통해 세부적인 묘사를 선행하고 그것을 통해 거시적인 전체 그림을 만들기 위한 수단이 된다. 즉, 시장 일반론 밑에 펼쳐져 있는 다양한 북한적 '사례들'의 조각들을 모으고 그것들을 크기와 모양, 색깔, 두께 등에 따라 분류하는 것이다. 그리고 이 조각들을 맞췄을 때 드러나는 북한 시장의 모습을 시장 일반에 대한 정의와 비교해보는 것이다.

3) 장터의 사회적 울림도에 대한 의미 해석

다음으로 북한 시장일상생활을 어떻게 연구할 것인가, 즉 접근방법을 모색하는 일이다. 일상은 원래부터 존재하는 어떤 고정된 실체가 아니다. 그것은 일상이라는 개념의 창을 통해 연구자가 전략적으로 구성하는 것일 뿐이다. 다만 그 개념화와 구성이 북한 사회의 변화를 감지하고 이해하는 데 어떻게 기여할 수 있는가가 중요하다. 이를 위해서는 연구전략 차원에서 시장일상을 보기 위한 관찰과 설명의 단위의 설정 문제, 그로부터 추출된 일상의 내용들을 객관적 사실 복원과 의미 해석이라는 차원에서 어떻게 활용할 것인가, 그리고 시장일상을 해석하는 데 고려해야 할 것은 무엇이며, 이러한 작업이 북한 연구에 기여하는 바는 무엇인가를 살펴보아야 한다.

마지막으로 시장일상생활의 연구주제들에는 어떤 것이 있는지 보는 것이다. 여기엔 북한 시장 연구의 심화를 위해 해결해야 할 중심문제들이 함께 제기될 수 있다. 사실 일상연구의 미덕은 새로운 주제의 발굴 이상으로 익숙하게 다뤄졌던 연구주제의 의미를 새롭게 해석하는 데 있다. 시장에 대한 추상적이고 기능적인 설명 밑으로 펼쳐져 있는 일상들이 사실 모두 주제가 될 수 있다. 떠들썩한 장터의 소음이 주는 사회적 울림도(sonority)들, 가령 상인들의 발품으로 개척된 시장의 사회적 동선, 물자들의 교환 속에 묻어나는 풍문과 정보의 세계, 시장이 부여한 리듬과 주민 일상의 변화, 사회주의 도시 경관 속에 자리한 시장의 의미, 시장을 둘러싼 범죄들의 내용과 양상, 그 뒤로 자리한 빈곤과 불평등, 사회적 고립감 등 수많은 시장일상의 애환이 연구주제로 우리를 기다리고 있다.

4) 자기 성찰과 타자에 대한 탐문: 일상연구의 이종학적 성격

일상생활에 대한 학문적 접근과 개념화 시도의 역사는 짧다. 최근 십수 년 사이 인문사회과학의 일부 전공분과에서 개념화 시도가 있어왔지만 아직 그 모호함이 해소되었다거나 개념적 배회가 끝났다고 보기는 어렵다. 이런 개념화의 어려움은 지금까지 일상이 우리의 관념이나 삶에서 정의할 필요 없는 주변 그 자체, 또는 우리가 매일매일 호흡하는 공기와 같다는 점, 이로 인해 일상을 연구대상 내지 현상과 세계에 대한 인식의 창으로 삼는 데서 오는 막연함과 의구심이 아직 짙게 남아 있기 때문일 것이다. 그럼에도 일상이라는 창은 '구조와 행위', '거시와 미시', '지배와 저항(순응)' 등 오래된 사회과학적 숙제와 '계획과 시장', '국가와 사회', '공식과 비공식', '합법과 불법' 등의 현재 북한 연구쟁점들을 다루는 데 소박한 지혜를 줄 것이라고 본다.

그것은 지극히 상식적인 출발점, 즉 어떠한 인간 존재도 자질구레하고 주변적으로 보이는 일상을 경유하지 않고 사회경제적 삶을 상상할 수 없다는 점이다. 그런 점에서 일상의 역사를 고려하지 않은 구조의 분석, 일상의 관찰이 없는 거시적 조망, 일상의 수많은 임기응변과 생존술을 간과한 지배와 권력에 대한 분석 등이 사회를 얼마나 설득력 있게 설명할 수 있을지는 미지수다. 또 계획과 시장, 공식과 비공식, 합법과 불법을 넘나드는 일상적인 실천들을 고려하지 않은 채 이뤄지는 북한 변화의 전망 역시 설득력을 갖기 힘들다. 그래서 일상생활연구는 이종학(heterologies)의 성격을 띤다. 즉, 북한 연구의 과거와 현실을 비판적으로 추수하면서 한편으로 북한이라는 '타자'에 관해 탐구하는 것이다. 아마도 궁극적으로 고민해야 할 문제는 이 상식적인 것을 북한 연구에 어떻게 반영할 것이며, 또 한편 연구접근에 스며들게 할 것인가에 있다.

3. 시장 인식의 회로들: 개념적 범주와 실제

모든 논의의 출발점은 연구주제와 관련된 주요 용어들의 개념적 거리를 재는 데서 시작되어야 한다. 시장일상생활에 대한 개념적 정의는 곧 시장이 무엇인가에 대한 정의를 필요로 한다. '시장교환', '시장 메커니즘', '시장경제', '시장체제', '시장사회', '자본주의' 등 시장과 관련해 다양하게 사용되는 용어의 개념적 거리를 재는 일이다. 지극히 일상적이면서도 한편으로 복잡한 수사적 용법과 선입견으로 얽힌 시장이란 용어를 정리함으로써 시장 일상의 진정한 위치와 범주를 찾아야 한다.

1) 시장에 관한 현대적 신앙과 '교환'이라는 사회적 사실

시장은 보통 "보이지 않는 손"이 작용하는 곳, 즉 수요와 공급이 만나 가격기능을 통해서 자동적으로 균형을 이루게 되는 곳으로 설명된다. 즉, 자기 조절적이고 경제 전체를 지배하며 합리화시키는 시장, 이것이 시장에 대한 인식의 역사에서 가장 두드러지는 주장이다. 이런 주장은 시장이 어느 사회를 막론하고 동질적인 내생적(endogène) 현상을 보인다는 전제를 깔고 있다. 그러나 이것은 학문 일반의 공통된 견해도 아닐 뿐 아니라, 시장의 기원과 역사, 시장과 사회의 관계, 그리고 '시장', '시장경제', '시장 메커니즘', '시장체제', '시장사회', '자본주의' 등 다양한 용어의 차이를 뭉뚱그려 단순화시킨 현대적 신앙에 가깝다.9) 오히려 많은 경제사가들이나 인류학자들은 시장이 경제활동의 총체라든가 혹은 그 진보상의 어떤 단계라고 보지 않는 경우가 많다.10)

우선 시장이라는 말은 대단히 모호하며 아주 넓은 의미로 쓰인다. 자급자족을 벗어난 모든 형태의 교환에 대해서, 또 초보적인 것이든 수준 높은

---

9) 조지프 E. 스티글리츠, 『시장으로 가는 길』, 강신욱 옮김(서울: 한울아카데미, 2004), 141쪽.

10) 페르낭 브로델, 『물질문명과 자본주의 II-1: 교환의 세계 上』, 주경철 옮김(서울: 까치, 1996), 315쪽. 사실 우리가 동질적이라고 느끼는 '시장' 속에서 살아가기 시작한 것은 그리 오래되지 않았다. 어떠한 동질적 시장 관념에 입각해 시장을 동질적으로 느끼며 살고 있다고 생각하기 시작한 것은 말 그대로 '현대적'인 사건에 가깝다. 아마 지금도 그 동질적이라는 말에 어울리지 않는 수많은 다양성과 차이를 지닌 시장들이 마치 현대 경제학의 진화를 거부하듯 존재할 뿐 아니라, 지극히 발전된 시장체제가 자리하고 있다는 사회에서조차도 시장이 모든 교환행위를 대표한다고 볼 수 없다. 그런 측면에서 중요하게 문제 삼아야 할 것은 우리가 동질적인 시장 속에서 살고 있는 것 자체가 아니라 그렇게 살고 있다고 믿는 현대적 '신앙'일지 모른다.

것이든 모든 교환·유통기구에 대해서, 상업이 이뤄지는 공간에 대해서(지역시장, 전국시장 등), 또는 어느 한 상품에 대해서(생산재시장, 소비재시장 등) '시장'이라는 말을 쓴다. 그렇다면 이때 시장이라는 말은 교환, 유통, 분배 등과 상통한다. 그러나 다른 한편, 시장이라는 말은 흔히 상당히 규모가 큰 교환형태, 가격기구로서 이른바 시장경제, 또는 생산을 포괄하는 하나의 '체제(system)'를 가리키기도 한다.[11]

그러나 이와 같은 폭넓은 의미 속에서도 변하지 않는 진실은 '교환'이 이뤄진다는 것이다. 시장은 곧 교환의 장소이자 교환의 구체적 현상과 그 결과다. 여기서 중요한 것은 교환의 내용물, 방식, 과정, 제도, 장소 등이 사회와 시대에 따라 다양하다는 점이다. 따라서 시장의 발전에 관한 단순하고 단선적인 역사는 없다. 여기에는 "전통적인 것, 고졸(古拙)한 것, 근대적인 것, 대단히 근대적인 것 등이 혼재한다".[12]

오늘날에도 마찬가지다. 시장은 적어도 화폐가 발명된 이래 오래도록 존속하며 인간의 삶에 중요한 역할을 해왔다. 심지어 구소련과 중국을 포함한 대부분의 사회주의국가에서도 시장은 지대한 역할을 했다.[13] 이 시장들이 다양한 형태로 수세기 동안 계속 살아남은 것은 시장교환이라는 투박한 단순성 속에 당해낼 수 없는 '총체적인 사회적 사실(fait social total)'이 담겨 있기 때문이다.[14] 즉, 사회적 관계가 전제되지 않는 사회적 진공상태의

---

11) 같은 책, 313쪽.

12) 같은 책, 20쪽.

13) 존 케네스 갤브레이스, 『경제의 진실』, 장상환 감수, 이해준 옮김(서울: 지식의 날개, 2007), 26쪽. 계획경제가 있다고 해서 시장교환이나 가격기능이 전혀 없었다고 말할 수 없다. 공식적인 계획영역에 은폐된 형태로 시장교환은 이뤄져 왔고 가격기능 역시 작동했다. 북한을 현물동학과 가격동학이 공존하는 체제라는 관점에서 본 연구로는, 이정철, 『사회주의 북한의 경제동학과 정치체제: 현물동학과 가격동학의 긴장이 정치체제에 미치는 영향을 중심으로』, 서울대학교 대학원 정치학과 박사학위 논문(2002) 참조.

시장교환은 상상할 수 없다.

2) 기능과 분석 초점에 따른 시장의 유형

시장은 어떤 기능에 초점을 맞추느냐에 따라 다양하게 구분될 수 있다. 시장이 어디에 위치하고 있는가(지리적 장소/추상적 장소), 무엇이 교환되고 있는가(거래품목), 얼마나 제도영역에 귀속되어 있는가(합법/불법), 유통의 동선(도매/소매)과 공간적 범주(지역/전국/국제 등)는 어느 정도인가 등에 따라 구분된다. 이런 일반적인 구분 속에서도 '시장교환'이 성립하기 위한 기본요소들은 공통적이다. 즉, 교환의 대상, 장소, 판매자, 구매자, 제도·관습 등이다.[15] 원시적이든 현대적인 교환이든 모두 이 기본요소들을 가지고 있다.

그러나 이런 기능적인 분류를 통한 시장 유형만으로는 시장 자체를 설명하기 힘들다. 오직 시장은 사회적 지평 위에서 볼 때에만 사회경제적 삶의 윤곽을 드러낸다. 인류학적 시각에서 본다면 교환의 동기와 방식, 사회적 기능은 시대와 사회에 따라 다양하다. 재화의 필요에 의한 교환도 있지만, 개인과 집단, 그리고 지역 간 호혜에 기반한 교환, 침묵교역(silent trade)과 평화재(平和財)로서의 교환, 결속과 통합을 위한 재분배적 교환 등 정치경제적 필요에 따라 교환의 형태도 다양하다.[16] 결국 비중의 차이는 있을지

---

14) '총체적인 사회적 사실'이란 여러 사실들을 그것이 속해 있는 사회적인 단위들의 총체적인 관계 속에서 이해하려는 관점이다. 모스(Marcel Mauss)는 『증여론』에서 '선물'의 교환논리가 생활의 모든 부분에 관여하면서 사회구조를 작동시키는 것으로 보고, 이것을 '총체적인 사회적 사실'의 본보기로 제시한 바 있다. 마르셀 모스, 『증여론』, 이상률 옮김(서울: 한길사, 2002) 참조.

15) J. R. 스탠필드, 『칼 폴라니의 경제사상』, 원용찬 옮김(서울: 한울아카데미, 1997), 134쪽.

16) 가라타니 고진, 『세계공화국으로』, 조영일 옮김(서울: 도서출판B, 2007), 79~81쪽.

모르지만 어느 사회도 단 하나의 동기와 목적으로 이뤄진 교환만 존재하지 않는다. 사회는 이처럼 일정한 교환의 동기와 목적, 과정을 통해 사회적 구성체로서의 형식과 역동성을 갖는 것이다.[17)

3) 장소로서의 시장: 장구한 역사적 생명력

지리적 장소로서 '시장'은 구체적인 장소를 지닌 시장(marketplace)과 그렇지 않은 시장으로 구분할 수 있다. 지리적 장소로서의 시장은 가격형성의 기능이 강조된 추상적 개념의 시장이 아니라 구체적인 지리적 공간으로서의 시장을 뜻한다. 장구한 역사를 지닌 장시(場市) 또는 장(場)이 해당된다. 시간과 공간의 일치를 통해 인간과 인간, 인간과 물자가 만나는 곳이며, 이것들이 유통되는 중심지다.[18) 이 시장은 유통·교환기구로서의 역할을 할 뿐 아니라 법적 장치, 관습 등에 의해 보호되기 때문에 제도로서의 시장과 분리되는 것이 아니라 중첩되기도 한다.[19)

이에 비해 지리적 장소를 갖지 않는 시장에서는 금융계좌상의 주문과 결제, 가치이전, 전자상거래처럼 거래 자체가 구체적인 지리적 장소가 아닌 법적·제도적 교환장치 또는 기관을 통해 이뤄진다.[20) 현재 북한에서의 시장은 주로 전자에 해당한다. 금융계좌상의 교환은 주로 계획경제 영역 내에서 명목상 이뤄질 뿐, 시장교환과 가격형성의 기능은 공식적으로 없다.

---

17) 사회구성체를 교환형식으로서 보는 시각으로는, 가라타니 고진, 『네이션과 미학』, 조영일 옮김(서울: 도서출판B, 2009), 13~30쪽.
18) 정승모, 『시장으로 보는 우리 문화 이야기』(서울: 웅진닷컴, 1992), 32쪽.
19) 양문수·김갑식, 「북한 도시에서의 재화시장의 형성과 발전」, 최완규 엮음, 『북한 '도시정치'의 발전과 체제변화: 2000년대 청진, 신의주, 혜산』(서울: 한울아카데미, 2007), 80쪽.
20) 한주성, 『유통지리학』(서울: 한울아카데미, 2003), 273~282쪽 참조.

4) 거래대상으로서의 시장: 소비재에서 부동산 암시장까지

시장을 통한 거래대상으로는 상품, 자본, 노동, 토지 등이 있다. 이들 거래대상에 따라 상품시장(생산재·소비재), 자본재 시장, 노동시장, 토지시장 등으로 구분할 수 있다. 우선 생산재[21]의 경우 북한에서 1990년대까지는 계획경제의 틀 내에서 허용되지 않았다. 그러나 2000년대 들어 '사회주의물자교류시장'을 통해 공장이나 기업소 간에 원자재와 부속품을 교환하도록 허용하는 한편, 물자교류시장을 경유하지 않는 기업 간 현금과 현물을 통한 원자재 구매를 허용하고 있다.[22] 사실상 생산재의 시장교환이 이뤄지고 있는 것이다. 소비재의 경우 이미 합법적인 종합시장을 비롯해 불법적인 암시장까지 광범위하게 전국적으로 형성되어 있다.

다음으로 노동시장은 노동력이라는 상품의 공급과 수요에 관한 정보가 교환되고, 그 결과 노동력이 상품으로서 매매되는 '사회적 메커니즘'이라 할 수 있다. 노동시장이 '사회적 메커니즘'인 이유는 노동력의 '공급과 수요'만을 파악하는 경제학적 정의 이상으로 사회적 기회, 노동구성, 사회적 지위, 고용안정, 사회적 분배 등과 직접적으로 연관되어 있을 뿐 아니라, 그것이 사회적 합의, 즉 제도·관습과 직결되어 있기 때문이다.[23]

북한의 경우 2000년대 들어 상업 및 소상품 생산에서 고용 - 피고용 관계가 보고되고 있긴 하다. 그러나 고용 - 피고용 관계가 있다고 해서 노동시장이 있다고 말하긴 어렵다.[24] 그것 자체가 불법으로 사회적 제약 속에 있고

---

21) 넓은 의미에서 생산재에는 토지를 비롯해 노동까지도 포함된다. 그러나 여기에서는 물적인 생산수단의 의미로서만 본다.

22) 양문수·김갑식, 「북한 도시에서의 재화시장의 형성과 발전」, 97쪽

23) 하인츠 파스만·페터 모이스부르거, 『노동시장의 지리학』, 박영환·이정록·안영진 옮김(서울: 한울아카데미, 2002), 43~46쪽.

24) 물론 초보적이고 비공식적인 인력시장의 형태가 발견되고 있긴 하다. 가령 최근

사회적 기회와 고용안정이라는 측면에서 매우 불완전하며 광범위한 사회적 분배의 기능이 없기 때문이다. 이외에 토지시장 역시 공식적으로 북한에서는 허용되지 않고 있어, 그 존재를 언급하는 것은 현재까지 쉽지 않다. 그러나 북한에서 주택이 공식·비공식으로 이미 매매 대상으로서 하나의 시장을 형성하고 있다는 점은 주목할 만한 것이다.[25]

5) 제도영역의 귀속 여부: 합법과 불법을 넘어

얼마나 제도영역에 귀속되어 있는가에 따른 시장 구분이다. 제도영역의 귀속 여부는 곧 합법적 시장과 불법적 시장으로 구분할 수 있다. 사실 합법과 불법의 구분은 국가가 제시하는 법적 영역을 벗어났는가 그렇지 않은가의 여부에 달려 있다. 여기에는 구분의 난점이 있다. 제도화 수준이 기본적인 시장교환의 영역을 포괄하지 못하는 수준으로 미약할 경우 불법은 자연스럽게 많아지거나 합법과 공생할 수밖에 없는 지점이 생기게 된다. 그래서 북한에서 합법과 불법의 제도적 귀속 여부에 따라 시장을 구분하는 것은 그렇게 단순하지가 않다. 특히 합법적인 규칙을 따르려고 해도 시장 전반이 제도적으로 불확실하다면 불법을 유인할 수밖에 없기 때문이다.

그것은 현재의 북한 시장이 갖는 성격을 합법과 불법의 구분에 의해 규정짓는 것보다 제도적 상황에 대응한 합법과 불법을 가로지르는 사회적

들어 장사 밑천이나 매대를 확보할 만한 여력이 없는 생계선상의 주민들이 시장 주변에서 육체적 노동을 제공하는 방식으로 생계를 유지하는 경우가 그렇다. 그러나 이들이 제공하는 노동은 주로 일회적이며 고용 - 피고용 관계로서 지속성을 띤다고 보기는 어렵다. 따라서 인력시장이 광범위하게 활성화되어 있기보다는 단속과 통제 속에 극히 미미한 형태를 띠고 있다고 보아야 할 것이다.

25) 북한의 부동산 암시장에 대해서는, 「조선의 부동산 암시장」, ≪림진강≫, 제3호 (2008. 8), 4~46쪽.

관계의 양상, 불법과 합법 영역을 넘나들며 사실상 실질적으로 시장교환의 과정을 매개하는 시장의 사회적 인프라—관료적 묵인체계, 지대추구(rent-seeking)의 구조, 정보의 교환체계, 물자 이동의 수단 및 동선 등—수준이 얼마나 갖추어져 있는가에 더 관심을 가질 필요가 있다. 그것은 제도적으로 불확실한 시장에 대해 시장의 행위자들이 어떻게 불법과 합법을 넘나들며 그것에 대응하는지를 보는 것이며, 그것의 지속이 가져온 사회적 관계의 양상과 시장을 지탱하는 사회적 구조를 보다 면밀하게 분석해야 함을 의미한다.

6) 시장 접속의 지리적 네트워크: 지역시장에서 전국시장까지

유통(distribution)이란 상품·서비스가 생산자로부터 최종소비자의 손으로 넘어 갈 때까지의 일련의 과정이다. 즉, 생산과 소비의 양적·질적, 시·공간적 틈을 메우는 모든 움직임이다.[26] 구체적인 실현 형태로는 기능적으로 도매와 소매가 있고, 그밖에 창고와 운수 등이 여기에 포함된다. 기본적으로 유통은 첫째, 일정한 규모의 상권을 성립조건으로 한다. 둘째, 유통은 자본의 규모(대자본, 중소자본)에 따라 같은 공간상에서 중층적으로 전개된다. 셋째, 유통경로를 구성하는 제조, 도매, 소매가 기능적으로 일정하게 거점 배치된다.

유통의 공간적 범주로서의 의미는 다음과 같다. 특정 지역 내에 생산과 소비를 연결하는 유통의 기능적 단위들이 가격을 매개로 상품이동의 일정한 시스템을 구성할 때 이것을 '지역시장'이라고 하고, 전국적인 네트워크가 작동할 때는 '전국시장'이라고 한다. 전국적인 시장은 모든 주민들이 시장교환에 접속할 수 있는가의 여부에 따른다. 그런데 중요한 것은 보통 유통이 소유권의 사회적 이전(생산자 - 도매상 - 소매상 - 소비자)을 전제한다는 점에서 법적·제도적 구속을 받는다는 것이다. 따라서 유통에도 합법적 유통과 불법

---

26) 한주성, 『유통지리학』, 13쪽.

적 유통이 있다. 또 유통에서는 상품형상의 변화 여부가 중요하다. 즉, 종이가 책으로 만들어져 유통된다면 종이와 책의 유통 주기는 동일하지 않다. 하나의 유통 주기는 상품형상의 변화가 일어나지 않는 기점과 종점으로 이뤄진다. 상품형상이 변화되는 지점은 곧 생산의 지점이다.

7) 생산이 미약한 유통 중심의 경제

모든 교환 과정은 생산과 유통의 맞물림 속에서 이뤄진다. 만약 국외에서 원재료를 들여오고 국내에서 상품형상이 변화되어 유통된다면 생산과 유통이 맞물리는 지점이 생긴다. 그러나 완제품으로 들어와 중간에서 상품형상의 변화가 없이 유통만 이뤄진다면 '생산 없는 유통'이라고 말할 수 있으며, 유통과정에서 상품의 소재적 변화가 크지 않고 생산의 환절에서 부가되는 가치가 크지 않다면 '생산이 미약한 유통 중심의 경제'라고 말할 수 있다.

'지역시장' 또는 '전국적 시장'의 작동은 지역적으로 또는 전국적으로 일정한 가격의 등락을 통해 움직이는 시장이 있느냐의 여부 이외에도 그것의 성격, 즉 '생산을 통한 유통'이냐 '생산 없는 유통'이냐에 따라서 달라진다. 또 한편 물류(운수)에서 국가가 차지하는 비중과 민간의 상적 유통경로가 차지하는 비중의 수준도 시장의 성격을 결정하는 데 중요하다. 후술하겠지만, 북한에서는 '지역시장'과 '전국적 시장'이 함께 작동하고 있다. 하지만 생산과 유통의 맞물림 과정으로 본다면 '생산이 미약한 유통 중심의 경제'라는 성격이 강하다고 할 수 있다.

8) 시장경제와 자본주의: 경쟁과 독점

'전국적' 시장이 있는 시장경제가 존재한다고 해서 반드시 '시장체제(자본주의)'인 것은 아니다.[27] 자본주의는 시장경제 위에 존재하는 강력한 교환의 상층 구조다. 브로델(Fernad Braudel)의 표현을 따른다면 '시장경제'는 그 나름대로 투명한 영역에 속하지만 '자본주의'는 시장경제 위에 드리워진 불투명의 영역이다. 물론 시장경제 없는 자본주의란 생각할 수 없다.[28] 자본주의는 시장경제에 자리 잡고 자신에게 유리하게 교환 과정을 왜곡하며 기존 질서를 교란시킨다. 시장경제는 경쟁을 추구하지만 자본주의는 독점을 추구한다. 그래서 시장가격과 독점가격이 따로 있다. 즉, '독점영역'과 '경쟁 영역'이라는 두 개의 층이 존재한다.[29] 자본가들은 독점을 통해 이익을 극대화시키는데, 이러한 독점이 무너지면 다른 분야로 진출해 또다시 이익의 극대화를 도모한다. 그래서 시장경제가 합리성의 영역이라면, 자본주의의 영역은 계산과 투기의 영역이다.[30]

따라서 상업이 자본주의의 기반이기는 하지만 자본주의는 아니다. 시장의 법칙에 순응하는 상인들은 시장경제에 터를 잡은 사람들이지 자본가는 아니다. 자본가라 할 수 있는 이들은 시장의 법칙을 따르지 않고 조종하는 이들이다. 또 화폐와 상품이 존재한다고 자본주의가 형성되었다고 말할 수는 없다. 시장경제의 존재가 자본주의로의 이행과 반드시 같은 의미가 아닌 것이다.

---

27) 갤브레이스에 따르면 '자본주의'를 대체할 온화한 이름을 찾으려는 시도로 등장한 것이 '시장체제'라는 용어다. 즉 '시장체제'라는 상당히 학구적인 표현은 그 용어에 불리한 역사적 오명이 없었기 때문에 현대에 와서는 자본주의라는 말보다 선호되고 있다는 것이다. "시장체제를 자본주의에 대한 온화한 대안으로 명명하는 것은 소비자 수요에 영향을 끼치고 나아가 이를 통제하려는, 생산자 권력이란 추악한 기업의 실체를 감추려는 치사하고 무의미한 변장에 불과하다". 존 케네스 갤브레이스, 『경제의 진실』, 25~27쪽.

28) 페르낭 브로델, 『물질문명과 자본주의 I-1: 일상생활의 구조 上』, 주경철 옮김(서울: 까치, 1995), 13쪽.

29) 페르낭 브로델, 『물질문명과 자본주의 III-2: 세계의 시간 下』, 주경철 옮김(서울: 까치, 1997), 865쪽.

30) 김응종, 『페르낭 브로델: 지중해·물질문명·자본주의』(서울: 살림, 2006), 165쪽.

화폐와 상품이 자본으로 전화되기 위해서는, "아주 다른 두 종류의 상품 소유자 — 한편에서는 자기가 소유한 가치액을 증식시키기 위해 타인의 노동력을 구매하려고 갈망하는 화폐와 생산수단의 소유자와, 다른 한편에서는 자기 자신의 노동력을 판매하는 자유로운 노동자 — 가 서로 대립하고 접촉하지 않으면 안 된다.[31] 자본주의에서는 토지나 노동 심지어 정보까지도 시장교환의 대상이기 때문에 사회에는 시장교환에 등장하지 않는 것이 사실상 없다.

자본가는 생산수단을 소유하고 있다. 건물·기계류·원자재 등이 그것이다. 자본가는 또 노동력을 구매한다. 자본은 이윤을 낳는 노동이 존재하기 전에는 자본으로 사용될 수 없다. 자본주의 생산은 이것들이 결합됨으로써 이뤄진다. 결국 자본주의체제로의 과정은 한편으로 사회적 생존수단과 생산수단을 자본으로 변형하고, 다른 한편으로 직접 생산자를 임금 노동자로 변형하는 이중 과정을 통해 이뤄진다.[32] 북한의 경우 시장경제의 작동과 화폐 및 상품의 증가를 자본주의로의 이행과 결부시켜 살펴볼 경우, 생산을 위한 '자본' 축적이 이뤄지고 있는지, 생산수단에 대한 개인 소유가 제도적으로 합법화되었는지, 노동이 계획경제의 국가 귀속에서 벗어나 자유로운 상품으로 존재하는지 등을 중요한 기준으로 따져봐야 할 것이다. 따라서 현재 북한의 시장에 대한 평가는 다양한 지표의 설정을 통해 그 특수성을 인식하는 것에서 시작되어야 한다.[33]

---

31) 칼 마르크스, 『자본론 I-下』, 김수행 옮김(서울: 비봉출판사, 1989), 898~899쪽; 최봉대·구갑우, 「북한의 도시 농민시장의 진화와 사적 경제영역의 형성」, 최완규 엮음, 『북한 '도시정치'의 발전과 체제변화』(서울: 한울아카데미, 2007), 130쪽.

32) 리오 휴버먼, 『자본주의 역사 바로 알기』, 장상환 옮김(서울: 책벌레, 2000), 205~206쪽.

33) 북한 시장의 특수한 성격에 대해서는 주요 연구자마다 다소 차이가 있으나, 대체로 여타 현존 사회주의국가들의 경험과 구별되는 일종의 '특수성'을 띤다는 데서 공통적이다. 양문수·김갑식, 「북한 도시에서의 재화시장의 형성과 발전」, 117~118쪽; 차문석, 「북한의 시장과 시장경제: 수령을 대체한 화폐」, ≪담론201≫, 10권

4. 시장일상생활세계의 공간적 조망: 표층과 심층

'시장경제'란 사전적으로 자유경쟁의 원칙에 의해 시장에서 가격이 형성되는 경제를 뜻한다. 여기엔 경쟁가격, 경쟁체제가 작동한다. 일반적으로 시장경제는 사회주의 계획경제의 대응 개념으로 설정되어왔으며 모든 경제 주체들의 생산 활동과 시장에서의 물품 구입이 자유롭다는 것을 전제로 성립한다. 이러한 생산과 소비의 일정한 자유를 통해 상품매매가 이뤄지고 가격이 형성되는 일정한 메커니즘이 존재함으로써 '지역적' 또는 '전국적' 시장이 작동한다.[34] 어떤 한 지역 내의 여러 시장들 사이에 가격이 같은 방향으로 변화한다면 그때부터 시장경제가 존재한다고 볼 수 있다. 특히 그것이 상이한 사법 지역 및 통치 영역을 넘어서 일어난다면 더욱 특징적인 현상일 것이다.[35]

1) 시장경제의 징표들: 전국적 시장과 사회적 분배

하지만 시장경제가 모든 경제를 포괄하고 있다고 단정지을 수는 없다. 시장경제는 어디에나 존재했다. 시장경제는 아주 지체된 경제에서든, 아주 발달한 경제에서든 밑으로부터(호혜나 재분배와 같은 기존 교환질서) 혹은 위로

2호(2007), 107~109쪽.

34) 그러나 '시장경제'와 '시장 메커니즘'은 의미상 구분할 필요가 있다. '시장 메커니즘'은 '시장경제'의 하위 개념으로서 수요와 공급에 따른 가격기능, 교환기능을 지칭할 때 사용한다. 이것은 중앙집권적 계획경제에도 부분적으로 적용되거나 허용되어왔다. 가령 계획메커니즘으로 포괄하지 못하는 미시적인 부분에는 시장 메커니즘(가격기능)이 작동하기도 했다. 따라서 시장 메커니즘이 있다고 해서 시장경제가 있다고 얘기할 수 없다.

35) 페르낭 브로델, 『물질문명과 자본주의 III-2: 세계의 시간 下』, 320쪽.

부터(국가나 정치) 침식당할 수 있다. 시장경제는 고졸한 기존 질서의 완고함과 새로운 변화 압력 사이에서 갈등하며 또 한편 그것을 수렴하기도 한다. 최소한 시장경제가 자본이라는 '왜곡'을 만나기 전까지 그것은 사회적이며, 정치적·문화적인 것으로 양쪽의 압력과 침투 속에서 존재한다. 계획경제와의 관계에서도 시장경제가 반드시 이와 대립하거나 양립 불가능한 것은 아니다. 시장경제는 계획경제와 공존하거나 수단적으로 상호 중첩될 수 있다. 따라서 시장경제가 모두 자본주의인 것은 아니다. 자본주의는 이를 넘어선다.

시장경제의 징표로 두 가지를 고려해볼 수 있다. 첫째, 전국적인 시장의 유무로서 시장 네트워크가 가격기능을 통해 형성되어 있는가다. 둘째, 시장이 일정하게 사회적 분배효과를 가지고 움직이는가다. 우선 전국적인 시장은 크게 점(상업교환 지점), 선(유통), 면(상업권)의 공간적 질서를 통해 파악할 수 있다. 다음으로 시장을 통한 교환·거래가 얼마나 사회적 소득분배의 역할을 하고 있는가는 생산, 교환, 유통, 소비 등을 통해 사회 각 계층으로 스며드는 재화와 부의 분산 정도, 그리고 그것이 다시 생산의 과정과 연결되는 순환의 사이클이 작동하고 있는가를 살펴봄으로써 확인할 수 있다.

2) 표층의 그물망: 거래의 점 – 교환의 선 – 상업의 면

'전국적' 시장의 움직임을 이해하려면 우선 평면적인 조감 속에서 예의 시장 행위자들의 만남과 이동, 그리고 그 속에서 형성되는 시장을 통한 경제적 생활의 동질화 과정을 파악해야 한다. 첫 번째, 교환과 거래의 만남이 이뤄지는 구체적인 장소들의 분포를 파악하는 것이다. 그것은 각 시·군에 위치한 주요 시장 및 상점, 거래 지점 등을 마치 일련의 점(點)처럼 제시하는 것이 될 것이다. 두 번째는 어떻게 이 점들이 연결되어 시장교환의 선(線)이 만들어지는지, 또 어떻게 상인들이 이 연결선들을 조직하는지, 연결선을 따라 이동하는 물자들의 품목은 무엇인지 등을 상인들의 동선을 따라 확인하는 것이다. 세 번째는 어떻게 이 연결선들이 응집해 하나의 '지역적' 또는 '전국적' 상업의 면(面)을 형성하는지를 보는 것이다. 우리는 이 면을 '시장경제'라고 부를 수 있다.

3) 심층의 위계: 상업면의 단면과 두께

'상업의 면'으로서 시장경제를 이해하는 것은 위로부터의 평면적인 조망 차원에서 보는 시장교환의 범위와 공간적 사이즈만으로는 파악하기 어렵다. 그보다는 먼저 그 면들의 단면과 두께를 입체적으로 파악해야 한다. 우선 각 지역의 면들(지역시장)이 포개지고 중첩하면서 만들어내는 이들 사이의 위계(높낮이)와 낙폭(이윤, 차익)을 파악해 전국시장의 역동성을 이해해야 한다. 다음으로 각 지역 및 전국적 상업면을 역사적으로 파악하는 것이다. 가령 그 단면에는 시장동선을 만들어온 상인들의 이동 역사, 국가와 시장이 우여곡절의 만남 속에 제도적 안정성을 만들어온 역사 등 시장교환을 통해 형성된 다양한 사회적 관계들이 일정한 내용과 형식으로 아로새겨져 있다. 이 역사적 누적의 지층들이야말로 시장경제의 진정한 하부구조다.

4) 시장경제의 모터: 도시의 구심력과 원심력

시장경제의 모터, 즉 생산에서 소비까지 물자 순환과 가격을 매개하는 전반적 과정을 만들어내는 동력은 무엇인가? 물론 주민 대다수의 '생계수요'가 그 핵심이다. 그러나 수요가 있다고 시장경제가 무작정 작동하고 있다고 얘기할 수는 없다. 수요와 공급을 만나게 하는 구체적인 실현체가 필요하다. 그 첫 번째 동력으로 상인과 도시를 언급하지 않을 수 없다. 이들이야말로 시장일상생활세계를 구성하는 밑바닥 구조이며 진정한 시장경제의 모터라고 할 수 있다.

도시는 시장의 자장을 형성한다. 움직이면서 상품을 조달해주는 도매장사꾼(행방꾼), 이들에게 물건을 받고 도시 곳곳의 상점을 통해 주민들에게 직접 연결하는 소매상인(데꼬), 도·소매상인들에게 자금을 빌려주는 '돈주', 이들 활동과 연계된 운반업자 및 수송수단, 그리고 도시의 거래 지점과 시장동선을 따라 형성된 창고업자 등 이들 모두의 활동은 총체적으로 도시와의 '접속'을 통해 이뤄진다. 결국 도시는 판매자와 구매자, 상품을 끌어당겨 교환을 만들어내는 응집의 구심력을 발휘하는 한편 교환된 물자들을 전국으로 유통시키는 펌프처럼 시장교환의 원심력 역할을 한다.

5) 도시시장의 위계와 낙폭, 그리고 동선

교통로는 시장의 형성과 전개에서 역사의 하부구조에 해당한다. 교통로가 없으면 시장의 전개가 불가능할 뿐 아니라 역으로 수요가 있는 곳으로 이동로가 확장되기 마련이다. 도시는 시장의 동선을 연결하고 확장시키는 모터의 역할을 한다. 도시는 시장교환의 위계에서 가장 우뚝 솟은 지표다. 높은 곳에서 아래로 물이 흘러내리듯, 도시는 모든 물자와 정보를 수요라는 관을 통해 빨아들이고 아래로 흘려보낸다.[36] 그곳에서 도매와 소매의 점들이 만들어지고 점들은 상인들의 발 빠른 움직임 속에서 선으로 연결되고, 그렇게 연결된 전체는 하나의 상업면을 이룬다.

도시를 모터로 하는 시장교환에서 원거리 무역은 중요한 역할을 한다. 도시들은 교역망 속에서 위계적으로 조직된다. 수위가 같으면 물이 흐르지 않듯이, 위계적이면 위계적일수록 수위 차이에서 오는 낙폭으로 이윤의

---

36) 주요 대도시에 위치한 지역시장을 중심으로 도·소매시장의 형성과 기능 분화에 대해서는, 양문수·김갑식, 「북한 도시에서의 재화시장의 형성과 발전」 참조.

[그림 9-2] 교통로는 시장형성과 전개에 역사의 하부구조에 해당한다. 또한 도시는 물자와 정보를 수요라는 관을 통해 빨아들이고 흘러보낸다. 상인들은 발빠르게 움직여 이들 거래지점을 연결한다.

동기가 생기기 마련이다. 지금 북한의 시장교환은 바로 이러한 위계의 구조를 형성하고 있는 과정이라고 볼 수 있다. 그러나 중요한 것은 그 위계의 시작이 어디에서 기원하는가다. 그것은 주요 거래 물자의 출발점을 찾는 것으로 쉽게 파악할 수 있다. 가장 큰 물줄기는 중국이다. 주요 상품들이 중국이라는 외부시장을 따라 흐르며 내부적으로 그 위계의 낙폭만큼 도시마다 '차익'을 남기며 마을로 소비의 여행을 하고 있다. 한편 북한에서 교통로는 시장동선이라는 의미 이상으로 사회적 교환질서의 본질을 담고 있다. 즉, 교통로는 시장과 관련한 모든 행위자들의 혈관 역할을 한다. 물론 심장은 사회적 의미에서 계획경제가 담보하지 못하는 '생계수요'가 그 박동의 원동력이고 경제적으로는 유통 과정에서 생성되는 이윤이 동기일 것이다. 이 혈관을 통해 물자와 정보가 오간다. 이것은 수많은 지역으로 분절된 주민들에게 정보의 소비 영양분을 제공하는 통로다. 그래서 주민들은 시장의 동선을 만들고 그것을 넓힌다. 중요한 것은 이제 시장교환의 지점과 환절마다 국가의 수취 손길이 드리워지기 시작했다는 점이다. '7·1조치'와 '종합시장'은 사실상 시장에 대한 '통제'와 '관리'라는 표현 이상으로 시장에 대한 국가의 일정한 기생을 의미한다.

6) 시장 사이의 기능적 분화와 연계구조

도시시장들 사이의 위계와 동선의 구조가 존재한다는 것은 이들 사이의 기능적 분화와 연계가 이뤄지고 있음을 뜻한다. 2000년대 들어 북한 도시에서 시장은 1990년대와 달리 기능적인 분화와 연계의 구조를 형성해가고

있다. 그것은 지역 시장을 이용하는 소비(구매자)의 계층화—물질적 소비
수준과 지역적 소비 유형—를 반영하는 한편, 시장들이 자가 발전적으로
기능적 연계와 차별화를 통해 생존전략을 모색하고 있다는 의미다. 과거
1990년대까지 도시시장들이 '생계'나 의식주와 직접적으로 관련해 판매품
목이나 기능에서 큰 차이가 없었다면, 2000년대 들어서는 각 시장들이
주요 판매품목이나 주소비 대상, 교환의 지점으로서 갖는 기능적 성격에서
차이를 보이고 있다.

> 수남시장은 전국에서 와서 도매 치는 곳이고 포항시장은 뭐 각종 외화벌이들,
> 포항에 잘사는 사람들이 집결되어 살고 있으니깐 포항은 소매지죠. 근데 수남시
> 장을 봤을 때는 전국에서 다 와서 도매 상품만 있고 여기로 말하자면 동대문시장
> 처럼 다 도매 쌓아놓고 파는 도매시장이고, 포항시장은 동대문시장에도 없는,
> 거의 여기로 말하면 백화점 수준이죠. 딱 그렇게 이미지가 맞네요.[37]

> 공업품 같은 경우도 의류다 하게 되면 일본에서 들어오는 중고물품 같은
> 경우는 포항시장에 100퍼센트 몰리고 수남시장은 중국에서 들어오는 것, 그리
> 고 개인이 가공한 것 이런 게 수남시장으로 갑니다. 식료품 같은 경우, 중국
> 화교 통해서 외화벌이 통해서 들어오는 건 물건이 똑같이 들어가도, 일본
> 배에서 내린 물건들 어쨌든 고급스러운 거 그런 거는 다 포항시장에서 소화를
> 하죠. 포항시장은 진짜 청진에서 쓰는 사람들 심지어 당기관이나 보위부들도
> 평양이나 어디 출장 가려면 포항시장에 와서 다 물건을 해야 되죠. 그렇게
> 딱 갈라지게 되더라고요.[38]

---

37) 김○○(포항시장 매대 장사) 개별 인터뷰(2009. 1. 9).
38) 같은 인터뷰.

이것은 그동안 시장이 미약하지만 사회 내부에서 소득 재분배를 통한 계층화를 만드는 기제가 되었음을 뜻한다.[39] 시장 이용 동기나 목적에 따라서 시장들 사이에 주민들을 유인하는 차별화 전략이 나타나고 있다. 그것은 도매와 소매 등의 기능적 차이에서 계층화에 따른 소비의 질적인 차이를 반영하는 구조로의 변화를 암시하는 것이기도 하다. 시장의 수평적 확대와 연계, 그리고 이와 더불어 도시 시장들 사이의 위계구조와 도시 내부에서의 계층화 및 수직적 분화가 미약하나마 이뤄지고 있다고 볼 수 있다.

7) 시장의 위치와 생존의 지리적 구조

'생존'을 사회경제적 의미에서 보았을 때, 지리적인 요소는 북한에서 중요한 생존의 받침대 역할을 한다. 2002년 이후 북한에는 전체적으로 대략 시장 300~350개가 운영 중인 것으로 알려져 있다.[40] 북한에서 시장의 숫자와 지리적 분포는 시장 의존적인 주민들 경제생활의 비중을 공간적으로 드러내는 지표이자, 지역별 식량 생산능력과 생계 인구의 양적 비중을 반영하는 지표라고 할 수 있다. 그것은 자급할 식량 생산능력의 지리적 한계와 인구의 상대적 비중 사이에서 시장의존도의 함수관계가 일정하게 형성된다는 의미다.[41] 현재의 시장 위치가 북한 계획경제의 비효율성과 불안정성을

---

39) 지금까지 북한 사회는 국가에 의한 출신성분 및 사회성분 분류체계를 통해 작위적으로 계급화 또는 계층화되어 있었다. 시장을 통한 계층화는 이런 기존의 계층화와는 다른 독자적 메커니즘의 측면도 있지만, 한편으로 그것과 연동되어 강화되는 측면도 있다.

40) 현재 북한에는 148개 각 군(郡)마다 1~2개, 28개 시(市)마다 2~5개 종합시장이 국가의 승인 아래 운영되고 있다. 이외에 자생적으로 생긴 '장마당'이나 옮겨다니며 장사하는 '메뚜기 장사' 등 허가되지 않은 것까지 합하면 상당한 규모에 이른다.

41) 북한의 지역별 비공식 경제활동 빈도가 지역별 식량생산 격차와 깊은 연관이

[그림 9-3] 평양의 통일거리에서 종합시장 공사가 한창이다.

정확히 대체하는 지점에 있기 때문이다.

가령 '고난의 행군' 시기의 식량난은 노동자들이 주로 거주하는 동부 도시를 중심으로 발생하는 '도시기근'의 양태를 보였다. 그러나 2007~2009 년 지역별 식량난은 주요 곡창지대인 평안남도, 황해남북도 등의 서부 농촌 지역을 중심으로 만성적 '농촌기근'의 양태를 띠고 있다. 시장 활동이 활발한 도시지역보다는 상대적으로 시장 활동의 제약이 많은 농촌지역에 집중되는 현상이 발생하고 있는 것이다. 이는 시장이 도시 생계(빈곤)를 대체하는 지역적 구조로 안정화되어 있는 반면, 상대적으로 시장 활동의 제약이 많은 농촌지역은 시장에 의한 생계 대체 효과가 크지 않다는 뜻이다.

8) 시장을 통한 소득 분배와 내부 생산능력

어떤 재화든 생산이 이루어지고 그것이 시장에 공급되면 그 과정에서 화폐(소득)의 분배가 발생한다. 원재료 구입비와 수송비, 노동자 임금, 중간상 인들의 차익 등이 발생하기 때문이다. 이렇게 분배된 화폐는 정상적인 운명

있음을 보여주는 논의로는, 이석, 「현 단계 북한경제의 특징과 설명 가설들」, ≪KDI북한경제리뷰≫, 1월호(2009), 19~20쪽 참조.

을 따른다면 조만간 수요의 형태로, 달리 말하자면 구매의 형태로 생산으로 되돌아오게 된다.[42] 그러나 북한의 경우 자체 생산보다는 외부(중국)로부터 많은 물자들을 들여오기 때문에 생산을 통한 내부적인 소득분배가 광범위하게 나타나고 있다고 볼 수 없다. 주로 유통 과정에서 발생하는 차익들, 수송 및 운송 비용, 관료들의 공식·비공식적인 행정서비스에 대한 대가 등이 화폐 또는 상품 형태로 분배된다. 이런 방식은 시장교환이 있되 그것이 생산과 연계되어 전체 주민에게 광범위한 소득 분배 효과를 내지 못한다는 의미다.

주민차원에서는 생산으로 연계되지 않는 '생계수요', 특히 곡물 이상의 수요가 많지 않기 때문에 다른 생산을 자극할 소비가 활성화되어 있지 않다. 공산품의 경우 중국에 의존하기 때문에 사실상 내부적인 생산을 자극하지 못한다. 그래서 북한에서는 생산이 미약한 가운데 유통, 즉 상품의 이동에 따른 주요 시장동선의 환절에서 남는 가격차(arbitrage)가 시장교환의 동력이 되고 있다. 이런 이유로 북한 시장의 성격을 규명할 때는 어떻든 생산을 강조할 수밖에 없다. 북한 자체에서 생산된 상품이 시장교환에서 얼마나 비중을 차지하고 있는가가 중요하다. 해외에서 유입되는 물자가 원재료, 부속품, 부분품, 완제품 중에서 어디에 주로 속하는지 비중을 파악할 필요가 있다. 소비재의 경우 완제품이 대부분이기 때문에 이 경우 내부적인 생산 유발보다는 유통의 차익만 남기고 소비될 가능성이 높다.

결국 현 시기 북한 시장의 성격과 위상을 알기 위해서는 시장교환의 존재 여부를 확인하거나 가격기능이 작동하는지의 여부, 도소매 시장의 활성화 정도, '전국적' 시장의 존재 여부 등을 파악하는 것이 우선되어야 한다. 그러나 더 주의 깊은 관찰과 통찰을 통해 도시라는 상업지점들의

---

42) 칼 폴라니, 『전 세계적 자본주의인가 지역적 계획경제인가』, 홍기빈 옮김(서울: 책세상, 2002), 30쪽.

내부 동학, 이를 연결하는 시장의 동선, 일정 지역을 포괄하는 상업면, 그리고 이들 사이에 존재하는 위계와 교환의 낙폭에서 발생하는 시장의 역동성 등도 파악할 필요가 있다. 그리고 이러한 점 - 선 - 면을 통해 형성된 시장경제에 내재된 사회적 관계의 양상들, 이 시장경제에서 생산의 비중, 사회적 분배효과 등이 최종적으로 '시장' 연구에 포함되어야 할 것이다. 이것은 시장일상생활을 이해하고 연구하는 데도 중요하다. 시장의 일상생활이 전체 시장의 동학과 어떻게 연계되어 있는가는 바로 이런 연구주제들을 통해 포착할 수 있다.

5. 관료구조와 시장구조: 위계와 그물망

사회 전반을 흐르는 물질 - 에너지(상품, 자원, 화폐, 정보, 인간)의 흐름이 크게 늘어나고 이러한 흐름의 증가가 도시 형태와 기능의 변화에 큰 역할을 한다. 도시 전반을 관통하는 물질 - 에너지의 흐름을 조정하는 체계는 시장교환과 관료체계를 주요 매개변수로 채용하지 않으면 안 된다. 시장교환과 관료체계는 도시 내외부의 에너지 흐름을 조정하는 체계인 것이다. 시장은 계획체계와는 다른 방식의 물질 - 에너지의 흐름을 끌어내는 체계라고 할 수 있다.[43] 그러나 시장을 통한 물질 - 에너지의 흐름은 시장교환 자체만으로 독자적으로 움직이는 것이 아니라 관료적 과정과 밀접하게 연계되어 전개된다. 이를 통해 시장은 도시와 물질 - 에너지 흐름 사이에 상호관계를 밀접하게 하며 새로운 교환질서를 형성해가는 것이다. 시장을 동력으로

---

43) 계획경제가 계획을 심장으로 관료적 과정을 통해 전체 물질 - 에너지 자원을 총량적으로 재분배하고 계획적인 생산 속에서 중앙 이전과 재분배라는 순환 순환주기를 통해 움직인다면, 시장은 가격의 메커니즘을 통해 비계획적인 방식으로 수요와 공급을 찾아 물질 - 에너지의 흐름을 만들어낸다.

한 도시와 물질 - 에너지 흐름 사이의 상호 단단한 강도화(intensity)가 진행되고 여기에 관료구조가 개입하는 것이다.

1) 시장구조와 관료구조의 친화적 결합

도시 내부에 흐르는 에너지 방향을 결정하는 사회적 체제가 개입하게 된다. 즉, 사회적 체제는 시장에 대한 일정한 제약적 요소 — 북한을 예로 든다면 가격 통제, 판매품목 제한, 장세징수, 이동의 제약, 규모 및 장소 제한, 교역 및 거래에 대한 인허가, 생산에 대한 법적·제도적 제약, 그리고 각종 규제들 등 — 를 지니고 있다. 북한에서 이 요소들은 지극히 관료적인 과정 속에서 이뤄진다. 그러나 관료적 과정이 시장을 억제하는 것만은 아니다. 시장은 오히려 '일정한 제약적 요소' 속에서 더 활발한 자기 생존의 방식을 터득하기도 한다. 제약을 돌파하거나 우회하는 다양한 실천적 유연성들이 발휘되는 속에 시장은 오히려 탄탄한 자기 재생산의 수완을 만들어간다. 이 과정 속에서 시장은 관료구조와 친화적으로 결합하며 자기 조직화의 방법을 구사하는 것이다. 한편 관료구조의 측면에서도 두 가지 방식으로 시장과 친화적 결합을 시도한다. 하나는 공식적으로 국가의 상납체계에 시장을 복종시키려는 측면으로서 시장에 대한 국가의 수취와 잉여 탈취가 여기에 해당한다. 공식적인 장세의 징수,[44] 시장 인허가 수수료와 각종 지원 사업[45] 등의

---

44) 시장 장세를 통한 국가 재정운용: "회령시만 해도 한 달에 그 장세를 가지고 연령보장금 있잖아요 그다음에 인민반장들 노임도 한 700~800원씩 돼요. 조금씩 이런 걸로 푼다고 해요. 국가에서 안 내려오니 위에서 조치가 떨어졌는지 장세로 그걸 준다고 그래요. 시장관리비로 그걸로 국가도 시장이라도 운영해서 먹고 살아야 될 거 아니에요"[최○○(회령시 장사), 개별 인터뷰(2009. 1. 21)].

45) 지원사업 명목으로 국가가 시장 상인들에게 받는 상납: "일 년에 한 다섯 번 정도 뭐 백두밀영을 건설한다든지 아님 뭐 평양, 남포 사이 고속도로 건설한다든지 대형 건설장이라든지 그런데. 그리고 어디가 수해를 겪어서 굶어죽고 막

명목으로 상인들의 시장 수입의 일부를 국가(중앙 또는 지역 기관)가 전유하는 방식이다. 다른 하나는 비공식적으로 자기 지역 내의 시장을 관리·감독하는 관료들(지역당, 인민위원회, 인민보안성, 안전보위부, 군대 등)의 개인적·집단적 약탈 또는 시장기생의 방식이다.46) 도시 내부의 시장관리소로부터의 뇌물과 상납, 편의 제공의 대가, 주요 시장교환의 동선에서 챙기는 비공식적인 통행세47) 등이 여기에 해당한다. 전자가 '제도나 국가규율을 통한 국가의

그랬다. 그리고 뭐 눈사태가 많이 나서 군부대 어디가 식량이 어떻게 되었다 이럴 때, 이럴 때 하는 거죠. 주로 식량이죠. 주로 쌀이에요. 그러면 저희가 돈을 얼마를 내서 쌀 매대에서 쌀을 몇 포대 사서 이런 식으로 바치는 거죠. 현금으로 내는 사람도 있고 쌀로 내는 사람도 있고 (시장관리소) 소장이 얘기를 하죠"[김○○(청진시 장사), 개별 인터뷰(2009. 1. 20)].

46) 장세의 지역당 자금줄화: "시장도 한 2002년도 이때까지는 정말 시장이 농민시장 형식으로 상업과에서만 관리를 해서 상업과에서 어느 정도 돈이 시장장세가 들어오면 묶어서 어떤 쓰레기처리장이라든지 이런 식으로 썼는데 2002년도 이후 시장을 활성화하면서 거의 구역당 책임비서하고 구역당 자금줄로 그렇게 승격이 되었어요"[한○○(신포시 장사), 개별 인터뷰(2009. 1. 20)].

47) 비공식적인 통행세 갈취: 국가가 관리하는 철도나 열차를 이용하는 비율보다는 개인들이 하는 서비차나 개인 소유의 차를 이용하는 비율이 현격하게 높다. "90%가 아마 개인이 운영하는 것이고 국가가 운영하는 건 한 10%나 이용을 하려나 그게 제대로 다녀야죠. 다니지를 못하는데…"[한○○, 같은 인터뷰]. 그러나 중요한 것은 국가가 관리하는 철도나 열차를 이용하지 않는다고 운송·수송이 모두 사적 영역으로 넘어갔다고 말하기 힘들다는 것이다. 그만큼 사적 영역에 기생하는 현장 관료들이 많아졌다는 것이기도 하다. 따라서 북한에서 운송·수송은 제도보다는 그것을 통제하는 권한에 의해 국가와 현장 관료들에게 잠식되어 있다고 볼 수 있다. "국가에서 통제한다는 게, 국가의 무슨 보안이나 서민들의 안전을 위해서라기보다도 다 돈이나 뜯어먹자는 거지요. 내가 뭘 행방차를 운영하는 주인이잖아요. 구간에 보안성 안전원들이 많단 말이에요. 그 돈이 국가에 들어가는 게 아니라 개인에게 들어가니깐 그 통제수단이 저희들 위한 것이지 서민을 위하거나 국가의 보안을 위한 게 절대 아니죠. 그건 예전에도 그랬고 지금도 그렇고 다 그래요"[최○○(회령시 장사), 개별 인터뷰(2009. 1. 21)].

시장기생 방식'이라면 후자는 관료들이 자신의 '권한을 통해 시장에 기생하는 방식'이다. 북한에서는 이 둘이 동시에 이뤄지고 있다.

2) 시장구조: 자기 조직적 그물망구조와 위계구조

시장구조는 전국적인 규모에서든 지역적인 규모에서든 수많은 요소들로 구성된 자기 조직적(self-organized)인 '그물망구조(meshworks)'와 일정한 요소들로 구성된 '위계구조(hierarchies)'로 발전해간다. 그물망구조는 거래의 점(點)들을 연결하는 교환의 선(線)으로 구성되며 교환의 내용물에는 물질적인 것 이외에 다양한 정치적·사회적 자원 등이 포함된다. 이 그물망구조는 시장교환을 통해 형성되는 사회적 관계를 기본 골격으로 구조화된다. 이 속에는 일정한 문화적 양식도 자리한다. 지금 북한의 시장구조 속에는 이런 중층적인 사회적 관계가 자리하고 있다. 이것이 자기 - 조직적인 이유는 이들 사회적 관계가 끊임없이 시장교환의 장애물과 불확실성을 돌파하거나 우회하는 자기 생존의 방식을 갖기 때문이다.

한편 자기 - 조직화와 더불어 시장구조는 위계적인 구조로도 발전해간다. 예를 들어 시장의 규모가 커질수록 상업적 위계구조가 돈독해진다. 피라미드 기저 부분에는 값싸고 입수하기 쉬운 지역상품들이 위치하고, 그 위계의 상부에는 원거리 무역을 통해 들여온 값비싼 상품이 위치한다. 이러한 이유로 일단 시장이 지역성을 초월하거나 매주 모여 물건을 사고파는 수준과 규모를 넘어서면, 위로부터 아래로 조직화되고 계층화될 수밖에 없다. 이러한 구조를 시장의 '위계구조'라 부를 수 있다. 이것은 전국적인 단위에서 도시들 간에 형성되는 교환의 위계구조로도 나타나며 또한 도시 내부의 크고 작은 거래지점들 사이에 형성되기도 한다. 그물망구조는 각 위계구조의 층위마다 존재하며 또한 층위 사이에도 존재한다. 이 그물망구조와 위계구조의 교직 속에서 시장구조는 일정한 자기 질서를 띠게 되는 것이다.

3) 계획경제형 관료주의와 시장기생형 관료주의

시장관료주의는 희귀한 자원의 배치와 공급을 위해 시장체제와 명령하달 체제의 혼합으로 태어난 중앙집중적 유통체제에 기원을 두고 있다. 시장기 생형 관료주의는 기존 계획경제를 통제하던 중앙집중체계의 관료들이 시장 을 관리·감독하면서, 한편으로 시장에 기생하는 것을 뜻한다. 이것은 시장의 발달이 관료적 조정체계의 약화가 아닌 시장을 필요 수준에서 통제하며 이에 기생하는 방식이다. 이것은 계획경제의 물질적 재분배체계가 상당 부분 기능을 상실한 상황에서 관료적 조정과 정치적 재분배 기능을 그대로 시장에 얹어놓은 것으로도 표현할 수 있다. 시장에서 수취하거나 갈취한 자원들을 관료적 과정과 정치적 재분배체계를 통해 전유하는 방식이다.

가령 국가는 기관별로 돈 있는 개인들의 돈을 받아 수출 '와크(허가권)'를 주고 일정 수익을 상납하게 하는 체계로서 시장교환에서 이익을 챙긴다. 개인들은 혼자 또는 여러 명이 돈을 모아 '와크'를 사서 각 기관의 산하 회사로 이름을 걸고 무역을 한다. 이것이 현재 국가가 시장을 전유하는 대표적인 방식이다. 한편 이런 허가를 받아 실제 해당 지역에서 사업을 할 때 해당 지역 당기관, 행정기관, 보안기관 등에 주기적으로 상납하는 과정 역시 기존 지배구조의 층위 속에서 이뤄진다.[48] 일종의 제도나 권한은

---

48) "일단은 도당 간부들, 시당 간부들, 그다음에 보안성, 안전보위부 이걸 다 꿰어야 해요. 이걸 통하지 않고서는 한 걸음도 전진 못해요. 그러니까 그런 게 뇌물로밖에, 일단은 말로 안 되잖아요. 뭔가 다 자기하고 이해관계가 이뤄지는 게 뇌물밖에 없잖아요. 그러니까 일단 우리가 뭐(교역) 해서 밀가루, 쌀이 들어오고 일본에서 중고자전거도 한 배로 실어오고 이런 것도 그 사람들이 다 저기 어느 회사에서 누가 가져온 게다, 청진시에 소문이 쫙 퍼져요. 그래서 바로 물건이 들어온 날부터 전화통이 불이 나고, 뭐 그것도 돈을 받고 주는 것도 아니고 공짜로 주는 거죠. 일단은 받아먹었으니까 그다음부터 커버를 해줘야죠. 상품이 들어오고 나가고 하는 걸. 군부대에서 우리 물건 나가는 통로는 중간중간마다 초소가 얼마나

지극히 과거 관료적 과정에 입각해 있으면서, 거기서 챙긴 자금과 자원은 기존의 정치적 재분배체계를 유지·존속하는 데 투여되는 것이다. 이것은 시장기생을 위한 시장 감독·관리(통제 - 허용)에 해당한다고 할 수 있다.

6. 시장을 연결하는 인적 벨트: '돈주'에서 '데꼬'까지

1) 돈주: 고리대금업자에서 상업자본가(?)까지

'돈주' 하면 달러가 많이 있는 사람, 고리대금업을 하는 사람, 골동품 장사를 해 큰 돈을 쥔 사람 등으로 알려져왔다. 그러나 다양한 정의에도 변하지 않는 돈주들의 공통점은 "돈이 많이 있는 사람"이란 것이다.[49] 아마도 이들에 대한 다양한 정의는 그들이 현재의 위상을 얻기까지 짧지만 그 나름의 진화 과정을 거쳤기 때문일 것이다. 또한 그만큼 시장화의 진전 과정 속에서 주민들 사이에 이들 돈주와의 접촉면과 이해관계가 다양했다는 의미이기도 한다.

1990년대 경제난 초기에는 북송교포나 화교, 중국에 친척이 있는 사람들처럼 외부와의 접촉을 통해 송금을 받을 수 있는 사람들이 외화(달러)를 마련할 수 있었다. 고난의 행군 당시는 목돈이 있는 사람이 없었다. 그중에 북송교포 출신이나 화교, 중국에 친척을 둔 사람들은 송금해오는 돈을 기반

많아요. 그 초소를 통과하자면 다 꿰어야 되거든요. 그러니까 일단 보위부, 안전부, 그다음에 도당, 시당 밑에까지, 조그만 뭐 분초소까지 진짜 다 알아야 돼요. 모르면 무역을 절대 못해요"[한○○(신포시 장사), 개별 인터뷰(2009. 1. 20)].
49) "북한에서는 어쨌든 돈이 제일 많은 사람을 돈주라 하지요. 그게 무슨 의미를 부여한 말은 아니에요. 공식화된 의미가 딱 붙은 말은 아니란 말이에요"[한○○. 같은 인터뷰].

으로 돈을 빌려주거나 생계를 유지했다.

그러나 이들은 고난의 행군 초기 극심한 경제적 어려움 속에서 상대적으로 달러를 확보하고 있었던 탓에 돈주로서의 초보적 위상이 있었지만, 기본적으로는 장사 기술로 돈을 관리하거나 늘리는 재주는 많지 않았다. 북송교포는 출신성분의 한계 때문에 연줄관계에서도 취약할 수밖에 없었다. 이처럼 초기 돈주들은 경제난 와중에 해외의 혈연관계를 통해 자금을 받을 수 있었던 사람들이 대다수다. 이들 중 이후에도 지속적으로 돈주로서의 위상을 유지한 이들이 얼마나 되는지는 정확하게 말하기 힘들지만, 분명한 것은 이후 돈주들이 초기 자금 유입을 활용한 것 이상으로 북한 내 시장 활동의 경험이 풍부해지면서 진정한 돈주로서의 위상을 획득했다는 점이다.

돈주는 골동품을 내다 팔아 목돈을 만지게 된 사람을 지칭하기도 했다. 주민들이 목돈을 마련할 수 있는 길은 그때까지만 해도 거의 없었다. 따라서 골동품 장사는 위험부담은 크지만 단번에 목돈을 만들 수 있는 수단이었다. 골동품 장사를 해서 모은 돈으로 다른 사업을 하거나 투자를 하는 돈주에 대해서는 1990년대 중반 이후 단속이 강화되었고 1990년대 후반부터는 이 돈주들이 위축된 것으로 알려져 있다. 이런 행위가 불법이며 일반 주민 사이에서도 도덕적 비난의 대상이란 점에서 골동품 장사로 돈을 모은 이들을 진정한 돈주로 보긴 힘들다. 또한 이들의 자금은 지속적인 시장 활동을 통해 형성된 것이 아니기 때문에 시장을 통한 자생적 돈주로 보기 어렵다.

한편 이렇게 돈을 모은 사람들 중에는 국가기관(당, 정, 군)과 공식적으로 관계를 맺고 교역을 통해 자금을 증식하는 경우도 많다. 당국에서 '와크(교역 허가권)'를 받아내고 해당 기관 산하 소속 무역회사 이름으로 교역을 해 일정액을 상납하고 자신의 이윤을 챙기는 방식이다. 또한 당기관, 내각, 군부대, 공장·기업소 산하에 무역회사를 꾸리고 직접 '원천동원과'를 만들어 돈주들을 모아 그 자금으로 무역을 하는 경우도 있고, 이들 돈주를 원천동원일꾼으로 활용해 자체적으로 사업을 하도록 하고 개인별로 벌어들인 달러를 액상과제 수행지표만큼 받는 경우도 있다.[50] 소속 기관의 힘이 셀수록 돈이 되는 투자 분야의 선점이 더 쉽고 투자 규모도 늘어나게 된다.[51]

2) 진정한 돈주: 시장을 통해 성장한 상인들

한편 2000년대 들어와 장사를 통해 돈을 벌기 시작한 이들 중 상대적으로 많은 돈을 축적해 성장한 돈주들은 이전의 돈주와는 성격이 다르다. 그들은 1990년대 중후반부터 시장의 생리를 배우고 거기서 축적한 돈의 관리능력과 이윤 증식기술을 잘 알고 있는 자들이다. 고난의 행군 기간 또는 이후부터 밑바닥에서 시작해 장사의 기술을 자체적으로 터득해 돈을 축적한 사람들이다. 이들이 '진정한 돈주'라고 할 수 있다.[52] 이들은 2000년대 들어 국가가

---

50) 최봉대, 「1990년대 말 이후 북한도시 사적 부문의 시장화와 도시가구의 경제적 계층 분화」, 이우영 엮음, 『북한 도시주민의 사적 영역 연구』(서울: 한울아카데미, 2008), 63쪽.

51) 이들 외화벌이형 돈주들에 대해서는, 이종겸, 「북한의 신흥 상업자본가에 관한 연구」, 동국대학교 대학원 북한학과 석사학위 논문(2009), 43~47쪽 참조.

52) "1994년도부터 북한에서 고난의 행군이 시작됐잖아요, 그 최초에 못살아서 장사를 했던 사람들, 그 사람들이 진짜로 이제는 토대를 다 잡았어요. 1994년도에서 이제는 2004년이니까. 그때 진짜 못살던, 소나무껍질을 벗겨서 먹던 사람들이 그 자리에 앉았는데, 당시에는 장마당에 사람이 별로 없었대요. 저도 그때 직장생활 했으니까 그 밑바닥까지는 잘 몰랐는데, 장마당에 가서 보면 사람이 얼마 없고, 진짜 그 장사를 하는 게 정말 상당히 망신스럽고 얼굴이 깎이는 노릇이고 막 그랬었거든요. 그러면서 장사를 했거든요. 우리가 막 회사 다닐 때는 그 사람들을 손가락질했죠. 그때 시장 같은 거 못하게 하고, 자기 나름대로 바깥에 앉아 시장도 아닌 데서 팔면서 그렇게 떡을 한 개씩 팔면서 돈을 모은 사람들이에요. 진짜 피눈물 나게 모은 사람들이, 그게 점점 하다 보니까 자그마한 빵을 팔다가 나중에 돈을 조금 벌어 다른 장사를 해서 돈을 더 크게 벌고, 그다음 중국 사람들도 알게 되고, 그다음에는 마른 낙지 거둬들이고, 그게 또 나가면 중국 민폐가 들어오고 돈이 막 왔다갔다 하고 나중엔 그렇게 돈을 버는 거죠. 그러니까 옛날 고난의

시장을 공식적으로 허용하면서 그 장사 수완과 축적된 돈을 이용해 대부, 투자, 창고사업, 운송, 자체 생산 등으로 돈을 더욱 불렸다. 그런 의미에서 진정한 돈주들은 바로 돈을 굴릴 수 있는 기술, 사업을 벌일 수 있는 관료적 연줄, 중국 쪽 대방들과의 연계 능력을 가져야만 한다.

그러나 아직까지 이들에게 자본가의 위상을 기대하긴 힘들어 보인다. 자본가로서의 위상을 갖기 위해서는 혼자만의 노력으론 부족하다. 일단 자체적인 생산수단을 소유해야 하며, 자체 생산을 위한 노동력의 구매가 가능해야 한다. 자본은 이윤을 낳는 노동이 존재하기 전에는 자본으로서의 온전한 가치를 획득하기 힘들기 때문이다. 즉, 돈주들이 진정한 자본가가 될 수 있는 조건 속에 있는가 여부를 확인하려면 생산을 위한 자본 축적이 이뤄질 수 있는 사회적 조건 속에 존재하는가, 생산수단에 대한 개인 소유의 제도적 합법화가 이뤄져 있는가, 노동이 계획경제의 국가 귀속에서 벗어나 자유로운 상품으로 존재하는가 등을 검토해야만 한다.

즉, 자본가란 자신의 생산수단을 소유하고 고용된 노동으로서 이윤을 낳는 과정을 통해 자본을 축적하는 사람이다. 이 과정에서 임금노동을 통한 사회적 분배가 광범위하게 이뤄져야만 하고 이 임금을 통한 상품의 구매와 소비라는 주기가 만들어져야 한다. 따라서 현재 북한의 '돈주'는 생산이 미약한 가운데 상업유통상의 시세차익으로 형성된 자금을 반복적으로 상업 유통시켜 증식하는 방식으로 살아가는 이들이다. 그러나 이들의 자금이 비공식적이지만 생산에 투여되고 임노동을 활용해 자체적인 상품을 유통시 키는 방식으로 진화한다면, 그것은 자본가의 '맹아'로서 위상을 획득할 것이다. 그 과정에서 관료적인 과정과 어떻게 결합하느냐도 중요하다. 또한 이러한 자본의 형성은 기존의 계층이나 계급구조의 변화도 수반할 것이다.

행군 때 진짜 못 먹고 그런 사람들, 지금 토대 다 잡아서 완전 돈주, 이제는 진짜 돈주가 됐어요"[김○○(청진시 장사), 개별 인터뷰(2009. 1. 20)].

3) 차들이꾼, 행방꾼: 도시시장들을 연결하는 인적 벨트

차들이꾼(차를 이용해 큰 규모로 들여온다는 뜻: 중국→도매시장), 행방꾼(도
매시장→도매시장)들은 일반적으로 중국과 도매시장, 도매시장과 도매시장
을 연결하는 중간도매상이다. 이들은 도시와 도시를 발품으로 연결하며
도시들 사이에 시장동력을 전달하는 인적 벨트에 해당한다. 이들이 움직이
는 동선을 통해 도시들 사이에 지리적 거리에 따른 중간 차익의 위계가
형성되기도 한다. 이들은 도시와 도시 사이의 물리적 거리를 이동하는 운동
에너지를 '이윤'으로 전환하는 인류의 시장 역사에서 가장 전통적이고 투박
한 존재들이다. 그러나 이들이야말로 시장의 상업면을 촘촘하게 연결하는
진정한 시장의 하부구조를 담당한다. 이 밖에 '달리기꾼', '되거리꾼' 등
도시와 도시를 연결하며 공간과 시간의 틈새에서 상품 변신술로 '차익'을
남기는 귀재들도 있다.

4) 데꼬: 저울농간의 거간꾼에서 부동산 데꼬까지

데꼬는 거간꾼이자 각종 상품을 소매상에게 연결하는 중개상들이다. 이들
은 도시 시장의 주변을 활동무대로 삼아 시간과 이동에 제약이 많은 사람들
을 연결해 중간 마진을 챙긴다. 이들은 도시시장으로 연결되는 길목에 자리
를 잡고 농촌에서 올라오는 개인들의 소규모 농산물을 중간에서 사들이고
시장의 매대에 판다. 또한 시장 매대 상인과 지방에서 올라오는 보따리장사
들을 연결하며 가격을 합의해주기도 하고, 직접 소매상들에게 넘겨주기도
한다. 또한 집을 사려는 사람들을 중개해주는 부동산 데꼬도 활동하고 있다.
거간 행위에서 발생하는 작은 마진을 챙기는 자들이다. 시장 매대의 상인들
은 작은 규모의 물건을 구입할 때 대부분 데꼬를 이용한다. 그런데 이 마진을
만들기 위해 조잡하지만 다양한 '농간'[53]을 부리기도 한다.

7. 일상연구와 시장 권력관계에 대한 미시적 관찰

도시시장은 국가와 시장의 관계를 보여주는 '창'으로서 권력관계의 내밀한 질서와 사회적 긴장을 함축하고 있다. 1990년대 중반 이후 현재까지 북한 도시시장 내부의 다양한 시장 행위자들 사이에 이뤄지는 시장교환과 권력관계에 주목할 필요가 있다. 이를 통해 시장의 동학을 권력관계 차원에서 조명하는 한편, 국가와 시장의 관계를 도시시장에 대한 거시적 - 미시적 관찰을 통해 규명할 필요가 있다. 이는 북한 시장을 경제현상으로서뿐 아니라 다양한 사회적 관계의 형식과 내용이 펼쳐지는 공간으로 본다는 의미다.

1) 도시시장 내부의 관계

시장관리소의 주요 관리자들(소장, 시장장, 관리원, 부기원, 경비원)과 매대 상인들의 관계를 분석하려면 우선 시장 내부의 직위와 권한상의 위계구조를 파악하고 이들 사이의 주요 관계 쟁점을 파악해야 한다. 절대적인 권한을 가진 소장과 매대 상인들 사이의 뇌물과 상납 관계, 관리원들의 장세 징수 과정에서 농간과 시장장과의 결탁, 소장과 부기원의 장세 착복, 매대 상인들

---

53) "데꼬가 말하자면 거간이죠. 중개해주는 중개자요. 강냉이에서 전자제품까지 뭐든 데꼬가 다 있어요. 강냉이 데꼬라고 하면 시장에서 파는 상인들이 있고 강냉이를 시골에서 지고 올라오는 사람들이 있을 거 아니에요. 그러면 시장까지 길에 쫙 앉아 있는 사람들이 데꼬죠. 앉아서 '얼마에 주겠냐?' 이 사람들한테는 제값에 사죠. 시장에서 만약에 강냉이 한 킬로그램에 800원이라면 이 사람들도 800원에 사요. 저울추 농간이라든지 아니면 집에 가서 수분 작업 같은 것을 해서 시장에 갔다 판다든지. 그리고 낚지 데꼬, 오징어 데꼬다 하면 가져오는 사람들 거간해서 받아서는 집에서 수분작업 한다든지 해요. 비 오는 날에는 말린 게 아무래도 선도가 떨어지잖아요. 그런 건 또 하얀 가루를 묻혀서 작업한다든지 이런 거예요"[김○○(청진시 장사), 개별 인터뷰(2009. 1. 20)].

간의 경쟁과 '자리싸움' 등을 둘러싼 다양한 권력관계를 탈북자들의 증언과
인터뷰를 통해 재구성해보는 것이다.

2) 도시시장 사이를 연결하는 상인들의 관계

외부에서 시장의 매대 상인들에게 자금과 상품을 공급하는 '돈주', '행방
꾼(중간도매상)', '데꼬(거간꾼)', 소매상 등 주요 시장 행위자들 간의 관계를
분석하는 방식이다. 이들은 도시 내부, 도시와 도시, 도시와 농촌을 연결하며
시장동선을 만드는 이들로 각종 기관 및 관료들과 유착해서 '시세차익'을
챙기는 생존기술을 발휘한다. 이들의 시장 활동과 생존방식을 이해하려면
관련된 기존 연구를 면밀히 검토하고 탈북자 인터뷰를 재구성해야 한다.

3) 도시시장과 지역 권력기관의 관계

시장과 지역 당, 인민위원회, 인민보안성, 국가안전보위부, 군부대, 운수
및 수송기관 사이의 권력관계를 분석한다. 이들 사이에는 시장운영과 관련
한 각종 편의제공, 시장관리소 소장에 대한 정치적 평가(인사 권한), 시장에
대한 검열 권한 등을 명분으로 권력관계가 밀접하게 형성된다. 이들 관계는
크게는 지역 권력기관과 시장, 관료와 시장의 공생과 협력, 그리고 갈등의
구도를 보여준다는 점에서 중요하다.

4) 도시시장과 국가의 관계

국가는 도시시장을 통해 돌아가지 않는 계획경제를 봉합하고 관료적
과정을 통해 시장을 전유하는 전략을 취하고 있다. 따라서 도시시장은 국가
의 시장기생 방식을 보여주는 한편, 관료구조와 시장구조가 어떻게 갈등하

면서 공존하고 결합하는지를 보여주는 함축적 표본이라고 할 수 있다. 공식적인 차원에서 국가의 상납체계에 시장을 어떻게 제도적·행정적으로 복종시키고 있는가를 보는 것이다. 이를 위해 공식적인 장세의 중앙 납부체계와 규모, 각종 시장 인허가 수수료 취득방식, 각종 국가 지원사업 명목으로 국가가 시장을 전유하는 방식을 보는 한편, 비공식적으로 지역 권력기관의 간부들이 개인적·집단적으로 시장을 약탈 또는 기생하는 방식을 분석한다.

5) 시장 내부의 위계구조와 권력관계: 청진 포항시장 사례

청진시 포항구역에 위치한 포항시장은 2002년 이후 전체 매대가 약 1,500 개 정도 되는 중간규모의 시장이다. 포항시장의 관리는 시장관리소에서 담당하는데 시장관리소는 관리소장 1명, 시장장 1명, 관리원 4명, 경비원 4명, 부기원 1명 등 총 11명으로 운영되고 있다. 이들 관리 업무를 맡고 있는 사람들과 시장 매대 상인 약 1,500명이 함께하는 시장은 2002년 이후 내부적으로 나름의 시장규율 속에서 위계적인 구조와 권력관계를 형성하며 시장일상을 구성해나가고 있었다.

시장관리소장(1명: 남자) - 포항구역 행정위원회 인민위원회 상업과 소속으로 이들의 관리·감독을 받는 유급 직책이다. 장세의 징수와 시장 규율 등 시장 전반의 관리 책임을 맡고 있으며, 그때그때 인민위원회에서 지시를 받아 시장 매대 상인들에게 전달하는 역할을 한다. 소장은 매일매일 현금화되는 장세 징수를 책임지고 있기 때문에 구역 내 주요 기관들과 밀접한 연계와 권력관계를 맺는 주요 행위자다. 또한 시장의 총책임자이기 때문에 시장 상인들에게 다양한 이해관계 차원에서 뇌물을 받고 편의를 제공해주는 실질적인 권한자라고 할 수 있다.

시장장(1명: 남자) - 시장에서 나오는 수입으로 봉급을 받으며, 주로 단속 업무, 시장 안 질서잡기 등의 실무를 담당하는 무급 직책이다. 시장장은 소장의 결심을 통해 임명되고 해임된다. 소장의 신임이 중요한 자리며, 주요 매대 책임자들이나 장사 수완이 좋은 사람들에게 편의를 제공하고 때마다 일정한 뇌물을 받을 수 있는 자리다.

관리원(4명: 여자) - 시장에서 나오는 수입을 통해 봉급을 받으며, 주요 업무 는 매대 상인들로부터 직접 장세를 징수하는 것이다. 품목별 매대마다 전담 관리원이 배치되어 있다. 구성원은 대부분 중년여성이며 소장이 임명한다. 집안 배경이 좋은 사람들로 포항구역 내 주요 간부들의 부인이나 친인척, 한국전쟁 전사자 부모의 자식, 영예군인들의 부인, 또는 과거에 판매경력이 있는 자들이다. 이 관리원 직책은 다른 업무에 비해 수월한 장세 징수만을 담당하기 때문에 주민들이 선망한다. 현장에서 시장표를 끊어주고 장세를 징수하기 때문에 그 과정에서 '농간'을 부려 개인적인 이익을 챙기기도 쉽다.

경비원(4명: 남자) - 시장에서 나오는 수입으로 봉급을 받으며, 주요 업무는 시장이 파한 후의 야간 경비(저녁 7시에서 업무 아침까지)다. 시장 개시 전에 청소와 문단속도 한다. 또한 시장 내 절도문제나 기타 힘쓰는 일이 필요할 때 동원된다.

부기원(1명: 여자) - 2002년 '7·1조치' 이후 새로 생긴 직책이다. 부기원은 시장표를 발급하는 업무, 장세에 대한 회계 등의 업무를 맡고 있다. 소장을 제외하고 시장에 들어오는 주요 수입을 전체적으로 아는 유일한 사람이다.

매대 책임자(1명씩: 여자) - 각 품목의 매대마다 책임자가 있다. 매대 책임자 는 공식적으로 지정되는 건 아니다. 가령 식료품 매대가 약 120개가 있다면 그중에서 나이가 어느 정도 있고 시장에서의 경력이 많으며 장사 수완이 좋은 사람으로 지정된다. 매대 책임자는 각 품목의 매대들에서 가장 좋은 자리에 앉은 사람이다. 시장관리소장이 구역당이나 구역 인민위원회 상업과에서 받아온 지침 등을 직접 시장 상인들에게 전달할 수 없기 때문에 매대 책임자가 시장장을 통해 각 매대 책임자에게 전달할 때 그것을 전달받는다. 특히 위에서 하달되는 지원 사업에 바쳐야 할 할당량을 각 매대 상인들과 상의해서 배분하고 받아서 채우는 일들을 한다. 또한 "치마를 입고 나오지 말라"는 지시가 내려오면 매대를 돌아다니며 단속하는 일도 한다. 특히 매대의 자리 조정이나 배치도 매대 책임자의 역할이다. 시장 상인 간의 '자리싸움'이 심하기 때문에 매대 책임자의 이런 권한은 상인들 간의 일정한 위계관계를 형성하게 하는 주요 요소다. 전반적으로 매대 상인들 사이에서 조정자 역할 및 시장관리소와의 전달자 역할을 수행한다.

6) 소장과 시장장에 대한 뇌물 상납

장사를 잘하는 매대 상인들은 소장과 시장장에게 뇌물을 상납하기도 한다. 시장에서 매대 장사를 잘 봐달라는 뜻이다. 주로 각 품목 전체 매대에서 상위 10% 정도의 상인들이 상납을 하는데 이들은 주로 매대 내에서의 좋은 수입을 유지하려는 차원에서 상납한다. 같은 매대들 간의 상대적인 경쟁에서 우위를 유지하기 위한 자리 배치나 기타 특혜를 노린 것이다.

식품매대에서도 저처럼 약간 장사를 잘한다 하는 사람이 120명 중에서 한 10명 되었었거든요. 제가 그 10명 중에서 당연히 첫 번째죠. 그런데 시장장이나 관리소장한테 (뇌물) 주는 사람이 거의 10명이에요. 한 10퍼센트 정도, 시장에서 거의 한 10퍼센트 정도는 시장장이나 관리소장한테 주죠. 저는 관리소장 앞잡이니깐 그냥 명절 같은 때 뭐 상자로 선물을 만들어서 항상 집에 찾아갔고요. 그리고 무슨 딸이 결혼식을 한다든지 그럴 때는 현금으로 얼마 정도 지원도 해주고, 자기를 잘 봐달라고요. 소장한테만 잘 보이는 사람은 그냥 소장한테만 주고, 시장장한테만 잘 보이는 사람은 시장장한테만 주고. 근데 저는 소장이나 시장장이나 둘 다 줘야 하니깐 명절 때 상자를 몇 개 만들어서 주고 이러거든요. 신정 같은 때는 상자에 고급 술 1병, 담배 1보루, 그리고 달력 같은 거 여기는 많지만 거기는 돈 줘야 사잖아요. 그러니깐 그런 것도 1개 넣고 뭐 고급스러운 과자, 사탕 이런 식으로 상자를 만들면 아마 한 2만 원에서 3만 원, 북한 돈으로 2~3만 원 돼요.[54]

7) 시장관리소와 구역당의 권력관계

2002년 7월 1일 이후부터 시장이 공식적으로 허용되고 확장되면서 시장의 관리소장과 해당 지역의 당비서, 행정간부들 사이의 공생관계가 더 밀접해지기 시작했다. 관리소장의 입장에서는 인사권과 관리감독권을 가지고 있는 지역당 간부와 행정 간부들에게 뇌물이나 편의를 제공함으로써 신임을 얻어 업무나 개인적인 치정관계 때문에 '말밥에 오르내리지 않게' 관리하는 목적이 있고, 지역당 간부와 행정 간부들은 관리소장을 통해 비공식적으로 뇌물이나 편의를 제공받는 특혜를 누릴 수 있기 때문에 이들 사이에 밀접한 공생관계가 성립하는 것이다.

구역당 당비서, 인민위원장과 소장의 관계는 무척 좋아요. 명절이면 뭐 구역당 책임비서, 구역당 조직비서, 간부부장 그다음에 인민위원장, 행정위원장 각 집에 소장 명함으로 선물 다 돌리고요. 그리고 뭐 관리소장이 그런 걸 잘하셨어요. 치정관계, 사업적인 면에서 요만큼도 말밥에 오를 수 없게

---

54) 김○○(청진시 장사), 개별 인터뷰(2009. 1. 20).

그렇게 잘하셨어요. 포항구역당 책임비서 그러면 포항구역에서 제일 센 사람이죠. 그 사람 딸이 김일성종합대학 추천을 받아서 시험 치러 간다 이러면 그냥 우리 관리소에서 평양에 가서 보름이면 보름 동안 먹을 거부터 시작해서 쓸 수 있는, 말하자면 일본 상품 같은 거 레드 술, 토니 고급 술들을 상자로 다 준비해서 보내주죠. 왕이에요. 구역 당비서가 왕이지요. 또 구역당에서도 포항구역에 있는 각 외화벌이들도 물론 그렇게 하고 다 …… 그렇게 하고 시장도 그렇게 하고.[55]

8. 일상의 관점과 구성: 체험·관계·공간

일상생활세계는 인간의 존재기반이며, 가장 근본적으로 개인과 사회를 재생산하는 행위과정이 펼쳐지는 공간이다. 따라서 일상생활세계를 본다는 것은 위에서 주어지는 제도나 정책의 객관적 외관과 함께 인간 공동생활의 주관적인 의미, 참여자들 스스로가 사회를 체험하는 방식, 그리고 특히 사회의 비공식적이거나 혹은 엄격히 제도화되지 않는 측면에 더 많은 주의를 집중한다. 이를 통해 구조의 객관적 조건과 행위의 주관적 측면이 상호작용하는 방식을 경험적으로 확인하는 것이 목표라고 할 수 있다.

북한 일상생활세계에 접근하기 위해, 우선 북한 주민들에 관심을 갖고 이들의 상식적인 지식과 실천에 주목한다. 물론 상층권력집단이나 엘리트·관료들의 일상생활세계를 배제하지 않는다. 단, 공식적 정책결정 활동에만 주목하기보다는 이들의 성향과 주관에 영향을 미치는 생활세계, 비공식적 관행에도 주목한다. 다음으로 외부에 있는 관찰자의 관점보다는 주민들 개인의 주관적 관점에서 일상생활세계를 이해하려고 노력한다. 즉, 그들의

---

55) 같은 인터뷰.

경험세계, 주관적 의미 맥락, 행위를 포착하는 것이다. 끝으로 구조를 배제한 채 주관적인 경험 영역만을 보지 않고 이 둘의 상호작용의 맥락을 강조한다.

1) 주관적 경험세계를 통해 본 시장

시장은 구매자와 판매자를 연결시켜주는 특정한 공간이자 조직이며 제도다. 한편 시장교환은 재화의 생산, 교환, 유통, 소비 등이 순환하는 경제구조의 한 과정이자 구성요소라고 할 수 있다. 이 시장교환의 활동을 통해 자본, 노동, 토지, 상품 등이 교환된다. 그런데 이 시장의 모든 구성 요소와 작동 과정은 인간 활동을 전제한다. 경제활동이 사회적 행위의 기초 위에서 이뤄지며, 시장교환이 사회적 교환질서의 한 형태로서 의미가 있기 때문이다. 따라서 시장이란 사회를 떠나 존재할 수 없으며 사회적 관계의 동기와 맥락 안에서 이해되어야 한다.

이런 측면에서 시장일상생활에 대한 연구관심은 시장 그 자체에만 있기보다는 시장을 통한 인간의 존재방식과 시장에서 행위하는 인간의 구체적인 주관적 경험세계에 있다. 따라서 '시장일상'이란 시장이라는 (지리적·사회적) 공간을 통해 자기보존과 생존을 실천해가는 구체적인 개인의 일상 활동을 뜻한다. 즉, 시장을 통해 어떻게 사람들이 자신들의 일상을 구성하고 일구어 내고 있는가에 대한 관심이다. 따라서 주요한 이해 대상은 시장을 체험하는 개인의 주관적 경험세계, 시장을 통해 형성되는 생활문화, 시장이라는 공간에서 이뤄지는 다양한 사회적 관계의 양상, 그리고 시장의 일상세계가 구체적으로 어떻게 사회적 변화와 연계되어 있는지에 대한 관심이다.

결국 시장일상생활세계에 대한 연구는 시장이 작동하는 경제적 과정을 '설명'하기 위해 단순히 시야를 아래로 돌린다는 의미 이상으로 시장에서 일상을 영위하는 개인들의 체험과 주관, 상식세계를 '이해'하고, 그것이 만들어내는 사회적 관계의 양상과 문화를 '해석'하는 데 의의가 있다. 그런 의미에서 북한 사회에서 시장의 일상생활은 소수 특정인의 경험세계가 더이상 아니다. 1990년대 이후 상층권력집단에서 중하위 관료, 하층의 주민에 이르기까지 모두가 시장을 전유하는 일상의 세계를 영위하고 있다. 따라서 시장일상생활세계에 대한 이해는 북한 사회의 내밀한 생계심성과 시장 정서를 엿볼 수 있는 것은 물론, 그것이 체제변화에 어떠한 영향을 미치는지 이해할 수 있는 미시적인 창이라고 할 수 있다.

2) 시장과 일상: 변화와 타성의 영역

시장일상을 이해하는 것은 시장이라는 지리적 지표면 위에 펼쳐지는 자질구레한 시장행위를 미시적인 현미경을 통해 들여다보는 것만을 뜻하지 않는다. 그것도 중요하지만 더 근본적으로는 그 지표 아래의 심층을 구성하는 시장의 역사와 구조라는 퇴적층, 그리고 그 사이에 촘촘하게 박혀 있는 사회적 관계의 연결망들을 파악해야 한다. 그런 차원에서 시장일상에는 변화와 타성의 영역 모두가 존재한다. 시장교환이라는 상대적으로 '빠른' 리듬 한편에는 일상이라는 오랜 관성, 즉 완만한 속도로 반복되는 '느린' 물질생활의 일상사가 자리하고 있다. 이런 시장일상에 따르는 '타성의 영역'은 생계에 필요한 만큼의 변화만을 허용하고 나머지는 시장경제의 움직임 속으로 완전히 들어가기를 거부하는 일상의 영역인 것이다. 그래서 시장의 일상은 변화와 타성이 만나 변주되는 장소로서 기존 질서와 새로운 질서가 경합하거나 어느 하나에 의해 한쪽이 점차 소멸되는 장소이기도 하다.

3) '호명'하는 사회주의적 삶과 시장의 '익명성'

시장일상 공간은 체면을 차리지 않아도 되는 익명성의 성격을 띤다. 기존 계획경제의 질서 아래서 주민들 대부분은 직장, 사회단체에 소속되어 개인의 사회적 위치와 생활반경이 정해진 가운데 사회경제적 삶을 살아야만 했다. 그것은 곧 익명이 허용되지 않는 사회를 의미한다. 모든 행동과 말, 표현에 대한 익명의 자율성이 없었다. 북한에서 시장이라는 공간은 국가에 의해 '호명'되는 지위, 역할, 의무 등에서 자유로울 수 있는 익명의 개인들이 만나는 유일한 공간이라고 할 수 있다.

그것은 과거에도 존재해왔던 가족이나 동료집단, 마을 공동체 내부의 내밀한 소통이나 유대를 통해 향유되는 '자유'와도 다르다. 이런 '자유'가 극도의 친밀함을 기반으로 국가의 감시를 비껴나 은밀하게 소통하는 것이라 면, 시장에서의 '자유'는 시장교환이라는 공통된 목적을 제외하면 개개인 간의 어떠한 유대나 정서적 끈이 필요 없는 '익명성'이 공식적으로 허용되는 대중적인 공간으로서의 특징이 있다. 그것은 고통스럽게 배워야만 하는 경제 법칙의 체험장이자 경제 행위에 비인격성을 부여하는 과정이기도 하다.[56)]

4) 시장일상, 욕망의 기입과 흔적 남기기

시장의 '익명성'은 사람들의 행동과 심리 변화에도 중요하게 영향을 미칠 수 있다. 시장을 출입하는 사람은 타산적이 되고 급기야는 서로 속이고 속는 경험까지 한다. 그것은 기존의 사회적 관계에서 두드러지지 않았던 부분들이다. 가령 마을, 공장, 농장 등 익숙한 인간관계 틀 속에서는 서로 "좋은 게 좋은 거"였지만, 시장에서는 상황이 달라지는 것이다. 시장이 부여한 익명성이 현실주의적이고 개인주의적인 행동을 강화하는 한편 사회주의적으로 설정된 도덕감, 공산주의 윤리는 희미해진다. 이것은 집단적으로 설정된 공동체 생활에서의 '관계' 의식에도 영향을 미친다. 최소한 시장이

---

56) 게오르그 짐멜, 「현대 문화에서의 돈」, 『짐멜의 모더니티 읽기』, 김덕영 외 옮김(서울: 새물결, 2005), 13쪽.

라는 공간 안에서는 개인적 욕망이나 물질적 욕구를 드러내는 것이 더이상 부끄럽지 않게 되는 것이다. 시장은 욕망이 육체에 기입되는 곳이기도 하다. 결핍이 클수록 욕망은 더 깊은 기입의 흔적을 남기기 마련이다.

그런 의미에서 시장일상은 시장이라는 '익명'의 세계와 사회주의적 삶이 요구하는 '기명'의 집단적 삶이라는 기존 질서와의 단절과 연속을 함께 품고 있다. 이 둘 사이에는 긴장도 있지만 친화적 결합도 존재한다. 이는 시장일상의 경제적 삶과 사회적 삶의 만남, 즉 주민들의 경제심성과 생계활동이 기존 사회질서와 만나 타협하고 조정되기 때문이다. 주민들은 시장이 주는 익명성과 시장을 벗어난 집단적 삶을 오가며 일상을 영위한다. 익명의 시장관계에서 기명의 사회적 관계 속으로 미끄러져 들어오는 일상을 반복하며 사는 것이다. 이것은 시장이 기존 계획경제의 집단적이고 규율화된 노동일상이나 생활 리듬과는 다른 리듬과 자율성을 부여하고 있음을 뜻한다.

5) 시장일상과 사회적 정체성

시장의 일상생활을 본다는 것은 관점과 분석수준을 통틀어 일상에서 펼쳐지는 구체적인 사회적 관계를 포착하고 이해한다는 의미다. 시장에서의 사회적 연결망도 위치, 공간, 인정, 권력, 지위 등 집단과 개인을 둘러싼 사회구조적 차원에서 파악할 필요가 있다. 순수하게 교환의 징표만 있는 공간으로 본다면 그 교환이 내포하고 있는 사회적 맥락을 간과하게 된다. 모든 시장의 행위자들은 특정한 지리적·사회적 위치와 공간, 그리고 그곳에 내재하고 있는 권력과 지위질서라는 공간적 구조 속에서 판단하고 실천하게 된다. 단순해 보이는 시장일상도 특정의 사회적 맥락에서 자유롭지 못한 것이다. 즉, 시장교환에 내재해 있는 행위동기와 방법, 결과가 사회적 맥락 안에서 해석되어야 한다. 따라서 중요한 것은 시장교환 자체라기보다는 시장교환을 수용하는 개인과 사회, 그리고 사회적 관계의 변화다.

물질적 교환은 대부분 특정한 사회적 관계, 즉 특정 사회적 정체성(identity)을 동반한다.[57] 그 사회의 정치도덕적 가치와 권력의 위계적 구조, 물질적인 재분배 체계가 사회적 관계에 주요하게 개입한다. 중앙 재분배를 '심장'으로 하는 계획경제의 물적 순환 역시 공적·비공식적 위계, 지위, 호혜의 다양한 원리를 내장한 채 이뤄졌다. 따라서 실질적인 물적 순환의 과정은 '익명'적이지 못했다. 위계, 지위, 호혜의 인격성을 요구하기 때문이다. 그것은 곧 정치적 지배관계가 물적인 재분배 체계를 작동시키는 데 중요한 요소였음을 뜻한다. 경제의 정치화는 그런 의미에서 정치적 지배질서를 내장한 경제적 관계를 의미한다.

북한 시장에 대한 이해는 시장에 개입하는 다양한 사회적 담론과 권력관계의 수준을 파악하는 가운데 이뤄질 필요가 있다. 그것은 기존의 사회적 질서와 권력관계가 시장과 어떠한 관계에서 유지 또는 변화되고 있는가를 보는 것이기도 하다. 시장 또는 시장교환이 기존의 지배적인 사회적 관계를 변화시키는지, 아니면 기존 관계가 시장을 전유해내는지 볼 필요가 있다. 체제 작동의 주요한 구성요소인 물질적·정치적 재분배 체계와 도덕담론이 어떻게 시장을 수용하고 전유해내는가에 주목해야 한다. 북한 사회 각 층위에서 펼쳐지고 있는 시장에 대한 '전유' 방식과 파생되는 '현상'들에 주목해야 하는 것이다. 이러한 전유 방식과 파생 현상들은 시장의 일상생활을 통해서 발견되고 의미화될 수 있다.

6) 시장일상과 사회적 공간: 관계자본과 불평등

사회적 공간(social space)은 '관계자본(relational capital)'[58]의 양, 자본의

---

57) 이재혁, 「'개인', 호혜성, 그리고 근대 시장」, 《사회와 이론》, 통권 제5집 2호 (2004, 한국이론사회학회), 97쪽.

구조, 그리고 이 두 특성의 시간적 변천 등을 통해 분화된 개인들로 구성된다. 북한의 시장 역시 사회적 공간 차원에서 볼 경우 시장 행위를 다양한 각도에서 의미를 부여할 수 있다. 시장에서 이뤄지는 '교환'은 모든 사람들에게 똑같은 의미가 아니다. '관계자본'을 많이 가진 사람과 그렇지 않은 사람 간에 일상적인 경제생활에서 시장교환 행위의 사회적 의미는 다르다. 관계자본의 소유 정도가 보여주는 사회적 삶의 차이는 시장일상을 통한 경제생활의 차이기도 하다. 절박한 생계수요 차원에서 이뤄지는 시장교환에서 생계수요 이상의 더 많은 사회적 욕구를 충족시키는 시장교환까지, 이 모든 것들은 사회적 공간이 요구하고 부여하는 관계자본의 공급과 수요, 사회적 관계의 위계적 질서를 반영한다.

따라서 시장은 관계자본의 소유 정도, 관계자본을 분배하는 사회적 과정, 이를 통해 만들어진 사회적 위계에 따라 각 개인에게 다르게 전유된다. 표면적으로는 시장교환이라는 형식만 드러나지만 그 속에는 한 사회의 불평등과 위계적인 질서의 동학이 내장되어 있는 것이다. 북한에서의 개인 역시 사회적 공간에서 자신의 위치에 따라 시장을 전유하는 방식이 다르다. 그런 의미에서 시장일상생활에 대한 연구는 일상에서 펼쳐지는 관계자본의 교환 양태를 미시적으로 파악할 수 있는 연구통로다. 즉, 어떠한 관계자본이 경제적 삶에 중요하며, 이것을 획득하기 위해 구체적으로 시장일상세계에서 어떻게 행위하고, 이러한 총체적 과정이 북한 사회의 사회적 질서를 어떻게 드러내고 있는지 보는 것이다. 북한 시장일상에 대한 연구는 1990년대 이후

---

58) '관계자본(relational capital)'은 정치·경제·사회영역을 관통하는 사회적 관계의 그물망을 형성하는 데서 개인에게 중요한 역할을 하는 자원(resource)을 의미한다. 이들 자본은 사회적 관계를 구성하는 데 중요한 역할을 한다는 점에서 총칭해 '관계자본'이라고 정의할 수 있다. 관계자본은 크게 정치자본, 사회자본, 문화자본, 경제자본, 상징자본, 관료자본 등으로 구성된다. 홍민, 「북한의 '관계자본' 교환구조와 시장교환의 전유」, ≪현대북한연구≫, 9권 3호(2006), 57쪽.

시장의 확산 속에서 이런 다양한 자본들이 일상이라는 구체적 공간에서 어떻게 중요도가 변화되고 교환되고 전유되며 경제적 삶에 영향을 미치는지 파악하는 데서 중요하다. 나아가 관계자본의 교환형태와 내용의 변화가 북한 체제의 변화와 어떻게 연계되어 있는가를 살펴보는 데도 중요하다.

7) 시장일상과 지리적 공간

시장은 사회를 시공간의 토대 위에 시장교환이라는 끈을 통해 한데 묶는 역할을 한다. 여기서 '공간적'이라는 말은 지리적인 거리뿐 아니라 경제적인 거리와 인구의 수(數)까지 포함한다. 시간적으로는 판매자와 구매자를 한 장소로 모아 시장교환의 시간적 일치를 만든다. 시장은 분리되어 있는 것처럼 보이는 개인이나 마을, 도시를 서로 연결시켜 전체 사회와 닿게 하는 역할을 한다.[59] 중요한 것은 이들을 만나게 하는 것이 국가에 의한 배치나 규율, 의무 부여 등이 아니라 생계수요와 시장교환이라는 동기와 목적이란 점이다. 이제 지리적 공간이 국가에 의해 일방적으로 점유되고 통제되던 것에서 개인들의 일상적 시장 활동을 통해 전유되는 공간으로서 의미를 갖는 것이다. 따라서 시장일상은 개인들의 주관적인 지리적 체험과 국가의 지리적 통제가 만나는 지점에서 '해석'되어야 하는 지리적 공간으로서의 의미도 갖는다.

8) 물리적 좌표로서 일상생활 공간

시장을 세 가지 차원의 공간적 사고(spatial thinking)를 통해 살펴볼 수 있다. 첫째는 위치적 사고(thinking about locations)다. '위치'란 지표면상의

---

59) 정승모, 『시장으로 보는 우리 문화 이야기』, 18쪽.

절대적 위치로 표현할 수 있다. 절대적 위치는 물리적으로 고정된 시간과 공간축상의 좌표를 의미하며 누구나 공통적으로 인식할 수 있는 객관적인 위치를 말한다. 인간은 태어나면서부터 절대적인 위치를 부여받는다. 이 위치 속에서 인간은 자신을 둘러싼 환경적 요소들과 관계를 맺으며 의식과 다양한 경험세계를 구성한다. 그렇기 때문에 인간의 다양한 삶의 양상에 대한 이해는 그들의 삶이 토대로 삼고 있는 위치를 이해하는 데서부터 비롯되어야 한다. 위치에 대한 이해는 지리적 현상과 그 위치에 거주하는 인간의 삶을 이해하는 실마리가 된다.[60]

가령 북한의 시장들을 크게는 동북아, 작게는 국내의 지리적 위치 속에서 파악하는 것이다. 이것은 북한에 존재하는 시장들의 기능상의 어떤 동질성을 추출해내는 것 이상으로 지리적 위치가 부여하는 특정 공간의 정치경제적 맥락의 차이도 인식해야 함을 뜻한다. 이러한 '위치'로서의 시장 인식은 좌표상의 절대적 위치를 포함해서 시장 주변의 지리적 환경을 객관적인 방식으로 조사하는 것이다. 지형, 지질, 기후, 자연생태, 광물자원, 수자원, 교통, 거주조건 등이 여기에 속한다. 이를 통해 절대적 좌표상의 특정 시장이 자연지리적 조건 속에서 어떤 특성을 갖는지 이해한다. 이것은 지리적 조건에 의해 특징화되는 시장에서의 주요 거래품목, 주요 생산물, 주요 산업, 이동경로, 이동시간, 경제적 삶의 조건, 전체 시장 위계 속에서 위상 등을 살펴보는 것이다.

9) 장소를 소비하는 일상생활

둘째는 장소적 사고(thinking about place)다. '장소'는 구체적인 위치를 기반으로 하지만 인간의 삶과 무관하게 존재하는 물리적 지점은 아니다.

---

60) 전종한·서민철·장의선·박승규, 『인문지리학의 시선』(서울: 논형, 2008), 38쪽.

그래서 장소는 절대적인 위치를 나타낸다기보다는 상대적인 위치로 표현된다. 동일한 위치 속에 있어도, 또 객관적이고 절대적으로 주어진 위치라고 해도, 각 개인들은 자신만의 의미 세계를 만들어가면서 절대적인 위치를 상대화시키고 인간적인 장소로 변화시킨다.[61] 그런 점에서 장소는 일상생활과 밀접한 관계를 갖는 개념이다. 한 장소 속에 거주하는 인간은 자신이 처한 장소와 지속적으로 상호작용을 한다. 이 과정에서 인간의 개인적·집단적 자아 형성에 장소가 관여한다.

그런 점에서 일상생활은 끊임없이 장소를 소비하며 유지된다. 일상생활을 구성하는 사람이나, 사물, 그리고 다양한 활동과 마찬가지로 각 장소는 사회적 관계에서 핵심적인 부분을 이룬다. 본질적으로는 동일한 '나'지만 집, 직장, 시장 등 장소에 따라서는 다양한 사회적 관계에 부합하는 '나'로 재구성되고 연출된다. '장소'를 사회적 관계를 통해 소비하는 것이다. '장소' 차원에서 볼 때, 각 개인은 시장이라는 장소를 소비하며 그곳에서 주관적 경험세계를 형성하고 정체성을 구성한다. 따라서 북한의 시장일상을 '장소' 차원에서 이해하는 것은 시장을 그들의 사회적 관계와 주관적 경험세계 속에서 장소적으로 소비함으로써 그들 나름대로 시장을 전유하는 실천을 '해석'하는 것이다.

10) 공간의 관계 속에서 생성되는 일상생활

셋째는 관계적 사고(thinking about connections)다. 지표상 전체를 구성하는 각 부분들 간의 상호관계, 가령 장소와 장소의 관계, 지역과 지역의 관계, 시장과 시장의 관계 등을 통해 지표 위의 현상들을 이해하려는 사고다. 또는 지리적 현상을 역사적 배경이나 사회적 맥락 속에서 이해하려는 사고

---

61) 같은 책, 40쪽.

다. 이런 관점은 지리적 공간의 특징이 그 자신의 독자적 산물이 아니라 여러 요소들과의 '관계' 속에서 형성되는 것이라고 보고 '관계' 속에서 특징을 파악하려는 태도다.

예를 들어 한 지역의 상업면과 주변의 상업면과의 관계, 정치적으로는 중앙 - 지방 또는 지방 - 지방 관계에 함축된 지리적 맥락, 각 시장에 스며 있는 역사를 지리적 차원을 통해 보는 것이다. 이것은 지리적 공간 역시 사회적으로 생산된 공간이며 이 속에 내재한 정치나 권력관계가 중요하다고 보는 관점이다.

9. 시장일상을 보는 눈높이와 '사이'에 대한 이해

북한 시장일상생활의 연구는 거시 - 미시와 같은 관찰배율도 중요하지만 시장일상을 어떠한 목적과 방식에 따라 분석적으로 구성할 것인가가 중요하다. 여러 목적과 이유에 따라 연구전략상의 관점, 분석수준, 주제, 시기, 자료 등이 다양하게 채택될 수 있다. 또한 사실들을 복원·재현하는 '설명'에 무게를 둘 것인가, 사람들의 주관적인 일상 체험 그 자체를 '이해'하는 데 목적을 둘 것인가도 중요한 선택의 문제다.

1) 개인이라는 눈높이: 관점과 주제영역

일상생활연구에 대한 통념 중 하나는 그것이 '미시적'이고 '개인'만을 관심의 대상으로 삼는다는 것이다. 이 둘은 관찰배율과 분석수준의 문제와 관련이 있다. 결론부터 얘기하면 일상생활연구는 모든 관찰을 미시적으로만 보는 것도, 분석수준을 개인에만 맞추는 것도 아니다. 일상생활연구는 크게 관점과 주제영역으로서의 의미가 있다. 관점으로서 일상생활연구는 기존의 거대하고 추상적인 관점에서 좀 더 현실적이고 구체적인 행위 차원에 초점을 맞춘다. 또 주제영역으로서 일상생활연구는 그러한 행위 차원에서 이뤄지는 실천과 관계 등을 주요한 주제로 삼는다. 그것은 새로운 패러다임의 제시가 아니다. 기존의 거대 변동, 운동 법칙, 구조적 관점에서 바라보던 주제들을 좀 더 행위 차원에서 관찰하고 해석하는 것이다. 따라서 결코 구조나 거시적인 것에 반하는 것이 아니라 같은 주제에 대한 다른 각도의 응시며 일상생활에 대한 분석을 충분히 반영한 구조나 거시에 대한 관심을 지향한다.

따라서 일상생활연구는 관찰배율의 측면에서 일상을 미시적인 행위 차원에서 포착할 수 있고 거시적인 배율에서 제도나 규범 등 더 큰 조망 아래서 볼 수도 있다. 다만 관찰배율의 문제일 뿐 일상이 곧 미시적인 것은 아니다. 또 일상생활연구는 '분석수준'의 측면에서 일상을 개인의 시각과 주관 속에서 볼 수 있고 지역, 도시, 집단, 공동체, 국가 등 다른 분석수준에서 볼 수도 있다. 그것은 연구목표와 주제에 따른 연구전략상의 설정일 뿐 일상생활연구가 반드시 개인을 통해서 이뤄져야 한다는 것은 결코 아니다. 여기서 관찰배율은 동일한 연구대상에 대한 눈높이에 해당하고 분석수준은 '분석적 용기'에 해당할 뿐이다.[62] 연구목표와 주제에 따라 눈높이는 다양하게 조절되고 분석수준 역시 다양하게 선택할 수 있다.

2) 일상, 모든 인간에게 부여되는 실존의 기본 토양

다음과 같은 오해도 존재한다. 일상생활에 대한 학문적 접근은 '하층계급'을 대상으로 한다는 것이다. 이 경우 관점과 해석에서 다음과 같은 함정에 빠질 위험성이 있다. 우선 관점에서 '하층'이나 '일반대중'에 연구관심을 한정한다면, 사회를 총체적으로 볼 수 없다. 일상은 모든 인간에게 존재하는

---

62) 이매뉴얼 월러스틴 외, 『사회과학의 개방』, 이수훈 옮김(서울: 당대, 1996), 112쪽.

실존의 기본 토양이다. 일상생활은 지도자, 관료, 인민 등 모든 사회 구성원에게 해당되는 공통된 존재론적 근거로 보아야 한다. 그래야만 일상생활이라는 창을 통해 사회 각 수준에 접근할 수 있고 전체를 관통하는 공통된 관심 영역이 생성된다. 다음으로 '해석'의 측면에서 '하층', '일반대중'에 한정할 경우, 사회를 일정한 계급적 위계나 지배구조의 위계로 상정하게 되고 일상생활의 영역은 사회를 총체적으로 인식하는 창으로서의 의미보다는 제한적인 '계급적', '지배 스펙트럼'의 틀에 갇히게 된다. 결국 일상생활연구는 모든 행위자들을 연구대상으로 삼는다. 다만 연구목표와 중심주제에 따라 '개인'을 보는 관점과 해석의 각도가 다를 뿐이다.

그러므로 북한 시장일상에 대한 연구에서 '개인'이라는 분석수준은 특정 계층·계급이 아닌 시장 또는 시장교환을 영위하는 모든 사람들을 연구대상으로 삼을 수 있다. 다만 이 경우 분석수준이 연구목표, 주제, 이론적 문제와 조응해야 한다. 가령 연구목표와 주제가 시장에 대한 객관적 실태와 사실확인이라는 차원에서 이뤄진다면 '개인'이라는 분석수준은 개인들을 통해 경험적으로 확인되는 사실들을 '설명'하는 데 초점을 맞춰야 한다. 한편 시장을 경험하는 개인의 주관세계에 대한 해석 자체가 목적인 경우에는 그들의 경험과 의식세계에 대한 '해석'에 맞는 이론적 도구나 방법을 동원해야 한다. 전자는 개인들이 시장에서 구매하고 소비하는 품목, 거래 과정, 만나는 사람들과의 관계, 법적·제도적 제약 등을 사실 차원에서 재현·복원하는 것이다. 후자는 시장이란 공간, 제도, 조직 등이 개인들에게 어떻게 체험되고 의미화되는가를 살펴보는 것이다. 시장일상을 영위하는 개인들의 행위 동기와 생계윤리, 의사소통의 방식과 관계 정서 등이 여기에 해당된다.

3) 관계라는 연결선: 사회관계의 '장(場)'으로서의 이해

일상생활에 대한 학문적 관심은 새로운 패러다임이라기보다 일상에서 실천하는 행위자들에 대한 독특한 조망이자 더 많은 관심이다. 즉, 여러 종류의 기관(당조직, 행정기관, 학교, 공장, 농장 등)이나 여러 형태의 공동체(가족, 마을, 사조직 등), 또는 우리가 일이나 여가를 통해 경험하는 다양한 상황에서 일어나는 순전히 기계적이지 않은 모든 것들을 다루는 하나의 방법인 것이다. 요컨대 일상생활의 사회과학적 접근은 이른바 인간의 사회적 관계와 관계되는 모든 것과 연관된다고 할 수 있다.[63] 따라서 북한의 시장일상에 대해 연구하는 것은 시장이라는 공간, 조직, 제도 등에서 펼쳐지는 모든 사회적 관계에 대한 관심이다.

이런 점에서 시장일상생활에 대한 연구는 시장이라는 공간을 인간과 인간이 만나 사회적 관계가 형성되고 또 그것이 여러 이유로 변화되는 역동적인 장(場)으로서 이해하게끔 한다. 장소로서든 제도로서든 시장은 사회적 공간으로서 의미가 있다. 사회적 공간에는 각 개인의 관계자본 소유정도와 사회가 필요로 하는 자본의 유형에 따라 개인들이 분화되어 위치하게 된다. 북한의 시장이란 공간도 이처럼 사회가 요구하고 사람들이 욕구하는 관계자본이 교환되고 이로부터 사회적 관계의 일정한 유형이 형성되고 변화하는 공간이다. 따라서 우리가 관심을 가져야 할 것은 시장이라는 관계의 장을 통해 어떻게 관계자본의 불평등한 분배와 소비가 일어나고 이로써 사회구조상의 불평등과 권력의 질서가 형성되고 변화되는지를 보는 것이다.

따라서 '관계'를 중심에 놓고 보는 것은 시장일상의 공간에서 어떻게 사회적 관계가 형성되고 변화되는지를 보는 한편, 그러한 관계들이 어떤 사회적 교환의 내용과 형태를 통해 이뤄지는지를 보는 것이다. 가령 물자의 구매와 소비라는 교환과정 속에 사회적 관계의 다양한 요소들로서 뇌물, 충성, 체면, 인정, 연줄, 보호, 호혜, 권력 등이 어떻게 개입하고 있는지를

---

63) Michel Maffesoli, "The Sociology of Everyday Life: Epistemological Elements," *The Sociology of Everyday Life, Current Sociology*, Vol. 37, No. 1(Spring, 1989), p. 1.

보는 것이다. 이로써 단순히 시장교환의 행위 자체만을 확인하는 차원이
아니라 시장교환에 묻어 있는 다양한 사회적 관계의 요소들을 함께 파악할
수 있다.

4) 문화라는 소통의 질감: 문화 생성의 '장'으로서의 이해

1990년대 이후 시장을 통한 생계활동이 보편화되면서 일상적인 시장
활동을 통해 형성되는 시장 또는 장터 문화도 중요한 연구주제로 부상하고
있다. 이러한 시장 문화의 중요성은 그것이 북한 사회에서 과거에는 존재하
지 않았거나 눈에 띄지 않았던 것들이란 점이다. 과거 사람들 대부분은
제도와 규율의 틀 내에서 직장이나 기관, 조직, 가정 등을 통해 일상생활을
영위해왔다. 물론 이러한 제도와 규율의 틀 내에서도 공과 사를 연결하는
일상생활이 분명 존재했다. 그러나 시장은 기존에 없던 일상의 새로운 공간
이고 직장이나 소속 조직에서의 규율과 통제와는 다른 질서로서 존재하는
공간이다. 이곳에서 사람과 사람이 행하는 상호작용과 언어적 소통의 문화
적 내용은 다르다. 즉, 생계가 목적이 된 사적인 욕구와 시장교환이라는
개인 자율이 어느 정도 포함된 비형식적 대면이 이뤄진다. 이것은 국가가
주입하고 유포하는 공식문화와는 그 내용과 전유 방식에서 다른 질감을
갖는다.

5) 시장, 풍문과 정보의 안테나

1990년대 이후 주민 유동성이 증가함에 따라 주민들 사이의 정보유통도
활성화되고 다양화되어왔다. 정보의 유통경로도 시장유통의 동선을 따라
도시와 도시, 지역과 지역, 국내와 국외를 연결하는 더 광범위한 형태를
띠고 있다. 시장교환을 매개로 정보유통의 경로가 확대됨에 따라 각 지역

사이의 문화적 소통이 자연스럽게 이뤄지고 있다. 이것은 직접적으로는 외부로부터 들어오는 다양한 물질적·문화적 상품들에 대한 소비와 수용으로 연결된다. 그러한 소비와 수용의 과정은 문화적 태도에도 영향을 미칠 수 있다. 상품에 대한 소비에 그치는 것이 아니라 도구적 사용 이상의 문화적 내용물로 그것을 수용하는 태도를 형성하는 것이다.

즉, 시장에서의 일상적 활동과 접촉을 통해 새로운 의사소통의 문화가 형성되고, 외부로부터의 정보유통에 의해 외래 및 이질적 문화에 대한 체험이 증가했으며, 이런 접촉과 체험은 정서와 대중여론 등에 영향을 미칠 수 있다. 또한 시장이 주요 생계의 근거지로 자리 잡음에 따라 기존의 노동과 직장에 대한 태도, 부와 소유관념에 대한 태도, 국가나 지도자 그리고 관료 등에 대한 태도, 집단적 사고 등에 대한 문화적·정서적인 태도에도 변화가 나타나는 측면을 시장일상을 통해 확인할 수 있다.

또한 시장은 기존의 계획경제의 틀 속에서 형성되었던 '관계문화'에도 변화를 가져왔다. 시장일상세계에 대한 연구는 바로 이러한 문화적 태도의 변화를 감지할 수 있는 기회를 제공한다. 따라서 '문화'를 분석의 초점으로 삼을 경우 이러한 문화적 태도와 정서, 심성의 변화 등 의식세계의 변화 측면에서 다룰 수 있으며, 한편으로 물질적인 생활문화에서 나타난 변화도 살펴볼 수 있다.

6) 시장범죄와 주민 일상의 생계심성

시장일상생활의 연구는 시장 활동을 하는 주민들과 이들을 통제·관리하는 국가가 접촉하면서 만들어내는 문화에도 주목해볼 필요가 있다. 그 접촉면에서 만들어지는 다양한 '관계문화'가 북한 사회의 변화를 감지할 수 있는 부분이기 때문이다. 법적·제도적·물리적 감시와 처벌, 그리고 생계 차원의 활동이 만나 갈등하며 만들어내는 '범죄'는 하나의 문화적 행태로 포착될 수도 있다. 시장일상에서 포착되는 '범죄'는 크게는 국가와 사회가 접촉하는 지점에서 발생하는 마찰이나 갈등의 측면으로 볼 수 있지만, '범죄'의 내면에는 국가나 법적 감시와 처벌에 대한 생계심성, 사회적 태도와 역할모델의 변화 등 역동적으로 변화하는 사회적 정체성도 담겨져 있다. 따라서 시장일상생활연구는 이러한 문화적 태도에 대한 관심을 통해 변화하는 사회경제적 환경과 심리적 과정 사이의 관계를 포착해낼 수 있다.

7) 보편적 실태와 이례의 '사이'에서

북한의 시장일상생활연구는 다양한 자료를 통해 접근할 수 있으나 대체로 탈북자 인터뷰를 통한 질적 연구의 비중이 크다. 이들을 통한 조사는 크게 객관적 사실 확인을 통한 보편적 실태를 '설명'하는 것과 행위자들의 주관적 경험세계를 '이해'하는 차원으로 나눈다. 물론 탈북자 인터뷰를 통한 접근에는 '대표성'과 '전형성'의 문제가 제기될 수 있다. 그러나 개인들의 주관적 경험세계를 통해 접근하는 방식이 단편적 사례의 조각만을 모으는 과정으로 치부될 수는 없다. 이들의 체험과 의식세계, 가치 등은 양적 지표로 환원될 수 없는 사회와의 상호작용을 통해 구성된 것이란 점에서 '본원적 사회성'이 내재한 텍스트로서 충분한 분석 가치가 있다.[64]

시장일상생활을 분석하는 데는 두 가지 접근방식을 생각해볼 수 있다. 하나는 시장일상과 관련된 특정 주제에 해당하는 탈북자들의 구술을 통해 보편적 실태를 파악하는 방식이고 다른 하나는 북한 공식문헌의 주장과 내용을 탈북자를 통해 확인·검토하면서 주민들의 일상생활의 차원에서 '예외적 정상(the exceptional normal)'[65]이나 '이례(異例, anonaly)'를 발견하는

---

64) 이희영, 「사회학 방법론으로서의 생애사 재구성: 행위이론의 관점에서 본 이론적 의의와 방법론적 원칙」, ≪한국사회학≫, 제39집 3호(2005), 127~128쪽 참조.

방식이다. 전자는 북한의 공식문헌이나 매체에서 다루기를 기피하거나 언급하지 않는 시장의 구체적 현실을 파악하는 데 긴요하다. 후자는 북한이 공식문헌이나 주장을 통해 설명해왔던 체제의 모습에 반하는 일상적 사례를 발굴해냄으로써 그 이면에 존재하는 사회적 긴장의 모습을 파악하는 것이다.

따라서 가급적 주제에 대한 질문을 세분화하고 주제 특성에 맞게 탈북자를 구성하는 것이 중요하다. 시장일상과 관련한 특정 주제에 대한 면접조사는 첫째, 특정 상황(사건)에 대한 조사가 있고, 둘째, 특정 지역이나 조직의 내부사정(공간)에 대한 조사가 있고, 셋째, 특정 시기(시간)의 전반적 실태를 알기 위한 것으로 나눌 수 있다. 이 셋을 서로 긴밀하게 연계시켜 면접지를 개방적 또는 구조화된 형식으로 구성하는 것이 중요하다.66) 특정 주제에 '다자적 관점(multiview)'이 충분히 반영될 수 있도록 가급적 양적으로 두터운 면접층을 구성해 보편성을 획득하는 것만큼 중요한 것은, 보편적 사례로 보기는 힘들지만 질적인 차원에서 특정 상황, 사건, 에피소드를 통해 심도 있게 시장일상에 내장되어 있는 긴장들을 포착하는 것이다.

---

65) 일회적이거나 아주 극소수의 사례지만, 노골적인 갈등의 모습을 함축하는 사례를 통해서 공식담론 뒤에 항상 존재하고 있으나 다만 간헐적으로 문헌에서 가시화될 뿐인 사회적 긴장관계를 발견해내는 것이다. 예를 들어 북한에서 특정한 소규모 공동체나 집단, 개인, 사건에 초점을 맞춤으로써 거대한 사회구조 내에서 개인적 틈새를 탐색하고 또는 사회문화적 체계의 모순들을 관찰함으로써 북한 주민의 일상에 대한 적응방식은 물론이고 그들이 겪는 '역할긴장'의 면모를 통해 사회관계의 특징을 발견해내는 것이다. 위르겐 슐룸봄, 「미시사 - 거시사」, 위르겐 슐룸봄 엮음, 『미시사와 거시사』, 백승종 외 옮김(서울: 궁리, 2001), 44쪽.

66) 이런 연구의 대표적 사례로는, 최완규 엮음, 『북한 도시의 형성과 발전』(서울: 한울아카데미, 2004); 최완규 엮음, 『북한 도시의 위기와 변화』(서울: 한울아카데미, 2006); 최완규 엮음, 『북한 '도시정치'의 발전과 체제변화』(서울: 한울아카데미, 2007)를 들 수 있다. 이 연구에서는 탈북자 면담을 토대로 특정 지역(도시)·특정 시기별·특정 주제별로 접근하고 있다.

8) 개인사와 국가사의 '사이'에서

생애사(life history)는 한 개인이 태어나서 현재까지 살아온 경험을 현재로 불러내어 서술하는 것이다. 즉, 면접 대상자의 개인적 경험과 자신과 타인들과의 관계를 주제로 하는 자기성찰적인 1인칭 서술이다. 이 경우 개인의 특정한 인생 경험을 생생하게 소회하는 것을 일관된 시점 속에서 연대기적으로 들을 수 있는 장점과 함께 그와 결부된 가족사의 족적도 함께 볼 수 있다. 또 개인사와 국가사 사이의 긴장과 모순을 통해 사회적 변화의 미시적 양태를 파악할 수 있다.

이러한 생애사적 접근은 시장일상생활을 이해하는 데도 중요하다. 한 개인의 생애사 궤적에서 경제적 삶이나 시장의 일상이 그들 인생 회고를 통해 어떻게 의미화되고 해석되는가를 보는 것이다. 이것은 생애사적 접근이 시간에 따른 삶의 과정과 역사적·문화적 맥락에서 삶의 과정에 대한 해석을 보여주기 때문이다. 이런 접근의 장점은 시장일상에 대한 한 개인의 특정 시기 경험세계를 듣는 데 그치지 않고 인생의 전반적 맥락 속에서 시장이 어떻게 의미화되어왔는가를 살핌으로써 심성의 장기지속적 과정을 파악할 수 있다는 것이다.

9) 국가통제와 주민 심성의 '사이'에서

북한 주민들이 시장일상을 경험하는 심리적 태도에 대한 질문에 초점을 맞추는 경우다. 면접 대상자가 지역 시장에서 매일 매일의 일상을 꾸려가며 느꼈던 생각과 일상에 대한 태도를 엿볼 수 있다. 우선 기본적으로 시장 활동을 통한 하루 일과의 시간적 구성과 공간적 이동경로, 대면적 관계의 망 등을 살펴본다. 시장일상에서 주민 대다수가 공통적으로 느끼고 실천하는 삶의 기대와 태도를 파악하는 것이다. 이를 통해 국가의 기대나 통제를 어떻게 수용하는지 또는 그들만의 일상적 삶의 질서가 어떻게 구성되는지를 이해할 수 있다.

이를 위해서는 주민 대다수의 생존방식과 적응전술, 본능적 방어 세계에 대해 깊은 이해가 필요하다. 북한 주민을 원자화되고 순응화된 개인으로 보는 시각에서 그들이 삶을 어떻게 구성해갔느냐 하는 능동적 측면으로 본다. 눈으로 보이는 저항뿐 아니라 그들 심성이 발현하는 '본능적 방어'의 행위양식과 심성(mentalité)⁶⁷⁾을 보는 것이다. 가령 시장과 시장을 벗어난 공간 사이에서 어떻게 이들이 '역할연출' 또는 '역할긴장'⁶⁸⁾을 갖는지 이해한다. 이것은 시장이 이들의 사회적 역할 인식에 어떠한 영향을 미치고 있는지 파악하는 것이기도 하다. 또 시장을 통한 일상적 삶이 부여한 시장 '아비투스(habitus)'의 존재 여부를 파악하는 과정이기도 하다. 즉, "행위자로 하여금 끊임없이 변하는 상황에 적응해 무한한 관습을 산출해내도록 할 수 있는"⁶⁹⁾ 일련의 '틀'로서 시장을 통해 형성된 성향체계가 어떠한 것인지 보는 것이다.

---

67) '망탈리테'는 일반 민중의 태도, 세계관, 묵시적 이데올로기, 집단적 열망 등을 의미한다. 김영범, 「망탈리테사: 심층사의 한 지평」, ≪사회와 역사≫, 제31권 (1991), 258~335쪽.

68) Erving Goffman의 '연출법(dramaturgy)'에서 개념화한 것으로, '자아표현(presentation of self)' 혹은 '인상관리(impression management)' 등을 의미한다. 그는 이런 개념화를 통해 다양한 장소와 관계들 속에서 어떻게 행위자들이 자신의 역할을 연출하고 자아개념을 정당화하는지 분석하고 있다. Erving Goffman, *The Presentation of Self in Everyday Life*(New York: Doubleday, 1958); Erving Goffman, *Behaviour in Public Places*(New York: Free Press, 1963), p. 17.

69) Pierre Bourdieu, *Outline of Theory of Practice*(Cambridge: Cambridge Univ. Press, 1972), pp. 16, 78~87.

10) 구조와 행위의 '사이'에서

북한의 일상생활연구는 사회현상이나 변화를 분석할 때 구조와 행위를 분석적으로 연계하는 것에서도 의미가 있다. 일상생활세계는 개인들의 행위에 영향을 미치는 물질적 조건·제도·질서·규범·규칙 등 구조적 조건이 관철되는 공간이지만, 개인들이 관계를 통해 그러한 물질적 조건·제도·질서·규범·규칙 등을 해석하고 그 나름의 방식대로 '재전유'하는 공간이기도 하다. 따라서 일상생활세계는 '구조적 강제'와 '행위의 실천'이라는 대립적 두 측면이 상호작용하는 공간이다. 그런 면에서 일상생활세계는 구조가 재생산되는 미시적 상황과 구조를 변화시키는 행위의 가능성이 공존하는 공간이라고 할 수 있다.

그런 측면에서 북한의 시장일상생활연구는 사회를 구조화하는 다양한 일상적 계기들이 시장을 통해 어떻게 형성되는지에 대한 횡단적인 독해를 가능하게 한다. 따라서 시장일상생활연구는 결코 전체 경제나 시장을 구조적 관점으로 보는 것을 의도적으로 배제하는 연구전략이 아니다. 시장에서의 일상생활이 사회전체의 구조 또는 경제구조 속에서 조망되어야 한다는 데 동의한다. 시장일상생활을 증발시킨 시장구조의 분석이 전문적 용어의 나열에 그치거나 메마른 숫자의 조합에 그치기 쉬운 것과 마찬가지로, 전체 사회구조나 시장경제에 대한 조망이 없는 시장일상생활의 분석은 잡다한 사실들의 모자이크에 불과할 수 있다. 결국 이것을 구체적으로 어떻게 연계할 것인가라는 연구전략이 더 중요한 문제다.

10. 결론: 연구전망과 중심 문제

북한 시장 연구에서 보편적으로 사용되는 설명 용어 중 하나가 '자생적 시장화'다. 식량난이 본격화되면서 아래에서 확산된 시장교환은 생존 차원에서 시작된 자생적 시장화 과정으로 충분히 평가할 수 있다. 그러나 '자생'이 국가의 기획이나 의도, 개입 없이 주민들 차원에서 형성되었다는 뜻이라면, 그런 의미의 '자생'은 1990년대 이후 시기별로 변화해가는 시장의 양태를 설명하는 데 제한적일 수밖에 없다. 즉, '자생적 시장화'라는 용어가 1990년대 이후부터 현재까지를 포괄하는 개념으로는 적합하지 않다는 뜻이다. 특히 국가적 '방임'을 공공연히 전제한다면 더욱 그러하다.

1) 시장일상, 국가와 시장의 내밀한 관계 드러냄

오히려 시기별로 아래로부터의 '자생성'을 국가가 이용하거나 전유해내는 측면들, 주민들이 국가의 '방임'을 생존 차원에서 전유해내는 측면에 대한 이해가 필요하다. 이를 통해 국가와 시장, 국가와 사회 사이의 존재하는 '공존'의 조절 방식을 통찰할 필요가 있으며, 이런 차원에서 현재의 북한 시장을 설명하는 개념화가 필요하다. 따라서 1998년 이전과 이후, 2002년 이후 북한 시장은 결코 '자생적'이란 말로는 포섭되지 않는 변화의 양상들을 지니고 있다.

결국 시장에 대한 분석은 더 이상 '고난의 행군'과 '자생적 시장화'라는 회고적 꼬리표 달기에만 머물 수 없다. 시장을 하나의 '사건'으로 회고하는 것 이상으로 시장이 사회에 드리운 생존방식의 다양화란 차원에서 그 기원과 과정에 관한 탐문 속으로 들어가야만 한다. 그런 차원에서 북한의 시장을 일상의 차원에서 들여다보면 시간이 경과하면서 '자생' 및 '방임'의 성격과 방식에서 일정한 변화가 있었다는 것을 감지할 수 있다. 그것은 시장일상이라는 공간에서 펼쳐지는 국가와 사회의 구체적 만남을 통해 확인할 수 있다.

2) 시장일상을 지배하는 관료적 기회주의

사실 북한의 시장은 관료적 기회주의에 점차 전면적으로 노출되어왔다. 그것은 시장의 확산 속도에 비례하는 과정이었다. 시장을 통한 관료적 기회주의란 시장에 대한 통제와 감독의 권한을 통해 시장에 기생하며 약탈적으로 경제자본을 챙기는 관료들의 행태를 의미한다. 이들 관료들은 시장에 기생하며 관료적 약탈을 하는 데서 발생하는 위험과 비용을 낮추기 위해 다양한 시도를 해왔다. 즉, 권한상 개입할 수 있는 공과 사의 접촉면을 넓힌 것이다. 결국 제도상의 '공적' 공간은 형식상으로만 남고 공 - 사가 합체된 이해관계의 실질적 관계가 법적·제도적 금기선 밑에서 시장의 일상과 실제를 지배한다.

그렇다면 약탈적·기생적인 관료적 기회주의를 어떻게 시장일상의 차원에서 해석할 수 있을까. 잠정적이지만 이것을 시장을 억제하고 왜곡하는 것만으로 볼 수 없다. 오히려 정치적·제도적으로 불완전한 시장에서 시장정보 교환과 소통의 기능으로 볼 수 있다. 즉, 북한의 시장은 관료 행정서비스의 상품화와 교환, 공식·비공식적 행정서비스 - 뇌물 - 정보·묵인의 교환을 통해 작동되는 메커니즘으로 이해할 수 있다. 북한의 시장은 관료적 기회주의와의 기능적 결합을 통해 작동하는 비중이 크다는 의미다. 불완전한 시장제도와 각종 불확실성을 최소화하는 데 관료적 기회주의가 기능적으로 시장 행위자들에게 활용되고 있는 것이다. 시장일상에 대한 관심은 바로 이러한 시장교환의 미시적 양태 속에서 발견되는 다양한 실천과 행위전략을 포착해 냄으로써 시장동학에 대한 새로운 이해 가능성을 보여줄 수 있다는 점에서 중요하다.

3) 국가, 관료적 이해관계의 총체

한편 시장을 일상생활의 측면에서 본다는 것은 '국가'에 대한 더 깊은 이해를 요구한다. '국가'를 단순히 제도적 단일체로서 추상하기보다는 거대한 관료들로 위상화된 사회적 관계의 덩어리로 이해할 필요가 있다. 현재 북한에서 국가가 처한 상황을 은유적으로 표현한다면, 시장의 수압을 감당할 수 있는 제도라는 배관과 정치적 통제의 노즐이 필요하지만 아직 과거의 낡고 허술한 배관으로 버티고 있는 실정이며 이로 인해 정치적 통제라는 최종적인 수단만으로 시장을 통한 누수를 감당해야 하는 실정에 있다고 할 수 있다. 그런데 바로 이러한 허술한 배관 부분에서 관료들의 시장 전유가 꽃을 피우고 있다.

특정 지역 혹은 특정 경제부문을 담당하는 관료그룹이 자신의 통제에 있는 주요 시장 영역을 사적인 혹은 집단적인 이해 차원에서 전유하는 것이다. 과거부터 관료들 간의 거래의 기본단위는 '행정적 서비스'였다. 경제관리 체제의 특정영역을 통제하고 있는 관료그룹들은 각자 필요한 행정적 서비스를 교환하는 방식으로 과거부터 호혜적 관계를 맺어왔다. 이것은 계획경제의 불확실성을 해결하는 방편적 의미가 강했다. 그러나 이들은 시장이라는 영역도 자신의 행정적 관리기능을 통해 새로운 교환체계로 끌어들이는 거래의 귀재들이기도 하다. 일종의 시장이 요구하는 행정 서비스를 판매하고 대가를 챙기는 행정서비스 시장을 허술한 제도적 공간에서 공공연하게 형성해온 것이다.

또 한편으로는 계획경제를 통해 기능적·지역적으로 형성된 관료적 이해관계를 활용해 시장을 약탈적으로 전유하기도 한다. 가령 기본 관료그룹인 에너지·자원복합체, 군산복합체, 농·공복합체 그리고 경제활동과 관련된 군대, 정보기관, 내각 등 권력부처들은 자원이 분배·재분배되는 과정에서 상호 협력적 공생관계를 가져왔다. 이들은 이런 관계를 기반으로 시장이 확산되는 과정에서 지역적인 관료적 이해관계를 통해 시장을 약탈적으로 전유하는 데서 협력적인 체계를 구축해왔다. 이들은 국가로 상징되지만 시장일상의 차원에서 보면 개인적, 집단적 이해관계로 뭉쳐 중앙(수령)에 대한 상납과 충성을 어기지 않고 지역적으로 영토를 관할하는 소영주들에 가깝다. 이와 같은 모든 것들은 북한의 시장동학에 직간접적인 영향을 미치고 있다.

4) 북한 연구의 상상력과 일상연구의 미덕

이상에서 제기한 중심문제들은 북한의 시장을 이해할 때 다양한 해석이 필요한 부분이다. 사실 북한 시장일상생활연구의 '미덕'은 시장을 단순히 경제적 과정으로만 보는 데 그치지 않고 사회적 관계 차원에서 이해할 수 있는 여러 단초를 제공한다는 데 있다. 시장은 사회와 분리된 채 독자적으로 돌아가는 추상의 경제적 과정이 아니라 현실에서 개인들의 사회적 동기를 통해 작동한다. 그런 측면에서 시장을 통해 북한 사회의 지속과 변화를 보는 것은 시장을 영위하는 개인들과 그들이 만들어내는 사회적 관계에 주목한다는 의미다. 그것은 시장의 일상세계에서 다양한 행위자들이 발휘하고 일궈내는 실천, 전략, 문화, 그리고 사회적 관계의 변화가 좀 더 실질적으로 북한 사회의 모습을 정향하는 사회적 힘이 될 수 있음을 뜻하는 것이다.

그런 의미에서 북한 연구가 경계하고 지향해야 할 몇 가지 지점이 있다. 하나는 '예측'이라는 강박에서 비롯된 사회과학적 곤란에서 탈출하는 것이다. 현상에 대한 사회과학적 분석은 결과적이고 사후적일 수밖에 없다. '예측'에 경도된 징후학으로의 과중한 무게 중심 이동은 사회과학적 분석의 다양성을 제약할 수 있다. 다른 하나는 거대하고 대단한 것으로 보이는 담론에 관해서는 지나치게 민감하면서 일상생활에 대한 끈기 있는 분석에는 무심한 '주류이론 추수적 허무주의', 해석적 다양성을 위한 학문 간 '통섭'의 노력을 회피한 채 폐쇄적인 개별 전공학문의 영역 안에 북한 연구를 가두려는 '폐쇄적 냉소주의'를 탈피하는 것이다. 북한 연구의 상상력을 위해서는 이런 문제의식에 기반한 자기조회적인 성찰이 수반되어야만 한다.

현실사회주의는 이데올로기 측면에서 인간을 사회적이자 생물학적이며, 영웅이자 비극적이고, 융통성 있는 동시에 제한적인 존재로 파악하는 데 실패했다. 북한 연구 역시 이러한 실패에서 자유롭다고 할 수 없다. 그런 의미에서 북한 연구는 조금 과장하면 '인간학'으로 수렴되어야만 한다. 개인들의 실천이 만들어낸 다양한 삶의 형식과 질서에 천착하지 않는 북한 연구는 북한이란 타자에 대한 설명 조각들을 모아놓은 것 이상이 될 수 없기 때문이다.

10장

북한의 붉은 공장과 노동일상세계
'아우라' 없는 노동일상에 관한 접근

차문석(통일교육원 교수)

1. 서론: '새로운 세계'를 포착하기

'노동'은 자본주의 사회나 사회주의 사회를 통틀어 근대 사회에 들어 가장 영향력 있는 개념 중 하나일 것이다. 특히 근대에 국가라는 형태로 관리되는 노동은 일국의 생산과 생산성을 담지하는 필수적인 개념이자 실천이 되었다. 급기야 노동은 인간의 본성으로 간주되었고 특히 20세기 현실사회주의에서는 그것이 더욱 극화되었다. 이는 소렌슨(Jay B. Sorenson)의 연구에 잘 나타나 있다. 그는 사회주의 국가에서 강제했던 노동 윤리를 칼뱅주의(Calvinism)에 비유했다.[1] 사회주의 국가들의 헌법과 각종 담론에서 나타난 '일하지 않는 자 먹지도 말라'(소련 1918년 헌법 제18조)는 경구는 사도 바울(Paul)이 데살로니가 교회에 보내는 메시지에서 그대로 인용한 것이다.[2]

---

1) Jay B. Sorenson, *The Life and Death of Soviet Trade Unionism 1917~1928*(New York: Atherton Press, 1969), pp. 129~165.

노동은 이렇듯 국가와 결부된 것이다. 이에 따라 노동자도 국가와 결부될 수밖에 없다. 노동이, 그리고 그러한 노동을 수행하는 노동자가 국가의 공식담론에서 항상 칭송되고 미화되는 것도 이 때문이다. 사회주의 사회에서는 더욱 노골적으로 노동을 찬양한다. 시장적 기제와 같은 중간 매개를 관통하지 않고 노동은 국가와 직접 대면한다. 사회주의 국가에서는 노동이 실행되는 공간에 어김없이 국가가 개입한다. 이윤이 생산성을 증가시키는 주도적 요인이 아닌 사회에서 유일하고 합법적인 고용주일 뿐 아니라 생산성을 증가시킬 수 있는 기제를 의식적으로 도입해야 하는 것도 국가다.[3]

이런 면에서 사회주의 사회에서 이뤄지는 '노동'에 대한 연구는 그 자체가 대단히 비판적인 성격을 띤다. 공적인 공간에서 공적 담론에 부합해 이뤄지는 매우 처절한 노동에 대한 묘사는 노동을 강제하는 국가의 욕망을 드러낸다. 반대로 이를 거스르는 은폐된 저항의 노동에 대한 묘사 또한 노동에 대한 비판적 입장을 드러낸다. 그뿐 아니다. 일상적인 노동과 생활에 대한 묘사는 일상성을 생활에 결부시켜 공적인 성격에 대립되거나 마찰하는 영역으로 만들어낸다. 앞에서 밝힌 것처럼 어쩌면 노동 그 자체가 초역사적 개념이 아니고, 인간의 본성이 노동이 아니기 때문에 특이하게도 노동 연구에서 이러한 효과가 나타나는 것일지도 모른다. 거기에 덧붙여 노동 연구는 지배자가 아니라 피지배자인 노동자를 필연적으로 결부시키기 때문에 비판적인 성격을 띨 수도 있다. 특히 노동일상에 대한 연구는 불가피하게도 이러한 노동자들이 주인공인 일상에 관한 연구이기 때문에 더욱 그러하다.

북한의 노동일상의 세계는 '새로운 세계'다. 여기서 '새로움'이란 그 일상의 세계가 새로이 등장했다는 의미가 아니라, 이미 존재해왔던 세계이지만

2) 「데살로니가후서」, 『신약성서』, 제3장 10절.
3) Lewis H. Siegelbaum, *Stakhanovism and the Politics of Productivity in the USSR, 1935~1941*(Cambridge: Cambridge University Press, 1988), p. 8.

연구자에 의해 새로이 포착되는 세계란 뜻이다. 어쩌면 이 '새로운 세계'로 인해 지금까지 설파되어왔던 북한적 현상들이 일그러질 수도 있고, 아니면 그 진면목을 더욱 입체화하고 보완하는 기능으로 흡수될 수도 있다. 양자 모두 북한 노동일상연구가 제공할 수 있는 장점이 아닐까 한다.

지금까지 북한 노동(과 노동생활)에 대한 연구는 매우 드물었다. 그나마도 주로 공적인 담론상에 나타난 노동을 분석하는 데 치중해왔기 때문에 '노동'을 규정하는 공식적 구조와 제도, 그것들의 변화가 주된 연구영역이었다. 구조와 행위 또는 구조와 주체의 해묵은 대립 구도를 떠나서 노동 자체가 구성되고 실행되는 (노동) 일상을 연구하는 것은 공식적인 구조와 제도가 노동일상과 어떻게 연결되는지, 그로부터 노동일상이 어떠한 영향을 받는 지, 그리고 심지어는 구조와 제도가 노동일상에 의해 어떻게 변화를 강요받는지 알 수 있는 실마리들을 제공할 것이다.

이 글은 노동자가 '노동력'이 아닌 인간으로서 노동일상을 어떻게 꾸리고 살아갔는가의 영역에 초점을 둔다. 노동자를 생산 요소의 일부분으로 환원될 수 없는 주체적 행위자로 파악하며, 사회적 환경 속에서 이들이 그 나름의 능동성으로 조직하고 만들어온 '노동과 일상'을 분석하기 위한 새로운 연구 방법론을 개발하고 북한의 노동일상을 새로이 조명한다.

2. 사회주의와 노동일상

자본주의 사회에서는 '노동'이 시민사회의 영역에 포함되어 국가와 구별되는 사적(私的)인 성격을 띠지만, 20세기 사회주의에서는 '노동'이 실행되는 생산의 장소(그리고 물리적 설비)가 국유화되어 있기 때문에 '노동' 그 자체는 원칙적으로 공적인 성격을 갖는다. 따라서 사회주의 사회에서의 노동일상을 분석할 때, 일상생활은 원래 사적이고 개인적인 것인데 사회주의 사회에서는 이것이 공적 영역에 속하기 때문에 공적 영역의 일부로서 배제할 경우 아이러니하게도 노동의 세계가 결과적으로 누락되어버린다. 결국 공식적인 노동의 세계 내에서 펼쳐지는 노동일상들을 들여다볼 수 없게 되고, 사회주의에서 '일상이란 존재하지 않는다'라는 주장까지 나온다.

사실 사회주의 사회에서 노동일상은 공적인 영역으로 강제되고 공적인 담론으로 치장되어 사적인 성격이 의식적으로 배제·은폐되어왔지만, 노동일상 그 자체는 공적인 영역에서조차 완전히 포섭될 수 없는 것이다. 노동하는 주체가 완벽하게 포섭되는 체제란 존재하지 않기 때문이다. 이러한 측면에서 북한과 같은 사회주의에서 노동일상은 공적 구조의 실제 작동 메커니즘과 현실을 보여주는 중요한 영역 중의 하나라고 할 수 있다. 게다가 국가적 상징과 조국이나 민족과 같은 국가주의적 담론에 감염되어 노동을 향해 쇄도해가는 '붉은 깃발을 든' 영웅적 노동이나 국가의 강제된 노동에도 죽거나 꺾이지 않고 면면히 살아가는 노동자들의 '은폐된 저항의' 노동은 결코 다른 장소와 시간에서 이뤄지는 것이 아니다. 공간과 시간상으로 동시에 일어날 수도 있다. 노동일상은 그것을 모두 포괄하며 구별하지 않는다. 그러나 또 하나 염두에 두어야 할 것은 권력의 담론과 자신을 동일시하는 사회주의 노동자들의 행태(行態)가 존재한다는 사실이다. 사회주의 노동자들의 이러한 동일시 감정은 매우 복잡 미묘한 것이다.

그렇다면 '노동의 일상'이란 무엇인가? 노동의 일상은 기본적으로 그 일상의 주체인 노동자들의 사유와 행위들을 통해 이뤄진다. 사유와 행위는 서로 밀접히 관련되어 있을 뿐 아니라 다른 사람이나 전체 사회와도 무관하지 않다. 즉, 사회적 성격을 갖는다. 어쩌면 노동 그 자체가 하나의 일상적 활동이다. 근대에서뿐 아니라 근대 이전 인류의 삶에서 일상생활을 지배했고 지금도 여전히 지배하는 것이 바로 노동이기 때문이다. 일상생활은 노동의 수행이었으며 이 노동의 수행을 중심으로 일상생활의 나머지 활동 형태들이 배열되었다. 노동일상을 연구하는 것은 그러한 노동일상을 생산하는 사회를 최종적으로 연구하는 것이다. 따라서 노동일상은 북한 사회를 이해하는 하나의 실마리가 된다. 그 이유를 하르투니언(Harry Harootunion)의 근대와 일상성에 대한 분석에서 차용하면, "일상은 자본주의적 지배가 속속들이 관철되는 장이 아니라, 오히려 지배에 균열을 내는 무수한 차이들의 장이요, 항상 유령적 잠재성들이 흘러넘치는 장으로 의미화되고 있다".4)

그렇다면 사회주의와 노동일상은 어떤 맥락 속에서 상호 연계되는가? 많은 연구자들이 사회주의 국가에서, 더구나 노동동원체제가 국가적이고 체제적으로 작동하고 있는 사회에서 노동일상이란 없다고 생각할지도 모르겠다. 소련을 위시한 20세기 사회주의 사회에서의 혁명은 새로운 문화를 창출하는 계기로 작용했다. 아니면 아예 결과적으로 '문화혁명(cultural revolution)'의 성격을 띤다. 이러한 새로운 문명과 문화에는 노동의 새로운 세계(새로운 노동 질서와 문화)에 대한 기획도 포함된다. 메이어(Alfred G. Meyer)는 "사회주의 혁명은 문화의 충돌을 수반한다. …… 레닌을 필두로 그들의 이름으로 혁명을 했던 사람들은 구래의 문화를 대체하려 했던 새로운 문화의 의식적인 전사가 되었다"5)라고 말한 바 있다.

이러한 문화혁명은 노동의 일상, 일상 노동, 그리고 노동문화에 대한 혁명적 변화를 요구한다. 혁명 이후 이러한 '문화적 혁신'의 주체는 대중이나 인민이 아니라 엘리트(elite)가 되는 경향이 있다. 따라서 대중의 입장에서 보았을 때 혁명은 자신들이 갖고 있던 전통적이고 장기지속적인 노동일상에 대한 공습을 의미했다. 어떤 의미에서 '공산주의 혁명은 문화들 간의 전쟁'6)인 것이다. 메이어에 비해 다소 강도는 약하지만 르페브르(Henri Lefebvre)는

---

4) 해리 하르투니언, 『역사의 요동: 근대성, 문화 그리고 일상생활』(서울: 휴머니스트, 2006), 325쪽.

5) Alfred. G. Meyer, "Cultural Revolution," *Studies in Comparative Communism*, Vol. XVI, No. 1&2, Spring/Summer(1983), pp. 5~8.

6) *Ibid.* 참조.

"혁명은 그 자체로 새로운 의미를 지닌다. 그것은 일상을 해체하고 변형시키기 위해 우선 일상을 거부하고 일상을 재구성한다. …… 그 이후 혁명은 그 자체가 일상성이 되면서, 다시 말해 제도, 관료주의, 계획경제, 생산성 합리화 등이 되면서 이러한 희망을 배반했다"[7]고 보았다.

하지만 대중들은 '해방을 위한' 노동이라는 권력의 노동담론에 '은폐된 저항'으로 대항해왔다. 이로써 볼셰비키도 부수지 못할 노동자들의 요새가 만들어진다. 이것이 사회주의 국가에서의 '노동일상'이다. 예를 들면 일제 시기에 공장 최고 권력자의 명칭은 '지배인'이었다. 해방 이후 북한에서는 이 '지배인', '기사장', '부장'(가령 '공무동력 부장' 등)이라는 명칭을 버리지 않고 그대로 사용해왔다. 지배인이라는 명칭과 함께, 지배인에게 명령받는 노동 또한 노동자들의 일상에서는 별반 차이가 나지 않을 수도 있다. 해방, 혁명, 권력의 스펙터클한 정치적 시간 아래로 조용히 흐른 시간과 더불어 노동일상도 일제 시기부터 중단되지 않고 흘러나왔다고 볼 수 있다. 가령 김광억은 마오쩌둥의 혁명 정권하에서 은폐·억압되어 있던 중국 인민의 민간 문화가 마오쩌둥 사후에 부흥하거나 새로운 장르로 발명되면서 국가가 생산하는 공식문화와 긴장 및 충돌을 일으키는 과정을 보여주었다.[8] 이는 혁명에 가려졌던 노동일상과 노동문화 또한 같은 운명이었을 것이다. 왕(Wang Mingming)은 좀 더 적극적인 해석을 했다. 인민들의 전통과 문화가 혁명과정 속에서 공식 권력에 부정당하면서도 줄기차게 유지되어온 것은 의도적 저항이며 전략적 선택이라고 보았다.[9]

---

7) 앙리 르페브르, 「현대세계의 일상성」, 박재환 엮음, 『일상생활의 사회학』(서울: 도서출판 한울, 1994), 78쪽.

8) 김광억, 「중국연구를 위한 인류학적 패러다임 시론」, ≪국제지역연구≫, 11권 3호(2002), 31쪽.

9) Wang Mingming, *Flowers of the State, Gardens of the People*, Ph. D. Thesis(University of London, 1992).

사회주의 사회에서 이러한 노동일상은 잘 포착되지 않는 것이다. 물론 자료상의 한계와 발견하려는 노력의 부재도 이에 기여했겠지만, 노동을 행하는 사람 그 자체가 은폐하거나 아니면 권력자에 의해 은폐될 수밖에 없는 성격을 가졌기 때문이다.

새로운 노동일상의 창조를 수반했던 혁명 이후 그 새로운 노동일상은 공식적인 담론에서 자찬(自讚)하는 노동일상이고, 거기에 저항하는 일상적 노동 현실도 여전히 존재한다. 즉, 혁명과 혁명 체제, 산업화와 경제 담론, 도시화와 동원 체제와 같은 거시적·구조적인 것들에 의해 은폐되거나 밀려나온 노동의 일상을 파헤치는 것이 이 글의 목적이다.

연구사(研究史)적으로 말한다면, 산업화 연구나 수령제 연구 등 기존 북한에 대한 거시 주제의 연구 과정에서, (북한 주민과 밀접하게 관련된) 북한 역사의 많은 측면이 억압되는 것은 불가피한 결과로 나타나는 것 같다. 하지만 현실에서는 오히려 노동자들이 산업화와 도시화라는 거대한 사회적·구조적 변동과 그 과정을 노동자의 방식으로 경험하고 또 이용했다. 따라서 모든 사회 구성원이 자신들의 의지와 관계없이 일상 활동을 통해 제도의 재생산과 변화에 개입한 것이며, 이를 통해 끊임없이 자신을 재규정하게 되는 것이다.[10] 이는 이들이 객체이자 주체임을 보여준다.[11]

3. 북한에서의 노동개념과 일상

이 절에서는 북한에서 노동이 어떻게 공식적으로 정의되는지를 살펴본다.

---

10) 김진균·정근식, 『근대주체와 식민지 규율권력』(서울: 문화과학사, 1997), 15쪽.
11) 알프 뤼트케 외, 『일상사란 무엇인가』, 나종석 외 옮김(서울: 청년사, 2002), 21쪽.

이를 통해 북한에서 노동일상이 얼마나 공식적인 노동을 비껴가서 횡단하는 지를 알 수 있고, 공식적인 노동세계가 현실의 일상 노동과 얼마나 간극이 있는지를 비교 분석할 수 있다. 그리고 공식적인 노동세계 자체의 일상이 어떤 구조와 담론 속에 내재해 있는지도 부수적으로 이해할 수 있다.

북한과 같은 집단주의에 토대를 둔 체제에서는 기존의 정치적 기제가 사상과 이념을 통해서 노동자 개인의 사적인 영역을 통제한다. 개인의 영역 은 공식 사상과 이념에서 소거되거나 밀려나고 공식담론이 개인을 포획한다. 나아가 '노동' 또한 사적인 성격이 사상(捨象)·은폐되고 공적인 성격을 중심 으로 묘사된다.

북한에서 공식적인 노동개념은 바로 '공공성' 또는 '이타성'에 기반한 노동개념이다. 북한에서 노동은 공산주의적 태도와 관련해 설명된다. 즉, 노동에 대한 공산주의적 태도란 "로동을 즐기고 로동을 가장 영예로운 것으로 여기며 로동에서 자각적 열성과 창발성을 내며 집단과 사회를 위한 공동 로동에 성실히 참가하는 공산주의적 새 인간의 중요한 품성"[12]으로 정리된다. 김일성 또한 "로동을 사랑하며 사회주의, 공산주의 건설을 위한 공동 로동에 성실히 참가하는 것은 사회주의 노동자들의 신성한 의무이며 가장 큰 영예"[13]라고 언급했다. 결국 북한에서 노동은 '신성한 것'으로 신화화된다. 노동이 '가장 신성하고 영예로운 것'이며, 모든 주민의 지위는 노동에 대한 성실성에 의해 규정되고 "노동에서 가장 모범적이며 영웅적인 사람은 인민의 사랑과 높은 존경을 받는다"고 할 정도로 주민들의 삶의 가치를 노동에 둘 것을 강조한다. 1917년 혁명 이후 소련에서 발흥한 칼뱅주 의적 사회주의 노동이 북한에서도 거룩하게 횡단하고 있음을 볼 수 있다.

---

12) 사회과학출판사 엮음, 『정치사전』(평양: 사회과학출판사, 1973), 334쪽.
13) 김일성, 「우리나라 사회주의제도를 더욱 강화하자」, 『김일성 저작집(제27권)』(평 양: 조선로동당출판사, 1984), 34~35쪽.

370 제2부 북한 일상생활연구의 접근방법 모색

이렇게 노동을 정의하는 이면에는 국가가 필요로 하는 '생산성'의 욕구가 도사리고 있다. 이러한 노동개념을 통해 순종적이고 근면하게 일하는 노동자를 생산할 수 있는 이데올로기가 만들어졌다. '노동을 기피하는 습벽', '반항 의식', '부랑성', '게으름'은 공산주의적 인간형과 양립할 수

[그림 10-1] 공장 지배인이 노동자들에게 목표 생산량 달성을 촉구하고 있다.

없게 되었다. 또 노동에 걸맞지 않은 모든 인간적 욕구들이 부정적으로 취급된다. 이는 특히 산업화 시기 북한의 영웅모델에서 두드러지게 나타난다. 이는 농촌 출신 노동자들의 산업적 리듬에 대한 부적응, 새로운 산업 정권에 대한 인식 부족 등이 당시 북한 정권의 주요한 정책 문제였다는 것을 반영한다. 사회주의에서 흔히 창출되었던 노동영웅은 사회주의적 노동을 각인시키기 위한 노동 교육적인 존재로서 나타났다.

북한에서 노동영웅 칭호를 받는 것은 공동체와 집단을 사랑하는 이타적인 인간의 전범이 되는 것이며, 이들은 모델이 되어 '태만한 자, 게으른 자, 그리하여 이기적인 인간'을 분쇄하는 정치 도덕적 존재로 승화된다. 사실상 이들 영웅은 북한 체제를 위한 규율화 장치라는 점에서 일종의 '정치 인형'인 셈이다. 즉, 공장 질서에 적응하지 못하는 노동자, 결근이나 노동유동을 빈번히 해 생산성을 저해하는 자들과 같이 생산성의 일탈자들을 병리적 이상자로 치환시켜 이들을 치유하는 정치 의학적 십자군들인 셈이다. 권력은 영웅을 각 공장 및 기업소에 배치해 노동자들에게서 새로운 노동 습속을 창출하고 그 규율을 내면화하도록 한다. 결국 북한에서의 '영웅'은 노동의 신성화와 결부되어 있다.[14] 나중에 다시 살펴보겠지만 '일상'은 영웅적

14) 차문석, 「북한의 노동영웅에 대한 연구」, 『북한의 사회』(서울: 경인문화사, 2006),

노동과 노동영웅도 관통한다. 영웅은 일상(연구)을 통해 해체되어 폭로될 것이다.

한편 북한에서 노동은 일종의 '전투'로 묘사된다. 물론 이는 2차 세계대전 직후에 절정기를 구가하던 소련에서 복제한 담론이다.[15] 즉, 국가 계획은 '전략 계획', 성·관리국·도경제위원회 수준의 계획은 '작전 계획', 공장·기업소·직장에서의 실제 생산계획은 '전투 계획'이라고 불렀다. 공장에서의 생산은 '전투', 지배인은 '지휘관', 공장당위원회는 기업소의 '최고지도부' 등으로 은유했다.[16] 또한 '20일 전투', '50일 전투' 등의 '돌격전', 돌격전을 실시하기 위해 편성된 작업반은 '돌격대'라고 표현했다.

이리하여 이 사회에서는 병사(兵士)와 사민(私民)이 중첩된다. 사민이 군인이고 군인이 사민이 된다. "병사는 전투를 위하여 산다. 그러니 이것이 사민과 다른 점이라는 것일까. …… 사민들도 일을 한다. 그리고 자기들이 하는 일을 전투라고 부른다. '70일 전투', '100일 전투', '200일 전투'……."[17] 전투에서 병사들에게 애국주의와 조국애를 요구하는 것과 마찬가지로, 노동 또한 전투이므로 조국을 사랑하는 애국주의적 노동이 강제된다. 나아가 조국을 위해 전쟁터에서 목숨을 바치듯이 노동을 해야 한다는 메시지가 들어 있다.

271쪽.

15) 소련의 경우 제2차 세계대전 직후라는 점, 중국의 경우 한국전쟁의 영향 때문에 군사적 레토릭이 영향력을 미칠 수 있었다는 점, 북한의 경우 한국전쟁의 영향과 만주파의 등장이 항일유격대 정신을 강조하면서 군사적 레토릭을 사용했다는 점이 지적될 수 있다. 차문석, 『반노동의 유토피아』(서울: 박종철출판사, 2001).

16) 김일성, 「모든 힘을 여섯 개 고지의 점령을 위하여: 조선로동당 중앙위원회 제4기 제2차 확대전원회의에서 한 결론」(1961. 12. 1), 『사회주의경제관리문제에 대하여』(평양: 조선로동당출판사, 1970), 17~37쪽.

17) 한웅빈, 「스물한 발의 '포성'」, 《조선문학》, 4~6호(2001); 최완규·노귀남, 「북한 주민의 사적 욕망」, 《현대북한연구》, 11권 2호(2008), 49쪽에서 인용.

이러한 거대한 노동담론의 총체성에 균열을 가하는 것이 '노동일상'이다. 노동일상에 대한 연구는 이러한 총체성에 균열을 가해 새로 총체성을 구성할 것이다.

4. 북한 노동일상의 접근방법

적어도 방법론과 관련해 언급할 때, '노동일상에 대한 연구' 그 자체가 하나의 방법이라고 할 수 있다. 가령 우리가 북한의 노동일상을 연구한다고 할 때, 노동일상이 연구대상 또는 소재를 의미하는지, 아니면 방법을 의미하는지는 매우 중요한 문제제기다. 결론적으로 말하면 노동일상연구는 노동일상 그 자체가 연구대상이자 소재이면서도 하나의 '방법'으로 의미를 갖는다.

방법으로서의 노동일상연구는 반복되고 무의식적으로 체화된 것을 잘라 낸 단면 속에서 구조나 제도, 지배 정책을 재발견할 수 있는 '방법'이기 때문에 매우 중요하다. 즉, 일상이라는 미시적 현상 속에 깃든 문제를 포착해 가는 것이 방법으로서의 일상연구가 갖는 문제 틀이다.[18]

그렇다면 이러한 '방법으로서의 노동일상연구'를 어떻게 진행할 것인가. 이는 매우 어려운 문제다. 특히 일상적인 담론이나 사적 공간에 대한 내러티브가 거의 공개되거나 공간(公刊)되지 않는 '북한'에서의 노동일상은 연구자들을 괴롭히는 난제의 대상이다. 하지만 '인간이 살아가는 곳이면 어디에나 일상은 있다'는 간단한 언술에 귀 기울이면서 난제에 접근해야 한다. 그리고 다양한 경로를 통해 일상에 다가가야 한다.

다음에서는 다소 생경한 북한의 노동일상에 접근하기 위한 '기법'과 접근 방법을 간략하게 소개하려 한다. 거대 구조나 정치·경제체제에 대한 접근과

---

18) 공제욱·정근식, 『식민지의 일상, 지배와 균열』(서울: 문화과학사, 2006), 18쪽.

는 달리 노동일상연구는 섬세하고 작은 이야기들을 중심으로 진행되므로 기존의 방식과는 다른 '작은 그물코'의 그물을 던져야 한다. 따라서 여기서 '기법'이란 '작은 그물코를 만드는 법'에 해당하며, 접근방법이란 '작은 그물코의 그물을 어떻게 던질 것인가'에 해당한다.

1) 노동일상에 접근하는 '기법'

어떻게 '작은 그물코의 그물'을 만들 것인가. 대표적인 기법으로는 일상적인 것들을 기술하지 않은 문헌에서 일상을 발견해내는 기법과 탈북자가 들려주는 북한 이야기로 일상을 구성하는 기법(구술분석기법)이 있다.

(1) 문헌분석을 통한 기법

주지하듯이 가장 대표적이고 기본적인 분석기법은 '문헌분석을 통한 기법'이다. 우선 '1차 자료'의 분석이 있다. 개인 문서와 공식 문서 모두 수집과 분석의 대상이 된다. 개인 문서에는 노동자 수기, 일기, 편지, 자서전, 참회록, 개인의 작문이나 수필, 수상, 사진 등이 포함된다. 노동자 수기에는 노동자들이 쓴 '노동수기'와 『천리마작업반장의 수기』와 같은 '노력 영웅'들의 자필 수기가 있다. 일기로는 중국의 종합영웅 레이펑(雷鋒)의 『레이펑 일기』가 있다.[19] 하지만 길확실과 레이펑 등의 영웅 수기나 일기를 분석할 경우, 이 수기와 일기에 나오는 주인공들의 일상은 권력에 의해 대단히 웅장하고 스펙터클하게 포장되어 있고 필자 스스로가 자기검열을 가했기 때문에 주의 깊게 분석할 필요가 있다.[20] 또한 노동자 수기 등에 대한 내용분석을 통해

---

19) 길확실, 『천리마작업반장의 수기』(평양: 직업동맹출판사, 1961); 진광생, 『뇌봉』, 최성만 옮김(서울: 실천문학사, 1997).

20) 차문석, 「레이펑, 길확실: 마오쩌둥, 김일성 체제가 만들어낸 영웅들」, 『대중독재의 영웅만들기』(서울: 휴머니스트, 2005)를 참조.

지배적으로 의미화되는 어휘나 표현이 무엇인지를 분석하고 이것이 어떤 사실을 함의하는지를 밝히며, 역사적으로 의미 생산의 공간을 지배했던 언어 형태가 무엇인지를 도출함으로써 글로 쓴 자료가 보여주는 역사적 의미를 복원해내야 한다.

기존에 노동자들의 수기와 메모를 통해서 분석을 시도했던 연구로는 코트킨(Stephen Kotkin)의 『마그네틱 마운틴: 문명으로서의 스탈린주의』와 호프만(David Hoffmann)의 『페전트 메트로폴리스』 등이 있다.21) 코트킨은 우랄(Ural)의 마그니토고르스크(Magnitogorsk) 철강공장에서의 노동일상을, 호프만은 모스크바 공장의 농촌 출신 노동자들의 노동일상을 놀라울 정도로 꼼꼼하게 묘사했다. 특히 호프만은 이 책에서 각 장을 시작할 때 당시 노동자들과의 인터뷰를 소개하면서 시작한다.

그리고 소설, 영화와 같은 픽션(fiction) 자료가 있다. 이러한 자료들은 비록 화자(話者)나 필자(筆者)가 발언하고 관찰하는 공간이 제약을 받지만 사적 존재들(노동자들)과 그들의 일상(노동일상)을 읽을 수 있게 한다. 이는 작품 속의 화자보다 더 많이 보는 독자와 청자의 눈을 염두에 두기 때문이다.22) 북한에서 공간되는 소설을 중심으로 일상에 접근한 대표적인 연구는 최완규·노귀남의 「북한 주민의 사적 욕망」이다. 이 논문은 '북한 사람들의 일상생활을 미시적으로 이해'하려는 목적에서 개인의 내면 세계를 주요 연구대상으로 삼았다. 필자들은 북한 주민들의 내면 세계를 김정일 시대의 북한 소설을 중심으로 탐구한다.23)

---

21) Stephen Kotkin, *Magnetic Mountain: Stalinism as a Civilization*(Berkeley: University of California Press, 1995); David Hoffmann, *Peasant Metropolis: Social Identities in Moscow 1920~1941*(Ithaca & London: Cornell University Press, 1994).

22) 최완규·노귀남, 「북한 주민의 사적 욕망」, 북한대학원대학교 엮음, ≪현대북한연구≫, 11권 2호(2008), 44쪽.

23) 같은 글.

한편 문헌분석기법에는 '텍스트 구조분석'이 있다. 텍스트 구조분석은 전체 이야기나 담론의 기능적·형태적 구조를 보여주기 위한 방법이다. 프로프(Vladimir Propp)의 『러시아민담연구』가 대표적이다.[24] 프로프는 민담 분석에서 민담의 구성적 특성을 이해하기 위한 기능(function) 개념을 도입한 바 있다. 기능이란 핵심적이고 기본적인 이야기 단위(narrative unit)다. 민담은 이 기능의 그물망으로 볼 수 있으며, 또한 개별 기능으로 분해되는 과정을 거쳐 민담이 언술되는 방식을 이해할 수 있다. 또한 민담, 신화, 의례, 신앙, 언어, 인간 사고뿐 아니라 각 지방의 생업, 기후, 경제 등을 검토하고 화자가 처한 사회적 위치, 직업, 그 사회에서 이야기가 기능하는 역할 등을 검토했다.

또한 그레마스(Algirdas-Julian Greimas)의 행위자 모델도 이야기 구조분석의 전형을 보여준다.[25] 행위자 모델은 프로프의 분석을 발전시킨 것으로, 이는 담론 전체에 등장하는 행위자들의 역할이나 기능을 체계적으로 연계시키면서 전체 담론이 지향하는 중심 행위나 중심 역할을 밝혀준다. 요컨대 지금까지 타 분야에서 연구된 많은 문헌분석기법들을 북한 연구에 활용할 수 있다면 대단히 유용할 것이다.

(2) 구술분석을 통한 기법

문헌분석과는 달리 구술분석기법은 역사적 기록이 없는 이른바 '보통 사람들'의 역사를 기술하고 연구하는 데 가장 적합하며 특히 일상연구에서는 대단히 중요하다. 그리고 공식화된 문헌에 나타나지 않는 사람들, 즉 유명한 사람이나 지도자, 지배자의 이야기에서는 담아낼 수 없는 삶과 이야기들을 드러내는 방법으로서 아래로부터의 역사를 서술하는 데 아주 적절하다.[26]

---

24) 블라디미르 프로프, 『러시아민담연구』, 이종진 옮김(서울: 한국외국어대출판부, 2005).
25) 김성도, 『구조에서 감성으로: 그레마스 기호학 및 일반 의미론 연구』(서울: 고려대출판부, 2002).

또한 구술분석기법은 과거의 역사나 밝혀지지 않은 사실을 있는 그대로 생생하게 드러내며, 특히 일상생활을 담아내는 데도 적절하다. 가령 중국의 하층민(中國底層)의 구술을 정리한 라오웨이(老威)의『저 낮은 중국』은 개혁기 중국 사회의 밑바닥 삶을 살아가는 16명의 이야기들을 그들의 언어로 그리고 그들의 세계 속에서 발산함으로써 이제까지 우리에게 '낯설었던 중국'을 대면하게 해준다.[27]

지금까지 북한 연구는 북한의 정치 변화에 따른 정치사 연구나 경제사회적 구조와 배경에 초점을 맞춰왔기 때문에 해당 시기 노동자의 일상생활을 담아낼 수 없었다. 홉스봄(Eric Hobsbawm)에 의하면, 진정한 역사는 사회역사(history of society)여야 하며 이것은 역사의 하위 부분 또는 특수 분야로서의 사회사(social history)와 구별되어야 한다. 그런 점에서 구술분석은 시대적 변화에 따라 노동자들이 어떠한 의식과 가치관으로 노동에 임했으며 정치경제의 구조적 변화에 따라 사회생활이나 일상생활의 측면이 어떻게 변화했는지를 파악하게 해준다.

톰슨(Paul Thompson)의『과거의 목소리』와 포르텔리(Alessandro Porteli)의『루이지 트라스툴리의 죽음』은 구술분석을 통해 정사(正史)에서 벗어나 있는 인물들의 삶을 복원할 수 있는 기법이 무엇인지를 아주 강력하게 제시한다.[28] 물론 구술 기법에서 당연히 제기되는 문제는 '객관성'의 문제다. 이러한 한계는 할브왁스(Maurice Halbwachs)가 중심 개념으로 사용했던 '집단적 기억(collective memory)' 또는 '사회적 기억(social memory)'의 방법을 통해

---

26) 문옥표,「문화연구방법론 모색: 구술사적 접근을 중심으로」,『구술사와 우리시대의 인류학』, 문화인류학회 제6차 워크숍 발표논문집(1999).

27) 라오웨이,『저 낮은 중국(中國底層訪談錄)』, 이향중 옮김(서울: 이가서, 2004).

28) Paul Thompson, *The Voice of the Past: Oral History*(Oxford University Press, 1978); Alessandro Portelli, *The Death of Luigi Trastulli and Other Stories*(New York: State University of New York Press, 1991)을 참조.

보완할 수 있다. 간단히 말하면, 여러 사람의 구술을 서로 비교하거나, 한 사건에 대한 집단적인 기억을 끌어내 개인이 지닌 기억의 한계를 보완할 수 있는 것이다.[29]

인터뷰를 광의의 구술로 간주할 수 있다면, 사회주의권의 작업장 연구에서 새로운 장을 열었던 획기적인 연구 두 가지가 있다. 하나는 중국 공장에 대한 것이며, 다른 하나는 소련 공장에 대한 것이다. 두 개의 연구는 각각 탈중자(脫中者, 중국을 탈출한 사람들)와 탈소자(脫蘇者, 소련을 탈출한 사람들)에 대한 인터뷰를 통해서 이뤄졌다는 데 커다란 의의가 있다. 먼저 중국 공장 내의 일상적인 권력관계, 일상에 영향을 미치는 후견 - 피후견 관계를 밝히는 데 지대한 기여를 한 연구는 왈더(Andrew Walder)의 『공산주의적 신전통주의』다.[30] 그리고 소련의 공장에서 공식적인 노동을 중심으로 벌어지는 노동자들의 비공식적인 저항과 이율배반 상황들을 연구한 베를리너(Joseph S. Berliner)의 『소련에서의 공장과 지배인』은 공장 노동과 관련해 고전 중의 고전으로 손꼽히는 연구다.[31]

2) 노동일상에 접근하는 '방법': '어떻게 연구할 것인가?'

노동일상에 접근하는 기법이 '작은 그물코를 만드는 법'에 해당한다면, 노동일상에 접근하는 방법은 그렇게 만들어진 '작은 그물코의 그물을 어떻게 던질 것인가'에 해당한다. 좀 더 쉽게 말해 '어떻게 연구할 것인가'와 같은 질문이다. 다음에서는 '아래로부터의 접근', '인류학적 접근', '생애사

---

29) Maurice Halbwachs, *The Collective Memory*(New York: Harper Books, 1980).

30) Andrew Walder, *Communist Neo-Traditionalism: Work and Authority in Chinese Industry*(Berkeley: University of California, 1986).

31) Joseph S. Berliner, *Factory and Manager in the USSR*(Cambridge MASS: Harvard Univ. Press, 1957)

를 통한 접근' 방법들을 통해 노동일상을 연구할 수 있음을 설명해보겠다.

(1) '아래로부터의 접근'을 통한 연구방법

기존의 연구들이 거대한 제도와 구조의 파악에 집중함으로써 '인간이
상실된 역사'에 대한 연구로 나아간 반면, 일상생활(노동일상을 포함해) 연구
는 '이름 없는 사람들'로 표현되는 하층 대중의 의식주, 노동과 여가 활동,
질병과 죽음, 가족 생활과 이웃 관계, 신앙과 공동체적 관습 등 일상적
삶의 온갖 측면을 연구와 서술의 대상으로 삼는다. 비유해보면, 북한 사회의
진정한 이미지는 혁명열사릉이나 애국열사릉이 아니라 보통 사람들의 생애
마침표가 찍힌 인민 공동묘지에 있는 것이 아닐까 한다.

'작은 사람' 또는 '이름 없는 사람'의 일상은 많은 것을 내포하고 있다.
'보통' 사람들을 진솔하게 수용하고, 그들의 행위와 생각이 역사적 과정에서
갖는 가치를 평가하는 작업은 매우 의미 있다. 예를 들면 앞에서 예로 든
노동영웅 길확실이 아니라 그녀의 수기인『천리마작업반장의 수기』에 등장
하는 단역 강인복, 강재옥, 리인숙, 김경자의 일상생활이 북한 사회의 평범한
사람들의 일상을 더욱더 강렬히 느끼게 해주며, 국가와 깃발과 슬로건에
감염되지 않은 순수한 북한 사회의 영상을 우리에게 제공한다.[32] 이야기를
좀 더 극화시킨다면 노동영웅의 창조적인 이미지보다는 노동과 관련해 '정
치적 마녀'로 지탄받는 반동분자, 공화국 음해분자나 간첩들의 탄생 메커니
즘에 시야를 두는 것도 의미 있을 것이다. 나아가 1930년대에 소련의 노동영
웅으로서 세계적으로 이름을 떨친 '공인(公人)' 스타하노프(Stakhanov)가 아
니라 '사인(私人)' 스타하노프가 실제로 살았던 '우울했던' 인생[33]을 조명하

---

32) 길확실,『천리마작업반장의 수기』, 8, 15, 57, 80쪽.

33) 1930년대에 국제적인 명성을 얻은 소련의 노동영웅 스타하노프의 나머지 인생은
비참했다. 그는 영웅 칭호를 받은 이후 주로 전국 순회강연을 통해 살았고 알코올
중독에 빠졌으며, 결혼 실패 이후 근근이 살아가다가 생을 마쳤다. 영웅의 뒤안길

는 것도 '아래로부터의 연구'의 훌륭한 주제가 된다.

평범한 개인이나 집단의 일상적 경험을 재구성함으로써 그들의 삶이 어떠했는지 구체적으로 보여준다는 점에서 일상생활연구는 그 자체로 이른바 '아래로부터의 접근'이라고 할 수 있다. 이때 연구대상은 한눈에 들어오는 작은 공간의 생활세계로 대체된다. 가령 한 마을이나 작업장, 공장 등 제한된 공간이나 한 가족, 한 개인의 이력, 축제나 파업과 같은 단 하나의 사건에 국한시킬 수도 있다. 하지만 여기서 유의해야 할 점은 특정 집단이나 지역연구에서 노동자, 농민, 여성이라는 범주 안에 속한 모든 개인을 뭉뚱그려 집단적인 행위자로 만드는 위험성을 피해야 한다는 것이다.34)

'아래로부터의 연구'는 앞에서 언급한 구술분석기법으로 수행되는 것이 일반적이다. 즉, 구술은 문자기록을 독점하는 지배층에 의해 가려지고 침묵하는 노동자들을 포함해 '이름 없는' 피지배층의 이야기를 들려준다. 아래로부터의 접근을 위해서는 개인이나 집단을 인터뷰해 획득한 구술자료를 토대로 일상을 재구성할 수 있다. 아울러 구술자료는 사료(史料)로서 이용될 만한 기록을 남기지 못한 대다수의 서민들이 역사 서술에 참여해 스스로 말하는 기회를 제공함으로써 '아래로부터의 역사'를 지향하게 된다. 나아가 민족과 국가가 주체인 중앙 중심적이고 국가사(national history)적인 연구에 의해 가려진 개인들의 경험을 드러내는 장점도 있다.35)

북한은 과거의 정치·사회질서를 부정하고 독자적인 집단 정체성을 강조

_____

이 어떠했는지를 잘 보여준다.

34) 현상학적 개인주의자들은 주위 사람들의 생각은 다른 사람의 생각에 닿을 수가 없다고 말하기까지 한다. 위르겐 슐룸봄 엮음, 『미시사와 거시사』, 백승종 외 옮김(서울: 궁리, 2001), 62쪽. 그렇기 때문에 집단적 행위자라는 것은 불가능하다고 보기도 한다.

35) 윤택림, 「기억에서 역사로: 구술사의 이론적 방법론적 쟁점들에 대한 고찰」, 『한국문화인류학』 제25집(1994).

하며 새 체제를 형성했다. 따라서 북한 노동자의 일상연구는 북한 체제의 요구에 의해 단일한 정체성으로 재구성된 주체를 해체함으로써 다중적 정체성을 가진 사람들의 행위를 역사화하고, 대문자 담론에 의해 짓눌리고 가려진 소문자·소수자의 존재를 가시화하는 데 도움을 줄 것이다.[36] 결국 북한 노동일상연구는 아래로부터의 역사를 강조할 수밖에 없다.

(2) 인류학적 접근을 통한 연구방법

인류학(Ethnography)적 접근은 문화에 대한 총체론적 관점을 취한다. 이것을 이른바 '인류학적 총체'라고 한다. 인류학적 접근에서는 문화를 통합된 전체가 아니라 인간이 자신의 삶을 선택하고 결정하는 맥락을 제공하는 것으로 이해한다. 또한 인류학적 접근은 지금까지 문화라고 정의해왔던 일종의 통합된 문화 개념을 다양한 문화적 요소들로 잘게 분할하고 이 요소들이 서로 유기적으로 관련을 맺고 있음을 지적한다. 즉, '모든 것은 다른 모든 것들과 연결되어 있다'는 인식에 기초해 인간과 문화의 관계를 이해하려는 것이 바로 인류학적 접근이다. 결국 문화의 총체성이란 곧 인간 삶의 총체성이라는 문제의식과 궤를 같이한다. 물론 이 인류학적 접근은 문화의 절대적인 자율성을 배타적으로 내걸면서 '경제와 무관하게 자율성을 지니는 문화'라는 문화주의적 편향성을 경계한다.

한편 인류학적 접근은 개인과 집단의 현실 속에 깊이 천착해 구조나 체계로 형해화(形骸化)되지 않은 인간과 집단 본연의 모습을 파악할 수 있게 해주며, 인간 개인과 집단의 주관적 측면에서 자아 형성과 의식, 생활사 등을 실제 그대로 파악하게 하는 데 도움이 된다. 이를 위해서는 기존의 두꺼운 벽을 관통해 나올 필요가 있다. 무엇보다도 유럽 외부의 세계뿐 아니라 자기 역사 안의 낯선 것을 포착해야 한다.[37]

---

36) 이유재·이상록, 『일상사로 보는 한국근현대사』(서울: 책과 함께, 2006), 29쪽.

이는 북한 연구에서 오리엔탈리즘(orientalism)[38]의 극복을 요구하는 작업이다. 유럽적 연구 전통에서는 국가가 중심에 놓인다. 이는 분화된 국가성을 아예 경험하지 못했던 '전통' 사회 연구뿐 아니라 유럽적 경로를 거치지 않은 사회들에 대한 연구에서는 한계가 있을 수밖에 없다. 이것을 가장 잘 지적한 연구가 인류학의 거장인 클라스트르(Pierre Clastres)의 『폭력의 고고학』이다.[39] 클라스트르는 '야만인'과 '개화'(또는 계몽)라는 긴장을 들춰내면서 "국가 없는 사회는 완전한 구속의 사회"[40]라는 일반론을 "완전한, 성숙한 사회로서의 원시 사회들이 국가를 갖지 않는 것은, 그들이 국가를 거부하기 때문이고 지배자와 피지배자로 사회적 몸체가 분할되는 것을 거부하기 때문"이라고 비판한다.[41]

또한 인류학적 접근은 구조주의적 분석에 따른 적실성을 제한하기도 한다. 지금까지 구조라는 거대한 사회 기계에 의해 찌그러져 있느라 '부재(不在)의 존재(存在)'로 취급되었던 '자그마한' 행동 단위와 생활공간, 그리고 '작은 사람들'의 생활세계를 발견함으로써 주체의 은폐된 목소리와 숨소리를 정당한 생명력을 가진 존재로 부각시키는 것이다.

(3) '생애사'를 통한 연구방법

노동자들의 기원(도시 또는 농촌 출신), 노동세계 및 생활세계의 변모를

---

37) 리하르트 반 뒬멘, 『역사인류학이란 무엇인가』, 최용찬 옮김(서울: 푸른역사, 2001), 31쪽.
38) 북한 연구에서 '오리엔탈리즘'을 본격적으로 분석한 연구 작업은 없지만, 구갑우는 국제정치학에서 유통되는 문헌들에서 북한에 대한 오리엔탈리즘을 읽어낸다. 구갑우, 「북한 연구의 '국제정치': 오리엔탈리즘 비판」, 『비판적 평화연구와 한반도』(서울: 후마니타스, 2007), 247~257쪽.
39) 피에르 클라스트르, 『폭력의 고고학』, 변지현 외 옮김(서울: 울력, 2002) 참조.
40) 같은 책, 208쪽.
41) 같은 책, 150쪽.

심층 분석해 북한의 노동자들이 어떻게 형성되었고 어떠한 삶을 살았으며, 무엇을 희망했고 어떠한 경험을 겪었는지 살펴보는 것도 노동일상연구의 중요한 실천이다. 이 방법 역시 기본적으로는 구술자료를 그 토대로 쓸 수 있다.

생애사는 특정한 가족적·계층적·지역적 배경을 가진 한 인간이 노동자가 되는 사회구조적 맥락 속에서 노동자로서의 특정한 경험을 갖게 되는 과정이다. 즉, 개인을 통해 사회와 구조를 바라보는 연구방식이기도 하다. 생애사는 그동안 다루지 않았던 개인의 사적이고 주관적인 경험을 드러나게 하고, 그 개인의 주관적 경험이 개인에게 어떤 의미가 있고, 또한 그 개인의 주관적 경험은 어떻게 객관적 구조와 상호연관되는지를 보여준다. 노동자의 형성과 생활세계에 대한 연구는 미시적이면서도 개인과 구조를 연결시키는 접근방법에 입각하고 있으며 참여관찰과 심층면접을 통한 구술자료의 사용이 특징이다. 이 연구는 기존 연구의 한계를 돌파하는 데 도움을 줄 것이다.

이는 노동자 개인의 일상적인 삶의 맥락에 초점을 두고 개인의 삶의 경험에 관심을 둠으로써, 노동자들의 일상생활 속에서 형성된 의식과 문화를 파악할 수 있게 한다. 이 과정에서 노동자들의 일상생활 속에서 진행되었을지도 모르는 비폭력적·소극적 저항의 형태를 밝힐 수 있을 것이다. 그리고 노동자들이 자신의 삶의 서술자가 됨으로써, 객관적 구조에 의해 반응하는 수동적 존재로서의 노동자가 아니라 구조적 제한 속에서도 자신의 의지와 행위를 보여줄 수 있는 능동적 주체로서 드러날 수 있다.

또한 생애사는 시대의 변화에 따라 각 개인이 어떠한 삶을 살았고, 의식과 삶의 형태가 어떠한 변화를 겪어왔는지 알 수 있게 한다. 생애사는 한 개인이 태어나서부터 현재까지 살아온 경험을 현재로 불러내 서술하는 것이다. 이는 어떠한 사람들이 노동자가 되었고, 그들이 어떠한 삶의 경험을 가졌으며, 그것에 대해 노동자 자신이 어떠한 의미를 부여하는지 통시적 맥락에서 파악할 수 있게 해준다.

생애사는 기본적으로 한 사람이 태어난 시기에서 현재까지를 모두 포함하기 때문에 단순히 한 사람이 노동자였던 시기만을 다루는 것이 아니다. 그 사람이 노동자가 되는 과정과 특정한 계기를 통해 노동자에서 벗어나 현재의 위치까지 오는 경로를 이야기한다. 생애사는 한 사람의 사회적 위치(social positioning)를 통시적인 맥락에서, 그리고 자기 삶에 대한 주관적인 해석을 통해 규명해가는 작업이다.

비록 노동자로서의 생애사는 아니지만 성혜랑의 자전적 저서인 『등나무집』은 개인을 스쳐가는 북한의 근현대사를 다소 주관적이고 사적인 입장에서 섬세하게 기술한 좋은 사례다.42) 그리고 김석형이 구술하고 이향규가 정리한 『나는 조선로동당원이오』도 한 마을(평박천군 덕안면)을 중심으로 개인의 생애를 외곽에서 구성하는 정치사로서 덤덤하게 구술함으로써 좋은 사례가 되고 있다.43) 이 책에서 이향규는 개인사를 일종의 한국사의 축도(microcosm)로 표현했다. 이는 개인에 녹아 있는 역사라는 의미일 것이다.

5. 북한 노동일상연구의 영역 및 주제들

이 절에서는 북한의 노동일상에 대한 연구를 수행할 수 있는 영역과 주제들에 대해 고찰하려 한다. 다양한 학제 간 연구성과에 힘입어 북한 연구, 특히 북한 노동일상연구에서도 접근 가능한 영역 및 주제들이 확대되었다. 앞에서 언급한 은유를 빌어 설명하자면, '작은 그물코의 그물'이 완성되었다면 이제 그 그물을 던져야 한다. 북한 노동일상연구의 영역 및 주제들은 바로 '그물을 어디에다 던져야 할 것인가'라는 문제에 대한 대답이다.

---

42) 성혜랑, 『등나무집』(서울: 지식나라, 2000).
43) 김석형 구술·이향규 녹취 및 정리, 『나는 조선로동당원이오!』(서울: 선인, 2001).

무엇보다 노동 주체인 노동자 개인의 삶의 영역을 연구대상으로 간주한다면, 북한의 노동일상연구는 크게 노동자의 노동세계(작업장)와 작업장 이외의 생활세계(주거공간과 여가 공간)로 구분할 수 있다. 노동세계는 공간적으로는 작업장이 될 것이며, 또한 개인 속의 노동세계, 즉 노동 정체성이나 의식 역시 노동세계의 공간에 포함시킬 수 있다. 생활세계는 노동세계를 제외한 모든 시간 및 공간을 포함하는 것으로, 개인에 체화된 생활세계와 의식도 분석에 포함할 수 있다.

1) 노동현장의 노동일상연구

노동일상은 노동이 실행되는 현장(field)을 우선적으로 생각할 수밖에 없다. '현장'이란 사회적으로 생산된 사회 구성물이면서도 미시적 행위들이 발생하는 장소다. 특히 북한을 포함한 20세기 사회주의 사회에서 노동일상생활이 이뤄지는 현장은 '공식적인' 방식으로 사회적으로 생산된 사회구성물이다. 여기에는 공장 및 작업장, 기숙사, 작업장 내 제반 시설들이 속한다. 작업장이라는 현장을 중심으로 노동일상을 분석할 경우 다음과 같은 하위 연구주제들이 구성된다.

우선 작업시간을 둘러싼 갈등과 시간관리 및 통제를 둘러싼 갈등에 대한 연구가 있다. 휴식시간은 노동자들에게는 즐겁지만 지배인에게는 무익한 '지출'이다. 따라서 휴식시간은 엄격한 시간규정을 적용해 작업과 분리시켜야만 한다. 작업시간 도중에, 그리고 작업장에서는 휴식시간이 억제되어야 한다. 그에 따라 공장 생산은 필연적으로 노동자들의 일상 활동 전체를 통제하지 않으면 안 된다.[44]

---

44) 알프 뤼트케, 「일상생활의 역사 서술: 사사로운 것과 정치적인 것」, 『문화와 이데올로기와 정치』(청계연구소, 1987), 76쪽.

[그림 10-2] 노동자들이 휴식시간에 놀이를 하며 즐거워하고 있다.

하지만 사회주의 사회에서의 억압적인 공장규율에도, 권력이 원하는 작업시간의 표준과 노동 내용은 현실의 작업장에서 거의 정착되지 못했다. 그것은 노동자들이 자신의 노동력을 다양한 방식으로 관리했기 때문이다. 이러한 갈등은 대개 겉으로 드러나지 않고 대개는 극적인 방식을 취하지도 않기 때문에 은폐된다. 일종의 노동시간의 재전유(re-appropriation)인 셈이다.

지겔바움(Lewis H. Giegelbaum)이 이를 잘 분석했다. 그는 1930년대 소련의 스타하노프 운동에 '생산성의 정치(the politics of productivity)'라는 개념으로 이 운동이 노동현장에서 굴절되는 상황을 분석했다. 생산성의 정치는 작업현장에서 산출을 증가시키려는 경영 간부의 노력과 노동시간에 투여하는 노동량을 최소화하려는 노동자 간의 갈등과 알력을 묘사하는 개념이다.[45]

노동시간과 노동시간 사이에 주어지는 휴식시간도 노동일상을 보여주는 중요한 주제다. 뤼트케(Alf Lüedtke)가 언급했듯이 관리자(지배인)에게는 휴식시간이 낭비의 시간이다. 그러나 노동자들에게 휴식시간은 공식적인 작업시간에서 분리되는 일정 정도의 사적인 일상이 벌어지는 시간이다. 이러한 휴식시간은 노동시간에 강제되었던 노동에 대한 태도(불만과 입장)를 표출하는 시간이다.

노동을 지출함으로써 생존하는 노동자들에게 작업장이 중요한 이유는 바로 '생존하는 일(surviving)' 때문이다. 따라서 작업장과 배급과 관련된

---

45) Lewis H. Giegelbaum, *Stahanovism and the Politics of Productivity in the USSR 1935~1941*(New York: Cambridge University Press, 1988).

노동자들의 행태 또한 일상을 규정하는 중요한 요소다. 배급과 일상 간의 관계, 좀 더 질 좋은 배급을 받기 위한 승진 및 승급에 대한 태도, 임금(생활비)에 대한 태도 등이 분석될 수 있다. 이럴 경우 작업시간에 강제되는 노동강도에 대한 인내와 용인, 저항(voice)을 포기하려는 의지 등도 중요하게 개입할 수 있다.

작업장 내의 기숙사라는 공간 및 제도는 노동자의 일상을 적나라하게 보여줄 수 있는 또 다른 공간이다. 일반적으로는 공장 기숙사의 형태와 구조가 연구대상이 될 수 있다. 즉, 기숙사의 방과 잠자리, 시설, 전등, 난방, 환풍, 세면장과 화장실, 기숙사 식당 등이 미시적인 연구대상이다. 그리고 기숙사의 규율(외출, 외박, 통제, 사감)과 기숙사 생활과 문화(기숙사 동료와의 관계, 자치 조직, 문화생활) 등도 연구대상이 될 수 있다. 나아가 기숙사에서의 노동자 행태에 대한 공장 권력의 통제, 그에 대한 노동자들의 일상적 저항과 순응, 그리고 양자 간에 벌어지는 '기숙사 내의 정치(politics)'도 노동자 일상에 관한 중요한 연구영역이다.

마지막으로 북한의 공장 기업소와 기관 내부에서 실시되는 공장 내 정치 활동(가령 각종 소조 활동, 기업소 생활 총화 등)과 비노동 활동(가령 공장 내의 합창, 연주, 스포츠 등의 활동), 그리고 공장 차원에서 진행되는 봉사 활동, 지원 활동 등도 북한 노동자들의 노동일상연구의 중요한 주제가 될 수 있다.

지금까지 언급했던 '현장'(공장, 작업장, 기숙사) 내의 노동자 일상(특히 북한)은 연구된 것이 거의 드물거나 없다. 따라서 그 대상과 시기는 다르지만 유사 영역에 대한 기존 연구들을 참조하는 것도 좋은 방법이다. 특히 일제 시기의 공장체제에 대한 기존의 연구는 참고할 만하다. 강이수는 「공장체제와 노동규율」이라는 논문에서 일제 식민지 시기의 근대적 노동자라는 주체 형성을 작업장인 공장과 노동자를 중심으로 고찰했다. 이는 북한의 노동일 상에 대해 연구할 때 의미 있는 전형이 될 수 있을 것 같다.[46)]

2) 개별 공장의 노동일상연구

개별 공장의 노동일상을 연구하는 것도 흥미롭다. 즉, 특정 공장을 하나 선정해 그 공장 내의 노동일상세계에 접근하는 것이다. 예를 들면 특정 공장인 황해제철소, 김책제철소, 2.8비날론공장, 흥남질소공장 등의 노동일 상세계를 연구하는 것이다. 이럴 경우 북한의 속성상 자료의 한계가 존재한 다는 단점이 있다. 하지만 픽션(fiction) 자료를 통해 일상들을 재구성할 수 있기 때문에 이런 제약은 극단적인 난관이 아니다.

개별 공장의 노동일상연구의 주제로 개별 공장 내에서 특정 업무에 종사 하는 노동자의 노동일상을 연구할 수 있다. 가령 황해제철소 용해공의 노동 일상과 공장 생활, 나아가 용광로에 대한 그의 의식도 분석할 수 있고, 2.8비날론공장의 신규 미숙련공이 숙련공으로 변화하는 과정을 분석해보는 것도 가능하다. 또한 김책제철소의 노동자들이 어떻게 하루를 보내는가도 일상연구에서 의미 있는 연구가 아닐까 한다.

개별 공장의 노동일상을 분석한 연구를 보면, 러시아의 인쇄소[47]를 연구 한 남영호의 「러시아 공장 작업장에서의 시간과 공간, 신체」가 있다.[48] 남영호는 이 논문에서 러시아 인쇄소의 인쇄 노동자들이 어떻게 노동규율을 형성해가는지를 푸코(Michel Foucault)의 규율권력을 통해 설명하고 그러한 규율이 노동자들에게 어떻게 이해·재해석·소비·이용되는가를 흥미진진하 게 분석한다. 또한 레닌그라드 금속공장의 금속 노동자들의 노동규율을

---

46) 강이수, 「공장체제와 노동규율」, 『근대주체와 식민지 규율권력』(서울: 문화과학 사, 1997).

47) 이 인쇄소는 1917년 혁명 이전부터 있었다. 소련 시기에는 신문, 잡지, 일반 서적, 인쇄물들을 생산한 인쇄 공장이었다.

48) 남영호, 「러시아 공장 작업장에서의 시간과 공간, 신체」, ≪비교문화연구≫, 제12 집 1호(2006).

연구한 김남섭의 「금속노동자: 사회주의 전위?」도 소련 산업화 시기에 금속공장 노동자들의 노동규율 상태를 일상적인 토대 위에서 분석한다.[49]

개별 공장 연구에서 빼놓을 수 없는 연구는 앞에서도 언급한 코트킨의 연구다. 『마그네틱 마운틴』에서 그는 우랄에 위치한 마그니토고르스크 강철 공장을 사례 연구했다.[50] 방대한 분량의 자료에는 수기와 메모도 망라되어 있으며, 공장이 건설되는 시기의 노동자들의 배급 상태, 잠자리(버럭 및 텐트), 노동자와 간부들의 숙소 위치의 차별, 신규 노동자들의 상태 등을 종합적으로 검토한 대작이다. 또 하나의 대작은 호프만의 연구다. 『페전트 메트로폴리스』에서 그는 1920~1941년 모스크바 공장을 사례 연구했다.[51] 호프만의 분석은 꽤 흥미로운데 그것은 제목에서 이미 나타난다. 모스크바는 농민들이 장악한 도시(peasant metropolis)라는 의미다. 농촌 출신 노동자들이 모스크바 공장에 노동자로 진입하면서 '아르쩰(Artel)'과 같은 농촌 공동체 문화를 공장에 이식시키는 과정을 묘사한 부분은 이 연구의 백미다. 사실상 농촌 출신 노동자들이 도시 공장의 노동규율에 적응하는 것이 아니라 역으로 도시가 농촌 문화에 적응해나가는 것을 공장 노동자들의 일상적인 생활을 통해서 밝힌다.

3) 지역 및 공장도시의 일상연구

개별 공장을 선정해 접근할 수 있지만 개별 지역을 선정해 그 지역의

49) 김남섭, 「금속노동자: 사회주의 전위?(소련 산업화 시기 레닌그라드 금속 노동자들의 노동규율 1929~1934)」, ≪서양사론≫, 제84호(2005).

50) S. Kotkin, *Magnetic Mountain: Stalinism as a Civilization*(Berkeley: University of California Press, 1995).

51) D. Hoffmann, *Peasant Metropolis: Social Identities in Moscow 1920~1941*(Ithaca & London: Cornell University Press, 1994).

노동일상세계에 접근할 수도 있다. 가령 흥남, 청진, 남포, 신의주, 평양 등의 노동일상세계를 연구하는 것이다. 중공업과 대공장 등은 특정 지역을 중심으로 발전했기 때문에 지역과의 연관하에서 노동자들의 일상을 검토하는 것도 커다란 의미가 있다. 이 경우, 가능한 공장도시를 선정하는 것이 바람직하다. 물론 반농반도(半農半陶)의 지역을 선정해 연구할 수도 있다.

공장도시의 일상연구와 병행해서 공장도시의 대공장과 반농반도 및 농촌 지역에 위치한 지방 공장의 노동일상의 차이에 주목할 수도 있다. 즉, 평양, 남포, 청진, 함흥과 같은 공장 대도시의 노동일상과 주변부 지역 소규모 지방 공장의 노동일상은 분명히 커다란 '차이'를 내포하고 있다. 나아가 주변부 지역 그 자체는 이 지역의 인민들에 의해 '중앙'에 대비되는 '지방'으로 창조되며 자신들의 '지방'을 가지고 중앙 또는 국가와 전략적 관계를 맺기 때문에 기존과는 다른 노동일상의 이미지가 창출될 수 있다.[52]

그간 자료와 접근 경로가 다양해 주로 북한의 대공장에 대한 내러티브와 연구가 진행되어왔다. 하지만 대공장의 큰 소리에 파묻힌 소규모 공장에서 이뤄지는 노동일상을 통해서 권력에서 배제된 '노동자'들의 일상 노동에 관한 이야기를 들춰낼 수 있을 것이다. 나아가 거대담론, 거대구조, 권력 의지와는 다른, 또는 여기서 소외된 영역을 발견함으로써 거대한 담론, 구조, 권력에 균열을 가하고 새로운 총체성을 획득할 수 있을 것이다

공장도시와 관련해 흥미로운 사실은 '근대성(modernity)'과 연결된 이미지다. 가령 호프만은 1933년 모스크바 공장에 취업하러 농촌에서 올라온 당시 16살 소녀의 경험을 통해 공장도시의 매력을 전언한다. 안드레예브나(Nadezhda Andreevna)는 대부분의 농촌 출신들과 마찬가지로 "모스크바에 올라왔을 때 나를 둘러싼 진기한 풍경에 압도당했다. 도시는 내 인생의

---

52) 김광억, 「중국연구를 위한 인류학적 패러다임 시론」, 30쪽. 가령 역사적 경험에 대한 기억의 장치가 지역사회의 특별한 문화행사로 발명되는 사례가 있다.

모든 것들을 바꾸어놓을 것 같았고, 사실상 나의 노동의 성격과 사회관계의 범위를 근본적으로 바꾸어놓았다"고 고백한다.[53]

또한 이러한 공장도시의 근대적인 이미지가 당시 노동자들을 어떻게 흡인했는지, 노동자들이 도시공간을 어떻게 형상화하고 표상했는지를 알아보는 것도 대단히 의미 있다. 산업도시는 농촌 공동체와는 다른 이미지와 경관을 제공한다. 이것은 산업화의 또 다른 측면인 도시성의 경험으로 노동자들의 정체성을 구성하는 공간 감각을 근본적으로 재구성한다. 이러한 공장도시의 이미지가 노동자 형성에 어떻게 작용했는지를 분석하는 것도 매우 흥미로운 주제가 될 것이다.

4) 노동자 형성과정에 관한 연구

공업적 생산과 노동 유형은 노동자들에게 산업화 이전의 행위 유형과는 전혀 다른 행위를 요구한다.[54] 농업적인 시간 개념과 신체에 익숙한 농촌 출신 노동자들은 산업화 시기 급속하게 산업노동자로 흡입되면서 산업적 시간 개념과 신체에 잘 적응하지 못했다. 익숙하지 못한 공장노동의 일상적인 패러다임이나 도시생활의 환경에 적응하면서 신규 노동자들이 경험했던 문제들은 모든 산업화 사회에서 공통적인 것이었다. 익숙하지 못한 새로운 종류의 노동과 새로운 환경에서의 불안감, 낯선 기계와 용광로 등에 대한 실질적인 두려움, 기존의 총체적인 습관과 행태를 변화시키려는 시도에 대한 반발, 더 나은 생활조건에 대한 열망, 언제든지 다른 직장으로 갈 수 있다는 가능성, 게으름 및 수일 간의 결근 이후 결근에 대해 변명하거나 처벌을 받기보다는 오히려 새로운 공장을 찾으려는 오래된 습관들이 그것이다.

---

53) D. Hoffmann, *Peasant Metropolis: Social Identities in Moscow 1920~1941*, p. 127.

54) Vladimir Andrle, *Workers in Stalin's Russia*(S. T. Martin's Press, 1988), p. 112.

산업화와 관련된 시기에 형성된 북한 노동자들의 기원, 노동세계 및 생활세계의 변모를 심층 분석해 북한의 산업 노동자들이 형성되는 과정과 삶의 모습, 희망, 좌절 등을 고찰하는 것은 대단히 큰 의미가 있다. 산업화 과정이 보통 사람들에게 항상 이득을 가져다준 것은 아니었으며, 아울러 전(前)산업적인 행위를 통해 산업화의 역동성에 저항했다는 사실이 이러한 노동일상연구를 통해 비로소 다가온다. 이것은 앞에서 언급한 생애사 연구의 전통적인 주제가 되어왔다. 사실 일상연구가 아니더라도 북한 연구에서는 북한 산업화 시기의 노동자 형성에 관련된 연구가 거의 공백에 가깝다고 평가할 수 있다. 노동자들의 구직 경로와 지역적 이동, 노동자 가족의 변화, 질병과 죽음, 출근과 퇴근, 결혼과 성, 농촌 출신 노동자들의 친목단체 등 다양한 주제들이 연구를 기다리고 있다.

노동자 형성과정에서 산업화 시기는 개인 생애에서 결정적인 단절로 경험될 것이다. 노동자라는 새로운 신분은 새로운 노동경험, 공장이라는 새로운 제도 속에서의 위치, 도시라는 낯선 환경 등 어느 하나도 고향의 공동체와 연속성을 갖는 이미지나 경관이 없다. 따라서 이러한 생애사적 '단절'이 농촌에서 '밀어내는 힘'에 의한 것이었는지, 아니면 도시가 제공하는 '끌어당기는 힘'에 의한 것이었는지도 연구대상이다. 또한 '산업화=도시=근대성'[55]이라는 도식은 산업화 과정을 겪은 어느 사회주의 국가에서도 나타나는 현상이기 때문에, 북한에서도 흥미로운 사실들이 발견될 것이다. 공장도시의 휘황찬란한 밤 경관, 도시인들의 교양 있는 말씨, 농촌에서 볼 수 없었던 말쑥하고 고급스런 의복, 액세서리, 개인에 대한 무관심으로 인한 자유 등이 대부분의 노동자들이 '근대성'으로서 처음 접하는 요소들이다.

---

55) 산업화와 도시를 근대성과 동일하게 인식하는 것이다. 산업화 이후 최근까지도 모든 산업사회에서 근대성(modernity)은 서구적인 것이라기보다는 낙후된 것을 제거하는 '좋은 것', '발전된 것'으로 인식되었다.

따라서 산업화라는 특정 시기에 국가를 지도하는 지도자의 이미지는 곧바로 '근대성'을 부여하고 '낙후성'을 폐기시키는 캐릭터로 묘사되는데 이는 그 노동자에게 평생 동안 각인되는 효과가 있다. 스탈린을 '자신을 근대로 이끌어낸 지도자'라고 느끼듯이 스탈린과 근대, 김일성과 근대는 노동자들에게 동의어가 된다.

5) 노동자들의 일상생활과 문화

북한의 노동일상과 관련된 또 하나의 중요한 영역은 문화생활과 노동 이외의 일상생활이다. 간단히 말하자면, '노동자들은 노동이 없는(또는 끝난) 시간을 어떻게 지내는가'라는 질문에 답하는 것이다. 가령 퇴근 이후의 저녁 시간과 휴일에는 무엇을 하는지에 대한 궁금증은 음주, 오락, 산책 등을 분석함으로써 풀릴 수 있다.

우리는 공식문헌이나 픽션, 잡지를 읽음으로써 영웅적 노동개념과 애국주의에 감염된 노동을 하는 노동자에 대해서는 매우 익숙하지만, 실제로 노동자의 일상적인 생활세계와 그들이 향유하는 하위문화에는 매우 낯설다. 사실 이는 노동자의 또 다른 정체성(identity)에 관한 연구라고도 할 수 있다. 그들이 어떤 방식으로 일상을 조직해왔으며 그 속에서 어떤 문화적 정체성을 유지했는가는 매우 중요한 연구주제다.

혁명과정에서 억압되거나 금기시된 문화들이 여전히 노동자들의 일상문화로 전유되고 있다는 사실도 기억해야 한다. 특히 이러한 경향은 특정한 지역에 따라 다양하게 나타난다. 지역공동체는 국가와 사회의 타협공간이다. 인민들이 아버지의 아버지 시대를 겹겹이 거쳐 장기지속적으로 습득한 많은 전통적인 문화가 부분적으로 혁명 국가에 편입되었지만 실제로 국가가 이 모든 비물질적인 것들을 감당할 수 있는 것은 아니었다. 음주와 관계문화, 전통적인 축제나 의례(유교적 의례인 제사나 축일, 각종 문화적 코드를 재생산하는 다양한 수준의 문화제 등), 공동체 내부의 관계 양식 등이 연구주제가 될 수 있다. 이는 앞에서 언급한 문화적 정체성과 깊은 관련이 있다.

또한 노동자들의 주거와 공간도 중요한 주제다. 사실상 주거는 노동의 공간적 재생산을 가능하게 하는 장이다. 노동자들이 바라는 주거상은 무엇이고 주체적으로 문화공간을 어떻게 구성했으며, 국가 또는 공장 기업소가 노동자들에게 제공한 주거공간은 어떠했는지를 살펴보는 것도 좋다. 평양과 같은 대도시의 노동자 살림구역의 아파트는 아마도 농촌지역 출신 노동자들에게는 선망의 대상이었을 것이다. 또한 근대적인 형태로 건설된 노동자의 주거 공간(아파트와 시멘트 및 철골 구조물들)이 발산하는 매력이야말로 농촌의 젊은이들을 도시로 흡인하는 강력한 유인이 되었을 수도 있다. 하지만 소규모 공장이 제공하는 주거시설은 여전히 '매력적인 근대'와는 차이가 있었을 것이다.

6) 노동일상과 젠더링

노동일상을 연구할 경우 얻을 수 있는 장점 중의 하나는 젠더(gender)적으로 접근할 수 있다는 것이다. 남성적인 담론이 우세한 산업화·도시화·공식 영역 등은 여성의 이야기(herstory)를 배제하는 경향이 있다. 종래의 노동연구도 남성 노동자 중심의 연구가 주류를 이루고 있다. 북한의 여성 경제활동 참가율이 50% 이상이라는 사실에서 알 수 있듯이 노동일상의 주체가 여성이라는 사실은 많은 것을 의미한다. 근육에 의해 상징된 철(鐵)의 산업화, 남성적 힘으로 상징되는 들끓는 용광로 등은 여성 노동자들의 일상을 관심에서 배제하는 효과를 갖는다.

따라서 노동일상의 젠더링(Gendering)은 '아래로부터' 그리고 '일상생활로부터의' 접근을 통해서 가능해지는 측면이 강하다. 특히 남성 중심적 사회에서 그 역할을 충분히 인정받지 못한 여성 노동자들의 이야기를 들을 수 있게 해준다. 노동일상연구에 동원되는 인터뷰, 심층면접, 구술 기법 등은 서사에서 배제된 여성의 일상과 삶을 복원하는 대단히 훌륭한 기법이다. 이러한 측면에서 노동일상연구는 기법과 방법 자체에서부터 이미 일종의 '양성평등적인 기획'에 유리한 지형을 제공한다.

사회주의 공장 및 작업장에서의 남성 우월주의에 대한 연구는 극히 드물지만 존재한다. 류한수는 「여성 노동자인가 노동하는 바바56)인가?」라는 연구에서 러시아 내전 시기 페트로그라드 공장의 여성 노동자들이 처한 현실을 남성 우월주의에 대한 비판적 시각을 통해 연구한 바 있다.57)

6. 결론

북한 연구에서 일상연구는 매우 낯선 영역이다. 그간 오랫동안 진행되어 왔던 북한 연구의 경향들을 검토해보면 '노동'이라는 주제 영역은 매우 드물었고, 그나마도 연구의 에너지는 노동을 통해 인민들을 '사회주의 조국을 위해 혼신의 힘을 다 바쳐서 노동하는 인간', 즉 호모 소비에트쿠스(Homo Sovietcus)를 만들려고 했던 국가의 정책과 욕망을 연구하는 데 대부분 소진되어왔다. 그렇게 분석된 '노동'과 '노동자'의 이미지는 마치 예수의 사진처럼 머리 뒤로 아우라(aura)가 환하게 빛나는 영웅적 이미지였다.

노동일상연구는 이러한 아우라로부터 소외된 일상적인 노동에, 그리고 그러한 노동을 수행하는 평범한 노동자에 초점을 맞춘다. 이들이 발언하게

---

56) 러시아어 바바(баба)는 여성을 비하해서 부르는 말이다.
57) 대표적인 연구는 소련 시기 공장 연구로서 페트로그라드 지역 공장의 연구를 수행한 류한수의 연구다. 류한수, 「여성 노동자인가 노동하는 바바인가?: 러시아 내전기(1918~1921년) 페트로그라드 지역 공장의 남성우월주의와 여성 노동자」, ≪서양사론≫, 제84호(2005).

하고 이들의 이야기에 귀를 기울임으로써 아우라에 의해 은폐되었던 노동과 노동자의 진면목이 드러난다. 이로써 호모 소비에트쿠스라는 이상형은 해체되고 '소비에트쿠스'라는 아우라가 제거됨으로써 '호모'라는 진정한 인간이 재구성된다.

일상은 매우 질긴 것이다. 사회주의적 문화혁명에도 파괴되지 않았으며 사회주의 각국의 '현지 볼셰비키'들이 결코 부수지 못한 요새였다. 그래서 일상연구는 비판적인 성격을 갖는다고 말하는 것이다. 이러한 비판적 성격과 효과는 굳이 이데올로기를 동원할 필요 없이 그리고 힘주어 강조할 필요도 없이 일상을 서술하는 것만으로도 충분하게 획득된다.

세상사 모두에 항상 처음이라는 것이 있기 마련이므로, 북한 노동일상 또한 이제 북한 연구, 사회과학 연구, 학술적 연구의 정당한 영역이 될 것이다. 아직은 초기이므로 이후에 더 풍부하고 정교하고 세밀한 연구들이 나타날 것이고, 이로 인해 북한 노동일상연구는 발전의 길을 걸을 것이다. 그리하여 비록 이 글의 앞부분에서 '새로운 세계를 포착하기'라는 말로 묘사했지만, 북한 노동일상세계라는 새로운 세계는 곧 익숙해져서 북한 사회의 다양하고도 입체적인 모습으로 재구성되어 나타날 것이다.

11장

북한의 교육일상연구
과제와 접근방법

조정아(통일연구원 연구위원)

1. 들어가며

경제난 이후 북한의 교육일상에는 전례 없는 변화가 나타나고 있다. 해방 이후 북한 교육의 기본 원칙으로 적용되어왔으며, 북한 주민들의 의식 형성과 통치에 대한 동의 확보의 주요 자원이 되었던 무상교육이 1990년대 중반의 경제난으로 형해화되었다. 2000년대에 들어서는 시장 요소 확대, 계층 분화 등의 사회변화와 능력 위주의 교육정책 시행으로 사교육이 등장하고 교육 격차가 심화되는 등 북한 교육 지형에 일대 전환이 일어나고 있다. 북한 교육의 이러한 변화들은 주로 교육제도와 정책에 초점을 두었던 기존의 연구로는 설명하기 어려운 것으로, 북한 주민들의 '실제의 삶'과 그들의 교육일상에 대해 주목할 필요성을 느끼게 한다.

기존의 북한 교육연구는 주로 정책, 담론, 전략 연구를 중심으로 이뤄져 왔고, 교육정책, 교육제도와 공식적 교육과정, 교육의 사회적 기능, 교육의 역사적 전개과정 등이 주요한 연구주제로 다뤄졌다.[1] 이러한 연구들은 북한 교육의 제도 및 정책의 특성과 변화과정을 보여주지만, 교육을 둘러싼 다양한 사회적 변수와 행위자 차원의 상호작용 및 역동성을 포착하지 못하는 한계가 있다. 다른 한편에서는 북한 이탈주민들의 구술증언을 활용해 실제 북한에서 학교생활이 어떻게 이뤄지는가에 대해 서술하는 일련의 연구들이 진행되어왔다.[2] 이 연구들은 북한의 학교에서 이뤄지는 수업과 일상생활의 영역별로 북한 이탈주민들의 구술자료를 수집해 실제 학교생활이 어떻게 이뤄지고 있는지를 생생하게 보여준다. 그러나 이러한 연구들은 실제 교육이 어떻게 이뤄지는지를 묘사하는 데 초점을 두며, 북한 학생들의 구체적 경험 이면에 숨어 있는 북한 교육의 본질적 특성을 드러내는 데는 미흡했다.

교육제도, 정책, 이데올로기, 공식적 교육과정에 관한 기존 연구를 넘어서서 북한의 교육일상세계에 대한 탐구를 통해 북한 교육과 관련된 내부 행위자들의 상호작용과 교육일상의 역동적 변화를 밝히는 것이 필요하다. 이 글에서는 북한의 교육일상연구를 진행하기 위한 기초 작업으로 교육일상의 개념과 북한 교육일상연구의 외연, 구체적인 연구주제에 대해 고찰한다. 또한 북한 교육일상연구의 주요 자료원천으로서 구술자료의 이점과, 주관성과 신뢰성, 대표성 문제 등 북한 이탈주민 구술기록 활용상의 쟁점에 대해 검토한다.

2. 교육일상의 의미와 교육일상연구의 외연

'교육일상연구'라는 말은 두 가지 의미를 함축한다. 첫째는 연구의 대상이

---

1) 북한 교육연구의 주요 영역과 주제 및 쟁점에 관해서는 신효숙, 「북한교육연구의 성과와 과제」, 『현대 북한 연구의 쟁점 2』(파주: 도서출판 한울, 2007) 참조.
2) 대표적인 연구로 송광성 외, 『북한 청소년 생활』(서울: 한국청소년개발원, 1993); 한만길 엮음, 『북한에서는 어떻게 교육할까』(서울: 우리교육, 1999).

[그림 11-1] 북한의 한 대학의 강의 풍경.

'교육일상'이라는 의미다. 즉, 교육일상에 관한 연구를 말하는 것이다. 둘째는 연구의 관점과 방법론으로 일상사의 관점을 취하고 있다는 의미다. 물론이 두 가지 의미는 중첩적이다. 이 글에서는 연구대상이라는 측면에서 '교육일상'이 무엇을 의미하는지에 초점을 두어 논의한다.

북한의 교육일상에 접근하기 위해 연구대상이 무엇인지를 명료히 할 필요가 있다. '교육일상'이라는 말은 '교육'이라는 말과 '일상'이라는 말의 복합어다. 일반적으로 '일상'이란 특별한 사람들이 아닌 그 사회의 일반적인 개인 또는 집합적 존재가 영위하는 생활이며, 특정한 사건이 아닌 장기간 반복되는 생활이고, 목적의식적이지 않으며 때로는 무의식적으로 진행되는 행위의 연속을 의미한다고 볼 수 있다. 그러나 이러한 일반적인 정의에 관해서도 논의의 여지가 있다. 예를 들어 일상의 범주를 '하층' 주민들의 일상에 국한시킬 것인가, 아니면 엘리트나 관료, 지도자를 포함하는 사회 구성원 전체의 일상을 포괄하는 것으로 볼 것인가, 사생활의 영역뿐 아니라 공적인 영역에서 일어나는 일들을 일상의 범주에 포함시킬 것인가, 일상생활 속에서의 규칙적이고 반복적인 일과만이 아닌 특별한 사건이나 계기들을 포함시킬 것인가 등의 문제가 있다.

학자들 사이에서도 '일상' 개념에 관해서는 합의가 완전하게 이뤄지지 않고, 연구자들마다 조금씩 다른 개념을 사용하고 있다. 현상학적 전통에서는 "자연적 태도에 기초하여 경험, 사유, 행위가 상호 주관적으로 이뤄지는 것"이라는 점이, 마르크스주의 전통에서는 "개인의 재생산 활동의 총체"라는 점이, 그리고 상징적 상호작용론의 전통에서는 "자아의 형성, 발전, 표현의 환경으로서의 사회적인 상호작용 상황, 특히 대면적인 상호작용 상황"이라는 점이 특별히 강조된다. 하버마스(Jürgen Habermas)의 비판 이론에서는 일상생활이 합리화되어 "상징적 재생산의 영역"화 되었다고 봄으로써 그 축소된 기능의 측면이 강조된다.[3]

학자별로 좀 더 구체적으로 개념의 차이를 살펴보면, 엘리아스(Noberto Elias)는 '비일상'과 대립되는 개념으로서의 '일상'의 특징을 평일, 통상적인 사회 영역, 작업일, 민중의 생활, 매일의 생활이 이뤄지는 영역, 사생활, 자연적·자발적·성찰되지 않은 체험과 사유의 영역, 일상의식 등으로 설명한다. 이와 대립 개념인 '비일상'은 축일, 특별한 비통상적인 사회 영역, 시민, 즉 노동하지 않고 이윤으로 호화롭게 생활하는 사람들의 생활영역, 고위직에서 권력을 가진 사람들의 생활, 전통적인 정치적 역사 서술이 유일하게 적합한 것이라고 간주하며 큰 사건이라고 파악하는 모든 것, 즉 역사에서의 주요한 국가적인 행위, 공적이거나 직업적인 생활, 성찰된, 인위적인, 비자발적인, 그리고 특히 학문적인 체험과 사유의 영역, 올바른, 순수한, 참된 의식이라는 특징이 있다고 본다.[4]

헬러(Agnes Heller)는 '일상' 개념을 "개별 인간의 재생산을 종합한 것을 나타내는 모든 행위"로 보면서, 일상생활의 사회적 재생산의 가능성에 중점을 둔 것으로 사용한다. 즉, 일상생활을 자신뿐 아니라 사회 재생산도 동시에 가능하게 만드는 개인적 재생산 요소들의 집합체로 정의한다. 그녀는 사람

---

3) 강수택, 『일상생활의 패러다임: 현대 사회학의 이해』(서울: 민음사, 1998), 35쪽.
4) 같은 책, 32쪽.

이 구체적인 정치사회적 조건과 제도 내에서 태어난다는 점에 주목한다. 인간의 재생산은 언제나 구체적 세계에 존재하는 '역사적 인간'의 재생산이고, 인간 역사에서 자발적이며 의식적인 행위는 언제나 예외적이며, 대부분의 인간 행위는 일상생활을 통해 사회적 통일성을 이룬다고 본다. 그러나 통일성이 동질성을 의미하는 것은 아니며, 행위자는 일상생활을 통해 다양한 이질성을 드러낸다. 그녀에게 일상생활은 동질성과 이질성이 공존하며 갈등하는 영역이다.[5]

르페브르(Henri Lefebvre)는 일상생활을 노동, 가정생활, 여가생활 세 부분으로 구분하며, 생산과 재생산의 동질성에 주목한다. 그에 의하면 생산이란 사회적 시간과 공간까지를 포함하는 정신적 생산, 물건의 제조를 칭하는 물질적 생산, 그리고 인간 존재의 생산까지 포함한다. 그러므로 그에게 생산은 총체적인 사회관계의 생산과 재생산까지를 포괄하는 개념이다. 따라서 경제적 토대와 사회구조, 국가와 이데올로기를 포함하는 상부구조만으로 삶의 조건을 분석하는 것은 일상생활의 역동성을 상쇄하는 도식이 된다.[6]

하버마스는 생활세계와 의사소통 행위의 영역을 체계와 전략적 행위의 영역과 구분되는 개념으로 사용했다. 그는 국가기구의 행정적인 하위체계가 거대해지고 복잡해지면서 생활세계를 침식하는 양상을 국가에 의한 "생활세계의 식민화"라고 정의한다. 하버마스는 생활세계의 식민화라는 명제를 통해 일차적으로 서구의 후기 자본주의를 비판했고, 이후 현존 사회주의 사회, 즉 국유화된 생산수단과 제도화된 일당지배를 바탕으로 정치·행정 체계가 비대해진 사회에서 벌어지는 생활세계의 식민화 역시 비판했다.[7]

5) 아그네스 헬러, 「일상생활의 추상적 개념」, 박재환 엮음, 『일상생활의 사회학』(서울: 도서출판 한울, 2002), 111~116쪽; 아그네스 헬러, 「일상생활의 이질성」, 박재환 엮음, 『일상생활의 사회학』(서울: 도서출판 한울, 2002), 376쪽.
6) 앙리 르페브르, 『현대세계의 일상성』, 박정자 옮김(서울: 도서출판 기파랑, 1995), 66쪽.

일상연구의 관점과 방향에서도 서로 다른 시각이 있어왔다. 일상을 안정이 지배하는 정적이고 종속적인 영역으로 인식하는가, 아니면 참여자의 주체적 행위가 이뤄지는 역동적인 영역으로 인식하는가에 따른 입장의 차이다. 전자의 입장에는 매일매일 반복되는 가장 기본적인 삶의 형태로서의 일상이 지니는 반복성과 안정성을 중심에 둔다. 반복성과 지속성이 특징인 일상은 비록 고립되고 고정된 세계는 아니지만 긴장과 갈등이 해소되고, 안정과 평온이 유지되는 세계다. 일상에서는 습관화된 사고나 행위에 의해 외부에서 나타나는 비일상적인 자극과 충격이 흡수되거나 조정됨으로써 혼란이 수습되고 평정이 회복되기 때문이다.[8] 일상적 반복행위의 관례화는 '안정'의 조건으로서 사회집단과 제도에 대한 '종속'을 의미한다. 후자의 입장에서는 일상이 계층 또는 계급별로 특수한 '문화적 생활방식'에 따라 사회적 삶의 현실을 끊임없이 경험하고 해석하면서, 지속적으로 파생되는 긴장과 갈등 속에서도 부단하게 현실에 대한 변화를 모색하는 영역이라는 점에 주목한다. 다시 말해 일상이란 구조화된 사회적 현실을 개인이나 집단의 사회적 인식과 경험으로 매개하는 장으로서, 문화적으로 형성된 삶의 실천방식과 '전략'을 통해 현실을 변화시키고 재구성하려는 시도가 나타나는 세계라는 것이다.[9] 이러한 관점에서는 인간이 '그들의' 세계를 '전유하는', 그리고 그와 함께 지속적으로 변화시키는 형식들이 중심에 놓인다.[10]

---

7) 강수택, 『일상생활의 패러다임: 현대 사회학의 이해』, 268~272쪽.

8) 안병직, 「'일상의 역사'란 무엇인가」, 안병직 외, 『오늘의 역사학』(한겨레출판, 2002), 30쪽.

9) 같은 글, 30쪽, Lüdtke 재인용.

10) 알프 뤼트케, 「일상사란 무엇이며, 누가 이끌어가는가?」, 『일상사란 무엇인가』, 나종석 외 옮김(서울: 청년사, 2002), 19~23쪽. 여기서 '전유(專有, appropriation)' 는 일상성을 극복하기 위해 앙리 르페브르가 개진한 핵심 개념이다. 소유는 소유이되, 남의 것이나 공동의 것 또는 원래 자기 것이었어도 빼앗겨 남의 것이 된 것을 다시 자기 것으로 소유한다는 의미다. 즉, 자신의 육체·욕망·시간을

또 한 가지 쟁점은 일상에 대한 연구가 일상생활에 드리운 다양한 소외와 억압을 확인하고 비판하는 데 중점을 두느냐, 아니면 생생한 경험의 영역을 있는 그대로 이해하는 데 중점을 두느냐 하는 점이다. 르페브르, 드보르(Guy Debord) 등은 전자의 입장을 취한다. 르페브르는 일상생활을 자본주의 사회관계의 재생산을 위한 핵심적 장소로 파악해 '일상생활의 식민화'가 이뤄진다고 보았으며, 사회 변혁의 과제로 일상생활의 '탈식민화'와 변환, 인간의 잠재력의 부활을 주장했다.[11] 마페졸리(Michel Maffesoli)의 경우 구조결정론의 경향을 반박하며 생생한 일상경험을 있는 그대로 이해하는 가운데 일상의 가능성을 찾는 후자의 관점을 취한다.

이와 같은 개념상의 쟁점과 강조점의 차이가 존재하는 가운데, 필자는 엘리아스의 개념과 같이 '일상'을 '비일상'과 명백히 대립되는 개념으로 보기보다는, 일상과 비일상의 연속성 및 일상이 갖는 수렴적 성격에 주목한다.[12] 또한 일상에 드리워진 구조적 통제와 억압뿐 아니라, 일상생활을 영위하는 행위자들이 권력과 지배의 틈새에서, 순종과 저항 사이의 회색지대에서 구사하는 여러 가지 대응과 실천전략에 착목할 필요가 있다고 본다. 나치 지배체제하의 노동자들의 일상에 관한 연구나 사회주의체제하 주민들

타인에게 맡기는 것이 아니라 그것을 스스로 장악하고 주체적으로 관리한다는 의미다. 박정자, 「용어해설」, 앙리 르페브르, 『현대세계의 일상성』, 36~39쪽.

11) 장세룡, 「앙리 르페브르의 일상생활 비판」, 호남사학회, ≪전남사학≫, 제25집 (2005), 304쪽.

12) 모든 것은 일상성을 통해 일상생활에 수렴된다. 일상성은 전쟁이나 혁명의 비일상조차도 압도해버린다. 북한의 경제난이 주민의 일상생활을 붕괴시켰지만, 계획경제 중심적 삶의 일상성이 시장교환 중심적 일상성으로 변화하면서 곧바로 새로운 일상생활의 균형이 만들어진 것도 그러한 예에 해당한다. 모든 사건과 비일상은 일상으로 수렴된다. 그러한 수렴이 가능한 것은 모든 인간이 자기보존의 일상성을 갖기 때문이다. 홍민, 「북한 일상생활연구의 방향과 방법론」(동국대학교 북한 일상생활연구센터 제2회 북한 일상생활연구 토론회 발표 자료, 2008), 19쪽.

의 일상생활에 관한 기존 연구들은 일상이 정치권력에 의한 지배가 일사분란하게 관철되는 세계가 아니라는 점을 보여준다. 어떠한 전체주의 체제하에서라도 일상생활을 영위하는 대중들은 "지배의 그물망을 회피하되, 단순한 회피가 아니라 그것이 실현되지 못하도록 부과된 일을 다른 방식으로 수행하거나 사용"함으로써 지배의 전략을 변질시킨다.[13]

다음으로 '교육'이라는 말은 무엇을 의미하는가? 사전적 의미의 교육은 "지식을 가르치고 품성과 체력을 기름", "성숙하지 못한 사람의 심신을 발육시키기 위해 일정한 기간에 계획적·조직적으로 행하는 교수적 행동"을 뜻한다. 교육의 본질이 무엇인가 하는 철학적 질문과 별개로, 교육일상연구의 대상인 '교육'은 그 사회 속에서 특정한 사회적 기능을 수행하는 사회현상으로서의 교육을 의미한다. 여기서 우리가 염두에 두어야 할 것은 교육일상은 초등학교에서 대학에 이르기까지 제도적·연대기적으로 등급화되어 있고, 위계적으로 구조화된 형식교육(formal education)만이 아니라 형식적인 학교교육의 체제 밖에서 실시되는 조직적·체계적 교육활동인 비형식교육(nonformal education)과, 모든 사람이 일상의 경험과 환경에서 지식, 기술, 태도, 통찰력을 획득하고 축적하는 평생의 과정인 무형식교육(informal education)을 포함하는 것이라는 점이다.

메리암(Sharan Merriam)은 학습자의 의도성과 학습 원천, 즉 교육 주체의 의도성이라는 두 개의 축으로 이뤄지는 학습 매트릭스(learning matrix)를 제시한 바 있다. 그에 의하면 우리가 보통 교육이라고 부르는 것은 학습자의 의도와 학습원천의 의도가 있는 형식교육 및 비형식교육이며, 이외에도 세 가지 교육 또는 학습의 형태가 있다. 학습자의 의도는 있지만 학습원천의 의도가 없이 이뤄지는 학습은 자기주도학습(self-directed learning)이며, 학습원천의 의도만 있고 학습자의 의도는 없는 상태에서 이뤄지는 교육은 선전·

---

13) 장세룡, 「미셸 드 세르토의 일상과 민중문화」, ≪서양사론≫, 제82호(2004), 232쪽.

[그림 11-2] 북한 유치원에서는 김정일의 일화로 교육이 진행된다.

캠페인이며, 학습자와 학습원천의 의도가 모두 없이 이뤄지는 학습은 우연적 학습이다. 지금까지 북한 교육을 분석할 때는 주로 교육 주체인 국가와 학습자 모두의 의도가 개입되는 경우만을 대상으로 해왔다. 북한은 사회 전체가 의도된 교육의 장으로서 기능이 강하며, 주어진 교육의 장에서 이뤄지는 학습뿐 아니라 다양한 일상 속에서도 의식적·무의식적 학습이 이뤄진다는 점을 고려하면 다양한 교육과 학습의 형태로 분석 대상을 확장해볼 필요가 있다. 이러한 시각은 학교의 다면성과 다기능성을 볼 수 있게 해주며 학교 안의 '비교육'과 학교 밖의 '교육'에 눈을 돌릴 수 있게 한다.

이상의 '교육'과 '일상'의 개념을 염두에 둘 때 '교육이라는 사회적 행위와 관련된 일상'에 관한 연구는 어떤 외연을 갖는가? 첫째, 사회 구성원들의 교육 관련 일상생활과 경험을 분석하는 것이다. 즉, 이들이 학교를 비롯한 교육의 장 속에서 무엇을, 어떤 방법으로 가르치고 배우는가, 그것을 개개인이 어떻게 경험하고 해석하는가 하는 것이다. 이는 목표로서의 교육과정으로, 교육정책과 교과서 등을 통해 표현되는 '공식적 교육과정'만이 아니라 공식적인 교육목표 속에서는 언급되지 않지만 알게 모르게 배우는 규범과 가치인 '잠재적 교육과정',14) 즉 교사가 제시하는 공식적인 교육 목표 속에는 언급되지 않지만 암암리에 효과적으로 교육되는 규범과 가치를 포함한다. '잠재적 교육과정'은 교과서와 교사의 수업을 통해 전달될 뿐 아니라 학교의 규율 및 문화와도 관련되므로, 이에 관한 연구가 필요하다.

교육의 장을 학교에서 사회로 확대하면 사회에 편재되어 있는 이데올로기적 국가기구와 관련된 일상생활과 교육 경험 역시 교육일상연구의 대상이 된다. 특히 북한은 교육기관뿐 아니라 상당히 포괄적인 이데올로기적 국가기구를 갖고 있다. 성인들과 직접 접촉해 그들을 장악하는 당 기구, 대중단체, 기업소와 협동농장 등의 생산단위들이 이데올로기적 국가기구로서 학교 못지않게 중요하게 작동한다. 성인들이 일상생활을 영위하는 일터와 마을에서는 당, 대중단체, 생산조직이 결합되어 사회 유지에 필수적인 이데올로기 재생산 기능을 수행하고 있는 것이다. 따라서 '교육'을 학교라는 제도교육 내에서 이뤄지는 목적의식적인 교육이라는 틀로 한정할 것이 아니라 국가교육기관, 사회, 가정에서 이뤄지는 의도적/비의도적, 의식적/비의식적인 가르침과 배움의 과정으로 그 의미를 확대해서 보고, 그 속에서 일어나는 교육과 학습의 경험을 분석해야 한다.

둘째, 교육의 장에서 이뤄지거나 교육적 관계 속에서 이뤄지는 행위 주체들 간의 상호작용에 관한 분석이다. 다양한 교육의 장에서 일어나는 교육 행위는 현실에서 북한 교육을 주도하는 주요 행위자인 국가와 당이 의도한 바 그대로 구현되지는 못한다. 국가와 당이 특정한 제도 및 교육 목적과 그 내용을 통해 실현하려는 바는 교육과 관계된 행위자들의 상호작용과 역동에 의해 변형되고 타협된 모습으로 구현된다. 이에 '의도된 교육과정'만이 아니라 '전개된 교육과정'과 '실현된 교육과정'에 초점을 맞출 필요가

---

14) 마이클 애플, 『교육과 이데올로기』, 박부권·이혜영 옮김(서울: 한길사, 1985), 117쪽.

있다. '의도된 교육과정'은 목표로서의 교육과정이며, 법령으로 공표된 교육과정을 말한다. '전개된 교육과정'은 수업 속에 반영된 교육과정으로, 교사의 실지 수업행위를 의미한다. '실현된 교육과정'은 학습성과로서 수업을 통해 학생들이 실제로 배운 교육과정을 의미한다. 교사와 학습자 등 행위자들의 상호작용은 이 세 수준의 교육과정의 상호 불일치를 가져온다. 즉, 국가의 교육과정안과 교과서가 표방하는 교육의 목표와 구체적인 교사의 수업을 통해 이것이 실현되는 정도, 학생들이 실제로 이를 학습하는 정도 사이에는 일정 정도의 괴리가 있다. 교육일상연구는 무엇을, 왜 가르치는가에 초점을 두기보다는 교육적 상호작용을 통해 전달되는 특정한 지식, 기술, 규범, 태도 등이 행위자들의 인식과 행동 속에서 어떻게 해석, 수용, 변형되는가에 착목한다.

셋째, 교육을 매개로 이뤄지는 구조와 행위 간의 역동에 관한 분석이다. 삶의 일상적 과정을 통해 구조와 행위가 만난다. 일상생활세계는 개인의 행위를 규정하는 구조적 조건이 작동하는 공간이자 개인들이 자신의 행위를 제약하는 제도와 규칙을 해석하고 타협과 갈등의 상호관계로써 이를 변형시키는 공간이다. 이 과정에서 행위자들은 구조에 종속될 뿐 아니라 세계를 그 나름의 방식으로 전유한다. 일상은 미시권력이 작동하는 곳이자 개인이 이에 맞서 '미시 저항'을 끝없이 펼칠 수 있는 장소다. 일상이란 실천하는 주체가 죽어 있는 소외의 공간이 아니라 지배와 저항의 긴장과 모순의 변증법을 실현할 수 있는 장소다.[15] 이 점에서 일상생활세계는 구조가 재생산되는 공간이자 구조를 변화시키는 미시적 조건이 만들어지는 공간이다.

여기에서 행위와 구조의 역동을 설명하는 역사사회학 이론이나 기든스(Anthony Giddens)의 '구조화(structuration)' 개념이 근본적으로 반복적인 사

---

15) 김기봉, 「주체사상과 일상의 정치화」(동국대학교 북한일상생활연구센터 제2회 북한 일상생활연구 토론회 발표 자료, 2008), 19쪽.

회생활의 특성과 관련된다는 점에 주목할 필요가 있다. 에이브럼스(Philip Abrams)는 행위와 구조의 상호작용을 역사적 과정으로 이해하는 안목을 제공했다. 그는 행위와 구조의 상호작용이 사회변동 과정에서 나타난다는 점에서 이 과정을 '구조화(structuring)' 과정으로 개념화했다. 행위와 구조, 의식과 존재, 개인과 사회 등 종래 이분법적으로 파악된 대상을 따로 존재하는 두 실재로 다루지 않고, 다시 말하면 '구조화'의 안목에서 하나의 실재로 파악하고, 이어서 의도되지 않은 결과의 출현을 설명하려 한 것이다.16)

기든스는 구조를 행위에 의해 계속해서 재조직되는 규칙과 자원으로 개념화하며, 구조의 이중성이라는 개념을 정립한다. 구조의 이중성이란 구조가 그 구조를 지속적으로 조직하고 재조직하는 사회적 실천들의 매개물이자 결과라는 뜻이다. 행위에 의해 구조적 규칙이 변화하는 가능성은 구조가 재생산되는 매순간마다 존재한다. 따라서 사회체계는 일상 사회생활에서 계속되는 연속적 재생산을 통해서만, 그리고 그 안에서만 구조화된다.17) 기든스의 '구조화' 개념은 근본적으로 반복적인 사회생활의 특성과 관련된다. 기든스는 일상의 시간을 매개로 행위가 구조화된다는 점에 관해 다음과 같이 설명한다. "모든 행위 과정은 새로운 어떤 것의 생산이라는 의미에서 새로운 행위라는 데 동의할 수 있지만, 동시에 모든 행위는 그 행위를 촉발시키는 수단을 공급하는 과거와 연속성을 지니며 존재한다. 구조는 행위의 장애로서 개념화되기보다는 행위의 산출에 깊이 관련되어 있는 것으로 개념화된다. 행위의 산출은 다른 것들과 마찬가지로, 시간의 흐름 가운데서 발생되는 사회변동의 가장 급진적인 과정 속에서도 그러하다."18) 기든스

---

16) 김기석, 『교육역사사회학』(서울: 교육과학사, 1999), 27~28쪽.
17) 김용학, 『사회구조와 행위: 거시적 현상의 미시적 기초를 찾아서』(서울: 나남출판, 2003), 102쪽.
18) 앤서니 기든스, 『사회이론의 주요 쟁점』, 윤병철·박병래 옮김(서울: 문예출판사, 1998), 99쪽.

역시 에이브럼스와 마찬가지로 일정한 시간 동안 반복되는 일상의 과정을 통해 관행의 매개이자 결과로서 구조가 형성된다는 점에 초점을 맞추고 있음을 눈여겨보아야 한다.

교육일상과 관련해 이러한 구조와 행위 간의 역동을 잘 보여주는 것은 영국 중등학교 노동계급 학생들의 반학교문화에 관한 윌리스(Paul Willis)의 연구다.[19] 이 연구는 자본주의 사회인 영국의 중등학교에서 노동계급의 학생들이 반주지주의적·반학교적 지향의 독자적인 문화를 형성하고 행사하는 과정을 분석함으로써 학교 내에서 대안적 헤게모니가 창출되고, 이것이 지배 헤게모니와 각축하는 지점을 보여준다. 또한 행위자의 삶의 경험과 이들이 만들어내는 반학교문화가 사회적 재생산 과정에서 거시적 사회구조와 어떻게 연결되는지를 보여준다.

3. 북한의 교육일상연구 주제

북한 교육일상연구의 구체적인 주제로 어떤 것들을 생각해볼 수 있는가? 이 절에서는 북한 교육의 특질을 밝히기 위해 핵심적이면서도 접근가능한 주제로 교육일상의 변화 양상과 요인에 관한 연구, 이데올로기 재생산 구조로서의 정치교육 관련 일상에 관한 연구, 교육의 장 속에서 이뤄지는 관계망과 행위자들 간의 타협 및 흥정에 관한 연구, 북한 주민의 학습생애사 연구라는

---

19) 폴 윌리스, 『교육현장과 계급 재생산』, 김찬호·김영훈 옮김(서울: 민맥, 1989). 영국 중등학교의 학생문화를 관찰한 윌리스에 의하면 학교라는 제도 안의 공식적인 패러다임에서부터 분화가 이뤄지며 '반학교문화'가 생성된다. 학교 교육이 표방하는 공식적인 가치체계 및 문화로부터의 분화는 학생들에게는 이미 주어진 제도적 규정에서 분리되는 학습의 집단적 과정으로 체험되고, 제도 담당자들에게는 이해할 수 없는 붕괴와 저항, 반항으로 체험된다.

네 가지 주제를 살펴본다.

첫째, 교육일상의 변화 양상과 요인에 관한 연구를 생각해볼 수 있다. 해방 이후 북한 교육일상의 변화에 관한 역사사회학적 탐구가 가능할 것이다. 홍민은 북한 연구에서 기존의 사건사 위주의 역사 인식과 탐구 대신 장기지속적 과정으로서의 시간, 중기지속적 과정으로서의 시간, 사건사라는 다층위적인 시간의 흐름을 읽어내는 방법을 제시한다.[20] 북한 교육일상의 변화 역시 이러한 관점에서 접근할 수 있다. 해방 이전 근대교육의 태동과 식민지 시기 교육을 거쳐 현재까지 이어지는 장기지속적 교육의 일상, 해방 후 사회주의 제도의 도입 및 1960년대 중·후반 유일체계의 확립, 최근 공교육의 형해화와 사교육 요소의 등장 등을 기점으로 하는 '사회주의적', '북한적' 특질이 형성되는 중기지속적 과정, 그 과정 속에서 이어지는 사건사적 흐름을 구분할 수 있을 것이고, 교육일상의 변화에 관한 탐구를 통해 특히 장기지속적 관점에서의 연속성과 중기지속적·사건사적 관점에서의 북한 교육의 변화과정을 포착할 수 있다.

특히 1990년대 중반의 경제난 이후 최근에 이르기까지의 10여 년간 북한의 교육일상에서 일어난 심층적인 변화의 양상을 파악할 필요가 있다. 해방 직후 북한은 주민들의 교육열을 국가가 조직적으로 수렴하는 방식을 통해 공교육 체계를 정립하고 확대해나갔고, 그 과정을 통해 북한의 주민들에게 교육은 국가의 공적 영역으로 인식되고 경험되었다. 그런데 경제난 이후 무상의무교육제도가 부실화되고 사교육을 비롯한 교육의 사적 영역이 출현하면서 이러한 경험과 인식에 단절이 발생했다. 또한 이러한 변화는 해방 이후 주민들에게 널리 받아들여져온 "국가가 교육을 전적으로 책임진다"는 무상교육의 이데올로기적 효과를 반감시키는 요인으로 작용했다.[21] 자생적

---

20) 홍민, 「북한 연구방법론 재고」, 한국정치연구회, ≪정치비평≫, 상반기호(2003), 195~197쪽.

시장화의 진전과 경제적 계층의 분화가 이뤄지면서 계층에 따른 교육의 분화도 두드러지게 나타난다. 부를 소유한 일부 계층은 경제적 능력을 활용해 자녀를 영재학교인 제1중학교와 일류대학에 보내려고 노력하는 반면, 먹고살기 바빠서 자녀교육에 신경을 쓸 여유가 없는 계층에서는 "대학도 못 갈 바에는 조선글이나 알면 되었지"라고 생각하는 학부모들도 늘어나고 있다고 한다.22) 즉, "어떤 계층인가"에 따라 자녀 교육을 "포기하는 부류와 또 노력하는 부류"로 나뉜다는 것이다.23) 북한의 교육일상에서 나타나는 이러한 변화는 '사건사'적 수준을 넘어 교육이라는 재생산 기제의 심층적 변화의 단면이다. 최근의 교육일상의 변화에 관한 미시적 접근을 통해 우리는 중장기적 수준에서 일어나는 북한 교육의 지각변동의 징후들을 포착할 수 있다.

일상사적 접근을 통해 교육사회학의 전통적 질문 중의 하나인 교육의 생산성과 계급 재생산 기능 문제를 다룰 수도 있다.24) 북한 교육에 관해서는

---

21) 최근 북한의 교육정책의 변화와 교육실태에 관해서는 조정아, 「'교육에서의 실리주의'와 교육의 불균등발전: 2000년대 북한 교육의 변화」, 한국교육사회학회, ≪교육사회학연구≫, 제17권 4호(2007) 참조.

22) 2008. 6. 11 북한 이탈주민 면접 녹취록(40대 여성, 2005년 탈북, 함북 회령 출신, 협동농장원).

23) 2008. 5. 28 북한 이탈주민 면접 녹취록(40대 남성, 2002년 탈북, 평남 남포 출신, 관리직).

24) 김기석은 교육사회학 분야에서 이루어지는 연구를 크게 제도교육의 생산성 연구와 재생산 기능에 대한 탐구로 구분한다. 교육의 생산성 탐구는 학생들이 학교를 다니면서 이루는 지적 생산성에 미치는 요인과 이 생산성이 개인의 경제적·사회적 성공에 미치는 영향을 탐구하는 연구다. 학교 교육효과 평가연구, 지위획득 과정 연구 등이 이에 속한다. 교육의 재생산기능 탐구는 제도교육이 실제로 수행하는 이데올로기 기능을 경제적·사회적·문화적 재생산 관점에서 탐구하는 것이다. 정치경제학, 비판적 교육과정 논의, 이데올로기 분석, 헤게모니론 등이 교육의 사회재생산 과정을 규명할 때 사용되는 관점들이다. 김기석, 「서론: 제도교육

일반적인 교육의 재생산 연구에서 활용되는 소득수준, 직업, 학력과 각종 매개변인에 대한 계량적 자료를 수집할 수 없다. 따라서 학교 교육이 사회의 평등에 긍정적으로 작용하는가, 교육이 사회화와 사회배치에 어떻게, 어느 정도의 영향을 주는가라는 질문은 다른 방식을 통해 탐구할 수밖에 없다. 교육 분야에서 이뤄진 연구는 아니지만 최근 북한의 계층구조 변동에 관한 최봉대의 연구는 이러한 가능성을 보여준다. 최봉대는 경제난 이후 북한의 경제적 계층 분화를 매개하는 요인으로 개인의 장사능력과 사회적 자본으로서의 연줄에 주목하고, 사례연구를 통해 이들 매개요인이 북한 주민들의 계층적 위치 변화과정에서 어떻게 작동하는지를 밝히고 있다.[25] 이와 유사한 방식으로 북한 주민들의 생애사를 분석함으로써 계층이동에 미치는 교육의 영향력, 과거의 정치적 기준을 중심으로 하는 계층구조와 현재의 경제적 기준을 중심으로 삼는 계층구조를 매개하는 요인으로서의 학력 및 지식의 작동방식에 접근할 수 있다.

둘째, 이데올로기 재생산 구조로서의 정치교육과 관련된 일상에 관한 연구가 필요하다. 교육은 인간형성의 과정이며, 특히 신념과 가치체계를 형성하는 정치교육은 그 핵심이다. 알튀세르의 용어를 빌면 교육, 특히 정치교육은 인간을 개별적·생물학적 존재에서 사회적 존재로 전환시키는 '호명'의 기제다. 북한은 그 어떤 사회보다도 잘 발달된, 주민들의 일생을 거쳐 진행되는 '호명'의 기제를 통해 통치에 대한 끊임없는 동의를 구한다. 학교, 직장, 지역에서의 정치교육을 통해 대주체에 대한 주체의 종속화가 이뤄지지만, 그것은 완전한 종속화의 과정은 아니다. 예를 들어 북한 주민들이 학교에 입학하는 순간부터 죽을 때까지 주간·월간·연간 단위로 수행해야

그 신화와 실상 탐구」, 『교육사회학탐구』(서울: 교육과학사, 1989), 16~17쪽.
25) 최봉대, 「1990년대 말 이후 북한 도시 사적 부문의 시장화와 도시가구의 경제적 계층분화」, 《현대북한연구》, 11권 2호(2008).

하는 생활총화나, 학교와 직장에서 매일 이뤄지는 독보회라는 정치학습의 경우를 보자. 생활총화와 정치학습의 장을 통해 주민 의식의 주조가 이뤄지지만, 한편으로 주민들은 자신의 생활에 대한 진실한 반성이 결여된 형식적 생활총화나 시간 때우기 식의 정치학습을 통해 지배자가 부과한 규율의 장치를 헛되게 소비함으로써 지배와의 거리두기를 시도한다. 특히 경제난 이후에는 직장의 생활총화나 정치학습이 상당히 형식적으로 진행되고 돈으로 대체하는 사례까지 나타나고 있다. 그렇더라도 주민의 일생에 걸쳐 진행되는 구조화된 일상의 교육적 기능은 무시할 수 없다. 지금까지 북한 연구에서 정치교육은 국가가 통치 이데올로기를 주민들에게 일방적으로 주입하는 통치행위의 일환으로 다뤄졌을 뿐이다. 이를 교육일상의 관점에서 본다면, 우리가 그간 '전체주의적 북한'에 대한 선입관 때문에 보지 못했던 교육과 관련된 일상의 관성과 행위자가 창출하는 전유의 공간 사이의 긴장관계, 강제와 동의 창출, 적극적 동의와 다양한 저항 행위 사이의 다양한 측면들을 포착할 수 있다.

정치교육뿐 아니라 학교에서 이뤄지는 일상적 삶 속에서도 행위자들이 의무적으로 강제된 공적 시간을 자신들의 사적 시간으로 전유하는 사례를 어렵지 않게 찾아볼 수 있다. 방과 후의 노력동원이나 집단등교에 관한 교사 출신 북한 이탈주민의 구술에서 그러한 예를 발견할 수 있다. 경제난 시기에 피폐해진 학교의 교육환경을 개선하기 위해 교육성은 2003년 6월 '중앙학교꾸리기지휘부'를 조직하고 각 도·시·군에도 '학교꾸리기지휘부'를 조직해 학교별 교육환경 개선사업을 대대적으로 벌였다. 이에 각 학교의 교사와 학생들은 방과 후에 학교 청소, 도색, 운동장 정리 등 교육환경 개선을 위한 노동에 동원된다. 그러나 얼핏 보기에 강제적 노동으로만 보이는 이러한 작업시간은 행위자에 의해 "대단히 기다려지는" 시간으로 탈바꿈한다.[26] 초·중등학교의 집단등교제도에서도 이러한 전유의 틈새를 확인할 수 있다. 등교 시 반별로 마을의 일정한 장소에 모여 학교까지 줄을 맞춰

행진하는 집단등교 제도는 기본적으로 출결 및 규율 준수에 대한 통제 기제다. 그러나 여학생들은 이러한 통제의 시간을 친구들과 모여 잡담을 나눌 수 있는 즐거운 시간으로 여기며 이를 전유한다.[27]

---

26) "총화는 한 30분 하고 그다음에 이제 마당에 다 내려가 풀 뽑기도 하고 마당 정리를 하는 거죠. 우리는 좀 교장이 특별해가지고 매일 저녁 6시까지는 시켜요 (그럼 매일매일 마당 정리를 하시는 거예요?) 그렇죠. 그게 왜 그런가 하면 학생들이 와가지고 마당이 아주 어지럽지는 않지만은 그래도 그 교장의 성격에 관계되는 거 같더라고요 다른 학교는 그런 게 없는데, 우리 학교는 대단히 깨끗했어요. (매일 마당 정리를 하셨어요?) 예. 매일 마당 정리를 하고 또 남자들은 마당 정리하다가 철봉대 가서 철봉 하는 사람들도 있고 그 이유는 의도적으로 내려가서 모든 사람이 잡담도 하고 평온하게 만날 수 있는 공간이죠. 내가 이 방에 들어오면 강의를 하고 어쩌고 하면 그 시간에는 만날 수 있는 공간이 없죠 그럼 그 시간에 내려가서 풀 뽑기도 하고 마당도 정리하고 빗자루질도 하고 이렇게 하다가 앉아서 얘기도 하다가 그러다 헤어지는 거죠. 그 이외의 시간은 관여를 안 하니까. (그래도 업무시간 끝났는데 집에 가서 장사할 거리 만들어야 되는데 그걸 하라고 그러면 좀.) 그런데 그 사람들은 그것이 익숙해져서 그 시간에 사람들이 사람하고 만날 수 있는 공간이 있으니까 특히 여자들 같은 경우는 수다 떨어야 되는데 그 시간밖에 없잖아요 그러면 어제 뭐 어쩌고 그러는 데, 수업도 두 강의를 하고 없는 선생님들도 있어요. 그러면 이제 12시 내려가면 식사를 하는 거죠. 그러면 저희들하고 만날 수 있는 시간이 선생들하고 공동된 환경이 없잖아요. 그러니까 마지막 5시 이후에 그 시간이 저희도 대단히 기다려지 더라고요"[2008. 4. 23 북한 이탈주민 면접 녹취록(40대 여성, 2005년 탈북, 함경 북도 함흥 출신, 교원), 괄호 안은 연구자의 질문].

27) "우리 어릴 때도 보면 지금도 내 딸도 하여간 그 모임 장소에 여자들 같은 경우에 대단히 빨리 나가기를 선호했어요. 왜, 옷차림도 깨끗하게 주름도 쫙 새겨, 가방 이렇게 하고 하잖아요 그러면 거기 가서 휴식시간에 밖에서 공원에서 아이들이 재잘거릴 수 있는 시간은 그 시간밖에 없거든요. 남자들은 멋쩍어서 뭐 제기차기, 쟤네끼리 모여서 제기차기도 하고 이렇게 하고 하지만은 여자들은 우리 어머니, 아버지 뭐 어쨌다든가. 어제 저녁에는 어쨌다든가 이런 잡다한 수다를 그 시간에 많이 하는 거지"[2008. 7. 29 북한 이탈주민 면접 녹취록(40대 여성, 2005년 탈북, 함경북도 함흥 출신, 교원)].

정치교육 관련 연구에서는 교육의 장에서 일어나는 지배적 헤게모니와 대안적 헤게모니 간의 긴장관계를 눈여겨볼 필요가 있다. 헤게모니라는 관점에서 보면 학교는 헤게모니와 대안적 헤게모니가 용호상박의 다툼을 벌이는 장이다.[28] 그러나 북한과 같이 거대한 '억압적 국가기구'와 강력한 지배 이데올로기가 작동되는 국가에서는 교육정책과 교육과정을 국가가 전적으로 통제하기 때문에 교육을 통한 대안적 헤게모니 형성의 가능성이 쉽게 드러나지 않는다. 다양한 수준의 저항과 대안적 헤게모니 형성의 가능성은 정책과 공식적 교육과정이 아니라 학교문화와 학생들의 일상, 잠재적 교육과정 등을 좀 더 가까이에서 들여다볼 때 관찰할 수 있다. 예를 들어 교육 구조에 대한 부분적 '간파'[29]를 통해 다양한 방법으로 학교의 공식적 규율에 저항하고 그들 나름의 '반학교문화'를 만들어나가는 중등학교 남학생들의 교육일상에 대한 탐구를 통해 우리는 그러한 가능성에 다가갈 수 있다.[30]

앞에서도 이야기했듯이 교육일상은 학교라는 공교육의 장에 국한되지 않는다. 특히 사회경제적 격동의 시기에는 일상적 삶 자체가 교육과 학습의 중요한 공간이 된다. 사회경제적 변화에 수반되는 문화적 변동이나 문화접변 현상을 체험하고 수용하고 대응하는 과정 자체가 일종의 전환학습과정이다. '전환학습(transformative learning)'이란 자신의 경험과 모순적인 의미체계에 대한 비판적 반성을 통해 좀 더 통합적인 의미체계를 구성해나가는 과정이다. 메지로우(Jack Mezirow)에 따르면 학습이란 경험의 의미를 새롭게 개정해나가는 과정이

---

28) 김기석, 『교육사회학탐구』, 79쪽.

29) '간파'란 문화적 형태 안에 있으면서 그 구성원들이 처한 삶의 조건과 전체 사회 속에서 그들의 위치를 꿰뚫어보려는 충동을 의미한다. 폴 윌리스 『교육현장과 계급 재생산』, 181쪽.

30) 북한 중등학교의 반학교문화에 관해서는 조정아, 「북한 중등학교 규율과 '반학교문화'」, 《교육사회학연구》, 제14권 1호(2004) 참조.

다. 사람들은 사회화 과정을 통해 자신의 의미관점을 형성해나간다. 자신의 의미관점에서 타인과 다른 점을 발견하거나 일상적으로 문제해결이 곤란한 전환점을 맞이할 때 의미관점의 재검토와 전환이라는 전환학습이 일어난다.[31] 사회라는 좀 더 넓은 교육의 텍스트를 사람들이 읽고 해석하는 과정에서 일어나는 전환학습과 의미관점의 변환에 대한 탐구는, 북한 사회에서 대안적 헤게모니의 형성 가능성과 한계에 대한 열쇠를 제공할 것이다. 예를 들어 재학 중에 "고지식하게 모범생활을 했던" 사람이 경제난 과정에서 다른 사람들과의 접촉이나 대북방송을 통해 자신이 "의심 한 번도 못"해본 새로운 생각을 접하고 그 충격을 소화하는 과정은 일상 속에서 새로운 의식과 새로운 심성이 어떻게 탄생하는가에 관한 실마리를 제공한다.[32]

---

31) Jack Mezirow, *Transformative Dimensions of Adult Learning*(San Francisco: Jossey-Bass Publishers, 1991), p. 5.

32) 예를 들어 다음과 같은 북한 이탈주민의 구술자료는 사회적 변화에 따른 인식의 전환이 어떻게 이뤄지는지를 보여준다. "학교 다닐 때는 못 느꼈죠. 그때는 오직 그저 바깥일이 전혀 이렇게 많이 넓고, 많이 부닥쳐 보고 그렇지 못하고 오로지 그저 학교생활만, 저는 정말 고지식하게 고조 모범생활 했으니까. 그거 몰랐죠. 군대 갔다 오고, 좀 이렇게 사회생활. 그때 제가 군대 갔다 오고 제가 의가사제대 돼서 왔을 때, 김일성이 1994년에 죽고, …… 장사 다니면서 많은 사람들 만나서, 이케 이야기 듣고 그전까진 전혀 사회 현실을 잘 몰랐죠. 오직 저기서 주체사상 교육 세뇌교육만 받았으니까. 오직 우리 북한만이 세상에서 가장 으뜸되는 뭐, 인민대중 중심의 사회주의제도이고, 그 가장 우리 인민을 위해서 국민을 위해서 복지 다 정책 잘해주는 나라 그케만 알고 있었는데, 장사 다니면서 사회가 완전 험악해지고 하면서 조금 알았죠. …… 그 우연히 난 그 라디오 주파수를 이케 막 돌리다가, 홀 듣는데, 대북방송 탁 트는데, 그때 김영삼 시절이었거든요 남북 논단인가, 오후 4시경인가, 그때 처음으로 대북방송 들으면서, 남북논단 시간에 한국 아나운서, 남자 아나운서가 탁 말하는 게, 북한 정권을 완전히 군부독재정권 이라고 딱 그러더라고요. 그 처음으로 난 김정일, 그때까지도 전혀, 우리 북한 정권에 대해서 난 의심 한 번도 못하고, 이 자기가 태어난 나라에 대해서 항상 자부심을 가지고 있었는데, 남쪽에서 남북논단 시간에 말하는 군부독재정권,

셋째, 교육을 둘러싸고 사람들 간에 이뤄지는 소통의 구조와 관계망, 타협과 흥정의 양상에 주목할 필요가 있다. 이러한 행위자 간의 역동은 거시적·구조주의적 관점에 대한 대안으로 등장한 해석학적 전통의 관점에서 행위자의 차원에 초점을 맞추고 관찰할 때 포착할 수 있다. 교육사회학 분야에서는 상호작용 이론의 틀을 적용해, 교육상황을 구성하는 행위자인 교사와 학생, 학부모, 교육관료들 간의 상호작용과 대응전략 등을 연구하는 미시적 연구가 수행되어 왔다. 이러한 연구들은 대부분 행위자의 역동을 세밀하게 관찰하고 '치밀한 묘사'33)를 할 수 있는 참여관찰 등의 질적 연구방법을 통해 수행되었다.

그러나 이러한 문제의식과 방법론을 북한 교육연구에 적용하려 할 때, 우리는 현장 관찰의 불가능성이라는 근본적인 난관에 부딪힌다. 그런데도 우리가 이러한 문제의식을 놓치지 말아야 하는 것은 행위자 간의 관계와 상호작용에 초점을 두어야지만 공식문헌상의 담론과 수사학을 넘어 북한

국민을 300만 명이나 굶겨 죽이고도, 응, 아직도 군부독재. 응, 완전히 철창 없는 감옥이라고 막. …… (들었을 때 기분이 어땠어요?) 그 고조, 콱 충격이. 순간적으로 충격이 컸죠. 근데, 그기 그 순간적인 그 말이가 지금도 생생하게 기억 딱 되어 있는데, 너무나 충격이 컸죠. 그, 아, 남쪽에서는 우리 김정일, 그때까지 김정일이 체제에 대해서 나 한 번도 반신반의 해본 적도 없고 그랬는데, 그 방송을 듣는 순간부터 의심하기 시작했고, 아, 우리 북한 체제가 무슨 모순점이 있구나"[2003. 11. 27 북한 이탈주민 면접 녹취록(20대 남성, 2002년 탈북, 함경북도 함흥 출신, 장사), 괄호 안은 연구자의 질문].

33) '치밀한 묘사(thick description)'는 인류학자 기어츠(G. Geertz)가 제시한 개념으로, 일상의 여러 계기를 통해 표출되는 상징적 언명이나 행위들에 대한 망라적 서술을 지향함으로써 분석적 개념에 의해 직접적으로 파악할 수 없는 "가장 비밀스러운 관계들과 생각들"이 스스로 드러나게 하는 방법이다. 다시 말해 그것은 사람들이 자신과 다른 사람 앞에서 스스로를 표현하는 말, 몸짓, 그림, 의식과 의례 등 여러 가지 상징적인 형태의 표현들을 가능한 한 세밀하고 포괄적으로 관찰하고 묘사함으로써 낯설고 이질적인 경험과 문화의 세계에 접근하자는 것이다. 안병직, 「'일상의 역사'란 무엇인가」, 41쪽.

교육의 실재에 다가갈 수 있기 때문이다.

예를 들어 북한의 교육현장에서는 1990년대 후반 이후 입시와 진급, 성적 등과 관련해 안면관계에 기초한 사적 관계망이나 뇌물을 통한 흥정이 두드러지게 나타나고 있다. 입시비리와 시험부정은 경제난으로 교직원이 생활의 어려움을 겪고 각 대학에 교육예산이 충분히 지원되지 못해 이 중 일부를 자체적으로 충당해야 하는 상황 속에서 대학입학 자격을 거래하려는 대학 당국의 의도와, 입시비리를 눈감거나 이에 적극 가담함으로써 생활고를 덜어보려는 교직원의 의도와, 이러한 방법을 통해 대학 졸업증을 획득하려는 학생 및 학부모의 의도가 맞물린 결과다. 이는 또한 결핍경제 체제하에서 서로의 인간관계에 기반해 편의를 교환하는 비금전적 거래관계인 '블라트'의 관행이 시장화라는 시대적 흐름 속에서 변질된 모습을 보여준다. 이는 결과적으로 교육과 교육자에 대한 사람들의 인식을 변화시키고 교육의 질을 하락시키는 요인으로 작용한다.[34]

교육과정의 운영과 관련해서도 이와 유사한 행위자들 간의 흥정과 담합의 요소를 발견할 수 있다. 북한의 이공계대학에서는 학과에 따라 약간의 차이는 있지만 일반적으로 일 년에 3주에서 6주간의 실습시간이 배정된다. 실습은 공장이나 광산 등 학과와 관련된 생산현장에서 진행된다. 북한에서 수업시간 수를 포함한 교육과정은 '법적 규정'으로 이를 반드시 준수해야 하기 때문에 실습수업을 다른 수업형태로 대체하거나 생략하지 못하게 되어 있다. 그뿐 아니라 노동을 교육적으로 활용하는 '교육과 생산노동의 결합'이 북한의 교육원리이기 때문에 교육과정에서 이러한 실습교육을 매우 중시한다. 그러나 경제난으로 실습을 정상적으로 진행하기 어려워지자 실습시간의 운영을 둘러싸고 행위자들 간의 타협과 흥정이 활발해졌다. 실습에 필요한

---

34) 입시비리와 시험부정 실태에 관해서는 이교덕 외, 『새터민의 증언으로 본 북한의 변화』(서울: 통일연구원, 2007), 181~188쪽 참조.

예산은 대학 당국이 아닌 학생들의 모금을 통해 충당되는데, 이는 학생들이 학교 수업에 참가하는 대신에 실습지에 나가 실습은 형식적으로 진행하고 장사를 할 수 있는 시간을 버는 대가다. 실제 실습수업은 실습기간을 다 채우지 않고 형식적으로 진행된다. 그 과정에서 교사와 공장 측의 거래관계가 성립된다. 교사들은 공장 관계자들에게 국가에 청구할 수 있는 실습날짜를 다 채웠다는 청구서와 사례비를 주고, 실습확인서를 받는다. 이러한 방식을 통해 대학 당국은 교수안의 집행을 보장한다.[35]

---

35) 북한에서 이공계대학 교수를 했던 한 북한 이탈주민은 다실습을 두고 일어나는 행위자들 간의 타협과 흥정의 과정을 다음과 같이 구술한다. "100을 줘야 하는 거예요. 그런데 10을 줘서 실습 흉내를 내. 그리고 갈 때 공장 기업소 관계자들한테 뭘 좀 해. 적당히 주고서 와. (알아서 할 돈을 주는 거예요?) 그런 거지요. 그리고 100원을 받는 거야. 삼일하고도 한 달 했다. 일주일 정해진 과정 안의 날짜를 다 받아가지고 …… (그럼 공장은 무엇을 먹고 그것을 해주나요? 원래 그렇게 해주면 안 되는 거잖아요.) 공장은 공장 지배인, 부기 과장 이런 사람들 주머니에 넣어주는 거지요. 숙비도 들어가는 게 있어요. 공장에서 숙식하는 조건으로 이런 거 주는 거예요. 즉시지불청구서 같은 것도 밀어넣어 주는 거예요. (공장에? 공장은 그걸 좀 더 받는 거군요.) 그럼 그 공장은 100원어치 그냥 다 받는 거지. 얘네들 하루만 먹고 재워줬는데 일주일 먹고 재워줬다. 그까짓 거 쓸데없는 종이 쪼가리 줘버리는 거예요. 그럼 공장 수입이 늘었잖아요. 그러면 좋지. (누이 좋고 매부 좋고.) 뇌물 좋고. …… 대학 자체에서 실습 가려면 네 돈 가지고 가, 그래요 …… 알아서 가지고 나가는데 학생들은 대학 밖을 벗어나기 좋아하죠. 다 일 있잖아요. 실습 갑시다, 갑시다. 돈이 없대요. 우리 알아서 냅시다. …… 학생들은 바람쐬고 들어오는 거지요. 그런데 나갈 때 그냥 안 나가요, 장사를 하지. (아, 또 그런 게 있군요.) 위치를 잡아요. 선생님 이번에 실습지 어디로 잡을 겁니까? 과정 안에 검덕이다, 룡양이다 거기서 지가 돈 될 것 없어요. 그러면 반대로 자기가 짚어요. 돈이 될 만한 곳을 짚어요. 우리 자체도 그것을 생각해야 되고. 우리 자체도 집 살림 하는 사람이니까 돈 되는 곳을 잡아야 하지 않겠나. 그래서 학생들하고 교원들하고 맞아 떨어지면은 실습 가자. 학생들은 실습 갔다 와서 돈 되는 것을 가져와서 되파는 것으로 해서 실습비 낸 것을 충당하고. …… 우리 애들이 잘 따라줬어요"[2008. 1. 29 북한 이탈주민 면접

넷째, 개인과 사회의 상호작용의 결과로서 북한 주민들의 학습생애에 관한 연구다. 개인은 생애시간 동안 직면하는 사회적 실재를 자신의 행위를 통해 그 나름대로 해석하고 이에 대응함으로써 자신의 삶의 이력, 즉 생애사를 만들어간다. 개인에게 주어진 사회적 규범과 질서는 그 자체로 개인사를 규정하거나 개인사 속에서 재생산되는 것이 아니라, 각 개인의 '생애사적 작업'을 거쳐 특정한 방식으로 형상화된다. 이렇게 사회문화적 질서와 규범은 재생산되는 동시에 새롭게 생산된다.[36] 따라서 개인의 생애사는 한 개인의 삶의 기록일 뿐 아니라 개인이 그 사회와 상호작용한 기록이고, 특정한 사회가 개인의 삶의 역사에 침투해 작용한 특정한 방식에 대한 기록이다.

개인의 생애사의 이러한 특성에 착목해 교육학 분야에서도 교사와 학생 등 교육현장 행위자들의 생애사를 교육의 관점에서 분석한 연구들이 진행되어왔다. 교육학 분야에서 이뤄진 생애사 연구들은 교사의 정체성과 교사되기의 과정, 직업의식 형성과정, 교사로서의 성장 과정 등 주로 교사의 삶과 성장 과정을 다룬 연구들과, 학생들의 삶과 학교생활을 학교문화와 교육과정 실행의 관점에서 연구한 논문들이 주를 이룬다.[37]

북한 교육연구에서도 생애사 연구는 중요하면서도 유용한 접근방법이자 연구주제다. 북한 교육의 형성을 설명하는 것은 "어떠한 사회적 힘이 작용해, 한편에서는 인간의 심리적 특질이 형성되고, 다른 한편에서는 교육체제의 특질이 형성되는가"를 설명하는 일, 즉 "사회형성, 교육형성, 인간형성이라

녹취록(30대 남성, 2004년 탈북, 양강도 출신, 대학교수), 괄호 안은 연구자의 질문].

36) 이희영, 「사회학 방법론으로서의 생애사 재구성」, ≪한국사회학≫, 제39집 3호 (2005), 129~130쪽.

37) 생애사 접근방법을 통한 교사와 학생들의 삶에 관한 국내외의 교육학 연구 동향은 김영천·허창수, 「생애사 텍스트로서의 교육과정연구」, ≪교육과정연구≫, 22권 4호(2004) 참조.

는 삼자 간의 복합적인 상호 연계와 매개작용"[38]을 밝히는 일이다. 이는 한 개인의 교육생애라는 창을 통해 좀 더 구체적으로 드러날 수 있다.

4. 북한의 교육일상연구에서 구술자료의 활용

북한 연구의 다른 분야도 마찬가지겠지만, 북한 교육연구의 가장 큰 어려움 중의 하나는 자료의 문제다. 현재 북한 교육연구에서 활용할 수 있는 문서자료는 1950년대 이전까지의 상황을 알 수 있는 '노획문서'를 제외하면 신문이나 정기간행물 등 북한의 공식간행물과 교과서들뿐이다. 이러한 공식 간행물들은 현실 은폐성, 관점의 일방성, 이중성을 가지고 있기 때문에 이를 연구에 활용하기 위해서는 "가공의 현실을 실재의 현실로 재구성하는 작업"을 거쳐야 한다.[39] 그런데 그 과정을 거치더라도 이러한 문헌자료를 통해 북한의 교육일상세계에 접근하는 것은 쉽지 않다. 일상에 관한 연구를 하기 위해서는 기본적으로 다양한 행위자의 목소리를 담은 역사적 자료와 현장연구를 통한 광범위한 자료 수집이 필요하기 때문이다.

북한 이탈주민에게서 채록한 구술자료는 현장연구와 광범위한 자료의

---

38) 김기석, 『교육역사사회학』, 111~127쪽.

39) '현실 은폐성'이란 사회주의 사회의 공식문헌에 지도부의 희망, 현실, 현존체제의 속성과 가공의 사회주의체제에 대한 기대가 혼합되어 있음을 의미한다. 김연철, 「북한의 산업화 과정과 공장관리의 정치(1953~1970): '수령제' 정치체제의 사회 경제적 기원」(성균관대학교 박사학위 논문, 1996). '관점의 일방성'이란 북한의 공식문헌이 당 지도부의 공식적인 관점으로 서술되어 있어 이와 반대되는 견해나 일반 민중의 관점을 읽기 어려운 점을 말한다. '담화의 이중성'이란 문헌에서 나타나는 주장이나 표현이 때때로 현실과 반대되는 양상을 표상하는 경우가 있음을 일컫는 말이다. 이종석, 『새로 쓴 현대 북한의 이해』(서울: 역사비평사, 2000), 44~45쪽.

수집이 불가능한 현재 상황에서 북한의 교육일상에 접근할 수 있는 유일한 통로다. 구술자료는 문헌자료가 지니는 '위로부터의 시각'을 극복하고 행위자, 특히 공식적인 역사 서술에서 제외되어온 기층민중 중심의 '아래로부터의 시각'을 취할 수 있어 연구의 폭과 관점을 넓히는 데 도움이 된다. 다양한 행위자들의 구술자료는 그들의 반복되는 일상적 활동을 보여줄 뿐 아니라 일상생활을 통해 '그들의' 세계를 '전유하는' 방식을 드러내준다. 또한 다양한 집단의 시각을 보여준다는 점에서 행위 주체의 다층성과 다자적 관점을 잘 반영한다. 북한 교육연구에서 구술자료의 활용은 당국에 의해 생산된 일차적 자료가 갖는 시각의 일방성과 한계를 극복하고 실제 교육과정과 행위자의 행동, 경험, 의미를 분석할 수 있는 여지를 제공한다. 또한 공식문헌 상에서는 비정상적인 사례로 나타나는 '이례적 정상'의 정상성을 확인함으로써 북한의 실제 교육일상의 모습에 좀 더 가까이 다가갈 수 있다. 예를 들어 교육 관련 문헌 속에서는 계도대상으로 서술되는 문제 학생이 실제 학교에서는 지극히 정상적인 사례이며, 오히려 모범생이 현실에서는 드문 사례라는 점을 구술자료를 통해 확인할 수 있다. 경험의 재구성을 역사연구의 핵심으로 삼는 일상사가들에게 경험자의 증언보다 더 중요한 자료는 찾기 어렵기 때문에, 구술사와 일상사연구는 긴밀하게 결합될 여지가 있다. 아울러 구술사는 사료로 이용할 수 있는 기록을 남기지 못한 서민들 대다수가 역사 서술에 참여해 스스로 말하는 기회를 제공함으로써, '아래로부터의 역사'를 지향하는 일상사가들에게 기존의 사료가 가진 한계를 극복할 수 있는 새로운 가능성을 열어준다.[40] 이는 문헌자료도 드물 뿐 아니라 현장연구가 불가능한 북한 연구 분야에서 더욱 적합성을 지니는 지적이다.

하지만 이와 같은 이점에도 증거능력과 주관성 등의 측면에서 구술자료의 문제점과 한계가 지적된다. 비판의 초점은 구술자료가 문서기록에 비해

---

40) 안병직, 「'일상의 역사'란 무엇인가」, 42쪽.

기억의 선택성, 정확성 등의 문제로 신뢰성이 떨어지며 주관적이라는 것이다. 김기석·이향규는 구술자료가 증거능력이 부족하다는 비판에 대해 두 가지 점에서 해명한다.[41] 첫째, 자료의 신뢰성 문제는 자료의 형태에 따라 달라지는 것이 아니라는 점이다. 즉, 문서기록 역시 그 기록이 생산되는 과정에서 기록자의 주관, 과장, 은폐, 기록 생산의 맥락으로 인한 정치적 편향성 등의 문제가 개입할 뿐 아니라 사실 자체가 왜곡되는 경우도 허다하다. 따라서 자료의 형태가 문제가 아니라, 문서자료이든 구술자료이든 사료비판, 교차검증 등을 통해 자료의 증거능력을 끊임없이 재확인하는 일이 중요하다는 것이다. 둘째, 구술자료는 공식적 문서기록이 담지 못한 "평범하고, 혼란된 현실, 다양한 내부 관점"을 담고 있다는 점에서 특정한 질문과 관련해서는 문서기록 이상의 설명력을 지닌다는 것이다.

구술자료의 주관성에 관한 논쟁에서 구술자료는 사람들이 무엇을 했는지에 대한 객관적인 기록이 아니라 구술의 주체가 '과거에 무엇을 했는지'에 대해 '현재 기억하는 바'를 구술채록 과정에서 '이야기한' 것이라는 점이 중요하다. 구술자료는 사람들이 무엇을 경험했는지에 더해 그들이 무엇을 했다고 믿는지, 과거의 일에 대해 현재 어떻게 생각하는지를 말해준다. 연구자가 밝히려는 것이 무엇인가에 따라 이러한 구술자료는 믿을 수 없고 쓸모없는 것이 될 수도 있고, 진실에 다가가는 열쇠가 될 수도 있다. 구술사가들의 작업은 사실에 대한 어떤 기록이 '사실'인가를 밝히는 것이 아니라, 사람들이 왜 특정한 방식으로 왜곡되게 기억하는가를 밝히는 것 또한 중요한 연구 과제임을 말해준다.[42]

---

41) 김기석·이향규, 「구술사: 무엇을, 왜, 어떻게 할 것인가?」, 『한국교육사고 연구노트』 제9호(서울: 교육과학사, 1998), 194~200쪽.

42) 예를 들어 이탈리아의 구술사가 포르텔리(A. Portelli)는 1949년 시위 과정에서 사망한 한 노동자의 죽음에 대한 이탈리아 철강노동자들의 집단적인 기억의 왜곡을 통해 노동자들의 신념과 집단적 무의식의 구조를 분석한 바 있다. 한

북한 이탈주민의 특수성으로 북한 연구에서 활용되는 북한 이탈주민의 구술기록은 그 구술자료의 문제점에 대한 경계의 정도가 높다. 북한 이탈주민이 결코 전체 북한 주민을 대표할 수 없으며, 정치 성향 측면에서 특정한 경향성을 지니고, 여러 가지 이유에 의해 구술 내용을 주관적으로 가공할 가능성이 농후하며, 북한에서의 개인적 경험에 대한 사후적 재평가와 재해석의 문제가 있다는 점 등이 비판의 요지다.

이와 관련해 최봉대는 북한 이탈주민의 구술기록은 세 가지 '특수성'을 지니기 때문에 수집한 자료를 처리하는 과정에서 신중을 기해야 한다고 지적한다.[43] 첫째, 자료의 신뢰성과 타당성의 문제다. 신뢰성이 중요한 문젯거리로 제기될 수밖에 없는 것은 피면접자가 기억의 재생이라는 불완전한 방식에 의존해 기술한다는 구술자료의 특성에 더해, 피면접자가 현재 자신의 처지를 고려해 사실을 왜곡·은폐하려고 하거나, 기밀 준수가 강조되는 북한 사회의 속성상 한 개인이 알 수 있는 범위가 극히 제한되어 있기 때문이라고 본다.

신뢰도와 타당도는 계량적 분석에서 평가의 척도가 되는 지표로, 타당도는 평가, 측정, 예언하려는 내용을 얼마나 충실하게 측정하는가를, 신뢰도는

노동자의 죽음에 대한 집단적인 기억의 왜곡은 당시의 동료 노동자의 죽음에 대해 무력할 수밖에 없었던 집단적 패배감으로 인한 기억의 억압과, 그러한 상처로부터 자존감을 회복하기 위한 무의식적인 기억의 전치의 결과였다. A. Portelli, *The Death of Luigi Trastulli and Other Stories: Form and Meaning in Oral History*(Albany: SUNY Press, 1991). 이탈리아 노동자들의 잘못된 기억과 진술은 객관적 사실의 척도에서 볼 때는 허구지만, 심리학적으로는 '진실한' 것이며, 그렇기 때문에 "객관적 세상을 만들어내는 주관적 감성구조"를 밝히는 데 도움이 된다. 남신동, 「구술사와 기억의 역사사회학 1」, ≪교육비평≫, 제20호(2006), 302쪽.

43) 최봉대, 「탈북자 면접조사 방법」, 『북한 연구방법론』(파주: 도서출판 한울, 2003), 329~334쪽.

얼마나 정확하게, 오차 없이 측정하는가를 의미하는 개념이다. 북한 이탈주민의 구술자료를 계량적 데이터로 변환시켜 계량적 연구를 시도한다면 자료의 제약으로 근본적 한계에 부딪힌다. 따라서 북한 이탈주민의 구술자료를 활용한 북한 교육연구는 질적·해석적 접근방법을 활용하는 것이 바람직한데, 이때도 구술자의 기억 왜곡, 의도적이거나 무의식적인 사실의 은폐·축소·확대 등으로 인한 신뢰성이 문제가 될 수 있다.

구술자료의 신뢰성 문제를 극복하기 위한 방법으로 톰슨(Paul Thompson)은 구술자료의 가치와 활용 가능성을 평가하기 위해 세 단계를 거칠 것을 권고한다.[44] 첫째, 동일인의 구술자료의 내적 일관성을 검토하는 것이다. 동일인에 의해 생산된 구술자료 내에서의 구체적인 사실관계에 대한 극단적인 모순과 불일치, 특정 영역에서의 반복된 응답 거부 등은 구술자가 자신의 기억을 의도적이거나 무의식적으로 억압, 은폐, 과장, 거짓 진술할 가능성을 시사한다. 이는 인터뷰 상황에서 구술자의 비언어적인 반응, 즉 침묵, 울음, 미묘한 표정의 변화와 몸짓 등을 통해서도 포착할 수 있다. 둘째, 동일한 사건에 관한, 또는 동일한 시기에 동일한 생활공간 속에서 생활했던 다른 구술자의 구술자료와 교차검증하는 것이다. 셋째, 구술자의 경험의 맥락과 현재에 이르기까지의 생애 과정, 인터뷰가 진행되는 상황과, 구술자와 연구자 간의 관계 등 더 넓은 맥락 속에서 구술자료를 해석하는 것이다.

북한의 교육일상연구에서 북한 이탈주민의 구술자료를 활용하기 위해서는 신뢰성을 높이기 위한 이와 같은 방법론적 고려가 반드시 필요하다는 점을 유념해야 한다. 이와 함께 또 한 가지 강조하고 싶은 것은 자료의 주관성과 신뢰성의 문제가 존재하는데도 구술자료가 여전히 유의미한 것은 역설적이게도 바로 구술자료의 '주관성' 때문이다. 개인의 기억은 사실이나

---

44) Paul Thompson, *The Voice of the Past: Oral History*(London: Oxford University Press, 1978), pp. 239~241.

정보의 요소와 함께 구술자가 그것에 부여한 의미와 감정을 담고 있다. 연구자가 알고 싶어 하는 것이 구술자의 주관적인 경험과 생각, 신념, 자신의 경험에 부여하는 의미와 스스로 그것을 해석하는 방식, 구술을 통해 드러나는 구술자의 세계관과 감정 구조 등이라면, 구술자료는 주관적일수록 더욱 가치 있다. 북한 교육에 관한 연구에서 이러한 '주관적' 자료가 더욱 중요한 이유는 자신의 경험을 기억하고 해석하는 방식은 기본적으로 교육과 사회화 과정을 통해 만들어지며, 자신의 경험에 대한 끊임없는 재해석 과정과 생애사적 의미의 변화과정 자체가 일종의 학습과정이기 때문이다. 따라서 문제는 자료의 '주관성'이 아니라 주관적인 자료를 통해 무엇을 탐구할 것인가다. 구술자료는 그 가치를 꿰뚫어볼 수 있는 연구자의 적합한 질문과 만날 때 빛을 발한다.

북한 이탈주민의 구술기록에 대한 문제점으로 최봉대가 두 번째로 지적한 것은 자료원의 '오염' 가능성이다. 북한 이탈주민들은 입국 이전 중국 등의 중간 경유지에서 장기체류하는 경우가 많다. 그곳에서의 체험이 북한 사회를 이해하는 시각과 태도를 변화시키는 학습효과를 가져온다는 것이다. 그로 인해 북한에 거주할 때는 자연스럽게 수용해온 적응적 생활양식에 대한 사후적 탈정당화와 의미의 재평가가 일어날 수 있다는 것이다. 따라서 북한 이탈주민들에게서 볼 수 있는 북한에 대한 부정적 평가가 "본래부터 자유주의적 견해를 가지고 부적응적인 생활을 해온 것인지 아니면 탈북 이후 자기발견적 학습의 효과인지를 판별하기"가 쉽지 않다고 본다.[45]

북한 이탈주민의 구술기록뿐 아니라 모든 구술자료는 구술자가 체험한 객관적인 사실을 그대로 재현한 것이 아니라, 과거 체험에 대한 구술자 자신의 현재의 기억이자 해석이다. 따라서 구술기록에서 구술된 경험의 사실성 여부에 초점을 맞출 때는 구술자의 '현재적 관점'을 어떻게 여과할

---

45) 최봉대, 「탈북자 면접조사 방법」, 331~332쪽.

것인가가 큰 문제다. 특히 '탈북'이라는, 인식관점의 변화가 되는 생애사건을 경험한 북한 이탈주민들의 구술기록에서 사실적 '진실성'과 '사후 재평가'의 문제는 피해갈 수 없는 난관으로 작용한다.

이러한 문제점을 극복하기 위해서는 구술자의 경험과 기억이 형성되고 삶의 과정을 통해 기억이 변형되는 '맥락'을 고려해야 한다. 맥락은 개인이 환경에 영향을 주고 환경이 개인의 삶을 형성하는 역동적인 과정이다. 즉, 구술자 자신의 맥락이 개인적 서술의 형성과 이해에 어떠한 영향을 주는지를 조사하는 것이 중요하다.[46] 이러한 맥락을 검토하기 위해서는 개별 경험의 사실성 여부를 단편적으로 파악하는 것이 아니라 개별 경험과 증언들을 생애사적 연속선상에서 이해하는 것이 필요하다. 구술자가 과거의 경험을 현재의 관점에서 재해석하는 생애사적 관점을 재구성함으로써, 이야기된 생애사의 재구성을 통해 과거 체험에 대한 개인의 생애사적 전략과 행위 지향을 포착해야 한다. 이는 생애사의 전개과정에서 역동적으로 구성되는 구술자의 행위 지향의 형식을 이해할 때 가능하다.[47] 이러한 접근은 경험의 구성적 성질, 즉 경험의 주체가 어떻게 다르게 구성되었고 사람의 시각이 어떻게 구조화되었는가에 대한 질문[48]이라는 점에서, 그 자체가 교육학적 탐구의 관점을 전제하는 것이다.

그뿐 아니라 구술의 내용은 구술이 이뤄지는 시점의 상황과 맥락, 연구자와 구술자 간의 관계 등에도 영향을 받는다. 특정한 방식의 유도성 질문이 구술자의 이야기에 영향을 주는 것은 물론이다. 따라서 구술 채록 시 구술자와 연구자 간의 라포르(rapport) 형성, 구술자가 자유롭게 자기서술을 할

---

46) 윤택림, 「기억에서 역사로: 구술사의 이론적, 방법론적 쟁점들에 대한 고찰」, 한국문화인류학회, ≪한국문화인류학≫, 제25집(1994), 286쪽.
47) 이희영, 「사회학 방법론으로서의 생애사 재구성」, 134쪽.
48) 윤택림, 「기억에서 역사로: 구술사의 이론적, 방법론적 쟁점들에 대한 고찰」, 282쪽.

수 있는 환경 조성, 개방형 질문에 의한 구술 확보 등 기본 조건을 갖춰야 한다.[49]

북한 이탈주민 구술기록의 세 번째 문제점으로 지적되는 것은 자료원의 대표성 문제다. 이 문제의 핵심은 탈북자가 '표준적인' 북한 주민을 '대표'할 수 있는가 하는 점이다. 전체적인 분포 면에서 보면 국내에 입국한 북한 이탈주민들은 북한의 기준에서 볼 때 출신성분이나 토대가 '불량한' 쪽으로 편중되어 있다는 지적이다.[50]

계량적 연구에서는 모집단의 특성을 정확하게 반영한 표집이 이뤄졌는지가 연구의 신뢰도와 타당도를 높이는 기본 전제다. 이러한 관점에서 본다면 북한 이탈주민을 통한 북한 연구는 출발점에서부터 모집단의 특성을 고르게 반영하지 못하고 특정한 부분 집단을 대상으로 하는 것이기 때문에 일종의 편향성을 지닐 수밖에 없다. 따라서 북한 이탈주민에 대한 설문조사나 구술 자료 등으로 북한의 '객관적 실태'를 진단하고 평가하는 것은 그 출발점에서 부터 한계를 지닌다.

이 문제와 관련해서는 두 가지의 전략이 가능하다. 첫째, 양적 자료를 활용하든 구술자료를 활용하든 연구의 성격이 계량적 분석에 있다면 그 한계를 그대로 안고 가되 장기간의 추세분석을 통해 북한 사회가 움직이는 일종의 경향성을 파악하는 데 초점을 두는 것이다. 예를 들어 북한 사회의 통제에 관해 분석할 때 북한 이탈주민들로부터 얻은 자료가 말해줄 수 있는 것은 일정 시점에서의 '평균적인' 통제와 통제 이완의 정도는 아니다. 그렇지만 장기간 누적된 데이터를 통해 그 변동 추세를 분석할 수는 있다. 물론 그 경우에도 출신지역, 출신성분, 직업, 성별 등 답변에 영향을 미치는

---

49) 구술자료 채록을 위한 인터뷰 방법론에 관해서는 김기석·이향규, 「구술사: 무엇을, 왜, 어떻게 할 것인가?」; V. R. Yow, *Recording Oral History: A Practical Guide for Social Scientist*(London: Sage Publications, 1994) 참조.

50) 최봉대, 「탈북자 면접조사 방법」, 332쪽.

중요한 변수들을 고려한 표본과 사례 선정이 중요하다.

둘째, 연구의 질문을 '질적 연구'의 관점에서 하도록 전환하는 것이다. 질적 연구에서 중요한 것은 사례의 '대표성'이나 '전형성'이 아니다. 예외적인 사례라고 해도 그 사례가 사회와의 관계 속에서 무엇을 말해줄 수 있는가가 중요하다. 즉, 질적 연구에서 다루는 개별 사례는 그것이 보편적이기 때문이 아니라 그것을 통해 그 사회에 관한 모종의 징후를 읽어낼 수 있기 때문에 의미가 있는 것이다. 대표성과는 거리가 먼 개인의 개별 사례를 통해 사회적 징후를 읽을 수 있는 것은 사회 속에서 살아가는 모든 사람들의 생애사가 사적이자 사회적 성격을 띠기 때문이다. 개인의 과거에 대한 구술 내용은 구술자 개인의 직간접적인 체험에 대한 서술이라는 점에서는 모두 '사적'인 동시에, 개인의 생애사가 개인이 처한 사회역사적인 행위공간 속에서 타자와의 상호작용에 의해 구성된다는 점에서 '공적'이라고 할 수 있다[51] 생애사를 매개로 드러나는 경험의 특별한 유형들은 그 자체로 개인과 사회의 상호작용의 특정 조건에서 포착되는 생활세계의 '구체적 일반성'을 재현한다.[52] 따라서 질적 연구의 관점에서 볼 때 문제는 그 사례의 '대표성'이 아니라 그 사례가 보여주는 '구체적 일반성'에 대한 연구자의 '해석'이다.

5. 마치며

이 글에서는 북한의 교육일상연구를 위한 기초 작업으로 교육일상의 개념을 검토하고 북한 교육일상연구의 외연과 구체적인 연구주제를 제시했다. 북한 교육일상연구가 포괄하는 영역으로 첫째, 사회 구성원들의 교육

---

51) 이희영, 「사회학 방법론으로서의 생애사 재구성」, 124쪽.
52) 같은 글, 133쪽.

관련 일상생활과 경험에 대한 분석, 둘째, 교육의 장 또는 교육적 관계 속에서 이뤄지는 행위 주체들 간의 상호작용에 관한 분석, 셋째, 교육을 매개로 이뤄지는 구조와 행위 간의 역동에 관한 분석이라는 세 가지 영역을 제시했다.

북한 교육일상연구의 주요 주제로는 다음과 같은 네 가지를 제안했다. 첫째, 역사사회학적 탐구를 통해 해방 후 북한 교육의 변화와 지속성, 특히 경제난 이후 최근에 이르기까지 북한의 교육일상에서 일어나는 심층적인 변화의 양상을 파악할 필요가 있으며, 일상사적 접근을 통해 교육의 생산성과 계급 재생산 기능 문제를 다룰 수 있다. 둘째, 이데올로기 재생산 구조로서 정치교육과 관련된 일상에 관한 연구다. 교육일상에 관한 탐구를 통해 교육과 관련된 일상의 관성과 행위자가 창출하는 전유의 공간 사이의 긴장관계, 강제와 동의 창출, 적극적 동의와 다양한 저항 행위 사이의 각종 측면들을 포착할 수 있다. 또한 교육의 장에서 일어나는 지배적 헤게모니와 대안적 헤게모니 간의 긴장관계와 일상적 삶 속에서 일어나는 '전환학습'의 과정에도 주목해야 한다. 셋째, 교육을 둘러싸고 사람들 간에 이뤄지는 소통의 구조와 관계망, 타협과 흥정의 양상에 관한 연구다. 넷째, 개인과 사회의 상호작용의 결과로서 북한 주민들의 학습생애사에 관한 연구를 생각해볼 수 있다.

또한 북한의 교육일상연구의 주요 자료원천으로서 구술자료의 이점과, 북한 이탈주민 구술기록 활용상의 쟁점에 대해 검토했다. 이를 통해 북한 이탈주민들의 구술기록에서 문제는 자료 자체의 신뢰성, 주관성, 대표성 등이라기보다는 자료의 풍부한 의미를 건져올릴 수 있는 연구자의 그물이라는 점을 살펴보았다. 그런 점에서 볼 때 현재 북한 연구에서 정보를 획득하기 위해 심문과 취조에 가까운 방식으로 이뤄지는 일부 심층면접 방식과, 연구자의 연구관점에 부합하는 단편적 증언들만을 선별해 활용하는 연구방식은 재고되어야 한다.

행위자들의 역동과 그들이 경험하는 구체적인 일상을 통해 북한의 교육, 인간, 사회의 형성의 문제를 풀려는 연구자는 다양한 전략, 방법, 경험적 자료를 자신의 도구로 동원하는 브리콜뢰르(bricoleur)53)가 되어야 한다. 향후 이 연구에서 제시한 기본적인 관점과 연구주제를 기초로 다양한 방법론을 동원해 북한의 교육일상에 관한 연구를 시도해야 할 것이다. 그러한 시도는 브리콜라주나 몽타주, 퀼트 만들기54)처럼 북한 교육연구의 가장 큰 장애요 인인 관찰자의 선입견과 연구대상의 접근 불가능성을 다양한 전략과 방법들을 통해 우회하거나 돌파함으로써 북한 교육의 실체에 다가가는 작업이 될 것이다.

---

53) 이 용어는 레비스트로스(C. Lévi-Strauss)가 부족사회의 지적 활동의 성격을 설명하기 위해 사용한 것이다. 부족사회의 문화 담당자인 브리콜뢰르는 한정된 자료와 도구를 가지고 광범위하고 다양한 일을 수행해야 했기 때문에 이전에 산출된 물건들의 나머지로 변통하는 법을 활용했으며, 그 결과 이전 작업에서 작업의 목적이 되었던 것이 다음 작업에서는 작업의 수단 역할을 하게 된다.

54) N. K. Denzin & Y. S. Lincoln, "Introduction: The Discipline and Practice of Qualitative Research," N. K. Denzin & Y. S. Lincoln(eds.), *Handbook of Qualitative Research*(California: Sage Publications, Inc., 2005), pp. 4~5.

일상생활연구의 가능성과 북한 이해

사회: 박순성

참석자: 김기봉, 김보현, 박원용, 이희영

정리: 홍민, 김군태, 이종겸, 김정미

박순성: 연구와 재충전을 위해 바쁘실 텐데 좌담회에 참석해주셔서 감사 드립니다. 북한 사회를 설명하고 이해하는 데 한계에 봉착한 북한 관련 연구자들이 일상사 또는 일상생활연구로부터 방법론뿐 아니라 문제의식 차원에서 무언가를 배우기 위해 이 자리를 마련했습니다. 최근 우리 사회에 서도 한국 근현대사와 관련해 여러 논란이 있는데, 이른바 뉴 라이트 진영의 역사해석에 대한 이야기부터 시작해볼까요.

이희영: 보통 뭉뚱그려 뉴 라이트라고 하는데 내부의 스펙트럼은 굉장히 다양한 것 같습니다. 제가 개인적으로 알고 있는 분들의 경우를 보면 뉴 라이트 쪽에서 문제제기의 출발점은 이른바 1980년대 진보적 지식인들이 수행했던 역사 재해석 작업이나 또는 이와 유사한 근대사 서술 작업이 남긴 한계가 아니었을까 하는 인상을 받습니다. 어떤 측면에서 당시의 작업 이 보여주는 '거친 해석'이라든가, 어떤 부분의 단선적 설명이라든가 이런

것 때문에 다시 시작해야 한다는 생각들을 하게 되었겠지요. 예를 들어 낙성대연구소나 그 주변에 있는 경제사 전문가 분들은 굉장히 진지하게 연구를 해온 분들입니다. 그런데 왜 그런 뛰어난 연구력을 가지고, 그런 보수적인 방향성을 갖게 되었을까 하는 생각을 하게 됩니다. 그러니까 그 분들의 주장을 개인적으로 들여다보면, 어떤 편향된 인식에서 출발한 것이 우연은 아니라는 느낌입니다. '해방 전후사의 인식' 등과 같은 작업이 총체적 관점에서 당시에 던졌던 문제제기나 연구의 의미에도, 거칠게 정리한, 다시 말하면 좀 더 정치하고 풍부하게 정리하지 못한 지점들에 대해 문제를 제기하는 부분이 있습니다.

박순성: 그런 점을 어느 정도 인정하면서도 여전히 의문스러운 부분이 있습니다. 사료에 대한 철저한 분석에서 새로운 역사해석이 나왔다기보다는 전환된 입장에서 사료에 대한 일정한 해석이 도출되지 않았나 하는 생각이 듭니다. 사료가 그 자체로 어떤 해석을 제시해주는 것은 아니지 않습니까.

이희영: 그렇습니다. 그러니까 어떻게 보면 이게 거울의 양쪽 짝일 수도 있는 건데, 한쪽에서 거칠게 정리해놓은 것들에 대해 문제제기를 하다 보면, 역설적으로 동일한 문제를 안게 됩니다. 그쪽에서 비판의 논점이 과거에 제시된 특정한 이념적 역사 서술에 대한, 또는 특정한 이념적 프레임을 가지고 본 것에 대한 문제제기인데, 방향이 다르기는 하지만 여전히 이념적 프레임에서 자유롭지 못하게 됩니다.

박순성: 오늘 이야기를 나눌 일상생활연구, 또는 일상사연구도 비슷한 문제를 안고 있지 않을까 하는 생각이 듭니다. 역사학에서 보면 일상사는 거시적 관점이 놓친 부분을 좀 더 구체적이고 섬세하게 다루는 것이라고 할 수 있을 텐데, 그러한 연구에서 나오는 결론이 거시적 관점의 역사연구와

일치하지 않고 새로운 내용을 내어놓는 경우도 있지만, 반드시 거시적 담론과 불일치하는 것 같지는 않습니다. 일상생활연구와 사회구조연구 사이의 일치와 불일치의 문제, 미시사와 거시사 사이의 일치와 불일치의 문제는 어떻게 보아야 할까요. 자칫 일상생활연구나 일상사가 기존의 특정 이데올로기적 연구결과나 경향을 지지하기 위한 수단으로 이용될 위험은 없을까요.

박원용: 그와 연관해 일상사적 접근이 빠질 수도 있는 위험성을 경계해야 하지 않을까 생각합니다. 김기봉 선생님께서 잘 아시겠지만 새 천년이 막 시작하던 2000년대 초반으로 기억합니다. 히틀러의 나치시대에 대한 일상 사적 접근방법을 우리의 역사를 바라보는 시각에도 적용해보자는 주장이 제기된 바 있었습니다. 나치시대에 대한 일상사적 접근은 그 시대를 가해자인 독재자와 피해자인 민중으로 단순하게 바라볼 수만은 없다는 문제제기였습니다. 나치시대 때 보통 사람들의 구체적인 생활 면면을 보면 가해자와 피해자라는 단순명확한 구분이 아니라 그 안에는 체제에 마지못해서 협력하는 체했던 사람들의 소극적 수용, 순응도 있었다는 것입니다. 다수의 사람들은 적극적으로 체제를 지지하지도 않았지만 그렇다고 체제에 적극적으로 저항하지도 않았습니다. 역사과정을 통해서 드러나는 다양하고 복잡한 현실을 고려할 때 이러한 문제제기는 의미 있는 것이었습니다. 그런데 이러한 시각을 국내 보수 언론매체들이 정치적 목적을 가지고 당시에 진행되었던 과거청산작업의 의미를 희석시키려는 수단으로 활용하려고 했습니다. 이들은 일상사의 관점에서 가해자와 피해자의 명확한 구분 자체가 무의미한 것처럼, 한편에는 일제의 식민권력 지배를 가능하게 했던 친일세력, 다른 한편에는 이의 타도를 지향하는 독립운동 세력으로 양분해 식민시대의 역사를 바라볼 수는 없다고 주장했습니다. 이들의 주장을 수용하면 일제의 지배 동안 대다수 민중을 수탈하고 그들에게 고통을 가했던 반민족 세력에 대한 역사적 단죄는 불가능해질 겁니다. 일상사에서 얘기하는 '회색지대'만을

강조하다 보면 이와 같은 잘못된 시도를 가져올 수도 있다고 생각합니다. 일상사에서는 보통 사람들의 삶의 다양한 층위를 지적하지만 그렇다고 그것이 정치적·역사적 맥락을 배제한 채 "당시의 사람들도 이렇게 살았다"라고 이야기하고 있지만은 않습니다. 일상사적 접근은 보통 사람들의 일상에 감춰진 정치적 권력의 억압·탄압기제 등을 밝혀내기 위해 고민하는 것입니다. 단순히 "그 사람들이 이렇게 살았다" 내지는 아무런 관점이 보이지 않는 "그 사람들의 여가활동이 이랬다" 이런 것들을 펼쳐 보이기만 한다면 일상사는 지난 시대를 살았던 사람들의 소소한 일상에 대한 유희적 관심의 표출밖에 안 될 겁니다.

김기봉: 한국에서 일상사연구의 일차적 의미는 '근본적 문제제기'라고 생각합니다. 일상사를 '아래로부터의 역사'라고 정의할 때 '아래'란 결국 '근본에서 출발하는 것', '근본화'를 의미합니다. 일상사가 아래로부터의 역사라는 기치를 들고 이론이나 개념에 의거한 역사를 반대하는 이유는 그것들 자체가 하나의 이데올로기를 담보한다고 보기 때문입니다. 모든 이론이나 개념을 괄호 안에 넣어버리고 접근하려 하기 때문에 일상사는 근본적입니다. 종래의 역사학, 특히 역사적 사회과학을 추구했던 사회사가 이론이나 개념에 의거해 역사현실을 분석하고 설명하려고 했다면, 그 시대 사람들이 체험한 역사를 밑바닥부터 본다는 게 일상사적인 문제제기라고 생각합니다. 일상사가 이런 관점을 견지하기 때문에 현재 우리 사회의 뉴라이트 진영 지식인들과 달리, 진정한 일상사는 역사를 거칠게 보는 것에서 벗어날 수 있습니다. 사소한 것으로 여겨지는 일상을 세밀하게 살펴봄으로써 중층적 의미를 드러내려는 일상사는 성찰적 역사를 지향합니다. 요컨대 일상사는 역사에 대한 어떤 결론을 내리기보다는 정말 당시 사람들이 역사를 어떻게 겪었는지, 그러한 역사적 경험들이 내포하는 의미를 아주 치밀하게 서술함(thick description)으로써 드러내는 것을 목표로 합니다. 이 같은 맥락에

서 새마을운동 또는 박정희 시대 전체, 그리고 일제시대를 일상사적으로 접근한다는 것은 한국 근현대사를 성찰적으로 바라보는 방식이 됩니다. 종래 역사해석의 관점들을 모두 괄호 안에 넣어버리기 위해 이론과 개념을 거둬내고 맨눈으로 그때 그 사람들이 경험한 역사에서부터 연구를 시작함으로써 양 극단을 지양하는 제3의 새로운 역서서술을 추구하는 것입니다. 이는 북한사의 경우도 마찬가지라고 생각합니다. 결론적으로 일상사연구는 냉전적 이데올로기에서 벗어나 북한 사회 그 자체에 접근하는 새로운 방법론이 될 수 있을 겁니다.

김보현: 저는 사실 일상사 접근으로 구체적 연구성과를 내서 평가를 받아본 적이 아직 없습니다. 지금 진행하고 있는 한국연구재단 과제 '새마을운동'은 일상사적 접근법에 기초해 연구계획을 제출한 것이지만, 아직 결과물이 안 나와서 여기에서 구체적으로 말씀드리기는 부담스럽습니다. 그래도 뉴 라이트 얘기가 나오니까 한 말씀드리면, 저는 이희영 선생님 말씀에, 제가 제대로 이해했는지는 모르겠지만, 공감을 하는 편입니다. 사실은 '기존 진보'의 역사서술에 문제가 많았다고 봅니다. 그리고 거기에 대한 불만과 문제의식이 곳곳에 있었던 겁니다. 실제로 학술단체 내부에서도 그런 문제로 인한 긴장과 갈등이 나타나기도 했는데, 그런 기존 역사서술의 문제점을 잘 뚫고 들어온 게 뉴 라이트라고 봅니다.

박순성: 예를 들면 어떤 문제가 있었나요?

김보현: 계속 얘기해온 거지만, 결국 국민국가나 민족이라는 범주나 틀을 벗어나지 못한 사고나 발상이라든가, 또는 발전주의적 발상이라든가, 엘리트 중심의 역사서술이라든가, 이런 것들이 사실은 상당히 있었던 겁니다. 그 주체를 '범진보'라고 얘기해야 될지는 모르겠지만, 수동적으로 뉴 라이트

의 역사서술이나 해석에 대응하는 정도가 아니라, 한국사를 능동적으로 새롭게 재구성하는 역사서술들이 많이 있어야 하지 않겠는가라고 생각합니다. 구체적인 내용에서는 여기 있는 분과 저의 생각이 다를 수도 있겠지만, 어쨌든 그러한 지점에서 좀 더 적극적인 문제의식이 있어야겠다는 생각이 듭니다. 자아성찰, 자기비판, 이런 게 더 강해야 한다고 생각하고, 일상사 접근법도 그런 관점에서 의미가 있을 겁니다. 무엇보다도 기존 역사서술이나 현실에 대한 접근법들, 커다란 사건 중심이라든가, 통계자료에 의존한다든가, 엘리트들의 담론에 의존한다든가, 이런 것들의 한계들을 저도 많이 절감하고 있습니다. 물론 그것들의 의미가 일정하게 있더라도, 그것들이 많이 누락시키고 있는 현실과 역사 부분을 보기 위해서 어떻게 할 것인가, 바로 이 지점에서 '아래로부터의 역사'라는 문제의식에 공감하기도 하면서, 일상사로 나아갔다고 생각합니다. 사회주의나 북한 연구에 대해서는 아직 저의 고민이 좀 낮아서 서로 연결이 될지 잘 모르겠습니다만, 기존의 선배들과 선생님들이 해왔던 작업들에 대한 비판과 성찰이라는 맥락에서 일상을 중요시하는 접근이 있을 것입니다. 다른 하나는 국가나 자본을 비롯한 근대권력들, 물론 사회주의는 그 나름대로 주목해서 볼 부분들이 있을 것 같습니다. 그 권력들의 특징이 뭐냐면, 우리가 통상 생각하는 아주 공공연한 형태의 억압과 폭력만이 아니라 평범한 사람들의 시시콜콜한 삶을 포섭해 들어가는 능력이 있고, 실제로 그런 전략을 구사한다는 점입니다. 이런 것들이 근대권력의 특징이기도 하겠지요. 1980년대부터 공부를 시작하다 보니까, 저는 '당파성'이란 걸 포기한 적이 없습니다. 객관적이고 중립적인 입장에서 공부한다는 생각을 해본 적이 없고, 그건 가능하지도 않고 그런 논리야말로 이데올로기라고 생각하는데, 그런 식으로 생각하면 나는 항상 '반권력'의 입장에서 그 권력들을 넘어서고 지양하려는 입장에 서게 됩니다. 그러면 근대권력들의 특징이 뭐냐. 저임금이나 노동자에 대한 직접적인 억압, 이런 건 매우 중요하고 당연히 이런 걸 놓치지 말아야겠지요. 그러나 정말 권력들을 유지시키고 재생산하는 부분들이, 예를 들면 일상에 대한 권력의 전략들, 일상을 포섭해내려는 각종 장치들이 있지 않느냐 하는 생각을 하게 되었습니다. 그래서 요즘 많이 얘기합니다만, 권력의 외부가 없다, 자본주의의 외부가 없다, 이런 말을 하는데, 상당히 공감이 갑니다. 그러면서 권력의 권역 안에다 들어가 있는 일상, 그렇기 때문에 도리어 그것을 굴절시킬 수 있는 어떤 가능성, 기회, 또는 그것을 넘어설 수 있는 가능성과 기회도 그 안에서 찾을 수밖에 없는 것 아니냐 그런 이중적 의미에서 일상에 대해 계속 공부를 하고 싶고 연구를 계속해야겠다는 문제의식을 가지고 있는 것 같습니다.

박순성: 김보현 선생님의 문제의식에는 저도 전적으로 공감합니다. 하지만 뉴 라이트 경향의 역사해석은 오히려 정반대로 가는 것 같습니다. 논의의 방향을 한번 돌려볼까요. 실증주의적 전통 역사학이 있을 것이고 또한 그러한 실증주의 역사학을 비판하는 현대 역사학이 있을 텐데, 이 둘은 거시적 역사학 또는 거대담론에 기반을 둔 역사학이라고 할 수 있을 것입니다. 일상사연구는 이러한 거시사나 거대담론에 대항하는 역사학이라고 할 수 있습니다. 다른 한편으로 우리가 흔히 '진보적 역사관'이라고 하는 관점에 문제제기를 하는 것은 좀 다른 차원입니다. 일상사 또는 일상생활연구라는 것이 이데올로기 문제에 직접 닿아 있긴 하지만, 좀 더 근본적으로는 역사학적 관심 방향 및 방법론과 밀접하게 연관되어 있기 때문입니다. 새로운 연구대상의 발견이라는 점과 새로운 관점의 도입, 이른바 말해 성찰적 접근이라는 점이 서로 복잡하게 얽힌 것이 일상사적 문제의식이라고 생각합니다.

이희영: 저는 개인적으로 일상사연구의 문제의식은 양날의 칼이라고 생각합니다. 첫째로 강조하고 싶은 것은 일상사연구가 진보의 입장에서 보수만을 겨냥하는 것이 아니라 좀 더 근본적인 관점의 변화를 지향한다는 점입니다. 그런 의미에서 아까 김기봉 선생님께서 자아성찰적 의미가 있다고 말씀

438

하셨는데요. 진보나 보수가, 그게 역사학이든 사회학이든 아니면 운동을 실천하는 사람의 입장에서든, 각자가 주장하거나 지향하는 프레임을 통해서만 현실을 보는 경향이 있다는 점입니다. 좌파 또는 우파라는, 비록 서로 다른 관점이었을지 모르지만, 결국 이념이라는 프레임을 통해 현실을 고찰하는 동일한 인식의 기반 위에 서 있었다는 점을 스스로 이해하는 것이 중요합니다. 20세기의 자본주의와 사회주의체제가 각각 서로 다른 방식으로 이상적 사회를 지향했으나 결국 효율성을 극대화하기 위한 체제경쟁이라는 점에서는 공통적이었다는 비판이 있습니다. 마찬가지로 20세기 진보주의자와 보수주의자의 공통점으로 지적되는 것은 좌(左)와 우(右)라는, 비록 색깔이 다르지만 결국 개인이 지닌 이념적 프레임을 통해서만 현실을 보려고 합니다. 그런 의미에서 저는 유럽의 1960~1970년대 역사학이나 사회학에서 일상사에 대한 문제제기를 했던 것은 이와 같이 냉전시대의 학자들이 벗어날 수 없었던 이념적 프레임에서 거리를 두려는 노력의 일환이었다고 생각합니다. 예를 들면 독일의 발터 벤야민 같은 비판이론가들의 문제제기가 상대를 비판하기 위한 것만이 아니라 나를 비판하기 위한 것, 즉 우리 모두가 공통의 지점으로 믿고 있는 패러다임을 바꿔보려 했던 그런 문제제기였다는 겁니다. 이런 관점은 오늘날에도 여전히 유효할 겁니다. 김기봉 선생님이 아까 '아래로부터'라는 표현이 보통 사람들, 즉 계급적 차원에서 아래만을 얘기하는 것이 아니라 '근본적인 것'을 의미한다고 하셨는데, 매우 중요한 지적이라고 생각합니다. 그런 점에서 일상사연구는 중요한 인식론적 전환을 제기하고 있습니다. 그런데 제가 아까 양날이라고 얘기했던 것의 또 다른 의미는 이것을 어떻게 쓰느냐의 문제, 즉 내가 얼마만큼 나의 프레임과 거리를 둘 수 있는가 하는 문제와 연관된 것입니다. 예를 들어 일상사연구가 일상의 사소함 또는 일상적인 개인의 체험들을 기술하는 것에 머문다면, 아까 박원용 선생님께서 말씀하셨던 것처럼 이러한 작업의 의미와 역할은 제대로 평가되지 않은 채 남게 됩니다. 예를 들면 보수주의자들이 1970년대 새마을

운동 등에 대한 일상적 실천의 내용을 거론하면서 1970년대에 박정희가 잘했다, 이것이 우리 사회의 미래 기반이 된다 등의 언설을 만들어낸다면, 일상적 사실에 대한 기술은 그런 식으로 기여할 수 있다는 겁니다. 그렇기 때문에 일상사연구와 같은 질적 연구에서 중요한 것은 먼저 근본적으로 체험의 내용들을 재구성해내기 위한 진지한 연구의 과정들입니다. 동시에 애초에 질적 연구를 시작하는 출발점, 즉 구체적 역사의 체험을 통해 고찰하려 했던 물음이 무엇이었는가에 대한 문제의식을 잃지 말아야 한다는 점입니다. 연구자로서 일상적 사실의 무수한 더미에서 빠져나올 때, 자기가 본 구체적 사실들이 결국 무엇을 의미하는가, 내가 보지 못한 것은 무엇인가에 대한 질문을 통해, 스스로 수행한 일상사연구가 어떤 새로운 지점을 열어주는가에 대해 끊임없이 자문하는 과정을 거쳐야 한다는 점입니다. 그렇다고 해서 제가 말씀드리는 것이 이념적 논리를 주장하라는 이야기가 아니라, 내가 본 구체적이고 개별적인 것이 결국 기존에 있던 어떤 사실에 대한 설명이나 이론 또는 담론의 한 부분을 균열시키고 있는가에 대한 문제의식을 잃지 말아야 합니다. 만약 그렇지 않으면, 질적 연구를 통해 기술된 어떤 역사적 사실들이 '역사적 의미'나 '울림'을 갖지 못하고 결국 다시 기존 담론에 포섭되어버리고 맙니다. 여기에서 제가 강조하고 싶은 점은 일상사연구의 문제의식이 중요하고 의미가 있기 때문에 연구자들이 이런 방식으로 현실에 접근하려 하고 그것을 자기 것으로 만들려고 하지만, 학문적으로 실천하기 쉽지 않은 과제라는 사실입니다.

김기봉: 독일에서 공부한 저의 박사학위 논문 주제가 일상사였고, 1996년 한국으로 귀국해서 맨 처음 발표했던 논문도 「독일 일상사, 어디서 왔다가 어디로 가느냐」였습니다. 이 논문에서는 독일의 일상사가 어떤 문제의식에서 나왔고 지금 어느 지점에 서 있으며, 앞으로 어떻게 될 것인가를 다뤘습니다. 그로부터 13년이 지난 지금 상황은 많이 변했지만, 근본 문제는 그대로

남아 있다는 생각이 듭니다. 일상사는 크게 두 가지 맥락에서 대두했습니다. 첫 번째로 1980년대 이른바 '녹색 역사학'의 기치를 들고 나왔습니다. 소련에서 체르노빌 사태가 발생하고 그 여파로 근대화가 더 이상 역사의 목표가 아니라 문제라는 인식의 변화가 나타나면서 탈근대주의 세례를 받은 역사서술이 등장했습니다. 두 번째는 방금 이희영 선생이 말씀하신 인식론적인 문제로서, 이는 1989년과 1990년 현실사회주의가 붕괴하면서 나타난 현상입니다. 현실사회주의 국가들이 그렇게 갑자기 붕괴하리라는 걸 예측한 사회과학자와 역사가는 없었습니다. 현실의 변화를 전혀 감지하지 못한 사회과학과 역사학은 방법론적 위기에 봉착했습니다. 이론과 개념의 무기력을 깨달았을 뿐 아니라 이념의 공백상태를 맞이해서 현실과학으로 전환할 수 있는 대안을 모색해야 한다는 문제의식이 나타났습니다. 삶과 유리된 과학적 연구를 했다는 반성과 함께 다시 현실 그 자체로 내려가 새로운 출발을 해야 할 필요성을 느끼게 된 것입니다. 이 같은 문제의식에서부터 '아래로부터의 역사'라는 관점이 생겨났습니다. 여기서 '아래'는 적어도 두 가지 의미가 있습니다. 하나는 연구대상과 소재를 지칭하고, 다른 하나는 연구의 시각과 방법을 뜻합니다. 연구의 대상과 소재가 일상으로 내려왔다는 것보다 더 중요한 것이 새로운 관점과 방법론의 모색입니다. 그런데 많은 사람들이 이 둘의 차이를 혼동하기 때문에 일상사에 대한 오해가 생겨났습니다. 일상사가 일상의 역사라면, '일상사란 무엇인가'의 정의는 일차적으로 일상과 역사의 관계를 어떻게 설정하느냐에 따라서 결정됩니다. 일상과 역사 가운데 어디에 중점을 두느냐에 따라 일상사는 둘로 나뉩니다. 첫 번째 일상사는 '역사 속의 일상'의 변화를 살펴보는 것입니다. 어느 시대 사람들이 어떻게 살았는가를 이야기하는 것이 목표인 첫 번째 일상사는 흔히 생활사라고 부릅니다. 일상 그 자체를 역사서술의 소재나 대상으로 삼는 '생활사 박물관' 시리즈가 여기에 속합니다. 이 같은 생활사적 일상사의 한계는 소재주의에 빠져서 역사의 탈정치화로 흐른다는 점입니다. 일상사는 기껏해야 '역사 디즈니랜드'를 추구할 뿐이라는 비판이 이 같은 맥락에서 나왔습니다. 첫 번째 일상사가 '역사 속의 일상'을 본다면, 두 번째 일상사는 '일상 속의 역사'를 파헤치기 위해 새로운 관점과 방법론으로 무장한 새로운 모델의 역사서술을 지향합니다. 미시사적 일상사가 바로 이것입니다. 이 같은 일상사는 일상에 대한 현미경적 관찰을 통해 일상의 모세혈관에 내재한 역사의 흐름을 읽어내는 것이 목표입니다. 모래알 안에서 세계를 볼 수 있고, 물방울 안에서 태양을 볼 수 있다면, 중요한 것은 관찰대상이 아니라 보는 관점과 방법론입니다. 보는 대상이 작다고 해서 보는 것도 작은 것은 아니기 때문에, 대상과 관점은 반드시 일치하는 것은 아닙니다. 미시물리학이나 미시경제학과 같은 맥락에서 미시사적 방법론이 대두했고, 이런 것들과 똑같은 맥락에서 일상에 대한 치밀한 묘사를 통해 중층적 의미를 드러내려는 일상사가 등장했습니다. 일상사의 이 같은 새로운 방법론은 역사학의 '코페르니쿠스적 전환'이라고 부를 수 있는 것입니다. 인간이 역사연구의 대상이 아니라 주체가 됨으로써 '역사의 인간'이 아니라 '인간의 역사'를 추구하려는 문제의식이 생겨났습니다. 요컨대 일어났던 역사가 변화시킨 인간 삶의 모습을 사회과학에서 빌려온 이론과 개념으로 설명하는 것이 아니라, 그 시대를 살았던 당사자들이 경험했던 역사를 그들의 목소리로 이야기하는 방식으로 인식적론 전환을 시도한 것이 두 번째 의미의 일상사입니다. 이 같은 인식론적 전환을 통해 이전에는 역사가 없고 무의미한 곳으로 여겨졌던 일상에서 역사적 의미를 발견할 수 있게 된 것입니다. 여기에서 역사적 의미란 푸코가 지식의 고고학으로 발굴해낸 미시권력입니다. 푸코는 권력을 소유의 대상이 아니라 관계로 형성되는 것으로 파악했고, 이러한 권력관계가 성립하는 최전선이자 말단이 바로 일상이라고 본 겁니다. 일상의 모세혈관에 이르기까지 권력이 미칠 때, 권력의 안과 밖은 없으며 권력관계는 모든 것을 포괄해서 "개인적인 것은 정치적이다"라는 말이 생겨났습니다. 일상에는 무의식적으로 내면화된 생체권력과 규율권력이 있다는 깨달음을 통해 일상의 정치적 의미와 역사적 가치가 재인식됨으로써 일상사는 역사학의 혁명을 일으킬 수 있는 잠재능력을 갖게 되었습니다. 일상에 대한 이 같은 가치의 전도에서부터 기존의 사회과학 이론과 개념에 괄호를 치고 일상성 그 자체에 내재하는 애매함과 모순을 무의미한 것이 아니라 중층적인 의미들로 재해석하려는 노력이 나타났습니다. 지배와 저항이 교차하는 일상의 회색지대는 역사의 혁명적 변화의 가능성이 잠재해 있는 곳으로 재평가를 받은 것입니다. 현실사회주의의 몰락이 이 같은 일상의 역사를 바꿀 수 있는 잠재 에너지를 증명해주었다고 말할 수 있습니다. 화산 분출처럼 혁명적 변화가 갑자기 일어날 수 있었던 것을 일상에 잠복되어 있는 마그마로 해명하는 것입니다. 일상은 역사를 변화시킬 수 있는 마그마를 내부에 잠재화된 형태로 가지고 있다가, 어느 시점에 지각상태의 균열이 일어날 때 분출시킵니다. 따라서 역사가 존재하지 않는 일상에서 역사적 변화가 가장 먼저 감지될 수 있다는 역설을 깨닫게 된 것입니다. 이런 일상을 사는 민중을 김수영 시인은 바람보다 먼저 눕지만 바람보다 먼저 일어나는 '풀'에 비유했습니다. 저는 이 같은 일상의 양면성에 대한 새로운 시각을 열었다는 점이 일상사의 방법론적 혁신의 일차적 의미라고 생각합니다.

박원용: 저도 김 교수님과 비슷한 생각인데 개인적 문제의식의 출발점과 연관을 지어 말씀드리겠습니다. 사실 1980년대 초반 군사정권 시대에 대학을 다녔던 세대는 이른바 독재정권 타도라는 요구에 대해 무조건적으로 단일한 모습 내지는 단일한 운동전략을 가져야 한다는 시대적인 중압감에 시달리면서, 각자 개인이 가진 전략들을 다르게 표출할 수 있는 여지가 극히 제한되어 있지 않았는가 하는 생각이 많았습니다. 예를 들면 이른바 역사에 대한 진보적 시각을 얘기했을 때, 혁명가들은 그야말로 항상 혁명적 의식에 불타 있는 사람들이다, 아니면 노동자들은 자기의 계급의식에 충만해서 자본에 의한 억압의 상태를 벗어나기 위한 투쟁의식에 충만했다, 이런

식으로 역사가 매우 추상적인 형태로 기술되고 있지 않은가 하는 생각이 있었습니다. 계속 공부를 해나가면서 계급의식을 가진 노동자들 중에서도 각자의 구체적 삶의 양태는 전혀 노동자답지 못하다고 할 수 있는 사람들이 역사의 장에 존재한다는 것을 발견했습니다. 러시아의 파르티잔이라든가, 프랑스의 레지스탕스라든가, 이런 사람들은 체제에 대한 저항을 그야말로 자기의 인생목표로 설정하고 있는데도 그런 저항의식이 일상적 삶의 양태와 접합될 때는 무뎌지는 순간도 있다는 말입니다. 단일하게 규정되는 전체의 모습과 대비되는 각자의 삶의 양태의 다른 부분들을 하나의 에피소드로 취급할 것이냐, 아니면 그런 다양한 에피소드들을 관통하는 또 하나의 권력관계나 사회관계들을 찾아낼 수는 없을까라는 고민을 할 수밖에 없었습니다. 이런 고민을 하다 보니까 러시아 사회주의체제 내에서도 강력한 국가권력에 비해 너무나 허약해 보이는 인민들 사이에서 각자 다양한 방식으로 권력에 대한 관계를 형성해간다는 것을 발견할 수 있었고, 국가와 인민의 관계방식에 따라 하나로 규정하기 어려운 다양한 삶의 전략이 서서히 모습을 드러내기 시작한 것입니다. 그런 인식들을 통해서 사회주의체제의 일면적인 모습을 극복해낼 수 있었던 하나의 가능성을 볼 수 있었습니다. 그런 가능성이 북한 사회를 새롭게 규명하려는 이 프로젝트에서도 적용될 수 있다면, 우리가 가진 북한 사회에 대한 인식과는 굉장히 다른, 아주 새로운 인식이 생겨날 수 있지 않을까 하는 그런 기대를 하게 됩니다.

　박순성: 접근하는 출발점이나 문제의식에 따라 일상사연구에 대한 의미부여라고 할까, 또는 일상사연구가 연구자 개인의 연구경험에서 갖는 접합점이 좀 다른 거 같습니다. 예를 들면 지금까지 나온 이야기들에는 사회주의체제의 붕괴라는 엄청난 변화에 무기력했던 서구 진보진영 지식인들, 역사학자, 경제학자, 사회학자의 무기력을 반영한 부분도 있고, 다른 한편에는 한국 같은 경우 진보개혁 진영의 거대담론 중심의 역사해석, 사회이해에

대한 자기반성도 있는 것 같습니다. 1950년대나 1960년대로 거슬러 올라가 보면, 앙리 르페브르 같은, 이른바 우파적 사회과학이론이나 좌파적 거시이론 등에 대한 반성에서 나온 사회학적인 것도 있고, 또 다른 한편에는 현상학적 성찰 등도 있는 것 같습니다. 이런 것들 중에 북한 사회 이해와 관련해서 우리가 주로 많이 이야기하는 것은 1980년대 후반 새롭게 나타나기 시작한 붕괴 이전 동유럽 사회에 대한 연구들입니다. 진보개혁 진영의 관점에서 이야기하자면 계급 중심적이거나 국가 중심적인 관점을 탈피한 사회주의체제에 대한 연구입니다. 여기에서 일상의 개념에 대해 조금 더 이야기를 해보아야 할 것 같습니다. 일상이란 '근본'을 의미한다, 또는 '아래'를 의미한다는 이야기들이 나왔습니다. 또 질적 연구, 성찰적 연구의 상징으로서 일상을 언급하는 주장도 있었습니다. 그런데 진보진영에서 그동안 '근본' 또는 '아래'를 이야기하면, 마르크스주의 역사가들이 말하는 프롤레타리아 역사관 또는 경제사관을 떠올리게 되는데, 아마도 일상사연구는 그렇게 제한적으로 이해될 수는 없을 것 같습니다. 이러한 점을 염두에 두고 일상이라는 개념이 가진 다양한 내포에 대해 더 많은 말씀을 해주시면 좋겠습니다.

이희영: 좀 더 말씀드리고 싶은 것은 사회학적 문제의식입니다. 제가 아까 프랑크푸르트학파 이야기를 했지만, 어떻게 보면 동구가 무너지기 이전에 이미 나치의 등장이나, 2차 세계대전을 전후로 해서 나타난 사회의 전체주의적 변화 등 이런 역사적 변동을 지켜보면서 사회학자들은 심각한 반성의 과제에 직면한 것이 아닌가 생각합니다. 어떻게 보면 역사학은 좀 나을 수도 있을 겁니다. 실증주의의 중심지가 사회학 아닙니까? 통계만 돌리고, 그 결과를 보고 싶은 방향으로 처리해서, 이전의 그런 연구들이 이미 양산해냈던 비슷한 이야기들만 하던 사회학이 사회의 전체주의적 전환에 대해서 아무것도 할 수 없는 현실에 직면한 것이죠. 바로 이런 것들이 자신을 성찰하도록 한 중요한 계기였다고 생각됩니다. 물론 그 이후에도

구조주의나 포스트구조주의에 대한 논쟁들이 많았지만, 이런 역사적 과정을 거치면서 사회학 논의에서 새롭게 등장한 중요한 문제의식은 통계나 제도로 포착할 수 없는 사회현상, 계량화시킬 수 없는 개인의 일상적이고 변화하는 체험을 어떻게 사회학이 담아낼 거냐 하는 것이었죠. 사회학에서 중요한 논쟁 중의 하나가, 예를 들어 표현하면 '구조(structure)'는 있는데 구조가 비어 있다는 것입니다. 우리가 일상적으로 겪는, 예를 들어 나치가 저지른 도저히 잊을 수 없는 폭력의 체험(트라우마), 또는 어떤 특정 시기에 새로운 변화의 가능성을 찰나적으로 느끼게 하는 경험들, 이런 것들을 사회학이 도대체 어떻게 담아낼 수 있는가? 즉, 행위자에 대한 고민입니다. 그래서 행위자를 복구시키기 위한 사회학적 문제의식, 그것을 담을 수 있는 방법론이 무엇인가에 대한 문제의식이 어쩌면 1960년대 이후에 본격적으로 언어학적 전환이나 학문적 변화와 맞물리면서 사회학에서 구술사, 구술 생애사 등과 같이 기존의 통계방식이 아닌, 질적인 접근방식을 통해서 사회를 보려는 시도들이 생겨났다고 할 수 있습니다. 그랬을 때 기존에 해왔던 통계나 정치·경제·사회적 제도나 이런 것들이 아닌 연구의 대상이 무엇인가? 물론 사회 구성원의 일상이라고 이야기할 수 있습니다. 다르게 표현하면 행위자의 구체적이고 일상적인 체험이라고 할 수 있습니다. 그런데 우리가 제도나 계량적 지표로 환원되지 않는 일상이라고 말하면 흔히 공적인 것에 대한 대비로서 일상적인 것을 구분하는데, 저는 그런 식의 대비가 일상을 이해하는 데 적절하지 않다고 생각합니다. 공적인 영역이라고 지칭하는 것에는 제도로 딱딱하게 굳어져서 이미 성문화된 것들뿐 아니라 그 속에서 행위를 하는 개인의 체험이 동시에 공존하고 있습니다. 법, 규칙 등과 같은 제도는 항상 과거의 산물이거든요. 그런데 일상 체험은 과거의 산물을 가지고 지금 현재 만들어내고 있고, 또 쌓여가는 어떤 것을 뜻합니다. 그랬을 때 일상은 기존의 공적인 영역에 대한 반대 짝으로서의 일상 개념, 즉 사소한 것으로서의 어떤 것이 아니라 지금 이 시점에, 바로 현재 이 순간에 과거를 유산으로

446

진행되고 있는 행위의 축적, 그것을 문제 삼는 것이라고 할 수 있습니다.

김기봉: 제가 박사논문을 쓸 때 가장 공들인 것이 일상 개념을 정리하는 거였습니다. 일상이 뭔지는 누구나 다 알아요. 하지만 일상이 뭔지를 설명하라면 누구도 못합니다. 일상의 이론화가 난제 중의 난제입니다. 일상사를 위한 역사이론을 세운다는 문제의식으로 일상 개념을 정의하면, 일상과 역사의 관계설정을 어떻게 하느냐에 따라 변증법과 계보학의 두 유형으로 정리할 수 있습니다. 먼저 일상과 역사를 변증법적인 관계로 보는 것이 마르크시즘이고, 계보학적으로 보는 것이 현상학입니다. 르페브르와 라이트 호이저(Thomas Leithäuser)가 전자의 시각을 대표합니다. 이에 따르면 일상이란 역사가 없는 곳, 계급의식을 아직 각성하지 못한 곳으로서 비판의 대상이 됩니다. 일상이란 상품을 매개로 인간관계가 추상화되어버린 곳이고, 일상성 비판의 궁극적 목적은 자본주의 근대를 극복하는 것입니다. 그래서 "일상을 연구한다는 것은 결국 일상성을 변화시키려는 것이다"라고 말했던 르페브르에게 역사는 일상성으로부터의 해방을 의미합니다. 이 같은 르페브르의 관점은 68혁명 이후 서구 마르크시즘이 '문화적 전환'을 통해 헤게모니 투쟁을 위한 진지전으로 나아가는 것과 같은 맥락입니다. 두 번째는 후설(Edmund Husserl)이나 슈츠(Alfred Schütz)로 대표되는 현상학적 입장으로, 여기서의 일상과 역사는 계보학적 관계로 파악됩니다. 독일의 루크만(Thomas Luckmann)이나 프랑스의 마페졸리가 그런 입장을 견지합니다. 인간의 삶이란 결국 일상과 비일상의 계보학적 관계, 곧 일상화된 것이 비일상적인 것으로 되고, 다시 비일상적인 것이 일상적인 것으로 변화하는 순환관계, 즉 일상과 비일상의 연속과 불연속의 계보학이 바로 역사입니다. 이러한 계보학적 입장에 따르면, 역사는 일상성의 극복이 아니라 일상화의 과정으로 전개됩니다. 일상이란 비과학적인 영역이 아니라 전(前)과학적 단계이고, 그것 자체가 선험적인 의미영역으로서, 오늘날의 개념으로는 문화로 지칭될

수 있습니다. 일상성은 매일매일의 반복이라는 양적인 현상이 하나의 습관으로 질적 전환을 해서 형성된 문화코드인 셈입니다. 이에 따르면, 일상연구란 바로 문화를 연구하는 것입니다. 일상성 속에는 의미층위가 내재해 있고, 이러한 의미층위의 퇴적층을 발굴해내기 위해서는 일차적으로 기존에 자기가 갖고 있는 의미체계에 대해 현상학적 용어로 '에포케(Epoche)', 곧 판단중지가 필요합니다. 이 같은 판단중지를 통해 드러나는 것이 의미의 토대가되는, 바로 후설이 말하는 '생활세계(Lebenswelt)'입니다. 후설은 모든 과학을 생활세계 위에 정초하는 '생활세계의 학(Wissenschaft von der Lebenswelt)'을 추구함으로써 유럽학문의 위기를 극복할 수 있다고 믿었습니다. 이 같은 방식으로 일상과 과학을 연결하는 방식은 그 후에 하버마스의 의사소통행위이론으로 발전합니다. 하버마스는 사회는 생산관계가 아니라 의사소통관계로 이뤄졌다는 '언어적 전환(linguistic turn)'을 했는데, 여기서 일상은 의사소통이 이뤄지는 구체적인 장으로서 긍정적 의미를 갖습니다. 이 같은 맥락에서 일상의 사회학적 의미는 두 가지로 정리할 수 있습니다. 하나는 앞에서 언급한 하버마스의 의사소통 행위이론에서처럼 사회의 최소단위라는 것이고, 다른 하나는 인간이 삶을 영위하는 시간의 최소단위가 된다는 것입니다. 첫 번째 의미의 일상에 대한 사회학적 이론화는 슈츠에 의해 처음 시도되었습니다. 슈츠는 일상세계란 우리가 태어남과 동시에 주어지는 상호 주관적인 자연세계로서, 이 같은 상호 주관성을 원자로 해서 사회라는 전체가 구성된다고 보았습니다. 두 번째로 삶의 반복으로 이뤄지는 일상은 변화가 없는 시간이 정지해 있는 무시간의 장소로 인식됩니다. 일상성 그 자체는 과거와 미래가 없는 '영원한 현재'죠. 현재란 시간이 없는 영점(零點)이면서 과거와 미래를 연결시켜주는 지점이기도 합니다. 모든 시간이 현재를 최소단위로 해서 연속적으로 흐르는 것처럼, 질적인 의미에서 인간 삶의 최소시간을 이루는 것이 일상성입니다. 일상성에서 시간이 시작된다고 할 때, 일상이 바로 모든 근본적 변화의 출발점이 됩니다. 도적처럼 오는 하나님

448

이 재림하는 시간을 벤야민이 '메시아적 순간'이라고 지칭했다면, 이 말은 일상을 '영원한 현재'로 깨어 있는 삶을 살라는 메시지를 담고 있습니다. 가장 변화가 일어나지 않는 곳이 일상이기 때문에 일상성의 변화를 통해서 가장 근본적인 변화를 성취할 수 있다는 겁니다. 변화의 끝이면서 동시에 시작이라는 일상의 이중성이 일상을 순응의 장소이면서 동시에 저항의 거점이 되게 만들었습니다. 북한 사회의 일상도 순응과 저항의 회색지대라면, 탐구해야 할 가장 중요한 문제는 그 틈새를 벌이기 위한 일상연구를 어떻게 할 것인가로 귀결됩니다.

   박원용: 우리와 같은 비슷한 사회구조와 소통기구를 가진 서구 사회에서 일상의 개념들은 단순한 듯하면서도 여러 영역이 굉장히 복잡하고 치밀하게 겹쳐 있기 때문에, 김 교수님께는 잘 정의가 되는지 모르겠지만 저는 여전히 정의가 잘 안 되더라고요. 사실 저한테는 여전히 혼란스러운 개념이지만 그래도 제가 주로 관심 있게 보고 있는 스탈린 시대라든가 북한의 경우에 한번 적용해보았을 때, 과연 그런 데서 일상의 개념이 어떻게 도출될 수 있는가, 이런 부분들을 한번 생각해봤으면 합니다. 스탈린 시대의 일상사를 얘기할 때 크게 두 가지 입장이 여전히 논쟁 중인 것으로 알고 있습니다. 한쪽에는 국가권력이 개개인의 일상생활을 다 통제하는 이런 사회에서 일상이라는 개념은 존재하지 않는다, 이른바 사생활(privacy)이라는 개념은 존재할 수 없다, 따라서 사생활이라든가 일상의 연구 자체가, 한마디로 일상의 개념 도출이 불가능하다고 주장하는 사람들이 있습니다. 다른 쪽에는 공적인 어떤 부분과 사적인 어떤 부분들이 전체주의 사회 — 예를 들어 스탈린 사회 — 에서도 명확하게 구분되는 것이 아니라 사적 부분에도 공적 부분이 서로 침투해 들어갈 수밖에 없는 것이다, 양자 간의 명확한 경계는 설정하기 어렵다고 주장하는 사람들이 있습니다. 그런 사람들은 '공적 사생활(Public Privacy)', 이런 식의 개념까지 동원하더라고요. 일상사연구 분야에서 최근

각광을 받고 있는 러시아의 신진 연구자 게라시모바(Katerina Gerasimova)가 이런 주장을 하고 있습니다. 그래서 그런 개념에 의하면 사회주의체제에서 일상이라는 개념은 그냥 아무런 존재감도 없거나 하찮은 개개인의 삶이 흘러가는 이런 부분들이 아니라 그야말로 국가권력 내지는 어떤 사회의 권력관계가 아주 세밀하게 녹아 있는 장으로 볼 수 있다는 것입니다. 예를 들어 사회주의체제 인민의 주택거주양식 내지는 그들의 여가활동, 또는 그들의 여행 문화 같은 양태들을 통해서 당시의 권력관계 내지는 사회관계들을 충분히 볼 수 있다고 주장합니다. 소소하고 중요치 않은 것으로 오랫동안 관심을 끌지 못했던 그들의 '사회주의체제 내에서의 일상'을 통해서 권력에 저항하려 했던 의지나 그런 저항의 구체적 전략 등을 끄집어낼 수 있다고 생각하고 있습니다. 이런 부분들을 제대로 규명해내야지만 사회주의체제에서의 역동성—물론 사회주의 역동성 자체에 대해 많은 이론들이 있지만—을 발견할 수 있다는 입장인 겁니다. 이런 주장을 받아들이면 사회주의체제가 단순히 위로부터의 명령·강압과 아래로부터의 복종·순응에 의해서 움직이는 것이 아니라는 것이 명확해집니다. 이렇게 보면 일상 개념이라는 것은 서구 사회의 일상의 개념에 비해서는 훨씬 더 상대적인 의미에서 좀 더 명확하지 않은가 하는 생각도 하게 됩니다.

박순성: '사회주의체제나 파시즘의 세계에서는 일상을 발견하기 힘들지만, 일상을 발견하는 순간 그 체제의 비판으로 갈 가능성이 많다'라고 하는 설명이 와 닿았습니다. 그다음 '자본주의 사회나 민주주의 사회에서 일상이라고 하는 것은, 사실은 우리가 다 일상이 존재한다고 생각하지만 역설적으로 그 일상은 정형화되어 있고 어떤 의미에서는 더 제도화되어 있어서 우리가 일상문화라고 부르거나 의미를 부여하기 힘든 영역으로 떨어져 있다'는 생각을 하게 되었습니다. 그래서 이런 질문을 한번 던져보고 싶습니다. 사회주의 사회, 파시즘 사회, 한국이 경험했던 독재체제 아래 사회, 심지어

근대 이전의 사회 등에서의 일상과, 민주화되고 경제적 주권이 개인 차원에서 형성된 자유자본주의 사회에서의 일상은 어떤 차이가 있을까요?

김기봉: 그게 오해거나 입장 차이일 수 있습니다. 그 문제에 대해 명확한 의견을 제시한 사람이 르페브르입니다. 그는 "19세기 경쟁자본주의가 생겨날 때까지, 곧 이른바 상품의 세계가 전개되기 전에는 일상성의 지배는 없었다"고 보았습니다. 전근대에서 사람들이 빈곤과 억압 속에 살긴 했지만, 그때는 자연 및 물질과 직접 관계를 맺고 있었기 때문에 창조적 노동의 소외는 아직 일어나지 않았습니다. 전근대에서 노동이 하나의 작품을 만들어내는 것을 목표로 했다면, 자본주의 사회에서 노동은 작품이 아닌 상품을 생산함으로써 소외가 일어난 겁니다. 따라서 "일상생활이 작품으로 되게 하라!"가 르페브르의 구호입니다. 그런데 사회주의 지배체제 역시 일상생활의 조직화를 통해 작동되었다는 점에서 보면, 자본주의나 사회주의의 차이는 현상적일 뿐 본질적으로는 같은 근대성의 문제가 됩니다. 현실사회주의의 몰락 이후 명확히 드러난 것이 현실사회주의 국가는 일상생활을 조직화하는 관료제에 의해 유지되었다는 점입니다. 문제는 관료제입니다. 이 문제를 극명하게 보여준 것이 나치가 저지른 홀로코스트입니다. 한나 아렌트는 예루살렘에서의 아이히만 재판을 지켜보면서 '악의 평범화', 곧 '악의 일상화'가 보통사람을 인간 도살자로 만드는 근본 요인이었다는 결론에 도달했습니다. 아이히만은 스스로는 한 사람의 유대인도 죽이지 않았다고 주장합니다. 그는 국가 공무원으로서의 임무를 충실히 이행했을 뿐이고, 만약 그가 그 일을 하지 않았다면 다른 사람이 했을 것이라고 변명했습니다. 위로부터의 명령을 충실히 이행하는 가운데 악 자체가 평범하고 진부해진 겁니다. '악의 평범화'가 인간이 저지를 수 있는 악 가운데 가장 심각한 이유를 아렌트는 '사유의 불능화' 때문이라고 말합니다. 스스로 사유하지 않고 관료체계의 부속품이 되어서 모든 것을 위에서 시키는 대로 하면

훌륭한 국민이 되고 훌륭한 인민으로 인정을 받는 지배체제 아래, 인간은 자연스럽게 악마가 된다는 것입니다. 이 같은 관점에서 보면, '악의 일상화'는 파시즘이든 사회주의든 근대국가 일반의 문제이며, 근대문명의 파국적 요소가 됩니다.

박원용: 사회주의체제의 경우, 특히 소비에트 러시아에서 새로운 '소비에트형 인간'을 양성하기 위해 일상의 구체적인 많은 부분들을 국가권력이 의도적으로 개혁을 해나가기 시작합니다. 혁명 직후에도 여가활동의 많은 부분을 자본주의의 스포츠문화, 예를 들어 축구경기라든가 테니스 시합 같은 것들이 여전히 차지하고 있었단 말이죠. 이제 사회주의 권력이 수립되면서 이러한 여가활동의 양태가 근본적으로 변화해야 한다는 의식이 확산되기 시작합니다. 소비에트 국가권력은 그런 운동시합을 통해 우열을 가리고 그렇게 경쟁 심리를 조장하는 것 자체가 마치 자본주의 사회에서 이윤의 극대화를 위한 자본가들의 경쟁을 답습하는 것과 다를 바 없다고 주장합니다. 그래서 이제 노동자들의 여가문화에서는 그런 경쟁 심리를 조장하는 스포츠문화가 아니라 서로의 공동체 의식이라든가 계급의식 이런 것들을 조장할 수 있는 여가문화를 확립해야 한다는 정책방향이 수립됩니다. 노동자들에게 새로운 여가문화를 보급하기 위해서 그들의 구체적인 여가활동 하나하나에 대한 통제가 시작됩니다. 노동자들은 어느 정도까지는 그러한 통제에 부응하지만 전체적인 여가활동의 양상이 단시간에 변하지 않습니다. 혁명 이전과 마찬가지로 노동자들은 여전히 저녁내기 축구시합을 더 재미있어했습니다. 국가권력이 추구했던 계급의 동질성이라는 추상적 가치를 확립하기 위한 운동놀이는 그들에게 아무런 재미도 주지 못했고 흥미도 끌지 못했습니다. 이런 맥락에서 보면 사회주의체제에서의 일상사에서는 정치권력에 대한 저항의 모습들을 더 분명하게 나타낸다고 할 수 있습니다. 그렇다고 그러한 '저항적 일상'이 체제에 대한 전면적 도전으로까지 해석될 수는

없을 것 같습니다.

이희영: 근대의 쌍생아가 자본주의체제와 사회주의체제였다고 한다면, 그 체제가 어느 순간에 생겨난 게 아니잖아요. 자본주의 사회 또는 사회주의 사회는 일상의 영역 속에서 주체를 만들어냄으로써 생성된다고 할 수 있습니다. 사회주의 사회의 예를 들면, 북한의 '주체식 개인' 없이는 주체사상에 기초한 북한 사회주의체제도 없는 겁니다. 그런 의미에서 볼 때, 일상의 공간은 거대한 제도에 눌려 있는 아주 희미한 틈새 안의 어떤 공간이 아니라, 실제로 전 사회적 차원에서 사회주의체제를 형성하는 공간입니다. 그리고 그것은 또한 시간적 의미를 갖는데, 만일 일상이 '공간(space)'으로서 정태적으로 머물러 있다면, 어떤 제도의 틀 안에서 사람들이 움직이는 영역일 뿐입니다. 그러나 일상은 이와 같은 공간의 의미도 있지만 시간의 의미도 있습니다. 아까 다른 선생님들의 말씀에서도 언급되었는데 일상적으로 내가 무엇을 해야 한다고 하는 것은 바로 이전에 만들어낸, 과거의 유산에 기초해 그것을 해석하고 전유하는 의미가 있습니다. 그런데 이러한 현재의 행위가 완전히 과거와 동일하지 않다는 의미에서 새로운 것을 만들고 미래를 준비하는 시간으로서의 일상이 있습니다. 그런 의미에서 저는 사회주의체제의 일상은 사회주의체제를 생산하는 바로 그 공간이자 시간이라고 이해합니다. 동독이 무너지고 난 다음, 또는 그 이전에 수행된 동독 사회에 대한 연구결과 중 중요하게 평가되는 테제로 '동독 사회주의 사회에서 공적 담론과 사적 담론 사이에 상당한 괴리가 존재했다'는 것이 있습니다. 일상사연구의 관점에서 중요한 것은 바로 이러한 괴리가 의미하는 바를 통해서 우리가 전혀 예상치 못했던 동독체제 붕괴와 연관된 어떤 배경을 이해할 수 있는 것이 아닌가 하는 문제의식입니다. 우리가 사회주의체제에 접근하기 어렵기 때문에 그러한 일상을 들여다보지 못할 뿐이지, 사회주의 사회의 일상은 바로 사회주의체제를 만들어내는 공간으로서 전 사회의 영역에 걸쳐, 시간적으로

존재한다고 할 수 있습니다.

박순성: 제 질문은 이렇습니다. 우리 연구 프로젝트의 근본 목표는 북한 사회를 잘 이해하는 거지만, 동시에 제가 항상 생각하는 것은 우리가 북한 사회를 잘 이해하면 할수록 우리 자신을 더 잘 이해할 수 있지 않겠는가 하는 겁니다. 일상사연구도 비슷한 것 같습니다. 사회주의체제에 대해 방금 박원용 선생님이 말씀하신 것처럼 지배권력이 안정적인 지배체제를 만들어 내고 유지하는 데 필요한 새로운 주체와 제도를 일상생활에서 인민들에게 침투시켜 나가는데, 이 과정에서 '주체'로서 만들어져야 할 개인들이 사실은 생산자들이 의도하는 '주체'가 되는 것이 아니다. 인민들은 자기 자신의 오랜 토대, 즉 근본으로서 일상생활에서 가지고 있던 것에 기초해, 위로부터 강요되는 것들을 '재전유' — 이 표현을 상당히 자주 사용하더군요 — 하는데, 그 과정이 한편으로는 사회주의체제가 만들어지는 과정이지만, 다른 한편으로는 사회주의체제가 비틀어지는 과정이다, 일상사연구는 바로 이렇게 보고 있는 겁니다. 한편 자본주의 사회로 돌아와보면, 자본주의 사회에서 사람들의 경험은 우리가 무의식적으로 자본주의 원리에 따라서 또는 경제학적으로 말하면 이른바 가격기구나 시장기구에 의해 강요된 법칙에 의식적으로 잘 맞춰서 이익을 추구하면 할수록 성공한 자본주의형 인간이 되고, 잘사는 것이라고 말합니다. 자본주의 사회에서는 자신의 일상을 의식적으로 잘산다고 하지만 사실은 그 일상이 무의식이나 사회제도에 의해 만들어지는 것이라는 말입니다. 만약 이렇게 말하면, 일상에 일종의 모순이 생깁니다. 일상의 이중성이라고 할까요. 사회주의체제에서나 자본주의체제에서나 일상은 양면성을 가지고 있습니다. 나아가 사회주의와 자본주의 사회를 비교했을 때 나타나는 차이를 어떻게 이해하는가가 중요할 것 같습니다.

김기봉: 일상성의 양면성을 인정하고 구분하는 것이 일상연구의 출발점이

된다고 생각합니다. 일상의 무의식을 의식화한다는 측면에서 일상연구는 프로이트 심리학과 똑같습니다. 일상이라는 무의식적 역사를 의식화시키는 것이 일상사의 목표인 겁니다. 요컨대 비합리적 무의식을 의식화하는 것으로 심리학이라는 새로운 과학이 태동한 것처럼, 비합리적 일상을 합리적으로 이해하는 과정으로 일상연구가 생겨났습니다. 이 같은 일상의 과학화를 위한 전제는 일상의 명예회복입니다. 일상이란 무의미한 영역이 아니라 그 나름대로의 의미를 만드는 장소라는 발상의 전환이 있어야 합니다. 이런 방식으로 일상에 대한 연구의 새로운 지평을 연 사람이 세르토입니다. 세르토는 조금 전 박 선생님께서 말씀하신 것처럼 소비란 수동적인 행위가 아니라 재전유 또는 재사용을 통해서 그 나름대로 의미를 만들어내는 일상적 실천이라고 보았습니다. 내가 무엇을 소비하느냐로 내 정체성이 규정된다는 의식을 가질 때 '창조적 소비'를 할 가능성이 열리는 겁니다. 이런 식으로 세르토는 거대담론이나 이데올로기에 의거한 혁명전략이 아니라 일상적 차원의 전술을 구사함으로써 '일상으로부터 혁명'이 일어날 수 있다고 믿었습니다. 일상적 실천으로 촉발된 작은 변화가 초기조건이 되어 계속 연쇄반응을 일으켜 마침내 '나비효과'를 유발한 전형적 예가 1989년과 1990년 현실사회주의를 몰락시킨 동유럽에서 일어난 일련의 민중혁명들입니다. 저는 북한에 대한 일상사적 연구는 바로 이 점에 주목해야 한다고 생각합니다. '북한 관료들의 일상생활 세계'를 연구한 김종욱 선생의 글을 보면, 1990년대 '고난의 행군' 이후 북한 사회에서는 공적 체제와 사적 일상의 이원화가 각 부문에서 일어났습니다. '수령'을 정점으로 하는 일원적 권력체제와 화폐경제가 공존하고, 계획경제에 의한 일원적 생산세계와 시장이 공존하며, 국가 증여 시스템에 의한 일원적 분배세계와 시장흥정과 관료연줄이 동시에 작동하는 방향으로 북한 사회가 변모했습니다. 심지어 위계적 명령도 관직 위계와 시장적 수평교환의 담합으로 수행되고 있어요. 결국 공식적인 계획경제의 한계를 비공식적인 시장경제가 보완하고, 국가에 의한 분배 시스템의 불충분성을 화폐경제가 보상하는 방식으로 북한 사회는 유지되고 있는 셈입니다. 만약 이 같은 이원체제가 더 이상 작동하지 못할 경우 북한 사회는 붕괴할 수밖에 없습니다. 따라서 북한 사회는 체제권력에 의한 '생활세계의 식민화'로 유지되는 것이 아니라 오히려 일상이라는 숨통으로 생존해나가고 있는 겁니다. 국가가 인민을 먹여 살릴 능력을 상실하면 인민은 일상을 통한 '생존전략'을 추구해나갈 수밖에 없기 때문에, 인민들 스스로가 '창조적 소비'를 전술로 구사할 여지가 생긴 것입니다. 그렇다면 북한의 지배권력은 사적인 해방공간으로서 일상의 토대 위에서 붕괴하지 않고 작동하고 있는 역설적 상황에 직면한 겁니다. 따라서 북한에 대한 일상사적 연구는 지배와 저항의 이분법을 넘어서 북한 나름의 '일상의 정치화'의 가능성을 엿본다는 점에서 큰 의미가 있습니다.

박순성: 여전히 어려운 문제가 있는 것 같습니다. 한편으로 일상은 수십 년이 아니라 수백 년에 걸쳐 전통적으로 내려오는, 거의 사회문화적 무의식이라고 할 수 있는, 토대로서의 일상이 있습니다. 다른 한편으로 그러한 일상에 기초해서 우리가 현재 살아가는 일상 또는 일상생활을 어느 순간 횡적으로 잘라보았을 때 드러나는 일상이라고 하는 것이 있습니다. '지금 여기에서'를 의미하는 일상이라고 할 수도 있을 겁니다. 그런데 사실 일상은 과거에서 내려오는 토대로서의 일상과 현재 존재하는 사회경제체제나 권력구조, 정치제도, 이런 것들이 서로 부딪치면서 만들어지는 것입니다. 그런데 이렇게 말하고 나면, 일상이라는 개념이 쉽게 이해될 수 있는 것인지 잘 모르겠습니다. 과거로부터 내려오는 토대로서의 일상과 현실의 정치제도나 사회경제제도 같은 것과 부딪히면서 끊임없이 다시 만들어지는, 그러니까 재생산되면서도 동시에 변화되는 일상, 이 두 개념이 일상사 또는 일상생활연구에 뒤섞여 있는 것 같습니다. 이 점은 매력이면서도 난관인 것 같은데, 어떻게 해결할 수 있을까요.

이희영: 일상사연구의 매력을 볼 수 있는 중요한 연구 사례로는 폴 윌리스의 작업을 들 수 있습니다. 그전에 먼저 동유럽의 경우에 대해 잠깐 언급하면, 제가 유학을 시작했던 1990년대 중반 유럽의 사회학 내에서 이른바 이행기에 처한 동유럽 국가들에 대한 연구가 상당히 활발했는데, 알바니아와 같이 구소비에트 체제하에 있던 나라들은 1945년 이후에 약 40년 내지 50년 정도의 '사회주의적 실험'을 거쳤습니다. 달리 말해 봉건적 농업사회로서의 어떤 장기적인 일상의 축적이 있었고, 이제 2차 세계대전을 거치면서 제도로서, 어떤 정치적인 권력으로서의 사회주의적 일상이 맞닿은 채로 40년 내지 50년을 지나왔다고 볼 수 있습니다. 그런데 그 당시까지의 연구결과를 보면 동유럽 사회주의체제가 붕괴하고 난 다음에, 알바니아 같은 나라들에서 사회주의화되기 전의 사회관계가 전면에 부상하는 현상이 나타납니다. 굉장히 거칠게 표현했지만, 40~50여 년간의 사회주의적 실험이 남긴 것을 쉽게 찾아보기 어려워졌다는 것입니다. 달리 말해 사회주의 실험이 아무것도 아니었다는 게 아니라, 그보다 더 장기적이고 지속적으로 형성되어 유지된 일상문화의 유산이 쉽게 사라지지 않는다는 점입니다. 마찬가지로 과거의 것으로부터 무엇을 '전유'하는 것은 단기간에 이뤄지거나 또는 쉽게 정치적으로 조작할 수 있는 것이 아니고, 완전히 의식적인 행동도 아니라고 생각됩니다. 중요한 것은 몸속에 의식·무의식적으로 남아 있는 개인으로서, 집단으로서, 계급적 문화로서, 또는 아비투스(habitus) 등으로 표현될 수 있는 그런 어떤 것이 특정한 시기에 어떤 정치적 힘으로서의 현실적인 일상과 만날 때, 어떻게 과거가 현재를 비추는 자원으로 동원될 수 있느냐 하는 점입니다. 이런 관점에서 1978년 폴 윌리스의 연구는 노동자의 아이들이 더 나은 장밋빛 미래를 꿈꾸도록 하는 자본주의 사회의 현실정치, 또는 현재의 일상과 만났을 때 노동자 계급의 자녀로서 전유해왔던 '사나이 문화'의 관점으로 자신의 일상을 해석하고 변화시키는 것을 보여줍니다. 그러나 이것은 과거와 완전히 동일한 계급 재생산의 방식이 아니라 일정하게 변용된 방식으로

이뤄집니다. 비록 그것이 진보냐 보수냐의 관점에서 보면 또 다른 노동자 계급을 재생산해내는 동일한 구조로 드러나는 것처럼 보이지만, 완전히 동일하지 않은 전유의 과정이 갖는 중요성에 주목할 필요가 있습니다. 저는 연구자로서 일상을 연구할 때 자신이 고찰하는 특정한 현상이 과거 및 미래와 어떻게 연관되어 있는지를 살필 경우, '이것이 진보와 일치하는가, 또는 기존의 진보적 담론과 동질적인가'라는 이념의 강박에서 벗어나야 한다고 생각합니다. 이념에 구속된 목적론적 해석이나 환원적 설명보다 중요한 문제의식은 과거의 유산과 현실이라는 두 축이 만나는 일상의 공간에서 형성되는 미묘한 화학반응을 그 자체로 천착하고, 나아가 그것의 새로운 가능성과 의미에 대해 열린 질문을 던지는 것이라고 생각합니다.

박순성: 이야기를 좀 더 구체적으로 진행하기 위해, 1960년대나 1970년대 한국 사회를 일상사적 관점이나 질적 연구의 차원에서 접근하면서 부딪혔던 어려움들을 한번 이야기해보면 좋겠습니다.

김보현: 꼭 그것에 해당하지는 않지만 몇 가지 말씀을 드리도록 하겠습니다. 지금 다른 분들 말씀을 들으면서 떠올린 건데, 연구대상으로서 또는 방법으로서 일상에 대해 고민하기 시작하면서 느낀 것입니다. 저는 '80년대'의 영향을 받아 '이 사회를 어떤 방향으로 변화시키자'라는 문제의식에서 공부를 했습니다. 사회의 변화를 가로막으면서 이 사회를 계속 지탱하고 보수화시키는 힘, 또는 그 속에서도 조금씩 변화시키는 힘이 어디 있는지를 살펴보면, 그동안에는 전통적으로 국가나 시민사회의 좀 더 계몽된 엘리트들에 의해서, 또는 어떤 형태로든 공식적으로 조직화된 집합적 주체들, 이런 것들을 상정했습니다. 하지만 현실에 다가갈수록 그렇지 않은 것 같습니다. 사회를 보수화시키는 힘도, 약간 위상학적(topological) 비유입니다만, '토대'로서의 일상을 구성하는 익명의 주체들과 비조직화된 다중들에 의한

것이 아닌가 하는 생각이 들었습니다. 그것이 유지되거나 변화를 겪을 때나 마찬가지입니다. 최근 새마을운동 인터뷰 때 경험인데요. 계속 사례를 더 경험해봐야겠지만 열이면 열 새마을운동에 대한 기억은 모두 좋습니다. 전통적인 진보주의적 지식인들이 생각하고 비판하는 것과, 막상 당사자들은 전혀 생각이 틀립니다. 이건 요즘에 전혀 새로운 얘기는 아닙니다만, 어느 한 분이 얘기하다가 "아, 김 선생, 그 국가가 한 건 사실 중요하지 않아" 이러는 겁니다. "우리가 좀 놀고, 막걸리 마시고, 투전하고 그랬지만, 그건, 공동체적 협력은 원래 있었다"는 거예요 다른 선생님들이 옛날부터 내려오던 것과 일순간 직면한 것, 이 두 가지를 얘기하니까 생각이 납니다. "우리 마을 공동체에서 협력하는 건 원래 있었고, 박정희라는 사람에 의해서 그것에 자극이 일긴 했지만, 그래서 그런 의미에서 박정희가 중요하지만, 결국 우린 국가가 얘기한 거창한 걸 한 게 아니라 그냥 우리끼리 협력하면서 우리끼리 생각하는 '잘살아보자' 이걸 했다"는 겁니다. 그런 의미의 협력과 협동, 국가가 생각하고 기획했던, 박정희가 생각했던 것은 어떻게 보면 결과 성격이 다를 수 있습니다. 그 경계가 모호하지만 국가가 기획한 것과 이 사람들이 가져간 것이 이렇게 중첩되어서 발견되고, 쭉 가다 보면 1970년대 중·후반부터 농촌에도 이제 상품 - 화폐관계라는 것이 이런저런 영향을 미치기 때문에 국가의 기획도, 옛날부터 내려오던 그 문화도 서서히 이지러져가는 당시의 농민들을 보게 되는 거 같습니다. 그러면서 세상을 계속 그 사람들이 지탱시키고 재생시키고, 또 한편으로는 그런 새로운 조건들과 마주치면서 어떤 변화를 아주 조금씩 아주 조금씩, 연구자들로서도 어떻게 보면 나중에 사후적으로 "아, 이렇게 변했어요?"라고 말할 정도로, 그 당시로서는 잘 느끼지 못했던 변화를 그 사람들이 꾸려나가지 않았나, 그런 생각을 합니다. 예전부터 지속되었던 것과 국가의 기획으로 위에서 내려왔던 겁니다. 그러나 그 자체도 둘 다 굴절되어나가는, 뭐 이러한 삶과 일상 속에 놓여 있는 사람들을 보았습니다.

박순성: '소련의 경우, 사회주의 지배체제가 일상을 통해서 사회주의를 건설하고 사회주의적 인간을 만들었다'라는 관점과 '그런데 소련이 붕괴할 때 보니까 이른바 일상의 세계에서는 그것이 제대로 작동하지 않았고, 결국 내파를 일으킨 힘은 과거에서 내려오는 일상적인 어떤 무언가에 있었다'라는 관점, 이 두 이야기에 대해 좀 더 말씀해주시죠.

　박원용: 사실, 소비에트 사회에서 일상사의 관점이 제기되었던 이유는 선생님이 말씀하시는 것들과 연관이 있습니다. 사회구조사적 시각에서는 "왜 갑작스럽게 무너졌는가?"라는 질문을 통해 시스템 전체의 문제점에서 출발해 그 원인을 찾으려 했습니다. 그렇지만 일상사적 방법론으로 사회주의체제를 바라보면 체제의 붕괴 조짐은 이미 여러 부분에서 등장하고 있었다고 볼 수 있습니다. 사회구조사는 거대담론을 중심으로 문제의 원인을 찾으려 했기 때문에 결국 진정한 원인을 밝힐 수 없었지만, 일상사적 접근에서는 그것을 설명할 수 있는 여러 단초를 발견할 수 있다고 얘기할 수 있습니다. 물론 이런 발상의 전환이 이뤄진 데는 소련의 체제가 무너지기 이전부터 활발하게 축적되어온 유럽 역사에 대한 일상사적 접근의 영향도 부정할 수는 없습니다. 그런 관점에서 봤을 때 박 선생님께서 제기한 과거로부터 지속되어오던 일상의 모습과 새롭게 만들어지는 또는 만들려고 하는 일상의 모습, 그 두 가지 중 과연 어느 부분을 일상으로 규정할 수 있느냐는 문제가 제기될 수 있습니다. 그리고 그런 두 일상이 존재한다면, 그것들의 갈등 관계, 그리고 그런 두 가지 일상의 갈등은 사라질 수 없는 지속적인 성격인가라는 문제가 남습니다. 이것이 제가 여전히 고민하는 문제 중 하나입니다. 또한 소비에트 사회의 일상은 무엇인가라는 근원적 문제가 또다시 제기될 수도 있습니다. 현 상태에서 자신 있게 단언할 수는 없지만, 혁명 이후 러시아 사회에서 일상이라는 것들은 결국 그 두 가지 모두를 포괄한다고 생각합니다. 부연하자면 과거로부터 지속되는 일상의 한 측면과 국가권력에

의해 새롭게 만들어진 일상의 측면 모두가 소비에트 사회에서는 일상의 개념에 녹아 있다고 생각한다는 것입니다. 사실 이렇게 얘기할 수밖에 없는 이유가, 소비에트 체제의 인민들은 국가권력이 강제하려고 했던 일상의 모습을 절대적으로 수용한 것도 아니지만, 무조건적으로 거부한 것도 아닙니다. 그들의 삶의 경험은 그런 것들을 수용해내야지만 자신들이 소비에트의 새로운 인민으로서, 어떤 의미에서 '비정상적인 체제'에서 '정상적인 삶'을 꾸려나갈 수 있다는 가능성을 제시해주고 있었습니다. 이렇게 바라본다면 국가권력에 의해 강요된 일상이 그들이 그 이전부터 가지고 있던 일상과 충돌할 수밖에 없었던 "새로운 일상의 양태"가 소비에트 체제에서 등장했다고 얘기할 수도 있을 겁니다.

박순성: 제가 질문을 하나 더 드려볼까요? 북한에 사회주의체제가 도입된 지 60년이 넘었는데, 이 60년은 소련을 제외한 동유럽 국가들의 경험과 비교해볼 때 훨씬 긴 기간입니다. 일상이 그 자체로 연속성을 의미하고 새로운 제도에 대해서는 저항의 영역이 되는데, 이러한 일상이 어떤 곳에서는 왜 계속 유지되고, 어떤 곳에서는 유지되지 않는가. 예를 들면 '동유럽에서는 무너졌는데, 북한에서는 왜 아직까지 무너지지 않았을까?'라는 질문을 던졌을 때, 그것에 대해 일상사적 관점에서 답해줄 수 있는가. 다시 말해 소련의 경우 1920년대 말부터 이른바 사회주의 세계가 본격적으로 만들어졌다면, 60년 약간 넘게 유지되던 소련 체제가 그중간에 여러 번 위기가 있었는데도 왜 하필이면 1980년대 말에 붕괴되었는가 하는 질문에 일상사연구는 어떤 답을 줄 수 있을까요. 또는 일상사연구가 답을 주지 않는다면 어떤 이론의 도움을 받아야 할까요.

김기봉: 그건 굉장히 어려운 질문이네요. 니트함머(Lutz Niethammer)와 같은 독일의 일상사가가 동독을 연구하러 들어갔을 때 처음 가졌던 문제의식

이 "왜 그렇게 갑자기 무너졌는가?"였습니다. 그런데 연구를 진행하면서 "어떻게 그렇게 오랫동안 붕괴하지 않고 유지되었을까?"로 문제의식을 바꿨다고 합니다. 전자가 위로부터 또는 밖에서 본 동독이라면, 후자는 아래 또는 안으로부터의 접근으로 얻은 통찰입니다. 이것이 일상사의 장점입니다. 저는 북한에 대한 일상사적 연구도 마찬가지일 것이라고 추정합니다. 북한에 대한 일상사적 연구도 그런 모순적인 체제가 어떻게 지탱하고 있는가에 초점이 맞춰져야 한다고 생각합니다. 문제 안에 답이 있다는 말처럼, 어떻게 문제제기를 하느냐에 따라 답은 달라집니다. 이 같은 맥락에서 일상사적 문제제기는 '양날의 칼'이 될 수 있습니다. '양날의 칼'이 되는 이유는 일상성 자체가 양면적이기 때문입니다. 아까 김보현 선생이 새마을운동을 위로부터의 정치개혁이 아닌 아래로부터 농민들의 일상생활의 관성으로 이해할 수 있다고 했습니다. 이러한 관성적 역사를 프랑스 아날 역사가들은 '움직이지 않는 역사'라고 말합니다. 일상은 정치의 저편에 존재합니다. 정치가 사건이라면 일상은 구조입니다. 예컨대 수령제와 천황제 사이의 유사성 때문에 북한 체제와 일제시대 사이의 연속성이 언급될 수도 있습니다. 아들에게 권력을 세습하는 것은 왕조시대의 유제라고밖에는 설명할 방도가 없습니다. 정치제도가 바뀌어도 정치문화가 변하지 않는 이유는 일상성의 관성 때문입니다. 북한이 '고난의 시대'에 직면해서도 견디고 있는 힘은 무엇보다도 일상성의 관성에서 기인한다고 생각합니다. 일상성은 한편으로는 변화를 억제하는 관성의 힘이면서, 다른 한편으로는 변화의 원동력으로 작용합니다. 역사의 관성과 운동의 벡터로 성립하는 것이 일상성입니다. 이 같은 역설을 "변하지 않기 위해 변하는 것이 일상이다"라는 말로 정리할 수 있습니다. 이런 역설에서 생겨나는 것이 일상과 정치의 변증법입니다. 일상과 정치의 변증법은 한편으로는 '일상의 정치화'로, 다른 한편으로는 '정치의 일상화'로 나타납니다. 먼저 북한의 경우 '정치의 일상화'의 대표적인 사례가 주체사상입니다. 주체사상을 전 인민에게 하나의 생체권력

462

으로 각인시켜서 일상생활의 전 영역을 지배권력의 통제권 안에 포섭하고, 더 나아가 일종의 '정치종교'로까지 승화시키는 것이 '일상의 정치화'입니다. 이에 반해 '정치의 일상화'는 '일상의 정치화'라는 방패를 뚫는 창을 의미합니다. 이 같은 일상의 모순을 시로 형상화한 것이 김수영의 '풀'입니다. 바람보다 먼저 눕고 바람보다 먼저 일어나는 '풀'은 관성과 운동이라는 이중의 속성이 있습니다. 풀처럼 일상은 '정치의 일상화'가 관철되는 곳이자 '일상의 정치화'를 통해 전자의 균열이 일어나는 지점입니다. '고난의 행군' 이후 북한 사회에서 이 같은 균열이 본격적으로 나타나기 시작한 것은 아닐까요? 이 같은 문제의식을 갖고 북한의 일상을 치밀하게 묘사할 수 있다는 것이 일상사의 가장 큰 매력이고, 일상사가 북한 문제를 해결할 수 있는 희망이라고 생각합니다.

박순성: 자연스럽게 북한에 대한 논의로 넘어왔는데요. 일상사 또는 일상생활연구 관점에서 북한을 바라보았을 때 어떤 점들이 의미가 있는지, 어떤 점들이 새로운 발견이나 연구성과로 주어질 수 있는지 그리고 주어질 것이라고 예상하는지, 또 소련이나 남한과 비교해서는 어떨 것이라고 생각하는지 말씀해주시죠.

이희영: 앞서 말씀드린 것처럼 주체사상 또는 북한 사회주의체제 등 이념이나 사회제도만으로 이야기되었던 북한 사회 자체를 들여다보는 것이 바로 북한 사회의 일상을 고찰하는 것이라고 생각합니다. 다르게 이야기하면 이전의 일제 식민지 유산을 가지고 2차 세계대전을 경과해 사회주의체제를 형성하며 움직이고 있는 북한이라는 사회 속에서 사람들은 어떻게 일상적으로 제도와 관계하며 살아가고 있는지를 들여다보는 것이 북한 일상생활연구의 출발점이라는 거죠. 사람들의 일상적인 삶을 구체적으로 들여다봄으로써, 한편으로는 아까 김기봉 선생님이 말씀하셨지만 이제까지 북한 사회가

과거의 유산을 바탕으로 어떤 새로운, 이른바 주체식 사회주의 사회를 건설해왔는가를 볼 수 있을 테고, 다른 한편으로는 북한 사회의 구성원들이 끊임없이 관성적으로 과거의 것을 유지하려는 일상의 힘에서 벗어나 다른 무엇을 생각하고 있는지를 볼 수 있습니다. 이 책에 수록된 한 북한 여성의 일상체험에 대한 사례분석을 통해 제가 갖게 된 문제의식을 조금 소개하면, 북한 사회에는 주체사상에 의해서 이념화된 일상이 유지되도록 하고, 그런 일상을 살아가는 개인들을 검열하는 제도, 즉 일상화된 정치로서의 사상, 검열제도가 있습니다. 일상적으로 개인이 자신을 성찰하고 검열하도록 하는 장치들입니다. 이것은 동유럽 사회에도 있었습니다. 동독의 비밀경찰인 슈타지(Stasi) 등이 그 예입니다. 구동유럽 국가들이나 북한 사회에서 이런 비밀경찰의 역할은 체제를 유지하고, 개인을 '주체화'하는 특별한 형식이라고 볼 수 있습니다. 그런데 제가 이번 사례분석을 통해 갖게 된 문제의식은 이와 같이 체제 유지를 위해 지금까지 기능해왔던 동일한 제도와 형식, 즉 사상 검열의 방식이 지금은 왜 북한 체제를 유지해왔던 엘리트들을 배제하는 방식으로 작동하고 있는가 하는 점입니다. '왜 북한 사회주의체제의 핵심 제도가 자신들이 양성해온 주체 엘리트들을 끌어들이지 않고, 배제하는 방식으로 작동되고 있는가?'라는 질문을 일상생활연구의 관점에서 더 천착해본다면 아마도 현재의 북한에 대해 무언가 새로운 이야기를 할 수 있지 않을까 생각합니다.

김보현: 북한 사회에 대해, 그리고 구체적 연구성과들을 이론적으로 검토해본 적이 없고 잘 몰라서 그렇지만, 북한 관련 책들, 이를테면 이종석 선생님 등의 책을 읽었을 때 "북한 사회가 정말 이래?" 하는 의문이 들었습니다. 그러니까 저는 약간 일반론적 범주에서 의문을 표시한 건데, 북한 사회의 실제와 변화 전망 등에 대해 뭔가 설득력이 있는 연구가 더 나왔으면 하는 소박한 바람이 있습니다.

박원용: 이 책의 각 장을 읽고 일단 느낀 점은 북한 사회에 대한 새로운 인식의 가능성은 북한에 대한 정보 접근성, 정보의 질적 신뢰성 등을 종합할 때 대단히 어려울 것 같다는 것입니다. 하지만 구술사적 방법과 북한의 대중매체들을 거꾸로 읽어나가는 것에서 새로운 인식의 가능성을 찾을 수 있지 않을까 생각합니다. 저는 북한에서 공식적으로 출판된 기록물만으로는 우리가 얻으려는 일상의 다양한 삶의 대응전략, 저항과 순응의 모습 등을 발견하기 어렵다는 생각이 듭니다. 제가 소비에트 사회에 대해 일상사적 관점에서 연구를 시작했을 때, 엄청난 한계에 부딪혔던 것 중의 하나는 당의 공식 간행물인 신문이나 잡지를 읽다 보면 주로 "스탈린 만세! 당 만세! 당은 결점이 없다!"라는 식의 이야기가 지면의 대부분을 채우고 있다는 것이었습니다. 그래서 그때는 논문을 완성도 못하고 백수로 살아갈 수밖에 없겠다, 뭐 이런 위기의식도 있었습니다. 그러다가 그런 공식매체에서도 체제에 대한 불만과 개인의 감정을 드러내는 사적인 기록들을 간간이 발견했고, 문서고 작업에서 출판되지 않은 사적인 기록들을 발견했습니다. 물론 이러한 사적 기록들도 누군가에 의해 발각될지도 모른다는 두려움 때문에 개인의 생각을 온전히 솔직하게 기록하지 않았다는 한계가 있었습니다. 그래도 그런 글에는 개인들이 권력과의 관계에서 느끼는 불만이라든가 일상의 생활에서 느끼는 사회주의체제의 이상과의 괴리가 드러나 있더군요. 그런 것을 읽다 보니 실제 그 사람들의 생활모습과 공식적 선전과의 괴리들이 하나하나 확인되었고 작업을 진행해갈 수 있었습니다. 북한 사회에 대해 공개되는 정보의 질이 이와 같이 획기적으로 높아진다면 공식·비공식의 문서만으로도 새로운 측면을 보여줄 수 있겠지만, 아직 그런 단계까지 온 것 같지는 않습니다. 그래서 북한에서 나온 소설이라든가 영화 등의 대중매체가 북한의 일상을 새롭게 조명할 수 있는 좋은 시작 지점이 될 수 있지 않을까 생각합니다. 이미 일부 북한 연구자들이 영화와 소설을 통한 북한 주민의 일상 복원을 시도하고 있다고 알고 있습니다. 이희영 선생님이 말씀

하셨던 구술사적 접근도 상당히 유용한 접근방법이라고 생각합니다. 소비에트 역사가, 특히 올랜도 파이지스는 구술사의 복원을 강력하게 주장하며 이런 방법론에 입각해 최근에 저서를 내기도 했습니다. 구술사의 복원은 앞서 말씀드린 바 있는 기록물 자체의 한계와 또한 이렇게 기록을 남길 수 없는 사람들의 일상은 전혀 파악되지 못한다는 문제의식 때문에 요즘 점점 더 설득력을 얻고 있습니다. 벽지의 노인이라든가, 남성에 비해 약자였던 여성의 일상은 상대적으로 소홀히 취급되었다는 문제의식입니다. 문화매체를 통해 결을 거꾸로 읽는 일상복원과 그다음에 구술사를 통한 일상복원, 이런 작업들을 통해서 제대로 된 성과를 얻을 수 있다면 북한 사회에 대한 우리의 인식도 상당히 진전될 것이라고 생각합니다.

박순성: 지금까지 말씀하신 과정에서 혹시 빠뜨린 부분, 그리고 북한 연구와 관련해서 추가하고 싶은 것 등에 대해 마무리 말씀들을 해주시면 고맙겠습니다.

이희영: 결국은 지금까지 이야기된 일상사연구의 의미를 살려서 어떻게 연구할 것이냐 하는 질문이 남습니다. 이 질문에 답하기 위해서는 여전히 한국의 인문·사회과학 분야에서 빈곤한 상태로 남아 있는 연구방법론 (methodology)에 대한 깊이 있는 이해와 그것의 실천인 연구방법(methods)을 연구자들이 체득하는 게 중요한 과제라고 생각합니다. 앞에서 언급된 바와 같이 사실 일상의 결을 특정한 매개(연구대상)를 통해서 '거꾸로' 읽는 것은 쉽게 달성할 수 있는 작업이 아닙니다. 그것은 단순히 분석 기술(technic)을 연마한다고 체득되는 것이 아니거든요. 연구자로서의 체험을 통해서 그런 안목을 기르고 행간을 읽어내는 어떤 경험의 축적 없이는 불가능하기 때문에, 저는 일상생활연구를 수행한다고 해서 아까 누누이 강조되었던 일상사연구의 의의가 곧 바로 달성된다고 생각하지는 않습니다. 오히려 앞서 언급

466

한 민속학적인 사실만을 나열한다든가 하는 방식으로 소재주의로서의 일상연구가 될 수도 있고, 또는 의도하지 않게 연구결과가 기존의 담론에 포섭될 수 있는 가능성이 어떤 연구자에게나 항상 존재한다고 봅니다. 이에 대해 비판적 거리두기를 위해, 개인적인 체험으로는 현실에 대한 문화적·예술적 이해의 힘이 크다고 생각합니다. 예를 들어 영화라든가 문학적 텍스트 등을 통해서 실천해온 문화영역에서의 깊이 있는 성과들을 적극적으로 수용하고, 역사학에서의 구술사, 사회학에서의 구술 생애사와 같은 질적 방법론들이 쌓아온 문제의식을 적극적으로 수용하려는 노력이 필요합니다. 방법론에 대한 고민과 방법에 대한 전유의 노력이 동시에 진행되지 않으면 일상생활연구는 공허한 빈집이 될 가능성이 높습니다.

김기봉: 독일에서 일상사가를 비판하는 상투적인 표현이 있습니다. '맨발의 역사가(Barfußhistoriker)'라고 하지요. 이 말은 이론적 준비 없이 맨땅에 부딪친다는 뜻입니다. 독일에서 제가 박사논문으로 하고 싶었던 것이 그들에게 맞는 신발을 신겨주는 일이었습니다. 다시 말해 일상사를 위한 역사이론을 정립하는 것이 제 논문 주제였습니다. 박사논문을 그럭저럭 마치고 귀국한 뒤로는 일상사의 이론에 관한 논문을 한 편 쓰고 더 이상의 연구를 접었습니다. 그런데 한국에서 일상사에 대한 관심이 높아지면서 대우학술총서로 서구 일상사에 대한 저술 지원이 지정과제로 나왔습니다. 1998년에 이를 위한 연구비를 받았는데 십 년 동안 쓰지를 못했습니다. 엄밀히 말하면 못 쓴 것이 아니라 안 쓴 것이지만요. 무엇보다도 재미가 없어서 안 쓰고 딴 짓을 한 셈입니다. 일상사에 대한 이론은 매우 어려운 데 반해, 실제 일상사연구는 싱거운 경우가 많습니다. 일상사연구는 노력과 정성은 무지무지하게 드는데 나오는 성과는 별로 없는 것이 태반입니다. 예컨대 구술사 연구를 보면, 반 정도가 자료입니다. 그런데 그 자료가 대부분은 쓰레기 같은 것일 수가 있습니다. 그런데 북한에 대한 일상사적 연구를 하는 이번

프로젝트 팀과의 만남은 저에게 일상사의 의미와 중요성을 재인식하는 계기가 되었습니다. 북한 전문가가 아닌 제가 감히 말씀드리면, 기존의 북한연구는 크게 두 가지로 분류할 수 있는데, 일상사적인 접근은 이 두 유형의 연구를 넘어서는 제3의 관점을 열 수 있다고 생각합니다. 첫 번째는 북한을 민족문제로 접근하는 사람들이 견지하는 관점입니다. 이것의 문제점은 '우리의 소원은 통일'이라는 선험적인 태도로 북한을 본다는 겁니다. 왜 통일해야 하는가, 그리고 무엇을 위해 통일해야 하는가에 대한 성찰 없이 어떻게 통일할 것인가의 문제에만 매달리는 자세를 이제는 지양해야 합니다. 일상사는 통일을 당위로 설정하는 역사학을 괄호 속에 묶어버리고 역사연구의 중심을 인간으로 되돌린다는 점에서 의미가 큽니다. 두 번째는 이데올로기적 관점으로 북한을 하나의 문제로 접근하는 시각입니다. 이명박 정부가 그렇지 않나 싶습니다. 이는 적색공포를 갖고 반공 매트릭스에 입각해 북한을 보는 경향입니다. 일반적으로 첫 번째가 좌파의 시각이면, 두 번째는 우파의 경향성이라고 말할 수 있습니다. 일상사는 이 같은 좌파와 우파의 이념적 틀에서 벗어나 '아래로부터' 근본적으로 접근하는 제3의 시각을 연다는 문제의식을 갖고 있습니다. 일상사가 제3의 시각을 열 수 있는 가능성은 다음 두 가지입니다. 첫째는 북한에도 "사람이 살고 있었네"를 깨닫게 해주는 것입니다. 반공 이데올로기가 주입한 매트릭스에서 탈피해 '북한 바로 알기'를 할 수 있는 역사학이 다른 무엇보다도 일상사라는 사실은 이론의 여지가 없습니다. 두 번째로 일상사는 이전 정부가 추구했던 햇볕정책의 문제점을 극복할 수 있다는 장점이 있습니다. 이전 정부가 추진했던 햇볕정책의 문제점은 김정일 체제를 붕괴시키면서 북한을 살리는 방법에 대한 고민이 없었다는 것이었습니다. 김정일과 북한을 동일시하면, 북한의 인권문제를 해결할 길이 없습니다. 체제와 인민 사이의 틈새와 간극에 주목하는 일상사적 접근이 있을 때 진정한 의미에서의 햇볕정책이 가능합니다. 이 같은 맥락에서 일상사는 북한 연구의 근본적인 새 출발을 의미하며,

그래서 저는 북한일상생활연구 팀의 성과에 커다란 기대를 갖고 있습니다.

박원용: 일상사를 이야기하다 보면 가장 많이 비판받는 내용 중의 하나가 사회주의체제에서의 일상과 자본주의체제의 일상에 무슨 차이가 있느냐는 것입니다. 사회주의체제의 인민도 그 나름대로 저항의지와 주체적 생존전략을 가지고 있고 자본주의체제의 민중도 주체적인 생존전략을 가지고 있다면, 사회주의체제의 일상과 자본주의체제의 일상은 동등한 것이 아니냐는 질문이죠. 결국 정치가 배제된 일상을 이야기하면서 일상의 배경이 되는 구조와 사회관계, 권력관계는 도외시했다는 비판을 받는 것입니다. 소소한 개개인의 삶을 부각시키다 보면 일상사에서는 이념적인 대립 문제, 이데올로기적인 문제는 아무것도 아니고 그래서 결국 '사람 사는 것은 똑같다'라는 인상을 줄 수도 있을 것 같습니다. 그런데 일상사에서 이야기하려는 것은 이런 이념적인 문제라든가 사회구조적인 문제를 인간 자체보다 우위에 두지는 말자는 것입니다. 일상사는 인간이 어떤 이념을 가진다거나 어떤 정치체제에 속한다 해도 이른바 인간의 기본적인 다양한 욕구가 그러한 거대구조에 의해서 억압될 수만은 없다고 강조합니다. 인간 개개인은 경우에 따라 그런 체제에 적극적으로 협력하고 순응하는가 하면, 어떤 경우에는 모호한 회색의 모습을 보이기도 합니다. 개개인의 이러한 다양한 작용과 반작용을 인정한다면 과거의 역사현상을 바라보는 데도 더 열린 시각으로 사고를 진전시킬 수 있을 것입니다. 또한 하나의 입장을 강요하는 현재의 정치권력에 대해서도 일상에 나타난 다양한 사회정치적 관계를 인정하게 함으로써 쌍방향의 소통을 강조하는 21세기에 어울리는 정책 방향을 잡아가게 할 수도 있지 않을까 생각합니다.

김보현: 이미 말씀드렸던 것이지만 좀 더 말씀드리면, 제가 일상을 중요하다고 생각하는 것은 한 사회의 기존 시스템이 재생산되는 아주 결정적인

기반이면서 동시에 그 시스템에 크든 작든 변화를 일으킬 수 있는 단초가 구체적으로 등장하는 곳이기 때문입니다. 그런 점에서 일상을 아주 중요하다고 생각합니다. 일상사연구와 관련해서 또 말씀드리고 싶은 것은 일단 이 접근방법이 다른 기성의 접근방법들, 비판과 성찰의 대상으로 삼았던 것들과 다르다는 점에서는 많은 부분들이 이미 확정되어 있지만, 적극적으로 무엇을 더 채워나갈 것인가 하는 점에서는 그것이 그냥 열려 있다, 거의 대부분이 열려 있다고 생각합니다. 그것은 남한을 연구하는 사람들과 북한을 연구하는 사람들이 다를 수 있고, 또 각각의 연구자가 가진 결정적인 문제의식이 무엇이냐에 따라서, 결국 그래서 이념 및 이론과 분리될 수 없는 것 같습니다. 그 사람의, '김보현'이라는 사람의 이념과 세계관에 맞게 문제의식을, 즉 일상사 방법을 택하느냐 택하지 않느냐도 중요하지만, 택한 다음에 실제적인 내용들을 채워나가는 것이 굉장히 중요한 것 같습니다. 그런 점에서 북한일상생활연구 팀이, 북한 사회 연구자들이 북한 사회를 어떻게 보느냐, 다시 말해 민족문제로 보는가 비교사회주의적 관점에서 보는가, 아니면 사회주의의 한 범주로 보는가 하는 문제들을 잘 구체화시켜 나가는 것이 아주 중요하리라고 생각합니다. 그리고 제 전공이 공식적으로는 정치학 그리고 사회과학입니다. '과학'자가 들어갑니다. '과학적' 연구를 해야 한다고 하는데, 사실 요즘 제 흐름은 상당히 다른 곳으로 향하고 있습니다. 일상에 대한 연구를 하면서 '감수성'이 아주 중요하다는 생각이 듭니다. 정말 평범하고, 전통적인 관념 속에서 보면 '별 볼일 없는' 사람들의 삶을 볼 때, 그 사람들의 삶의 결들을 이해하고 그것들을 나의 이념과 교착시키고 중첩시키면서, 대화를 나누고 무엇인가를 끌어내기 위해서는, 그 사람들을 '이해'해야 한다고 봅니다. 물론 그 이해는 당사자와는 다를 수 있습니다. 그것은 뭐 도저히 일치될 수 없는 것이겠지요. 하지만 연구자에게는 기본적으로 풍부한 감수성이 있어야 할 것 같습니다. 그래서 저는 하다못해 1970년대 하길종의 영화라든가, 아니면 1960년대 김승옥의 소설이라든가 이런 것들에 일부 의존해보기도 합니다. 북한 연구와 관련해서는 유의미한 문헌 자료를 구하기 어렵기 때문에라도 구술방법이 중요합니다. 제가 일천하기는 하지만 새마을운동과 관련된 분들을 몇몇 만났고, 예전에 1980년대 이후로 사회주의운동을 했던 분들이나 진보정당운동을 했던 분들을 만나면서 절감했던 것은, 구술의, 면접조사의 직접적 경험들이 너무너무 소중하다는 겁니다. 그냥 다른 분이 해놓은 구술 녹취록을 읽는 것과는 다릅니다. 너무너무 다르지요. 직접 한 분과 대화를 하면서 그 양반이 내쉬는 한숨, 그 양반의 얼굴빛의 다양한 변화, 그 양반의 말씀을 그 순간순간 해석해보는, 이런 경험이 굉장히 중요합니다. 그래서 이 구술방법에 대한 의존, 여러 문화매체의 이용, 간접적 식견을 넓히는 여러 과정 등을 거치면서 연구자의 감수성이 좀 더 풍부해지면, 아마 알게 모르게 연구의 질이 더 높아지지 않겠는가, 이런 이야기를 하고 싶습니다.

박순성: 일상사 또는 일상생활연구에 대해 이야기를 하다 보니, 일상생활 연구가 어떤 의미에서는 역사학이나 사회학에서 사라져버린 보통 사람들, 또는 텅 빈 구조를 채워나가는 사람들의 살아가는 모습을 연구하는 것이라는 생각이 듭니다. 그런데 그러한 살아 있는 사람들을 발견해내는 과정, 또는 죽어 있는 것을 살리는 과정에서 연구자 자신도 살아 있는 존재임을 스스로가 발견하게 되는 것 같습니다. 연구자 자신이 한 인간으로서 살아 있는 연구, 또는 되살아나는 연구, 바로 이것이 일상생활연구가 아닐까요. 아마 그런 의미에서 일상생활연구를 하면 연구자가 인생의 즐거움을 맛보고 또한 고통도 같이 느끼겠지요. 그리고 연구자가 그렇게 변화함으로써 자신의 연구대상인 인간사회를 더 잘 이해할 수 있으리라 봅니다. 오늘 긴 시간 동안 좋은 말씀 해주셔서 깊이 감사드립니다.

■ 그림 및 원고 출처

1. 그림

[그림 1-1] http://sovietposter.blogspot.com/2007_07_12_archive.html

[그림 1-2] http://sovietposter.blogspot.com/2007_11_27_archive.html

[그림 2-1] http://museums.cnd.org/CR/halls.html

[그림 2-2] http://museums.cnd.org/CR/halls.html

[그림 2-3] http://www.wengewang.com

[그림 4-2] 영화 <타인의 삶>(2006) 중 한 장면.

[그림 4-3] 다큐영화 <어떤 나라(A State of Mind)>(2004) 중 한 장면.

[그림 6-1] 다큐영화 <조선민주주의인민공화국 삶의 하루(North Korea A day in the Life)>(2004) 중 한 장면.

[그림 6-2] 다큐영화 <조선민주주의인민공화국 삶의 하루> 중 한 장면.

[그림 7-1] 북데일리(http://www.bookdaily.co.kr).

[그림 8-1] 연합뉴스.

[그림 8-2] 연합뉴스.

[그림 9-1] 다큐영화 <어떤 나라> 중 한 장면.

[그림 9-2] 다큐영화 <어떤 나라> 중 한 장면.

[그림 9-3] 다큐영화 <어떤 나라> 중 한 장면.

[그림 10-1] 다큐영화 <어떤 나라> 중 한 장면.

[그림 10-2] 다큐영화 <어떤 나라> 중 한 장면.

[그림 11-1] 다큐영화 <조선민주주의인민공화국 삶의 하루> 중 한 장면.

[그림 11-2] 다큐영화 <조선민주주의인민공화국 삶의 하루> 중 한 장면.

2. 원고

1장 ≪동북아문화연구≫, 16집(2008), 751~776쪽에 게재된 논문을 수정, 보완.
6장 ≪현대북한연구≫, 11권 3호(2008), 9~57쪽에 게재된 논문을 수정, 보완.
7장 ≪현대북한연구≫, 11권 3호(2008), 198~228쪽에 게재된 논문을 수정, 보완.
8장 ≪현대북한연구≫, 11권 3호(2008), 58~98쪽에 게재된 논문을 수정, 보완.
9장 ≪현대북한연구≫, 11권 3호(2008), 99~154쪽에 게재된 논문을 대폭 수정, 보완.
10장 ≪현대북한연구≫, 11권 3호(2008), 155~197쪽에 게재된 논문을 수정, 보완.
11장 ≪현대북한연구≫, 11권 3호(2008), 229~270쪽에 게재된 논문을 수정, 보완.

■ 참고문헌

1. 단행본

강수택. 1998. 『일상생활의 패러다임: 현대사회학의 이해』. 서울: 민음사.

강혜련. 2003. 『러시아 국가와 시민사회』. 서울: 오름.

갤브레이스, 존 케네스·장상환 감수. 2007. 『경제의 진실』. 이해준 옮김. 서울: 지식의 날개.

경남대학교 북한대학원 엮음. 2003. 『북한 연구방법론』. 파주: 도서출판 한울.

고유환 엮음. 2006. 『로동신문을 통해 본 북한 변화』. 서울: 선인.

고진, 가라타니. 2007. 『세계공화국으로』. 조영일 옮김. 서울: 도서출판B.

_____. 2009. 『네이션과 미학』. 조영일 옮김. 서울: 도서출판B.

공제욱·정근식. 2006. 『식민지의 일상, 지배와 균열』. 서울: 문화과학사.

기든스, 앤서니. 1996. 『사회이론의 주요 쟁점』. 윤병철·박병래 옮김. 서울: 문예출판사.

김귀옥 외. 2000. 『북한 여성들은 어떻게 살고 있을까』. 서울: 당대.

김기석. 1999. 『교육역사사회학』. 서울: 교육과학사.

김동규. 2009. 『하이데거의 사이: 예술론』. 서울: 그린비.

김병로·김성철. 1998. 『북한 사회의 불평등 구조와 정치사회적 함의』. 서울: 민족통일연구원.

김석형 구술·이향규 녹취 및 정리. 2001. 『나는 조선로동당원이오!』. 서울: 선인.

김성도 2002. 『구조에서 감성으로: 그레마스 기호학 및 일반 의미론 연구』. 서울: 고려대출판부.

김용학. 1992. 『사회구조와 행위: 거시적 현상의 미시적 기초를 찾아서』. 서울: 나남출판.

_____. 2003. 『사회구조와 행위: 거시적 현상의 미시적 기초를 찾아서(제2판)』. 서울:

나남출판.

김응종. 2006. 『페르낭 브로델: 지중해·물질문명·자본주의』. 서울: 살림.

김진균·정근식. 1997. 『근대주체와 식민지 규율권력』. 서울: 문화과학사.

김택현. 2003. 『서발턴과 역사학 비판』. 서울: 박종철출판사.

김형기. 1988. 『한국의 독점자본과 임금노동』. 서울: 까치.

클라스트르, 피에르. 2002. 『폭력의 고고학』. 변지현 외 옮김. 서울: 울력.

나초스, 앤드루. 2003. 『북한의 기아: 기아 정치 그리고 외교정책』. 황재옥 옮김. 서울: 다할미디어.

노브, 알렉. 2001. 『실현 가능한 사회주의의 미래』. 대안체제연구회 옮김. 서울: 백의.

니트함머, 루츠. 2001. 『역사에서 도피한 거인들』. 이동기 옮김. 서울: 박종철출판사.

니체, 프리드리히. 2005. 『즐거운 학문 메시나에서의 전원시: 유고(1888년 봄~1882년 여름)』. 안성찬 외 옮김. 서울: 책세상.

뢸멘, 리하르트 반. 2001. 『역사인류학이란 무엇인가』. 최용찬 옮김. 서울: 푸른역사.

딜릭, 아리프. 2000. 『포스트모더니티의 역사들: 유산과 프로젝트로서의 과거』. 황동연 옮김. 서울: 창비.

라인보우, 피터·레디커, 마커스. 2008. 『히드라: 제국과 다중의 기원』. 정남영·손지태 옮김. 서울: 갈무리.

레비나스, 이매뉴얼. 2004. 『시간과 타자』. 강영안 옮김. 서울: 문예출판사.

뤼트케, 알프 외. 2002. 『일상사란 무엇인가』. 나종석 외 옮김. 서울: 청년사.

르페브르, 앙리. 2005. 『현대세계의 일상성』. 박정자 옮김. 서울: 기파랑.

린저, 루이제. 1988. 『또 하나의 조국: 루이제 린저의 북한방문기』. 서울: 공동체.

마루야마 마사오. 1997. 『현대정치의 사상과 행동』. 김석근 옮김. 서울: 한길사.

마이스너, 모리스. 2004. 『마오의 중국과 그 이후』. 김수영 옮김. 서울: 이산.

민족화해협력범국민협의회 정책위원회 엮음. 2003. 『북한 주민의 일상생활과 대중문화』. 서울: 오름.

박현선. 2003. 『현대 북한 사회와 가족』. 파주: 도서출판 한울.

배무기·박재윤. 1978. 『한국의 공업노동 연구』. 서울: 서울대학교 경제연구소.

백승욱. 2007. 『문화대혁명: 중국 현대사의 트라우마』. 서울: 살림.

버크, 피터. 2005. 『문화사란 무엇인가』. 조한욱 옮김. 서울: 도서출판 길.

베버, 막스. 2006. 『경제와 사회 I』. 박성환 옮김. 서울: 문학과 지성사.

_____. 2007. 『직업으로서의 정치』. 전성우 옮김. 서울: 나남출판.

벤야민, 발터. 2007. 『일방통행로』. 조형준 옮김. 서울: 새물결.

_____. 2008. 최성만 옮김. 『역사의 개념에 대하여. 폭력비판을 위하여. 초현실주의
외』. 서울: 도서출판 길.

부르디외, 피에르. 2001. 『파스칼적 명상』. 김웅권 옮김. 서울: 동문선.

_____. 2006. 『구별짓기: 문화와 취향의 사회학(상)』. 최종철 옮김. 서울: 새물결.

브로델, 페르낭. 1995. 『물질문명과 자본주의 I-1: 일상생활의 구조 上』. 주경철 옮김.
서울: 까치.

_____. 1996. 『물질문명과 자본주의 II-1: 교환의 세계 上』. 주경철 옮김. 서울: 까치.

_____. 1997. 『물질문명과 자본주의 III-2: 세계의 시간 下』. 주경철 옮김. 서울: 까치.

프로프, 블라디미르. 2005. 『러시아민담연구』. 이종진 옮김. 서울: 한국외국어대출판부.

서재진. 1994. 『북한 주민들의 가치의식 변화: 소련 및 동구와의 비교연구』. 서울:
민족통일연구원.

_____. 1995. 『또 하나의 북한 사회: 사회구조와 사회의식의 이중성 연구』. 서울:
나남출판.

_____. 2004. 『7·1조치 이후 북한의 체제변화: 아래로부터의 시장사회주의화 개혁』.
서울: 통일연구원.

서재진·조한범·장경섭·유팔무. 1999. 『사회주의 지배엘리트와 체제변화』. 서울: 생각
의 나무.

성혜랑. 2000. 『등나무집』. 서울: 지식나라.

세종연구소 북한 연구센터 엮음. 2006. 『북한의 사회문화』. 파주: 도서출판 한울.

송광성 외. 1994. 『북한 청소년 생활』. 서울: 한국청소년개발원.

순점순. 1984. 『8시간 노동을 위하여』. 서울: 풀빛.

슐룸봄, 위르겐 엮음. 2001. 『미시사와 거시사』. 백승종 외 옮김. 서울: 궁리.

스탠필드, J. R. 1997. 『칼 폴라니의 경제사상』. 원용찬 옮김. 서울: 도서출판 한울.

스티글리츠, 조지프 E. 2004. 『시장으로 가는 길』. 강신욱 옮김. 파주: 도서출판 한울.

신경숙. 2001. 『외딴방』. 서울: 문학동네.

아리에스, 필립·뒤비, 조르주. 2006. 『사생활의 역사 5』. 김기림 옮김. 서울: 새물결.

안병직 외. 1998. 『오늘의 역사학』. 서울: 한겨레신문사.

알렉산더, 제프리. 1993. 『현대 사회이론의 흐름』. 서울: 민영사.

애플, 마이클. 1985. 『교육과 이데올로기』. 박부권·이혜영 옮김. 서울: 한길사.

양둥핑. 2008. 『중국의 두 얼굴』. 장영권 옮김. 서울: 펜타그램.

양문수 외. 2007. 『북한의 노동』. 파주: 도서출판 한울.

에슬린, 마틴. 2005. 『부조리극』. 김미혜 옮김. 서울: 한길사.

에얄, 질·젤레니, 이반·타운슬리, 엘리노어. 2007. 『자본가 없는 자본주의』. 임현진·정
　　　일준·정영철 옮김. 서울: 시유시.

엘리아스, 노베르트. 2003. 『궁정사회』. 박여성 옮김. 서울: 한길사.

여성한국사회연구소 엮음. 2001. 『북한여성들의 삶과 꿈』. 서울: 사회문화연구소.

영, 로버트 J. C. 2005. 『포스트식민주의 또는 트리컨티넨탈리즘』. 김택현 옮김. 서울:
　　　박종철출판사.

우석훈. 2008. 『괴물의 탄생』. 서울: 개마고원.

월러스틴, 이매뉴얼 외. 1996. 『사회과학의 개방』. 이수훈 옮김. 서울: 당대.

윌리스, 폴. 1989. 『교육현장과 계급 재생산』. 김찬호·김영훈 옮김. 서울: 민맥.

윤택림. 2004. 『문화와 역사연구를 위한 질적연구방법론』. 서울: 도서출판 아르케.

이교덕 외. 2007. 『새터민의 증언으로 본 북한의 변화』. 서울: 통일연구원.

이상록 외. 2006. 『일상사로 보는 한국근현대사: 한국과 독일 일상사의 새로운 만남』.
　　　서울: 책과 함께.

이용우. 2004. 『프랑스의 과거사 청산: 숙청과 기억의 역사. 1944~2004』. 서울: 역사비
　　　평사.

이종석. 2000. 『새로 쓴 현대 북한의 이해』. 서울: 역사비평사.

이종영. 2001. 『지배의 양식들: 쓰여지지 않기를 계속한 것들에 대해 새롭게 쓰기』.
　　　서울: 새물결.

이진경. 1997. 『근대적 시·공간의 탄생』. 서울: 푸른숲.

＿＿＿. 2008. 『근대적 시·공간의 탄생(제2판)』. 서울: 푸른숲.

이화여자대학교 한국여성연구원 엮음. 2001. 『통일과 여성: 북한 여성의 삶』. 서울: 이화여자대학교출판부.

임순희. 2004. 『식량난과 북한여성의 역할 및 의식변화』. 서울: 통일연구원.

임지현·김용우 엮음. 2005. 『대중독재 2: 정치 종교와 헤게모니』. 서울: 책세상.

전종한·서민철·장의선·박승규. 2008. 『인문지리학의 시선』. 서울: 논형.

전현준. 2003. 『북한의 사회통제 기구 고찰: 인민보안성을 중심으로』. 서울: 통일연구원.

정세진. 2000. 『'계획'에서 시장으로: 북한체제변동의 정치경제』. 서울: 도서출판 한울.

정승모. 1992. 『시장으로 보는 우리 문화 이야기』. 서울: 웅진닷컴.

조정아. 2006. 『경제난 이후 북한 문학에 나타난 주민생활 변화』. 서울: 통일연구원.

조한범. 2005. 『러시아 탈사회주의체제 전환과 사회갈등』. 서울: 통일연구원.

조한혜정·이우영 엮음. 2000. 『탈분단 시대를 열며』. 서울: 삼인.

주강현. 1999. 『북한의 민족생활풍습』. 서울: 민속원.

진광생. 1997. 『뇌봉』. 최성만 옮김. 서울: 실천문학사.

차문석. 2001. 『반노동의 유토피아』. 서울: 박종철출판사.

천이난. 2008. 『문화대혁명, 또 다른 기억: 어느 조반파 노동자의 문혁 10년』. 장윤미 옮김. 서울: 그린비.

최완규 외. 2004. 『북한 도시의 형성과 발전』. 파주: 도서출판 한울.

_____. 2006. 『북한 도시의 위기와 변화』. 파주: 도서출판 한울.

_____. 2007. 『북한 '도시정치'의 발전과 체제변화』. 파주: 도서출판 한울.

코지크, 카렐. 1985. 『구체성의 변증법』. 박정호 옮김. 서울: 거름.

퀴넬, 라인하르트. 1987. 『부르즈와 지배체제론: 자유주의와 파시즘』, 서사연 옮김. 서울: 학문과 사상사.

톰슨, 필립. 1986. 『그로테스크』, 김영무 옮김. 서울: 서울대학교.

파스만, 하인츠·모이스부르거, 페터. 2002. 『노동시장의 지리학』. 박영환·이정록·안영진 옮김. 서울: 도서출판 한울.

팩스턴, 로버트 O. 2005. 『파시즘: 열정과 광기의 정치혁명』. 손명희·최희영 옮김. 서울: 교양인.

포이케르트, 데틀레프. 2003. 『나치시대의 일상사: 순응, 저항, 인종주의』. 김학이

　　　옮김. 서울: 개마고원.

폴라니, 칼. 2002. 『전 세계적 자본주의인가 지역적 계획경제인가』. 홍기빈 옮김. 서울: 책세상.

푸코, 미셸. 1994. 『감시와 처벌: 감옥의 탄생』. 오생근 옮김. 서울: 나남출판.

하르투니언, 해리. 2006. 『역사의 요동』. 윤영실·서정은 옮김. 서울: 휴머니스트.

한국청소년개발원. 2002. 『북한청소년의 문화와 일상생활 실태』. 서울: 한국청소년개발원.

한주성. 2003. 『유통지리학』. 파주: 도서출판 한울.

황석영. 1992. 『환경정치학과 현대정치사상』. 서울: 나남.

＿＿＿. 1993. 『사람이 살고 있었네』. 서울: 시와 사회사.

＿＿＿. 1994. 『지배와 이성』. 서울: 창작과 비평사.

＿＿＿. 2000. 『가자 북으로 오라 남으로』. 서울: 이룸.

휴버먼, 리오. 2000. 『자본주의 역사 바로 알기』. 장상환 옮김. 서울: 책벌레.

2. 논문

강수택. 1998. 「근대적 일상생활의 구조와 변화」. ≪한국사회학≫, 제32집.

강정인. 1994. 「북한 연구방법에 대한 새로운 제언」. ≪역사비평≫, 통권28호.

게오르기 M., 디미트로프. 1987. 「파시즘의 공세와, 파시즘에 반대하여 노동자계급의 통일을 추구하는 투쟁에서의 공산주의 인터내셔널의 임무」. 『통일전선연구』. 김대건 옮김. 서울: 거름.

고영삼. 1996. 「글로벌리제이션 시대와 일상생활문화의 위기」. 『1996년 전기사회학대회 발표 논문집』. 한국사회학회.

구갑우. 2003. 「북한 연구와 비교사회주의 방법론」. 『북한 연구방법론』. 파주: 도서출판 한울.

기계형. 2008. 「유라시아 연구의 역사적 의미와 일상사연구를 위한 가능성 모색」. ≪E-Urasia≫, vol.1.

김광기. 2003. 「익명성, 추상성 그리고 근대성」. ≪철학과 현상학연구≫, 21권.

김광억. 2002. 「중국연구를 위한 인류학적 패러다임 시론」. ≪국제지역연구≫, 11권 3호.

김기봉. 2008. 「주체사상과 '일상'의 정치화」. 『동국대학교 북한일상생활연구센터 제1회 북한 일상생활연구 토론회 자료집』.

김기석. 1989. 「서론: 제도교육 그 신화와 실상 탐구」. 『교육사회학탐구』. 서울: 교육과학사.

김기석·이향규. 1998. 「구술사: 무엇을, 왜, 어떻게 할 것인가?」. 『한국교육사고 연구노트』, 제9호. 서울: 교육과학사.

김남섭. 2005. 「금속노동자: 사회주의 전위?(소련 산업화 시기 레닌그라드 금속 노동자들의 노동규율 1929~1934)」. ≪서양사론≫, 제84호.

김상우. 2006. 「일상생활의 사회학의 현황과 전망」. ≪문화와 사회≫, 1권.

김석향. 2006. 「'남녀평등'과 '여성의 권리'에 대한 북한당국의 공식담론 변화: 1950년대 이전과 1979년 이후 『조선녀성』기사를 중심으로」. ≪북한 연구학회보≫, 제10권 제1호.

김연철. 1996. 「북한의 산업화 과정과 공장관리의 정치(1953~1970): '수령제' 정치체제의 사회경제적 기원」. 성균관대학교 박사학위 논문.

_____. 1996b. 「북한 연구에서 위로부터의 시각과 아래로부터의 시각」. ≪통일문제연구≫, 8권 2호.

_____. 1998. 「북한 연구에서 인식론 논쟁의 성과와 한계」. ≪현대북한연구≫, 창간호.

김영범. 1991. 「망탈리테사: 심층사의 한 지평」. ≪사회와 역사≫, 제31권.

김영천·허창수. 2004. 「생애사 텍스트로서의 교육과정연구」. ≪교육과정연구≫, 22권 4호.

김왕배. 1995. 「자본주의 일상생활의 세계」. 한국사회학회. 『1995년 후기사회학대회 발표논문집』.

_____. 1999. 「일상생활세계론」. ≪경제와 사회≫, 제43호 가을호.

김정자·문선화·김주희. 1994. 「북한 여성 연구: 가족, 복지, 소설의 측면에서」. ≪여성학연구≫, 제5권 1호.

김종욱. 2006. 「북한의 관료체제와 지배구조의 변동에 관한 연구」. 동국대학교 정치학
　　과 박사학위 논문.

_____. 2007. 「북한의 관료체제 '변형'과 '일상의 정치'」. ≪현대북한연구≫, 제10권
　　2호.

_____. 2007b. 「북한의 정치변동과 '일상의 정치': '김정일체제' 이후」. ≪북한 연구회
　　보≫, 제11권 1호.

_____. 2008. 「북한의 관료부패와 지배구조의 변동: '고난의 행군' 기간 이후를 중심으
　　로」. ≪통일정책연구≫, 제17권 1호.

김종회. 2008. 「북한 문학에 반영된 한국 현대사 연구」, ≪한국문학논총≫, 제49집.

김준. 2004. 「1970년대 조선산업의 노동자 형성: 울산 현대조선을 중심으로」. 이종구
　　외. 『1960∼1970년대 한국의 산업화와 노동자 정체성』. 파주: 도서출판 한울.

김태현·노치영. 2003. 「북한이탈여성들의 삶 이야기: 해석학적 현상학을 통한 중국생
　　활체험 분석」. ≪대한가정학회지≫, 제41권 8호.

김학이. 2006. 「나치독재와 대중」. 장문석·이상록 엮음. 『근대의 경계에서 독재를
　　읽다: 대중독재와 박정희체제』. 서울: 그린비.

김혜경. 1975. 「참여관찰에 의한 종업원 행동에 관한 연구」. 영남대학교 경영학과 석사학
　　위 논문.

남신동. 2006. 「구술사와 기억의 역사사회학 1」. ≪교육비평≫, 제20호.

_____. 2006b. 「구술사와 기억의 역사사회학 2」. ≪교육비평≫, 제21호.

남영호 2006. 「러시아 공장 작업장에서의 시간과 공간, 신체」. ≪비교문화연구≫, 제12집
　　1호

데네, 하랄드. 2002. 「일상에 한발짝 더 다가섰던가?」. 나종석 외 옮김. 『일상사란 무엇인가』.
　　서울: 청년사.

뤼트케, 알프. 1987. 「일상생활의 역사서술: 사사로운 것과 정치적인 것」. 『문화와
　　이데올로기와 정치』. 청계연구소.

_____. 2002. 「일상사란 무엇이며, 누가 이끌어가는가?」. 나종석 외 옮김. 『일상사란 무엇
　　인가』. 서울: 청년사.

_____. 2002b. 「'붉은 열정'이 어디 있었던가?」. 나종석 외 옮김. 『일상사란 무엇인가』.

서울: 청년사.

_____. 2006. 「일상사: 중간보고」. 이상록·이유재 엮음. 『일상사로 보는 한국근현대사』. 서울: 책과 함께.

류한수. 2005. 「여성 노동자인가 노동하는 바바인가?: 러시아 내전기(1918~1921년) 페트로그라드 지역 공장의 남성우월주의와 여성 노동자」. ≪서양사론≫, 제84호.

르페브르, 앙리. 1994. 「현대세계의 일상성」. 박재환 엮음. 『일상생활의 사회학』. 서울: 도서출판 한울.

린덴버거, 토머스. 2004. 「동독의 사회와 문화」. ≪역사문제연구≫, 13호.

마페졸리, 미셸. 1994. 「일상생활의 사회학」. 박재환 엮음. 『일상생활의 사회학』. 서울: 도서출판 한울.

메딕, 한스. 2002. 「'나룻배의 선교사들'? 사회사에 대한 도전인 인류학적 인식방법들」. 나종석 외 옮김. 『일상사란 무엇인가』. 서울: 청년사.

문옥표. 1999. 「문화연구방법론 모색: 구술사적 접근을 중심으로」. 『구술사와 우리시대의 인류학』, 문화인류학회 제6차 워크숍 발표논문집.

미상. 2008.8. 「조선의 부동산 암시장」. ≪림진강≫, 제3호.

박기성. 2005.5.17. 「반론: 장상환 교수의 글을 읽고」. ≪교수신문≫.

박영자. 2003. 「북한 규율권력의 형성과정: 여성주체의 형성 방법과 갈등을 중심으로」. ≪정치비평≫, 제11권.

_____. 2004. 「북한 일상생활의 식민화와 탈식민화: 여성생활을 중심으로」. ≪통일문제연구≫, 통권 제42호.

_____. 2005. 「북한의 민족주의와 여성: 민족주의 담론과 여성정책 변화를 중심으로」. ≪국제정치논총≫, 제45집 1호.

박원용. 2004. 「스탈린 체제에 대한 대중의 지지와 저항」. 『대중독재: 강제와 동의 사이에서』. 서울: 책세상.

_____. 2006. 「'소비에트 인간형'의 창조: 네프기 '신체문화' 정책을 중심으로」. ≪러시아연구≫, 16권 1호.

_____. 2008. 「스탈린체제 일상사연구의 현황과 전망」. 『북한 일상생활연구의 접근방법 모색』, 제1회 북한 일상생활연구 학술회의(동국대학교 2008년 7월 4일 자료집).

박재환. 1994. 「일상생활의 사회학적 조명」. 박재환 엮음. 『일상생활의 사회학』. 서울: 도서출판 한울.

_____. 2007. 「문화사회학과 일상생활사회학」. ≪문화와 사회≫, 3권.

백승욱. 2007. 「기억으로 살아나는 현재 속의 과거, 문화대혁명」. 『중국 노동자의 기억의 정치』. 서울: 폴리테리아.

버거와 루크만. 1994. 「일상생활의 현실」. 박재환 엮음. 『일상생활의 사회학』. 서울: 도서출판 한울.

변혜정. 1999. 「북한영화에서 재현되는 '여자다움'과 그 의미에 대한 연구」. ≪여성학논집≫, 제16집.

보본느, 로라. 1994. 「의미의 추구인가 의미의 부정인가」. 박재환 엮음. 『일상생활의 사회학』. 서울: 도서출판 한울.

부르디외, 피에르. 2003. 「자본의 형태」. 『사회자본: 이론과 쟁점』. 서울: 도서출판 그린.

손기웅·길태근. 1994. 「북한 노동자문화 연구」. 『통일문화연구(下)』. 서울: 민족통일연구원.

손호철. 2006. 「박정희정권의 국가성격」. 『해방60년의 한국정치』. 서울: 이매진.

송두율. 1989. 「북한 사회를 어떻게 볼 것인가」. ≪사회와 사상≫, 12월호.

스멜서, 닐. 1990. 「기술적 묘사와 인과적 설명에 관한 비교분석 방법론」. 한국비교사회연구회 편저. 『비교사회학: 방법과 실제 I』. 서울: 열음사.

신효숙. 2007. 「북한교육연구의 성과와 과제」. 『현대 북한 연구의 쟁점 2』. 파주: 도서출판 한울.

안병직. 1998. 「'일상의 역사'란 무엇인가」. 안병직 외. 『오늘의 역사학』. 서울: 한겨레신문사.

_____. 2002. 「'일상의 역사'란 무엇인가」. 안병직 외. 『오늘의 역사학(제2판)』. 서울: 한겨레신문사.

안치영. 2007. 「문화대혁명 연구의 동향과 쟁점」. 「문화대혁명 연구자료 안내」. 백승욱 엮음. 『중국 노동자의 기억의 정치: 문화대혁명 시기의 기억을 중심으로』. 서울: 폴리테이아.

양문수. 2007. 「북한의 경제위기와 노동환경이 변화: 기업지배구조를 중심으로」. 『북한의 노동』. 파주: 도서출판 한울.

우석훈. 2007. 「노대통령, 박정희 수준은 돼야 하지 않는가?」. http://www.pressian.com/article/article.asp?article_num=30070404005329&section=02.

_____. 2007b. 「우리 앞의 파시즘과 소제국주의」. http://www.redian.org/news/articleView.html?idxno=6972.

윤택림. 1994. 「기억에서 역사로: 구술사의 이론적, 방법론적 쟁점들에 대한 고찰」. ≪한국문화인류학≫, 제25집.

윤택림·함한희. 2005. 「남북한 여성 생활문화의 이해: 집안일과 육아를 중심으로」. ≪가족과 문화≫, 제17집 2호.

이광일. 2004. 「저항담론과 파시즘논쟁」. 조희연 엮음. 『한국의 정치사회적 저항담론과 민주주의 동학』. 서울: 함께 읽는 책.

이국영. 1999. 「파시즘과 대중기반」. ≪국제정치논총≫, 제38집 제3호.

이금순. 1994. 「남북한 여성 비교연구: 사회적 역할을 중심으로」. 『통일문화연구(하)』. 서울: 민족통일연구원.

이남복. 2007. 「루만의 구성주의 체계이론: 실재론과 관념론을 넘어서」. ≪담론201≫, 10권 2호.

이상화. 1997. 「북한 여성의 윤라 집단주의 윤리관과 북한 여성의 삶」, ≪한국여성학≫, 제13권 1호.

이석. 2009. 「현 단계 북한경제의 특징과 설명 가설들」. ≪KDI북한경제리뷰≫, 1월호.

이영훈. 2006. 「장상환, 정성진 교수의 비판에 답한다」. 교과서포럼. 『경제교과서 무엇이 문제인가』. 서울: 두레시대.

이온죽. 1985. 「연구자의 혜안과 '해석적 사회학'의 접근이 전제되어야」. ≪북한≫, 통권 제159호.

이유재·이상록. 2006. 「프롤로그, 국경 넘는 일상사: 한국과 독일 일상사의 만남」. 『일상사로 보는 한국근현대사』. 서울: 책과 함께.

이재성. 2007. 「한국정치사와 구술사: 정치학을 위한 방법론적 탐색」. ≪한국사회과학≫, 제29권.

이재인. 2006. 「서사방법론과 여성주의 연구」. 김귀옥·김순영·배은경 엮음. 『젠더연구의 방법과 사회분석』. 서울: 다해.

이재혁. 2004. 「'개인', 호혜성, 그리고 근대 시장」. ≪사회와 이론≫, 제5집 2호.

이정윤. 2003. 「북한 노동자의 일상생활과 문화 재생산: 노동자 순응, 갈등, 저항 행위를 중심으로」. 동국대 대학원 북한학과 석사학위 논문.

이정철. 2002. 「사회주의 북한의 경제동학과 정치체제: 현물동학과 가격동학의 긴장이 정치체제에 미치는 영향을 중심으로」. 서울대학교 대학원 정치학과 박사학위 논문.

이종겸. 2009. 「북한의 신흥 상업자본가에 관한 연구」. 동국대학교 대학원 북한학과 석사학위 논문.

이종석. 1990. 「북한 연구방법론: 비판과 대안」. ≪역사비평≫, 통권 12호.

이희영. 2005. 「사회학 방법론으로서의 생애사 재구성: 행위이론의 관점에서 본 이론적 의의와 방법론적 원칙」. ≪한국사회학≫, 제39집 3호.

_____. 2007. 「여성주의 연구에서의 구술자료 재구성」. ≪한국사회학≫, 제41집 5호.

_____. 2008. 「북한 여성의 인권과 연구방법론적 모색」. ≪현대북한연구≫, 제11권 3호.

임순희. 1994. 「북한여성 여구동향과 연구의 한계」. ≪북한≫, 통권 제269호.

임지현. 2004. 「'대중독재'의 지형도 그리기」. 임지현·김용우 엮음. 『대중독재: 강제와 동의 사이에서』. 서울: 책세상.

_____. 2005. 「대중독재 테제」. 임지현·김용우 엮음. 『대중독재 2: 정치 종교와 헤게모니』. 서울: 책세상.

장문석. 2006. 「계급에서 국민으로: 파시즘의 전체주의 기획과 토리노 노동자들」. 장문석·이상록 엮음. 『근대의 경계에서 독재를 읽다: 대중독재와 박정희체제』. 서울: 그린비.

장상환. 2005. 5. 7. 「이영훈 교수의 한국경제사 분석은 타당한가」. ≪교수신문≫.

_____. 2006. 2. 16. 「재반론: 이영훈 교수의 반론에 다시 답한다」. ≪교수신문≫.

장세룡. 2004. 「미셸 드 세르토의 일상과 민중문화」, ≪서양사론≫, 제82호.

_____. 2005. 「앙리 르페브르의 일상생활 비판」. ≪전남사학≫, 제25집.

장영석. 2007. 「노동자의 문화대혁명 참여와 노동관리」. 백승욱 엮음.『중국 노동자의 기억의 정치: 문화대혁명 시기의 기억을 중심으로』. 서울: 폴리테이아.

장윤미. 2007. 「문화대혁명과 노동자의 교육혁명」. 백승욱 엮음.『중국 노동자의 기억의 정치: 문화대혁명 시기의 기억을 중심으로』. 서울: 폴리테이아.

장하용·박경우. 2005. 「≪노동신문≫을 통해 본 북한의 여성: 국가 건설기부터 수령제 성립기까지를 중심으로」. ≪언론과학연구≫, 제5권 2호.

정성진. 2005. 5. 31. 「박정희 시대 임금과 노동생산성 문제」. ≪교수신문≫.

젠틸레, 에밀레오. 2005. 「정치의 신성화」. 임지현·김용우 엮음.『대중독재 2: 정치종교와 헤게모니』. 서울: 책세상.

조영주. 2004. 「북한 여성 연구의 자료로서 '증언'의 활용 가능성」. ≪여성학논집≫, 제21집 제1호.

조정아. 2003. 「산업화 시기 북한 공장의 노동규율 형성: 교육과 동원의 결합을 중심으로」. ≪북한 연구학회보≫, 제7권 1호.

_____. 2004. 「북한 중등학교 규율과 '반학교문화'」. ≪교육사회학연구≫, 제14권 1호.

_____. 2007. 「'교육서의 실리주의'와 교육의 불균등발전: 2000년대 북한 교육의 변화」. ≪교육사회학연구≫, 제17권 4호.

주강현. 1994. 「북한 주민생활에 나타난 전통문화적 요인 연구」.『통일문화연구(下)』. 서울: 민족통일연구원.

진즈부르그, 카를로 2000. 「징후들: 실마리 찾기의 뿌리」. 곽차섭 옮김.『미시사란 무엇인가』. 서울: 푸른역사.

짐멜, 게오르그. 2005. 「현대 문화에서의 돈」. 김덕영 외 옮김.『짐멜의 모더니티 읽기』. 서울: 새물결.

차문석. 2005. 「레이펑, 길확실: 마오쩌둥, 김일성 체제가 만들어낸 영웅들」.『대중독재의 영웅만들기』. 서울: 휴머니스트.

_____. 2006. 「북한의 노동영웅에 대한 연구」.『북한의 사회』. 서울: 경인문화사.

_____. 2007. 「북한의 시장과 시장경제: 수령을 대체한 화폐」. ≪담론201≫, 10권 2호.

채원호 외. 2006. 「북한 관료부패의 실태와 원인에 관한 연구: 북한 이탈주민의 인지도
　　　를 중심으로」. ≪한국거버넌스학회보≫, 제13권 1호.

최봉대. 2003. 「탈북자 면접조사 방법」. 『북한 연구방법론』. 파주: 도서출판 한울.

＿＿＿. 2008. 「1990년대 말 이후 북한 도시 사적 부문의 시장화와 도시가구의 경제적
　　　계층분화」. ≪현대북한연구≫, 11권 2호.

＿＿＿. 2008b. 「1990년대 말 이후 북한도시 사적 부문의 시장화와 도시가구의 경제적
　　　계층 분화」. 이우영 엮음. 『북한 도시주민의 사적 영역 연구』. 서울: 한울아카데미.

최봉대·오유석. 1998. 「은어·풍자어를 통해 본 북한체제의 탈정당화 문제」. ≪한국사회
　　　학≫, 제32집.

최완규·노귀남. 2008. 「북한 주민의 사적 욕망」. ≪현대북한연구≫, 11권 2호.

최장집. 1989. 「과대성장국가의 형성과 정치균열의 전개」. 『한국현대정치의 구조와
　　　변화』. 서울: 까치.

최호근. 2003. 「집단기억의 역사」. ≪역사교육≫, 제85집.

코지크, 카렐. 1994. 「구체성과 역사」. 박재환 엮음. 『일상생활의 사회학』. 서울: 도서출
　　　판 한울.

퉁신. 2007. 「일상생활의 낭만화, 집단화: 신중국 1세대 노동자의 기억에 관한 연구」.
　　　백승욱 엮음. 『중국 노동자의 기억의 정치: 문화대혁명 시기의 기억을 중심으로』.
　　　서울: 폴리테이아.

포스터, 마크. 2006. 「미셸 드 세르토와 소비주의」. 조지형 옮김. 『포트모던시대의
　　　새로운 문화사』. 서울: 이화여대출판부.

헬러, 아그네스 1994. 「일상생활의 이질성」. 박재환 엮음. 『일상생활의 사회학』. 서울:
　　　도서출판 한울.

＿＿＿. 2002. 「일상생활의 이질성」. 박재환 엮음. 『일상생활의 사회학(제2판)』. 서울:
　　　도서출판 한울.

＿＿＿. 2002. 「일상생활의 추상적 개념」. 박재환 엮음. 『일상생활의 사회학(제2판)』.
　　　서울: 도서출판 한울

홍민. 2003. 「북한 연구방법론 재고: '내재적 접근' 비판과 새로운 모색」. ≪정치비평≫,
　　　2003년 상반기.

_____. 2004. 「'구멍수'의 귀재들: 북한의 뇌물과 연줄망의 정치경제」. ≪북한≫, 제393호.

_____. 2006. 「북한의 사회주의 도덕경제와 마을체제」. 동국대학교 대학원 북한학과 박사학위 논문.

_____. 2006b. 「북한의 '관계자본' 교환구조와 시장교환의 전유」. ≪현대북한연구≫, 9권 3호.

_____. 2008. 「북한 일상생활연구의 방향과 방법론」, 『북한 일상생활연구의 접근방법 모색』, 제1회 북한 일상생활연구 학술회의(동국대학교 2008년 7월 4일 자료집).

황태연. 1993. 「포스트모더니즘적 근대비판의 비판적 고찰」. ≪한국정치학회보≫, 제26집 2호.

3. 외국 문헌

Abrams, P. 1982. *Historical Sociology*. Ithaca, N.Y.: Cornell University Press.

Adorno, Theodor W. et al. 1972. *Der Positivismusstreit in der deutschen Soziologie*. Frankfurt am Main: Luchterhand.

Andrle, Vladimir. 1988. *Workers in Stalin's Russia*. S. T. Martin's Press.

Arnstburg, Karl-Olov & Borén, Thomas(ed.). 2003. *Everyday Economy in Russia, Poland and Latvia*. Stockholm: Södertörns högskola.

Bailes, Kendall E. 1978. *Technology and Society under Lenin and Stalin: Origin of the Soviet Technical Intelligentsia, 1917~1941*. New Haven: Princeton University Press.

Bauer, Raymond A. & Inkeles, Alex & Kluckhohn, Clyde. 1956. *How the Soviet System Works: Cultural, Psychological, and Social Themes*. Cambridge, MA: Harvard University Press.

Bauer, Raymond & Inkeles, Alex. 1961. *The Soviet Citizen: Daily Life in a Totalitarian Society*. Cambridge, MA: Harvard University Press,

Berger, Peter & Luckmann, Thomas. 1966. *The social construction of reality*. New York: Penguin Books.

Berliner, Joseph. 1957. *Factory and Manager in the USSR*. Cambridge MASS: Harvard Univ. Press.

Bourdieu, Pierre. 1998. *Practical Reason: On the Theory of Action*. California: Stanford University Press,

Brooks, Jerffrey. 2000. *Thank You, Comrade Stalin!: Soviet Public Culture From Revolution to Cold War*. New Jersey: Princeton Univ. Press.

Certeau, Michel De. 1984. *The Practice of Everyday Life*. Berkeley: University of California Press.

Christian, David. 1990. *'Living Water': Vodka and Russian Society on the Eve of Emancipation*. Oxford: Clarendon Press.

Davies, Sarah. 1997. *Popular Opinion in Stalin's Russia: Terror, Propaganda and Dissent, 1934~1941*. Cambridge.

Denzin, N. K. & Lincoln, Y. S.(eds.). 2005. *Handbook of Qualitative Research*. California: Sage Publications, Inc.

Figes, Orlando. 2007. *The Whisperers: Private Life in Stalin's Russia*. New York: Henry Holt & Co.

Fiske, J. 1989. *Understanding Popular Culture*. Boston: Unwin Hyman.

Fitzpatrick, Sheila, 1979. *Education and Social Mobility in the Soviet Union, 1921~1934*. Cambridge.

_____. 1993. "'Ascribing Class': The Construction of Social Identity in Soviet Russia," *Journal of Modern History*, Vol. 65, No. 4.

_____. 1994. *Stalin's Peasant: Resistance and Survival in the Russian Village after Collectivization*. New York·Oxford: Oxford University Press.

_____. 1999. *Everyday Stalinism: Ordinary Life in Extraordinary Times: Soviet Russia in the 1930s*. Oxford: Oxford University Press.

_____. 2002. *Education and Social Mobility in the Soviet Union 1921~1934*. Cambridge.

Geist, Mead. 1934/1968. *Identity and Gesellschaft*. Frankfurt/M.: Suhrkamp.

Giegelbaum, L. H. 1988. *Stahanovism and the Politics of Productivity in the USSR 1935~1941*. New York: Cambridge University Press.

Goffman, Erving. 1958. *The Presentation of Self in Everyday Life*. New York: Doubleday.

_____. 1963. *Behaviour in Public Places*. New York: Free Press,

Gorsuch, Anne E. 2000. *Youth in Revolutionary Russia: Enthusiasts, Bohemians, Delinquents*. Bloomington, IN.

Gronow, Jukka. 2003. *Caviar with Champagne: Common Luxury and the Ideals of the Good Life in Stalin's Russia*. Oxford: Berg.

Halbwachs, Maurice. 1980. *The Collective Memory*. New York: Harper Books.

Halfin, Igal. 2003. *Terror in My Soul: Communist Autobiographies on Trial*. Cambridge: Mass.

Harris, James R. 1999. *The Great Urals: Reginalism and Evolution of the Soviet System*. New York.

Hellbeck, Jochen. 2006. *Revolution on my Mind: Writing a Diary under Stalin*. Cambridge: Mass.

Hessler, Julie. 2004. *A Social History of Soviet Trade: Trade Policy, Retail Practice and Consumption, 1917~1953*. Princeton, NJ: Princeton University Press.

Hoffmann, David. L. 1994. *Peasant Metropolis: Social Identities in Moscow 1920~1941*. Ithaca & London: Cornell University Press.

Huang Shu-min. 1998. *The Spiral Road: Changes in a Chinese Village Though the Eyes of a Communist Party Leader*(Second Edition). Boulder: Westview Press.

Humphrey, Caroline. 2002. *The Unmaking of Soviet Life: Everyday Economies after Socialism*. Ithaca & London: Cornell University Press.

Karen, Petrone. 2000. *Life Has Become More Joyous, Comrades: Celebrations in the Time of Stalin*. Bloomington & Indianapolis: Indiana University Press.

Kornai, János. 1992. *The Social Syatem: The Political Economy of Communism*. Princeton: Prniceton University Press.

Kotkin, Stephen. 1995. *Magnetic Mountain: Stalinism as a Civilization*. California.

Kravchenko, V. I. 1964. *Chose Freedom: The Personal and Political Life of a Soviet Official*. London.

Lane, Christel. 1981. *The Rites of Rulers: Ritual in Industrial Society The Soviet Case*. Cambridge·New York·New Rochelle·Melbourne·Sydney: Cambridge University Press.

Ledeneva, Alena V. 1998. *Russia's Economy of Favours: Blat, Networking and Informal Exchange*. Cambridge·New York: Cambridge University Press.

Lewis & Smith. 1980. *American Sociology and progmatism: Mead, Chicago Sociology, and Symbolic Interaction*. University of Chicago Press.

Merridale, Catherine. 1990. *Moscow Politics and the Rise of Stalin: The Communist Party in the Capital, 1925~1932*. London: Macmillan.

Mezirow, J. 1991. *Transformative Dimensions of Adult Learning*. San Francisco: Jossey-Bass Publishers.

Mingming, Wang. 1992. *Flowers of the State, Gardens of the People*. Ph. D. Thesis, University of London.

Mosse, G. L. 1975. *The Nationalization of the Masses*. New York: Howard Fertig.

Осокина, Елена. 1999. За фасадом *"Сталинского изобилия": Распредел ение и рынок в снабжении населения в годы индустриализации* 1927~1941. Москва.

Pepper, Suzanne. 1996. *Radicalism and Education Reform in Twentieth-Century China: The Search for an Ideal Development Model*. Cambridge: Cambridge University Press.

Perkins, Dwight H. 1977. *Rural Small-Scale Industry in the People's Republic of China*. University of California Press.

Perry, Elizabeth J. & Li Xun. 1993. *Proletarian Power: Shanghai in the Cultural Revolution*. Stanford: Stanford University.

Portelli, Alessandro, 1991. *The Death of Luigi Trastulli and Other Stories*. New York:

State University of New York Press,

Poulantzas, N. 1976. *The Crisis of the Dictatorships: Portugal Greece, Spain*. London: NLB.

Rawski, Thomas G. 1979. *Economic Growth and Employment in China*. Oxford: Oxford University Press.

Rosenthal, Gabriele. 2005. *Interpretative Sozialforschung*. Weinheim und Muenschen: Juventa.

Roemer, John E. 1982. *A General Theory of Exploitation and Class*. Boston: Harvard University Press.

Rutland, Peter. 1985. *The Myth of the Plan: Lesson of Soviet Planning Experience*. La Salle: Open Court.

Schütz, Alfred & Luckmann, Thomas. 1988. *Strukturen der Lebenswelt. Bd. I*. Frankfurt am Main: Suhrkamp.

Schurmann, Franz. 1970. *Ideology and Organization in Communist China*. California: University of California Press.

Shlapentokh, Vladimir. 1989. *Public and Private Life of the Soviet People: Changing Values in Post-Stalin Russia*. New York·Oxford: Oxford University Press.

Scott, James C. 1985. *Weapons of the Weak: Everyday Forms of Peasant Resistance*. New Haven: Yale University Press.

Siegelbaum, Lewis H. 1988. *Stakhanovism and the Politics of Productivity in the USSR, 1935~1941*. Cambridge: Cambridge University Press.

Skocpol, T.(ed.), 1984. *Vision and Method in Historical Sociology*. Cambridge: Cambridge University Press.

Smith, Michael G. 1998. *Language and Power in the Creation of the USSR, 1917~1953*. Berlin·New York: Mouton de Gruyter.

Sorenson, Jay. 1969. *The Life and Death of Soviet Trade Unionism 1917~1928*. New York: Atherton Press.

Straus, Kenneth M. 1997. *Factory and Community in Stalin's Russia*. Pittsburgh.

492

Thomas, William I. & Znaniecki, Florian. 1927/1996. *The Polish Peasant in Europe and America*. Urbana and Chicago: University of Illinois press.

Thompson, E. P. 1966. *The Making of the English Working Class*. New York: Vintage Books.

_____. 1978. *The Poverty of Theory & Other Essays*. New York: Monthly Review Press.

Thompson, Paul. 1978. *The Voice of the Past: Oral History*. London: Oxford University Press.

Viola, Lynn. 1987. *The Best Sons of the Fatherland. Workers in the Vanguard of Soviet Collectivization*. Oxford: Oxford University Press.

_____. 1996. *Peasant Revels under Stalin: Collectivization and the Culture of Peasant Resistance*. New York·Oxford: Oxford University Press.

_____. 2002. *Contending with Stalinism: Soviet Power and Popular Resistance in the 1930s*. Ithaca and London: Cornell University Press.

Walder, Andrew G. 1986. *Communist Neo-traditionalism: Work and Authority in Chinese Industry*. California: University of California.

Weber, Max. 1968. *Economy and Society*. New York: Bedminster Press.

Wood, E. M. 1995. *Democracy Against Capitalism: Renewing Historical Materialism*. New York: Cambridge University Press.

Wood, Elizabeth A. 1997. *The Baba and the Comrade: Gender and Politics in Revolutionary Russia*. Bloomington & Indianapolis: Indiana University Press,

World Bank. 1981. *World Development Report 1981*. Oxford: Oxford University Press.

Хлевнюк, О. В. 1996. *Политбюро Механизмы политической власти в 1930: е годы* Москва.

Yow, V. R. 1994. *Recording Oral History: A Practical Guide for Social Scientist*. London: Sage Publications.

徐友漁. 1999. 『形形色色的造反: 紅衛兵精神素質的形成及演變』. 香港: 中文大学出版社.

陳益南. 2006. 『青春無痕: 一個造反派工人的十年文革』. 香港: 中文大学出版社.

王紹光. 1993. 『理性与瘋狂:文化大革命中的群衆』. 香港: 牛津大学出版社.

王年一. 1996. 『大動乱的年代』. 鄭州: 河南人民出版社.

羅平漢. 2003. 『大字報的興衰』. 福州:: 福建人民出版社.

史雲·李丹慧. 2008. 『中華人民共和国史 第八卷, 難以継続的'継続革命': 従批林到 批鄧(1972~1976)』. 香港: 香港中文大学.

4. 외국 논문

Althsser, L. 1971. "Ideology and the Ideological Apparatuses," *Lenin and Philosophy*. New York.: Monthly Review Press.

Bentham, Jeremy. 1962. "Panopticon, or, the Inspection House," in Bentham, J., *The Works of Jeremy Bentham*, Vol. 2(New York: Russel & Russell, Reproduced from the Bowring Edition of 1838~1843).

_____. 1962. An Essay on Political Tactics, in: Bentham, J., *The Works of Jeremy Bentham*, Vol. 2(New York: Russel & Russell, Reproduced from the Bowring Edition of 1838~1843).

Borscheid, P. 1987. "Alltagsgeschichte-Modetorheit oder neues Tor zur Vergangenheit?," in W. Schieder/V. Sellin(ed.), *Sozialgeschichte in Deutschland III, Göttingen*.

Bovone, Laura. 1989. "Theories of Everyday Life: a Search for Meaning or a Negation of Meaning?" *The Sociology of Everyday Life, Current Sociology*, Vol. 37, No. 1(Spring).

Buckley, Mary. 1999. "Was Rural Stakhanovism a Movement?" *Europe-Asia Studies*, Vol. 51, No. 2.

Clark, M. C. 1993. "Transformational Learning," in Merriam, S.B.(ed.), *An Update on Adult Learning Theory*. San Francisco: Jossey Publishers.

David-Fox, Michael. 1999. "What Is Cultural Revolution?" *Russian Review*, Vol. 58(April).

De Querioz, Jean Manuel. 1989. "The Sociology of Everyday Life as a Perspective" *The Sociology of Everyday Life, Current Sociology*, Vol. 37, No. 1(Spring).

Douglas, Jack D. 1980. "Introduction to the Sociologies of Everyday Life," Jack D. Douglas et al., *Introduction to the Sociologies of Everyday Life*. Boston: Allyn and Bacon Inc.

Edele, Mark. 2007. "Soviet Society, Social Structure, and Everyday Life: Major Framework Reconsidered," *Kritika: Explorations in Russian and Eurasin History*. Vol. 8, No. 2.

Eley, Geoff. 1986. "History with the Politics Left Out-Again?" *Russian Review*, Vol. 45, No. 4.

_____. 1989. "Labor History, Social History. Alltagsgeschichte: Experience, Culture and the Politics of the Everyday: A New Direction for German Social History?" *Journal of Modern History*, Vol. 61, No.2.

Fischer, Wolfram & Kohli, Martin. 1987. "Biographieforschung," in Voges, Wolfgang(ed.), Methoden der Biographie: und Lebenslaufsforschung. Opladen: Leske+Budrich.

Fitzpatrick, Sheila. 1993. "'Ascribing Class': The Construction of Social Identity in Soviet Russia," *Journal of Modern History*, Vol. 65, No. 4.

_____. 2006. "The Two Faces of Anastasia", *Christina Kiaer & Eric Norman(ed.) Everyday Life in Early Soviet Russia*. Bloomington and Indianapolis: Indiana Univ. Press.

Fürst, Juliane. 2002. "Prisoners of the Soviet Self?: Political Youth Opposition in Late Stalinism," *Europe-Asia Studies*, Vol. 54, No. 3.

_____. 2003. "Re-examining Opposition under Stalin: Evidence and Context: A Reply to Kuromiya," *Europe-Asia Studies*, Vol. 55, No. 5.

Gardner, John. 1971. "Educated Youth and Urban: Rural Inequalities, 1958~1966" John Wilson Lewis(ed.), *The City in Communist China*. Stanford University Press.

Hagenloh, Paul M. 2000. "'Socially Harmful Elements' and the Great Terror," Fitzpatrick(ed.), *Stalinism: New Directions*. London.

Husband, William B. 2004. "Mythical Communities and the New Soviet Woman: Bolshevik Antireligious Chastushki, 1917~1932," *Russian Review*, Vol. 63, No. 1.

Kuromiya, Hiroaki. 2003 "'Political Youth Opposition in Late Stalinism': Evidence and Conjecture," *Europe-Asia Studies*, Vol. 55, No. 4.

Livers, Keith A. 2001. "The Soccer Match as Stalinist Ritual: Constructing the Body Social in Lev Kassil's The Goalkeeper of the Republic," *Russian Review*, Vol. 60(October)

Lovell, Stephen. 2002. "The Making of the Stalin: Era Dacha," *The Journal of Modern History*, Vol. 74, No. 2.

Lüdtke, A. 1995. "What Happened to the 'Fiery Red Glow'?: Workers' Experiences and German Fascism", Lüdtke, A.(ed.), *The History of Everyday Life*. Princeton: Princeton University Press.

Maffesoli, Michel. 1989. "The Sociology of Everyday Life: Epistemological Elements," *The Sociology of Everyday Life, Current Sociology*, Vol. 37, No. 1(Spring).

Meyer, Alfred. G. 1983. "Cultural Revolution," *Studies in Comparative Communism*, Vol. XVI, No.1&2(Spring/Summer).

McDonald, Tracy. 2002. "A Peasant Rebellion in Stalin's Russia: The Pitelinskii Uprising, Riazan, 1930," Lynne Viola(ed.), *Contending with Stalinism: Soviet Power & Popular Resistance in the 1930s*. Itahca.

Perry, Elizabeth J. 2003. "To Rebel is Justified": Cultural Revolution Influences on Contemporary Chinese Protest, Kam-yee Law(ed.), *The Chinese Cultural Revolution Reconsidered: Beyond Purge and Holocaust*. Palgrave Macmillan.

Rossman, Jeffrey J. 2002. "A Workers' Strike in Stalin's Russia: the Vichuga Uprising of April 1932," *Contending with Stalinism*. Cornell University Press.

Ryang, Sonia. 2002. "Technologies of the Self: Reading from North Korean Novels in the 1980s," *Acta Koreana*, Vol. 5, No. 1.

Schuetze, Fritz. 1984. "Kongnitive Figuren des autobiographischen Stegreiferzählens," Kohli, Martin; Robert, Günther(eds.): Biographie und soziale Wirklichkeit. *Neue Beiträge und Forschungsperspektiven*. Stuttgart: J. B. Metzlersche Verlagsbuch-handlung.

Weber, Max. 1988. "Der Sozialismus," *Max Weber-Studienausgabe*(MWS) 1/15(Tübingen).

Young, Glennys. 2007. "Fetishizing the Soviet Collapse: Historical Rupture and the Historiography of (Early) Soviet Socialism," *Russian Review* Vol. 66, (January).

佟新. 2006. 「連続的社会主義文化伝統: 一個国有企業工人集体行動的個案分析」. 『社会学研究』(2006年 第1期).

何蜀. 2006. 「論造反派」, 컬럼비아 대학 문혁 40주년 국제심포지엄 자료집(2006. 5).

王毅. 2002. 「応正確評価中国的文化大革命与資本主義改革」, http://www.people.com.cn/digest/index.htm

宋永毅. 「文化大革命中的地下読書運動」, http://www.dwnews.com

楊健. 「文化大革命中的地下文学」, http://plains.yeah.sinology.cn

楊曦光. 1989. 「中国向何処去?」. 『民主中華: 中国民運文集』. 香港: 遠東事務評論社.

銭信忠. 1965. 「衛生工作向農村大進軍的序幕: 関於農村巡廻医療隊工作的幾個問題」. 『紅旗』, 1965年 第13期.

中共研究雑誌社 編. 1973. 「毛沢東給林彪的信: 一九六六年五月七日'関於進一步搞好部隊農業的報告'的批示」. 『中共文化大革命重要文件彙編』(台北).

5. 북한 문헌

길확실. 1961. 『천리마작업반장의 수기』. 평양: 직업동맹출판사.

김일성. 1970. 「모든 힘을 여섯개 고지의 점령을 위하여: 조선로동당 중앙위원회 제4기

제2차 확대전원회의에서 한 결론」(1961년 12월 1일).『사회주의경제관리 문제
에 대하여』. 평양: 조선로동당출판사.

_____. 1984. 「우리나라 사회주의제도를 더욱 강화하자」.『김일성저작집(제27권)』. 평
양: 조선로동당출판사,

김정일. 2000. 「일군들은 ≪고난의 행군≫ 정신으로 살며 일해야 한다(조선로동당
중앙위원회 책임일군들과 한 담화 1996년 10월 14일)」.『김정일선집(14권)』. 평
양: 조선로동당출판사.

고유우. 2006. 「국가기밀엄수는 혁명과 건설의 유일적 령도를 철저히 보장할 수 있게
하는 확고한 담보」. ≪정치법률연구≫, 제2호.

백보흠. 2004. 『라남의 열풍』. 서울: 문학예술출판사.,

사회과학출판사. 1973. 『정치사전』. 평양: 사회과학출판사.

6. 기타

북한연구소. ≪북한≫, 1985; 2003~2006년 각 호.

(사)좋은벗들 북한연구소. ≪오늘의 북한소식≫, 제186호, 제208호, 제247호.

평화문제연구소 엮음. ≪통일한국≫, 4~6월호, 8~10월호(2008).

http://www.dailynk.com/korean/read.php?cataId=nk00500&num=55811(검색일: 2008
년 5월 30일).

찾아보기

■ 기획

동국대학교 북한일상생활연구센터

동국대학교 북한일상생활연구센터는 다양한 전공분야에서 '일상생활'연구의 선구적 역할
을 하고 있는 대표적 학자들과 함께 북한 일상생활에 대한 학제 간 연구를 한국연구재단의
지원[『북한 일상생활세계의 아카이브 구축과 연구방법론 개발: 체제변화 동학과 일상생활
세계의 연계모델』(기초연구과제)] 아래 2007년 8월부터 프로젝트로 수행하고 있다. 북한의
일상생활세계와 관련한 문헌·구술·양적 자료를 발굴·수집·분석해 연구 아카이브를 구축하
고 있으며, 학제 간 연구를 통해 일상생활세계에 대한 연구방법론 개발과 북한 사회의
변화에서 '일상'이 갖는 의미를 거시와 미시의 연계 속에서 분석적·이론적으로 규명하기
위해 노력하고 있다.

■ 지은이(가나다순)

고유환

동국대학교 북한학과 교수

동국대학교 대학원 정치학 박사

주요 저서 및 논문: 『로동신문을 통해 본 북한변화』(공저, 2006), 『북한 핵문제의 해법과
평화체제 구축』(2003), 『북한학 입문』(공저, 2001), 『북한정치의 이해』(공저, 2001), 「북한
사회주의체제의 구조적 위기와 김정일 정권의 진로」(1996)

김기봉

경기대학교 사학과 교수, 문화사학회 회장

독일 빌레펠트 대학교 철학박사(역사이론 전공)

주요 저서: 『팩션시대: 영화와 역사를 중매하다』(2009), 『가족의 빅뱅』(공저, 2009), 『29개
의 키워드로 읽는 한국문화의 지형도』(공저, 2007), 『역사들이 속삭인다: 팩션열풍과
스토리텔링의 역사』(2006), 『역사를 통한 동아시아 공동체 만들기』(2006), 『포스트모더니
즘과 역사학』(공저, 2002), 『'역사란 무엇인가'를 넘어서』(2000), 『오늘의 역사학』(공저,
1998)

김보현

성공회대학교 민주자료관 연구교수

성균관대학교 정치외교학과 박사(한국정치 전공)

주요 저서:『5·18민중항쟁에 대한 새로운 성찰적 시선』(공저, 2009),『박정희정권의 지배이데올로기와 저항담론』(공저, 2009),『박정희정권기 경제개발: 민족주의와 발전』(2006)

김종욱

동국대학교 북한일상생활연구센터 연구교수

동국대학교 대학원 정치학 박사

주요 논문:「북한의 관료부패와 지배구조의 변동: '고난의 행군' 기간 이후를 중심으로」(2008),「북한 관료의 일상생활세계」(2008),「북한 관료체제의 '변형'과 '일상의 정치'」(2007),「북한의 관료체제와 지배구조의 변동에 관한 연구」(박사학위 논문, 2006)

박순성

동국대학교 북한학과 교수

프랑스 파리10대학 경제학 박사

주요 저서:『북한 경제와 한반도 통일』(2003),『아담 스미스와 자유주의』(2003),『한반도 평화보고서』(공저, 2002),『북한경제개혁연구』(공편, 2002)

박원용

부경대학교 사학과 부교수

미국 인디애나 대학교 박사(러시아사·유럽현대사 전공)

주요 저서·역서 및 논문:『19세기 동북아 4개국의 도서분쟁과 해양경계』(공저, 2008),『10월혁명: 볼셰비키 혁명의 기억과 형성』(역서, 2008),「'신체문화'에서 '선수양성 공장'으로: 소비에트 러시아의 체육정책 변화」(2006),「네프기 학생집단의 생활양식」(2001)

이희영

대구대학교 사회학과 교수

독일 카셀 대학교 사회학 박사

주요 저서 및 논문: 『상징에서 동원으로』(공저, 2007), 『일상사로 보는 한국근현대사』(공저, 2006), 「북한 여성의 인권과 연구방법론적 모색」(2008), 「사회학 방법론으로서의 생애사 재구성」(2005)

장윤미

인천대학교 인문학연구소 HK 연구교수

중국 베이징 대학교 정치학 박사(정치행정학 전공)

주요 역서 및 논문: 『문화대혁명, 또 다른 기억: 어느 조반파의 문혁 십년』(2008), 「중국모델과 체제전환」(2008), 「중국 노동조직의 변화와 성장」(2007), 「시장화 개혁시기 중국의 노동정치」(박사학위 논문, 2003)

정영철

서강대학교 공공정책대학원 교수

서울대학교 대학원 사회학과 박사

주요 저서 및 논문: 『서울과 도쿄에서 평양을 말하다』(2008), 『조선로동당의 역사학』(2008), 『김정일리더십연구』(2005), 「북한의 후계자론과 현실: 이론의 형해화와 현실의 계승」(2009), 「북한에서 시장의 활용과 통제: 계륵의 시장」(2009)

조정아

통일연구원 연구위원

서울대학교 교육학 박사

주요 저서 및 논문: 『북한 주민의 일상생활』(공저, 2008), 「교육에서의 실리주의와 교육의 불균등발전: 2000년대 북한 교육의 변화」(2007), 「북한의 작업장 문화: 순응과 저항의 스펙트럼」(2006)

차문석

통일교육원 교수

성균관대학교 정치학 박사

주요 저서 및 논문:『대중독재의 영웅만들기』(공저, 2005),『반노동의 유토피아』(2001),「20세기 사회주의에서 화폐와 수령」(2008),「북한의 시장과 시장경제」(2007),「신의주 공장 연구」(2006)

홍민

동국대학교 북한학과 연구교수

동국대학교 대학원 북한학과 박사

주요 저서 및 논문:『현 시기 북한의 경제운용 실태에 대한 연구』(공저, 2007),「북한의 마을체제와 협동농장의 사회적 교환질서」(2007),「북한의 '관계자본' 교환구조와 시장교환의 전유」(2006),「북한의 시장교환질서와 비도덕적 가족주의화」(2006),「북한체제의 '도덕경제'적 성격과 변화 동학」(2005),「북한 농촌마을의 국가 - 사회관계 변화」(2004)

한울아카데미 1212

북한 일상생활연구 I

외침과 속삭임
북한의 일상생활세계

ⓒ 박순성·홍민, 2010

기　획 • 동국대학교 북한일상생활연구센터
엮은이 • 박순성·홍민
지은이 • 고유환·김기봉·김보현·김종욱·박순성·박원용·이희영·장윤미·정영철·조정아·차문석·홍민
펴낸이 • 김종수
펴낸곳 • 도서출판 한울

편집책임 • 박록희
편집 • 배유진

초판 1쇄 인쇄 2010년 1월 4일
초판 1쇄 발행 2010년 1월 18일

주소 • 413-832 파주시 교하읍 문발리 507-2(본사)
　　　121-801 서울시 마포구 공덕동 105-90 서울빌딩 3층(서울 사무소)
전화 • 영업 02-326-0095, 편집 02-336-6183
팩스 • 02-333-7543
홈페이지 • www.hanulbooks.co.kr
등록 • 1980년 3월 13일, 제406-2003-051호

Printed in Korea.
ISBN 978-89-460-5212-3 93340 (양장)
ISBN 978-89-460-4205-6 93340 (학생판)

* 책값은 겉표지에 표시되어 있습니다.
* 이 책은 강의를 위한 학생판 교재를 따로 준비했습니다.
　강의 교재로 사용하실 때는 본사로 연락해주십시오.